KB206680

세계관 전쟁

근대 중국에서 과학신앙과 전통주의 논쟁

세계관 전쟁

근대 중국에서 과학신앙과 전통주의 논쟁

성균관대학교 출판부

목 차

일러두기

1. 신해혁명 이전은 물론, 그 이후를 살았던 중국인 인명도 편의상 우리말 한자음으로 표기했다.
2. 따라서 강유위康有爲는 캉유웨이, 고힐강顧頡剛은 구제강, 구추백瞿秋白은 취추바이, 송교인宋教仁은 쑹자오런, 양계초梁啓超는 량치차오, 양수명梁漱溟은 량수밍, 엄복嚴復은 옌푸, 오치휘吳稚暉는 우즈후이, 이령李霽은 리링, 임홍준任鴻僬은 렌홍준, 장경蔣慶은 장칭, 장군매張君勱는 장쥔마이, 장병린章炳麟(章太炎)은 장빙링, 정문강丁文江은 딩원장, 주여동周予同은 저우위퉁, 진독수陳獨秀는 천두슈, 채원배蔡元培는 차이위안페이, 풍우란馮友蘭은 펑유란, 호적胡適은 후스다.
3. 인용문 가운데 강조는 저자의 것이다.
4. 번역한 우리말에 한자원문 · 원어를 병기할 때, 훈독 · 의미해석인 것은 둥근 괄호로 묶어 표기했다.

책머리에

이 책은 1900~1920년대 중국에서 발생한 '과학과 인생관' 논쟁을 실마리로 근대 중국사상계의 중심 과제로 떠올랐던 '과학수용과 전통의 재해석'이라는 문제를 체계적으로 검토하는 것을 목표로 삼고 있다. 20세기 초 중국에서는 서양문명을 수용하여 전통적 삶을 근본적으로 변화시키고자 하는 거대한 문명전환의 시도가 이루어졌다. 그런 문명전환의 시도를 우리는 보통 '신문화운동'이라고 부른다. 그 운동의 지도자들은 서양문명의 핵심을 '과학'과 '민주'라고 생각하고, 그것을 수용하는 것이 중국문명의 유일한 활로라고 확신했다. 서양의 근대문명을 경험하면서 유교·유학으로 대표되는 중국문명의 한계를 발견한 지식인들은 과학의 수용을 통해 전통적인 삶의 방식과 태도, 한마디로 '인생관' 혹은 '세계관'을 총체적으로 개혁해야 한다고 주장한다. 그들은 객관적 실증의 방법을 기초로 삼는 서양의 과학이 중국의 위기를 극복할 수 있는 유일한 대안이라고 보았던 것이다. 과학과 민주를 앞세우고 벌어지는 전통문화에 대한 전면적인 비판은 필연적으로 근대적인 삶과 전통의 관계 그리고 유학을 비롯한 전통사상과 과학의 관계를 어떻게 정립할 것인가 하는 질문을 초래했다. 이 경우 근대문명(과학, 민주)과 전통문명(유학을 비롯한 전통사상과 종교)의 관계를 둘러싼 담론은 크게 네 가지 방향성을 가지고 전개되었다.

첫째, 중국의 사상전통을 전면적으로 긍정하는 방향이다. 이런 방향을 취하는 논자들에 따르면, 중국문명이 경험하는 위기는 기계와 기술의 후진성 때문에 초래된 것에 불과하다. 그들은 중국문명의 위기는 문명 자체의 한계 때문에 초래된 것이 아니라 기술의 낙후성 때문에 초래된 것이므로, 기술의 낙후성을 극복하기만 하면 언제든 바로잡을 수 있는 피상적인 수준의 위기라고 본다. 따라서 중국의 급선무는 서양의 기술을 제대로 도입하는 것이다. 소위 양무파洋務派에 속하는 지식인들이 이런 방향을 대표한다. 그들은 넓은 의미의 중체서용론中體西用論이라고 불리는 관점을 가지고 중국의 위기에 대응하려고 했다.

둘째, 근본적으로 유학의 정신적 · 실천적 가치를 긍정하는 방향이다. 이 경우 유학은 어느 정도 한계와 문제점을 가지고 있지만, 그것이 기술적 낙후성의 원인은 아니다. 유학의 문제점은 기술의 진보를 가로막는 제도의 전근대성과 연결되어 있다. 따라서 그런 문제점을 극복하기 위해서는 기술의 수용과 더불어 제도의 근대적 개혁이 함께 이루어져야 한다. 그런 제도개혁은 유학의 핵심정신을 유지하면서 이룰 수 있는 것이다. 예를 들어, 입헌군주제의 도입을 생각해볼 수 있을 것인데, 그것은 유학정신과 결코 대립하지 않을 수 있다. 흔히 변법파變法派라고 불리는 인사들의 개혁론이 이런 방향을 취한다.

셋째, 서양문명을 전면적으로 수용하는 것을 주장하는 방향이다. 이 경우 서양문명의 핵심은 민주와 과학이지만, 민주 역시 과학에 근거를 두고 있기 때문에, 서양의 과학을 전면적으로 수용하는 것이 급선무다. 과학수용을 위해서는 과학의 성과는 물론, 과학의 방법 내지 과학의 정신에 근거하여 전통적인 삶의 방식을 전면적으로 개조해야 한다. 특히 전통의 뿌리에서 작용하고 있는 유학 및 유교를 부정해야 한다. 유학을 근간으로 삼는 중국의 전통적 삶의 방식은 근대문명과 결코 양립할 수 없는 것이기 때문이다. 근대문명은 서양만의 국지적 현상이 아니라 인류가 나아가야 할 보편적인 방향이다. '과학적 지식'과 과학정신의 수용이 수반되지 않는 단순한 기술수용과 제도개혁은 성공할 수 없다. 이것은 1910년대 중반 이후 반전통주의反傳統主義를 제창한 신문화운동의 주창자들이 선택한 방향이다. 이런 반전통주의는 신문화운동기의 호적胡適과 진독수陳獨秀는 물론이고, 이 책의 주제인 '과학과 인생관' 논쟁에서 과학파科學派의 입장에 서 있던 인사들에 의해 제기된 것이다(진독수는 기본적으로는 반전통주의자에 속하지만, '과학과 인생관' 논쟁에서는 유물사관파로 기울어지면서 과학파 논자들과 미묘한 입장 차이를 보여준다).

넷째, 과학의 수용을 전면 긍정하지만 과학이 모든 인생문제와 사회문제, 넓은 의미에서 세계관문제를 해결할 수는 없다고 보는 방향이다. 이런 방향을 주장하는 사람들은 과학의 만능성을 인정하지 않는다. 그들은 과학과 종교, 철학, 나아가 인문학의 영역 분할을 인정해야 한다고 주장한다. 그리고 과학적 방법 내지 이성적 방법을 사용하여 전통을 연구하는 것의 중요성은 인정한다. 하지만 과학이나 과학적 방법만으로는 삶의 방향을 찾아낼 수 없다고 생각한다. 이 방향에 속하는 논자들은 세부적인 면에서 뉘앙스가 조금씩 다르기 때문에 스펙트럼이 비교적 넓다. 넓은 의미의 인생관파人生觀派(현학파玄學派)에 속하는 장군매張君勱, 양수명梁漱溟, 양계초梁啓超 등이 여기에 속한다고 말할 수 있다.

이 네 방향의 문제제기는 서로 연결되고 얽혀 있어서 각각을 학파 내지 시대적 단층에 따라 명확하게 나누기는 쉽지 않다. 그러나 어느 입장이든 현실의 위기가 근대적 기술을 포함하는 '과학의 부재'에서 비롯된 것이라는 인식을 공유하고 있다. 물론 그들의 '과학' 이해는 서로 상당한 편차를 드러낸다. 일부는 과학을 기술수준에서 이해했고, 다른 일부는 과학이 연구영역과 기술의 성과를 함께 지칭한다고 보며, 또 일부는 과학을 정신적 태도 내지 학문방법이라고 이해하기도 한다. 심지어 넓은 의미의 지식, 일정한 체계를 가진 모든 형태의 지식을 과학이라고 보는 경우도 있다.

위에서 말한 네 가지 방향 중, 첫 번째와 두 번째 입장은 1920년대 시점에서 거의 영향력을 상실했다고 말할 수 있다. 양무운동은 실패로 끝났고, 청나라의 정통성을 인정하면서 근대적인 정치개혁을 추구했던 변법운동은 신해혁명으로 그 유효성을 상실했다. 그리고 유학을 비롯한 전통사상의 가치를 전면적으로 부정하는 세 번째 입장은 과학파 혹은 전면적인 서화파西化派의 입장으로 전개되면서 과학과 전통의 상호보완 가능성을 부정한다. 유학이 근대과학 내지 과학적 사유와 양립할 수 없는 것이라고 보기 때문이다. 그들에게 과학의 도입은 곧바로 전통의 포기를 의미했다. 근대기 '과학' 담론을 논의하는 경우 유학 및 전통사상을 전면적으로 부정하는 방향에 먼저 관심을 가지는 것이 당연하다. 새로운 시대는 언제나 직전의 과거에 대한 전면적인 부정에서 시작하는 것이기 때문이다.

반전통주의자들이 주장하는 것처럼 유학과 근대과학은 양립할 수 없는 것인가? 이 물음에 대해 당시 많은 학자와 사상가들이 다양한 답변을 제시했다. 물론 이 물음에 대한 확고한 해답은 오늘날까지도 존재하지 않는다. 그리고 앞으로도 그럴 것이다. 그 시기에 제시된 과학담론 역시 다양한 스펙트럼을 가지고 있었다. 또한 그들이 사용하는 '과학' 개념들도 모호하거나 혼란스러워서 여러 과학담론을 한 평면 위에 놓고 검토하기란 간단치가 않다. 다만 그럼에도 불구하고 당시 거의 대부분의 논자들은 "서양 = 근대성 = 이성 = 합리 = 진보 = 근대과학", "중국(동양) = 전근대 =

비합리 = 유교 = 낙후 ≠ 근대과학"라는 단순한 도식을 암묵적으로 전제하고 있었다는 점에서 공통점을 가지고 있다.

이 책에서는 먼저 중체서용론에서 시작되어 제도개혁론으로 이어지는 초기 단계의 소박한 과학론을 살펴보고, 그런 낙관적이고 소박한 과학론이 과학만능주의적인 과학신앙으로 확대 발전해가는 과정을 논의한다. 그리고 본격적으로 '과학과 인생관' 논쟁의 구체적인 전개를 장군매를 중심으로 하는 '인생관파', 정문강丁文江을 중심으로 하는 '과학파', 그리고 진독수를 중심으로 하는 '유물사관파'를 중심으로 살펴본다. 그런 논의 안에서 그들의 과학이해, 서구문명에 대한 인식, 나아가 중국의 전통문화에 대한 입장을 자세하게 검토할 것이다.

이어서 양계초와 호적을 중심으로, 과학방법에 입각한 전통문화의 정리, 즉 '국고정리' 혹은 '국학'이라고 불리는 전통문화 연구의 방법과 목표에 대해 살펴볼 것이다. 특히 현대적인 의미의 과학적 '국고정리'에 커다란 공적을 남긴 호적의 국고정리론, 과학론, 과학적 인생관문제를 심도 있게 논의할 것이다.

신문화운동 시기에 존재했던 과학과 전통의 대화 혹은 서양문명과 전통문화의 대립은 '동서문화' 논쟁을 거쳐 '과학과 인생관' 논쟁으로 확대되었다. 그것은 보통 '과학과 현학' 논쟁 혹은 '과학과 인생관' 논쟁이라고 불렸다. 그러나 '현학'이나 '인생관'이라는 말을 한자어를 그대로 사용할 경우 오늘날 우리말에서 의미하는 것과 뉘앙스가 달라질 수 있다. 그래서 그 점에 대해 먼저 약간의 설명을 덧붙이고자 한다.

우선 '현학玄學'이라는 말은 일상어로는 사용되지 않는 중국사상사의 특수용어다. 따라서 그 말을 한자어 그대로 사용해서는 의미가 잘 통하지 않는다. 논쟁의 참가자들은 '현학'을 '형이상학(metaphysics)'의 번역어로 사용했다. 이때 현학이란 종교를 포함하는 포괄적인 의미의 철학을 가리키는 말로 사용된 것이다. 그들이 사용한 '인생관'이라는 말은 우리말 그대로 의미가 통하기는 한다. 하지만 당시 중국에서 그 말은 우리말의 의미와는 약간 다른 뉘앙스를 가지고 사용되는 경향이 있었기 때문에, 오해의 소지가 있다. 당시 중국인들이 '인생관'이라고 부른 것은 단순한 생활태도나 통속적인 차원에서의 인생철학이라는 의미보다는 훨씬 더 크고 근본적인 문제를 포함하고 있었다. 그 논쟁의 참가자들이 '인생관'이라고 부른 것은 단순한 처세술이나 개인적인 삶의 취향을 가리키는 말이 아니었다. '인생관'을 현재 우리말에서 사용하는 한자어 그대로 받아들이게 되면, 그런 오해가 일어날 수 있다. 따라서 '인생관'이라는 개념을 한자어 그대로 옮기는 것은 바른 방식이 아니다. 사상적 의미를 가진 중국어 단어가 우리말과 같은 한자어를 사용하는 까닭에 그냥 그대로 읽으면 뜻이 통하는 경우도 있지만, 그렇지 않은 경우도 많기 때문이다.

흔히 '과학과 현학' 논쟁 혹은 '과학과 인생관' 논쟁이라고 불리는 그 논쟁은 "과학이 인생관을 포함하는 세계관문제를 해결할 수 있는가 혹은 과학이 제공하는 설명이 인생의 의미나 세계의 의미를 이해하는 데 충분한가?" 등등의 근원적 문제를 둘러싼 논쟁이었다. 다른 말로 하자면, 그것은 전형적으로 "근대과학과 전통적 세계관의 갈등 혹은 과학과 종교의 갈등"에 관한 논쟁이라고 볼 수 있다. 그런 의미에서 나는 이 책의 제목을 '세계관 전쟁'이라고 붙였다.

'세계관'이라는 개념은 조금 모호하기는 하지만, 일반적으로 우리가 '종교'라고 부르는 개념과 가장 비슷하다. 현대의 대표적인 종교학자 가운데 한 사람인 니니안 스마트(Ninan Smart)는 우리가 보통 사용하는 '종교'라는 개념이 '전통사회' 안에서 종교의 존재방식과 의미를 충분히 드러내지 못한다고 생각한다. 따라서 그는 근대적으로 그 의미가 왜곡되고 있는 '종교'라는 말 대신에 '세계관'이라는 개념을 사용하자고 제안한다. 이런 종교학자들의 논의에서 볼 수 있는 것처럼, 소위 '종교'는 전통사회 안에서 하나의 '세계관'으로서 존재했다. 그런데 근대에 들어와서 탄생한 근대과학은 단순한 탐구방법을 의미하는 것에 그치지 않고, 현대적인 의미의 '세계관'으로 기능하기 시작한다. 따라서 근대과학이 등장하면서 과학이 종교(전통적 세계관)와 갈등과 대립을 불러일으키게 되는 것은 필연적이라고 말할 수 있다. 과학과 종교의 갈등은 결국 서로 대립하는 두 세계관 사이의 갈등이었다. 1920년대 중국에서 폭발한 '과학과 인생관(현학)' 논쟁은 서양에서 도입한 새로운 세계관으로서의 근대과학과 유학을 비롯한 전통적인 종교(철학) 사이에 발생한 갈등, 한마디로 종이 위에서 전개된 '세계관 전쟁'이었던 것이다.

이 책의 제1장에서 논의하고 있는 것처럼, 1900년대 초기 중국에서는 '종교'가 주로 '미신'에 가까운 저열한 신앙을 가리키는 개념으로 사용되는 경향이 있었고, 논쟁의 참가자들도 '종교'를 거의 부정적인 의미로 사용하는 경향을 보여준다. 따라서 그들이 사용한 '현학'이나 '인생관'이라는 단어 대신에 '종교'라는 단어를 사용하는 것은 괜한 오해를 불러일으킬 위험성이 있다. 그리고 '세계관'이라는 개념은 한국어 사용자들 사이에서 종교 개념을 대체할 만큼 아직 충분히 정착이 되지 않았기 때문에, '인생관' 개념의 직접적인 번역어로 사용하는 것을 주저하게 된다. 따라서 본론에서는 그들이 사용한 '인생관'이라는 개념을 그대로 사용하기로 했다. 하지만 앞으로 이 책을 읽게 될 독자는 이 책에서 사용되는 '인생관'이라는 말이 '세계관' 혹은 우리가 일반적으로 사용하는 '종교' 또는 '철학'을 폭넓게 지칭하는 넓은 의미의 개념이라는 사실을 기억해주면 좋겠다.

"과학이 삶의 방향을 제시할 수 있는가?", "인간의 삶에서 제기되는 근본적인 여러 문제를 과학으로 해명할 수 있는가?" 그것이 '과학과 인생관' 논쟁의 핵심주제였다. 이는 부수적인 여러 관련 문제들을 끌고 들어온다. "자유의지는 존재하는가?", "신은 존재하는가?", "이 세계는 물질만으로 이루어져 있는가?", "어떤 사회시스템을 선택해야 하는가?" 이런 여러 물음이 과학의 본질문제와 관련하여 근본적인 물음으로 제기될 수 있다.

예를 들어, "이 세상은 어떻게 탄생했는가?" 하는 질문을 생각해보자. 그것은 분명히 인간에게 근본적인 물음이라고 말할 수 있다. 이 물음에 대한 대답은 크게 보면 유신론과 무신론으로 나뉠 수 있을 것이다. 다시 말해, 유신론적 세계관과 무신론적 세계관이 대립할 것이다. 일반적으로는 유신론적 종교 혹은 무신론적 종교라고 부를 수도 있을 것이다. 물론 '무신론적 종교'라는 말은 그 자체가 형용모순처럼 들릴 수도 있다. 왜냐하면 일반적으로 종교란 그 자체로 유신론적인 것이라는 '오해' 혹은 '편견'이 널리 퍼져 있기 때문이다. 니니안 스마트가 '종교'라는 말이 현대적으로 왜곡되어 있기 때문에, '세계관'이라는 말을 대신 사용하자고 했던 이유도 바로 여기에 있었다.

이 세상의 출현에 대한 물음에 대해서, 당시 '과학과 인생관(현학)' 논쟁의 당사자들이 사용한 개념을 그대로 사용한다면, 유신론적 '인생관' 혹은 무신론적 '인생관'의 대립이 발생한다고 말할 수 있을 것이다. 유신론적 인생관(세계관)을 선택하는 사람은 우주의 창조자인 신神을 동원하여 우주의 창조를 설명하려고 할 것이다. 그러나 무신론적 세계관(인생관)을 선택하는 사람은 신 개념을 배제하고 우주의 시작을 설명하려고 할 것이다. 그리고 각각의 세계관은 내부적으로 다양한 차이를 보이면서 분화되어 갈 것이다.

한편 근대과학이 등장한 이래, 과학의 방법과 원리를 절대적으로 신봉하는 사람들은 관찰과 실증과 실험의 방법을 동원하여, 즉 보통 '과학적'이라고 불리는 방법으로 우주의 탄생 혹은 우주의 형성을 설명하려고 노력해왔다. 그리고 21세기 현재 시점에서 본다면, 대부분의 사람들이 이들의 과학적 우주론, 즉 과학적 세계관을 더욱 설득력 있는 설명이라고 받아들일 것이다.

물론 과학적 이론이라고 해도 하나가 아니기 때문에, "창조나 우주의 탄생에 대해 일반적으로 '과학'은 '이렇게' 설명한다"라고 단정해서 말하기는 어렵다. 지금은 소위 빅뱅우주론이라는 것이 현대과학의 정통이론으로 확고한 지위를 가지고 있지만, 그런 과학적 설명을 받아들이지 않는 창조론자들도 많다. 이들 대부분은 기독교(혹은 이슬람)라고 불리는 종교의 신봉자들일 테지만, 불교도들 중에서 창조론을 주장하는 사람은 아마도 거의 없을 것이다. 이렇게 종교는 하나가 아니다. 또 종교를 믿는 모든 사람이 창조론을 믿는 것도 아니다. 따라서 '종교'를 믿는 사람이 곧 '창조론을 신봉'한다고 말하는 것은 옳지 않다. 창조주 신을 상정하는 '종교' 혹은 '세계관'을 가진 사람들은 기독교나 이슬람 등 일부 일신교에 한정된다. 그러므로 인간의 삶에서 제기되는 근본적인 질문, 즉 종교적이라고 해도 좋고 철학적이라고 해도 좋고 심지어는 단순히 '커다란 질문(big question)'이라고 해도 좋은 근본적인 질문을 '세계관' 문제라고 할 수 있다면, 이런 '세계관' 문제들에 대해 '과학(근대 및 현대의 과학)'은 충분하고 납득할 만한 답을 제시할 수 있는가? 이런 의문을 둘러싸고 벌어진 논쟁이 1920년대 중국의 사상계를 뜨겁게 만들었던 이른바 '과학과 인생관' 논쟁이었다.

'과학과 인생관' 논쟁은 서양에서 도입된 근대과학의 본질에 대한 논의 및 전통문화와 과학의 관계를 둘러싼 논의의 연장선에서 발생한 것이다. 5.4운동기에 발간된 다양한 잡지나 신문은 거의 매호마다 '과학' 관련 논설을 싣고 있었다. 한마디로 과학의 가치를 선전하는 글은 도처에 넘쳐나고 있었다. 특히 『신청년新青年』(1915년 창간), 『과학科學』(1915년 창간), 『학예學藝』(1917년 창간), 『신조新潮』(1919년 창간) 등 과학계몽 잡지들은 적극적으로 과학언설을 발표했다. 한편 그런 계몽적 과학론에 대해 『동방잡지東方雜誌』, 『국고國故』(1919년 창간) 등은 과학의 한계와 과학의 부정적 영향을 주장하거나 전통문화의 가치를 표명하는 글을 주로 실었다. 이렇게 각각의 방식으로 표출되던 과학찬양과 과학비판의 대립은 나중에 '과학과 인생관' 논쟁에서 본격화할 대결의 초보적 양상을 보이면서 서서히 표면화되고 있었다.

이런 배경 하에서 1923년 4월부터 불붙기 시작하는 '과학과 인생관' 논쟁은 19세기 말에서 20세기 초에 걸쳐 축적된 모든 문화적 갈등, 소위 중국판 '문화전쟁'의 종결판으로서 의미를 가진다고 평가할 수 있다. 그리고 그 논쟁의 주제는 오늘날에 이르기까지 여전히 현재진행형의 과제로서 남아 있다. 최근 다시 불거지고 있는 인공지능의 미래를 둘러싼 논쟁 또한 20세기 초에 발생했던 '과학과 인생관' 논쟁과 큰 틀에 있어서는 유사한 문제를 다루고 있다고 볼 수 있다.

'과학과 인생관' 논쟁을 거치면서, 과학파의 후원자였던 호적은 과학적 방법을 동원하여 전통을 해체하는 본격적인 작업에 돌입한다. 과학적 '국고정리國故整理'의 시도가 그것이다. 한편 호적과 라이벌 관계에 있던 양계초 역시 호적과 마찬가지로 과학적 방법을 응용한 국학연구를 시도했다. 그러나 양계초는 과학적 방법에 입각한 연구를 '문헌학'이라고 부르고 그것의 장점과 필요성을 인정하지만, 그것만으로 국학연구가 완결되는 것은 아니라고 주장한다. 과학적 국고정리가 전통해석의 전부라고 믿는 호적의 입장에 이의를 제기한 것이다. 양계초에 따르면 '문헌학', 즉 과학적 국고정리는 국학연구의 절반일 뿐이다. 그런 과학적 연구가 다른 절반, 즉 실천과 자기수양의 학문으로 보완되지 않는다면 전통이해를 지향하는 고전연구는 불완전한 시도로 그칠 뿐이다. 양계초는 그 다른 절반을 '덕성학德性學'이라고 부른다. 여기서 우리는 '과학과 인생관' 논쟁이 결국 과학의 본질론이나 과학수용론에서 그치는 것이 아니라 과학방법을 응용한 전통연구의 가능성과 전통해석 담론으로 연결되는 것이었음을 기억해야 한다.

1920년대의 국고정리 혹은 국학연구는 분명히 호적이 제시했던 과학적 '문헌학'의 승리로 끝났다. 근대적 과학방법에 입각한 고전연구가 전통적인 덕성과 인격을 회복하려는 고전연구를 완벽하게 압도했기 때문이다. 이후 후자를 강조하는 고전연구는 공자의 넋두리 정도로 치부되고, 더 이상 학문으로서의 가치를 인정받지 못하는 처지로 전락해버렸다. 그리고 1940년대 이후, 서양 근대사유의 최종 버전이라고 말할 수 있는 마르크스주의가 정치적으로 승리하고, 그에 입각한 전통파괴를 거치면서 고전은 낡은 문화적 유물로서 파괴의 대상이 된다. 마침내 중국사상과 중국고전은 마르크스주의적 의미의 과학적 연구의 대상으로 위축되었고, 그런 국면은 문화대혁명이 끝나는 1970년대 말까지 계속되었다. 과학으로 대표되는 근대적 세계관이 전통적 세계관에 대해 확고한 승리를 거둔 것이다.

서양을 따라잡기 위해 서양에서 배운 과학을 수용하는 것이 급선무라고 생각했던 시기에 과학적 문헌학의 승리는 당연한 역사적 결과였다. 전통문화가 낡은 신화와 신앙에 불과하다고 믿었던 과학파 전통연구자들은 실증적 문헌학을 무기로 전통의 신화를 해체하는 작업에 몰두했다. 1920년대 호적의 영향권 하에서 고전과 전통연구에 착수했던 고힐강顧頡剛은 역사문헌학을 무기로 공자로 대표되는 전통을 해체하는 것을 목표로 삼았다. 흔히 '고사변古史辨' 운동이라고 알려진 학술활동을 통해 고힐강은 '전통의심(疑古)'의 정신과 '거짓폭로(辨僞)'의 방법을 동원하여 신화와 역사적 사실을 구분해야 한다고 주장했다. 고사변운동은 유교전통을 회복하려는 의도를 가진 전통주의자를 공격하면서 철저한 전통해체의 작업을 전개한 것이다. 고힐강의 학문적 목표는 성인화聖人化된 공자의 외피를 벗겨내어 공자의 진면목을 회복하는 것, 중국의 봉건적 정치질서의 이론적 근거였던 '도통론道統論'의 신화를 해체하는 것이었다. 그 점에서 '의고'를 주창했던 1920년대의 고사변운동은 유교경전을 신앙의 대상이 아니라 역사적 문서로 보고, 문헌학적인 잣대로 경전을 연구하는 고문학古文學의 정신을 잇고 있는 것이라고 말할 수 있다.

이 책의 전반부에 해당하는 제1부 마지막 부분에서는 21세기 현재 중국에서 진행되고 있는 새로운 국학연구의 동향에 대해 논의한다. 특히 장경蔣慶과 이령李零 두 사람을 중심으로, 현재적 시점에서 고전의 독해에 제기되는 문제를 다루고 있다. 이 문제는 1920년대 과학수용기에 발생한 '과학수용과 전통해석'이라는 문제의 연장선에 있으며, 나아가 중국 전통사상의 역사 안에서도 존재했던, 고전의 현재적 해석과 응용이라는 문제와도 연결되어 있다. 여기서 우리는 전통의 현재적 해석 나아가 고전의 현재적 독해라는 것이 아주 오래된 문제이면서, 동시에 대단히 새로운 문제로 반복되고 있다는 사실을 알 수 있다. '과학과 인생관' 논쟁 역시 그렇게 아주 오래된 문제가 어느 역사적 시점에서 새로운 옷을 입고 불거진 것이라고 볼 수 있다.

최근 활발한 활동을 벌이고 있는 북경대학의 이령은 위에서 언급한 고사변운동의 지도자 고힐강과 동일한 목표를 내걸고 작업을 진행하고 있다. 반면 이령과 대립하는 장경은 전혀 다른 방향에서 고전해석에 착수한다. 장경의 목표는 고전을 현대적인 정치의 장에서 재해석하여 부활시키는 것이다. 이렇게 장경과 이령은 고전의 해석에 있어서 전혀 다른 두 길을 보여준다. 물론 장경의 목표는 양계초가 주창했던 '덕성학'의 수립과는 방향이 다르며, 그렇다고 과학적 문헌학의 길을 따르지도 않는다. 그는 유교경전의 정치적 해석을 추구한다. 그의 지향이 '정치유학'이라고 불리는 이유다. 그의 '정치유학'은 고전을 역사적 맥락 속으로 되돌려 그것을 해체하는 것이 고전연구의 목표라고 보았던 과학적 문헌학과는 분명히 다른 길이다. 그의 입장은 경전의 미언대의微言大義를 읽어내고, 그것을 현대적으로 응용하는 것이다.

이런 장경의 정치적 해석학은 '금문학今文學'의 전통과 직접 연결되고 있다. 비록 양계초의 '덕성학'과는 지향점이 다르지만, 고전의 현재적 의미를 밝히고 현재화하는 길을 모색한다는 점에서, 양계초 류의 '덕성학'과 장경 류의 '정치유학'은 통하는 바도 있다. 고전의 가치를 덕성회복에서 찾느냐 정치적 실천의 회복에서 찾느냐 하는 차이는 있지만, 그 둘은 분명히 문제의식을 공유한다는 것이다. 전통연구에서 '문헌학' 이외에 '덕성학'의 중요성을 강조했던 양계초가 청대 금문학의 계승자였다는 사실과 미묘한 연결성을 보여주는 지점이다. 여기서 다시 우리는 시대가 달라져도 비슷한 문제가 반복된다는 사실을 읽어낼 수 있다. 이 문제는 낡았지만 역사 속에서 항상 반복되는 심오한 문제였다. 이 책의 11장에서 논의하고 있는 '독경논쟁'도 2000년 전부터 존재해온 낡은 경학문제가 아니라 오늘을 생각하는 데 의미 있는 참조계(패러다임)가 된다.

1910~20년대의 공자교운동이 실패로 끝나고 난 후, 1935년 중국에서는 공자와 유교를 문화적 정통으로 회복하고자 하는 또 다른 '독경운동'이 발생한 바 있다. 그 '독경운동'을 지지한 것은 장개석이 이끄는 국민당 정부였다. 그러나 민족주의적 회귀정서에 의해 지지되던 그 '독경운동'은 주여동周予同, 호적 등, 과학적 문헌학적 연구를 주창했던 고전학

자들의 격렬한 비판과 반대에 부딪혀 실패하고 만다. 경학연구자였던 주여동은 당시의 '독경운동'이 현대의 사회적 · 문화적 요청과 괴리된 것, 즉 순전한 정치적 목적에 의해 발동된 것이라고 비판했다. 주여동은 국가민족의 복리와 자녀의 심신교육이라는 명목으로 어린이에게 독경을 요구하는 보수주의 인사들의 유치한 발상은 한마디로 '아희兒戲(애들 장난)'라고 비난하고 있다. 그렇게 본다면, 그때나 지금이나 '독경'을 주장하는 사람들이 내세우는 명분은 같다. 민족의 부흥과 도덕적 · 정신적 회복이 그것이다.

이후 주지하다시피 중국대륙은 사회주의 정권에 의한 철저한 전통의 파괴를 경험했다. 그러다 1976년 모택동이 사망하고, 1978년 이후 등소평 체제가 수립되면서 중국은 현대화를 추구하는 개혁개방 시기로 접어든다. 그런데 시장경제를 도입하면서 사회주의 이데올로기를 더 이상 전면에 내세울 수 없게 된 중국공산당 정권은 14억 중국인민을 하나로 통합할 수 있는 새로운 이데올로기에 목말라했다. 그 결과 그들이 선택한 길은 마르크스주의를 대신할 수 있는 대안 이데올로기를 전통 안에서 찾아내는 것이었다. 현재 중국에서, 학계나 민간을 불문하고, 중화주의 및 중화주의를 뒷받침해온 유교를 재해석하거나 유교전통을 부활시켜 사회주의를 대체하는 대안적 정치 이데올로기를 찾으려는 노력이 경주되고 있는 까닭은 이런 현실적 정치요구와 무관하지 않다.

1980년대 발생한 문화열文化熱 운동은 철저하게 전통을 파괴한 문화대혁명에 대한 반동으로서 비교적 온건한 방식으로 제기된 문화회복의 노력이었지만, 동시에 전통문화에서 미래를 위한 새로운 사상자원을 끌어내고자 하는 지식인들의 정치-문화운동이라고 해석할 수도 있다. 그리고 그 문화열운동이 정치적 이유로 탄압의 대상이 되고, 다시 20여 년이 지난 2004년 이후로 현재까지 중국에서는 정치적 요구와 맞아떨어진 문화전통의 재평가를 위해 현대적 의미의 '국학연구'가 활발하게 진행되고 있다. 또한 고힐강으로 대표되는 역사문헌학적 전통비판, 즉 의고방법의 한계를 지적하고 전통의 긍정적 가치를 회복하고자 하는 석고釋古 내지 회복적 해석학의 방법을 제시하는 목소리도 높아지고 있다. 하지만 의고든 석고든 혹은 또 다른 어떤 방법이든 그 학문적 연구에는 정치 이데올로기가 숨겨져 있다. 물론 대중이 학문에 숨겨진 그 정치적 의도를 파악하는 것은 쉽지 않다.

예컨대 현대 중국에서 벌어지고 있는 독경운동을 비롯한 국학열기의 핵심에는 공자숭배, 적어도 공자신성화가 전제되어 있다. 그것을 지탱하는 것은 경제성장과 더불어 자신감을 회복한 중화주의의 국가-민족주의의 망령이다. 북경대학의 고문헌학자인 이령 교수의 작업은 그런 사실을 적시하고, 공자신성화의 풍조 혹은 신보수주의라고 부를 수 있는 전통회귀적 감상주의 비판을 목표로 삼고 있다. 물론 그렇다고 그가 중국고전의 현대적 가치를 완전히 부정해야 한다고 주장하는 것은 아니다. 그는 객관성 테제를 근거로 고전을 제대로 읽어야 한다고 주장한다. 고전을 '제대로' 읽기 위해서는 고전에 부여된 신성의 아우라(aura)를 걷어내야 한다는 것이다. 그렇게 아우라를 걷어내면 고전의 본모습은 무엇인지, 고전은 미래를 위해 어떤 힘을 가진 것인지 우리는 알 수 있게 된다.

어쨌든 객관성을 최고의 가치로 내세우는 연구자는 역사적 맥락 안으로 고전을 되돌리는 것이 최선이라고 믿는다. 그 맥락을 얼마나 정확하게 객관적으로 회복할 수 있으며, 그것이 가능한지 결과는 알 수 없지만, 이령의 믿음은 분명히 현재 중국사회의 주류에 맞서는 것이다. 그런 점에서 이령은 용감하다. 장학성章學誠이 말한 것처럼, "시대의 흐름은 법령보다 더 무서운 것(時趨之畏, 甚于刑曹之法令也)" 아닌가? 신화와 신앙적 '열광'이 존재하는 곳에서 신화를 해체하는 작업은 언제나 위험을 동반한다. 어느 시대든 신화를 필요로 하고, 그 신화를 생산하는 열광적 그룹이 존재한다. 어느 시대든 허구를 필요로 하지만, 허구는 가능성과 위험성을 동시에 안고 있다. 신화 혹은 허구에 대한 요구와 대중의 열광이 현실의 정치적 요구와 맞아떨어지면, 그 결과는 자칫 큰 비극으로 끝날 수도 있다.

허구에 내몰린 비이성적 대중운동이 초래하는 위기와 비극은 역사 속에서, 아주 최근의 역사 속에서도 얼마든지 확인할 수 있다. 아무리 훌륭한 사상이라도 정치의 도구가 되고 민중의 열광에 사로잡히는 그 순간, 비극적인 폭력을 행사하는 데 동원될 수 있다. 하물며 대중을 동원하기 위해 의도된 허구라면 문제는 더 심각하다. 대중의 열광 앞에서 맑은 머리를 유지하는 일은 쉽지가 않다.

옛날이나 지금이나 시세를 거슬러 가는 것은 위험하다. 더구나 이령 본인이 말하는 것처럼, 그 시세가 광풍과 같은 수준에 도달해 있을 때, 그 위험은 말하지 않아도 알 수 있다. 그렇다면 우리는 어떤가? 서양중심주의를 비판하는 인문사회과학의 여러 담론을 교묘히 이용하여, 전통의 재해석과 회복을 빙자한 보수적 회귀정서가 꿈틀거리는 것은 아닌가? 전통문화의 발견과 회복이라는 미명 하에 온갖 낡은 책, 먼지 앉은 '고물'을 '보물'이라고 강변하며, 번역이다 전통회복이다 등의 미사여구를 동원하고 있는 것은 아닌가?

학교에서는 한문은 고사하고 기본 한자도 가르치지 않고, 한자와 한문을 읽을 수 있는 세대가 사라지고 있다. 이런 판국에 유교문헌이 유네스코의 기록문화유산으로 등재되었다는 소식에 사람들은 환호한다. 유교의 인의仁義를 헌신짝처럼 내다버린 마당에 유교교육의 산실인 서원이 문화유산으로 등재되었다고 기뻐한다. 우리 전통문화의 우수성을 자랑하는 사람들 중, 그 누가 유교의 회복을 이야기하는가? 그들에게 중요한 것은 유교문화가 아니라 관광수입의 확대다. 이런 상황에서 인류문화와 인간이 남긴 기록물을 연구하는 인문학의 중요성을 말한다. 인문학 운운하면서, 그저 텔레비전 인문학이 한국이 처한 많은 문제를 해결해줄 것처럼 호들갑을 떨고 있는 것은 아닌가? 진지한 인문학 책을 들추어보는 사람은 없고, 자기만의 시각으로 고전을 읽으려는 용기를 가진 사람은 더욱 드물고, 신선한 언어가 구사된 제대로 읽을 만한 고전해설이나 번역을 찾아보기 어려운 것은 과문의 탓인가?

마치 상가구喪家狗 처지에 떨어졌던 공자처럼, 대학에서 인문학을 강의하는 젊은 학자들 역시 비슷한 처지가 되어 떠돌고 있다. 이런 현실에서 과연 우리는 고전을 읽는 것의 의미, 이렇 식으로 말하자면 '진공자眞孔子'를 찾는 일이 진정으로 어떤 시대적 의미가 있는지 반성하고 자문하면서, 새로운 시대의 고민에 답하기 위해 전통과 고전을 탐색하고 있는가? 우리는 과연 그렇게 낡은 책 안에서 지혜의 원천과 사상적 자원을 찾아내는 능력을 연마하기 위해 노력하고 있는가?

이 책의 제2부에는 한국과 일본에서의 과학수용 및 전통의 재해석이라는 주제에 대해, 김정설金鼎卨(범부凡夫), 이마니시 긴지(今西錦司)를 중심으로 하는 일련의 논의를 실었다.

1923년 중국에서 발생한 '과학과 인생관' 논쟁에서 인생관파에 속하는 논자들은 물론, 시기적으로 약간 늦지만 한국의 김정설를 포함한 동아시아의 일부 지식인들은 슈펭글러의 『서구의 몰락』으로 대표되는 반근대·반과학주의 그리고 쇼펜하우어와 니체의 비관주의(pessimism) 사조의 영향을 받았다. 특히 1920년대 이후에 등장했던 동양회귀론, 전통회복론은 '근대와 전통의 관계'를 어떻게 볼 것인가 하는 문제에서 가치론적 분열을 드러낸다. 특히 제1차 세계대전 이후, '과학만능' 사고에 대한 반성과 서구문명에 대한 종말론적 비관의식은 동양의 지식인들로 하여금 새로운 대안적 근대를 창조해야 한다는 과제를 부여했다. 본론에서 살펴볼 테지만, 그 시기 중국에서는 양계초를 기수로 반근대와 반과학의 기치를 내세우며 전통으로의 회귀를 주장하는 인물들이 꼬리를 물고 등장했다. 그러하여 '과학만능'을 내세우며 전반적인 서양화 노선을 추구했던 호적이나 진독수, 이와 반대로 과학파산을 구호로 내세우며 동방문화 우위론 및 전통을 긍정적으로 재평가하려는 양계초와 장군매의 견해가 충돌하면서 결국 '과학과 인생관' 논쟁이 발생했다.

한국의 김정설이 주로 의거하는 베르그송은 반과학주의를 주창하는 핵심인물이었다. 중국의 '과학과 인생관' 논쟁에서 인생관파의 장군매나 양수명 역시 베르그송 철학에 강한 귀속감을 보여주고 있다. 범부 김정설은 젊은 시절부터 양계초의 글을 열정적으로 읽었던 경험 때문에 양계초의 사상적 자장권 안에서 근대비판과 근대극복을 위한 사유를 다듬어나갔다고 볼 수 있다.

김정설의 문제의식은 우리가 경험한 근대의 위기와 맞닿아 있다. 그 근대의 위기는 두 겹의 층위를 가지고 있다. 한국의 근대는 독자적인 근대의 길을 발견하기도 전에 일본의 강력한 영향 안에 포섭되었다는 사실에서 오는 위기였다. 그 결과 우리는 독자적인 언어로 근대화를 추진하지 못하고, 일본어로 근대를 만들어가야 하는 상황에 처했다. 자연히 우리는 독자적인 사상의 언어를 상실하고 말았다. 철학적 사유를 진행시킬 수 있는 학문적 언어는 거의 일본에서 만들어진 한자어 어휘(전통적인 한문 어휘도 아니고, 그렇다고 현대 중국어 어휘도 아닌)를 사용하는 처지에 떨어지고 말았던 것이다. 범부의 철학적 사유는 그런 비극적 사실에서 촉발되었다(최근 일본어의 잔재를 버리자면서 일본어 한자어를 사용하지 말자는 주장이 나오고 있는데, 그런 주장은 그야말로 어이가 없다. 일본어 한자어를 버리면 한국어 자체를 포기해야 한다는 사실을 모르는 무지의 극치다. 더구나 중국에서 만들어진 한자를 포기하고 순한글 어휘를 사용하자는 더 어이없는 민족주의까지 고개를 들고 있다. 그들은 아마도 영어를 공용어나 새로운 모국어로 사용하자고 주장할 가능성이 높다. 무지와 단견에 빠진 민족주의는 결국 우리문화를 혼돈으로 몰아갈 뿐이다).

그런 비극에서 출발하는 범부 김정설의 통찰은 날카롭다. 그는 독자적인 우리사상을 만들기 위해서는 먼저 일본화된 언어를 넘어서는 것이 급선무라고 역설한다. 그러나 그 일은 말처럼 쉽지 않다. 언어를 잃어버리면서 우리는 사유의 무기까지 상실해버린 것이다. 여기에 일본을 통해 들어온 서양문화의 영향을 불식하는 것이 우리에게 주어진 또 하나의 과제다. 서양은 거대한 과학적 성취를 통해 세상을 바꾸어놓고 결국 세상을 지배하게 되었다. 하지만 서구몰락의 소식이 도처에서 들려온다. 그렇다면 서구의 몰락 다음에 우리는 무엇을 가지고 우리의 정신을 계승 발전시킬 것인가? 유학인가? 주자학인가? 범부의 답은 '아니다!'이다.

범부는 주자학이 실패한 사상이라고 평가한다. 그는 주자학의 대안으로, 동시에 서양의 과학적 사유에 대한 대안으로, "샤머니즘→풍류도→단학→동학"으로 이어지는 한국문화의 정통계보를 제시한다. 말하자면 주자학적 도통론을 대신하는 풍류도 도통론이다.

일본에서의 과학과 전통의 대결 혹은 과학의 수용과 전통의 재해석이라는 주제에 대해서는 이미니시 긴지의 사유를 통해 근대를 극복하거나 근대와 전통을 조화시키려는 노력의 일부를 스케치해보려고 했다.

마루야마 마사오가 말한 것처럼, 마르크스주의가 근대 일본에서 '거대한 사상적 의미'를 가지는 사상체계라고 한다면, 이마니시의 사상은 당연히 마르크스주의 같이 거시적인 역사관이나 인류사의 동태에 대한 포괄적인 이론을 제시하는 스케일을 갖고 있지는 않다. 그러나 이마니시 사상의 매력은 인간이 아니라 생물과 자연을 문제 삼는다는 지점에서 유래한다. 인간의 의지적 실천을 강조하는 마르크스주의를 경제중심의 유물사관이라고 규정할 수 있다면, 자연 그 자체를 문제 삼는 이마니시의 사상은 마르크스의 관심과 대극에 위치하는 사유라고 말할 수 있다. 마르크스의 사상이 인간중심의 유물사상이라면, 이마니시의 사상은 생물중심의 자연사관이라고 명명할 수 있을 것이다. 서양에 사상적 뿌리를 두는 유물론(과학과 유물사관)에 대항하여 이마니시는 일본적 자연관(더 넓게 본다면, 불교와 도교와 연속되는 동양적 자연관)에 뿌리 내리면서 근대 이후의 일본적 사상풍토 내부에서 발생한 독특한 생물학적 자연사관을 제시한다. 바로 그런 이유로 이마니시의 사유는 서구를 넘어설 수 있는 하나의 대안으로 각광 받았다고 말할 수 있다. 더구나 서구에서 유래했고, 또 서구문화의 강점이라고 평가받는 자연과학의 영역에서 서구사상을 넘어서는 관점을 제시했다는 바로 그 점 때문에, 이마니시는 사상에 관심을 가지는 많은 사람들의 주목을 받았다.

이마니시의 사상은 물론이고, 그가 대결하고자 했던 다윈의 진화론 나아가 근대 자연과학의 방법론과 자연관을 이해하는 일은 또 하나의 거대한 과제일 수밖에 없음을 필자는 잘 알고 있다. 하지만 이마니시를 통해 근대 동아시아에서 전개된 과학담론의 큰 궤적을 이해하는 새로운 실마리를 발견할 수 있을 것이라는 기대를 버리지 않는다. 그의 자연학사상은 단순한 과학이론이 아니라 자연을 바라보는 사변적인 사상으로서의 성격을 가지고 있다. 이를 문화적 구속성을 가진 자연이해의 한 양상이라고 본다면, 그의 자연관을 사상사의 관점에서 해명하는 일은 유의미한 작업이 될 수 있다.

결론적으로 말해서 이마니시의 자연학은 좁은 의미의 과학범주에 속하는 학문이 아니다. 그의 입장은 과학이라기보다는 오히려 초월적 형이상학에 속한다. 그렇다고 해서 그의 이론을 반과학적이라거나 비과학적이라고 평가할 수는 없다(과학과 과학이 아닌 것을 명확하게 구분하는 선은 존재하지 않는다. 과학이란 무엇인가? 그 물음은 여전히 열려 있다). 그의 자연학은 생물세계를 관찰하고 분류하는 단순한 과학을 넘어서 있을 뿐 아니라, 동양적 영성의 전통에도 깊이 뿌리를 내리고 있다. 요컨대 그 이론의 매력은 자연과학적 탐구에서 출발하여 생물학 · 생태학 · 영장류연구 · 진화론 등 다양한 근대 자연과학의 영역을 탐색한 오랜 방황 끝에 도달한 성취라는 데 있다.

2020년 2월, 연구실에서

이용주

서장

근대적 번역어로서 '종교'

종교와 미신이라는 두 개념의 구분은 우리 일상생활 속에서 자연스럽게 터를 잡았다. 종교는 고상한 것이고 미신은 저속한 것이라는 식의 구분은 거의 무의식 속에서 작동하고 있다. 오늘날 우리는 그런 구분을 당연하게 여기고, 구분의 배경이나 이유에 대해서는 거의 묻지 않는다. 그러나 종교와 미신을 구분하는 근거는 무엇인가? 종교와 미신을 구분하는 확고한 경계선은 있는가? 그런 구분은 정당한 이유를 가지고 있는가? 종교는 고상한 것이고 미신은 저급한 것인가? 사실을 말하자면, 종교와 미신, 심지어 종교와 종교 아닌 것을 구분하는 명확한 경계는 존재하지 않는다. 그렇다면 무슨 이유에서 그리고 무엇을 근거로 그런 구분이 만들어졌는가? 그런 구분이 이루어진 배경은 무엇인가? 우리의 의문은 바로 거기서 시작한다.

'종교'는 서양어 'religion'의 번역어다. '종교'와 짝을 이루어 사용되고 있는 '미신' 역시 서양어 'superstition'의 번역어다. 물론 우리말의 '종교'라는 말과 영어의 'religion'은 번역어와 원어로서 대응관계에 있지만, 그 두 단어의 뉘앙스는 전혀 다르다. 어원적으로 'religion'은 연결한다, 이어준다는 의미를 가지고 있다. 사람과 사람을 연결하고, 조상의 삶과 현재의 삶을 이어준다. 혹은 초월적 존재와 인간을 이어준다. 그러나 한자어 종교는 원래 불교어에서 유래한 단어로서, 으뜸이 되는 가르침, 조종祖宗(최고의 정신적 지도자)의 가르침이라는 뉘앙스를 담고 있다. 사정이 그러하니, 영어와 한자어 단어가 단순히 일대일 대응관계에 있을 것이라고 추측하는 것은 지나치게 나이브하다. 원어와 번역어의 관계는 대개 이렇다.

원어와 번역어는 서로 동일한 의미를 가지고 있다고 말할 수 없다. 원어와 번역어 사이에는 겹치는 부분과 겹치지 않는 부분이 있다. 그런 차이는 서로 다른 문화적 배경 때문에 생기는 것이다. 하나의 언어에서 다른 언어로 번역될 때, 원어와 번역어 사이에는 반드시 어긋남이 존재하고, 그런 어긋남 때문에 이해의 차이가 발생한다. 차이가 축적되어 나중에는 전혀 다른 의미를 가진 다른 개념으로 갈라지기도 한다.

'religon'이라는 말의 내포는 '종교'라는 말의 내포와 다르다. 서양인은 'religion'이라는 말을 들으면 곧바로 기독교를 떠올리지만, 동양인은 그렇지 않다. 일반명사로서 'religion'이라는 단어는 17~18세기에 만들어진 것이고, 번역어 '종교'는 19세기 후반 일본에서 만들어진 것이다. 이후 서양인은 세상에 존재하는 다양한 형태의 세계관, 신앙, 가치체계, 문화전통을 'religion'이라는 개념으로 묶으려고 했다. 하지만 서양인이 다른 문화를 평가하는 기준은 언제나 기독교였다(일부 국가에서는 가톨릭, 다른 일부 국가에서는 프로테스탄티즘이라는 차이가 있다). 동양인이 '종교' 개념을 만들어낸 이후, 그 개념은 역사 안에 존재했던 다양한 형태의 사상, 의례, 신앙전통을 가리키는 개념으로 사용되었다. 특히 불교나 유교 혹은 도교 같은 비서구적 문화전통을 가리키는 개념으로 사용되었다. 그러나 다양한 형태의 비서구적 문화전통을 바라볼 때 기준이 되는 것은 거의 항상 기독교였다. 서양의 언어를 배울 때, 그 언어가 가지고 있던 문화적 편견까지 함께 배우게 되었기 때문이다. 이후 우리는 기독교를 기준으로 종교를 사고하는 무의식적 습관을 가지게 되었고, 그런 기준에서 벗어나는 것은 종교가 아니라고 평가하는 무의식적 편견도 갖게 되었다.

그런 무의식적 편견은 지금도 작동하고 있다. 그 결과 많은 사람이 유교가 종교인지 아닌지 판단을 주저하거나, 아니면 당연한 듯 유교는 종교가 아니라고 말한다. 왜냐하면 유교에서는 숭배하는 특별한 신이 없는 것 같고, 내세나 종말을 이야기하지도 않고, 독립된 교회조직도 갖지 않으며, 초월이나 신적 세계를 추구하는 것 같지도 않기 때문이다. 그런 것을 어찌 종교라고 부를 수 있겠는가? 기독교를 기준으로 볼 때, 종교처럼 보이지 않는 유교를 어찌 종교라고 부를 수 있다는 말인가? 판단을 유보하는 사람은 그나마 나은 편이다. 대부분은 거의 무의식적으로 유교는 '절대' 종교가 아니라는 결론에 도달한다. 그나마 불교나 도교는 비교적 쉬운 것처럼 생각된다. 불교에는 기독교의 창시자에 해당하는 창시자가 있다. 분명하지는 않지만 다양한 종류의 경전도 있는 것 같고, 교회에 상응하는 절이나 사원 같은 조직도 있는 것 같다. 기독교와 정확히 같지는 않지만, 윤회, 해탈, 불사, 신선 등, 사후의 생명이나 초월을 말하는 것처럼 보이기 때문이다.

나아가 '미신'이라는 말은 종교보다 더 어렵다. 어떤 종교학 전문가라 할지라도 미신에 대해 명확하게 말하기는 어렵다. 미신이라는 말은 의미가 모호하다 못해 거의 없다고 할 정도로 어렵다. 글자 그대로 말하자면 '미신'이란 '미혹에 빠진 신앙'이라는 뜻이다. 미혹에 빠진 신앙이 있다면 미혹에 빠지지 않는 신앙도 있다는 말인데, 과연 그것이 무엇일까? 미혹에 빠진 것과 그렇지 않은 것을 구별하는 기준은 무엇일까? 영어로 'superstition'과 번역어 '미신'이 정말 같은 내포를 가지고 있는가?

사실 "종교란 무엇인가" 그리고 "미신이란 무엇인가"는 답하기 어려운 문제다. 그런 개념은 일상적으로 널리 사용되고는 있지만, 막상 그것이 무엇인지 대답하기는 어렵다. '종교'라고 말할 때, 기독교를 믿는 사람들은 당연히 기독교를 기준으로 생각할 것이다. 우리는 동양 문화권에 속해

있지만 보통 사람조차도 '종교는 곧 기독교'라고 생각하는 경향이 강하다.

그러나 동양에도 기독교에 못지않게 확고한 사상체계와 이론적 깊이를 가진 다양한 신앙 또는 문화전통이 존재했다. 그런 전통을 '종교'라고 불러야 할지 '철학'이라고 불러야 할지 혹은 '미신'이라고 불러야 할지 여전히 분명하지 않다. 그런 개념들 자체가 본래 모호한 것이기 때문이다. 그래서 그런 개념들 대신에 조금 더 중립적인 '세계관'이라는 개념을 사용할 것을 제안한다. 우리가 널리 사용하는 '종교'라는 말이 기독교적 편견에 사로잡힌 것이기 때문에, 세상의 다양한 문화전통과 삶의 양식, 가치관, 사상을 포괄적으로 지칭하기 위해서 이 개념을 사용할 수 있을 것이다. 새로운 개념을 어색하게 여기는 사람은 굳이 새로운 개념을 받아들이지 말고 그냥 종교(기독교 편견을 배제한) 혹은 넓은 의미의 철학이라고 불러도 무방하다. 근래 동양의 전통사상, 철학, 신앙, 종교는 청장년에게 거의 인기가 없지만, 그럼에도 그런 전통들은 여전히 살아 있다.

대만이나 홍콩을 여행해보라! 그런 전통적 동양의 신앙, 종교, 문화, 즉 세계관은 여전히 살아 숨쉬는 것임을 알 수 있다. 그런 것을 모두 '미신'이라고 부를 수 있는가? 아니면 '종교'라고 부를 수 있는가? 그냥 습속이나 문화라고 불러야 하는가? 어떤 기준을 가지고 말하느냐에 따라 답은 달라질 것이다. 나아가 '종교'와 '미신'을 나누는 명확한 구분선이 존재한다면, 그것은 무엇인가? 어떤 것을 '종교'라고 부를 때 그 실체는 무엇인가? '미신'을 엉터리 신앙이라고 정의할 수 있다면, 그것과 바른 신앙은 어떻게 구분되는가? 이런 모든 질문에 대해 명확하게 답할 수 있는 사람은 없다. 그런 개념들은 어떤 본질적 실체를 가진 것이 아니라 인간 삶의 여러 사태를 설명하기 위해 만들어진 도구개념들이기 때문이다. 도구개념은 개념을 사용하는 사람의 기준에 따라 전혀 다른 의미를 가진다. 그리고 그 개념들을 통일하는 보편적 기준을 제시하는 것도 원리적으로 불가능하다.

최근 우리 학계에서는 근대에 형성된 여러 개념의 성립계기와 개념의 배후에서 작동하는 이데올로기에 대한 탐구가 활발하게 진행되고 있다. 예를 들어, 민족개념이 실체적 대상을 갖지 않는 도구개념, 즉 이데올로기적으로 발명된 장치개념이라는 사실을 밝히는 연구가 그런 것 중 하나다. 그런 근대적 개념들의 이데올로기적 분석을 확대해보면, 과학은 물론 종교나 미신 등 상식적이고 일상적으로 사용되는 단어들조차 이데올로기적으로 발명된 것이라는 것을 알게 된다.

근대 이후 서양에서 만들어진 개념과 어휘를 중국과 일본에서 만들어진 '번역어'를 통해서 수용해온 우리로서는 그런 개념의 의미를 탐구하는 것은 중요한 정신사적 과제가 될 수 있다. 우리의 주제가 되고 있는 '종교(religion)'라는 말은 근대 서양에서 등장한 것이다. 그리고 종교와 대립되거나 밀접한 관계를 가진 '과학(science)'이라는 말 역시 비슷한 시기에 등장했다. '종교' 개념이 '과학' 개념과의 연관 속에서 만들어진 것이라면, 그 단어의 내적 의미와 정신사적 배경, 그 개념이 발명되는 시대의 이데올로기적 배경의 탐색도 중요한 주제가 될 수 있다. '종교'와 '미신', 그것과 연결되어 있는 '과학' 개념의 고리는 서구정신사에서 중요한 주제다. 과학과 종교와 미신개념의 형성과정을 탐구하고, 그들 사이의 연결성을 탐색하는 일은 근대 정신사의 핵심주제가 된다. 현재 우리는 그 문제를 자세히 분석할 수 있는 학문적 수준에 도달해 있지 않다. 분과학문으로 갈가리 쪼개져 있는 현재의 학문체제 안에서, 서양이나 일본에서보다 분과학문적 분할이 더욱 강하게 유지되고 있는 우리나라에서, 그런 주제를 탐구하는 것 자체가 불가능한 상황이다.

이 책의 과제는 동서양 정신사를 재구성하는 것을 염두에 둔다. 하지만 당장은 여러 가지 한계 때문에 근대 중국에 관심을 한정할 수밖에 없었다. 근대 중국은 동서양의 정신사가 충돌하는 전선이자 세계 정신사를 비추는 거울이기 때문에, 근대 중국에서 시작하는 것은 나쁘지 않다. 이 책을 시작하는 이 장에서는 근대 중국에서 '종교', '과학' 등의 개념이 도입되고 위계가 만들어져 가는 과정, '종교'와 '미신'이 '철학'이나 '과학' 개념과 연관성을 획득하는 과정을 스케치해볼 것이다.[1]

종교개념과 정교분리

근대 중국에서 '종교'라는 개념이 언제부터 사용되기 시작했는지 밝히는 것은 쉽지 않다. 같은 한자를 사용하는 일본에서 서양의 근대 어휘 안에 공통으로 존재하는 'religion'의 번역어로서 '종교宗教'라는 단어가 등장한 것은 메이지시대(1868년 이후) 초기다. 그 이전에 '종교'라는 단어는 일반명사로는 거의 사용되지 않았다. 일반명사로서 'religion'이라는 단어는 서양에서도 17~18세기 이후에나 사용되기 시작했다. 그리스어나 라틴어 그리고 중세와 근세의 영어 및 불어 어휘 안에 일반명사로서 'religion'에 해당하는 말이 없다. 그 말의 어원이 되는 라틴어 'religio'라는 단어는 있었지만, 그 말은 세상에 존재하는 다양한 신앙이나 세계관, 문화와 습속을 가리키는 말이 아니라, 인간과 신의 관계성을 지칭하는 단어였을 뿐이다. 세상에 다양하게 존재하는 여러 세계관들, 예를 들어 기독교 같은 유신론이나 힌두교 같은 다신론, 불교 같은 무신론, 심지어는 원시부족의 신앙이나 습속을 포괄하는 일반명사로서 'religion'은 근대에 비로소 등장한 것이다. 그 'religion'이 1870년대 일본에서 '종교'라는 개념으로 번역 소개되었다.[2] '종교'라는 번역어가 소개되고 난 후, 과학 · 철학 · 신앙 · 전통 · 미신 등 종교와 밀접한 관계를 가진 여러 개념들 사이의 관계를 둘러싸고 많은 논의가 있었지만, 여전히 분명한 그림이 그려져 있다고 말하기는 어렵다. '종교'라는 단어의 의미는 물론이고, '종교'와 '철학', '과학', '미신'이 어떤 관련을 가지고 있었는지에 대한 탐색은

거의 존재하지 않는다.[3]

번역어 '종교'가 중국에 소개될 때, 종교란 공적公的 영역과는 무관하게 사적私的이고 내밀한 영역에 관련된 것이라는 편견도 함께 들어왔다. 양계초(梁啓超, 1873~1929)를 비롯하여 '종교' 개념을 정착시키는 데 기여한 여러 사상가들이 이미 그런 편견을 가지고 있었다. 양계초가 '과학'과 '종교'와 '미신'을 이론적으로 구분하려는 시도를 한 지 거의 100년이 지났지만, 현재도 일반인들은 양계초의 입장에서 더 나아간 것이 거의 없다. 이것이 우리의 현실이다. 그 개념이 만들어진 근대 서양에서 이미 '종교' 개념에 대한 이데올로기적 편향이 작용했고, 그것을 번역어로 수입하는 과정에서 당연히 그런 편향적 관점이 함께 수입되었다.

종교가 사적인 영역의 일이라고 여겨지게 된 것은 소위 '정교분리政教分離'라는 정치적 사태와 연관이 있다. 16~17세기에 유럽 전체를 혼란 속으로 몰아넣었던 종교전쟁이 종결된 이후에 등장한 근대국가는 새로운 형태의 정치체제를 만들고자 고투하는 과정에서 종교와 정치를 분리하는 '정교분리의 원칙'을 확립하게 된다. 이 원칙에 따라, 정치는 공적인 영역(public sphere)을 담당하고 종교는 사적인 영역(private sphere)을 담당한다는 식으로, 공적 영역과 사적 영역의 근대적 분할이 발생했다. 그런 분할은 중세에는 존재하지 않았던 것이다. 이후 종교가 다루는 것은 공적으로 드러나지 않는 사적인 내면의 신앙이라는 관점이 확립된다. 특히 신비주의적인 지향을 가진 프로테스탄티즘은 종교의 내면화를 강조했고, 그 결과 근대 서양에서 종교는 내적인 양심과 신앙의 문제로 한정되는 과정을 겪게 된다. 가톨릭 국가들에서는 성격이 조금씩 다르지만, 프랑스가 근대화과정에서 정치와 종교의 분리를 헌법정신으로 채택하면서 '정교분리의 원칙'이 전 세계로 확산된다. 그것을 단순하게 도식화해보면 다음과 같다.

정교분리 이전	정교분리 이후
정치와 종교는 분리되지 않는다	정치와 종교의 분리가 일어난다 정치와 종교의 영역은 분할된다
종교 = 공적인 영역 + 사적인 영역 (두 영역을 포괄하는 정치-종교로서 존재함)	정치 = 외적이고 공적인 영영 종교 = 내적이고 사적인 영역

다른 한편으로 근대의 철학자들은 '철학'은 논리적이고 합리적인 이성의 활동인 반면, '종교'는 내면의 신앙을 강조하는 비합리적이고 비이성적인 정신활동이라고 규정했다. 철학은 공적인 이성의 활동이지만, 종교는 사적인 감성(감정)의 활동이라는 분할원리가 성립한 것이다. 이런 상황에서 종교가 철학이나 정치에 비해 부정적인 함의를 가지게 되는 것은 당연하다. 근대 번역어의 탄생배경을 탐구할 때에도 종교가 진지한 주제가 되지 못하는 것 역시 당연히 예상할 수 있다. 이렇게 종교는 신비로운 내면의 영역으로 축출되고, 객관적이고 이성적인 연구가 불가능한 신비의 영역에 갇혀버리게 된다. 근대 이후 감성적이고 내밀한 영역을 다루는 종교는 여성의 일인 반면, 이성적이고 합리적인 영역과 관계하는 철학과 정치와 과학은 남성의 일이라는 식의 젠더적 분리가 일어나는 것도 같은 맥락에서 이해할 수 있다.

'종교/미신' 범주의 성립

양계초는 일본어 '종교' 개념이 중국사회에서 정착하는 데 기여한 선구자였다. 따라서 먼저 양계초를 통해 중국에서 과학 · 종교 · 미신이라는 범주가 확립되는 개략의 과정을 파악할 필요가 있다. 그 다음에 신문화운동의 상징이라 할 수 있는 『신청년新青年』 잡지의 주도자였던 진독수(陳獨秀,

1872~1942)를 중심으로 중국에서 종교 및 미신개념이 확산되어 가는 과정에 대해 살펴볼 것이다.

'종교' 및 '미신'은 '과학'과 밀접한 연관성을 가지면서 규정되었다. 일본에서도 '종교와 미신'은 근대과학의 수용과 관련을 가지고 등장했다. 그 경우 '종교와 미신'은 과학수용에 의해 극복되어야 할 대상으로서 부정적인 의미를 부여받았다. '과학'이 실증(혹은 실험)의 토대 위에 성립되는 이성의 산물인 반면, '종교'는 그런 이성적 토대가 결여된 것이라고 생각되었기 때문이다.

그러나 '과학'의 도입과 함께 과학에 이의를 제기하는 사람들이 나타난다. 과학 자체가 확고한 진리를 보증하는 것이 아닐 뿐 아니라 커다란 한계를 가진 것이라는 이의제기였다. 그리고 과학에 의해 배척된 종교가 과학을 보완하는 긍정적 가치를 가질 수 있다는 주장이 힘을 얻기 시작한다. 하지만 그런 최소한의 가치조차 부여받지 못하는 민중의 습속은 어떻게 해야 하는가? 그런 저급한 민중의 습속을 또 무엇이라고 부를 것인가? 그것을 종교라고 불러버리면, 종교가 가진 보완적 가치를 민중습속에도 인정하는 꼴이 된다. 그래서 새롭게 동원한 개념이 (미혹된 신앙이라는 의미를 가진) '미신'이었다.

'미신'은 처음부터 무지몽매한 민중의 믿음이었기 때문에 어떤 긍정적인 가치도 갖지 못하는 신앙으로 치부되었다. '미신'은 최소한의 가치도 없는 것으로서 근대사회가 추구하는 공적가치의 영역에서 완전히 배제되었던 것이다. 그런 의미조작의 결과, 인간의 정신활동을 '과학→종교→미신'으로 구분하는 개념의 위계질서가 만들어진다. 그러나 그 셋을 구분하는 명확한 기준이 제시된 것은 아니다. 그런 개념의 위계질서는 자의적인 '구별짓기'의 산물에 불과하다. 그런 '구별짓기'를 통해 엘리트들은 민중의 세계를 재조직할 수 있는 도구를 획득하게 된다. 그것이 중국을 비롯한 동아시아 사회에서 벌어진 근대적 계몽의 핵심이었다.

후쿠자와 유키치

양계초의 '종교/미신' 담론

양계초의 종교담론에서부터 시작해보자. 사실 이 과제는 생각처럼 쉽지 않다. 타의 추종을 불허할 만큼 다작多作했던 양계초가 남긴 글 전부를 시간순서로 체계적으로 분석하는 일이 쉽지 않기 때문이다. 양계초는 당시 중국사회를 보는 남다른 위기의식을 보유한 채 중국을 근대적으로 변혁하려는 강렬한 계몽의 의지를 불태웠다. 계몽의 절박감에 사로잡힌 양계초는 삶의 매 시기마다 엄청난 양의 글을 발표했다. 약 30년에 걸쳐 있는 정치-계몽의 활동기간 동안 방대한 글을 남긴 그는 종교에 대해서도 적지 않은 글을 썼다. 그리고 매 시기마다 다양한 의미로 '종교' 개념을 사용했다.

양계초는 비교적 초기 논설에서부터 '종교'에 대해 논의했다. 이제는 상식이 된 것이지만, '종교'라는 한자어는 1875년 무렵 일본의 『명륙잡지明六雜誌』의 저자들에 의해 만들어진 것이다. 특히 양계초에게 커다란 영향을 준 후쿠자와 유키치(福澤諭吉, 1835~1901)는 '종교' 개념을 확산하는 데 크게 기여했다. 양계초가 처음 일본을 방문했던 1899년 무렵, 일본에서 종교개념은 이미 일상 어휘의 수준으로 정착되어 있었을 것이다. 일본에서 그 개념을 배우고, 중국에 수입하고 전파하는 창구역할을 했던 양계초의 종교이해는 당시 중국인들에게 사유의 한 방향을 제시한 것이라고 말할 수 있다.

먼저 양계초는 「비종교 동맹에 대해 논평함(評非宗教同盟)」이라는 글에서 "종교는 각 개인의 신앙의 대상(宗教是各個人信仰的對象)"이라는 기본 전제 위에서, "최하층의 무생물숭배에서 동물숭배를 거쳐, 최고 수준의 일신교나 무신론에 이르는 여러 형태의 종교"[4]가 존재한다고 말한다. 여기서 양계초는 19세기 유럽에서 유행한 진화론에 입각하여 종교의 유형을 구분하는 관점을 제시하고 있다. 나아가 양계초는 종교가 "전적으로 정감과 관련된 것(完全是情感的)"이며, "비밀스러운 성격을 가진 것(含有秘密性)"이기 때문에, "이성으로 해부(분석)하는 것이 불가능하다(不可能, 用理性來解剖他)"는 사실을 강조한다.[5] 이처럼 전형적인 근대적 종교관을 답습하고 있는 양계초의 종교관은 다음과 같은 명제로 정리할 수 있을 것이다.

첫째, 종교는 다양한 형태를 가지고 있다(저급종교 → 고급종교).

둘째, 종교는 개인의 〔사적인〕 신앙이다.

셋째, 종교는 〔이성이 아니라〕 정감의 산물이다.

넷째, 따라서 종교는 비이성적이다.

1900년대에 들어와 양계초는 '미신'이라는 새로운 개념을 도입하여 '종교'에 대해 논한다. 그 경우 '미신'은 '종교'에 속하지만 수준에 있어서 구분되는 것이다. 예를 들어, 1902년의 발표한 「학문의 힘이 세계를 좌우한다는 사실을 논함(論學術之勢力左右世界)」이라는 글에서 양계초는 서양의 종교개혁과 르네상스에 대해서 말하면서 '종교'와 '미신'에 대해 다음과 같이 언급한다.

"그 당시의 학자들은 더 이상 종교와 미신의 속박에 얽매이지 않게 되었으며, 마침내 루터의 개신교가 일어나면서 전 유럽의 정신문화는 크게 변화하기에 이른다."[6]

이 발언에서 종교와 미신은 거의 동의어로 사용되고 있다는 것을 알 수 있다. 양계초의 관점에서 볼 때, '종교'와 '미신'은 근대인이 벗어나야 할 낡은 정신현상이다. 루터의 종교개혁이 발생하기 전에 중세사회를 지배하던 낡은 정신문화가 다름 아닌 '종교'와 '미신'이다. 양계초는 유럽의 정신사를 루터 이전과 이후로 나누고, 루터 이후의 개신교(프로테스탄티즘)

는 근대적이지만, 중세의 가톨릭은 '종교미신'이라고 평가하고 있다. 같은 기독교지만, 루터에 의해 탄생한 개신교는 단순히 중세적인 종교미신이 아니라 새로운 문명을 대표하는 것이다. 그러나 중세의 가톨릭은 '미신'이다.

양계초는 종교를 '바른 것'과 '바르지 않은 것'으로 구분하고, 그중에서도 바르지 않은 것을 '미신'이라고 평가하는 방식으로 미신개념을 사용하고 있다. 양계초는 종교에 대한 이중시선을 가지고 있었던 것이다. 양계초가 보기에 종교는 정감의 영역에 속하는 것이다. 따라서 종교의 비이성적 측면이 강조된다. 그런 점에서 종교는 근대가 극복해야 할 낡은 정신문화다.

그러나 모든 종교가 전적으로 나쁜 것은 아니다. 양계초는 종교를 바른 신앙인 '정신正信'과 바르지 않은 신앙인 '미신迷信'으로 다시 나눈다. 이때 '정신'은 나름의 가치를 가지고 있다. 그러나 그렇지 않은 '미신'은 제거되어야 한다. 여기서 양계초가 사용한 '정신'은 일반적인 개념으로 정착되지는 않았지만, 그런 구별 자체는 오늘날까지 살아남았다. 여기서 우리는 '정신'과 '미신'의 구별이 제사를 '정사正祀'와 '음사淫祀(지나친 제사)'로 구별하는 유교적 관행에서 유래한 것이라는 사실을 기억할 필요가 있다.

양계초가 사용한 '미신'이라는 단어 자체는 위진魏晉시대 불교문헌에서 나온 것이다. 당시 불교의 본질에 대한 입장 차이 때문에 종파의 분리가 일어났고, 종파들이 갈등하는 상황에서 반대파를 비판할 때 '미신'이라는 개념을 사용했다. 이처럼 '미신' 개념 자체는 대단히 오래된 것이다. 그리고 17세기 명말청초明末淸初의 가톨릭과 유교의 의례논쟁(中西禮儀論爭) 과정에서 '미신' 개념이 다시 소환되었다. 아이러니하게도 유교와의 공조共助를 기대했던 천주교도들은 불교, 도교 등 비유교적 사상(신앙)을 '미신'이라고 불렀다. 이후 19세기 후반부터 '미신' 개념은 새로운 의미를 가지기 시작한다. 영어 'superstition'의 번역어로서 '미신'이 근대적 어휘로 새롭게 등장한 것이다. 그때 '미신' 개념은 비이성적이고 비과학적인 신앙, 즉 민중의 다신숭배多神崇拜를 지칭하는 것으로 사용되기 시작한다. 그런 용법은 양계초가 활동을 전개하기 전부터 존재했던 것이다.[7] 따라서 양계초는 그런 시대적 분위기 안에서 종교를 '정신'과 '미신'이라고 구분하거나 〔바른 신앙인〕 '종교'와 〔바르지 않은 신앙인〕 '미신'을 위계론적으로 구분하려고 했던 것이다.

양계초가 「학문의 힘이 세계를 좌우한다는 사실을 논함」에서 앞서 네 가지 요소를 기준으로 종교를 말하던 초기 관점에 덧붙여 다섯 번째 요소를 추가한 것은 이런 이유 때문이다. 그 결과 조금 더 다듬어진 양계초의 종교론을 정리해보면 다음과 같다.

> 첫째, 종교는 '개인의' 신앙이다(종교는 사적인 영역에 속한다).
>
> 둘째, 종교는 '다양한' 형태를 가지고 있다(종교는 크게 고등종교와 하등종교로 나뉜다).
>
> 셋째, 종교는 '정감의' 산물이다(종교는 내면적이고 비밀스러운 성격을 가질 수 있다).
>
> 넷째, 종교는 '비이성적'이다(따라서 종교는 이성으로 분석하기 어렵다).
>
> 다섯째, 종교는 바른 신앙(正信)과 바르지 않은 신앙(迷信)으로 구분된다(바른 신앙은 '종교'라고 부르고, 바르지 않은 신앙은 '미신'이라고 부른다. 서양의 기독교를 평가할 때, 개신교는 문예부흥의 산물이기 때문에 '바른 신앙' = 정신 = '종교'이지만, 중세의 가톨릭은 바르지 않은 신앙으로서 '미신'이다).

양계초는 일단 '종교'와 '미신'을 모두 비이성의 범주에 속한다고 본다. 미신은 비이성적인 종교에 속하는 것이면서도 더욱 저급한 양태이기 때문에 무조건 부정되어야 할 것이다. 하지만 양계초의 초기 종교론을 고려한다면, 종교란 어차피 감정의 영역에 속하기 때문에, 논리나 이성으로 해명할 수 없는 것이다. 결국 양계초에게서 종교와 미신은 가치적인 면에서 구별되지만, 그 구별이란 상대적인 것에 불과하다. 그렇다면 종교와 미신을 나누는 '기준'은 무엇인가? 누가 그것을 정하는 '권리'를 가지는가? 그것이 문제가 된다. 물론 양계초는 그 점을 분명하게 밝히지 않는다. 그런 점에서 양계초가 말하는 '종교'와 '미신'의 위계적 구별 자체가 모호한 것임을 알 수 있다. 그런 상황을 다음과 같이 표로 정리할 수 있을 것이다.

종교와 미신의 관계

* 모든 종교는 비이성의 영역에 속한다
* 종교는 '바른 신앙(正信)'와 '그릇된 신앙(迷信)'으로 구별된다
* 하지만 그런 구별의 기준 자체가 모호한 것이다
* 따라서 그런 구별은 성립되기 어렵다

그런 논리적 문제를 예상했던 양계초는 실제로 이렇게 말한다.

> "나는 과거에 범주를 만들어서 학문을 논의하는 경우에, '종교'라는 범주(개념)를 그다지 좋아하지 않았다. 왜냐하면 〔종교는〕 '미신'으로 기울어지기 쉬운 것이고, 따라서 진리를 가로막을 수 있는 것이기 때문이다."[8]

여기서 양계초는 철학이나 과학이 진리를 탐구하고 진리를 밝히는 것을 목표로 삼는 반면, '종교'는 근본적으로 비이성적인 성분과 요소를 가진 것이기 때문에 결국은 진리를 가로막는 '미신'으로 흐르기 쉬운 것이라고 말한다. 그런 이유로 양계초는 종교를 하나의 범주로 설정하기를 기피했다고 말한 것이다. 이어서 양계초는 종교와 미신을 구분하지만, 사실상 그것을 구분하는 명확한 기준은 존재하지 않는다는 사실을 고백하면서 다음과 같이 덧붙인다.

> "종교와 미신은 서로 깊이 연결되어 있다. 종교를 구성하는 미신적인 부분은 반드시 나머지 절반만큼 진리를 덮어서 가리고 있기 마련이다. 그러나 미신이 꼬리를 물고 증가한다면, 인간의 지혜는 진보할 수 없게 될 것이고, 세상의 진보 역시 기대하기 어려워질 것이다. 따라서 학술을 논의하는 사람은 미신을 적으로 삼아서 싸우지 않을 수 없다. '미신'을 적으로 삼는다면, '미신'과 밀접하게 연결되어 있는 '종교' 역시 적으로 삼아서 싸우지 않을 수 없을 것이다."[9]

양계초는 '미신'과 '종교'를 구별할 수는 있지만, 그 둘은 뗄 수 없이 연결된 것이기 때문에, '미신'과 싸우는 학문적 투쟁은 필연적으로 '종교'에 대한 투쟁으로 이어질 수밖에 없다고 말하고 있다. 앞서 우리는 양계초가 개신교와 가톨릭을 구분하고, 전자는 일부 합리적 요소를 가진 종교, 후자는 전적으로 부정적인 의미를 가진 '미신'이라고 평가했다는 사실을 살펴보았다. 그러하여 양계초는 지성과 사회의 진보를 위해 '미신'과의 싸움은 반드시 필요한 일이라고 말한 다음, 미신과 종교는 서로 깊이 연결되어 있기 때문에, 미신과의 투쟁은 필연적으로 종교와의 투쟁으로 발전할 수밖에 없다는 사실을 강조한다.

그런 논리에 따르면, 개신교는 근대적 개혁의 산물이기 때문에 중세적 가톨릭과 달리 긍정적인 가치를 가질 수 있다. 하지만 개신교 역시 종교의 범주에 속하는 이상 미신적 성분을 가질 수밖에 없다. 그렇다면 종교라고 부를 수밖에 없는 기독교(가톨릭과 개신교 전부) 전체가 궁극적으로는 배격해야 할 적敵이 되어야 한다. "기독교는 결국 미신을 위주로 삼기 때문에, 그것의 철학적 이치는 천박하다."[10] 이것이 초기 단계에서 양계초

종교론의 귀결이다.

양계초는 형식적으로는 종교와 미신을 구분하지만, 실제로는 기독교로 대표되는 '종교' 자체가 핵심에 있어서는 미신이라고 본다. 따라서 철학적 관점에서, 즉 합리성을 근간으로 삼는 철학이라는 기준에서 본다면, 종교에 불과한 기독교는 진리탐구의 방해물이 된다. 철학적 의미에서 볼 때, 기독교 자체가 왜곡된 정신활동이라는 것이다. 처음에는 종교와 미신을 구분했지만, 그런 구분 자체가 유지되기 어렵다는 논리적 결론에 도달한 다음, 양계초는 기독교 자체를 배척의 대상으로 삼기에 이른 것이다. 이런 과정을 거치면서 양계초는 최종적으로 "종교는 곧 미신"이라는 결론에 도달한다.

유교와 불교, 종교인가 철학인가

여기서 한 걸음 더 나아가 양계초는 '종교와 미신'의 위계적 담론 안에 '유교'를 어떻게 위치 지울 것인가에 대해 논의한다. 잘 알려진 것처럼 강유위(康有爲, 1858~1927)의 제자였던 양계초는 강유위의 공교孔教운동을 지지했다. 그러나 시간이 흐르면서 강유위의 공교운동과 일정한 거리를 유지하게 된다. 하지만 양계초가 유교를 중국문화의 중심으로 회복하는 과업 자체를 포기한 것은 아니었다. 이때 양계초가 회복하고자 했던 것은 종교로서의 유교가 아니라 철학으로서의 유교였다는 사실을 기억할 필요가 있다. 양계초가 말년에 발표한 『유교철학』(1926년)은 종교로서가 아니라 철학으로서 유교를 논하는 본격적인 시도이자 그 결론이라고 말할 수 있다. 그런 의미에서 양계초는 유교를 '종교와 미신'이라는 범주 안에 어떻게 위치 지울 것인가를 고민하지 않을 수 없었을 것이다.

1904년에 쓴 유명한 논설 「유교를 보전하는 것이 곧 존공이 아님을 논함(保教非所以尊孔論)」에서 양계초는 공교(공자교)를 개신교와 유사한 형태의 종교로 만들고자 하는 강유위의 노선을 지지하지 않는다는 사실을 천명했다. 그렇다고 양계초가 유교를 긍정적으로 재평가하려는 노력을 포기한 것은 아니다. 양계초는 여전히 '종교와 미신'의 구분론을 적용하면서 유교의 의미를 새롭게 평가하려고 한다.

> "서양 사람들이 말하는 종교라는 것은 오직 미신 신앙에 불과한 것이다. 종교의 권력범위는 신체 외부 일체의 것에 관여한다. 종교는 영혼을 기본적인 이론적 의지처로 삼고, 예배를 형식으로 삼고, 세상을 초월하는 것을 목표로 삼으면서, 열반과 천국에 도달하는 것을 궁극적 목적으로 보며, 현세가 아닌 내세에서의 행복과 불행을 가르침의 문으로 본다. 여러 종교들은 정밀하고 조잡함의 차이, 크고 작음의 차이는 있지만, 그런 내용에 있어서는 대체로 일치한다."[11]

여기서 양계초는 종교를 구성하는 일반적인 요소들을 열거하면서 종교에 대해 논하는 새로운 관점을 보여준다. 종교학에서 말하는 종교에 대한 '실체적 정의(substantial definition)'와 유사한 관점이다. '실체적 정의'는 여러 종교들 안에서 발견되는 공통요소를 기준으로 종교를 논의한다. 양계초가 제시하는 실체적 정의에 따르면, 종교란 영혼에 대한 신앙을 중심에 두고 내세로의 초월을 꿈꾸는 비이성적인 사유이자 실천체계다. 그리고 서양 사람들이 말하는 종교라는 것은 사실은 단순한 미신에 불과하다. 이처럼 종교 자체가 미신과 근본적으로 다를 것이 없다고 생각하는 양계초에게 유교란 무엇인가? 유교의 본질은 무엇이며, 또한 실체적 기준에서 볼 때, 유교는 종교라고 말할 수 있는가?

유교의 종교화를 지지하던 시기에 양계초는 유교를 종교라는 범주 속에 담아 설명하려고 했다. 그러나 종교 자체가 미신이라는 입장전환이 일어난 시점에서 유교를 무엇이라고 보아야 하는가? 사실 양계초의 관점 전환은 유교를 어떻게 평가할 것인가 하는 관심과 연동되어 있었다. 유교에 대한 관점전환이 종교에 대한 태도변화를 초래했다는 말이다. 양계초는 유교가 위에서 말한 '종교'의 실체적 요소들을 가지고 있지 않다고 보았다. 따라서 그는 유교의 개조인 공자가 예수나 붓다와 같은 '종교가'가 아니라고 주장한다. 그렇다면 실체적 종교규정을 만족시키지 않는 유교는 종교가 아니라고 말해야 할 것이다.

> "〔공자가〕 가르치는 바는 오로지 이 세계와 국가의 일이고, 윤리와 도덕의 바탕이다. 따라서 공자의 가르침에는 미신이 포함되어 있지 않고, 예배를 포함하지 않고, 회의적 태도를 금지하지 않으며, 다른 종교(외도)를 원수로 보지 않는다. 공자의 가르침이 다른 종교들과 다른 점은 바로 그런 사실에서 찾을 수 있다. 조금 더 정확하게 말해보면, 공자는 철학가, 경세가, 교육가이지 종교가가 아니다."[12]

유교는 영혼에 대한 신앙을 믿지 않고, 내세로의 초월을 꿈꾸지도 않는다. 그렇기 때문에 유교는 종교가 아니다. 현대적인 의미로 말하자면, 공자는 철학자나 교육자 혹은 경세가(정치가)이지 종교가가 아니다. 중국의 역사 안에서 양계초가 말하는 의미의 종교가에 해당하는 인물은 도교의 창시자라고 알려진 장도릉張道陵이나 근세 민중도교의 공과격功過格을 전파한 원료범袁了凡 등이다. 양계초는 유교를 종교가 아니라 철학 · 교육 · 경세(정치, 경제)의 관점에서 평가해야 한다고 주장한다.[13] 사실 양계초의 유교평가는 오늘날에도 여전히 상식적으로 받아들여지는 유교이해와 일맥상통한다는 점에서 흥미롭다. 대다수 유교연구자들과 일반인들은 유교는 종교가 아니라고 생각한다. 왜냐하면 양계초가 제시한 것과 유사한 기준으로 유교를 평가하기 때문이다. 유교는 종교가 아니라 철학

장도릉

이거나 교육론 혹은 정치론이라고 보는 생각 역시 양계초의 생각과 다르지 않다.

그렇다면 종교와 철학, 종교와 교육, 종교와 정치는 확연하게 구별되는 것인가? 결코 그렇지 않다. 종교는 철학을 포함할 수 있고, 종교는 정치와 교육의 기본 이념으로 작용할 수 있다. 그럼에도 불구하고 대다수는 종교와 철학, 종교와 교육, 종교와 정치는 서로 다른 것이어야 한다는 암묵적 전제를 가지고 있다. 그렇다면 이런 상식적 전제, 이런 암묵적 전제는 어디에서 유래한 것인가? 결국 우리는 근대적인 종교개념을 동아시아 세계에 소개하고, 그것을 기준으로 유교에 적용한 양계초에게 빚지고 있다는 것을 알 수 있다.

여기서 의문이 생긴다. 양계초는 왜 그런 생각을 가지게 되었을까? 양계초는 왜 유교가 '종교'가 아니라 '철학'이라고 주장하는가? 답은 간단하다. 양계초는 종교가 비이성적인 미신이고, 철학은 이성적이고 논리적인 사고라는 기본 전제를 가졌기 때문이다. 그런 전제를 가진 양계초가 유교를 종교가 아니라 철학이라고 주장하게 된 것은 어찌 보면 당연하다. 그러나 이런 양계초의 '구별짓기' 자체가 계몽주의적인 왜곡이라고 말할 수 있다. 이성과 비이성, 합리와 비합리라는 관점에서 종교와 철학을 구분하는 것 자체가 종교에 대한 왜곡이고, 철학에 대한 왜곡이다. 양계초는 계몽주의적 과학론의 영향 하에, 서양에서 익숙한 기독교의 정통-이단론의 영향 하에서 만들어진 실체 없는 '종교', '미신' 개념을 중국의 전통을 평가하는 기준으로 삼고 있는 것이다. 현재 우리의 상식은 이런 왜곡의 연장선상에 있다. 그런 구분론을 전제하면서 양계초는 중국의 사상-종교전통을 철학, 종교, 미신의 삼단계로 위계화하는 관점을 제시한다. 중국의 전통적인 사상문화는 철학과 종교와 미신이라는 세 가지 성분으로 이루어져 있다는 것이다. 양계초의 입장은 다음과 같이 정리할 수 있다.

전통문화와 철학 · 종교 · 미신의 위계

철학	유교, 불교의 주류	유교 및 불교의 철학적 이론적 부분
종교	불교, 도교의 일부	불교 및 도교의 의례적 신앙적 일부
미신	일부 도교와 민간신앙	소위 민중도교와 민간신앙의 다신신앙

이런 위계론적 구별은 대단히 자의적이다. 그러나 일반인은 물론 대부분의 연구자들조차 그런 구별을 무비판적으로 받아들이고 있다는 것이 문제다.[14]

양계초는 종교와 미신이라는 범주 안에 도교(민중도교)와 민간신앙을 포함시킨다. 하지만 불교에 대해서는 그렇게 단순하게 말할 수 없다고 생각했던 것 같다. 민중의 전폭적 신앙을 얻고 있던 불교는 양계초가 언급한 종교의 실체적 요소를 거의 모두 가지고 있다. 하지만 불교의 핵심적인 부분에 대해서는 그런 입장을 관철하기가 어렵다고 생각했을 것이다. 결국 양계초는 불교가 종교와 철학이라는 양면성을 가지고 있다고 말하면서 절충한다. "불교의 신앙은 '지신智信'이라고 할 수 있으나 '미신'이라고 말할 수는 없다(佛教之信仰乃智信而非迷信)." 양계초는 불교의 철학적 부분을 '지신'이라고 부른다. 신앙을 다시 미신과 지신으로 구분하고 있는 것이다.

지신은 양계초가 초기에 사용한 정신에 해당하는 말이다. 정신이 합리성을 강조한다면, 지신은 불교의 철리성哲理性을 강조한다는 차이가 있다. 또 양계초는 "불교의 최대 강령은 자비와 지혜, 두 가지를 동시에 수행하는 것이라고 말할 수 있다(佛教之最大綱領曰, 悲智雙修)"고 주장한다. 지혜추구가 불교의 핵심이라면, 불교는 영혼이나 내세에서의 구원 혹은 의례를 중시하지 않는 순수한 이론체계이고, 따라서 종교가 아니라 지혜를 추구하는 철학이라는 것이 양계초의 의도다.

"〔불교는〕 초발심에서 성불에 이르는 과정 전부에서 미혹(迷)에서 깨달음(悟)에 이르는 일대 사업에 온 힘을 쏟는다. 불교에서 말하는 깨달음이란 부처님의 존재를 믿고, 그것을 맹신하는 것이 아니다. (…) 〔불교가 아닌〕 다른 종교에서 말하는 신앙은 교주의 지혜가 일반 신도로서 도달할 수 있는 수준이 아니기 때문에 궁극적으로는 믿기를 강요할 뿐이다. 〔그러나〕 불교에서 말하는 신앙이란 신도의 지혜가 반드시 교주의 지혜와 평등(동일)할 수 있다고 말한다. 따라서 그런 신앙을 일으키는 것이 가르침의 방법이다. 불교의 신앙이 미혹이 아닐 수 있는 이유는 바로 '정좌' 때문이다." 15

양계초는 불교가 '누구나' 완전한 지혜에 도달할 수 있다고 말하는 점에서 서양의 종교(기독교)가 다르다고 말한다. 불교는 무조건적인 신앙이 아니라 스스로의 노력으로 부처의 지혜에 도달할 수 있다고 가르친다. 게다가 불교는 교주와 신도의 평등함을 강조하는 평등주의를 추구한다. 불교 역시 신앙을 요구하지만, 불교의 신앙은 맹목적 신앙이 아니라 깨달음에 도달할 수 있다는 확신이다. 그런 점에서 불교는 미신과는 거리가 멀고, 다른 종교와도 근본적으로 다르다. 양계초는 불교의 특징을 "믿지만 미혹되지 않는다(信而不迷)"라고 간단히 요약한다. 그렇기 때문에 불교는 맹목적인 신앙을 요구하는 비이성적인 '미신' 및 '종교'의 범주에 속하는 것이 아니라 철저한 자기반성과 실천을 요구하는 이성적인 '철학'의 범주에 포함된다. 양계초에 따르면, 공자의 '유교'와 깨달음을 추구하는 '불교'의 주류파는 '종교'나 '미신'이 아니라 '철학'이다. 근대 이후, 유교와 불교가 '종교(비이성, 비합리, 감정)'가 아니라 '철학(이성, 합리, 평등성)'이라고 여겨지게 된 계기는 이런 양계초의 해석에 힘입은 바 크다.

그러나 유교는 종교라고 주장하는 '유교 종교론'이나 유교는 종교가 아니라고 주장하는 '유교 비종교론'은 사실 문제설정 자체가 잘못된 것이다. 종교와 철학은 지시하는 대상이 확정되어 있는 개념이 아니다. 종교라든가 철학이라든가 하는 개념은 무엇인가를 설명하기 위한 도구에 불과하다. 이렇게 실체가 없는 명목적인 도구개념을 가지고 '××은 종교인가 아닌가?', 혹은 '○○이 철학인가 아닌가?'하는 질문은 질문자의 선입견에 의해 답이 미리 규정되는 것이고, 따라서 영원히 확정적인 답이 없는 문제로 남게 된다. 이런 문제를 놓고 소모적인 토론을 거듭하는 것은 의미가 없다. 오히려 중요한 것은 그런 질문을 던지는 사람들의 이념적 전제를 밝히는 일이다.[16]

사회 안에서 종교의 역할

양계초는 '철학과 종교' 나아가 '종교와 미신'을 위계적으로 구분했다. 하지만 양계초가 종교의 역할을 부정적으로만 생각했던 것은 아니다. 종교와 미신이 명확히 구분되지 않을 뿐 아니라, 서양의 역사를 볼 때 사회적 변혁을 일으키고 여론을 움직이는 종교의 역할을 결코 무시할 수 없다는 것을 깨달았기 때문이다. 그는 이렇게 말한다. "궁리에 대해서는 종교가는 철학가를 능가할 수 없다. 그러나 치사治事에 대해서는 철학가는 종교가를 능가할 수 없다(言窮理則宗教家不如哲學家, 言治事則哲學家不如宗教家)." 궁리는 객관적 지식탐구, 치사는 세상을 다스리는 일 혹은 사회적 실천이다. 철학이 객관적 원리탐구에 강하다면, 종교는 세상 다스리는 일이나 사회적 실천에 강하다. 그 둘은 인간사에서 어느 하나라도 없어서는 안 되는 중요한 것이고, 어느 하나가 다른 하나보다 더 중요하다고 말하기도 어렵다. 따라서 종교와 철학을 단순히 우열이나 취사선택의 관점에서 볼 수는 없다.

양계초는 종교가 미신과 뒤섞여 있는 비이성적 사유라고 낮게 평가하면서도, 서양의 역사 안에서 종교를 단순히 부정할 수 없기 때문에, 적어도 기능적인 점에서 종교에 대해 일정한 가치를 부여하고 있는 것이다. 종교의 사회적 · 제도적 · 정치적 기능에 초점을 맞추어 보면, 종교의 가치를 긍정하지 않을 수 없다. 종교의 사회적 역할과 기능을 중요시 하는 양계초의 종교 긍정론은 단순히 종교가 비이성의 산물이기 때문에 미신이라고 보아야 한다는 관점과 미묘하게 모순을 일으킨다. 하지만 서양의 역사를 회고해볼 때, 종교의 가치를 완전히 부정하는 것은 잘못된 관점이 될 수 있다는 사실을 양계초는 잘 인식하고 있었다. 양계초는 종교의 긍정적 역할의 사례로 영국의 크롬웰, 글래드스톤, 미국의 워싱턴, 링컨 등의 이름을 거론한다. 결론적으로 양계초는 "하나의 이념(주의)을 견지하고 여론에 감동을 주며 국가의 방향을 혁신하는 데에 종교사상의 역할이 있다"[17]는 사실을 인정한다. 그런 점에서 볼 때, 종교에 포함된 '미신적' 측면은 비이성적이기 때문에 부정되어야 하는 것이 아니라, 열정(熱誠)과 강인함을 가능케 하는 긍정적인 의미를 가진 것으로 이해할 수도 있다.[18]

여기서 양계초는 종교를 비이성적인 것이라고 부정하기보다는 감정에 근거하는 열정의 근원으로서 긍정적으로 평가한다. 종교적 감정의 열광이 지닌 여론 환기력喚起力과 민중의 힘을 한 방향으로 이끄는 지도력이 높이 평가되고 있는 것이다. 다만 민간신앙을 '미신'이라고 평가할 때와 서양종교(기독교)의 '미신적' 성분에 대해 말할 때, 미묘한 차이가 드러난다 (양계초 논의 안에서 미신개념 자체가 시기에 따라서 이분화하는 경향도 보인다. 양계초는 복잡한 사고를 가진 사상가였다).

그 이유는 당시에 사회지도층이 서양의 사상 및 제도를 신봉하고, 거기에 경도된 사실과 무관하지 않을 것이다. 1912년 성립한 「중화민국임시약법」 제2조 7항에서는 "인민은 종교신앙의 자유를 가진다(人民有信教之自由)"라고 규정한다. 그런 규정은 서양의 헌법이 '정교분리의 원칙'을 지지하면서, 종교신앙의 자유를 인정하는 것과 같은 맥락에서 이루어진 것이다. 특히 중화민국 시기의 정치 · 사상 엘리트들 가운데 기독교에 귀의하는 사람이 적지 않았다. 따라서 기독교를 단순히 '미신'이라고 치부하고 비판하기는 어려웠을 것이다. 기독교를 종교의 영역에 넣는다면, 기독교와 대등한 사회적 위상을 가지는 유교와 불교를 부정하지 않으면서 민간신앙과 습속을 미신의 영역으로 몰아내고 배제하는 선택적 판단을 내릴 수밖에 없었을 것이다.

중화민국 초기의 채원배(蔡元培, 1868~1940), 송교인(宋教仁, 1882~1913), 오치휘(吳稚輝, 1865~1953) 등 지식엘리트들이 발표한 「사회개량선언社會改良宣言」은 종교의 자유를 인정하는 「중화민국임시약법」의 원리를 당연시한다. 그러나 도교를 비롯한 민간신앙의 습속을 '미신'이라고 배제하는 논리를 포기하지 않는다. 예를 들어, 「사회개량선언」에 포함되어 있는 "혼상제 등의 일에서 사치를 하지 않고 미신적 거동을 배제한다(婚喪祭等事不作奢華迷信等擧動)"라든가, "영신 · 건초 · 배경 등 여러 귀신을 미신하는 습속을 배제한다(戒除迎神, 建醮, 拜經及諸迷信鬼神之習)"라든가, "우상을 만들어 위패를 설치하는 일을 배제한다(戒除供奉偶像排位)"라든가, "풍수 및 음양의 금기를 따르는 미신을 배제한다(戒除風水及陰陽禁忌之迷信)"는 등의 표현이 그것이다.[19] 그리고 이런 선택적 평가는 양계초의 종교/미신론의 연장선상에서 이루어진 것임을 알 수 있다.

진독수와 '과학 · 종교 · 미신'

중화민국 정부는 위에서 본 이론적 관점에 입각하여 대대적인 민간신앙 정리사업을 벌였다. 그것은 1970년대 우리나라에서 대대적으로 벌어진 미신소탕 내지 미신정리사업과 일맥상통하는 것이다.[20] 5.4운동기가 되면 민간신앙을 표적으로 삼는 미신담론이 극성을 부린다. 5.4운동기의 계몽운동을 대표하는 『신청년』 잡지는 그런 미신담론을 통해 미신척결과 사회개조를 지향하는 계몽사상의 발신자로서 역할을 떠맡았다. 그렇다고 당시 모든 지식인들이 일관된 종교-미신관념을 가지고 그런 활동을 벌였던 것은 아니다. 당시 지식인들의 종교관 혹은 미신관을 포괄적으로 연구하는 것은 다른 기회로 미루고, 여기서는 5.4운동기의 계몽사상가들의 종교관, 특히 철저하게 서양중심적 · 과학주의적 계몽사상을 선전한 진독수의 관점을 살펴보고, 이어서 미육美育으로 종교를 대신할 것을 주장하는 채원배의 주장을 살펴보면서 그 시대의 분위기를 이해해보려고 할 것이다.

앞에서 본 것처럼, 양계초를 비롯한 일부 지식인은 종교와 미신을 구분하거나 기독교를 모델로 삼아 유교와 불교를 '종교'의 범주에 넣고 빼거나 기타 도교와 민간신앙을 '미신'의 범주에 넣어 미신을 배척하는 근거를 제공하려고 했다. 그런 흐름 안에서 양계초는 시기마다 미묘한 변화를 보여주기는 하지만, 기본적으로는 종교와 미신을 구분하고, 종교 안에서 미신의 성분을 완전히 제거하는 것은 곤란하다면서 종교와 미신의 사회적 역할을 인정하는 이중적 태도를 표명했다.

그러나 5.4운동 시기에 큰 영향력을 가지고 있던 진독수는 양계초의 이중적 관점과 달리, 종교와 미신을 한통속으로 보는 비교적 극단적인 관점을 견지하며, 사회적 계몽의 일환으로서 종교-미신배척에 커다란 힘을 쏟았다. 5.4운동 시기의 진독수는 과학을 지식의 최고 범주로 놓고 과학을 기준으로 종교와 미신을 비과학의 영역에 놓는 전형적인 과학주의자의 모습을 보여준다. 그런 과학론자들의 활동에 힘입어 비과학의 영역에 포함되는 종교와 미신은 오십보백보 수준의 저급한 문화로서 평가받게 된다. 진독수의 다음 발언은 그런 입장을 단적으로 보여준다. "장래에 일체의 종교는 모두 다 폐기의 대상이 되어야 한다(將來一切宗教皆在廢棄之列)." 서양문화의 근간이 되는 기독교라고 해서 예외가 아니다. 진독수는 서양의 역사에서 기독교가 문화형성에 긍정적인 역할을 했다는 사실은 부정하지 않는다. 하지만 적어도 '과학'이라는 기준에서 볼 때, '종교'는 '비과학'으로서 언젠가 폐기되어야 할 것이라고 주장한다. 전형적인 계몽주의적 태도를 그대로 드러내고 있는 셈이다. 한편 기독교 모델에 따라서 합리적인 색체를 가지도록 설계된 근대의 공교 역시 예외가 아니다. 진독수의 종교부정은 현실적으로는 공교부정이라는 목표를 실현하는 의지를 가진 것이었다.

이처럼 공교반대라는 현실적 목표를 달성하기 위해 제시된 진독수의 '종교' 담론은 동시에 '과학론'으로서의 성격을 가지고 있다. 진독수는 최종적으로는 '과학'이 '종교'를 대체해야 하고, '과학'에 입각한 진실한 신앙을 개척해야 한다고 말한다. 결론적으로 진독수는 '과학적 종교'가 주도하는 사회를 이상적인 미래사회라고 주장한다. "〔나는〕 과학으로 종교를 대신하고, 그것으로 우리의 진실한 신앙을 개척해야 한다고 주장한다(主張以科學代宗教, 開拓吾人眞實之信仰)."[21] 이런 진독수의 입장은 콩트(August Comte)가 제시한 전형적인 이성주의적 · 계몽주의적 · 진화론적 종교관을 중국의 맥락 안으로 그대로 가져온 것이다. 진독수를 비롯한 당시의 중국 계몽주의자들은 인류의 정신이 신화에서 종교(형이상학)를 거쳐 과학으로 발전한다는 문화의 진화도식에 따라 궁극적으로는 과학이 종교를 대체할 것이고, 미래의 종교는 과학이 될 것이라는 주장하는 콩트의 사회진화론을 무비판적으로 신봉하는 경향이 있었다.

진독수는 콩트의 사회진화론을 단순히 모방하면서, '과학'이라는 새로운 지식을 기준으로 본다면, 종교와 미신은 우상숭배로서 결국은 동일한 것이라고 주장한다. 중국사회를 개조하는 '계몽운동'은 모든 종교, 즉 모든 우상의 파괴에서 시작되어야 한다는 극단적인 반종교 계몽활동을 펼친 것이다.

"흙이나 나무로 빚은 만든 우상은 처음부터 아무런 쓸모가 없는 물건이다. 그러나 사람들이 그것을 존중하고, 숭배하고, 그를 향해 향을 태우고, 그것이 영험하다고 말하기 때문에 의미를 갖게 된 것이다. 시골의 어리석고 무식한 사람들은 인간이 만든 이런 우상이 착한 사람에게 상을 주고 악한 사람에게 벌을 내리는 권능을 가지고 있다고 믿는다. 또 그것 때문에 나쁜 행동을 해서는 안 된다고 믿는다. 그런 어리석은 믿음 때문에 우상은 대단히 유용한 물건이 되어버린 것이다. 그러나 우상 자신이 진실로 어떤 능력을 가지고 있기 때문에, 그것이 그런 효용성을 갖게 되는 것은 아니다. 다만 미신을 가진 사람들이 자기 스스로를 속이기 때문에, 우상이 효용을 갖게 되는 것이다. 이런 우상을 파괴하지 않으면, 인간은 영원히 자기를 속이는 미신에서 벗어나지 못할 것이고, 진실하고 합리적인 신앙을 가지지 못하게 될 것이다. 가련하지 않은가! 천지간에 귀신은 있는가 없는가? 그런 귀신의 존재는 확실하게 증명할 수 없다. 일체의 '종교'는 모두 사람을 속이는 '우상'이다. 아미타불의 신앙이 그렇고, 여호아와 상제를 믿는 것이 그렇다. 옥황상제 역시 사람을 속이는 것이다. 일체의 종교가 존중하고 숭배하는 신불선귀神佛仙鬼는 모두 사람을 속이는 아무런 쓸모가 없는 우상이다. 그들 모두는 반드시 파괴되어야 한다."[22]

이 글에서 진독수는 소위 민중들이 신봉하는 민간신앙뿐만이 아니라 일체의 모든 '종교'가 본질적으로는 우상숭배라고 강력하게 비판한다. 계몽주의에 근거를 두는 이런 무신론적 우상파괴론은 5.4운동기 중국에서 강력한 영향력을 가지고 있었다. 무신론과 무정부주의의 영향을 받았던 진독수는 "국가 역시 사람을 속이는 일종의 우상(國家也不過是一種騙人的偶像)"이라는 주장을 펼친다. 당시 제국주의적 행태를 드러내며 중국을 침탈하려던 서구열강이 내세우는 민족주의 내지 국가주의가 일종의 종교적인 허구라는 사실을 간파했기 때문이다.

> "국가의 이념을 빌려 대내적으로는 귀족 및 자산가의 권리를 옹호하고, 대외적으로는 약국과 소국을 침탈하는 권리를 옹호하기 위한 것에 불과하다."[23]

무정부주의는 민족주의를 바탕에 깔고 있는 근대적 국가주의가 외적으로는 식민주의적 행태를, 내적으로는 민중수탈이라는 행태를 드러낸다는 사실을 비판했다. 진독수 역시 무정부주의를 수용하여 민족주의를 내세우는 국가주의가 하나의 종교, 그것도 나쁜 종교로 기능할 수 있다고 비판한다. 현대의 종교사회학자들이 근대국가를 '세속적 종교(secular religion)'라고 불렀던 것처럼, 근대국가는 전통적 종교를 대체하는 새로운 형태의 종교로 기능하는 것이 사실이다. 진독수는 무정부주의와 입장을 공유하면서 유교를 비롯한 전통적 종교 및 가치관이 결국은 귀족들의 명예와 권리를 높여주고 여성과 인민을 속박하는 우상의 역할을 해왔다는 사실을 지적한다.

> "전 세계적으로 남자들이 받아왔던 작위와 영전 그리고 중국의 여자들에게 주어졌던 효부, 열녀라는 영예는 결국 하나의 우상이라고 볼 수 있다(世界上男子所受的勳位榮典, 和我們中國女子的節孝牌坊, 也算是一種偶像)."

종교가 한 사회의 가치관과 도덕의 근원이었다는 것에 대해서는 긴 설명이 필요 없다. 그렇다면 종교가 인간이 날조한 우상에 불과하다는 고발은 결국 종교에 기반을 두고 형성된 전통적 가치관, 전통적 도덕 자체가 허구라고 고발하는 것과 다르지 않다. 진독수는 중국을 2천 년 동안 지배했던 '유교' 자체가 하나의 거대한 우상으로서 파괴의 대상이라고 주장하고 있다. 요컨대 계몽사상가 진독수에게 주어진 과제는 유교라는 거대한 종교에 뿌리를 두는 중국의 전통도덕, 가치관, 문화 전체를 파괴하고, 근본적으로 개조하는 일이었다.

진독수는 전통적 우상을 대체하는 새로운 중국의 신앙은 '마땅히 진실하고 합리적인 사고를 표준(當以眞實的合理的爲標準)'으로 삼는 이성주의·합리주의·과학정신에 근거를 두는 과학이어야 한다고 주장한다.[24] 종교·정치·도덕의 모든 영역에서 '사람을 속이는 불합리한 신앙(欺人不合理的信仰)'은 전부 우상이기 때문에 철저하게 '파괴해야 한다!' 진독수가 주장한 극단적인 우상파괴, 극단적 전통파괴는 약 반세기가 지난 1960년대에 '문화대혁명'이라는 극단적인 형태로 현실화되었다는 것을 우리는 잘 알고 있다.

채원배의 미육 – 종교론

진독수가 극단적인 우상파괴를 주장하던 시기에 채원배는 「미육으로 종교를 대신함(以美育代宗教說)」이라고 하는 흥미로운 글을 『신청년』 잡지에 게재했다. 나중에 북경대학의 총장을 지낸 채원배의 글은 당시 찬반양론을 불러일으키며 확산되었다. 여기서 우리의 관심은 채원배의 주장을 당시에 등장한 중요한 '종교–미신' 담론의 하나로서 살펴보는 것이다.

먼저 채원배는 '과학'을 기준으로 종교를 평가한다. 채원배는 그 글의 첫머리에서 "종교라는 것은 서구사회에서는 이미 과거의 문제가 되어버렸으며, 종교가 말해주는 내용의 대부분은 현재 학자들의 과학적 연구에 의해 거의 해결되었다"[25]고 지적한다. 그러나 당시 유럽을 여행하다 보면, 교회당이 즐비하고 많은 사람이 교회에 출석하는 것을 쉽게 발견할 수 있었다. 그럼에도 불구하고 서양 사람들은 종교에 대해 더 이상 진지

채원배

한 신앙을 가지고 있지 않다는 것이 채원배의 생각이었다.

채원배가 보기에 종교는 서양사회에서 진지한 믿음의 대상이라기보다 "일종의 역사적인 습관(此則一種歷史上之習慣)"으로 남아 있는 것에 불과하다. 기독교(서양종교)가 진지한 신앙이 되기를 그쳤음에도 불구하고, 교회당은 여기저기에 산재하고 있으며, 많은 사람들이 예배를 보기 위해 교회에 출석하는 것은 마치 당시 중화민국시대에 들어와서 청나라에서 유행한 장옷(袍褂)을 즐겨 입는 것과 비슷한 상황이다. 장옷은 실제적인 실용성을 거의 상실했지만, 그럼에도 대중들은 일상의복이나 예복으로 그것을 즐겨 입고 있었다.

역사적으로 형성된 습관으로서 종교적 관습은 축수祝壽나 장례식 등에서 여전히 볼 수 있는데, 그런 관습은 학리적學理的(학문적 · 과학적)인 의미는 거의 없지만, 사회생활을 위한 관습으로서 나아가 사교활동으로서 여전히 가치가 있다. "마찬가지로 서양 사람들의 종교의식은 그런 생활의 습관으로서 여전히 존재하고 있다(歐人之沿習宗教儀式, 亦猶是耳)." 이렇게 채원배는 서양에서 기독교의 현실적 의의를 해석한다. 이런 채원배의 관점은 두 가지 점에서 흥미롭다.

첫째, 채원배가 전형적인 계몽주의적 '과학/종교'관을 가지고 있다는 사실이다. 채원배에 따르면, 종교가 가르치는 내용은 과학적 연구에 의해 내용적으로 다 밝혀졌다. 그렇기 때문에 과학이 발달한 시대에 종교는 존재이유를 상실한다. 이런 '과학/종교'관은 그 당시 대부분의 계몽주의 엘리트들이 공유하는 것이었기 때문에, 그 자체로 특별히 새로울 것은 없다.

둘째, 종교를 신앙의 대상으로서가 아니라 하나의 역사적 관습으로서 이해한다는 사실이다. 근대 이후 서양사회에서 종교(기독교)는 진지한 신앙의 대상이라기보다는 하나의 사회적 습관, 문화적 관습으로서 서양인의 무의식 속에 자리 잡고 있으면서 삶의 일부분으로 존재하고 있다는 것을 채원배는 지적한다. 그런 채원배의 지적은 대단히 날카롭다. 서양사회에서, 특히 근대 이후에, 종교가 진지한 신앙의 대상으로서가 아니라 하나의 사회적 습관이나 사회적 관행으로 존재한다는 사실은 1960년대의 세속화론, 예를 들어 토마스 루크만(T. Lukemann)의 '보이지 않는 종교론(invisible religion)'이나 근대 이후 서양사회에서 종교(기독교)는 하나의 '마음의 습관(habits of mind)'으로 남아 있다는 하버드대학의 로버트 벨라(Robert Bellah)에 의해 이미 설득력 있게 제시된 바 있다. 유교나 도교 혹은 불교가 근대 이후에 동아시아 사람들의 '마음의 습관'이나 '삶의 태도와 관습'으로 남아 있는 것을 생각하면, 그런 종교사회학적 해석은 쉽게 수긍할 수 있다. 그런 관점은 로버트 벨라의 '시민종교(civil religion)'론에서 더 정교하게 논의되고 있는바, 최근 중국의 대륙 신유가 논자 중의 한 사람인 진명陳明은 벨라의 논의를 확대하여 유교를 하나의 '공민종교公民宗教'로 볼 수 있다는 담론을 펼치고 있다. 채원배의 입장이 반드시 세속화론과 연결되어 있는 것은 아니지만, 논지전개의 유사성이라는 관점에서 볼 때, 그의 입장은 최근에 제기되고 있는 '공민종교론'의 선구로서 그 가치를 인정할 수 있다고 생각한다. 다만 여기서는 세계적으로 종교가 부활하고 있는 현상에 대해 '세속화世俗化(secularization)'가 아니라 '재성화再聖化(re-sacralization)'라는 사회적 흐름을 말하는 새로운 종교사회학적 논의가 확대되고 있다는 사실도 지적해두고 싶다.

어쨌든 채원배는 종교가 '비과학적'이며, '문화적 습관'에 불과하다는 두 가지 점에서 종교를 부정하는 기반을 마련하고 있다. 그에 따르면, 당시 중국에서는 기독교가 서양문화의 핵심이라고 오해한 나머지 "중국에는 존재하지 않았던 서양의 특별한 관습인 기독교(종교)를 마치 새로운 지식인 양 배우고 토론하는 분위기가 형성되고 있었다"[26]고 한다. 하지만 채원배는 그것을 괴이한 현상(所可怪者)이라고 평가한다. 채원배도 지적하는 것처럼, 그런 괴이한 오해가 만들어진 이유 중의 하나는 외국에

로버트 벨라

유학한 경험을 가진 사람들이 서구사회의 진화된 모습을 보고, 그것이 "모두 종교의 힘에 의존한다(一切歸功于宗教)"고 곡해하고, 그런 곡해를 중국인에게 전파했기 때문이다.

채원배의 논의는 당시 중국에서 중요한 종교운동의 하나로 떠오르고 있던 공교에 대한 비판으로 이어진다. 언급했듯이 그 즈음 서양의 발전을 기독교의 공적이라고 오해한 사람들은 중국인들을 오도해 중국의 전통종교인 유교를 현대화시킴으로써 사회를 지도하는 정신적 도구로 만들고자 했다. 채원배는 그런 공교운동은 시대착오적이라고 단호하게 비판한다.

> "일부 낡은 사상을 계속 따르고 있는 사람들은 앞의 주장을 받아들이고 약간 변형하여 공자가 우리나라의 그리스도라고 주장한다. 그리고 그들은 마침내 공교를 조직하여 분주하게 호응자를 찾아다니면서 그것이 오늘날 중국의 중요한 문제라고 주장하고 있다."[27]

채원배가 보기에 공교를 조직하고 공교의 전파를 주장하는 사람들은 시대착오적이고 낡은 사상에 젖어 있다. 서양의 근대화에서 종교의 역할에 대해 오해한 그들은 종교가 과학에 의해 결국은 사라지고 말 낡은 과거의 사상적 유산이라는 사실을 망각하고, 그 낡은 사상에 집착하여 기독교를 모방한 공교를 수립하려고 동분서주하고 있는 것이다. 채원배는 그들의 시도는 문제의 선후와 완급을 이해하지 못하고, 종교의 본질에 대한 이해도 부족한 낡은 머리의 소치로 발생한 것일 뿐이라고 비난한다.

그렇다면 채원배가 생각하는 '종교'란 무엇인가? 그에 따르면, 종교는 무엇보다 '인간 정신작용의 산물(吾人精神之作用)'이다. 인간의 정신작용은 크게 세 가지로 이루어진다. 지식과 의지와 감정이다. 인류 초기의 종교는 세 가지 정신작용을 포괄하는 것이었다. 그러나 "점차 사회와 문화가 진보함에 따라 과학이 발달하면서 옛날 사람들이 불가사의한 것이라고 생각하던 우주와 인간에 대한 비밀을 이해할 수 있게 된다."[28] 이렇게 과학이 발달하면, 지식의 근거로서 종교의 역할은 사라지고, 마침내 종교는 과학에 자리를 내주게 된다. "지식작용이 종교를 떠나서 독립하게(智識作用離宗教而獨立)" 되는 것이다.

'지식'이 종교로부터 독립하고 난 다음, '의지'도 종교에서 독립한다. 문화가 발달하기 이전에 종교가 관여하던 인간 정신활동의 한 양상인 '의지' 역시 생리학·심리학·사회학·귀납법 등의 학문방법이 발달하면서 종교를 벗어나게 된다는 것이다. 종교가宗教家의 전유물이었던 연역적 사고에 입각한 의지활동도 현대적인 학문이 대체했다. 그 결과 "의지작용 역시 종교를 벗어나서 독립하게(意志作用離宗教而獨立)" 되는 것이다.

과학과 학문의 발달과 함께 '지식'과 '의지'가 종교를 벗어나고 난 다음엔, 종교와 밀접한 관련성을 유지하는 것은 오직 '감정'뿐이다. 종교가 '감정'과 깊은 연관성을 가진다는 것은 그 당시 양계초를 비롯한 대부분의 논자들이 공통적으로 지적하는 것이었지만, 감정이 무엇인지에 대한 깊은 논의가 전개된 적은 없었다. 채원배 역시 감정이 무엇인지에 대한 논의를 생략한 채, 여러 가지 감정 중에서 특별히 '미감美感'의 중요성을 강조한다. 요컨대 양계초가 종교적 감정을 이야기할 때, 이성적 분석이나 합리적 판단을 넘어서는 어떤 신비로운 느낌이나 초월자 혹은 신성한 것에 대한 두려움과 매혹이라는 느낌을 말하려고 했다면, 채원배는 감정 중에서 특히 '미감'을 강조했다. 그것이 채원배 종교론의 특징이라면 특징이다.

사실 채원배는 종교적 감정의 핵심에 '미감'이 있다는 식의 주장을 단적으로 하지는 않는다. 하지만 종교사의 경험을 통해서 볼 때, 그는 종교가 언제나 아름다움에 민감한 관심을 기울여 왔다는 사실을 지적한다. 종교 건축물이나 종교 회화 등 세계에 존재하는 위대한 예술품들이 종교와 깊은 관련을 가진다는 사실이 이를 웅변적으로 말해준다. 물론 그 경우의 ‘미’는 단순히 예쁜 것이 아니라 숭고함을 드러내는 것이다. 채원배가 종교적 감정이 ‘미감’과 깊이 연결되어 있다고 말할 때, 숭고미로서의 미를 말한다는 사실을 기억할 필요가 있다.

이어서 채원배는 예술사의 경험을 예로 들면서 앞에서 본 ‘지식’이나 ‘의지’와 마찬가지로 ‘감정’으로서의 ‘미감’ 그 자체가 “점차 종교를 벗어나는 추세(脫離宗教之趨勢)”를 보여준다고 지적한다.

정신작용의 종류와 학문

본래 종교는 지식 · 의지 · 감정을 포괄했다

종교	지 식	→ 과학이 대신함
	의 지	→ 심리학 · 윤리학 등 현대의 학문이 대신함
	감 정	→ 감정 · 미감, 종교를 벗어나 독립함, 종교를 대신함

마지막으로 채원배는 종교의 폐단 중 하나로 ‘격렬한 감정적 자극(激刺感情之作用)’을 지적한다. 그런 격렬한 감정적 자극은 모든 종교의 특징 가운데 하나인 교세확장 및 이교에 대한 공격에서 중요한 역할을 한다. 사실 그런 감정적 자극 없이 확장과 투쟁은 일어날 수 없다. 하지만 채원배는 종교가 가진 그런 특징이 결국은 종교의 폐단으로 귀결된다고 말한다. 시간이 흐르면서 종교는 “감정을 도야하는 작용을 상실(失其陶養之作用)”하고, “감정을 격렬하게 자극하는 작용(轉以激刺感情)”만으로 위축된다. 앞에서 양계초가 ‘열정’을 종교의 중요한 요소라고 보았던 것과 달리, 채원배는 그런 감정적 ‘열정’을 오히려 부정적인 측면에서 말하고 있는 것은 흥미롭다. 채원배는 종교의 폐단, 즉 격렬한 감정자극을 극복하기 위해서는 감정적 자극에 의존하는 종교적 감정교육이 아니라 미감의 육성, 즉 ‘미육美育’을 통해서 아름다움을 즐기는 감정의 도야를 실천해야 한다는 결

론에 도달하고 있다.

> “〔종교가〕 감정의 자극에 기대는 폐단을 돌이켜보면서, 〔그런 감정자극이 아니라〕 오로지 감정을 도야하는 방법을 숭상해야 할 것이다. 그러자면 〔감정을 격렬하게 자극하는〕 종교를 버리고, 그것을 순수한 미육으로 대체해야 할 것이다. 순수한 미육이라는 것은 우리 인간의 감정을 도야하고 기르는 것이며, 그것으로 인해 고상하고 순결한 습관을 가지게 하는 일이다. 그렇게 함으로써 나와 다른 사람을 구별하는 견해, 나를 이롭게 만들기 위해 다른 사람에게 손해를 끼치는 생각이 점차 사라지고 해소될 것이다.”[29]

채원배는 무릇 미美라는 것은 보편적인 것이기 때문에, 미에서는 다른 사람과 나를 차별하는 관점이 끼어들 여지가 없다고 말한다. “미육으로 종교를 대신한다”는 채원배의 미육종교론은 미감의 육성을 통해 나와 다른 사람을 구별하는 마음을 제거하고, 이해득실을 따지는 경쟁심을 벗어나서 인간이 지닌 본래적 영성의 도야를 추구하는 것을 최고의 목표로 삼는다. 영성을 도야하면 다른 종파를 공격하는 격렬한 감정을 순화시킬 수 있고, 감정적 자극을 넘어서는 순수한 미감을 회복할 수 있다. 채원배는 ‘종교’가 인간이 아직 몽매했던 ‘비과학의 시대’에 가졌던 낡은 정신활동이라고는 전제한다. 따라서 과학과 학문이 발전하면 할수록 종교는 극복되고, 영성을 도야하고 감정을 순화하는 미육이 종교의 자리를 대신할 것이라고 주장한다. 이런 채원배의 주장에 대해 다양한 반응이 나왔을 것은 충분히 예상할 수 있다.

채원배는 미육론을 발표하고 4년이 지난 1921년에 「종교문제에 관한 담화(關于宗教問題的談話)」라는 글을 발표했다. 거기서 그는 “종교적인 신앙은 반드시 철학주의에 의해 대체될 것이다”[30]라며 ‘철학’이 ‘종교’를 대체하게 될 것이라고 말한다. 여기서 '철학'이란 '이성'에 기초를 두는 합리적 사유활동을 의미한다는 점에서 근본적으로는 '과학'과 동격에 있는 것이다.

채원배는 기독교를 비롯한 모든 종교가 비과학 혹은 비이성의 산물이라고 보면서 '종교'와 '미신'을 위계적으로 구분하지는 않는다. 양계초가 종교와 미신을 구별하는 것과 달리, 채원배는 종교와 미신을 동일시하며 종교가 언젠가 과학에 의해 극복될 무지의 산물일 따름이라고 보았던 것이다. 같은 맥락에서 채원배의 생각은 종교란 과학에 의해 대체될 미신에 불과하다고 주장한 진독수의 생각과 비슷하다. 채원배에 따르면, 전도사들이 가져온 기독교나 중국의 전통적인 귀신신앙은 근본적으로 다르지 않다. 이는 대단히 중요한 지적이다. 그는 이렇게 말한다.

> "현재의 각종 종교는 진부한 사유에 얽매어 있다. 모든 종교는 괴이한 의식을 이용하고, 과장된 선전을 통해서 무지한 사람들의 맹목적인 순종과 신앙을 끌어내고, 그것으로 종교를 전하는 사람들의 생활을 유지하려고 한다."[31]

이런 인식에 근거하여 채원배는 당시의 공교운동에 반대했을 뿐 아니라 모든 형태의 종교를 부정하는 '비종교운동'을 일으켜야 한다고 주장했던 것이다.

'종교/미신' 담론의 굴절과 의의

위에서 우리는 양계초가 제시한 '종교/미신' 담론을 시작으로 신문화운동기에 커다란 사회적 영향력을 행사했던 진독수, 채원배의 '종교/미신' 담론을 검토해보았다. 양계초의 '종교/미신' 담론은 복잡하기는 하지만, '과학'과 이성이라는 근대 서양의 사고 틀을 기준으로 중국문화를 평가하기 위해 제기된 것이었다. 양계초는 종교, 미신, 나아가 철학이라는 외래적인 범주를 끌어들여 전통문화를 해명하면서, 과학과 이성이라는 기준에서 문화를 위계론적으로 범주화했다. 양계초의 그런 태도는 문화적 범주가 이데올로기적 지향과 무관하지 않다는 사실을 확인시켜준다. 진독수나 채원배도 종교 혹은 미신을 처음부터 부정적인 가치를 가진 것으로 규정했다. 종교와 미신의 관계를 어떻게 규정하든 '종교/미신'은 처음부터 변함없이 부정적인 것으로 치부되고 있었기 때문에, 그들에게 종교와 미신의 구별 자체가 의미가 없었다는 점이 양계초와 다른 점이다. 적어도 동아시아에서 근대화를 향한 계몽담론 자체가 서양에서 확립된 과학과 이성이라는 기준을 받아들이고 있는 이상, '종교와 미신'은 언제나 열등한 것이라는 부정적 함의를 벗어버리기 어려웠을 것이다.

반면 과학과 마찬가지로 이성의 산물로 인정된 '철학'은 격이 높아지고, 전통문화를 다시 '철학'과 '종교/미신'으로 재구분하는 논리가 확산된다. 그렇게 만들어진 질서 안에서 전통문화는 철학(유가, 도가), 종교(유교의 실천적 측면, 도교의 신앙적 측면), 미신(도교의 비이성적 측면, 민간신앙)이라는 위계를 획득하고, 그것이 오늘날까지 이어지고 있다.

제 1 부

세계관 전쟁
과학과 형이상학의 갈등

제 1 장

과학의 정의와 전통의 이해

근대 중국에서 과학개념의 수용과 전통의 해석

격치에서 과학으로

서양의 자연과학이 중국에 소개된 것은 16~17세기 무렵이다. 소위 명말청초明末淸初 시기에 서양의 과학이 중국에 소개되고, 중국인은 서양 과학기술의 우수성을 알게 된다. 물론 그 시기의 그것을 엄밀한 의미에서 '근대적' 과학기술이라고는 말할 수 없다. 그러나 명말청초의 중국 지식인들은 예수회 선교사들이 가져온 과학기술의 우수성에 충격을 받고, 그것을 배우기 위해 부심했다. 중국에서는 그것을 '서학西學'이라고 불렀다. '서학'의 범위가 과학기술에 한정되는 것은 아니었지만, 과학기술은 '서학'의 요체로 인식되면서 중국인들의 깊은 관심을 끌었다.

한편 서학의 우수성에 충격을 받은 일부 지식인들은 서학에 대한 열등감을 극복하기 위해 '서학중원西學中源(서학은 중국에서 기원했다)'이라는 왜곡된 관점을 만들어낸다. 그런 관점을 처음으로 제시한 사람이 누구인지를 찾으려는 연구가 이어졌지만, 그런 연구 자체는 큰 의미가 없다. 중요한 것은 당시 많은 사상가와 학자들이 그런 사고방식을 드러냈다는 사실이다. 예를 들어, 방이지方以智, 황종희黃宗羲, 왕부지王夫之, 왕석천王錫闡 등 명말청초를 대표하는 내로라하는 사상가와 학자들이 서학이 중국에서 기원했다는 주장을 내놓았다. 청대에 들어와서는 매문정梅文鼎이나 완원阮元 등 고증학을 대표하는 사상가들 역시 그런 인식을 노골적으로 드러냈다.

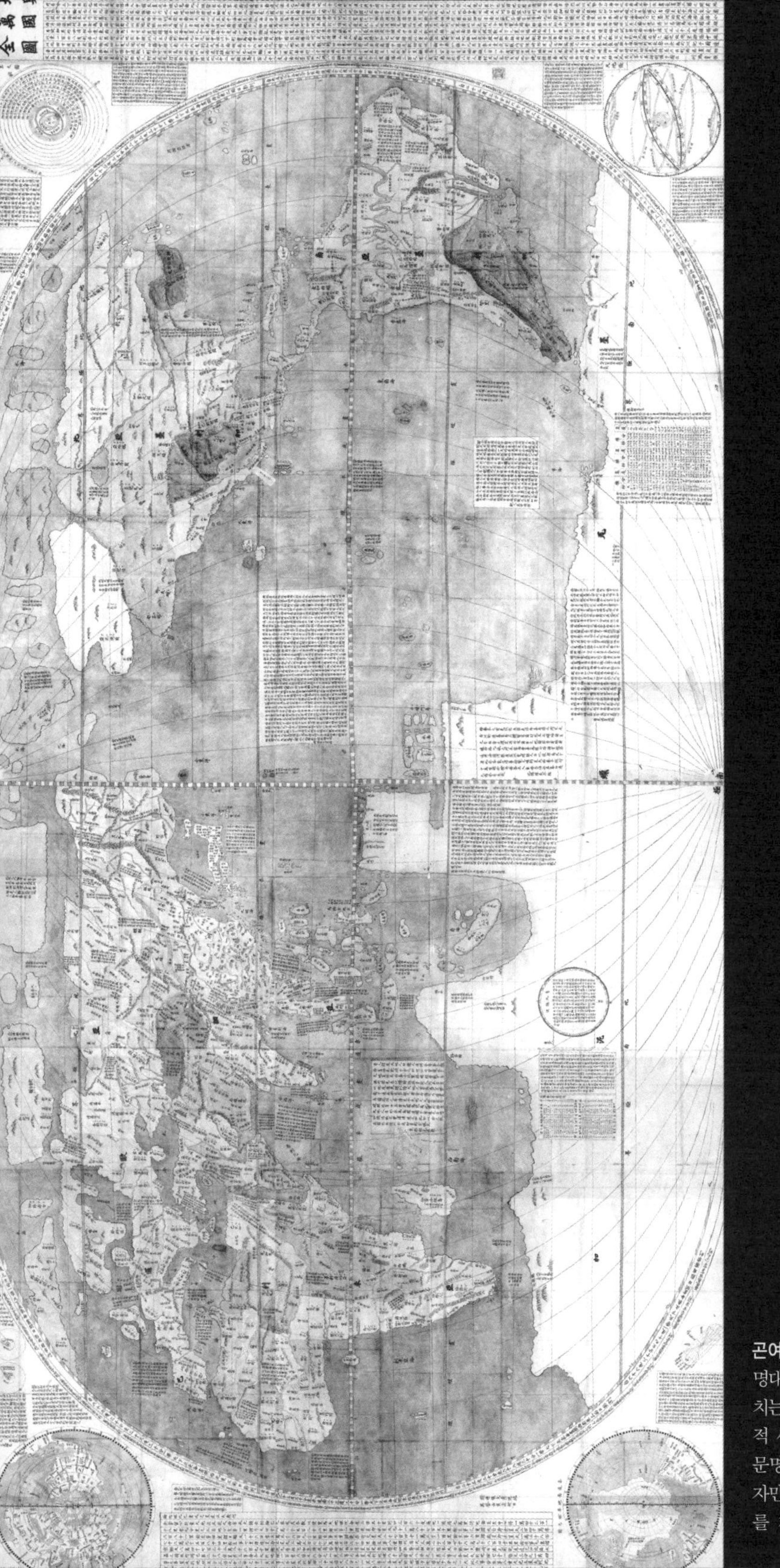

곤여만국전도_ 예수회 선교
명대 중국에서 활동한 마테
치는 중국인들이 고수하던
적 세계관의 타파와 자신들
문명세계를 이루고 있다
자만심을 허물기 위해 이
를 제작한다.

'근대' 서양의 과학기술이 본격적으로 유입되기 시작한 '양무운동洋務運動' 시기(1860년대 이후)에 일부 학자들 사이에서는 '서학중원'의 주장이 다시 머리를 들고 일어난다. 그 이전과 달라진 점이 있다면, 이번의 '서학중원' 주장은 자연과학뿐 아니라 정치문화나 사회제도 등 서양의 모든 것이 중국에 기원을 둔다는 확대된 '서학중원론'을 선전했다는 점이라고 말할 수 있다. 하지만 그렇게 목소리를 높이는 사람들은 과학의 본질이나 과학의 발전과정에 대한 이해를 거의 가지고 있지 않았다. 그들은 단지 왜곡된 열등감을 극복하기 위해 아전인수적인 주장을 펼치기에 급급했던 것이다. 그들이 제기한 '서학중원론'은 전통적인 '중국중심주의'의 연장선에 있는 것이었다. 중국의 역사 안에서는 이와 유사한 사태가 여러 차례 반복되었다. 특히 위진남북조魏晉南北朝 시기의 불교수용 국면에서 보인 중국인의 태도는 이에 관한 전형적인 예다. 당시 인도에서 전래된 불교의 이론적 우수성과 종교적 설득력 앞에서 망연자실에 빠진 도교는 실망감과 열등감을 보상받기 위해 불교의 가르침이 본래 중국에서 유래한 것이라는 날조된 주장을 퍼트린다. 노자가 서역으로 가서 붓다를 가르쳤다는 '노자화호설老子化胡說'이 그것인데, 노자는 말년에 인도로 건너가 붓다를 가르쳤고 그것이 불교로 발전했다는 내용이다. 따라서 불교는 도교의 변이형에 불과하다. 그러더니 이번에는 서양에서 유래한 근대적 과학기술에 대한 열등감을 문화적 우월감으로 전환시키기 위해 '서학중원론'을 만들어낸 것이다.

그러나 본격적으로 서양의 과학기술이 도입되면서 '서학중원론'은 점차 힘을 상실해갔다. 1889년 이홍장(李鴻章, 1823~1901)은 격치서원格致書院의 춘계 과제科題로 중국과 서양의 '격치학格致學(과학이라는 번역어가 사용되기 전, 과학을 지시하는 번역어)'의 우열을 비교하라는 주제를 제시했고, 원생이었던 종천위鍾天緯와 주징서朱澄敍는 서양에서 과학의 발전사를 서술한 후에 "서학이 본래 중국에서 기원했다(西學原本中國)"는 주장이 신뢰할 수 없다는 취지의 주장을 폈다.

> "중국의 격치의 학문은 (…) 다름 아닌 의리義理(의미와 가치탐구)의 격치일 뿐, 물리物理(사물의 이치탐구)의 격치가 아니다. 중국은 도道를 중요하게 여긴 반면, 기예를 가볍게 생각했다. (…) 여러 유자들의 말을 두루 살펴보면 모두가 의리의 격치를 놓고 주장을 하고 있을 뿐, 오늘날의 서학에서 말하는 것을 주장한 경우는 결코 찾을 수 없다."[1]

그들은 중국에는 서양에서 말하는 격치(과학)가 존재한 적이 없다는 사실을 지적한 다음, 이렇게 강조한다. "중국과 서양 사이에 비슷한 점이 있다고 하더라도 그것은 우연의 결과일 뿐이다. 그리고 중서의 차이점이 정말로 중국과학과 서양과학의 방향의 차이를 보여준다."[2] 그러나 '서학중원'에 대한 왜곡된 주장이 곧장 자취를 감춘 것은 아니다. 일부 보수적인 인사는 전통문화를 높이고 서학을 억압한다는 목표를 가지고 '서학중원'의 문장을 모은 『격치고미格致古微』, 『격치중법格致中法』 등을 출간하기도 했다. 물론 서학의 유입이 더욱 가속화되면서 이런 논의는 차차 종적을 감추고 만다. 강유위康有爲의 제자로서 서학수용에 적극적이었던 담사동譚嗣同은 그런 상황에 대해 다음과 같이 논평하고 있다.

> "중국과 이국의 옳고 그름, 장점과 단점에 대한 이해가 전혀 없는 상태에서 마음속으로 함부로 억측하고 자기를 높이고 다른 사람을 낮추어 보는 헛되고 교만한 마음에서 나온 이론이다"[3]

그러나 잘 생각해보면 이런 오해는 중국인의 문화적 오만함의 발로일 수도 있지만, 서양의 'science'를 중국어의 전통적 개념인 '격치'라고 번역하는 데서 생겨난 어쩔 수 없는 오해라고 볼 수도 있다. 왜고 하니

'science'를 '격치'가 아니라 '과학'이라고 번역한 일본어를 수용하고, 그것이 확산되면서 오해도 자연스럽게 불식되어 갔기 때문이다. 그렇게 시민권을 얻게 된 '과학'은 유학과는 전혀 다른, 심지어 유학과 대립되는 지식이라는 사실이 차차 중국인들에게 알려져 갔다.

당시 중국에서 서양의 '과학(격치)'에 대한 인식변화를 이끌어내는 데 크게 기여한 인물은 엄복(嚴復, 1853~1921)이었다. '중국서학 제일인第一人'이라고 평가받던 엄복은 중국의 전통적인 격물학과 서양과학의 차이점을 지적하면서 다음과 같은 중요한 발언을 한다.

> "〔중국의 전통 격물학은〕 극단적인 곳에 이르기까지 탐구하지 않기 때문에, 알기는 하지만 그것을 관통하는 원리에까지 이르지 못한다. 앎을 표현하는 말이 상세하지 못하고 판단이 정밀하지 못하고 착오와 오류가 도처에 나타난다. 이것은 모두 완전한 학문이라고 말하기 어려울 것이다."[4]

반면 엄복은 서양의 과학이 객관성 · 실증성 · 보편성 및 계통성(체계성)을 가진 지식이라는 특징을 가진다고 말하면서 서양과학의 원리를 다음과 같이 요약한다.

> "하나의 이치를 밝히고, 하나의 법칙을 수립하고, 그것을 반드시 사사물물에 검증하여 그러함을 확인하고, 그 이후에 사실여부를 결정하면 변치 않는 지식이 된다. 검증에 있어서는 많은 대상을 살피는 것을 중요하게 여기기 때문에, 많은 것을 포괄적으로 설명할 수 있게 된다. 그리고 그 효력은 영원하고 길다. 궁극적인 지점에 이르러서는 반드시 모든 것에 통하는 진리를 얻게 되고, 좌우를 살펴 기원에 이르기 때문에 결론이 고명하다. 그리고 학문을 실천할 때에는 선입견이 들어설

여지가 없다. 함부로 꾸미는 말은 쓸모가 없고, 어떤 작은 근거 없는 주장도 들어설 여지가 없다. 반드시 성실하게 인내심을 가지고 공정함과 마음을 비운 태도를 가진 다음에야 비로소 지극히 정밀한 영역에 도달하고, 지극히 실용적인 길에 들어설 수 있게 될 것이다. 그리고 그것을 민생의 일용적인 삶에 적용할 때에는 이치에 입각하여 실행하고 확실한 근거를 가지고 실천하면, 하늘의 원리와 어긋나는 바가 없어질 것이다. 이것은 마치 흙이 땅으로 되돌아가는 것처럼 자연스러운 일이다."[5]

여기서 엄복은 중국의 '격물치지'와 서양의 '과학' 사이에는 단순한 정도의 차이가 아니라 건널 수 없는 질적인 차이가 있다는 사실을 지적한다. 엄복이 중국적 학술을 '격물' 혹은 '격치'라고 부르고 서양의 학문을 '과학'이라는 개념으로 정확하게 구분하고 있다는 사실은 기억할 필요가 있다. 잘 알려진 것처럼, 서양의 'science'를 '과학'이라는 한자어로 번역한 것은 일본의 니시 아마네(西周)였다. 니시 아마네는 1874년 이 개념을 처음 사용했고, 중국에서는 1897년 무술변법戊戌變法의 지도자 강유위가 가장 먼저 이 개념을 수입하여 사용하기 시작했다고 한다.[6] 그러나 과학 개념이 도입되던 당시에 중국 지식인들은 서양의 신학新學과 중국의 전통적인 구학舊學을 대비시키면서, '과학'을 단지 분과학문이라는 정도로 이해하고 있을 뿐 과학이 무엇인지 정확하게 이해하려는 시도를 하지는 않았다.

과학의 정의, 광의와 협의

무술변법 시기에 강유위에 의해 과학개념이 처음 소개된 이후, 1900년대 초기까지 그 개념은 중국사회 안에서 상당한 수준으로 확산되었다.

하지만 과학, 즉 서양의 'science'를 어떻게 이해할 것인가, 학문으로서 과학의 특징 내지 과학의 방법적 특징이 무엇인가에 대한 본격적인 논의는 신문화운동기를 전후해서 비로소 시작되었다. 어떤 새로운 개념이 등장했을 때, 그것을 명확하게 정의 내리는 것을 학문의 시작이라고 생각하는 관행이 없었던 전통학문의 성격 때문에, 그런 시차가 발생한 것이라고 말할 수 있을 것이다. 그러나 신문화운동기에 『신청년』이나 『과학』 등 서양의 학문 · 정치 · 과학을 본격적으로 소개하는 계몽잡지들이 대거 등장하면서 본격적으로 과학의 성격을 규정하고자 하는 시도, 즉 새로운 지식체계로서 '과학'을 정의하고 이해하려는 시도가 꼬리를 물고 일어난다.

특히 1915년 1월 창간된 『과학』 잡지의 주요 창간인의 한 사람이자 나중에 '과학과 현학(인생관)' 논쟁에서 과학파 논객으로 활약했던 임홍준(任鴻雋 · 任叔永, 1886~1961)의 논설은 과학개념을 명확하게 규정하려고 했던 근대 중국 최초의 시도로서 주목할 만하다. 그런 논의에 힘입어 이후 중국에서 '과학' 사유가 전개되는 토대가 마련되었다. 『과학』 잡지는 신문화운동기에 과학계몽을 기치로 성립한 중국과학사의 주도로 창간된 간행물이었다. 임홍준은 잡지 창간호에 「중국에서 과학이 존재하지 않았던 원인을 말함(說中國無科學之原因)」이라는 제목의 논설에서 다음과 같이 '과학'을 정의한다.

> "과학이란 것은 계통을 가진 지식을 총체적으로 지칭하는 이름이다. 넓은 의미로 말하자면, 모든 지식이 분할된 나름의 영역을 가지면서 각 분과 영역 안에서 분류되고, 그 분류체계 안에서 어떤 사물을 논리정연하게 설명할 수 있을 때, 그것은 모두 과학이라고 부를 수 있다. 좁은 의미로 말하자면, 지식이 어떤 하나의 현상에 관계할 때, 그것의 이치에 따라 실험을 거듭하고 사물을 관찰하여 일정한 조리를 찾아내고, 그것을 큰

분류체계 안에서 연관성을 찾아서 구별할 수 있을 때에, 그것은 과학이라고 부를 수 있다."7

사실 임홍준의 과학정의는 모호하지만, 굳이 설명한다면, 다음과 같이 부연해볼 수 있을 것이다. 임홍준은 먼저 과학이란 계통을 가진 지식의 총체라고 규정하고, 그것을 다시 '광의'의 과학과 '협의'의 과학으로 구분한다. 그때 광의의 과학은 분과학문 체계 안에서 사물에 대해 논리정연한 설명을 제공하는 것이다. 따라서 논리정연한 설명을 제공하기만 하면 넓은 의미의 과학이 성립한다. 협의의 과학은 어떤 하나의 구체적인 대상(사물)을 원리에 입각하여 실험하고 관찰하여 조리와 일관성(條貫)을 확인하고, 큰 원리와의 연관성 속에서 설명하는 지식활동이다.

다른 글에서 임홍준은 자신이 사용하는 과학개념을 설명하면서, 이렇게 설명한다.

"과학의 정의는 사람마다 조금씩 다르다. 과학의 범위 역시 나라마다 다르다. 독일어의 '과학' 즉 비센샤프트(wissenschaft)는 자연과 인간생활을 설명하는 모든 학문을 포괄한다. 예를 들어, 천문학 · 물리학 · 화학 · 심리학 · 생리학에서 시작하여, 정치학 · 철학 · 언어학 등이 모두 그 개념 안에 포함된다. 한편 영어의 '과학' 즉 사이언스(science)는 오직 자연과학 한 방면에만 치우쳐 있다. 따라서 정치학 · 철학 · 언어학 등은 보통 과학 범위 안에 포함시키지 않는다. 그러나 여기서는 강연 상의 편리성을 고려하여, 잠정적으로 과학을 조직적인 지식이라고 정의하고 시작하려고 한다."8

여기서 임홍준은 가장 넓은 의미에서 '조직적 지식'을 임시로 과학이라고 규정하고 있다. 앞의 글에서 말한 '계통을 가진 지식'과 거의 같은 의미라고 이해할 수 있을 것이다. 넓은 의미의 과학은 자연과학은 물론 사회과학과 인문과학을 포함한다. 하지만 좁은 의미의 과학은 오로지 자연과학을 가리킨다. 넓은 의미의 과학은 독일어의 비센샤프트(wissenschaft)에 해당하고, 좁은 의미의 과학은 영어의 사이언스(science)와 거의 일치한다. 당시 중국에서는 넓은 의미의 과학을 과학이라고 말하는 사람도 있었지만, 과학이라고 하면 대개 영미 식의 협의의 자연과학만을 지칭하는 것이 일반적이었다.

임홍준의 해명에도 불구하고, 과학의 의미를 둘러싼 개념적 혼란은 간단하게 해결되지 않았다. 과학을 정의하는 것은 그때나 지금이나 여전히 어려운 과제다. 1923년에 '과학과 인생관' 논쟁이 벌어졌을 때, 과학의 의미를 둘러싸고 많은 논란이 일어났는데, 그 이유 가운데 하나 또한 과학을 넓은 의미로 이해할 것인가 좁은 의미로 이해할 것인가를 둘러싼 불일치에 있었다. 한 예로 '과학과 인생관' 논쟁에서 과학파 진영에서 논설을 발표했던 왕성공(王星拱, 1887~1949) 역시 과학을 광의와 협의로 구분하면서 이렇게 말한 바 있다.

> "과학에는 두 가지 의미가 있다. 하나는 넓은 의미의 과학, 다른 하나는 좁은 의미의 과학이다. 넓은 의미의 과학은 과학방법을 활용하여 만든 모든 지식이다. (…) 그러나 좁은 의미의 과학은 수학 · 물리학 · 화학 · 생물학 · 지질학 등등 현재 길거리의 보통 사람들이 모두 승인하는 그런 과학이다. 이런 과학은 고대 그리스에서 맹아가 나타났고, 문예부흥시대에 다시 발전했으며, 나중에 18세기에 이르러 세상에 분명하게 드러났다."[9]

나중에 장을 바꾸어 살펴보겠지만, 왕성공의 과학정의는 '과학과 인생관' 논쟁에서 과학파의 리더 역할을 했던 정문강(丁文江, 1887~1936)의 과학정의와 대단히 유사하다. 과학정의를 둘러싼 이런 논의는 나중에 '과학과 인생관' 논쟁이 일어나는 시점이 되면 훨씬 더 정밀해진다. 예를 들어 현학파 진영에서 과학파의 논점을 비판했던 임재평(林宰平, 1879~1960)은 독일의 분트(Wundt)나 볼프(Wolf) 등이 제시한 학문체계론, 나아가 독일 서남학파에 속하는 리케르트(Rickert) 등의 학문론을 수용하면서 정교한 과학구분론 혹은 학문체계론을 소개하고 과학의 가치를 논의한다.

여기서 광의의 과학이나 협의의 과학에 관한 논의, 과학을 포함하는 학문의 구분론 혹은 학문체계론을 논의하는 것은 우리의 목적이 아니다. 다만 1920년대 중국사상계는 당시 서양에서 전개되었던 학문체계론을 폭넓게 실시간으로 수용하면서 과학의 가치와 한계를 둘러싼 활발한 논의를 진행했다는 사실을 기억할 필요가 있다.

21세기에 들어와 우리 학계에서는 통섭이니 문리융합이니 하는 논의가 활발하게 전개되었다. 하지만 학문의 근거를 다시 묻는 학문체계론의 입장에서 통섭이나 융합의 가능성과 불가능성을 논의하는 수준에 이르지 못하고, 사회적 요구에 대처하기 위해 임기응변식으로 당위성을 되풀이하는 수준에서 그치고 말았다는 느낌이 든다. 그런 사정을 고려한다면, 100년 전에 중국에서 전개되었던 학문론 논의는 타산지석의 의미가 있다고 생각된다.

중국에는 '과학'이 없었다?

앞에서 우리는 과학의 특징을 논했던 엄복의 글을 인용했다. 그 글에서 엄복은 서양의 과학과 대비되는 중국적 학문, 즉 격물치지의 결함에 대해 언급하고 있다. 그는 서양과학의 방법과 사유를 기준으로 중국의 학문전통 안에서 과학에 필적하는 지식탐구방법이 존재하지 않았다는 사실을 지적했다. 그의 주장은 중국에는 과학이 존재하지 않았으며, 중국의 학문방법 및 태도가 서양의 과학과 다르다는 사실을 강조하는 것으로 읽을 수 있다.

엄복의 초기 논의에 이어서 신문화운동기에 이르면 일부 과학자와 사상가들은 중국에는 과학, 즉 서양적 의미의 과학이 존재하지 않았다는 사실을 명확하게 주장하는 논설을 쏟아내기 시작한다. 앞 절에서 언급한 임홍준의 「중국에 과학이 존재하지 않았던 원인을 말함」은 이 문제를 다룬 대표적인 논설이며, 이후 등장하는 '중국에는 과학이 존재하지 않았다'는 '중국 무과학中國無科學'을 주장하는 다양한 논설의 선구로서 의미를 가진다. 임홍준은 과학에 대해 명확하게 정의를 내린 다음, "그것을 우리나라(중국)의 과거의 학술과 비교"하고, 중국에는 "과학이 존재하지 않았다"는 결론을 내린다.

> "지금 우리나라 학술사상의 역사를 돌아보면, 그것은 하나의 퇴화의 역사라는 것을 알 수 있다. 진한秦漢 이후 사람들의 마음은 그 시대의 학문에 사로잡혀 있었다. 사물을 관찰할 때에도 윤리적인 마땅함을 살필 뿐, 그 이유를 밝히려고 노력하지 않았다. 기술을 선택 활용할 때에도 공허한 것에 힘쓸 뿐, 실제적인 것을 회피했다. 이런 상태에서 과학이 존재하지 않았다는 것은 말할 필요도 없을 것이다. 처음으로 세상에 사물을 만들어낸 성인들, 예를 들어 신농의 초목연구, 황제의 산술창시, 나아가 선진시대의 묵자나 공수의 물리 및 기계연구, 등석이나 공손룡의 같고 다름에 대한 논리학적 분석, 자사의 천원지방설에 대한 의문, 장자가 제시한 '물 안에 불이 있다'는 이론 등등 이런 것들은 자기를 높이기를 좋아하는 사람들이 우리의 본래 장점으로서 다른 사람을 억누르는 자존심을 불태우려고 할 때 인용하는 것들이다. 그러나 위에서 말한 이런 모든 것은 우리 민족의 뛰어남을 자랑하는 데 충분

할지는 몰라도 과학이 존재했다는 것을 증명하는 논리로서는 부족하지 않은가? 왜 그런가? 그런 지식은 모두 다 체계가 결여되어 있고, 여러 현상을 관통하는 원리이해가 부족하기 때문이다."[10]

여기서 임홍준은 '과학'이란 단순한 지식의 집적이 아니라 일관성 있는 체계와 조리를 갖춘 지식이어야 한다는 전제 위에서, 전통중국에는 중요한 지식이 축적되어 있었다는 사실을 인정한다고 하더라도, '과학'이라고 부를 만한 지식은 존재하지 않았다는 주장을 펼친다. 이런 임홍준의 '중국 무과학'의 주장에 자극을 받은 진독수陳獨秀는 「경고청년(삼가 청년에게 고함)」에서, 당시 유럽에서 유행하던 콩트의 진화론적 역사발전론에 근거하여, 중국은 여전히 공상空想시대에 머물러 있을 뿐, 실증적인 과학시대로 진입하지 못하고 있다고 주장한다. 다시 말해, 중국은 '공상만 있을 뿐 과학이 없는(有想象而無科學)' 시대를 살고 있었고, 현재도 그러하다는 것이다.[11] 그리고 진독수는 '중국 무과학'의 폐해를 극복하기 위한 전제로서 음양오행설과 기氣 관념에 의해 지배받는 전통적인 사유체제를 개혁할 것을 강력하게 주문한다. 그런 모호한 미신적인 관념의 지배 때문에 중국은 계몽적 근대로 나아갈 수 없다는 것이 진독수 계몽론의 요점이었다.

거의 비슷한 시기, 중국철학사가로 유명한 풍우란(馮友蘭, 1894~1990)은 「중국에는 왜 과학이 없었는가?(爲什麽中國沒有科學)」(1922년)라는 제목의 글을 발표했다. 미국 컬럼비아대학 철학과에서 발표한 그 글에서 풍우란은 중국에서 (근대적 의미의) 과학이 존재하지 않았던 것을 당연한 것으로 전제한 다음, 그 이유를 탐색하는 논의를 전개한다. 그 글에서 풍우란은 중국사상의 전통을 검토한 다음, 중국에서 과학이 존재하지 않은 이유가 중국문화의 성격에서 기인하는 것이라고 주장한다. 즉, 전통적인 중국문화는 근대적 의미의 과학을 필요로 하지 않았다는 것이다. 풍우란의 '중국 무과학'론은 단순히 중국문화의 낙후성이나 열등성에서 무과학의 원인을 찾으려는 논의와는 그 방향을 달리하는 것이 분명하다. 그러나 중국문화가 서양과학이 탄생한 문예부흥 시기 이전의 수준에 머물러 있다고 말하는 지점에서 그의 주장은 중국 낙후론의 입장으로 흘러가고 있음을 부정할 수 없다.

다른 한편 보수파의 입장에 서 있던 양수명(梁漱溟, 1893~1988)은 그의 대표작 『동서문화와 철학(東西文化及其哲學)』에서 약간 다른 관점에서 '중국 무과학론'을 주장한다. 양수명에 따르면, 당시 논자들이 서양과학이 문예부흥시대 이후의 산물이라고 보는 것은 오류다. 그는 서양의 과학이 그리스시대부터 존재한 것이라고 주장한다. 서양의 과학은 서양문화의 본질적인 특징이기 때문이다. 물론 서양문화의 특징을 여실히 드러낸다고 할 수 있는 과학은 근대문명에도 존재하는 것이다. 나아가 그런 과학은 서양문화의 방향성이라고 할 수 있는 '초연적超然的 정신(초월을 지향하는 정신)'의 산물이다. 양수명은 '초연적 정신'에 입각한 서양문화는 "완전하고 정확한 지식을 획득하는 것을 목적(完全以求正確的知識爲目的)"으로 삼는 문화이며, '초연적 정신'이야말로 과학생산의 관건이라고 말한다.

> "단순히 실용을 추구할 뿐 정확한 지식을 추구하는 의도를 갖지 않는다면, 그 결과는 기껏해야 손재주(手藝) 혹은 기술을 낳을 수 있을 뿐, 과학을 생산할 수 없다. 중국은 바로 그런 좋은 사례가 된다."[12]

이 점에서 양수명은 중체서용 시기의 과학수용자 엄복이 중국에는 '학學'이 존재하지 않는다고 말한 입장에 찬동한다. "대체로 중국의 학문은 대부분이 술術이지 학이 아니다. 혹은 중국에는 학과 술이 나뉘어져 있지 않았다고 말할 수 있다."[13] 여기서 학이 이론적 지식탐구를 의미한다면, 술은 실천을 위한 기술획득을 의미한다(술이라는 말 자체가 실천·실행을 가리키는 말이다). 예를 들어 유학을 이론적 지식으로서 탐구하는 것은 학이지만, 유학을 윤리적 실천을 위한 행위방식으로 습득하는 것은 술이다. 자연물의 존재 · 생성 · 변화의 원리를 이해하려는 활동이 학이라면, 자연물을 이용하기 위한 실행방식을 습득하는 것은 술이다. 중국문화는 풍부한 '기술(術)'의 전통을 축적시켰지만, 사물과 존재의 보편적 원리를 연구하는 '학문(學)'의 전통을 발전시키지는 않았다. 양수명은 결론적으로 중국문화와 서양문화는 두 개의 전혀 다른 노선이기 때문에, 서양문화와의 접촉이나 영향이 없다면, 중국이 서양의 과학과 그 과학에 근거한 기술을 만들어내는 것은 불가능했을 것이라고 주장한다.

> "만일 우리문화가 서양문화와 접촉이 없다면, 중국은 완전히 외부세계와 바람이 통하지 않았을 것이다. 그렇게 다시 3백 년, 5백 년, 1천 년이 지난다고 하더라도 증기선, 기차, 비행정 그리고 과학방법이 중국에서 생겨나지 않았을 것이다."[14]

양수명이 보기에 과학은 서양문화의 특징이자 서양문화의 독특한 발명품이다. 그런 점에서 고대 그리스과학이든 근대과학이든, 수준의 차이는 있을 수 있지만, 모두 서양문명 특유의 산물이다. 따라서 서양문화와 방향이나 취향을 전혀 달리하는 중국문화는 서양문화와의 접촉이 없는 이상, 독자적으로 서양적 의미의 과학을 스스로 창조할 수 없었을 것이다. 반면 전통 중국문화가 가지고 있었던 것은 엄밀한 의미의 학學의 전통이 아니라 술術의 전통이다. 실용적 차원의 기예와 기술에 머물러 있던 술에서 과학이 나올 수는 없다. 결국 중국은 과학이 없었을 뿐 아니라 과학을 창조한 과학방법의 전통을 가지고 있지 않았다는 것이 양수명의 '중국무과학론'의 요점이다.

중국에도 과학은 있었다?

그러나 중국에는 과학이 없었다고 주장하는 '중국 무과학론'에 대해, 반대의 견해를 표명하는 논자들은 이의를 제기한다. 그들은 중국에도 과학은 존재했으나 단지 중국의 전통과학은 서양의 근대과학과 수준 · 우열의 차이가 있을 뿐이라고 주장한다. 예를 들어, 나중에 '과학과 인생관' 논쟁에서 과학파의 후원자이자 자유주의자이며 동시에 과학적 방법을 응용한 근대적 국고정리國故整理를 제안한 것으로 유명한 호적(胡適, 1891~1962)은 중국에 과학이 존재하지 않았다는 양수명의 주장에 강하게 반발했다.[15]

중국에 과학전통이 존재했는가 아닌가? 이 문제에 대한 해답은 과학에 대해 긍정적인 입장을 가지는가 혹은 그렇지 않은가와 반드시 같은 노선을 걷는 것은 아니다. 호적과 앞에서 본 임홍준은 '과학과 인생관(현학)' 논쟁에서는 둘 다 과학파에 속하는 논자로서 과학의 가치에 대해 무한한 긍정을 표시하지만, 중국에 과학이 존재했는가 아닌가를 묻는 질문에 대해서는 입장을 달리한다. 호적은 다음과 같이 주장한다.

> "역사적 안목으로 문화를 관찰해보면, 각각의 민족은 자기들의 '생활 본래의 길'을 걸었던 것을 알 수 있다. 그것은 환경에 따라 만들어진 어려운 길과 쉬운 길의 차이에 불과하고, 문제의 완급의 차이에 불과하다. 따라서 그들이 걸어간 길의 느림과 빠름의 차이가 있을 뿐이고, 도달한 시간의 빠름과 느림의 다름이 있을 뿐이다."[16]

호적의 논점은 이렇다. 역사적으로 관찰해보면, 어느 문화든 비슷한 과정을 거치면서 발전한다. 그러나 그들 사이에는 완급 · 지속 · 선후의 차이는 있을 수 있다. 그런 차이는 질적인 차이 혹은 문화 자체의 노선 차이 때문에 초래된 것이라기보다는 환경에 적응하는 과정에서 발생한

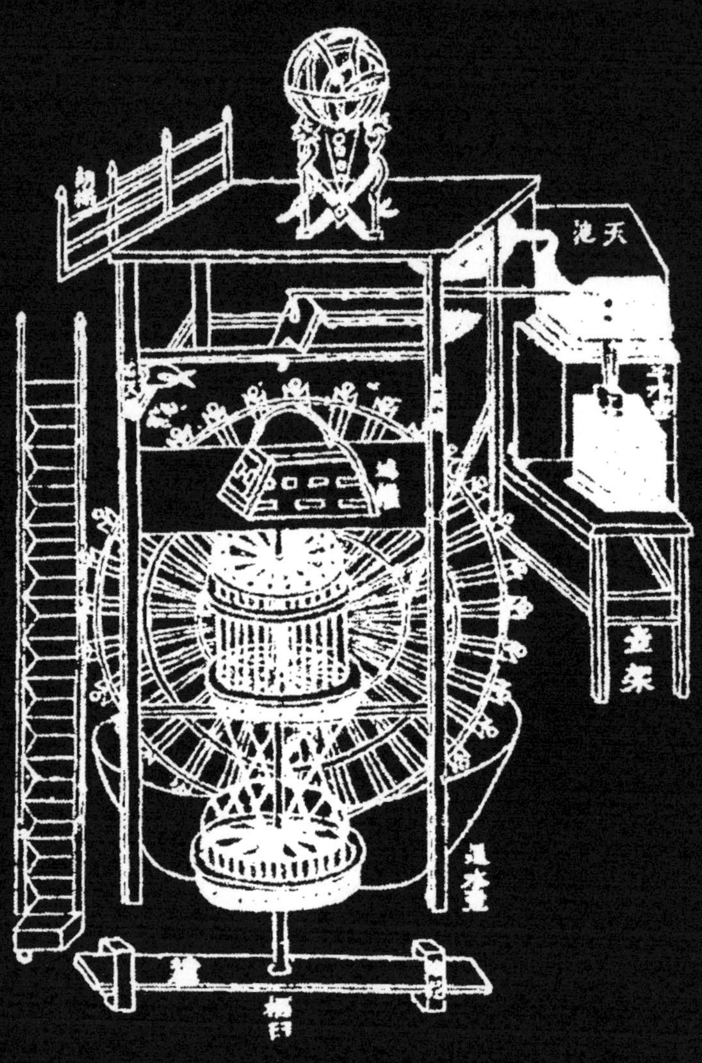

수운의상대 _ 북송시대의 재상이자 과학자인 소송蘇頌이 제작한 대형 천문시계. 세계 최초의 자동시계이자 기계시계로 여겨진다.

상대적인 차이에 불과하다. 결국 서양에서 근대과학이 출현한 것은 중국보다 빠르지만, 중국도 조만간 그런 과학적 성취에 도달할 수 있다. 서양과학과 중국과학의 차이는 그런 선후의 차이, 완급의 차이에 불과하다.

이런 전제 위에서 호적은 중국에도 과학이 존재했다고 주장한다. 호적에 따르면, 과학을 과학으로 만드는 것은 과학이 문제 삼는 재료나 대상의 성질이 아니다. 과학방법의 유무가 진정한 과학과 가짜 과학을 나누는 기준이다. 과학방법을 사용하기만 한다면, 어떤 대상을 탐구하든 그것은 과학이라고 부를 수 있다. 이런 점에서 호적은 중국에 과학이 존재하지 않았다는 양수명의 입장 나아가 '중국 무과학' 주장 전체에 대해 이의를 제기한다. 그러하여 호적은 중국문화 안에서, 특히 청대의 고증학자들의 작업 안에서 과학의 존재증거를 찾을 수 있다고 주장한다. 왜냐하면 그들은 근대과학이 생산한 것 같은 증기기관, 자동차, 비행기를 만들지 못했지만, 즉 탐구하는 재료와 대상이 달랐지만, 과학적 방법을 활용하여 체계적이고 조리를 갖춘 지식을 생산했기 때문이다.

> "과학방법과 근 3백 년 경학 대가들의 학문방법은 완전히 동일한 것이다."[17]

중국에서 과학이 존재했는가의 여부를 질문할 때 중요한 것은 과학의 지식내용이나 과학의 대상 혹은 결과물이 아니라 과학방법과 과학정신의 유무다. 이것이 그것은 호적의 지론이다. 그런 관점에서 호적은 중국의 고증학考證學(고거학考據學)이 과학방법을 사용하고 있고, 그런 의미에서 한학漢學, 즉 고증학은 과학이 될 수 있다고 주장한 것이다. 그리고 호적은 이런 과학방법을 현대에 활용하여 전통문화를 총체적으로 재해석하는 것을 자신의 필생의 학문적 과제라고 생각했다. 이처럼 과학방법이 존재했기 때문에 중국에 과학이 있었다는 주장은 당시 '중국 무과학론'에 대한 유력하고 주요한 반론이었다.

한편 과학파의 한 사람이자 과학론을 중국에 본격적으로 소개한 임홍준은 그런 호적의 관점, 즉 한학 혹은 고증학이 과학이라는 관점에 반대하는 입장을 피력한 바 있다. 임홍준은 중국의 전통적인 "한학의 방법이 귀납적 방법과 약간 비슷한 점이 있다(漢學方法雖然少少與歸納相類)"는 사실을 인정하면서도, 그 학문에 종사했던 사람들은 "애석하게도 문자언어 연구의 영역을 벗어나지 못했고, 그것을 자연계의 현상에 적용하지 못했다"[18]고 말한다. 그런 점에서 그것을 엄밀한 의미의 과학연구라고 평가하기 어렵다. 임홍준은 이렇게 말한다.

> "최근에 우리 친구들이 한학(고증학)의 과학방법을 대단히 높이 평가하는 주장을 발표했다. 그러나 그들이 하고 있는 일은 사실상 훈고訓詁 전주轉注에 불과한 것으로 옛 사람의 노예가 되는 것일 뿐이다. 그들은 새로운 사실을 가지고 연구한 적이 없기 때문에 책 바깥의 새로운 지식을 발견하는 일은 영원히 불가능하다. 따라서 그런 연구는 공허하고 내실이 없다는 것이 큰 문제점이다."[19]

여기서 임홍준이 말하는 우리 친구들은 호적 등으로 대표되는 고전 문헌학자들이다. 임홍준은 그들의 주장하는 고증학의 연구방법이 비록 약간의 과학적 성격을 보여준다고 말할 수 있을지 몰라도, 그런 지식은 책의 훈고와 전주에 머무는 것이기 때문에, 새로운 발견을 목표로 삼는 근대과학과는 성격이 다르다고 지적한다. 이런 임홍준의 지적에 따르면, 과학방법이 존재했다는 그 사실만으로는 과학이 존재했다고 말하기 어렵다. 임홍준은 어떤 지식이 과학이라고 평가받기 위해서는 적어도 다음의 두 기준이 충족되어야 한다고 말한다. 먼저 과학방법이 존재해야 하고, 다음으로 외적 사물에 대한 새로운 발견이 존재해야 한다. 또한 과학적 방법의 기본은 귀납법이지만, 이 귀납법만으로는 충분하지 않다. 귀납법은 과학이 성립하기 위한 필요조건이지 충분조건은 아니기 때문이다.

나중에 호적은 과학이 성립하기 위한 조건으로서 귀납과 연역의 종합 그리고 실험의 결합이라는 것을 내세우고 있는데, 그런 관점은 임홍준의 비판을 통해 획득하게 된 것이라고 말할 수 있다. 임홍준이 보기에 과학이라는 이름을 얻기 위해 필요한 또 다른 조건은 '새로운 발견'이다. 이를 위해서는 부단한 실험과 검증의 과정이 필요하다. 고증학이 과학으로서의 자격을 얻지 못하는 이유는 그들의 연구대상 자체가 낡은 책이고, 학문의 목적이 책의 의미해석에 불과하기 때문이다. 그런 연구로는 외적 세계에 대한 새로운 지식을 얻을 수 없다. 따라서 임홍준은 고증학적 문헌연구만으로는 과학이라는 이름을 얻기에는 부족하다고 평가했던 것이다.

'과학과 인생관' 논쟁에 과학파 입장에서 참여한 장동손張東蓀 또한 양계초梁啓超의 논설에 대한 보충형식으로 고증학, 즉 한학의 과학성을 부정하는 주장을 한다. 왜냐하면 한학(고증학)은 논리적인 방법과 실험적 방법을 결여하고 있기 때문이다. 그는 한학의 방법 자체가 과학적 방법이라고 평가할 수 없다고 강조한다.

> "과학은 각각 방법을 가지고 있다. 그리고 소위 과학의 방법이란 논리적 방법을 벗어나지 않는다. 따라서 이런 이유로 나는 한학가의 고거(고증) 방법을 곧바로 과학방법이라고 볼 수 없다고 대담하게 선언할 수 있다. 나는 한학가들이 어느 정도의 과학정신을 갖추었다는 사실을 승인하지만, 그런 하나의 일치점을 가지고 그것이 과학과 완전히 동일하다고 말할 수는 없다고 생각한다. (…) 정문강 선생은 아인슈타인의 상대론을 과학이라고 말하고, 양계초 선생은 역사연구법이 과학이라고 말한다. 그리고 호적 선생은 『홍루몽』 고증이 과학이라고 말하는데, 이런 이야기는 너무 막연하고 포괄적인 문제점이 있다."[20]

과학개념과 전통이해

결국 중국에 과학이 있었는가 없었는가, 없었다면 왜 없었는가를 둘러싼 토론은 중국에 서양의 근대과학이 도입된 이후 중국인들이 자신의 문화전통을 어떻게 평가할 것인가에 대한 갑론을박의 형식으로 전개되었다. 하지만 그 문제는 결국 과학개념을 어떻게 이해할 것인가, 나아가 과학과 과학이 아닌 것을 구분하는 구분선을 어떻게 획정할 것인가, 더 나아가서는 과학을 다른 지식활동과 구별시켜주는 과학 특유의 방법이란 무엇인가, 과연 과학 특유의 방법 혹은 과학정신이라는 것이 존재하는가 등등의 문제와 연동되어 있기 때문에, 확정적인 답을 얻는 것은 불가능하다. 1900년대 초 중국에서 이런 논의에 참여했던 논자들은 과학개념에 대한 적절한 합의에 도달하지 못한 상태에서, 즉 자의적으로 과학을 규정하면서 그 문제에 답하려고 했기 때문에, 생산적인 결론이 내려지지 않았다. 문제는 다음 세대, 그 다음 세대로 단순히 이월되고 말았다.

전통문화 안에 과학이 존재했는가 아닌가를 묻는 과학의 존재유무 논쟁은 과학을 어떻게 볼 것인가와 연동되어 답이 내려지는 문제였다. 따라서 과학을 비교적 좁은 의미로 이해하는 사람들은 중국에 과학은 존재하지 않았다는 '중국 무과학'의 결론으로 나간다. 반면 과학을 비교적 넓은 의미로 파악하는 사람들은 중국에도 과학은 존재했다는 결론으로 나간다. 다시 환기해보자면, 임홍준은 과학을 좁은 의미로 이해하기 때문에, 그리스는 물론 중국에도 과학은 존재하지 않았다는 결론으로 나간다. 한편 호적은 과학을 넓은 의미로 이해하고 근대 서양의 과학을 가장 발전한 형태의 과학으로 보기 때문에, 중국에도 과학과 과학적 방법을 구사한 연구가 있었다는 사실을 긍정하면서, 서양의 근대과학이라는 기준에서 볼 때, 중국에는 비교적 수준이 낮은 과학이 존재했을 뿐이라는 결론을 내리게 된다.

또한 중국에 과학이 존재했는가 하는 문제는 전통문화를 어떻게 볼 것인가에 대한 그들의 선입견과 연결되어 있다는 사실을 잊지 말아야 한다. 중국에 과학이 존재하지 않았다고 주장하는 논자들은 전통문화에 대해 비판적인 견해를 가지는 경향이 있다. 물론 그들의 비판을 단순히 전통문화 부정이라고 볼 수는 없다. 그들은 중국문화의 한계와 부족함을 솔직하게 인정해야만 서양의 강점인 과학을 수용할 수 있고, 그렇게 함으로써 중국의 약점을 보강·극복할 수 있다는 입장을 가지고 있었기 때문이다. 한편 중국에 과학이 있었다고 주장하는 논자들은 중국의 전통문화가 여러 난점을 가지고는 있지만 여전히 유효한 것이라고 주장한다. 그들은 당시 시점에서 중국이 서양에 뒤진 것은 분명하지만, 중국의 전통문화가 아무런 미래의 가능성도 없다는 비관주의에 빠지지 않는다. 서양의 선진적인 과학을 수용하고 배워야 하는 것은 당연히 인정하지만, 중국문화 안에 존재했던 과학 및 과학정신을 전적으로 무시하거나 포기해서는 안 된다는 것이 그들의 신념이었던 것이다.

자기비판에 더 적극적인 '중국 무과학' 논자들의 입장이나 자기긍정의 전제 위에서 자신의 부족을 강조하는 '중국 유과학' 논자들의 입장은 결국은 같은 방향으로 수렴되는 논리라고 말할 수 있다. 물론 일부 논자들은 서양과학의 수용을 전면 거부하거나 중국문화의 전면적 폐기를 주장하는 극단적인 노선을 추구했다. 하지만 그 양극단적 입장은 사상적 세력으로서는 미미했던 것이 사실이다.

제 2 장

「과학과 인생관」 논쟁 이전

신문화운동기 과학관의 대립

과학과 전통의 관계

유학은 내성외왕內聖外王을 궁극적 목표로 삼는 지식과 실천의 체계다. 내성외왕의 어느 쪽에 무게 중심을 두는가 하는 것은 학자와 학파에 따라 차이가 있을 수 있다. 하지만 외왕의 실천을 통해 사회질서를 유지하고 국가경제를 향상시키고자 하는 목표를 망각하는 순간, 그것은 더 이상 유학이 아니게 될 것이다. 그 외왕의 실천을 경세치용經世致用이라 한다면, 그것에 도달하는 방법이 격물치지格物致知다. 유학의 방법으로서 격물치지는 일견 사물의 객관적 분석을 중시하는 듯이 보인다. 그러나 그것은 단순히 사물에 대한 객관적 분석 이상의 목표를 가진 특별한 방법이다. 다시 말해 격물치지는 인간의 정신적 태도변화에 더 큰 중요성을 부여하는 독특한 성격을 가지고 있다. 격물치지에서 중요한 것은 사물이 무엇인가를 단순히 아는 것이 아니다. 그것은 단순한 정보적 '지식'의 획득이 아니라 사물에 대한 '이해' — 이론적 이해가 아니라 실천적 이해 — 를 추구한다. 그럼에도 외견적으로는 외적 현실을 무시하지 않는 격물치지는 서양문명의 주 무기라고 할 수 있는 '과학'의 방법과 일견 유사한 것처럼 보이는 것 또한 사실이다. 따라서 격물은 과학의 방법과 외견적으로는 유사하지만, 실제로는 전혀 다른 것이라는 이중적인 성격을 가지고 있다.

앞 장에서 언급한 것처럼, 근대 초기에 중국인은 서양의 'science'를 '격치格致'라고 번역했다. '격치'는 '과학'이라는 번역어가 일본에서 수입되는 1900년대 초까지 널리 사용되었다. 사실 언어는 언어 사용자의 의식을 반영할 뿐 아니라, 다시 사용자의 의식을 규정한다. 따라서 'science'가 무엇인지에 대한 선 이해가 전혀 없는 상태에서 전통적 개념에 익숙한 사람들은 '격치'라는 말을 접했을 때, 당연히 주자학적이고 나아가 유학적인 격물치지를 떠올리지 않을 수 없었을 것이다. 그러나 서양의 'science' 수용자들은 서양에서 수입해야 하는 서양의 '격치'가 전통적인 주자학적 '격치'와 전혀 다르다는 것을 밝히기 위해 많은 힘을 쏟았다. 그런 의미에서 중국에서 과학담론은 '과학'과 '격치'의 의미, 같은 점과 다른 점, 그리고 그것의 동서양의 차이를 밝히는 것에서 시작된다고 볼 수 있다. 참고로 영미권 중국학에서는 주자학의 '격물'을 'investigation of things'라고 번역하는 관행을 가지고 있다. 아마 이런 번역어를 영어권에 소개한 사람(진영첩陳榮捷, 'Wing Tsit-chan'이라는 영어 이름으로 널리 알려져 있다) 자신이 '격물'을 서양의 '과학'과 유사한 어떤 사유활동이라고 소개하려는 의도를 가지고 있었고, 그런 이해(오해)를 서양인에게 전달하는 역할을 했던 것이다. 그리고 그런 이해(오해)가 하나의 관행으로 굳어지게 된다.

나중에 호적胡適의 성리학 평가를 다룰 때 자세히 언급하겠지만, 호적은 과학방법이라는 관점에서 성리학의 격물설을 논의하고 있다. 그 전에, 이 장에서는 신문화운동을 전후한 시기에 발생한 과학과 종교 혹은 과학과 철학 사이의 대화와 갈등을 중심으로 살펴볼 것이다.

1910~1920년대 중국에서는 서양의 과학과 문명을 도입하여 전통적 삶을 근본적으로 변화시키고자 하는 신문화운동의 태풍이 몰아치고 있었다. 신문화운동의 지도자들은 '과학'과 '민주'가 서구 근대문명의 핵심이라고 생각했고, 그 핵심을 이해하고 수용하는 것이 중국의 유일한 활로라고 확신했다. 근대 서양을 경험하면서 유교전통의 한계를 발견한 지식인들

은 과학의 수용을 통해 전통적 삶의 태도, 전통적인 사상, 한마디로 말해서 전통적인 '인생관' 또는 '세계관'을 총체적으로 개혁해야 한다고 주장한다. 그들은 유학의 '격물치지'가 과학의 방법과 달리 엄격한 지식획득의 방법이 아니라 도덕수양론의 영역에 속하는 것임을 간파하고, 유교전통을 집중적으로 공격했다. 그들은 객관적 '실증' 방법을 토대로 삼는 서양의 과학과 과학정신이 중국의 위기를 극복할 수 있는 유일한 대안이라고 보았던 것이다.

지금까지 연구자들은 주로 '과학'과 '민주' 중에서 '민주'의 측면에 관심을 집중시켜 신문화운동을 논해왔다. 과거 2천 년 동안 지속된 정치구조와 비민주적 정치체질 때문에 중국은 근대문명과의 만남에서 약점을 드러내고, 마침내 반식민 상태로 전락했다는 반성이 그런 논의 안에 반영되어 있었던 것이다.[1] 그런 상황에서 '민주'와 '과학'을 앞세우고 벌어지는 유학적 전통에 대한 전면적인 비판은 필연적으로 근대적 삶과 전통의 관계, 과학과 유학전통의 관계를 어떻게 정립할 것인가 하는 질문으로 이어졌다. 그때 그들이 제기한 과학(근대)과 전통사상(유학, 특히 성리학)의 관계를 둘러싼 담론의 방향은 크게 네 가지로 개괄해볼 수 있다.

첫째, 유학전통을 전면 긍정하는 방향이다.

둘째, 유학의 한계와 문제점을 어느 정도 인정하지만, 근본적으로 유학의 정신을 긍정하는 방향이다.

셋째, 서양문명과 과학을 전면적으로 수용하는 한편, 유학전통을 전면적으로 부정하는 방향이다.

넷째, 과학의 수용을 전면 긍정하지만 과학이 모든 인생문제, 모든 사회문제, 넓은 의미에서 인생관(세계관) 문제를 해결할 수 있는 능력을 가진 것은 아니라고 보는 방향이다.

위에서 말한 네 가지 중 첫 번째 입장과 두 번째 입장은 1920년대에 거의 영향력을 상실했다. 그러나 유학전통을 전면적으로 부정하는 과학파科學派 내지 전면 서화파全面西化派라고 불리는 세 번째 입장은 과학과 전통의 상호보완 가능성을 전면적으로 부정한다. 그들은 유학이 과학 내지 과학적 사유와 결코 양립할 수 없는 것이라고 본다. 따라서 과학의 도입은 곧바로 유학의 포기라는 사실을 강조했던 것이다. 근대기의 '과학' 담론을 살펴보는 경우, 유학을 비롯한 전통사상을 전면적으로 부정하는 입장에 먼저 관심을 가지는 것이 마땅하다. 새로운 시대는 언제나 과거에 대한 전면적인 부정에서 시작하여 그 부정의 경험에서 과거를 재평가하고, 서서히 극단적인 관점을 누그러뜨려 가며 방향을 조정하고, 균형을 잡아나가면서 새로운 궤도에 들어서는 것이기 때문이다. 따라서 우리의 논의 역시 전통을 전면 부정하는 입장을 살펴보는 것에서부터 시작할 것이다.

먼저 중체서용론에서 시작되어 제도개혁론으로 이어지는 낙관적 과학수용론을 살펴보고, 이어 그 낙관적이고 소박한 과학론의 확대 · 발전으로서 등장하는 본격적인 과학만능주의, 과학신앙을 살펴본다. 그리고 네 번째 입장, 즉 양계초를 중심으로 전개된 '과학파산론' 내지 '과학한계론'과 중국 전통사상의 현대적 · 미래적 가능성에 대해 살펴본다. 그 네 번째 입장은 두 번째 입장과 비슷하지만 다르다. 오히려 네 번째 입장은 세 번째 입장의 연장선에서, 세 번째 입장이 가진 문제점을 지적하는 것이다. 그들은 과학기술과 과학정신의 도입을 부정하는 것이 아니라, 과학의 신앙화, 과학의 만능화를 경계하고 제한하려 하기 때문이다. 또 하나 전통의 '전면 부정론' 역시 논의가 더욱 정밀해지는 양상을 드러내고 있다.

여기서는 과학담론이 본격적으로 제기되기 시작하는 1900년 이래로 제시된 전통의 '전면 부정론'에서부터 논의를 시작한다. 그리고 그 논의를 점차 확대하여 1923년 '과학과 인생관(현학)' 논쟁이 일어나는 시점의 과학파의 입장까지 스케치한다. 그리고 이어지는 다음 장에서부터 '과학과 인생관' 논쟁을 자세하게 살펴볼 것이다.

엄복의 과학 '정신'

'근대적' 의미의 '과학'은 서양에서 온 것이다. 서양문물과 사상의 도래와 함께 중국인은 비로소 서양의 과학과 기술을 만나게 된다. 서학의 전래는 16세기 중반에서 17세기까지 거슬러 올라갈 수 있지만, 중국인이 서양의 과학과 기술에 대해 전면적인 관심을 기울이게 된 것은 1840년 이후였다. 아편전쟁(1840~42년)의 패배를 경험하면서 서양의 부강의 원천에 대해 관심을 기울이게 된 중국인은 그것이 과학과 기술이라고 인식하고 그 중요성에 눈뜨게 된다. 전쟁의 패배는 중국 지식인들에게 일종의 정신적 공황과 위기감을 가져다주었고, 위기감에 짓눌린 중국 지식인들은 선진적인 서양의 함선과 대포 등 과학의 기술적인 면에 관심을 가지기 시작했던 것이다. 그러나 반세기에 걸쳐 추진된 기술수용의 노력에도 불구하고, 중국은 청일전쟁(1894년)에서 또 다시 쓰라린 경험을 겪는다. 그 좌절을 계기로, 중국 지식인들은 근대의 수용이 피상적인 기술수용에 의해 완수되는 것이 아니라는 사실을 자각하기 시작한다. 진정한 근대란 서양의 학문과 사유를 전면적으로 받아들일 때 비로소 가능한 것이라는 생각을 가지게 된 것이다. 마침내 그들은 중국에 결여된 것, 자신들이 배워야 할 것은 기술의 배후에 있는 사상과 정신, 즉 과학적 정신이라는 사실을 인정하기에 이른다. 신문화운동은 그런 과학정신과 과학적 태도 및 방법을 중국에 뿌리내리고자 하는 거대한 사회변혁의 노력이자 실험이었다.

그렇다면 그때 그들이 이해한 '과학'이란 무엇인가? 나아가 단순한 기술과 구분되는 '과학정신' 그리고 과학적 태도와 방법이란 무엇인가?

과학정신, 과학적 태도 그리고 과학방법의 중요성에 대한 인식은 구 지식인들의 의식세계에서는 결코 떠오를 수 없는 것이다. 단순히 그런 말이 존재하지 않았기 때문이 아니다. 화이론적華夷論的 사고방식, 중화주의적中華主義的 우월의식에 위에 세워진 중체서용中體西用 내지 동도서기東道西器의 관념을 가진 구 지식인들에게는 서양의 기술과 과학이 어떤 정신적인 차원에 속하는 활동이라는 사고 자체가 불가능했기 때문이다. 한마

남경조약 조인식_아편전쟁에서 패한 뒤 중국은 영국과의 불평등조약을 감수해야 했다. 홍콩을 할양했고, 상해·광주 등을 개방해야 했다.

디로 '중체서용'이라고 하지만, 그 개념은 시대적으로 다양한 스펙트럼을 가지고 있었다. 그리고 서양문화에 대한 이해가 깊어짐에 따라 막연한 중화주의적 우월감을 넘어서려는 사상적 노력이 경주되기도 했다.

예를 들어 정관응鄭觀應은 중국문화를 체體(근본, 진리)라고 보고 서양의 기술문명을 용用(실용적 응용, 도구)의 영역에 한정 짓는 초기의 중체서용론에서 벗어나는 관점을 제시하려고 했다. 그는 문화의 차이를 인정하면서 서양문명 역시 체를 가지고 있다고 주장한다. 그러나 그의 관점은 여전히 문화의 대등한 상대성을 인정하는 것은 아니었다.

이후 점차적인 인식변화를 거치면서 서용西用 혹은 서기西器는 부정적인 뉘앙스를 벗어 던지기 시작했고, 절대불변의 진리라고 여겨졌던 중체中體 혹은 동도東道 역시 변혁되어야 한다는 주장이 등장했다. 기와 용의 차원에 속한 서학을 지렛대로 이용하면서 도의 차원을 속하는 중체를 개혁해야 한다는 요구가 제기되기 시작한 것이다. 이런 인식변화를 거치면서 서양과학은 단순한 기술 차원 이상의 깊이와 내실을 가진 것이라고 보는 새로운 이해가 생겨난다.[2]

과학인식의 변천 내지 인식의 전진과정에서 변법파에 속하던 엄복嚴復의 역할은 결코 가볍게 볼 수 없다. 서양사상과 제도의 소개자이자 근대 서양문화의 번역자로 널리 알려진 엄복은 과학의 수용에서도 중요한 역할을 맡았다. 영국에 유학하면서 서양과학과 기술의 세례를 받은 엄복은 기술에 국한된 변혁의 한계를 지적한다. 그는 기술을 넘어선 제도적인 측면, 나아가 사유방법과 사상적 차원의 개혁의 필요성을 역설하는 일련의 논설을 발표했고, 그 과정에서 중국인의 '과학' 인식을 제고하는 데 크게 기여했다.

엄복은 유명한 초기 논설의 하나인 「부강의 원인을 탐색함(原强)」(1894년)에서 "수학과 명학名學(논리학)을 연구하지 않으면, 우리는 바르지 않은 논리적 판단, 필연적인 법칙을 살필 수 없게 된다. 역학力學(물리학)과 질학質學(화학)을 연구하지 않으면, 인과의 법칙과 행동과 성과 사이의 상호의존관계를 이해할 수 없게 된다"[3]라고 말하면서, 서양과학의 인식론과 방법론의 중요성을 역설한다. 과학을 인과적 규율의 발견이라는 측면에 한정하는 엄복의 과학인식은 나이브한 것이다. 하지만 인식론과 방법론을 중시하는 그의 관점 자체는 당시 유행하던 중체서용론적인 기술-과학론을 돌파하는 것으로서 큰 의의를 가지고 있다. 근대문명이 과학이란 근거 위에 놓여 있다는 것을 체험했던 엄복은 서양문화를 제대로 이해하기 위해서는 단순한 기술이 아니라 과학의 방법을 학습해야 한다고 강조했던 것이다.

엄복의 과학론은 과학을 대포와 함선 등의 기계-기술과 동일시하는 일반의 오해를 불식시키는 것을 목표로 삼고 있다. 그가 보기에 국가의 부강은 단순한 재화의 증대나 물질적 차원의 기술발전만으로 달성되는 것은 아니다. 그는 하나의 국가가 부강해지기 위해서는 국민의 정신적 자질이 뒷받침되어야 한다고 강조한다. 국민의 정신적 자질 중에서 가장 중요한 것은 과학적 사유능력, 즉 사물의 객관적 인과관계를 발견하는 과학방법을 습득하는 능력이다. 기술수용에 앞서 과학정신과 과학방법을 가르치는 것이 국가의 부강, 즉 근대화의 첫걸음이라고 강조한 것이다(여기서 엄복은 국가의 '부강'과 '근대화'를 동일시한다는 사실을 기억할 필요가 있다).

국가의 부강은 국민 전체가 과학정신으로 무장할 때 비로소 확고한 기초를 획득할 수 있다. 기술을 넘어선 과학정신을 강조하는 이런 사유의 전환은 당시로서는 대단히 중요한 한 걸음을 내디딘 것이라고 평가할 수 있다. 엄복은 1903~1904년에 쓴 다른 중요한 논설에서 과학정신의 배양이 중국의 근대적 전환이 성공을 거두기 위한 전제라고 주장하고 있다.

> "사람이 과학에 통달하지 않으면, 그의 정치논의는 반드시 근거 없는 것이 될 가능성이 높아진다. 그런 사람은 진화법칙의 미묘함을 이해할 수 없게 된다. 이것은 반드시 우리나라의 미래(前途)에 해악을 끼치는 결과를 초래할 것이다. 따라서 이후 중국의 교육은 반드시 과학에 마음을 두어야 할 것이다. 배우는 사람들로 하여금 인과법칙을 실증하는 일에 마음을 두고 침잠하게 만든다면, 미래에 학문이 이루어진 다음에는 가난을 치유하고 약한 자가 일어나게 할 수 있는 실력을 길러서 옛 학문의 폐습을 타파할 수 있게 될 것이다. 그런 식으로 새로운 것

에 힘쓸 수 있다면, 그것은 참으로 중국의 행복일 것이다."[4]

엄복의 논의에서 과학은 하나의 이념으로 격이 높아진다. 과학이 인과적 실증에 근거한 하나의 보편적 이념으로 승격된 것이다. 엄복의 사상 안에서 도기론道器論적 혹은 중체서용적 문화관념은 더 이상 설 자리가 없다. 엄복은 중서中西(동서) 문화의 차이를 비교하면서, "중국의 학술을 바탕으로 삼고, 서양의 학술을 실용적 도구로 삼는다(中學爲體, 西學爲用)" 혹은 "구학을 체로 삼고 신학을 도구로 삼는다(舊學爲體, 新學爲用)"는 관점을 비판한다. 체계와 성질이 전혀 다른 두 문화를 합치고 녹여서 하나로 만들어내는 것이 말처럼 쉽지 않기 때문이다. 엄복은 '중체서용'의 난점을 지적하면서 말(馬)과 소(牛)의 체와 용이라는 아주 재미있는 비유를 든다.

> "소는 소의 본체本體를 가지고 있고, 동시에 소의 용처用處를 가지고 있다. 말은 말의 본체를 가지고 있고, 동시에 말의 용처를 가지고 있다. (…) 하지만 소의 본체에 말의 용처를 덧붙인다는 이야기는 들어본 적이 없다. (…) 따라서 중국의 학술은 그 나름의 본체와 용처를 가지고 있고, 서양의 학술도 그 나름의 본체와 용처를 가지고 있다. 그것을 각자 나누어 가지게 되면 둘 다 함께 가는 것이 가능하다. 그러나 그것을 하나로 합치려고 하면 둘 다 망하고 말 것이다."[5]

엄복에 따르면 기계나 기술이 기와 용의 차원에 속하는 것임은 분명하다. 그러나 기의 용은 기의 체와 분리되지 않는다. 서양의 용은 서양의 체와 분리되지 않는다. 체용불이體用不二, 즉 체와 용은 분리되지 않기 때문이다. 그렇다면 서양문화의 체와 용은 구체적으로 무엇인가? 엄복은 "서양의 정체를 근본으로 삼고, 서양의 기예를 도구로 삼는다(西政爲體, 西藝爲用)"라는 표현을 예로 들어서 그것을 해명한다.

"소위 정치체제가 근본이고 기술은 말엽이라는 말은 전도착란顚倒錯亂이다. 더구나 소위 기술이라는 것이 과학을 가리키는 것이라면, 더 그렇다. 명학 · 수학 · 질학 · 역학 이 넷은 모두 과학이다. 그것의 보편적 원리는 세상의 모든 것을 관통한다. 그리고 소위 서정西政(서양의 정치체제)이라는 것은 그런 과학에 근본을 두고 성립한 것이다. 따라서 헉슬리(Huxley) 씨는 다음과 같이 말했다. '서양의 정치체제는 아직은 모든 면에서 과학에 근거를 두면서 발전한 것은 아니다. 그러나 만일 그렇게 하는 것이 가능하다면 서양의 정치체제는 현재 수준에 머물지 않고 더 크게 발전할 것이다.' 그러나 중국의 정치체제가 하루가 다르게 침체하고 있다는 것은 다툼의 여지가 없는 사실이다. 과학에 근거를 두지 않고 과학의 보편적 원리에 어긋나는 실행을 하고 있기 때문이다. 그렇기 때문에 만일 과학을 기예라고 부른다면, 그 기예(즉, 과학)은 서양 정치체제의 근본이라는 말이 된다. 만일 기예가 과학이 아니라고 한다면 정치체제와 기예라는 두 가지는 모두가 과학에서 나온 것이라는 말이 될 것이다. 그 말은 비유하자면, 오른손과 왼손이 있다고 할 때, 한 손이 근본이고 다른 손이 부차적인 것(末葉)이라고 말할 수 없는 것과 마찬가지다."[6]

엄복에 따르면 서양의 본체가 바로 과학이고, 또한 과학을 낳은 서양의 학문적 전통이다. 서양의 정치체제 역시 과학적 보편원리에 근거를 두고 성립한 것이기 때문에, 과학이 정치의 근본, 즉 본체가 된다. 그리고 기예 및 기술은 과학과 분리되지 않는다. 결국 엄복은 과학이 서양문명의 근본이요 본체라고 주장하고 있다. 그런 서양문명의 본체를 포기하고 활용과 응용에만 관심을 가지면서, 기술과 기예만을 도입할 수 있다고 말하는 것은 체와 용을 분리시키는 태도이므로 실천 불가능하다. "근본을 버리고 그 응용을 추구하는 태도(遺其體而求其用)" 혹은 "근본만을 취하고 그

활용을 무시하는 태도(取其體而捨其用)"는 그 어느 것이든 문화계승이나 문화수용의 올바른 태도가 아니라는 것이 엄복의 기본 입장이다. 서학을 제대로 배우고 흡수하기 위해서는 '중체서용'이라는 기묘한 관점과 방식을 먼저 버리고, 서양문화의 가치관을 이해하기 위해 힘을 다해 노력해야 한다는 것이다. 그리고 서양의 과학(과학정신)이 그런 가치관의 핵심에 자리 잡고 있다.

엄복은 정치와 기술(기예)은 본말本末 · 체용體用 · 선후先後의 관계를 가지고 있지 않다고 생각한다. 서양문명에서 체와 용은 과학과 정치 혹은 과학과 기술이다. 정치와 기술은 모두 활용 · 응용 · 도구의 차원에 속한다. 따라서 당시 중국인들이 주장하는 '중체서용'은 사실상 체와 용의 결합이라기보다는 용과 용의 결합에 불과하다. 정치와 기술(기예)은 하나의 문화 안에서 둘 모두 활용되거나 말엽에 위치하기 때문이다. 반면 문화의 진정한 본체 혹은 근본은 과학이다. 그렇기 때문에 서양을 배운다는 것은 단순히 기술이나 정치체제를 도입하는 것에 그쳐서는 안 된다. 서양의 문화적 핵심은 과학에 있기 때문이다. 따라서 중국문화의 체와 서양문화의 용을 억지로 분리시키거나 합치는 것을 지향하는 '중체서용'이란 '우두마미牛頭馬尾'처럼 괴이할 뿐이다.[7]

엄복은 중국인이 서양의 기술과 기계를 배우는 데 만족해서는 안 되며, 그것의 배후에서 작동하는 서양의 도道, 서양의 체體를 습득하고 이해해야 한다고 강조한다. 중국의 도를 탐색하고 실천하는 것이 학문과 사상의 과제인 시대는 지나갔다. 그것은 낡은 지식이고 낡은 세계관일 따름이다. 서양의 학문과 기술이 도와 기의 자리, 도와 용의 자리를 다 차지해버린 것이다. 이런 담론체계 안에서 중국의 전통학문과 사상은 설 자리가 없다. 그것은 통째로 낡은 학문(舊學)의 지위로 물러나고, 미래의 행복을 위해서 버려야 하는 미신의 차원으로 전락하는 운명에 처한다. 그렇기 때문에 엄복은 보편적인 과학원리(과학정신)의 뒷받침이 없으면 정치적인 변혁의 논의는 뿌리를 내릴 수 없으며, 따라서 중국이 현재 당면한 교육의 최대 과제는 '과학'을 가르치는 것이라고 주장한 것이다.

앞 장에서도 살펴본 것처럼, '과학'은 'science'의 번역으로서 일본에서 처음 만들어진 것이다. '과학'이라는 개념이 등장하기 전에 중국인은 '격치格致'라는 번역어를 사용하고 있었다. 엄복 역시 초기 번역에서는 'science'를 '격치'라고 번역했다. 대략 1902~1903년 즈음에 일본에서 수입된 '과학'이 '격치'를 대체하게 되고, 엄복 역시 '과학'이라는 번역어를 선택하게 된다. 강유위康有爲, 엄복, 양계초 등이 '과학' 개념을 일본에서 수입하는 역할을 했다. 엄복은 과학의 수용이 국가의 부강을 도모하기 위한 최선의 방책이며, 중국을 쇄신하고 중국인을 위해 진정한 행복을 만들어내는 방도라고 주장했다. 과학을 습득하여 구 학문의 폐단을 벗어나는 것이 중국의 활로라고 생각했기 때문이다. 여기서 과학은 기계, 기술의 영역을 넘어서는 과학적 '방법'과 '정신'에 근거한 학문 전체다. 엄복의 표현을 빌리면, '인과실증적' 방법에 근거한 근대학문 전체가 '과학'이었던 것이다.

엄복의 논설은 당시 지식인의 변화된 과학관의 일단을 잘 보여준다. 과학은 단순한 실용적 기술이나 기계의 사용에 한정되는 것이 아니다. 과학의 방법 및 원리 그리고 과학의 규율은 하나의 근본법칙으로서 이제는 도의 자리를 차지하게 된다. 진정한 근대화를 이루기 위해서는 기계와 기술의 수용에 머물러서는 안 되며, 그 배후에 있는 사물과 자연의 '인식방법', '사상태도', 한마디로 '과학정신'을 수용하고, 과학정신으로 중국의 전통사상과 낡은 관념을 근본적으로 개혁해야 한다. 이처럼 과학을 사유하는 데 있어서 도와 기의 위치전도, 의미변화는 결국 과학의 사회적 기능이 확대되는 길을 준비하는 관점의 전환을 요구한다. 앞으로 남은 중국의 과제, 특히 중국교육의 과제는 피상적인 기술도입이 아니라 과학정신을 도입하는 것이라는 인식이 그의 사유를 일관되게 지배한다.

엄복

엄복의 논설은 문어체를 사용하고 있기 때문에, 그 과격함이 그다지 두드러져 보이지는 않는다. 하지만 내용적으로 볼 때, 그의 주장은 그 다음 세대에 속하는 신문화운동기 청년 지식인들의 과격한 반전통주의 주장에 거의 접근하는 것임을 알 수 있다. 이러한 엄복의 인식은 앞으로 전개될 5.4운동 시기의 과학이해에 다가갈 수 있는 선구로서 의미를 가진다.

근대 중국의 과학주의

사실 엄복에게서 이미 보편적 진리(도)의 위치로 승격된 과학(과학정신, 과학방법)은 신문화운동기의 지식인들에 의해 한층 더 높은 사회문화적 권위를 획득한다. '과학'과 '민주'라는 슬로건을 내세우며 새로운 문명건설에 매진했던 청년 지식인들은 '과학'을 거의 신앙처럼 숭배하는 경향을 보여주기 시작한 것이다. 중화민국(1912~1949년)이 성립한 후, 여러 차례 황제체제로의 복귀 기도를 경험하고 난 청년들은 기대했던 공화적 민주정치의 실현이 순조롭지 않다는 사실을 깨닫게 된다. 새로운 중국의 건립이 단순히 정치개혁에만 의존할 수 있는 것이 아니라는 사실을 피부로 느끼면서, 정신적 차원의 개혁과 쇄신 없이 정치적 · 사회적 차원의 민주주의를 실현하는 것은 불가능하다는 사실을 자각하게 된다. 그런 곡절을 거치면서 신문화운동의 과제는 '민주'에서 '과학'으로 중심이 이동했다고 말할 수 있다. 민주와 과학은 분리 불가능할 뿐 아니라 오히려 '과학의 근거' 위에서만 민주의 실현이 가능하다는 인식에 도달하게 되었던 것이다.

이 경우 과학은 기술이나 기예의 차원을 넘어선 과학, 즉 엄복이 말했던 과학정신과 과학방법에 근거한 학문과 실천 그리고 그것 이상이었다.

앞에서 보았던 것처럼, 엄복은 과학을 단순한 기에서 끌어올려 도와 체의 차원으로 승격시켰다. 그렇게 격이 높아진 과학정신과 과학방법은 이제 삶의 모든 영역을 지배하는 궁극적 가치로 자리매김하기에 이른다. 다시 말해 과학(과학정신)은 자연탐구의 방법이나 학술의 방법에 머무르지 않고, 문화와 도덕, 인생관과 세계관 등 삶의 방식과 삶의 가치 전부를 지배하는 지고지상至高無上의 지위를 획득한 것이다. 그런 태도를 우리는 '과학주의'라고 부를 수 있다. 미국에서 활약했던 중국학자 곽영이郭穎頤는 1920년대 중국의 사상조류를 '과학주의(唯科學主義, scientism)'라는 개념을 사용해서 규정한 바 있다. "실재가 자연적 질서 안에 존재하며, 과학적 방법에 근거해서만 그런 자연적 질서의 모든 측면, 즉 생물적·사회적·물리적·심리적 측면을 인식할 수 있다는 관점"[8]이 바로 '과학주의'다.

사실 서양에서 근대적 의미의 과학(자연과학)이 등장한 이래 '과학' 개념은 명확하고 투명한 규정을 획득하지 못했다. 그런 정신적 활동을 무엇이라고 불러야 할 것인지에 대한 자각조차 존재하지 않았다. 처음에는 철학의 한 분과라는 의미에서 '자연철학(natural philosophy)'이니 '자연신학(natural theology)'이니 하는 개념으로 그런 정신활동을 지칭하려 시도하기도 했다. 더구나 그들이 하는 활동이 무엇을 목표로 삼는 것인지에 대한 체계적 합의조차 만들어지지 않았다. 거의 19세기 후반에 와서야 비로소 '과학'이라는 단어가 공식 개념으로 등장했다는 사실이 그런 상황을 잘 말해준다. 그 전까지는 '과학'이 독자적인 지식의 방법이고 영역이라는 생각 자체가 존재하지 않았을 뿐만 아니라 그들의 활동 안에서 '과학'은 '철학' 및 '종교'와 다양한 방식으로 뒤얽혀 있는 것이었다.

그러다가 점차 과학이 종교 및 형이상학과 구분되면서, 심지어 종교, 철학, 형이상학과 일체화된 전통적인 세계관을 근본적으로 변화시킬 수 있는 혁신적인 지식이라는 자각이 등장하기 시작한다. 과학이 자연과 우주 나아가 인간 자체에 대한 인식을 총체적으로 뒤집어놓을 수 있는 근본적이고 특권적인 지식이라는 생각이 서서히 확립되기 시작한 것이다. 이처럼 과학을 특권적 지식이라고 바라보는 '과학주의'는 단순한 인식론적 태도에 그치지 않고, 세계를 변혁하고, 세계를 지배할 수 있다는 이념으로 확대되었다. 그리고 그런 신념이 중국에도 전파되면서 중국적 '과학주의'가 자리 잡기 시작했다. 곽영이는 근대적 과학방법을 다음과 같은 네 가지 원칙으로 요약한다.

> 첫째는 경험원칙이다. 근대과학은 관찰과 가설, 실험, 재현을 요구한다.
>
> 둘째는 수량화원칙이다. 정확한 계측의 결과를 얻기 위해서는 수량화, 수식화의 방법이 반드시 필요하다.
>
> 셋째는 기계성원칙이다. 다른 말로 말하자면 기계론적 원리다. 과학방법은 사물의 인과관계를 처리하며, 추상화된 방식으로 그런 인과관계를 표현한다. 이런 목적을 달성하기 위해 과학은 반복적으로 출현하는 사건(사실)의 의미를 확정해야 한다. 그런 다음 그런 사건(사실)의 보편적 원리 혹은 방정식을 통해 종합적으로 묘사하거나 해석한다.
>
> 넷째가 진보원칙이다. 과학을 통해 진보를 이룰 수 있다는 원칙이다. 이 원칙은 모든 과학자가 암묵적으로 전제하는 보편이론이라고 말할 수 있다. 그것은 동시에 일종의 정신태도라고도 부를 수 있다.[9]

과학이 세상에 대한 가장 정확하고 확실한 지식이며, 그런 과학의 발전에 의해 인류의 삶이 진보한다는 입장이 '과학주의'다. 그 관점에서 서면, 과학은 인간과 자연의 물리적이고 생물적인 영역뿐 아니라 심리적 · 문화적 · 사회적 측면을 이해하기 위해서 반드시 필요한 것이 된다. 반면 인식의 정확성과 보편성을 보증해주는 과학의 방법적 절차를 거치지 못한 지식은 잘해야 종교, 형이상학, 미신의 영역에 속한 것으로 전락하고 만다.

과학주의자들은 근대 및 현대과학이 이런 원칙에 입각하여 자연, 우주 그리고 인간 자신과 인간의 문화를 연구하여 거대한 성과를 이루어냈다고 믿는다. 이런 사고는 인간의 정신이 신화(미신, 종교)의 단계에서 형이상학(철학)의 단계를 거쳐 과학의 단계로 발전한다는, 전형적인 계몽주의 정신발전의 단계론을 주장한 사회학자 콩트의 관점이 당시 중국에서 강력한 지지를 받았음을 보여주는 것이다. 그러나 과학적 방법과 원칙은 대단히 쉽게 자기의 한계를 초월하는 위험성을 가지고 있다. 과학에 대한 확신이 과학에 대한 맹신으로 발전하고, 그 맹신은 과학자 자신에 대한 과대망상으로 발전할 수 있다. 그 결과 과학은 부당한 유추와 확장을 통해 스스로 보편적인 인생관 혹은 세계관을 제공한다는 과도한 자기확신과 믿음에 빠질 수 있다. 그것이 다름 아닌 '과학주의 신앙'이다.

그런 신앙 하에서 '경험원칙'은 손쉽게 경험공리로 변질되고 경험만이 진리의 유일한 방법이 된다. '수량화원칙'은 수식화나 수량화가 불가능한 것은 무의하다거나 심지어 존재하지 않는 것이라는 입장이다. 이 원칙은 쉽게 물질주의 공리로 변질되거나, 수량화 가능한 물질적 실재만이 유일한 실재이며 과학방법을 통해서만 그런 실재를 이해할 수 있다는 입장으로 발전한다. '기계성원칙'은 기계론적 관점에서 인간의 정신과 문화를 예측하고 설명할 수 있다는 입장으로 확대될 수 있다. 인간의 정신을 비롯한 모든 것이 기계적 인과율의 지배를 받는 것이고, 자유의지는 존재하지 않는다는 인간기계론으로 변질할 수도 있다. 마지막으로 과학이 필연적으로 진보를 가져다준다는 '진보원칙'은 과학발전이 가져올 미래에 대한 지나친 낙관주의에 빠지기 쉽다. 따라서 과학의 결과에 대한 의문제기는 진보를 가로막는 적대행위로 치부된다. '과학신앙'이 과학독재로 변질되는 것이다.

이런 과학주의적 과학신앙의 전제 위에서 신문화운동기의 계몽사상가들은 과학과 종교 혹은 과학과 미신의 구분법을 무기로 전통문화를 재단하는 논설을 쏟아낼 수 있었다. 점차로 과학주의가 중국에서 확산되고 강력한 사회적 영향력을 가지게 되면서 발생한 것이 '과학과 인생관(현학)' 논쟁이었고, 논쟁의 핵심주제가 '경험원칙문제', '인과율문제', '기계론문제', '자유의지문제', '낙관적 진보관에 대한 문제'였던 것은 당연한 귀결이라고 말할 수 있다.[10]

진독수의 과학주의 선언

이 대목에서 우리는 자연스럽게 진독수陳獨秀와 호적을 떠올릴 수 있다. 먼저 진독수는 신문화운동의 초기 지도자로서, 과학주의적 과학관을 선전하고 중국에 과학관념이 확산되는 데 중요한 역할을 담당한 인물이다. 진독수는 신문화운동의 개시를 선언한 중요한 잡지인 『신청년』의 「창간사」에서 중국을 멸망으로부터 구원하기 위해 여섯 항목으로 이루어진 행동강령을 제시했다. 중국의 미래를 짊어질 청년에게 "자주적, 진보적, 진취적, 세계적(개방적), 실리적, 과학적 태도"에 따라 행동할 것을 촉구한 것이다.[11] 그리고 그 여섯 항목 중에서 가장 중요하고 근본적인 것이 마지막 항목인 '과학적' 태도였다.

여기서 진독수는 "과학이란 무엇인가?(科學者何?)"라는 물음을 던지면서 '과학' 논의를 시작한다. 그의 과학논의는 근대과학의 방법과 기본원칙을 충분히 이해하고 있다고 보기 어려울 정도로 나이브한 수준에 머물러 있다. 그러나 진독수의 논의는 아직 서양의 과학을 제대로 접하지 않은 대중 독자들에게 커다란 영향을 끼치는 것이었기 때문에 중요하다. 그는 먼저 과학을 "사물에 대한 우리의 개념이 객관적인 현상을 종합하기 때문에 주관적인 이성에 호소할 때에도 그것과 모순을 일으키지 않는 것"[12]이라고 규정한다. 말하자면 그의 과학은 "개념을 사용하여 객관현상을 종합하는 주관적 이성의 활동"이라고 단순화할 수 있다. 이어서 진독수는 과학과 대척점에 서 있으면서 과학에 의해 배제해야 할 낡은 정신적 태도를 '공상(想像)'[13]이라고 규정한다. 그가 말하는 '공상'은 "객관적 현상을 넘어서 있고, 또 주관적 이성까지도 내던지고, 공허한 관념에 근거하여 허구적으로 만들어진 것으로, 가정할 수는 있지만 실증할 수 없는 것이며, 인간이 지닌 이지적 능력으로는 이유와 법칙을 밝히거나 설명할 수 없는 것"[14]이다.

진독수는 그 '공상(상상)'이 과학이 존재하지 않던 몽매시대의 산물이며, 종교 혹은 미신의 형태로 잔존하고 있다고 본다. 이렇게 전형적인 계몽주의적 관점에 근거하면서 진독수는 과학이 창조한 근대의 서양문화가 우월하고, 종교와 미신에 사로잡혀 있는 중국문화는 열등한 것이라고 주장한다. 진독수는 '과학'과 '인권(민주)'이 서양문명이라는 수레를 지탱하는 두 바퀴로서 둘 중 어느 하나라도 없어서는 안 된다고 강조하면서, 중국이 몽매의 시대를 벗어나 근대화를 이루기 위해서는 서양문명의 핵심인 "과학과 인권(민주)를 동시에 중시해야(科學與人權幷重)" 한다고 결론 내린다. 무엇보다 '과학'이 몽매시대를 벗어나는 무기라고 생각한 진독수는 중국의 전통문화 및 사상 전반에 대해 철저한 부정과 비판을 시도한다. 진독수의 평가에 따르면, 전통시대의 지식인(士)이 '과학'과 '과학정신'을 갖지 못했기 때문에 중국은 몽매시대를 벗어날 수 없었으며, 그 결과 인민들 역시 몽매의 지배를 벗어날 수 없었다.

먼저 진독수는 음양오행설陰陽五行說이 전형적인 비과학적 사유의 하나이며 혹세무민하는 역할을 수행했다고 강하게 비난한다. 알다시피 음양오행설은 중국의 사상과 세계관의 근본원리로 작동해왔다. 그의 말이 사실이라면, 음양오행사상에 근거를 둔 모든 사상과 기술, 간단히 말해서 중국적 세계관 자체는 '비과학'이며, 잘해야 '종교' 혹은 '미신'에 불과한 것이 된다. 오늘날에도 여전히 막강한 사회적 영향력을 발휘하고 있는 풍수風水

역시 대표적인 비과학적 신앙이다. 지식인의 사상과 세계해석만 그런 것이 아니다. 농업과 상업은 말할 것도 없고, 심지어 중국 전통과학의 최대 성과로서 높은 평가를 받고 있는 중의학中醫學 역시 과학적 사고와 방법을 결여하고 있기 때문에, 그것으로는 인체의 구조조차 이해할 수 없다. 진독수는 중의학이 약물의 성분과 효능을 이해할 수 없으며, 세균으로 인한 전염병에 대해서는 거의 아무것도 알 수 없다고 강조한다. 진독수는 중국의 전통의학이 오행상생五行相生과 오행상극相剋, 음양陰陽의 한열寒熱이라는 신기한 이론에 근거하여, 옛 약물처방에 의존하는 '공상(상상)' 체계에 불과하다고 비판한다. 그것이 오랜 동안 권위를 유지할 수 있었던 것은 사회 전체가 몽매함에 사로잡혀 있었기 때문이라는 것이다.

이어서 진독수의 전통비판은 '기氣' 개념에 대한 비판으로 향한다. 그는 중국적 세계관의 근간을 이룬다고 할 수 있는 기氣 개념이 신기한 '공상(상상)의 최고봉'이라고 비난한다. 기 기념의 허구성에 대한 비판은 곧바로 중국적 사유의 '비과학성' 폭로로 이어질 수 있는 것이기 때문에, 전통사상비판에서 기 개념의 허구성을 지적하는 것은 대단히 중요하다. 진독수는 전통적 세계관의 핵심이란 이해할 수 없는 물건이라고 꼬집어서 야유한다. "나는 정말로 모르겠다. 그 '기'라는 것이 과연 어떤 물건인지!(誠不知此氣之果爲何物也!)"[15]

마지막으로 진독수는 중국인의 전통사상은 상식에 어긋나는 것이며 아무런 이유도 없는 신앙이기 때문에 오직 과학만이 그것을 치유하는 방안이 될 수 있다고 논의를 마무리한다. 이런 진독수의 '과학주의'는 "과학에 근거하여 '진리'를 밝힐 수 있다(以科學說明眞理)"[16]고 주장하는 지점에서 극점에 도달한다.

1920년 진독수는 「신문화운동이란 무엇인가?」라는 논설에서 종전의 '과학주의' 신념을 확대시킨다. 이 논설에서 진독수는 '문화'는 군사 · 정치 · 산업과 구별되는 인간의 제반활동이며, 구체적으로는 과학 · 종교 ·

청대의 인체구조도_강희제(1662~1772) 재위기 의학서적에 수록되어 있던 것으로, 신체의 방광 채널을 중심으로 묘사했다(ⓒ Wellcome Collection).

도덕 · 미술 · 문학 · 음악 등이 문화의 구성요소라고 말한다. 이때 문화의 여러 구성요소들 중에서 가장 중요한 것, 최우선적인 것이 '과학'이다. 여기서 진독수는 좁은 의미의 '과학', 즉 '자연과학'뿐 아니라 사회와 인간의 삶 일반을 연구하는 '사회과학(사회학 · 윤리학 · 역사학 · 법률학 · 경제학 등)'까지도 자연과학의 연구방법을 이용하기만 한다면, 모두 과학이 될 수 있다는 주장을 펼친다.[17] 여기서 '과학'은 '자연' 연구를 넘어 '인간'과 '사회'에 대한 탐구 일반으로 확대된다는 점에서 모든 지식을 아우르는 진정한 지식으로 특권화되었던 것을 알 수 있다(이 단계에서 진독수는 사회과학과 자연과학의 방법론적 차이를 깊이 있게 사고하지 않는다. 하지만 1923년에 쓴 '과학과 인생관' 논쟁에 대한 논평에서 진독수는 사회과학의 과학으로서의 한계를 지적하고 있다).

진독수가 보기에 중국문화의 병폐는 자연과학이 없었을 뿐 아니라 자연과학적 방법을 응용한 일체의 지식활동이 없었던 것 때문에 생긴 것이다. "중국인은 중국의 학문이 과학의 세례를 받아야 할 필요성을 인식하지 못했"으며, 그것이 문제의 근원이라는 사실도 자각하지 못하고 있다. 따라서 중국인은 "과거의 착오를 바로잡아 자연과학을 제창하고 연구해야 할 뿐만 아니라 국고國故(과거의 문화 전체)를 포함하는 일체의 학문을 과학적 방법으로 연구"할 때, 비로소 '망상'과 '헛소리'를 면할 수 있다고 말한다. 진독수가 보기에 과학적 방법을 활용하지 않는 모든 지식은 공상, 망상, 헛소리에 불과한 것이다.[18]

진독수가 이 글을 발표한 1920년은 제1차 세계대전의 참상으로 인해 중국 안에서 서양중심주의가 주춤하고, 소위 '과학파산론자'들이 과학을 지상적 가치로 신봉하는 '과학주의자'들에 대한 비판의 목소리를 높이던 시기였다. 과학파산론자들은 과학의 무용無用의 주장하는 한편, 중국문화(중국의 사상전통, 특히 유학)의 우월성을 앞세우고, 서양인들이 동방문화에 관심을 집중하고 있기 때문에 미래에는 과학이 아니라 정신과 철학의 시대가 도래한다는 또 다른 형태의 낙관주의에 사로잡혀 있었다(이런 '과학파산론'

은 나중에 '과학과 인생관' 논쟁에서 소위 '인생관파' 혹은 '현학파' 논자들에 의해 정교하게 확대된다). 진독수는 「신문화운동이란 무엇인가?」라는 논설은 이런 시기에 과학반대파를 겨냥하여 발표된 것이다.

진독수는 그 논설에서 중국이 달성해야 할 '신문화'는 '과학 및 과학의 방법에 근거한 문화'라는 사실을 주장하고, 사상이나 철학도 과학의 방법을 이용하지 않는 것은 제대로 된 사상이 아니라 시인의 상상이나 혹은 망상에 그칠 뿐이라고 대응한다.

진독수 역시 유럽에서 발생한 제1차 세계대전의 참상을 모르지 않았다. 그리고 그 배후에 과학의 부정적 힘이 도사리고 있다는 사실을 모르지 않았다. 하지만 그는 그런 비극이 "과학 자체의 죄악(科學本身的罪惡)" 때문에 발생한 것이 아니라고 항변한다. 전쟁의 비극과 참상은 정치가와 자본가들이 "과학을 이용하여 저지른 죄악(利用科學做了許多罪惡)"의 결과다. 이런 논리는 나중에 '과학과 인생관' 논쟁에서 과학파의 주장 역할을 했던 정문강丁文江에 의해 더욱 확대되고 과학 자체에 면죄부를 주는 논리로 발전한다. 여기서 지적할 수 있는 것은 나중에 '과학과 인생관' 논쟁이 발생하는 시기에 진독수의 과학론 내지 문화론은 상당히 유물사관적 관점으로 기울어지게 되지만, 이 단계에서 진독수는 서양에서 발생한 전쟁의 비극을 유물사관의 관점에서 비판하는 맑스주의자로서의 면모를 강하게 보여주지 않는다는 사실이다.

적어도 이 시기의 진독수에 따르면, 과학 그 자체는 가치판단에서 자유롭고 엄정한 객관적 실증의 체계 혹은 가치중립적 지식일 뿐이다. 여기서 '과학의 죄악'과 '과학을 이용하는 인간의 죄악'을 구분한 진독수는 중국의 급선무는 과학의 부정이나 배척이 아니라 과학방법에 근거하여 일체의 지식체계를 재정립하는 일이라고 강조한다.[19] 과학주의적 관점에서 국고정리國故整理를 주장하는 것이나 과학을 비판하기 이전에 먼저 과학의 도입이 급하다는 과학수용 우선론을 주장하던 진독수의 입장은 호적胡適의 입장과 일치한다. 진독수에 따르면, 중국인이 강조해온 철학조차도 과학적 방법을 사용할 때 비로소 제대로 된 '사상의 학문'으로서의 자격을 획득할 수 있다.[20] 그리고 궁극적으로 과학은 철학을 대체하는 진리의 보좌에 등극하게 될 것이었다. 위에서 살펴본 신문화운동 초기의 진독수의 과학논의는 다음과 같이 네 항목으로 정리할 수 있을 것이다.

(1) 과학은 이성의 활동이며 객관적 · 실증적 사고방법이다. 확실한 증거와 근거를 댈 수 없는 모든 이론과 사상은 허구적 상상(공상)의 체계에 불과하다. 그런 기준에 의해 전통적 사유는 과학의 영역에서 배제되고, 상상(공상), 허구의 영역에 속하는 것으로 평가된다.
(2) 과학은 모든 행위의 가치표준이다. 따라서 과학은 자연탐구의 원칙일 뿐 아니라 인간과 사회적 삶의 모든 영역을 설명하고 해명할 수 있다.
(3) 실증에 근거를 두는 과학적 설명은 진리다. 그 과학적 진리는 낡은 종교적 진리, 미신적 신앙을 대체할 수 있다. 과학은 철학까지도 대체한다.
(4) 세계대전으로 인해 초래된 참상은 과학 자체의 실패나 죄악이 아니라 과학을 이용하는 인간의 죄악이다. 과학은 중립적이다. 과학의 실패와 과학을 사용하는 인간의 실패는 구별되어야 한다. 따라서 과학파산론이나 과학무용론은 중국의 위기를 극복하는 대안이 될 수 없다. 중국은 여전히 과학을 필요로 한다.

첫 번째가 과학의 방법에 대한 주장이라고 본다면, 두 번째와 세 번째는 과학의 가치와 역할에 대한 주장이다. 특히 과학이 종교를 대체해야 하며, 과학이 사회와 인생의 모든 문제를 해결할 수 있다고 하는 주장은 가히 '과학신앙'이나 '과학종교'라고 평가할 수 있다. 사실 오늘날에도 이런 신념을 가진 사람이 많다는 사실을 환기해본다면, 결코 무시할 수 없는 무게를 가지고 있다. 네 번째는 과학의 가치중립성에 관한 주장으로서, 제1차 세계대전 이후에 확산된 서양몰락의 분위기와 그것에 편승하는 전통 재평가론, 전통문화 회복론, 중국문화 본위론, 동방문화 우위론 등에 대한 대응이었다.

서양철학사에서 보자면 진독수의 과학론은 소박한 경험론적 실증주의에 이어 논리실증주의가 맹위를 떨치던 1910년대에 등장한 것이다. 철학적으로 논리실증주의 자체는 이미 과거의 이론이지만, 과학에서 실증성의 중요성은 이후의 반증주의에서도 완전히 부정되지는 않는다. '과학 = 실증'이라는 도식은 일반 과학론이나 대중 과학론에서는 여전히 거의 움직일 수 없는 기본으로 여겨지고 있는 것이 사실이다.

양계초의 초기 과학론

진독수, 호적 등으로 대표되는 신문화운동의 청년 지식인들이 제시한 과학만능론, 과학주의 사유는 중국에서 과학개념의 보급에 지대한 영향력을 행사했다. 호적의 평가를 빌리자면, "근 30년 동안 하나의 개념이 중국 국내에서 '지고무상至高無上'의 지위에 올랐다. 그것을 이해하는 사람이나 이해하지 못하는 사람 또는 수구파와 유신파를 막론하고, 그 누구도 감히 공적인 상황에서 그 개념을 경시하거나 모욕하는 태도를 표출하지 못했다." 호적이 말하는 그대로, '과학'이 누구도 무시할 수 없는 최고권위를 가진 지식의 권좌에 오를 수 있었던 것은 신문화운동기 청년 지식인들의 역할 때문이다. 호적은 말한다.

"이처럼 과학은 전국적으로 일치된 '숭배'와 '신앙'의 대상이 되었다.

그것이 진정으로 가치를 가지고 있는가 아닌가 하는 것은 또 다른 문제였다. 우리는 적어도 이렇게 말할 수 있다. 중국이 변법유신을 주장하기 시작한 이래, 소위 '새로운 시대의 인간(新人物)'이라고 자부하는 사람 중에서 공개적으로 과학을 비난하거나 훼방할 수 있는 자는 한 명도 없었다."[21]

그렇다면 과학은 정말 그들이 말하는 것처럼, 모든 지식의 상위에 위치한 절대적이고 흠결이 없는 지식인가? 과학으로 인간의 모든 문제를 해결할 수 있는가? 과학은 진리의 발견자이며, 종교를 대체하는 신앙의 대상일 수 있는가? 과학은 사회와 인간의 모든 문제를 해결하는 만병통치약일 수 있는가? 이 물음에 대해 과학주의자 호적은 간단히 답한다.

"우리는 아마도 상제(하느님)가 전능하다는 사실을 쉽게 믿지는 못할 것 같다. 그러나 우리는 과학의 방법이 만능이라는 사실은 믿을 수 있다."[22]

그러나 당시 중국사회에서 신청년파 지식인들에 의해 선전된 과학만능론이 아무런 반대자 없이 당연한 공리公理로 수용되었던 것은 아니다. 물론 호적도 말하고 있는 것처럼, 소위 신지식인을 자처하면서 중국의 문제에 대해 진지하게 고민하던 사람이라면, 아무리 보수적 관점을 가진 사람이라도 과학 그 자체, 적어도 기술과 결부된 근대 서양의 과학과 과학적 태도를 전면적으로 부정하는 사람은 없었다. 그러나 현대사회에서 과학의 놀라운 힘이나 긍정적인 역할을 인정하는 것이 곧바로 과학의 만능성을 인정하는 것이라고 성급하게 결론을 내려서는 곤란하다.

오늘날처럼 과학이 고도로 발전하고 과학이 일상화된 상황에서조차 과학의 한계를 지적하고 과학기술의 사회적 통제 필요성에 대한 요구가 당연한 것으로 받아들여지는 것을 감안한다면, 전통에 대한 기억이 생생했던 당시에 과학만능론에 제동을 거는 사상적 요구가 존재하지 않았다면, 그것이 오히려 이상한 일이라고 말할 수 있을 것이기 때문이다. 당연히 과학만능론에 대해 제동을 걸거나 그것을 비판하는 목소리는 다양한 경로로 터져 나왔다. 그리고 과학반대자 내지 과학만능비판자들을 일거에 보수주의자나 수구파라고 평가하는 것은 오히려 사실을 왜곡할 수 있는 위험이 있다.

양계초梁啓超는 1920년대에 발표한 일련의 반과학적 논술 혹은 과학비판 논설 때문에 과학비판론자로 알려지고 있다. 그러나 위에서 호적이 말하고 있는 것처럼, 당시 중국에서 지고지상의 지위에 올라 있던 과학에 대해 양계초가 처음부터 비판적인 태도 혹은 경계의 태도를 취했던 것은 아니다. 오히려 초기의 양계초는 적극적인 과학수용론자였고, 과학찬양론자라고 보일 수도 있는 입장을 드러내기도 했다. 여기서는 1920년대 양계초가 본격적으로 과학비판론을 주장하기 이전의 관점, 즉 과거科擧로 대표되는 구 학문을 포기하고 신 학문으로 돌아서던 시기의 과학론을 살펴보려고 한다. 그리고 그런 입장이 1920년대에 들어와 어떻게 변화하는지에 대해서는 다음 절에서 자세히 살펴볼 것이다.

양계초는 이미 1890년대 중반 무렵부터 중국에는 과학이 결여되어 있다는 사실을 인식하고 있었다. 그리고 과학이 서양의 부강의 원인이기 때문에, 중국이 부강해지기를 원한다면 무엇보다 먼저 과학을 배워야 한다고 강조했다. "국가가 부강하기를 원한다면, 무엇보다 먼저 서양의 책을 많이 번역해야 한다. 배우는 사람이 스스로 서기를 원한다면, 먼저 서양의 책을 많이 읽는 것에서 시작해야 한다."[23] 이런 점에서 그 시기 양계초의 과학인식은 엄복이나 진독수 등 초기의 과학주창자들과 거의 다르지 않았다.

여기서 양계초가 말하는 서양의 책(西書)은 학學 · 정政 · 교教의 세 영역을 포괄하는 것이었다. 그중에서 학이 지시하는 것은 수학(算學) · 전기학

(電學) · 화학(化學) 등 서양의 근대과학이었다. 게다가 그는 서양의 학에 속하는 서적을 중국인이 번역하고 읽어야 할 목록의 첫머리에 놓음으로써 서양의 부강이 현대과학의 발전과 과학인재의 배양에 힘입은 것이라는 사실을 강조하고 있다.

당시에 양계초는 지식 측면에만 초점을 맞추어 과학을 이해하는 비교적 단순한 과학인식을 드러낸다. 하지만 서양문화에 대한 이해가 깊어감에 따라 양계초의 과학인식도 진전했고, 단순한 지식 측면이 아니라 과학의 방법 및 과학정신의 중요성을 자각하게 되었다. 이런 인식의 진전에 힘입어 양계초는 서양의 문화 전반, 특히 서양문화 내지 과학의 근거를 이루는 서양의 철학과 사회과학을 열정적으로 소개하는 문장을 발표한다. 이런 양계초의 활동은 당시 청년은 물론, 지식인 사회 전반에 엄청난 충격을 던지면서 중국사상계의 변화와 발전에 매우 중요한 작용을 했다.

특히 양계초는 베이컨(F. Bacon)과 데카르트(R. Descartes) 그리고 칸트(I. Kant)의 철학을 통해(물론 원서가 아니라 일본어 문헌을 주로 참고하여) 과학정신에 대한 이해를 심화시켜 나갔다. 그가 1902년에 발표한 「근세문명의 창시자 두 대가의 학설(近世文明初祖二大家之學說)」은 과학정신에 대한 양계초의 이해를 단적으로 보여주는 중요한 문장이다. 거기서 양계초는 베이컨과 데카르트 두 사람을 근대 서양문명의 아버지라고 부르면서 그들의 사상이 현대문명의 탄생에 기여한 공적을 강조하고 있다.

그렇다면 양계초가 생각하는 베이컨의 공적은 무엇인가? 양계초는 베이컨이 인식론 방면에서 남긴 공헌으로, 첫째 실험이라는 범주를 인식론 안에 끌어들인 것, 둘째 지식진보에서 귀납법의 중요성을 강조한 것을 꼽고 있다. 그렇다면 데카르트의 공헌은 무엇인가? 양계초는 모든 것에 대한 철저한 회의懷疑를 인식의 제일 조건이라고 보았던 것이 데카르트의 최대 공헌이라고 말한다.

"따라서 베이컨은 이렇게 생각한다. 어떤 위대한 성인이나 철학자의 이론이라도 실제적인 사물에 대한 경험과 실증에 근거를 두지 않은 것이라면 나는 따르지 않겠다! 데카르트의 주장은 이렇다. 어떤 대성인이나 대철학자의 학설이라도 나의 마음으로 반성하여 안심할 수 있는 것이 아니라면 나는 그것을 믿지 않겠다!"[24]

이어서 양계초는 1903~1904년 즈음 『신민』에 칸트의 철학을 소개하는 「근세의 가장 위대한 철학자 칸트의 학설(近世第一大哲康德之學說)」이라는 글을 발표한다. 양계초는 칸트를 대단히 높이 평가하면서 이렇게 말한다.

"나는 최근에 일본 철학관哲學館에서 소위 네 사람의 성인이 사전祀典(참배의 대상)에 올라 있는 것을 보았다. 그 이름을 살펴보면서 나는 놀랐다. 첫째가 석가, 둘째가 공자, 셋째가 소크라테스, 넷째가 칸트였다. 칸트를 그런 성인의 반열에 놓을 수 있는지 아닌지는 내가 함부로 말할 수 없을 것이다. 그것이 어울리지 않는다고 하더라도 지난 수천 년 학술계 안에서의 칸트의 위치를 이해하기에 충분한 것이었다."[25]

양계초는 당연히 칸트를 전문적으로 연구한 적도 없고, 칸트를 가장 먼저 중국에 소개한 사람도 아니다. 그러나 양계초는 중국 지식인사회에 칸트의 사상을 비교적 포괄적으로 처음 소개한 사람인 것은 분명하다. 양계초는 불교 유식론唯識論의 관점에서 칸트의 인식론을 무리하게 해석했지만, 칸트의 사상 안에서 '자유의지'의 존재를 강조하고, '지知 · 정情 · 의意'라는 삼분법으로 인간의 인식작용을 이해하고 그것을 문화문제에 적용하려고 했다는 점에서, 양계초의 칸트 소개가 중국사회에 끼친 공헌은 지대하다고 말할 수 있다.

여기서 우리는 양계초가 베이컨과 데카르트의 사상에서 배운 귀납법적 인식론과 회의론을 중국 역사문헌의 정리와 연구에 응용하려고 시도했던 사실을 기억할 필요가 있다. 그리고 칸트 철학에서 배운 사유방법을 응용하여 과학의 한계와 국한성을 이해하는 토대로 삼았다는 사실도 중요하다. 이 점은 조금 더 자세히 살펴볼 필요가 있다.

잘 알려진 것처럼, 칸트는 경험을 중시하는 영국의 경험주의 인식론과 인식에서 선천적 이성의 작용을 중시하는 데카르트 이후의 대륙 합리론을 종합한 철학자였다. 그런 종합의 결과 칸트는 세계를 '자연' 개념의 세계와 '자유' 개념의 세계로 구분하고, 전자의 '자연세계'는 순수한 지성(오성)의 영역에 할당하고, 후자의 '자유세계'는 순수한 이성의 영역으로 할당하는 관점을 제시한다. 그리고 판단력이 그 두 세계를 연결하고 소통하는 가교역할을 한다고 주장한다.

칸트 철학에서 인간의 지성은 자연개념의 세계에 국한된다. 이 영역에 있어서 인간은 선천적인 인식의 범주를 토대로 현실에 대한 경험을 종합하면서 자연현상의 인식에 도달할 수 있다. 그 결과 우리는 이론적 지식을 획득할 수 있다는 것이다. 그러나 지성적 인식 내지 이론적 인식은 현상의 영역 및 자연의 영역에 국한된 것일 뿐이다. 현상의 근거가 되는 물 자체의 세계 혹은 '예지계(noumenon)'에 대해서는 인간의 지성에 의한 인식이 성립할 수 없다. 그 영역은 오직 이성에 의한 추론이 가능할 뿐이다. 그리고 판단력은 쾌·불쾌의 감정을 느끼는 능력으로서, 감각으로 이해하는 자연개념의 영역과 감각을 초월하는 자유개념의 영역을 연결해주는 가교의 역할을 한다. 이렇게 칸트는 인간의 정신활동을 서로 독립적이면서 연결되는 세 영역, 즉 '과학적 인식'의 영역, '도덕적 실천'의 영역 그리고 '심미적 판단'의 영역으로 구분할 수 있었다. 그리고 그 각각의 영역에 대응하는 지성(오성), 이성, 판단력이라는 정신기능을 설정했다.

이처럼 정신을 세 영역으로 구분하는 칸트의 비판철학은 철학과 과학을 구분하는 논리를 수립했다는 점에서 '과학과 철학' 또는 '과학과 종교'의 관계를 바라보는 획기적인 관점을 제공했다고 말할 수 있다. 하지만 그런 새로운 관점에 의해 칸트는 경험론과 합리론의 분열을 넘어설 수 있었지만, 다른 한편에서는 과학과 철학의 '분열'을 확고하게 만들기도 했다.

양계초는 칸트의 이런 새로운 관점을 받아들인 다음, 칸트적 영역분할에 입각하여, 과학의 한계에 대한 새로운 인식을 획득하게 된다. 그 점은 양계초의 인식전환에서 매우 중요한 역할을 한다. 칸트의 관점을 받아들인 그가 새로운 방식의 역사연구를 시도하기 때문이다. 칸트의 인식론을 역사학 연구에 응용하면 어떤 결과가 나올 것인가? 양계초에 따르면, 역사는 단순한 자연개념의 세계가 아니다. 따라서 자연과학의 방법으로 역사를 연구하고 역사에 새겨진 인간의 정신생활을 이해하는 것은 당연히 한계를 가지게 될 것이다.

양계초는 먼저 인간의 역사가 두 영역으로 이루어진다고 본다. 하나는 역사문헌으로 대표되는 자연개념의 영역이 역사의 한 영역으로 수립될 수 있다. 다른 하나는 정신생활의 영역이다. 역사연구에서 역사문헌에 대한 외적 연구는 대단히 중요하다. 그 영역에선 당연히 경험을 중시하는 지성이 활동해야 하고, 과학적 방법이 동원되어야 한다. 진정한 사료와 가짜 사료, 사실과 허구 및 신화의 구분은 역사연구의 출발점이 되어야 한다. 양계초는 이렇게 말한다.

> "이런 사료는 도처에 산재해 있다. 따라서 정밀하고 명민한 방법을 사용하여 그것을 수집하지 않는다면 획득할 수 없는 것이다. 게다가 진실과 거짓이 뒤섞여서 나오는 경우가 있기 때문에 엄격한 분석을 거치지 않는다면 옳고 그름을 확실하게 구분할 수 없다. 이런 모든 과정은 상당한 수준의 기술이 필요한 것이다."[26]

이런 기술을 구사하는 것이 다름 아닌 과학적 방법을 동원하는 역사연

칸트

구다. 구체적으로 양계초는 역사연구의 과학적 방법으로서 구침법鉤沈法(자료의 발굴), 정오법正誤法(착오의 발견), 신주의법新注意法(새로운 의미탐구), 수집배비법搜集排比法(분리된 것의 종합배열), 연락법聯絡法(맥락의 회복)을 제시한다. 이 다섯 가지 방법 중에서 앞의 '구침법'과 '정오법'은 데카르트에게서 배운 회의정신의 발휘라고 볼 수 있을 것이다. 하지만 회의는 새로운 발견을 위한 소극적인 수단에 불과하다. 의심을 거쳐 가설을 세우고, 새로운 증거를 찾아내고, 사실과 대조하여 증명하는 적극적 방법을 거친 다음에야 비로소 확고한 지식을 가질 수 있게 된다. 이런 식으로 '의심'에서 출발하여 '가설'을 세우고 '검증'으로 나아가는 방법은 과학적 경험원칙과 어느 정도 일치한다. 이어서 '신주의법'과 '수집배비법'은 귀납적 방법을 역사문헌 연구에 응용한 것이라고 볼 수 있다. 마지막으로 '연락법'은 역사적 사실의 선후관계와 인과관계를 밝히는 방법이다. 사물 사이의 인과관계를 밝히는 것이 자연과학의 강점이 드러나는 지점이기 때문에 이 다섯 번째 방법은 매우 중요하다.

그렇다면 역사적 사실들 사이에 이런 인과관계를 찾는 것이 '어디까지' 가능한가? 그것은 사실은 커다란 문제다. 역사는 외형적 물질증거나 문헌의 분석만으로 이해할 수 있는 것이 아니기 때문이다. 역사의 움직임에는 항상 인간의 자유의지와 정신활동이 개입되어 있다. 그리고 우연이라는 요소도 개입한다. 물론 역사학자들 중에는 우연이란 존재하지 않는다거나 그것은 사실 우리가 알지 못하는 물리적 필연일 뿐이라고 생각하는 사람도 있을 수 있다. 아무튼 그런 역사현상을 물리적 인과법칙으로 해명할 수 있을까?

양계초의 입장은 미묘하다. 먼저 장기적으로 관찰한다면, 일부 역사현상은 그들 사이에 존재하는 인과관계를 발견하는 것이 가능할 것이라고 말한다. 그러나 그때의 인과관계는 물리적 현상의 인과관계처럼 그렇게 단순하지는 않다. 또 어떤 사실들은 인과관계의 법칙만으로 해명할 수 없는 것처럼 보이기도 한다. 자연현상과 역사현상은 다른 것이기 때문이다. 여기서 양계초는 인과율의 보편성에 대해 의심을 던진다. 여기서 우리는 양계초의 관점 안에 칸트의 이원론과 데카르트의 회의론이 결합되어 있는 것을 볼 수 있다.

자연과학적 방법을 역사연구에 응용할 수 있지만, 거기에는 분명한 한계가 있는 것이 아닌가? 인과율은 역사연구에서 보편적으로 적용할 수 없는 것이 아닐까? 귀납법 역시 역사연구에서 일정한 한계를 가지고 있는 것이 아닐까? 그리고 역사가 부단히 진화·진보한다는 관점은 완전히 정확하다고 볼 수 없는 것이 아닐까? 이런 의심을 거쳐 양계초는 이렇게 결론을 내린다.

> "역사는 인류의 활동이 만들어낸 것이다. 그러나 인류의 활동에는 두 가지 종류가 있다. 하나는 자연계에 속하는 것이고, 다른 하나는 문화계에 속하는 것이다. 자연계에 속하는 활동은 귀납법을 응용하여 연구할 수 있고, 인과율의 지배를 받는다. 그러나 그것은 반드시 진화적이라고 말할 수 없다. 문화계에 속하는 활동은 귀납법으로 연구할 수 없다. 인과율의 지배를 받지도 않는다. 그러나 그것은 진화적이라고 말할 수 있다."[27]

과학적 방법을 역사연구에 응용할 수 있는 여지가 분명히 있고, 또 그런 방법에 입각한 연구성과는 분명히 가치가 있다. 그러나 과학은 결코 만능이 아니고, 과학적 방법을 응용한 연구 역시 만능이 아니다. 양계초는 여기서 과학의 가치를 인정하면서도, 과학의 만능을 주장하는 호적의 입장과 분명히 선을 긋는다. 그러하여 마침내 양계초는 역사를 연구하는 두 가지 서로 다른 방법론을 인정하고, 그 두 방법이 상호보완적으로 작동할 때 제대로 된 역사연구가 가능해진다는 입장을 표명하기에 이른다.

당연히 그는 문헌학적 방법만으로 국학연구가 완결된다고 생각하지 않는다. 1923년 1월에 발표한 「국학연구의 두 길」에서 양계초는 '문헌학'의 방법적 기초 위에서 반성(內省)과 실천(躬行)이라는 방법을 원용하는 '덕성학(德性學)'의 필요성을 강조하고 있다(이 문제는 나중에 양계초의 국학방법을 논의하는 글에서 다시 다룰 것이다).

호적도 양계초와 비슷하게 과학방법을 응용하는 국고정리 및 역사문헌 정리에 깊은 관심을 가지고 있었다. 두 사람은 학문적으로 많은 것을 공유했고, 또한 사상적 · 학문적 교류도 유지했다. 그러나 호적이 거의 과학신앙이라고 할 수 있는 입장을 가졌던 것과 달리, 양계초는 과학의 한계, 과학방법의 한계에 대한 분명한 인식을 가지고 있었다. 나중에 '과학과 인생관(현학)' 논쟁이 발생했을 시점에 양계초는 큰 틀에서는 현학파玄學派에 동조했지만, 그 어느 진영에도 속하지 않고 중간적인 입장을 취했다. 물론 과학파科學派, 특히 정문강에 대한 양계초의 비판은 신랄한 것이었기 때문에, 누구든 양계초의 글을 읽는 사람은 양계초가 과학파의 진영에는 절대로 속할 수 없는 입장이라고 생각한다.[28]

그렇다면 큰 틀에서 현학파에 속할 수밖에 없는 입장을 가진 양계초가 굳이 중립을 지키려고 했던 이유는 무엇인가? 이는 이성의 힘을 경시하는 현학파의 논리가 자칫하면 신비주의, 맹목적 전통주의로 회귀할 수도 있다는 위험성을 간파했기 때문일 것이다. 이러한 우려 탓에 양계초는 '과학과 인생관' 논쟁에서 중립적 입장을 견지하려고 했다.

양계초와 과학비판

근대 중국에서 극단적인 과학무용론이나 과학파산론을 주장하는 사상가는 거의 없었다고 말할 수 있다. 신문화운동기 청년 지식인들의 행보에 제동을 걸고자 했던 양계초도 스스로 과학파산론자가 아니라고 자신의 입장을 표명한다. 과학부정의 입장이 아니라 단지 과학만능의 주장을 받아들이지 않을 뿐이라는 것이다. 여기서 우리가 관심을 가지는 것은 1920년 이후 과학에 대한 양계초의 생각이다. 그 시기 양계초의 과학론은 『구유심영록歐游心影錄』과 '과학과 인생관' 논쟁이 발발한 다음에 발표한 「인생관과 과학(人生觀與科學)」, 이 두 논설에 집중적으로 표현되고 있다. 「인생관과 과학」에서 보이는 그의 입장은 '과학과 인생관(현학)' 논쟁을 논의하는 자리에서 살펴보기로 하고, 여기서는 『구유심영록』을 중심으로 살펴보자.

양계초는 1918년 12월 28일 정문강, 장군매(張君勱, 1887~1969) 등과 함께 상해를 떠나 1919년 2월 11일 런던에 도착한 다음, 영국, 프랑스, 벨기에, 네덜란드, 스위스, 이탈리아, 독일을 거쳐, 1920년 3월 5일 상해로 돌아오는 길고 힘든 일정의 유럽여행을 단행했다. 여행에서 돌아오자마자 양계초는 1920년 3월부터 6월까지 북경의 『신보晨報』와 상해의 『시사신보時事新報』 두 매체에 유럽 현지 관찰보고서를 동시 연재했고, 그것이 나중에 『구유심영록』이라는 단행본으로 출간되었다.[29]

1918년은 유럽에서 제1차 세계대전이 종결된 해다. 따라서 양계초 일행이 유럽에 도착한 1919년 초의 유럽은 거의 4년 동안 계속된 전쟁의 후유증으로 큰 혼란에 빠져 있었다. 근대문명의 발상지인 유럽이 전쟁으로 인한 파괴와 인명손상으로 극도의 정신적인 위기에 빠져 있었던 시점에 양계초는 유럽을 여행한 것이다.

그 시기 유럽은 전쟁이 가져다준 허무감에 물든 종말론적 분위기가 지배하고 있었다. 그 허무감은 근대문명의 총아로 숭배의 대상이 되었던 과학에 대한 환멸감을 수반하는 것이었다. 최초의 세계대전에서 패전국이 된 독일의 지성계는 허무주의와 종말론으로 충만한 위대한 저작들을 쏟아냈고, 그런 저작들은 현대철학과 사유의 방향을 결정짓는 역할을 담당했다. 니체(F. Nietzsche)의 저작들과 1917년에 나온 슈펭글러의 『서구의 몰락』 그리고 1927년에 출간된 하이데거의 『존재와 시간』에까지 그 분위기의 그림자가 드리워져 있다.

양계초의 『구유심영록』이 제1차 세계대전 전후의 유럽 지성계를 풍미했던 종말론적 허무주의로부터 '영향'을 받았던 것은 쉽게 예상할 수 있다. 그런 철학적 · 사상적 저작들을 양계초가 직접 얼마나 읽었는지는 알 수는 없다. 분명한 것은 양계초의 후기 저술 안에서 우리는 서양문명의 한계에 대한 인식, 근대문명과 과학에 대한 불안과 불만, 나아가 그 대안으로서 동양적 문화와 정신에 대한 긍정적 회귀의 태도를 발견할 수 있다는 사실이다. 유럽문명의 위기에 직면하여, 유럽지성은 이구동성으로 유럽정신의 위기를 말하기 시작했고, 그런 분위기는 직간접적으로 근대주의와 서양중심주의를 비판하는 반근대주의자들과 전통회복을 주장하는 논자들을 하나로 결집시키는 배경으로 작용하고 있었다.

이런 유럽의 상황을 접하게 된 중국에서는 그때까지의 맹목적인 근대화의 방식에 대해 의문이 일어나기 시작한다. '근대화 = 서양화 = 과학화'라는 도식을 통해 서양학습에 매진하던 근대주의자들, 과학지상론자들, 서구주의자들이 주창하고 선전했던 근대화 논의에 대해, 어떤 식으로든 방향점검을 해야 한다는 반성의 목소리가 커지기 시작한 것이다. 앞서 살펴본 것처럼, 진독수의 「신문화운동이란 무엇인가?」(1920년)라는 논설은 그런 방향점검의 요구 앞에서 '과학의 죄악'과 '과학을 이용하는 인간의 죄악'을 구분하면서 과학 자체에는 면죄부를 주는 한편, 반과학주의 내지 과학무용론에 제동을 걸고자 하는 의도를 가지고 집필된 것이었다.

어쨌든 그 시기에 과학은 지고무상이며 만능의 약방문이라고 주장하던 과학만능주의는 한걸음 물러설 수밖에 없는 상황에 직면해 있었다. 과학과 그 과학에 근거한 서양문명이 반드시 최고의 가치를 가진 것은 아니며, 적어도 '또 다른 근대'의 가능성을 모색하거나 상상해볼 수 있는

양계초

것은 아닌가? 서구적 방향이 절대적인 것이 아니라면, 모든 동양적인 것, 모든 전통적인 것, 모든 중국적인 것을 일거에 부정하는 것이 반드시 옳은 방향은 아니지 않을까? 그런 의문들은 당연히 큰 호응을 얻기 시작했다. 그리고 근대주의(서구주의)에 반대 목소리를 내는 지식인들을 하나로 묶는 분위기가 무르익어 갔다.

양계초의 유럽여행 그리고 그의 유럽견문록은 그런 시대상황 속에 근대주의, 서구화주의 그리고 근거에서 작동하는 과학만능의 사유에 제동을 걸 수 있는 중요한 관점을 제공하며 독자를 끌어 모았다. 양계초는 그 책의 첫 글에서 당시 유럽의 정신적 상황을 개괄하면서 근대 서양인을 사로잡았던 과학만능주의가 한바탕 꿈이었다는 사실을 지적한다.[30]

양계초에 따르면, 서양의 근대는 '과학'의 발달에 근거하여 수립된 '공업문명'이다. 근대문명은 외적 생활에 '편리함'을 가져다 준 공로가 있지만, 인간의 내면세계에 대해서는 커다란 혼란과 동요만을 초래했다. 특히 '심리학'이라는 새로운 학문은 과학적 논리를 채용하여 인간의 심령을 이해한다고 주장하지만, 그런 학문영역 안에서 인간의 영혼이나 정신은 하나의 물질현상으로 전락하고 말았다는 것이 양계초의 진단이다. 참으로 날카로운 진단이 아닐 수 없다. 심리학을 비롯한 서양의 과학 혹은 과학의 방법을 채용하는 학문은 모든 것을 물질현상으로 환원시키는 유물주의(materialism)의 전제 위에 서 있다. 유물주의적 사유는 과학뿐 아니라 철학(사상)의 영역을 지배하고 있기도 하다. 콩트의 실증주의 철학과 다윈(C. Darwin)의 『종의 기원』이 나온 이후로, 정신의 독자성을 강조하는 전통적인 유심주의 철학은 사분오열되어버렸다. 그 대신 과학의 비호를 받은 유물론파의 철학자들은 일종의 '순물질적이고 순기계적인 인생관(純物質的純機械的人生觀)'을 수립하려고 했다.

그들의 '과학적 인생관'에 따르면, 인간의 외부세계는 물론이고 정신적인 내면세계까지도 물질운동의 필연법칙의 지배를 받는다고 한다. 그것은 중세 기독교의 운명예정설의 변종이라 할 수 있는 과학적 운명예정설이라고 부를 수 있는 것이다. 그런 사유방식 안에서 인간의 '자유의지'는 부정되고 만다. 의지의 자유가 부정된다면 어떤 행동에 대해서도 선악의 책임을 질 주체는 존재하지 않게 된다. 양계초는 "오늘날 사상계의 최대의 위기는 바로 이런 사실에서 비롯된 것이다(現今思想界最大的危機, 就在這一点)"[31]라고 말한다. 근대의 과학문명에 의해 초래된 철학적 · 사상적 위기가 바로 이런 주체의 책임성 부재에서 비롯된 것이라고 강조하고 있는 것이다. 그 누구도 자신이 행한 행위에 대해 책임을 지지 않아도 되는 상황, 그 자체가 현대의 위기다.

양계초는 당시 사상계를 지배하고 있는 사상 및 철학이 유물주의적 기계론의 인생관에 근거를 두고 있다는 생각을 가지고 있다. 그런 기계론적 인생관은 다른 말로는 '과학적 인생관'이라고 부를 수 있는 것으로, 그런 인생관 하에서 인간의 존재는 어떤 의미론적 가치도 갖지 못하게 된다. 그런 인생관은 결국 '과학만능주의'가 만들어낸 것이다. 과학주의의 확대로 인해 가장 큰 타격을 입은 것은 종교와 철학이다. 인류에게 삶의 방향감각과 도덕적 책임감을 부여해주는 역할을 맡았던 종교와 철학은 이제 존재감마저 희미해졌다. 대신 '과학'은 실험(실증)에 의거하여 우주적 대원리를 발명해냈다고 호언장담하고 있다. 그러나 양계초는 과학적 진리라는 것이 궁극적인 진리이기는커녕 끊임없이 발전하는 새로운 발견에 의해 극복되어 갈 수밖에 없는 임시적인 것에 불과하다고 날카롭게 지적한다. 소위 과학적 진리가 보편적이라고 믿는 과학의 보편성 테제 자체가 허구이며, 과학적 진리 자체는 임시적인 가설에 불과하다고 주장한 것이다.

또한 양계초는 과학만능을 주장하는 사람들이 과학의 성공에 취해서 마치 내일이라도 황금시대가 도래할 것이라고 선전해온 것에 대해 이의를 제기한다. 과학이 발전을 거듭한 결과, 지난 100년 동안에 이루어낸 물질적 진보는 인간이 과거 3천 년 동안 성취한 것의 몇 배에 이를 만큼 거대한 것이라는 사실을 부정하기는 어렵다. 그런 과학의 발달로 인해 인간의 생활이 편리해진 것은 틀림없다. 그러나 그렇다고 인간의 삶이 더 고귀해지거나 인간의 행복이 더 증진되었다고 말할 수 있는가? 양계초는 이렇게 묻는다. "우리 인류는 행복해지기는커녕 오히려 더 많은 재난 때문에 몸살을 앓고 있는 것이 아닌가?"[32] 과학 및 과학과 결합된 기술이 거둔 거대한 물질적 성취로 인해 인간은 과연 물질적 진보가 이루어지기 이전보다 더 행복해졌는가? 그런 과학의 향도를 받아 전진해온 인류는 오히려 나침반을 잃고 항해하는 배처럼, 방향감각을 완전히 상실하고 만 것은 아닌가? 양계초는 이렇게 묻고 있는 것이다.

오히려 양계초는 과학만능의 향도를 받고 살아가는 근대적 인간을 사막에서 길을 잃고 헤매는 사람에 비유한다. 양계초에 따르면, 그들은 사막에서 길을 잃고 멀리서 희미하게 보이는 검은 '그림자'를 발견한 사람들이다. '그림자'를 진정한 빛이라 생각한 그들은 온 힘을 다해 그것을 향해 필사적으로 앞으로 나간다. 그러나 그 검은 '그림자'가 있으리라고 예상했던 그 지점에 도달하자 '그림자'는 어느새 종적을 감추어버린다. 그러자 길 잃은 사람은 크게 실망하고 처참한 기분에 빠지고 만다. 그 '그림자'는 과연 무엇이었는가? 양계초는 그 '그림자'가 바로 '과학선생'[33](5.4운동 초기에는 과학의 영어 원어 'science'를 음차하여 '새선생賽先生'이라고 불렀다)이라고 말한다. 과학이 약속한 행복한 인간, 꿈같은 황금시대는 마치 사막의 신기루처럼 멀리서 인간에게 방향을 제시하는 역할을 했지만, 막상 다가가서 보니 그 자리에는 아무것도 없다. 신기루는 신기루일 뿐이다. 과학이 약속한 미래는 하룻밤 자고 나면 흩어지는 사막의 모래성이었을 뿐이다. 전쟁의 참화를 겪고, 문화와 인간성의 파괴를 경험하고, 사람들은 과학만능주의의 일장춘몽에서 깨어난 것이다.

양계초는 유럽인들이 "한바탕 과학만능의 큰 꿈을 꾸었던 것일 뿐(做了

一場科學萬能的大夢)"이며, 그것이 오늘날 목도하는 사상적 변화와 "과학파산을 목소리 높여 부르짖게 된 이유(叫起科學破産來)"[34]라고 결론짓는다. 양계초는 20세기 초기 유럽을 휩쓸고 있는 근대비판 · 과학비판 · 허무주의가 결국 과학미몽에서 깨어난 유럽인들의 각성의 목소리였고, 과학이 약속한 황금시대가 신기루일 뿐이라는 것을 알게 된 지식인의 반항이라고 진단하고 있는 것이다.

중국문화의 미래

유려한 문체로 유럽의 정신상황을 전하면서, 과학의 한계를 적절하게 지적하는 양계초의 과학비판, 나아가 그가 그려준 당시 유럽사상계에 대한 안내도는 당시 중국 지식인사회에 커다란 호응을 불러일으켰다. 당연히 중국사회가 자체적으로 서양화와 근대화에 대해 내재적 의구심을 지니고 있었기 때문에, 양계초의 논설이 전폭적으로 호응을 불러일으키고, 반근대 및 반과학의 분위기에 이론적 무기를 제공하는 역할을 했다고 말할 수도 있다.

그런 분위기에서 진독수, 호적 등 신문화운동을 대표하는 지식인들은 다소 수세적 자세를 취하지 않을 수 없게 된다. 그들 역시 과학의 한계를 적당하게 지적하면서도, 과학, 특히 과학정신과 과학적 학문방법의 필요성을 역설하는 방향선회를 하지 않을 수 없게 된다. 물론 서구에서의 과학파산론이 서구사상의 유일한 흐름이 아니라는 것은 당연하다. 마찬가지로 중국에서 과학파산론이 갑자기 사상적 우위를 점하게 되었다고 간단히 말할 수도 없다.

여기서 우리가 주목해야 할 것은 과학파산론 등 서구문명의 한계와 몰락을 예언하는 논의가 봇물 터지듯 터져 나오면서, 1894년 이후 잠자고 있던 중국문화 우월론, 중국문화 본위론, 중국문화 회복론 등 다양한 반근대주의적 혹은 전통주의적 담론이 활황을 띠게 된다는 사실이다. 약 반세기에 걸쳐 서양문화와 서양의 과학 및 과학기술에 주눅이 들었거나 그에 대해 한없는 열등감을 가졌던 많은 사람들이 새로운 자신감을 가지고 전통에 대해 목소리를 높일 수 있게 되는 상황이 전개되기 시작한 것이다.

신문화운동의 열기에 의해 억눌려 있던 전통주의와 전통담론의 부흥에 불을 지핀 인물은 양계초 본인이었다. 그는 과학만능론을 비판하고 과학이 거둔 물질적 성과가 반드시 인생을 행복으로 이끄는 것이 아니라는 사실을 강조했다. 그 당시의 언어로 말하자면, 과학은 '인생관' 문제를 해결할 수 없다는 것이다.

이때 중국 지식인들이 문제 삼았던 '인생관'이라는 말은 좁은 의미의 인생철학, 인생문제를 가리키는 말이 아니라는 사실을 기억할 필요가 있다. 그 말은 현대의 용법에 따라 말한다면, '세계관'이나 '빅 퀘스천(Big Question)'이라고 말할 수 있는 것으로, 인간과 세계의 의미문제에서 시작하여 신의 존재와 의미, 우주의 기원 등 거대한 철학적 · 종교적 주제들을 포괄한다. '인생관'이라는 말이 한국어로도 무리 없이 이해되기 때문에 그들이 말하는 '인생관'을 현재 우리말로 '인생관'이라고 단순하게 번역할 수도 있을 것이다. 하지만 그렇게 좁은 의미로 이해하게 되면, 그 '인생관' 논쟁의 의미가 축소되고 단순히 어떤 삶의 방식이 옳은지, 어떻게 살 것인지 하는 신변철학적 주제를 놓고 중국사상계 전체가 들썩거린 것으로 오해할 수 있다. 그렇게 되면 양계초가 '과학과 인생관' 문제가 우주 제일의 문제라고 말한 이유를 포착하지 못하게 될 수 있다. 이 책의 서장에서 언급한 것처럼, 나는 이 책에서 그들이 말한 '인생관'을 '세계관'이라고 이해하는 입장을 견지하면서 인생관이라는 개념을 사용하거나 당시 용어대로 '현학(형이상학, 철학 혹은 종교)'이라는 개념을 거의 동의어로 사용할 것이다.

과학의 이론이나 법칙은 행복이나 죽음 같은 인간의 궁극적 관심사, 우주의 기원, 정신 및 물질의 관계, 나아가 어떤 사회구조가 옳은가, 존재의 궁극은 무엇인가, 신의 존재를 어떻게 이해할 것인가 등등의 인간의 궁극적 관심사에 답할 수 없다. 그렇다면 과학이나 과학적 방법이 철학이나 종교의 자리를 대체할 수 있다고 하는 진독수나 호적 등 소위 과학만능론자들의 주장은 그야말로 또 다른 하나의 신앙, 즉 과학신앙으로 평가될 수 있을 것이다.

철학적으로 본다면, 과학만능론에 입각한 기계론적 과학관과 유물주의적 과학관은 인간을 물질의 일부로 본다는 데 최대의 난점을 드러낸다. 인간은 단순한 물질일 뿐이고, 그렇기 때문에 인간의 정신이나 인간의 사유도 물질적인 인과법칙에 따라 작동하는 것이라고 본다면, 자연스럽게 인간의 자유의지는 부정되어야 한다. 과학법칙과 자유의지는 상호모순적인 관계를 가지고 있기 때문이다. 양계초는 서양의 형이상학이 우주적 원리 또는 제일원인第一原因 등을 찾아내는 데에 관심을 가지면서도 인생의 의미와 인간의 감정 또는 자유의지 등에 대해 그다지 주의를 기울이지 않는 것도 서양적 주지주의와 근대 과학정신의 한계 때문이라고 생각한다.

그렇다고 양계초가 서양의 주지주의적 형이상학이나 객관적 과학방법을 전면 부정하는 것은 아니다. 양계초 본인이 『구유심영록』에서 "독자들은 오해하지 마시라. 나는 결코 과학의 파산을 승인하는 것이 아니다. 나는 단지 과학의 만능을 승인하지 않을 따름이다"[35]라고 강조한 것처럼, 양계초의 입장이 과학적 방법론의 긍정적인 면까지도 전면 부정하는 극단적인 것이 아니라는 사실을 잊지 않아야 한다.

양계초는 국학연구의 방법에 대해서 말하는 자리에서 과학적 방법으로 연구해야 할 영역과 그렇지 않은 영역을 구분하고 있었다. 전자는 '문헌적 학문'에 속하는 영역으로 여기서는 객관적 · 과학적 방법으로 연구해

야 하고, 후자는 '덕성적 학문'에 속하는 것으로 이 분야에서는 반성과 실천의 방법이 필요하다고 말했던 것이다.[36] 결국 대상의 차이에 따라 연구방법이 달라져야 한다는 것을 양계초는 예리하게 이해하고 있었다. 이런 양계초의 생각은 역사연구에서 과학방법을 수용할 필요성을 강조하던 입장의 연장선에 있다. 따라서 양계초는 서양 형이상학과 객관적 과학은 "중국의 학문이 도저히 따라갈 수 없는(非我們所能及)"[37] 장점을 가지고 있다는 사실을 결코 부정하지 않는다. 서양학문은 분명히 장점이 있다. 그럼에도 불구하고 서양학문은 동시에 분명한 문제점도 가지고 있다. 다시 말해 주지주의적 방법, 과학적 방법에 의거하여 모든 문제, 특히 인간이 직면하고 또 해결해야 하는 모든 문제를 해결할 수 있다고 보는 과학만능주의에서 비롯된 여러 가지 병폐를 가지고 있는 것이다.

그들은 '인생이란 무엇인가'를 해명해야 하는 곳에서 아주 모호하고 실체가 없는 상제上帝(하느님)를 들고 나오는 식으로 문제를 더 복잡하고 어렵게 만든다. 그렇다면 정말 서양의 형이상학이나 과학적 방법으로 인생의 많은 문제를 해결할 수 있었는가? 당연히 인생문제는 기하학의 원리나 화학의 공식으로 해명될 수 있는 것은 아니다. 또한 당시 중국에 전래되어 막대한 영향을 끼친 다윈의 진화론이 정말 인생의 본질적 문제를 해명할 수 있었는가? 양계초 역시 젊은 시절 다윈주의에 경도되었던 경험을 갖고 있기 때문에 다윈주의의 실증적 정밀함, 방법적 엄밀함을 부정하지 않는다. 다만 당시 중국에 막강한 영향을 끼친 다윈주의에 대해, 양계초는 진화론은 인간의 발달과정을 밝힐 수 있겠지만, 인간이 동물과 다르게 인간인 이유는 무엇인지, 사람이 원숭이에서 진화되어 나온 것이 사실이라 하더라도 사람은 사람이 되고 원숭이는 원숭이가 된 이유는 무엇인지에 대해 대답할 수 없다고 지적한다. 그런 근본적인 형이상학의 문제에 대해 과학은 납득할 수 있는 설명을 제시하지 못한다.[38] 요컨대 양계초는 서양인이 사용하는 여러 가지 방법으로는 "인간의 생명 이외의 각종 문제를 연구할 수 있지만, 사람은 결코 이런 기계적인 방법으로 이해할 수 없다"고 말한다.[39] 서양인이 현재와 같은 번뇌와 방황, 어찌할 바 모르는 혼란에 빠진 것도 사실 알고 보면, 과학의 한계를 깨닫지 못하고 맹목적으로 앞만 보고 달려 나왔기 때문이다.

여기서 양계초는 과학의 한계를 지적하는 중요한 논점을 제시하고 있다. 과학을 한마디로 정의내릴 수는 없지만, 그래도 일반적으로 말하자면, 과학은 반복되는 사실의 동일성(공통성)을 추출하는 데서는 어느 정도 위력을 발휘하지만, 단일한 사건, 일회성 사실에 대해서는 무력할 수밖에 없다는 논점이다. 과학은 반복되는 사실, 되풀이 되는 사실에 대해서는 귀납추리나 연역추리 등 이성의 활동에 입각하여 '어느 정도'의 설명력을 가질 수 있다. 그러나 그렇게 이끌어내어진 추론의 결과가 '언제나' 참인 것은 아니다. 귀납의 한계 때문이다. 예를 들어 지구가 태양의 주위를 돈다는 것은 반복적인 사실이기 때문에 내일도 지구는 태양 주위를 돌 것이라고 추론할 수 있다. 현재의 과학수준으로는 그런 운동이 대강 언제까지 지속될 것인지는 어느 정도 알 수 있다. 하지만 정확한 시점을 확정하는 것은 불가능하다. 단지 개연적인 추론이 가능할 뿐이다.

부연하자면, 과학은 일정한 시기가 되면 온도가 어느 정도까지 갈 것인지에 대해서 축적된 경험과 사실분석을 통해 어느 정도 예측할 수 있다. 반복되는 사실 안에서 일정한 패턴을 찾아내고, 대강의 예측을 할 수 있는 것이다. 그러나 구체적으로 언제 어느 지점에 비가 내릴지, 어떤 지역의 날씨는 어떨지 예측할 수는 없다. 아무리 과학이 발달해도 그 예측은 극히 어렵다. 지진예측의 경우도 마찬가지다. 아주 근접한 시점이 아니면 지진이 언제 어디서 발생할 것인지 알 수는 없다. 구체적으로 언제 어디에 비가 내린다거나 언제 어디서 지진이 발생한다거나 하는 것에 대한 일반법칙을 찾아내기는 것은 거의 불가능하다. 특정 지역에서 발행하는 강우나 지진은 일회성 사건이기 때문이다.

양계초가 당시 서양에 널리 퍼져 있던 반과학주의 사조나 과학철학, 과학론의 논의를 얼마나 이해하고 있었는지 알 수는 없다. 하지만 그의 과학비판은 핵심에서 크게 벗어나지 않는다고 평가할 수 있다.

앞 장에서 살펴본 것처럼, 양계초는 신앙이나 종교가 단순한 이성의 산물이 아니라 정감과 의지의 산물이라고 본다. 결국 그에게 과학이 설명할 수 없는 정감과 의지의 산물인 종교와 신앙을 이성에 의존하는 과학이 대체할 수 없는 것은 자명하다. 이런 맥락에서 양계초는 당시 중국이 처한 문제와 중국적 질병은 근본적으로 신앙이 없는 데서 비롯되는 것이며, 종교와 신앙은 개인과 사회의 원기元氣일 뿐만 아니라 일종의 방부제 역할을 수행하기 때문에, 결국 신앙을 확립하는 것이 중국의 병폐를 치료하는 근본방책이 될 수 있다고 주장한다.[40]

그렇다면 중국인에게 필요한 신앙, 중국인이 확립해야 할 국민적 신앙은 무엇인가? 양계초는 유가사상이 중심이 되는 인생관, 즉 전통적 사유의 부흥이 유일한 선택지라고 주장한다. 여기서 양계초의 과학한계론, 과학만능비판론은 전통부활이나 유가부흥의 담론으로 방향을 선회하고 있다는 것을 알 수 있다. 과학의 한계를 인식한다는 것이 곧바로 전통부활의 요청 혹은 유가부흥의 요청과 동일한 회로에 속하는 것인지 우리는 확신할 수 없다. 따라서 양계초가 말하는 전통부흥, 유가부흥의 필요성에 동의한다고 하더라도 그 방법론에 대해서는 쉽게 동의할 수 없을 것이다.[41]

다만 그 당시에 "서양사상 = 과학, 전통사상(유가중심) = 반과학"이라는 한정된 선택지 이외의 넓은 지적 경험을 갖지 못했던 중국 지식인들이 과학비판이나 서양문명비판을 곧바로 동양회귀 · 전통옹호 · 전통회복으로 연결시키는 단락적短絡的 사유를 할 수밖에 없었을 것이라는 점은 충분히 예상해볼 수 있다.

근대 과학론의 한계

지금까지 우리는 엄복, 진독수 그리고 양계초로 이어지는 과학담론에 대해 간단히 살펴보았다. 그들의 과학론은 현대의 과학철학이나 과학론의 수준에서 보자면, 단순하고 나이브한 것이 사실이다. 그들은 전문적인 과학연구자도 아니었고, 근현대 서양철학의 지식을 체계적으로 교육받은 사람들도 아니었기 때문에 어쩔 수 없는 한계가 있었다. 하지만 이들은 과학적 탐구의 논리를 직접 경험해본 적이 없는 상태에서 단순하게 과학은 이성의 문제라는 문제의식을 상정했던 것에 불과하다. 그들이 이성적 인식의 한계에 대한 칸트의 논의, 독일 신칸트학파의 문화과학 논의 또는 현대적 해석학의 논의를 충분히 배워 알고 있었던 것도 아니기 때문에, 그들의 과학담론을 동시대 유럽의 과학론, 과학철학의 논의와 비교하는 것은 의미가 없다. 당시 중국인의 과학론은 기껏해야 '이성'의 활동으로서 '실험'과 '검증'을 통한 사실확인이라는 수준에서 논의되고 있었다.[42]

그러나 그들은 자기 한계 안에서 '과학 = 서양문명의 핵심'이라는 전제를 가지고, 그 과학을 중국문화 안에 이식해야 한다는 사명감과 열정을 가지고 있었다. 그들의 서양이해나 과학이해가 일천하고 평면적인 만큼, 그들의 열정 역시 맹목적인 방향으로 흐를 위험이 크다는 것은 쉽게 짐작할 수 있다. 또 그만큼 중국의 전통문화에 대한 그들의 인식이나 해석 역시 균형을 벗어난 것일 가능성이 높다. 역사평가는 어디까지나 가치선택의 결과물일 수밖에 없다. 더구나 전통이란 객관적인 사실이 아니다. 오늘을 어떻게 평가하고 또 미래를 어떻게 전망하는가에 따라 내용이 결정되는 것이 전통이다. 그런 의미에서 '전통'은 현재라는 거울에 비친 왜곡된 반사물 혹은 발명품이자 창안된 것일 수밖에 없는 운명을 가진다. 환언하자면, 현재에 근거하여 반사적으로 창조된 과거의 표상일 따름이다. 따라서 그 표상은 평가자나 선택자의 관점에서 자유로울 수 없다.

어떤 서술자의 전통표상은 그 서술자 본인의 현재와 미래에 대한 가치관과 콤플렉스로부터 자유로울 수 없다.[43]

역사사건과 역사서술은 그 자체가 일회적이고 유일한 사태이기 때문에, 그 안에서 완벽한 동일성(공통점)을 찾아내는 것은 불가능하다. 그것이 역사해석의 본질이고, 역사가 끊임없이 다시 씌어져야 하는 이유다. 만일 역사서술을 '과학'이라고 주장한다면, 그것은 비유적인 의미에서 혹은 과학에 대한 콤플렉스를 드러내는 말로서만 타당하다. 자연현상의 탐색에 대해서도 그럴진대, 인간의 일과 인간이 만드는 사회적 사실에 대해서는 더 말할 필요도 없다. 역사는 '언제나' 만들어지는 것이다. 마찬가지로 전통 역시 '언제나' 만들어지고, 발명되고, 창안되는 것이다. 그것은 결코 새로운 발견이 아니다. 인간의 삶 자체가 매순간 새롭게 만들어지고, 상상되고, 창안된 것 아니던가?

전통의 창조나 날조는 비단 근대의 산물만이 아니다. 어느 시대 어느 사상가든, 자신이 선택한 과거의 이미지(표상)를 근거로 자신의 시대를 평가하고, 미래를 전망해왔다. 거꾸로 전통은 자신의 미래평가와 전망, 현재에 대한 기대가 과거를 규정하는 방식으로 말해진다. '전통'이라는 말이 근대에 탄생했다고 해서, '전통 만들기'의 작업 그 자체가 근대에 탄생한 것이라고 착각해서는 안 된다. 중국의 근대에 한정해서 말하자면, 그 근대가 부정하거나 긍정했던 주자학 역시 그것이 탄생한 시절에는 강렬한 현재의 개혁요구와 미래의 전망이 착종하는 시각을 구사하면서 과거를 창안하고 과거의 상을 재구축한 경험을 가지고 있다. 소위 '도통론'이라는 것이 그것이다. 그런 역사창조와 역사날조는 마치 동전의 양면처럼 모든 가치 있는 사상을 남긴 사상가들의 작품 안에 흔적을 남기고 있다.

과학인식과 전통의 창조

진독수와 양계초의 대립적 관점은 중국 근대사에서 가장 창조적인 논쟁의 하나인 '과학과 인생관' 논쟁에 계승되어 논자들에게 많은 영향을 끼쳤다. 중국의 사상전통과 근대 혹은 서양문명, 나아가 인생과 과학의 관계를 논할 때마다 반드시 다시 거론되어야 하는 의미 있는 참조계(패러다임)라고 평가할 수 있다.

양계초를 비롯해, 과학에 대한 생각을 진독수와 공유했던 호적을 거치고, 시기적으로 조금 뒤에 두각을 나타내는 풍우란馮友蘭을 거치면서, 중국전통을 체계화하여 서술하는 학문적 시도가 본격적으로 나타난다. 그렇다면 중국의 사상전통, 특히 철학전통을 어떻게 서술할 것인가? 무엇을 사상전통의 역사 안에 선택하고, 또 그것을 어떻게 평가할 것인가? 당시에는 소위 '철학'이 최고의 이성적 활동이라고 평가받고 있었기 때문에, 그들은 철학이라는 명칭을 사용하면서 중국의 사유전통을 발명하려고 시도했다. 물론 청산의 대상으로서 철학 이외에도 여러 분야에서 전통의 이미지를 그려내려는 여러 시도들이 등장했고, 그런 시도들은 역사학의 하위범주로 확고한 지반을 획득하기에 이른다.

그런 중국철학사 · 중국사상사의 모델을 제시한 인물이 양계초, 호적, 풍우란이라는 사실은 결코 우연이 아니다. 또한 사상사 · 철학사의 대가들이 '전통'을 창안하는 과정에서 염두에 두고 있었던 질문이 다름 아닌 '중국에는 과학이 있었는가?'라는 사실도 의미심장하다.

현대적 의미의 중국철학사 · 중국사상사 · 중국종교사는 결국 중국에 '과학'이 있었는가, 아니면 적어도 서양문명을 형성했던 '과학'이나 '철학' 또는 '종교'와 다르거나 유사한 대응물이 있었는가 하는 질문에 대한 답안이라고 말할 수 있다. 달리 말하자면, 그들은 중국사상(철학)이 과학과는 전혀 다른 정신활동이거나 과학과 동일한 것이지만 수준이 낮은 저급한 형태라고 평가하면서 자신들의 전통(역사)을 서술(창조·날조·구성)했다는 것이다. 그들이 내린 가치판단과 서술된 결과 사이의 논리적 인과관계는 반드시 참은 아니지만, 어쨌든 그들의 결론은 이렇게 요약할 수 있다.

(1) 철학(종교, 현학)은 과학의 결여이거나 과학과 '다른 목표'를 가진 것이기 때문에 미래에도 살아남을 수 있고 가치를 가진다.

(2) 철학은 과학의 한 양태이기 때문에 과학과 경쟁하여 사라지거나 과학이 미처 밝히지 못한 영역에 대해 설명력을 유지하는 '보조적 역할'을 하면서 겨우 살아남을 수 있다.

어느 한쪽을 받아들여야 하는가? 다른 가능성은 또 없는가?

양계초는 이 물음, 즉 과학과 종교 그리고 과학과 철학의 관계에 대한 이 물음이 '우주 최대의 문제'라는 말을 한 적이 있다. 앞으로도 인류의 철학적 사유는 이 물음을 둘러싸고 전개될 것이다.

제 3 장

「과학과 인생관」 논쟁의 시말

과학은 인생문제를 해결할 수 있는가?

'과학과 인생관' 논쟁

5.4운동 시기에 발생한 전통사상과 과학의 대화 혹은 대립은 '동서문화' 논쟁을 거쳐 '과학과 인생관' 논쟁으로 발전한다. 그것은 '과학과 현학玄學' 논쟁이라고도 불렸다. 그러나 나는 '현학'이나 '인생관'이라는 말을 한자어를 그대로 사용할 경우 오늘날 우리말에서 의미가 좀 달라질 것이라고 생각하기 때문에, 그 의미가 조금 더 분명한 '세계관'이라는 개념을 사용하여 그 논쟁을 지칭하는 것이 옳지 않을까 하는 생각을 가지고 있다.

먼저 '현학'이라는 말은 중국사상사의 특수 용어로서 우리말 일상어에서 사용되지 않기 때문에 의미가 잘 통하지 않을 것이다. 그리고 '인생관'이라는 말은 우리말로는 의미가 통하지만 당시 중국에서 쓰인 용법과는 약간 다른 뉘앙스가 전달되는 경향이 있기 때문에, 역시 오해를 불러올 수 있다. 당시 중국 지식인들이 '인생관'이라고 말할 때, 그 말은 단순한 인생철학의 의미보다는 훨씬 더 크고 근본적인 문제를 포함하는 것이었다. 예컨대 인생철학적 처세론이나 개인적인 삶의 방식의 선택을 뜻하는 말이 아니었다. 따라서 '인생관'을 현재 우리말로 그대로 사용하게 되면 오해가 일어날 수 있다.

사상적 의미를 가진 중국어 단어는 거의 대부분 우리말과 같은 한자어를 사용한다. 따라서 그냥 그대로 읽으면 뜻이 통할 경우도 있지만,

사실은 그렇지 않은 경우가 더 많다. 나는 '과학과 현학' 또는 '과학과 인생관' 논쟁이라고 불리는 그 논쟁은 현대의 우리말로 '세계관 전쟁'이라고 번역할 때, 그 의미가 가장 잘 드러날 것이라고 생각한다. 그러하여 이 책에서는 '과학과 인생관 논쟁'이라는 표현과 '세계관 논쟁'이라는 표현을 거의 같은 의미로 사용할 것이다. 물론 그들이 직접 사용한 '현학', '인생관', '철학' 등등의 단어를 인용할 때에는 그 개념을 그대로 사용할 것이다.[1]

'과학과 인생관' 논쟁의 핵심주제는 인간의 삶에서 제기되는 근본적인 여러 문제를 과학으로 해명하고 새로운 방향을 제시할 수 있는가 하는 것이었다. 자유의지는 존재하는가? 신은 존재하는가? 세계는 물질만으로 이루어져 있는가? 물질을 지배하는 원리를 이해하면 정신을 이해할 수 있는가? 나아가 어떤 사회시스템을 선택해야 하는가? 그런 질문이 인간의 삶에서 제기되는 근본적인 질문들이다.

'과학과 인생관(현학)'[2] 논쟁은 그 이전에 발생한 대립과 대화가 주로 기물器物이나 제도制度 측면에서 이루어진 것이었던 것과 달리, 과학 자체의 문제, 즉 과학의 의미, 과학의 방법, 과학의 가치, 과학의 한계, 나아가 과학이 삶의 가치와 방향을 지도하는 원리일 수 있는가 하는 문제를 둘러싼 논쟁이었다는 점에서, 중요한 전환적 의미를 가지고 있다. 과학이 '인생관'을 제공할 수 있는가 하는 문제를 둘러싼 논쟁이기 때문에 당시 사람들은 그것을 '과학과 인생관' 논쟁이라고 불렀다. 과학의 만능을 주장하는 과학파 진영은 인생관에 대해 과학이 다룰 수 없는 영역이라고 주장하는 사람들을 현학귀(철학 나부랭이를 늘어놓는 사람들)라고 야유했다. 반면 현학파(인생관파) 진영은 인생관을 제공하는 것은 과학이 아니라 종교나 철학(형이상학)의 고유한 과제라고 주장했다.

논쟁에 이르는 과정

'과학과 인생관' 논쟁이 종결된 후 논쟁의 문장을 결집한『과학과 인생관(科學與人生觀)』 논집에 실린 글을 놓고 판단할 때, 그 논쟁에 참가한 인사들은 20세기 초 중국사상계와 과학계에서 가장 활발하게 활동을 벌인 사람들이라는 것을 알 수 있다. 특히 그 논집의 서문을 쓴 진독수陳獨秀와 호적胡適은 물론, 풍우란馮友蘭이나 양수명梁漱溟처럼 논쟁에 직접 참가하지는 않았지만 논쟁의 주제와 관련이 있는 저작이나 논설을 발표한 인물들까지 고려한다면, '과학과 인생관' 논쟁은 근대 중국사상의 발전방향을 제시하는 이정표로서의 의미를 가진다고 말할 수 있다.

여기서 논쟁에 이르는 과정, 논쟁 자체의 시말을 간단히 살펴보자.

근대 중국사상계에서 '과학과 인생관' 논쟁에 이르는 길은 복잡하고 중층적이다. 그러나 아주 단순하게 말한다면, 당시 문화적 보수주의자로 명성을 떨치고 있던 양계초梁啓超 및 양수명과 급진적인 관점에서 근대화를 추구한 계몽사상가 진독수 및 호적의 사상적 대립이 과학의 공과功過와 과학의 한계를 둘러싼 대립으로 발전한 것이다. 논쟁의 한 진영인 현학파는 기본적으로 문화보수주의와 전통옹호의 입장을 견지하면서 양수명과 양계초의 지원을 받았다. 논쟁의 다른 한 진영인 과학파는 전통부정의 급진적 입장을 견지하면서 호적을 비롯한 급진파의 지지를 받았다. 각 진영에 속하는 논자들은 과학의 의미, 과학의 한계와 가능성, 과학과 전통의 관계 등 중요한 논제들을 제기했고, 그런 논제를 해명하기 위해 왕성하게 글을 발표했다.

먼저 현학파는 과학이 인생관 문제에 대해 충분한 답을 줄 수 없다고 주장했다. 그들은 인생관 문제는 여전히 현학玄學, 즉 종교, 철학, 나아가 인문학의 중요한 주제라는 입장을 견지했다. 현학파의 입장에 기울어져 있던 양계초에 대해 간단히 살펴보자. 1923년 논쟁이 발발할 당시 양계초는 이전만은 못했지만 여전히 중요한 사상가로서 사회적 영향력을 행사하고 있었다. 양계초의 계몽적 저술은 중국을 넘어서 근대기의 한국 지식인들에게도 엄청난 영향력을 행사했다는 사실은 잘 알려져 있다. 앞 장에서 살펴본 것처럼, 1919년 제1차 세계대전이 끝난 직후에, 양계초는 '과학과 인생관' 논쟁의 중심인물이 되는 장군매(張君勱, 현학파 대표), 정문강(丁文江, 과학파 대표) 등과 함께 서양시찰여행을 다녀왔다. 그 시찰여행 이후, 서양에 대한 인식, 더구나 과학과 민주에 대한 그의 인식은 극적인 변화를 일으킨다.

양계초는 서양여행의 경험을 토대로 발표한 일련의 논설을 모아 출간한 『구유심영록』(1920년)에서 그런 자신의 인식변화를 여과 없이 드러내고 있다. 그 책에서 양계초는 당시 서양에서는 과학만능의 기대가 무너졌음을 역설하면서 결국 "유럽 사람들은 한바탕 과학만능의 꿈을 꾸었다. 그러나 지금에 와서는 오히려 과학파산을 부르짖고 있다. 이것이 바로 최근 사상적 조류의 커다란 변화"[3]라고 선언하기에 이른 것이다. 양계초의 '과학파산' 선언은 당시 문화보수주의 진영에 서 있던 사람들의 전폭적인 지지를 얻으면서 '과학과 인생관' 논쟁의 전주곡이 된다. 나중에 호적은 『과학과 인생관』 서문에서 "유럽에서 과학은 파산했다! 양계초 선생이 이렇게 말했다(歐洲科學破產了! 梁任公這樣說的)"라고 운을 떼면서 양계초의 '과학파산' 선언이 논쟁의 단초를 제공했다는 사실을 지적하고 있다.

또 하나 『구유심영록』과 거의 같은 시기에 출간된 양수명의 『동서양문화와 철학(東西文化及其哲學)』 역시 문화보수주의 입장에서 '과학파산'이라는 기조를 제시하는 책이었다. 동양문화를 선택할 것인가 아니면 서양문화를 선택할 것인가? 당시 중국인들은 서양의 군사력과 경제력 앞에서 크나큰 상실을 경험했다. 주로 외국에서 공부한 경험이 있는 지식인들은 전면적인 서양화를 주장하며 과학과 민주를 기치로 내걸고 서양문화를 소개하고 교육하는 것에서 중국의 미래를 찾았다. 물론 그들의

서양시찰단_ 양계초를 중심으로 '과학과 인생관' 논쟁의 주인공들은 구주歐洲를 여행한다. 사진은 1919년 파리에서 촬영한 단체사진이다.

서양화西洋化 주장에 대해 정서적인 반대를 표시하는 사람들도 많았다. 하지만 당시에 불길처럼 일어나고 있던 서양문화의 모방과 수용이라는 추세에 제동을 걸 수 있는 설득력 있는 논의를 찾기는 쉽지 않았다. 그런 와중에 양수명의 『동서양 문화와 철학』은 양계초의 열정적인 서양 보고서와 함께 문화보수주의의 근거를 제공하는 단비 같은 서적이었다.

그 책에서 양수명은 동서양 문화를 단순히 조화시키거나 종합 · 융합하는 것이 올바른 방향이 될 수 없다고 역설한다. 당시 인구에 회자되던 중체서용의 논리 혹은 동서문명 화합의 제안은 지나치게 나이브한 것이었다. 먼저 양수명은 철학-사상적인 관점에서 인류문명의 역사를 세 가지 노선으로 나누는 비교문명론 구상을 제시한다. 그 구상에 따르면 인류문화는 서방문화(제1노선)와 중국문화(동방문화 가운데 중국문화, 제2노선) 그리고 인도문화(제3노선)로 구분할 수 있다. 그런 구분은 결국 철학 내지 종교의 차이, 다시 말하면 인생관이나 세계관의 차이에서 비롯된 것이다. 따라서 그런 문화의 차이를 선진과 후진 혹은 진보와 낙후의 차이로 보아서는 안 된다. 그들 문화의 차이는 단순히 각 문명이 나아가는 방향의 다름 때문에 생긴 차이에 불과하다.

양수명에 따르면, 서방문화(제1노선)는 '전진적인 요구(向前要求)'를 근본정신으로 가진 문화다. 반면 중국문화(제2노선)는 '조화와 중용(調和持中)'을 근본정신으로 가진 문화이고, 인도문화(제3노선)는 '반성과 되돌아봄(反身向後)'을 근본정신으로 가진 문화다. 한때 서양문화가 상승 국면에 있었지만, 현재 시점에서는 서양철학의 근거 위에 성립한 서양문화는 여러 가지 폐단을 드러내면서 변화하지 않으면 안 되는 상황에 처해 있다. 그와 더불어 서양의 인생철학 역시 변화를 요구하는 단계에 도달하고 있다. 그 결과 서양문화의 형세는 제1노선에서 제2노선으로의 전환의 노력을 기울이고 있다. 이런 분석을 통해 양수명은 중국문화의 본래적 태도를 회복하는 것이 유일하고 정확한 방향이라고 주장한다.

양수명의 서양문화 위기론은 양계초의 관점과 상승작용을 일으키며 당시 중국에서 과학의 발전에 제동을 거는 역할을 했을 뿐 아니라 '과학과 인생관' 논쟁의 배경 가운데 하나가 되었다. 나중에 호적은 『과학과 인생관』 서문에서 "이런 일류 학자들이 큰 소리로 '유럽의 과학파산'을 부르짖으며, 유럽문화의 파산의 책임을 과학에 돌릴 줄은 생각도 하지 못했다"[4]라면서 '과학파산'을 선전하는 유명 인사들에 대해 불만을 토로했다. 논쟁의 한 진영인 현학파 사상의 배후에 두 양梁 선생의 그림자가 짙다는 사실을 잘 알고 있었기 때문이다. 그들을 비판했던 호적은 과학이 아니라 과학발전과 과학교육이 아직 충분하지 않은 것이 중국의 진짜 문제라고 주장한다. 과학의 보급이 충분하지 않기 때문에 전국을 뒤덮고 있는 낡은 미신습속(烏煙瘴氣)이 사라지지 않고 있다는 것이었다.

이처럼 현학파를 비판한 호적이나 진독수의 과학론은 전형적인 과학파의 선구적인 입장이라고 말할 수 있다. 그러나 진독수는 나중에 유물사관을 수용하는 방향으로 사상적인 선회를 거치기 때문에 '과학과 인생관' 논쟁 시점에서 그를 단순히 과학파의 논자로 분류하는 것은 곤란하다. 그런 그의 유물사관적 입장에 대해서는 나중에 다시 자세히 살펴보기로 한다. 한편 호적은 분명히 과학파의 방패막이 역할을 했지만, 그를 단순히 과학파 그룹에 넣어서 언급하고 지나가기에는 너무나 거대한 사상적·학문적 족적을 남긴 인물이다. 과학 및 과학방법에 대한 그에 입장에 대해서는 따로 몇 장을 마련하여 논의할 것이다.

여기서는 '과학과 인생관' 논쟁을 형성하는 다른 한 축인 '과학파'의 선구라고 할 수 있는 입장에 대해서 살펴볼 것이다. '과학과 인생관' 논쟁 발생 이전에 복선伏線으로 활동했던 과학파 논자들 중에서 특히 중요한 사람은 임홍준任鴻儁이다. 임홍준은 1915년에 창간된 『과학』 잡지에 과학의 의미를 소개하는 중요한 논설을 발표하면서 등장한다. 특히 그의 논설은 '과학의 방법'이라는 관점에서 과학을 소개한 중요한 글로서 주목할 필요가 있다. 또한 과학교육의 필요성을 역설하는 중국에서 발표된 거의 최초의 문장이라는 점에서도 중요하다. 임홍준은 다음과 같이 말한다.

> "교육에 있어서 과학의 중요성은 물질에 관한 지식을 알려준다는 것 때문에 생기는 것이 아니다. 과학의 중요성은 사물을 연구하는 방법에서 오는 것이다. 나아가 사물을 연구하는 방법보다 더 중요한 것은 그것을 통해 정신의 능력을 훈련할 수 있다는 것이다."[5]

임홍준의 글에서 주목해볼 점은, 그가 과학적 지식 자체보다는 과학하는 방법, 나아가 과학적 태도 및 정신을 중요시한다는 사실이다. 임홍준은 과학을 배워야 하는 이유가 과학적 지식의 습득이 아니라 과학적 사고 능력의 배양에 있다고 주장한다. 나아가 그는 과학의 가치가 미술, 음악, 문학 등 모든 영역에 미칠 수 있다고 주장한다. 미술은 도면을 통해 반영된 자연현상이며, 그것에 대한 이해가 깊어질수록 자연현상에 대한 감수성 역시 더 날카로워질 것이다. 임홍준은 여기서 약간의 비약을 감행한다. 과학이 미감의 형성에 도움을 줄 수 있다는 것이다. 과학적 인식과 미감이 과연 연장선상에 있는 것인지, 미감을 기르기 위해 과학을 배워야 하고 과학방법과 과학정신을 가져야 하는 것인지 알 수는 없지만, 그의 과학에 대한 신뢰는 이렇게 무한히 확대된다. 그에 따르면, 문학 역시 과학의 도움을 필요로 한다. 왜냐하면 문학이란 문의文意와 문법文法 이외의 것이 아니기 때문이다.

이런 식으로 그는 과학방법이 모든 사회행위와 인생관념을 이해하는 데 응용될 수 있다고 주장한다. 사실 이런 주장은 미학이론이나 문학이론으로서는 거의 의미가 없는 것일 가능성이 높다. 그러나 이런 전형적인 과학주의 내지 과학신앙의 표명에 불과한 그의 입장은 사실 적지 않은 과학신봉자들의 지지를 받았다. '과학과 인생관' 논쟁의 와중에 그가 발표한「인생관의 과학 혹은 과학적 인생관(人生觀的科學或科學的人生觀)」이라는 논설은 그를 과학자의 중심에 자리매김하게 만들었다.

임홍준 이외에도 과학파의 선구적 논의를 제공한 사람은 여럿이 있었다. 그중에서 논쟁 당시「과학과 인생관(科學與人生觀)」이라는 글을 발표한 왕성공王星拱은 중요한 이론가로 기억될 만하다. 왕성공은 논쟁이 일어나기 4년 전에 발표한「과학의 기원과 효과(科學的起源與效果)」[6]라는 글에서 진·선·미의 통일이라는 관점에서 과학이 인류의 정신생활 형성에 기여한다고 주장했다. 그 주장에 따르면, '참된 것(眞的)'은 단순히 유용한 것에 그치는 것이 아니라 '아름다운 것(美的)'이다. 왜냐하면 아름다움이란 화해이며 질서를 전제하는 것이기 때문이다. 나아가 왕성공은 서양철학의 아버지 소크라테스의 말처럼 "미덕은 곧 지식"이기 때문에 과학이 도덕의 진보에 기여할 수 있다고 주장한다.

이렇게 우리는 '과학과 인생관' 논쟁이 폭발하기 전에 발표된 논설들에서 양계초와 양수명의 반과학적 입장 그리고 임홍준과 왕성공 등의 과학파적 입장을 간략하게 스케치해보았다. 그 결과 '과학과 인생관(세계관)' 문제를 둘러싼 대립의 구도는 1923년 '인생관' 논쟁이 본격적으로 발발하기 전부터 이미 과학파와 현학파라는 두 진영으로 형성되어 있었다는 것을 알 수 있다. 두 논쟁의 전조는 비교적 긴 시간에 걸쳐 서서히 무르익고 있었던 것이다.

'과학과 인생관' 논쟁의 경과

본격적인 논쟁은 1923년 2월 14일 청화대학에서 행한 장군매의 강연에 의해 촉발되었다. 논쟁은 약 1년 정도 계속되었지만, 실제로는 1924년 8월『신청년』잡지에 구추백(瞿秋白, 1899~1935)이「실험주의와 혁명철학

(實驗主義和革命哲學)」을 발표하면서 종결된 것으로 볼 수 있다. 나중에 논쟁에 참가한 논자들의 논설을 편집한 『과학과 인생관』 논집에 구추백의 글은 수록되지 않았기 때문에, 구추백은 직접적인 논쟁 참가자라고 보이지는 않는다. 하지만 넓은 의미에서 그는 논쟁 참가자의 한 사람이라고 보는 것이 옳다. 게다가 그는 진독수와 마찬가지로 유물주의 입장에서 유물사관의 논리를 대단히 설득력 있게 제시한 논자로 기억할 수 있다.

논쟁이 발발하는 과정을 자세히 살펴보자. 장군매는 1923년 2월 14일 청화대학에서 "과학이 아무리 발전해도, 과학은 결코 인생의 문제를 해결할 수 없다"는 요지의 강연을 했다. 그의 강연은 『청화주간』 272호를 통해 일반에 공개되었는데, 그 원고를 읽은 호적은 장군매의 의견에 반대하면서, 조만간 반박논설을 발표하겠다는 입장을 밝혔다고 한다.[7] 그러나 때마침 병에 걸려 항주로 요양을 떠나게 된 호적은 정문강에게 장군매의 글에 대한 반론을 쓰도록 부탁했다. 호적의 부탁을 받은 정문강은 4월 12일 호적이 편집을 맡고 있던 『노력주보』에 「현학과 과학: 장군매의 인생관을 논평함(玄學與科學 : 評張君勱的人生觀)」이라는 글을 발표했다. 그 글에서 정문강은 "과학교육은 인격수양에 중요하며, 수양의 최상의 도구"라고 주장했다. 장군매의 관점을 비판하면서 과학이 적극적으로 인생의 문제를 해결하는 새로운 '인생관'으로서 기능할 수 있다는 입장을 피력한 것이었다. 이 글에서 정문강은 장군매의 입장을 '현학'이라고 부르고 있는데, 이를 계기로 이후 장군매의 입장에 동조하는 그룹은 '현학파'라고 불리게 된다.

따라서 '과학과 인생관' 혹은 '과학과 현학' 논쟁에서 '현학'이라는 말은 특정한 철학사상이나 학파를 지칭하는 말이 아니라 장군매와 그가 속한 진영을 지칭하는 개념으로 한정적으로 이해하는 것이 옳다(이 경우 '현학'은 긍정적인 의미와 부정적인 의미가 모두 담겨 있다. 먼저 서양철학의 한 유파인 형이상학의 번역어로서 중립적이거나 긍정적인 의미다. 그러나 알 듯 모를 듯 이상한 주장이라는 의미로 활용되는 부정적인 의미도 있다. 물론 이때의 '현학'은 위진남북조 시대에 등장한 도가계통의 사상을 지칭하는 '현학'과는 구별해야 한다).

이런 정문강의 반박에 대해, 장군매는 1923년 5월 3회에 걸쳐 『신보부간』 지상에 「인생관과 과학을 다시 논하면서 정문강에게 답함(再論人生觀與科學幷答丁在君)」이라는 글을 발표했다. 거기서 장군매는 정문강이 "과학미신에 중독되었다(中了迷信科學之毒)"고 비판하면서, 과학은 인생문제를 해결할 수 없을 뿐 아니라 새로운 인생관이 될 수도 없고, 또 인생관을 지배할 수도 없다는 주장을 재확인한다.

그러자 정문강은 같은 5월 다시 『노력주보』 지상에 「현학과 과학—장군매에게 답함(玄學與科學—答張君勱)」을 발표하여 "장군매가 과학만능을 비판하는 것은 과학에 대한 이해부족과 현학을 숭배하는 질병을 앓고 있기 때문"이라고 장군매를 비판한다. '과학과 인생관(현학)' 논쟁은 이렇게 불붙는다.

이어서 양계초는 1923년 5월 『시사신보』 부간 『학등』에 「현학과 과학 논쟁의 전시 국제공법에 관하여(關于玄學科學論戰之戰時國際公法)」[8]라는 글을 실어서 장군매와 정문강 두 사람의 논점을 개념적으로 명확하게 만드는 한편, 과학의 가능성과 한계를 동시에 지적하는 절충적인 입장을 제안한다(앞 장에서 양계초에 대해 언급했듯이, 그의 입장은 단순히 절충안이라기보다는 현학파의 입장에서 장군매의 논점을 명확하게 만든 것이라고 평가하는 게 온당하다).

이후 손복원孫伏園은 5월 25일 『학등』에 「현학과 과학 논쟁에 관한 잡담(玄學科學論戰雜話)」이라는 글을 발표하면서 장군매 및 정문강의 논쟁에서 핵심개념인 과학 · 현학 · 인생관 등에 대한 명확한 규정이 없는 사실을 지적하고, 먼저 개념의 명확한 정리를 제안한다. 장동손張東蓀은 다시 그 글에 대한 논평(案語)에서 손복원의 입장에 찬성하며, 현학이 영어의 'metaphysics'의 번역이라는 사실을 지적하고, 특히 현학은 철학 중에서 존재론(본체론, ontology)과 우주론(cosmology)을 다루는 좁은 의미의 철학과 동의어라고 정리한다. 이렇게 양계초와 손복원의 참여에 의해 논쟁의 논점은 조금 더 분명해졌다. 즉, '과학과 인생관' 논쟁의 주제는 존재론과 우주론을 포함하는 세계관 혹은 인생관 문제였다는 점이다.

이후 장동손張東蓀, 임재평林宰平, 왕평릉, 도효실(정숙), 구국농(세영), 김숙선 등 여러 사람이 정문강을 비판하면서 장군매의 관점에 찬동을 표시한다. 한편 호적, 임숙영(홍준), 장연존(홍소), 주경농, 당월, 육지위, 왕성공(무오), 오치휘(경환) 등은 장군매를 비판하고 정문강을 지지하는 글을 발표했다. 그리고 그 두 진영에 분명하게 소속되지 않는 절충적인 입장을 제시하는 글이 발표되기도 했는데, 양계초, 범수강, 전목이 그런 절충파에 속하는 논자들이라고 볼 수 있다(양계초와 전목의 입장은 분명히 현학파에 기울어진 절충적 입장이다).

논쟁이 종결된 후, 1923년 11월 상해의 아동도서관亞東圖書館은 논쟁에 참여한 논자들의 문장 29편을 모으고, 진독수와 호적의 서문을 붙여서 『과학과 인생관(科學與人生觀)』이라는 제목의 논집을 출간했다. 이어 1923년 12월 상해 태동도서관泰東圖書館은 논쟁의 문장 30편을 모아 『인생관의 논쟁(人生觀之論戰)』이라는 제목을 달고 호적과 진독수의 서문에 다시 장군매의 서문을 덧붙여 출간했다.[9]

'과학과 인생관' 논쟁 이후

『과학과 인생관』 논집이 출간되면서 논쟁은 일단락되는 듯 보였다. 하지만 호적과 진독수의 서문은 단순히 논쟁을 정리하는 것에 그치지 않고 새로운 논점과 주장을 제시하는 내용을 담고 있었다. 그들의 서문을 붙인 논집이 출간되는 것을 계기로 새로운 논쟁이 촉발된 것이다. 이를 두고 논쟁 참가자의 한 사람이었던 장동손은 1924년 상무인서관商務印書館에서 출간된 『과학과 철학(科學與哲學)』 서론에서 이렇게 말한다.

"과학과 현학(科玄) 논쟁은 어떤 요점(要領)도 만들어지지 않은 상태에서 갑자기 불이 꺼져버리는 상태로 들어갔다. 그런 중에 갑자기 이 세 편의 장편 서문(진독수, 호적, 장군매)이 새로운 자극을 도발하면서 다시 불이 붙는 양상을 보여주었다."[10]

『과학과 인생관』 논집이 정식 출간되고 난 다음, 그 논집에 실린 진독수의 서문에 대해 먼저 호적이 포문을 열었다. 호적은 「진독수 선생에게 답함(答陳獨秀先生)」(1923년 11월 29일)라는 글을 통해 진독수가 역사관과 인생관을 동일시하고 있다는 사실을 지적하고, 그런 관점을 비판했다. 호적은 역사관이 역사해석에 대한 관점일 뿐이고, 인생관의 일부분이 될 수는 있을지언정, 그 자체가 인생관이 될 수는 없다고 주장한다. "내(호적)가 말하는 인생관은 (…) 오치휘 선생이 말하는 것처럼 '우주관'을 포괄하는 것(我所謂人生觀, (…) 包括吳稚暉先生所謂宇宙觀)"이다. 따라서 호적은 역사관을 인생관과 동일시하는 진독수의 '유물사관'이 지나치게 협소한 것이라고 지적한다. 이어서 호적은 경제적 원인을 역사의 주요 동인이라고 보는 진독수의 경제사관은 중요한 역사학적 관섬이 될 수는 있지만, 그것만으로 모든 인생문제를 설명할 수는 없다고 비판한다. 호적은 이렇게 강조한다.

"우리는 '경제사관'을 중요한 역사학적 도구로 삼는 것은 환영하는 입장이다. 그러나 동시에 우리는 사상과 지식은 모두가 '객관적 원인'을 가지고 있다는 사실을 승인하지 않을 수 없다. 그리고 동시에 그 사상과 지식이 '사회의 변동'과 역사의 해석을 가능하게 만들 수 있다는 사실을 승인하지 않을 수 없다. 나아가 그것이 '인생관'을 지배할 수 있다는 사실도 승인한다. 따라서 나 개인은 지금까지는 다음과 같은 정도만을 말할 수밖에 없다. '유물(경제)사관은 기껏해야 대부분의 문제를 해석할 수 있을 뿐이다'라고. 진독수 선생은 '내가 백척간두에서 한 걸음 더 나아가기'를 희망한다. 그러나 애석하게도 나는 그 한 걸음을 더 내딛을 수가 없다."[11]

당시 중국공산당 총서기로서 마르크스주의를 대변하던 진독수의 유물사관과 경제사관에 대해 실용주의적 자유주의자 호적이 제기한 이의는 중국의 역사적 전환점에서 의미심장한 대립을 드러낸 것으로 평가할 수 있다.

이런 호적의 비판에 대해 진독수는 호적의 비판이 결국 그가 본래 주장했던 입장, 즉 물리적 원인만을 인정하고 정신적 원인을 부정하는 물리주의物理主義 원칙에서 벗어나 '심물이원론心物二元論'으로 귀결되는 주장으로 회귀하게 된다고 대응했다. 1923년 12월 9일에 발표한 글에서 진독수는 이렇게 말한다.

"'심적 원인'이라는 말이 어떻게 호적 선생의 입에서 나올 수 있다는 말인가? 물질일원론을 벗어나자마자 과학은 파산에 처하게 된다. 호적은 과학을 존경하고 숭배하는 입장인데, 어떻게 심心과 물物을 동등하게 볼 수 있는가? 호적이 정말로 물질적 원인 이외에 정신적 원인을 인정한다면, (…) 지식이나 사상, 언론과 교육 역시 사회를 변화시키는 동력이 될 수 있고, 역사해석의 원인이 될 수 있으며, 인생관을 지배하는 힘이 될 수 있다는 사실을 인정해야 한다. (…) 이런 주장은 명백하게 심물이원론이 될 것이다."[12]

'과학과 인생관' 논쟁을 마무리하는 논집에 실린 각자의 서문에 의해 다시 점화된 논쟁은 논점이 조금 달려져 이데올로기 논쟁으로 옮겨 갔기 때문에, 사실 '과학과 인생관' 문제에 대한 논쟁으로서의 성격은 조금 퇴색하는 느낌이 있다. 따라서 그 후반부의 논쟁은 엄밀한 의미에서 '과학과 인생관' 논쟁과 방향을 달리하는 것으로, 다른 기회에 더 자세히 살펴보아야 할 주제라고 생각된다. 호적과 진독수의 논쟁에 대해서 나중에 장을 바꾸어 다시 살펴볼 것이다.

제 4 장

과학은 만능이 아니다!

장군매와 현학파의 입장을 중심으로

들어가는 말

앞 장에서 언급한 것처럼, '과학과 인생관' 논쟁은 1923년 장군매張君勱의 청화대학 강연에 의해 촉발되었다. 그러나 그의 강연에 의해 사상계가 둘로 나뉘었다기보다는 이미 사상계를 둘로 쪼갤 만큼 잠복되어 있던 대립이 그의 강연을 계기로 표면화되었고, 결국 그 대립이 본격적인 논쟁으로 불붙게 되었다고 평가하는 것이 적절하다. 장군매의 청화대학 강연은 과학을 공부하기 위해 미국으로 떠나려는 학생을 상대로 행해진 것이었다. 그 강연에서 장군매는 "아무리 과학이 발달해도 과학은 인생문제를 해결할 수는 없다. 인생문제는 과학이 힘을 발휘할 수 없는 영역"[1]이라는 사실을 강조했다.

그의 주장은 말하자면 과학은 한계를 가진다는 '과학한계론'이다(과학파산론과 과학한계론은 과학을 비판하는 강도가 상당히 다르다). 전통적으로 철학 혹은 종교의 영역이라고 여겨지던 삶의 의미문제, 나아가 인간의 가치나 정신성문제에 대해 과학이 충분한 답을 제시할 수 없다. 따라서 과학도는 과학으로 모든 문제를 해결한다고 믿는 나이브한 과학주의를 경계해야 한다. 이것이 장군매 강연의 의도였다. 또한 과학과 철학, 과학과 종교는 서로 다른 문제에 관심을 가지기 때문에 과학으로 모든 인생문제에 답할 수 있다는 생각 자체가 과학적 오만함의 발로라는 불만도 드러내고 있다.

장군매

이런 강연 내용이 공개되면서 논쟁은 불붙기 시작했다.

강소성 보산, 즉 지금의 상해 출신인 장군매는 젊은 시절 일본에 유학하고 나중에 다시 독일로 유학을 떠나, 독일 철학자 오이켄(R.C. Eucken)과 프랑스 철학자 베르그송(H. Bergson) 등의 영향을 받으면서 소위 생명철학과 해석학을 연구했다. 당시 중국에 생명철학 혹은 정신생활철학이라는 이름으로 소개된 서양철학의 영향을 받은 장군매는 '과학과 인생관' 논쟁이 발생하기 이전부터 과학만능주의를 비판하는 입장을 가지고 있었다. 당시 중국에는 과학이 우주관을 포함한 인생의 모든 문제를 해결할 수 있다는 과학만능주의가 이미 횡행하고 있었기 때문에, 그런 주장에 강한 불만을 표시하는 입장을 가진 사람들은 장군매의 반과학주의 논설에 환호했다. 그의 입장에 동조하는 인생관파, 즉 현학파 논자들은 서양의 과학주의에 대항하기 위해 서양의 반이성주의 철학과 중국의 전통적인 심성철학을 종합하는 새로운 철학적 입장을 수립하는 것을 기대하고 있었다. 그런 기대는 '과학과 인생관' 논쟁을 계기로 더욱 구체화되기 시작했고, 약 한 세대가 지나면서 중국, 대만, 홍콩, 미국 등지에서 활약한 인물들에 의해 본격적으로 개화되기 시작했다. 그런 사상가들을 현재 우리는 현대 신유가라는 이름으로 통칭하고 있는데, 장군매는 현대 신유가의 제1세대에 속하는 인물로서 중요한 위치를 차지한다.[2]

장군매는 「인생관」(1923년 2월) 강연 및 그 이후 여러 논설에서 과학과 인생관의 구별을 강조하고, 반과학주의적 입장에서 '인생관' 개념을 정의하려고 한다. 특히 「인생관」 논설에서 그는 과학과 인생관의 차이점을 다섯 항목으로 나누어 설명하고 있다. 그러나 이 글이 발표되고 난 다음, 양계초梁啓超나 손복원은 장군매가 사용하는 용어의 모호함을 지적하면서 장군매를 비평하는 글을 발표한다. 이어서 과학파의 주장主將이라 할 수 있는 정문강丁文江은 장군매의 「인생관」 강연에 대해 과학주의의 입장에서 강력한 반론을 제기한다. 정문강의 비평과 반론을 읽은 장군매는 첫 번째 논문인 「인생관」의 논점을 심화시키면서 그것을 보완하는 두 번째 논문인 「재론인생관」(1923년 5월)을 발표한다. 이제 장군매의 두 논문을 기초로 '과학과 인생관'에 대한 장군매의 논의, 나아가 현학파 인사들의 주요관점을 정리해보자.

장군매의 기본입장은 '과학(자연과학)'과 '현학(종교와 철학을 포함하는 넓은 의미의 인문학)'을 확고하게 구분하는 것이다. 말하자면 과학과 종교를 전혀 다른 문화양식이라고 구분하는 두 문화론 내지 인문학과 과학의 '이원론'이라고 평가할 수 있을 것이다. 장군매의 입장은 양계초가 소개한 칸트의 학문영역 구분론과 같은 맥락에서 이해할 수 있다. 그가 그런 '이원론'을 들고 나온 이유는 당시 중국에서는 인간의 정신문제를 포함하여 모든 우주적 · 사회적 문제를 과학이 해결할 수 있다고 보는 '과학만능론'이 막강한 힘을 가지고 있었기 때문이다.

당시 그런 주장 앞에서 감히 이의를 제기하는 사람이 없을 정도로 과학숭배는 새로운 신앙의 수준으로 널리 퍼져 있었다. 이런 현실에 이의를 제기하는 방법 중의 하나가 바로 과학과 종교, 나아가 과학과 인생관의 영역을 확고하게 구분하는 논리를 제기하는 것이었다. 하지만 선각자적인 몇몇 인물들을 제외하고는 누구도 쉽게 이의를 제기하지 못하는 것이 현실이었다.

과학만능의 신앙을 비판하기 위해서는 먼저 '과학이 무엇인지'에 대한 초보적 이해를 가지고 있어야 한다. 하지만 과학에 대한 기본적인 지식을 습득하는 것 자체가 쉬운 일이 아니었다. 더구나 당시는 과학의 만능을 주장하는 사람들조차 과학에 대한 초보적 지식을 갖지 못한 상태에서 과학만능을 하나의 진리처럼 받드는 실정이었다. 과학만능론은 일종의 과학숭배 또는 새로운 과학종교로서 권위를 가지고 있었던 것이다.

"시험 삼아 무엇이 과학인지 물어보라. 그 물음에 대해 명확한 답을 하는 사람은 매우 드물 것이다. 그리고 같은 과학이라고 하더라도 물질과학과 정신과학의 구별이 있으며, 그 둘 사이의 차이가 어디에 있는지 명확하게 답하는 사람은 더욱 드물다."[3]

장군매는 먼저 보통 사람들의 맹목적인 과학신뢰에 대해 지적한다. 그는 자신의 문제제기가 당시 중국의 대중이 이해할 수 있는 범위를 훨씬 넘어서 있다는 사실을 자각하고 있었다. 논쟁이 시작되자 장군매는 당시 독일을 중심으로 전개된 학문론을 원용하여 과학의 본질 및 과학과 인문학을 구분하는 학문체계론을 전개한다. 과학을 다시 '물질과학'과 '정신과학'으로 구분하는 그의 관점은 20세기 초 독일에서 전개된 해석학 논의에서 영향 받은 것이다. 19세기 말 20세기 초 유럽에서 유학한 장군매가 영미권에서 형성된 과학주의의 영향에서 벗어나려고 노력한 것은 그의 학문 역정을 고려할 때 충분히 납득할 수 있는 일이다. 그는 이렇게 말한다.

"중국인들의 사상이 이처럼 혼돈에 빠져 있기 때문에, 과학의 원리나 과학과 인생관의 차이에 대해 논의를 하려고 해도 서로 어긋나서 제대로 소통이 되지 않는다."[4]

이런 실정 탓에 그는 먼저 필요한 일이 명확한 개념구분, 즉 과학이나 인생관의 개념을 명확하게 설정하는 일이라고 생각했다. 이제 그의 논의를 순서대로 따라가보자.

장군매 「인생관」의 핵심

청화대학에서 발표한 「인생관」에서 장군매는 자신의 주장을 간결하게 정리하려고 했지만, 아무래도 강연이라는 한계로 인해 논의는 충분하게 전개되지 못했다. 「재론인생관」은 그 부족함을 메우기 위한 글이었다. 그는 당시 서양에서 전개되고 있던 학문론을 원용하면서 충분한 길이로 자신의 입장을 부연·확대했다. 장군매는 '인생관' 개념을 다음과 같이 정의한다.

> "인생관이란 내가 나 이외의 사물 및 사람에 대해 항상 관찰하고, 주장하고, 희망하고, 요구하는 바로 그것이다."[5]

장군매가 여기서 제시한 '인생관' 규정은 그 자체로 무엇을 말하는지 이해하기 어려울 정도로 모호하다. 따라서 약간의 부연설명이 필요하다. 먼저 장군매는 소위 '인생관'이라는 것이 단순히 사물의 객관적 규율과 다르며, 그렇기 때문에 수數 혹은 양量 등 수학적 개념으로 표시할 수 없는 것이라고 주장한다. 또한 '인생관'은 인간의 감각을 동원하여 객관적으로 관찰하거나 검증할 수 있는 것도 아니다. 그는 이런 전제 위에서 '인생관'을 규정하려고 한다.

살아 있는 인간은 생명을 유지하려는 욕구와 삶의 필요를 채우고자 하는 생리적·정신적 욕망을 가지고 있다. 그런 인간은 외적 사물들과 다른 인간으로 이루어진 '세계' 안에서 살아가면서 동시에 '세계'를 관찰한다. 이런 관찰에 근거하여 인간은 자기 생명의 존립을 주장하고, 그 생명을 유지하기 위해 무엇을 희망하고, 또 자기실현을 위해 욕망하고 요구한다. 이 모든 것이 생명 전체로서의 인간(나)의 요청이고 관점이다. 이런 맥락에서 장군매가 말하는 '인생관'이란 요즘 개념으로 말한다면, 넓은 의미의 '세계관'이라고 말할 수 있다.

즉, 신체와 정신의 통합으로서 생명을 유지하기 위해, 세계와 관계를 맺고 세계에 대해 가지는 관점이 장군매가 말하는 '인생관'이다. 그런 관점은 생명존재로서 외면할 수 없는 기본요청이다. 인간으로서 생명(인생)을 살아내기 위해 획득해야 하는, 세상 안에서의 관점과 방향설정이자 삶의 이상인 것이다. 인간은 그런 '방향'과 '이상' 없이는 한순간도 삶을 살아낼 수 없는 존재다. 그렇다면 그런 인생관을 갖기 위해서는 어떻게 해야 하는가? 과학을 배우고, 과학을 연구하면 인생관을 가질 수 있는가? '과학과 인생관' 논쟁의 핵심은 바로 이것이다.

여기서 장군매는 과학이 추구하는 객관성, 즉 분석을 근거로 삼는 객관적 사실성을 가지지 않는다는 것이 '인생관'의 특징이라고 말한다. 그렇기 때문에 청화대 강연에서 장군매는 자기가 문제 삼고 있는 '인생관'이 "주관적이고, 직각直覺적이고, 종합적이고, 자유의지적이며, 단일적인 성질"[6]을 가지고 있다고 말한 것이다.

여기서 '종합적'이라는 말은 분석을 거부한다는 의미로서 '불가분할적'이라는 말로 바꾸어놓아도 의미가 통할 것이다. 인생은 분할이 불가능하고 총체적이다. '단일적'이라는 말 역시 전체로서 인생을 바라보아야 한다는 의미다. 인생을 여러 단계로 설정하는 것은 물론 가능하다. 그러나 각 단계를 분절화해서는 인생을 제대로 이해할 수 없다. 인생의 의미와 가치는 그 모든 단계를 종합적으로 바라볼 때 비로소 드러나기 때문이다. 또한 살아 약동하는 의지와 욕망의 총체로서 생명은 일반화와 전체화에 저항하는 성질을 가지고 있다. 따라서 '단일적'이라는 말은 요즘 식으로 말하자면 '개별적'이라는 의미로 이해할 수 있을 것이다.

인간, 특히 정신적 존재인 인간을 이해하고자 할 때, 인간 전체를 아우르는 공통 특질로 인간을 일반화할 수는 없다. 인간성을 이해하기 위해 통계적으로 보편화된 심리적 특징을 추출한 다음, 그것을 근거로 어느 구체적인 개인의 정신세계를 설명하는 것은 폭력적인 태도라고 말할 수 있다. 통계적 · 수리적 관점으로는 인간의 정신성을 제대로 이해할 수 없는 것이다. 그런 의미에서 장군매는 '인생관'이란 통일적 표준을 탐색하는 과학의 대상으로 축소될 수 없다고 주장한다. 인간의 생명, 즉 인생은 "살아 있는 것이고, 생명을 가진 것이며, 따라서 죽은 물질처럼 일관된 맥락에서 연결되어 있는 것이 아니"[7]기 때문이다.

장군매는 「재론인생관」에서 '인생은 살아 있는 것'이라는 말을 부연하며, "인생이란 끊임없이 변화하는 것이고 활동하는 것이며 자유이고 창조적인 것"[8]이라고 강조한다. 그런 '자유'를 본질로 하는 인생에 누구나 동의할 수 있는 확고한 통일성을 부여하는 것은 결코 가능하지 않다. 「재론인생관」에서 그는 "나는 인생관이 절대적인 자유라는 입장을 가지고 있다(吾人生觀絶對自由之說)"라고 말하면서, 다시 한 번 자기 주장의 핵심을 요약한다. 종합하자면, 장군매가 주장하는 '인생관'의 핵심은 '자유와 창조성'이다. 결국 '과학과 인생관' 논쟁의 근본주제는 인간의 '자유의지' 문제와 '창조성' 문제라고 간략하게 정리할 수 있다.

이어서 장군매는 동서고금을 막론하고 인류가 보편적으로 안고 있는 '인생관'의 주요 과제는 크게 다음에 열거하는 아홉 가지를 벗어나지 않는다고 말한다. 그는 인생관의 과제를 나와 나 이외의 인간 혹은 세계, 즉 나(我)와 대상과의 관계를 중심으로 다음과 같이 정리한다.

(1) 가족문제(대가족/소가족)

(2) 양성문제(남존여비/남녀평등, 자유혼인/전제혼인)

(3) 재산문제(사유재산제/공유재산제)

(4) 사회문제(보수주의/개혁(유신)주의)

(5) 정신과 물질문제(물질주의/정신주의)

(6) 개인과 사회문제(개인주의/사회주의)

(7) 타자문제(위아주의/이타주의)

(8) 삶과 세상에 대한 관점(비관주의/낙관주의)

(9) 신앙문제(유신론/무신론, 일신론/다신론, 개별신론/범신론)

인생관의 주요 문제가 정말로 장군매가 열거하는 아홉 가지 주제로 한정되는지 여기서 따질 필요는 없다. 하지만 그가 제시한 이런 문제들은 오늘날에도 여전히 답을 얻기 어려운 근본적인 종교적 · 철학적 문제들이라는 사실은 변함이 없다. 현재적 시점에서 이야기한다면, 그런 문제의 목록은 더욱 확장될 수 있을 것이다. 그 문제들 역시, 과학이 극도로 발달한 지금도 과학만으로는 답을 얻기 어렵다는 사실 또한 부정할 수 없다. 그렇기 때문에 '인생관' 문제는 과학이 아무리 발달해도 '통일적인 표준적 답안'을 얻을 수 없고, 나아가 과학의 전제가 되는 '인과율'에 따라 해명할 수 없다는 장군매의 주장에 충분히 공감할 수 있다. 장군매가 열거하는 여러 문제를 포함해서, 과학만으로는 정답을 찾아내기 어려운 인간 및 사회문제, 신앙 및 우주론적 문제가 무수하게 존재한다는 사실을 우리는 이미 잘 알고 있기 때문이다.

과학과 인생관의 차이

장군매의 '인생관' 논의는 "인간의 삶은 물질과 달리 인과관계의 법칙에 의해 파악할 수 있는 것이 아니라"는 기본 전제에서 출발한다. 그는 인간의 삶에서 발생하는 근본문제, 즉 인생관 문제가 과학으로는 해결 불가능한 것이며, 과학은 '인생관'에 대해 근본적으로는 무력하다는 사실을 주장하고 있다. 이런 장군매의 전제는 칸트가 제시한 물질적 자연의 영역과 인간의 정신의 영역(혹은 자유의지의 영역)이 전혀 다른 원리에 의해 움직인다는 이원론, 즉 정신과 물질의 이원론의 기본입장을 수용한 것이라고 말할 수 있다. 잘 알려져 있는 것처럼, 칸트는 자유의지와 영혼의 불멸, 나아가 신의 존재를 자신의 철학적 이원론의 근거로 삼고 있다. 그것과 유사한 이원론적 전제 위에서 장군매는 '과학과 인생관'의 차이를 다음과 같이 다섯 가지 항목으로 구분해서 논하고 있다.

첫째, 과학은 객관적이고 인생관은 주관적이다(科學爲客觀的, 人生觀爲主觀的).

여기서 객관적·주관적이라는 말은 약간의 설명이 필요하다. 장군매에 따르면 과학은 세상만물에 적용·응용될 수 있는 하나의 '공리'를 가지고 세상을 모두 설명할 수 있다고 주장한다. 그러나 인생관의 영역에서는 과학이 주장하는 것처럼 만물에 적용되고 응용되는 '공리'라는 것이 존재하지 않는다. 더구나 인생에서는 옳고 그름의 엄격한 기준조차 존재하지 않는 문제가 무수하게 존재한다. 따라서 인생문제에 과학과 같은 '공리'를 수립하는 것 자체가 불가능하다. 그렇다면 인생문제를 해명하는 데 과학은 무력한 점이 있다고 하는 사실을 인정하지 않을 수 없을 것이다. '인생관'은 주관적이라는 장군매의 주장은 그런 사태를 지시하는 말이라고 이해할 수 있다. 여기서 사용되는 '주관적'이라는 말은 철학용어로서 제멋대로 변덕스럽다는 의미가 아니다. 인간은 '자유의지'를 가진 창조적인 존재이기 때문에, 객관적 기준, 보편적인 공리를 통해서는 정신적 자유와 창조성의 깊이를 해명할 수 없다는 말이라고 이해해야 한다.

둘째, 과학은 논리적 방법의 지배를 받지만, 인생관은 직관에서 생겨난다(科學爲論理的方法所支配, 而人生觀則起于直覺).

장군매는 과학의 논리가 귀납과 연역이라는 두 가지 방법을 기본으로 가지고 있다고 지적한다. 그런 점에서 과학의 방법은 귀납-연역적이라고 부를 수 있다. 그러나 인생관은 철저하게 자신의 양심의 명령에 입각하여 만들어내는 인생과 우주에 대한 태도다. 인생문제에서 귀납과 연역의 방법이 절대로 적용되지 않는다고 말할 수는 없지만, 그 귀납과 연역을 통해서 결론에 이르는 과정은 사람마다, 상황마다, 시대마다, 문화마다 전혀 다를 수 있다. 또한 인생문제에서 귀납과 연역의 논리로 해명할 수 있는 것은 극히 제한적이다.

여기서 장군매가 사용하는 '직각(직관)'이라는 말에 대해 약간의 설명이 필요할 것 같다. 양계초 같은 일부 논자는 장군매의 '직각' 개념이 모호하다는 이유로 장군매가 그 개념을 사용한 것을 비판했다(장군매의 「인생관」 강연에 대한 양계초의 비판). 그러나 장군매가 말하는 '직각'은 단순한 '직감'을 가리키는 말이 아니다. '직각'을 통속적인 의미의 '직감'으로 읽으면 오해가 생길 수 있다. 오히려 장군매가 말하는 '직각'은 인생문제에서, 특히 인간의 진실한 자기실현 과정에서 과학의 논리적 방법이나 과학의 분석적·계산적 방법이 통하지 않는 사태가 존재한다는 사실을 인정하고, 그런 사태를 납득하고 해결하기 위해 동원하는 모든 방법을 포괄적으로 가리킨다고 말할 수 있다.

장군매의 '직각' 개념의 모호함을 비판하는 양계초 역시 인생에서 과학으로 해명할 수 없는 사태들, 양계초 자신의 표현대로 '신비'라고 부를 수밖에 없는 사태가 존재한다는 사실을 인정한다. 그리고 그런 '신비'에 대해 장군매가 사용한 '직각' 개념을 사용할 수밖에 없을 것이라는 사실을 마지못해 인정하고 있다. 결국 여기서 장군매가 말하는 '직각'은 과학의 논리적 사유, 과학의 분석적 방법을 넘어선 사유, 즉 자유의지에 근거한 창조적 사유 전체를 지칭하는 것이라고 이해할 수 있다(그런 '직관'이란 존재하지 않는다고 생각하는 입장이 결국 물리주의·이성주의·과학주의다).

셋째, 과학의 방법적 특징은 분석적이지만, 인생관은 종합적이다(科學方法的特點是分析, 而人生觀是綜合的).

근대기에 만들어진 특수한 인식방법을 활용하는 과학이 분석적이라는 점에 대해 이의를 제기하는 사람은 없을 것이다. 어떤 사물이나 사실을 설명하기 위해 과학은 그 사물이나 사실을, 그것을 구성하는 요소로 분해하거나 작게 쪼개어 그 부분 내지 요소를 먼저 이해하고, 그것을 다시 종합하는 방식으로 전체를 이해하는 방법론을 구사한다. 근대기 과학의 그런 분석적 특징을 우리는 '요소-환원주의'라고 부를 수 있다. 그러나 인생을 이해하는 데 그런 분석적 접근법은 근본적인 한계를 가진다. 인생을 구성하는 가장 중요한 요소로 무엇을 설정할 수 있는지, 또는 설정된 것을 어떻게 수학적으로 파악해야 할 것인지 전혀 기준을 잡을 수가 없기 때문이다. 수학적으로 계량할 수 있는 단위 내지 요소로 인생을 분석한다는 것 자체가 불가능하다. 그런 점에서 '인생관'은 분석적이 아니라 '종합적'이라는 장군매의 주장은 설득력이 높다.

넷째, 과학은 인과율의 지배를 받지만, 인생관은 자유의지적이다(科學爲因果律所支配, 而人生觀則爲自由意志的).

분석주의 과학론의 입장을 강하게 밀고 나가면, 결국 자유의지를 부정할 수밖에 없다는 결론에 도달하게 된다. 우주 자체가 철저한 기계적 원리에 의해 작동하는 요소결합적 구성물이기 때문에, 고도의 계산력과 우주의 구성요소에 대한 완전한 지식이 주어진다면, 우주 안에서 발생하는 모든 현상을 정확하게 계산하고 예측하는 것이 가능하다는 게 철저한 기계론의 입장이다. 그런 기계론이 근대과학의 이상이라는 것은 잘 알려져 있다. 물론 현재로는 그런 철저한 기계론을 관철시킬 수 있을 만큼 빠르고 정확한 계산능력이나 예측능력을 인간은 확보하고 있지 못하다. 그럼에도 불구하고 기계론은 하나의 '이상'으로서 여전히 신뢰를 잃지 않고 있다. 지금도 철저한 유물론적 자연주의의 입장을 지지하는 사람들은 자유의지의 존재를 부정한다. 그런 점에서 자유의지를 인정하는 장군매의 주장은 '과학과 인생관' 논쟁이 발생한지 100년이 지난 오늘의 시점에도 여전히 의미가 있다. 한 마디로 자유의지문제는 과학주의와 반과학주의를 가르는 논점으로서 여전히 열띤 철학적 토론의 주제가 되고 있다.

다섯째, 과학은 대상들 사이의 상동相同현상을 문제 삼지만, 인생관은 인격의 단일성(개별성)을 문제 삼는다(科學起于對象之相同現象, 而人生觀起于人格之單一性).

장군매의 이 주장은 과학의 본질을 포착하고 있는 것으로서 음미할 가치가 있다. 과학은 간단히 말하자면 '동일성의 탐색'이라고 말할 수 있다. 그런 점에서 장군매는 과학의 방법적 전제와 본질을 정확하게 포착하고 있다고 생각된다. 물론 현대의 과학은 기술의 발전에 힘입어 우주에서 단 한 번 발생한 일에 대해서도 가정에 가정을 거듭하여 어떤 초기 상태를 추정하고, 그 추정에 근거하여 다시 다음 단계를 추정하고, 엄청난 속도의 컴퓨터를 활용해 반복되는 단계적 추정을 거쳐, 상황을 수학적으로 설계한다. 그런 연속적인 추정에 근거하여 어떤 사태의 전개과정을 모델화하는 것을 시뮬레이션이라고 부른다. 이를 통해 얻은 결과는 과학의 원리나 이론으로 정립된다. 예를 들어 진화의 이론이라든가 우주의 탄생에 관한 이론이 그런 시뮬레이션을 통해 만들어진 과학적 모델, 즉 과학적 이론이다. 현재 우리는 그런 과학적 이론에 입각하여 현재의 지식세계를 구축하고 있다. 그러나 엄격하게 말하면, 그것은 과학적 픽션이지 확고한 지식이라고 말할 수 없다. 더구나 그것은 결코 영원불변하는 진리가 될 수 없다.

과학은 진화나 우주의 탄생 같은 일회적인 사건이나 사실을 해명할 수 있는 근거를 가지고 있지 못하다. 상동현상이 존재하지 않는 일회적인 사건에서 동일성을 탐색할 수 없기 때문이다. 장군매가 과학이 인생관을 해명할 수 없다고 주장할 때, 그는 이런 직관에 근거하여, 단일성(개별성)을 특징으로 삼는 인생문제를 과학이 해명하는 것이 불가능하다는 주장을 펼치고 있는 것이다. 무수한 인간이 존재하지만 생명으로서 개인의 삶은 단일하고 유일하고 일회적이다. 그런 일회적인 인생을 일반화된 인간의 삶으로 환원하여 시뮬레이션할 수는 없는 노릇이다.

과학과 인생관의 분열

「재론인생관」에서 장군매는 당시 서양에서 활발하게 논의되고 있던 학문체계론을 원용하여 과학을 공리의 강약 정도에 따라 '물질과학'과 '정신과학'으로 구분하는 입장을 제시한다. 예를 들어 물리학이나 화학 같이 물질을 대상으로 연구하는 과학이 '물질과학'이고, 정치학이나 경제학, 심리학 그리고 철학은 '정신과학'에 속한다는 것이다. 그런 구분은 당시 독일의 딜타이 같은 해석학자나 리케르트 같은 신칸트학파의 철학자들이 제시한 구분이기 때문에, 독일 유학경험이 있는 장군매가 그런 구분에 익숙하다는 것은 충분히 예상할 수 있다. 장군매는 그런 학문체계론에서의 구분을 수용하는 입장이지만, '정신과학'은 엄격한 의미에서 '과학'이라고 말할 수 없다고 말한다. '정신과학'은 학문방법이나 학문대상 차원에서 강한 '공리公理'를 끌어내지 못하기 때문이다. 물론 '정신과학'도 객관성을 추구한다. 하지만 물리학이나 화학 등 '물질과학'에 비한다면 정신과학이 추구하는 객관성의 정도는 훨씬 낮다. 따라서 '정신과학'을 엄격한 의미의 과학에 포함시키는 것은 불가능하다. 엄밀성을 추구하는 '물질과학'과 엄밀성의 정도가 낮은 '정신과학'의 거리는 너무 커서, 그 두 과학 사이의 차이를 쉽게 말살하기 어렵기 때문이다.

"엄격한 과학의 정의에 따른다면, 정신과학은 과학이라고 말할 수 없다. 사물을 연구하는 물리학, 생명활동을 연구하는 생물학, 심리현상을

빌헬름 딜타이

연구하는 심리학 사이의 간격은 너무나 크기 때문에 그런 차이를 무시하는 것은 불가능하다."[9]

다음으로 장군매는 '사회과학'과 '인생관'의 구별에 대한 논의로 나아간다. 장군매는 당시 영국 경험주의 사회학자 어윅(歐立克, E.J. Urwick)이 『사회진보의 철학(Philosophy of Social Progress)』에서 제시한 관점을 소개하면서, '사회과학'에서는 '자연과학'이 하는 것과 같은 유효성(보편성)을 가진 일반원인을 찾아내는 것은 불가능하다고 주장한다. 따라서 그는 다음과 같이 결론 내린다.

"사실 물리학과 생물학을 같은 종류의 학문이라고 보고 그것을 함께 고찰하는 것은 불가능하다"[10]

장군매는 자신의 논적인 과학파의 정문강을 포함하여 당시 중국인들이 '정치과학', '사회과학' 등의 명칭에 현혹되어 그것이 마치 진정하고 엄밀한 '과학'인 것처럼 착각하고, 그런 이론을 금과옥조로 삼고 있는 현실을 비판한다. 장군매에 따르면, '사회과학'은 비록 '과학'이라는 이름을 가지고는 있지만, 사회현상의 발전을 결코 정확하게 예측할 수 없다. 어떤 일을 정확하게 예측할 수 있기 위해서는 그것이 인과율의 지배를 받는 대상이어야 한다. 그러나 사회현상은 결코 완전한 인과율의 지배하에 놓여 있지 않다. 따라서 사회의 발전방향을 정확하게 예측하는 것은 불가능하다. 그런 이유 때문에 사회과학은 결코 과학적이라고 말할 수 없다.[11] 장군매는 어윅의 주장을 요약하면서 다음과 같이 쓰고 있다.

"과학이 힘을 발휘할 수 있는 이유는 다름 아니라 어떤 행위방법을 배제하고 자신이 달성해야 할 부분적인 목적에 자신을 한정하기 때문이다. 그러나 사회 전체의 대목적을 결정하는 데에 우리가 마땅히 선택할 수 있는 방향의 결정은 결코 과학의 범위 안에 있는 것이 아니다. (…) 사회는 다양한 여러 힘으로 구성된 살아 있는 충동의 복합체다. 사회에는 다섯 가지 힘이 작용하고 있다. 물리적 힘, 생물적 힘, 심리적 힘, 사회적 힘 그리고 정신적 힘이 그것이다. 그중에서 정신적인 힘(정신력)은 결코 과학적 연구의 대상이 될 수 없다."[12]

장군매는 「인생관」에서 제시된 인생관과 과학의 차이에 대한 서술은 단지 "정신과학과 물질과학의 대비(精神科學與物質科學之對照)"를 설명하는 데 그치는 것이 아니기 때문에, 사회과학에 대한 자신의 입장을 문제 삼아서 자신이 말하는 "인생관은 절대 자유라고 하는 입장(人生觀絶對自由之說)"을 반박하는 논거로 삼을 수는 없다고 말한다.

장군매의 「인생관」 강연은 자연과학 · 사회과학 · 인문과학의 학문체계를 논의하는 것이 목표가 아니었다. 그는 강연을 통해 인간의 정신, 즉 '인간의 생명(人生)'이 절대 자유라고 주장하려고 했다. 강연의 의도는 장차 과학도가 되기를 꿈꾸는 청년 학도들에게 '자유의지'에 입각하여 '인생의 의미와 가치'를 만들어가는 것이 중요하다는 사실을 일깨워주는 것이었다. 물리적 세계에 대한 지식과 정보를 아무리 축적해도 인격의 형성이 저절로 완수되는 것이 아니다. 그는 과학도들에게 과학에 대한 막연한 신앙에 빠져 과학만으로 인생의 가치문제가 저절로 해결되리라는 나이브한 태도를 가져서는 안 된다는 사실을 말해주려고 했던 것이다. 그는 이렇게 말한다.

"사회과학이 인생관과 표리를 이룬다는 말은 진실이다. 그러나 사회과학의 일부 대상은 물질적 부분이다(경제학이 다루는 토지, 자본 등이 그렇다). 그러나 물질은 고정되어 있고, 멈추어 있는 것이다. 따라서 공리를 이용하여 그 값을 매길 수가 있다. 그러나 그 이외의 것, 즉 어윅이 말하는 소위 계량할 수 없는 '불가측도(不可測度)'의 부분은 내가 여기서 말하는 '인생관'에 속한다."[13]

장군매가 제시하는 과학과 현학, 즉 '과학과 인생관'의 구별은, 장연존, 주경농, 당월(唐鉞, 1891~1987) 등 당시 과학파 입장에서 인생관 논쟁에 참가한 사람들이 비판하고 있듯이, 명확성을 결여하고 있다고 볼 수도 있다. 그러나 어떤 식의 학문구분이든 학문체계론은 반드시 모호한 부분을 남길 수밖에 없다. 학문 자체가 인위적인 구분체계일 뿐 아니라, 분류나 구분만을 통해서는 탐구하려는 대상을 있는 그대로 포착할 수 없기 때문이다. 따라서 그런 구분 자체가 가설적인 것에 불과하다는 한계를 인정해야 할 것이다. 그 논쟁 이후, 20세기 중반 너머의 학문적 전개상황을 관찰할 때에도 완전히 확고한 학문체계론을 수립하는 것은 불가능하다는 것을 알 수 있다. 학문의 역사에서 완벽한 학문체계론이 존재한 적이 없다는 것이 그 증거가 될 수 있다. 여기서 우리는 장군매가 제시하는 과학구분의 의도는 완전한 학문체계론을 제시하는 것이 아니라 "과학이 만능이 아니다"라는 사실을 주장하는 데 그치는 것임을 기억해야 한다. 따라서 학문체계의 완전성 · 불완전성을 따지는 것은 논의의 핵심에서 벗어난다. 장군매가 말하는 과학 및 인생관의 구분은 엄격한 논리적 체계를 만들기 위해 제기된 것이 아니었기 때문이다.

장군매는 인간이 삶에서 맞닥뜨리는 여러 가지 문제를 그 문제에 가장 적절한 방식으로 해결하려는 목표를 가지고 있다는 사실을 강조하기 위해 먼저 '학문의 체계'를 제시했다. 그러하여 여러 종류의 학문, 여러 종류의 과학이 추구하는 목표나 방법의 근본적 차이를 무시하고, 손쉽게 '통합'이니 '통섭'이니 하는 차원에서 연구대상의 성격 차이를 무시하는 과학만능주의적 연구태도의 위험성을 자각해야 한다고 주장했다.

자연과학의 만능을 주장하는 과학파는 당시 서양철학계에서 한창 힘을 발휘하고 있던 논리실증주의의 입장을 수용하고 있었다. 그 결과 그들은 자연과학과 사회과학, 나아가 자연과학과 인문학의 경계를 무너뜨리는 것에서 자신들의 논의를 시작했다. 그런 경계 무너뜨리기는 언뜻 보면 수준 높은 통합을 위한 열린 논의 같지만, 사실은 과학 이외의 다른 유형의 지식의 유효성을 부정하고 말살하는 인식적 폭력이라고 볼 수도 있다. 말하자면 이런 식이다. 인간의 개별성을 무시하고 보편적 관점에서 인간을 이해할 수 있다. 인간은 다 같은 종에 속하는 인간이기 때문이다. 그러나 보편적인 인간은 사실 알고 보면 백인만을 가리킨다. 그러니 인간을 이해하기 위해서는 백인을 인간의 표본이라고 보고 백인을 기준으로 말하면 충분하다. 이런 식의 보편적 입장이라는 것이 사실은 얼마나 무서운 폭력인가?

다양한 유형의 지식의 특성을 무시하면서 행해지는 지식의 경계 무너뜨리기는 사실 과학만능론의 논리적인 출발점이기도 하다. 실체가 모호한 정신, 마음, 의욕, 자유의지가 '실증불가능하다'는 것을 빌미로 그런 모든 것의 존재를 부정하고 나면, 남는 것은 눈에 보이는 물질세계뿐이다. 그러고 나면 물리학, 화학만이 위력을 발휘할 수 있게 된다. 그런 점에서 검증 가능한 것만이 지식의 대상이 될 수 있다고 보는 검증주의와 논리실증주의는 결국 과학적 지식만을 의미 있는 지식으로 인정하는 철학적 입장인 것이다. 논리실증주의에 입각한 과학파의 과학만능론은 과학과 다른 학문영역의 구별을 부정할 때, 나아가 과학적 사실과 철학적 이해 혹은 예술적-문학적 가치의 세계를 폐지할 때, 비로소 가능해지는 이론이다. 과학과 과학이 아닌 지식이 다루는 대상의 차이, 그리고 각 영역 지식의 목적 차이를 철저하게 무시할 때에만 비로소 성립 가능한 것이 과학만능론이라는 말이다.

이처럼 각 학문영역의 구분이 무용하다는 것이 과학주의의 기본입장이라면, 이런 입장에 대항하고 그런 입장을 부정해야만 종교, 철학, 나아가 인생관의 독자적 영역을 확보할 수 있다. 따라서 장군매가 여러 학문의 성격 차이를 강조하고, 대상과 목표에 따라 학문이 효력을 발휘하는 영역이 달라진다는 것을 강조하는 데서 자기 주장을 펼치기 시작하는 것은 나름의 확고한 이유가 있다.

'과학만능주의'를 넘어서

장군매의 입장은 과학을 전면 부정하는 과학부정론이 아니라 '과학의 만능'을 부정하는 '과학만능부정론' 혹은 '과학한계론'이라고 말할 수 있다. 과학파산이니 과학부정이니 하는 표현이 난무하고 있기 때문에, 종교 및 철학의 독자성과 가치를 주장하는 현학파의 입장을 안이하게 과학부정론이라고 단순화하기는 쉽다. 하지만 사실은 그렇지 않다. 근대과학이 등장한 이래 진지한 사유를 하는 철학자들이 과학을 전면적으로 부정하는 것은 불가능한 일이 되었다. 과학파의 대표자인 호적胡適이 지적하고 있는 것처럼, 과학은 이미 지고지상의 위치에 올라가버렸기 때문에, 과학 자체를 부정하는 것은 불가능해진 것이다. 그런 점에서 과학 전면 부정론은 존재할 수도 없고 존재한 적도 없다. 이런 상황에서 모든 과학비판은 과학의 전면적 부정이 아니라 과학의 한계를 지적하는 과학한계론일 뿐이라는 사실을 기억할 필요가 있다. 과학한계론자들은 과학을 부정하는 것이 아니라 과학의 가능성과 불가능을 구별하고 그 한계를 획정해야 한다고 주장한다. 그래야 과학의 건전한 발전이 가능하고, 과학이 다룰 수 없는 삶의 의미와 문화적 가치에 대한 탐구가 정당하게 지속될 수 있기 때문이다.

과학한계론자들은 '과학과 인생관' 혹은 '과학과 종교'가 서로 다른 두 문화를 구성하고 있다는 이원론의 전제 위에서, 각 문화를 이해하기 위한 방법과 수단이 다르다고 주장한다. 과학은 객관적 물질세계를 설명하는 데 강력한 힘을 가지고 있다. 그 사실을 부정하는 것은 불가능하고 비현실적이다. 그러나 과학은 인간의 자유의지가 작용하는 정신의 영역에서 분명한 한계를 가진다. 그 영역에서 과학은 결코 만능이 아니다. 심지어 그 영역에서 과학은 무력할 수도 있다. 인간의 정신활동 영역에서 과학적 규율과 방법은 작동하지 않는다. 인간의 정신생활과 물질적 자연영역은 전혀 다른 규율과 원리가 작용하는 별개의 두 영역이다. 그런 사실을 받아들이지 않는 과학주의는 인간을 단지 물질의 덩어리로 몰아가는 폭력적 지식이 될 수 있다.

서양에서 논리실증주의가 힘을 발휘하던 20세기 초에 이런 과학만능론이 일시적으로 세력을 획득한 적이 있다. 하지만 20세기 초기와는 비교가 되지 않을 정도로 과학이 발달한 현재의 과학수준에서 볼 때도, 과학만능론을 철저하게 관철하는 것은 쉽지 않아 보인다. 물론 현대 심리철학의 영역에서는 정신의 특별함을 인정하지 않는 '물리주의'가 여전히 일정한 세력을 형성하고 있는 것은 사실이고, 과학으로 종교를 해명할 수 있다고 주장하는 뇌과학이나, 과학으로 인간 도덕성의 비밀을 해명할 수 있다는 진화심리학 등의 새로운 과학분야가 날로 발전하고 있는 것도 사실이다. 그러나 그럼에도 불구하고, 과학이 과학만능을 주장할 수 있는 수준에 도달했다고는 결코 말하기 어렵다.

어쨌든 20세기 초반으로 돌아가서 보면, 장군매를 비롯한 현학파 논자들은 정신활동이 변화불측하며 자유롭고 창조적인 영역이기 때문에 객관적 물질세계를 연구대상으로 삼는 과학으로는 그 정신의 영역을 완전하게 해명할 수 없다는 주장을 하고 있다. 장군매의 표현에 따르면, "과학의 효용은 오직 마음 바깥으로 향하는 것"[14]이며, "과학자의 최대 목적은 도덕적 가치(인의仁義)의 작용을 포기하며, 일체의 현상을 객관적인 것으로 변화시키고, 추산이 가능한 것으로 만들어 인과적인 상생관계를 탐구하는 것이다."[15] 결국 과학의 방법이나 목표는 인생문제를 해결하는 것이 아니기 때문에, 과학만능주의적 태도로 인생문제에 접근하는 것은 위험하다는 것이 장군매의 일관된 입장이다. 그러나 현실에서는 과학만능주의적 태도가 만연하면서 오히려 많은 문제가 발생한다. 그런 과학주의적 태도는 과학숭배는 물론 물질만능의 태도까지 초래하게 되고, 그런 태도가 상승작용을 일으켜 서로를 죽이는 대규모 전쟁까지 일어나게 된 것이라고 장군매는 주장한다. 그런 장군매의 입장은 양수명梁漱溟이나 양계초 등의 과학비판론과 큰 틀에서는 궤를 같이 하는 것이었다고 말할 수 있다.

> "유럽의 전쟁이 끝난 후, 지난 2~3백 년을 총결산해보면 물질문명은 외부 세계를 좇아가기 바쁜 것이었다는 느낌을 지우기 어렵다. 그런 사실을 비판하는 입장이 여러 차례 표현되고 있는 것을 알 수 있다."[16]

나중에 살펴보겠지만, 양계초는 기본적으로는 과학만능주의를 비판하는 입장을 가지고 있었다. 그런 점에서 장군매와 양계초는 동일한 지반을 가지고 있다고 말할 수 있다. 양계초는 장군매가 사용하는 개념의 모호함을 지적하면서 장군매를 일정 부분 비판하지만, 정문강의 과학만능론에 대해서는 더욱 신랄하고 냉혹한 비판을 던진다.

이어서 장군매는 과학의 남용이 초래하는 사회적 손해를 피하기 위해 형이상학 혹은 현학이 과학을 통솔해야 한다고 주장한다. 그는 이렇게 말한다.

> "첫째, 과학의 인과율은 물질영역에만 한정될 뿐 정신영역에는 미치지 않는다. 둘째, 형이상학은 각 분과과학 위에서 그것을 통합하는 역할을 해야 한다. 셋째, 인류활동의 근원적 자유의지 문제는 형상학(형이상학) 안에서가 아니라면 이해할 수 없다."[17]

장군매는 과학은 한계를 가진 것이기 때문에 적어도 과학의 방향은 형이상학이 통솔해야 한다고 강조한다. 왜냐하면 과학은 물질세계의 탐구에 국한된다는 한계를 가지고 있기 때문이다. 나아가 과학은 분과학문으로 나뉘어 있어서 인간사회 전체를 통찰할 수 없다. 따라서 전체를 통관通觀하는 능력을 다진 철학이 과학을 지도해야 한다. 더구나 자유의지 문제는 과학의 범위를 넘어서 있다. 따라서 형이상학이 인생문제를 해결하는 데 적극적으로 작용해야 한다. 이것이 장군매가 제시하는 새로운 시대정신이다.

장군매가 과학에 부정적인 태도를 취하는 데에는 나름대로 분명한 이유가 있다. 당시 반과학론 혹은 과학한계론을 주장하는 중국 지식인들이 과학이 서양에서 만연하는 물질숭배의 풍조와 연결이 되어 있다는 사실을 몰랐을 리가 없다. 더구나 물질숭배의 풍조는 당시 선진국 열강의 식민지 쟁탈전과 무관하지 않다는 사실, 그리고 식민지 쟁탈전의 결과가 세계대전이라는 전대미문의 참혹한 전쟁으로 이어졌다는 사실을 몰랐을 리가 없다. 세계적 규모의 전쟁과 과학이 직접적인 관계가 없다고 주장하는 과학파 논자들의 항변에도 불구하고, 유럽 유학의 경험을 가지고 있는 장군매 본인은 과학파가 제기하는 과학만능주의와 낙관주의를 받아들이기 어려웠을 것이다.

마르크스에서 키르케고르를 거쳐, 니체, 프로이트, 하이데거, 푸코, 하버마스로 이어지는 거의 모든 현대 철학자의 사유가 과학의 발전을 가능하게 만든 근대적 이성에 대한 비판적 반성에서 시작되었다는 사실은 무엇을 말해주는가? 당시 중국의 반과학파 지식인들이 과학에 대해 품었던 의심과 우려가 단순한 전통적 보수주의 때문이거나 새로운 것을 거부하는 기우에 그치는 것이 아니었음을 말해주는 것이 아닌가? 그런 점에서 양계초과 함께 제1차 세계대전으로 초토화된 유럽을 직접 목격한 장군매가 현대과학이 무조건 긍정적인 결과만을 낳지 않는다는 사실에 큰 충격을

제1차 세계대전 이후_ 패전국 독일의 상이군인(베를린, 1923년)

받았고, 그런 충격을 토대로 과학만능에 대한 기대를 접고 과학비판으로 나아간 것은 자연스런 귀결이라고 볼 수 있다.

게다가 장군매는 당시의 과학이 서양의 자본주의와 제국주의 그리고 식민지 지배와 깊은 연결성을 가지는 지식체계라는 사실을 잘 이해하고 있었다. 그런 사회적 배경을 가진 과학 그리고 그런 과학의 기반이 되는 물질주의와 기계론적 관점에 입각하여 인생문제의 해결을 시도하다 보면, 자칫하면 인생 자체가 물질주의와 기계주의에 매몰되어버리는 결과가 일어날 수 있다. 당시 중국의 지식인들은 과학의 문제점, 과학과 짝을 이루며 발전한 근대성이 초래하는 문제점에 대해 날카로운 인식을 갖지는 못했다. 하지만 근대성이 초래할 위험성에 대해서는 어느 정도 예감하고 있었음이 분명하다.

전통으로의 회귀?

그렇다면 철학이 과학을 통솔하고 지배하기 위해서는 어떻게 해야 하는가? 여기서 장군매는 중국문명을 회복하고, 전통적인 심학心學(마음을 다스리는 학문)을 통해 내면성을 회복하는 길을 추구해야 한다고 주장한다. 장군매의 주장에 따르면, 공맹孔孟에서 송명이학宋明理學에 이르기까지, 중국적 철학 및 중국적 세계관의 중점은 내면생활의 수양과 내향적 정신문명의 건설에 있었다. 장군매는 이렇게 주장한다. "중국은 내향적 정신문화를 성취했으나 유럽인은 사람의 힘으로 자연을 정복하는 데 힘을 쏟았다. 그 결과 외향적 물질문명을 성취했다."[18] 따라서 만약 "유럽의 길을 추종하는 것을 그만두지 않는다면, 반드시 유럽패망의 전철을 밟게 될 것이다."[19] 그렇기 때문에 그런 실패를 반복하지 않으려면 송명이학이 주장한 길을 따라 "오직 마음의 실재를 인정하고, 그것을 열심히 수행하며 정진하는 용기가 남달라야 할 것"[20]이라고 결론짓는다.

그러나 장군매가 주장하는 것처럼, 과학이 초래한 문명의 위기와 정신문명의 황폐함을 극복하기 위해서 전통문화로 돌아가는 것이 과연 해답이 될 수 있는가? 여기서 쉽게 답을 구할 수는 없지만, 이것은 앞으로 우리가 숙고해야 할 또 다른 사유의 주제가 될 것이다. 과학의 한계를 인정하고, 인문학 및 종교와 철학의 독자성을 인정한다고 하자. 과학이 모든 인생문제를 해결할 수 있다고 보는 입장(과학만능론)을 받아들이지 않는다고 하자. 그렇다고 하더라도 중국문명 나아가 동양문명의 전통적 사유가 근대와 현대의 기계문명과 자본주의가 만들어낸 문제를 해결하는 만병통치의 약방문이 될 수 있을 것인가? 지난 20세기 100년의 역사를 돌이켜보면, 근대의 도구적 이성에 입각한 기계론적 과학은 자본주의와 결합하여 전 지구적 지배체제를 수립했다. 그 결과 어느 나라 어느 지역에서든 단순히 전통으로 회귀하는 것은 더 이상 가능하지 않게 되었다는 사실을 우리는 이미 알고 있다. 이런 시점에서 장군매의 주장을 읽어보면, 그 시대에 이미 전통으로의 회귀 자체가 불가능한 상황이었으리라는 생각이 들어마지 않는다.

우리는 장군매를 비롯한 당시 전통론자들의 입장을 '전통회귀론'이라고 부를 수 있을 것이다. 나는 전통회귀가 현실적으로 실현 불가능한 것이라고 하더라도 단순히 시대착오적이라고도 생각하지 않는다. 그가 살던 시대는 철저한 전통회귀는 아니라고 하더라도 전통과의 조화를 통해 근대성과 현대성을 적절하게 제어하고 조정할 수 있다는 희망이 가능했을 수도 있다. 역사적으로 보면, 1920년대에 이미 과학은 돌이킬 수 없는 속도로 자본주의와 결합하면서 새로운 발전경로에 올라서 있었다. 이후 대공황과 여러 차례에 걸친 세계 규모의 전쟁과 경제위기를 경험했지만, 자본주의와 결합한 과학의 위엄은 수그러들지 않았다. 그리고 1920년대 이후 중국은 정치적 혼란에 휩싸였고, 1950년 이후 체제적으로는 자본주의와 대결하는 사회주의 노선을 선택했지만, 사회발전이라는 측면에서는 서방의 과학기술문명에 완전히 굴복하고 만다. 중국은 이데올로기적인 우여곡절을 겪으면서도 여전히 과학과 전통의 바람직한 관계를 정립하기 위한 사상적 시도를 결코 포기하지 않았다. 때로 전통담론이 정치담론과 결합하면서 왜곡된 형태로 등장하기도 하고, 전통은 중국인의 생활세계의 자연스러운 발전을 주도하지 못한 채 정치논리에 의해 끌려 다니는 모습을 보이기도 했지만, 전통과 근대성의 관계문제 혹은 '과학과 전통'의 문제는 오늘날에도 여전히 중요한 사상적 주제로서 생명력을 잃지 않고 있다. 과학과 전통의 관계문제는 사실 '과학과 인생관' 논쟁의 또 다른 중요한 주제였다. 이 문제에 대해서는 장을 바꾸어 다시 살펴볼 것이다.

제 5 장

과학은 모든 인생문제를 해결할 수 있다!

정문강과 과학파의 입장을 중심으로

들어가는 말

앞 장에서 살펴본 것처럼 장군매張君勱의 과학한계론은 그의 과학이해와 밀접한 관계를 가진 것이었다. 장군매가 과학의 한계를 이야기할 때 염두에 두고 있는 '과학'은 좁은 의미의 과학, 즉 자연과학이었다. 따라서 그는 경제학 · 철학 · 심리학 등의 사회과학을 엄격한 의미의 과학 범주 안에 넣을 수 없다고 주장했다. 과학은 물질을 비롯한 외적 세계에 대해서는 강력한 설명력을 가질 수 있지만, 인간의 정신문제를 설명하고 해결하는 데에는 거의 힘을 발휘하지 못할 정도로 무능하고 무력하다는 것이다. 나아가 장군매는 과학만능 풍조가 초래하는 사회적 문제들을 치유하기 위해서, 서양의 물질문명에 의해 초래된 정신적 황폐함을 극복하기 위해서, 전통적인 심성학心性學으로 돌아가서 인생관 형성에 노력해야 한다고 주장했다.

장군매는 과학의 배후에 있는 자본주의의 발전 그리고 과학과 자본주의에 의해 추동된 제국주의와 물질문명의 연결고리, 그런 체제에 의해 형성된 물질만능주의가 초래하는 정신적 결과를 잘 이해하고 있었다. 따라서 '과학과 인생관' 논쟁은 단순히 과학의 정의나 과학의 본질문제를 따지는 과학철학이나 인식론 논쟁이 아니라, 중국문명이 나아갈 방향에 대한 총체적인 반성에서 비롯된 '문명의 충돌' 논쟁 혹은 '세계관 전쟁'이라고 보아야 제대로 그것의 의미를 이해할 수 있다. 문명의 방향을 고민하는 과정에서 당시 중요한 사회적 주제로 떠오른 과학문제와 과학의 한계문제를 포괄적으로 논의하기 위해 장군매는 '인생관'의 의의에 착안하여 과학만능의 풍조에 제동을 걸려고 했던 것이다. 그리고 그의 「인생관」 논문이 과학을 막 시작하려는 예비 과학도를 대상으로 행한 강연이었다는 사실은 의미심장하다.

「인생관」 강연에서 피력된 장군매의 생각은 과학자 정문강(丁文江, 1887~1936)을 대표로 하는 과학파의 맹렬한 반격을 받게 된다. 정문강은 당시 호적胡適이 주편을 맡고 있던 『노력주보努力周報』에 「현학과 과학－장군매의 인생관을 평하다」라는 글을 발표하여 장군매를 논점을 비판하면서 논쟁에 불을 붙인다. 정문강의 반론을 읽은 장군매는 「인생관」 강연의 논점을 부연·확대하면서 「재론인생관－답정문강」 논설을 발표하고, 그것에 대해 정문강은 다시 「현학과 과학－답장군매」라는 논설을 발표하면서 '과학과 인생관' 논쟁은 심화되어 간다.

정문강의 과학만능론

강소성 태흥 출신인 정문강은 일본을 거쳐 1904년 본격적으로 과학을 공부하기 위해 영국 유학길에 올랐다. 캠브리지대학과 글래스고대학에서 동물학과 지질학을 공부한 정문강은 1911년 약관 24세에 박사학위를 받고 귀국했다. 영국에서 정문강은 경험론 철학을 배웠으며, 오스트리아의 물리학자이자 철학자인 에른스트 마흐(Ernst Mach)의 경험비판주의, 프랑스 철학자 오귀스트 콩트(August Comte)의 실증주의로부터 깊은 영향을 받았다. 현학파의 주장主將 장군매가 생명주의 철학자 오이켄과 베르그송의 영향을 받은 것과 완전히 대조적인 사상적 배경을 가지고 있다는 사실에

정문강

주목할 필요가 있다.

정문강은 '과학과 인생관' 논쟁에서 자기가 배운 여러 실증주의 철학자들의 이론을 무기로 장군매로 대표되는 현학파와 논쟁을 벌였다. 나중에 호적은 정문강을 이렇게 평가한다. "재군在君(정문강)은 가장 깊은 차원에서 서양화西洋化를 이룬 중국인이고, 중국인으로서는 가장 심오한 수준의 과학에 도달한 사람이다. 이런 근본입장에서 보자면, 내가 아는 사람 중에서 재군을 능가할 수 있는 사람은 존재하지 않는다. 왜냐하면 그는 15세에 외국(일본)으로 나갔으며, 아주 이른 나이에 영국인의 생활습관의 영향을 받았기 때문이다. (…) 그의 성장과정은 그 자체가 과학화된 것이며, 서양화의 최고 수준을 대표한다."[1] 호적이 말하고 있는 것처럼, 정문강은 당시 중국에서 보기 드물게 본격적으로 과학을 연구한 학자로서, 과학적 지식은 물론 과학정신에 대한 깊은 이해를 가진 인물이었다. 이처럼 공식적으로 과학훈련을 받고, 과학자로서 확고한 배경을 가지고 있던 정문강이 '과학과 인생관' 문제를 둘러싼 논쟁에 뛰어든다.

논쟁에 뛰어든 정문강은 장군매에 대해 철저하게 반대 입장을 취한다. 장군매가 과학이 인생관 문제를 해결할 수 없을 뿐 아니라 유럽의 파산이 과학의 책임이며 그런 서양문화의 전철을 밟지 않기 위해 "내면생활의 수양에 힘을 쏟아야 한다(側重內心生活之修養)"고 강조했던 것과 달리, 정문강은 그런 주장이 "현학과 과학을 서로 적으로 돌리는" 것이라고 비판하며 '과학파'의 주장으로서 본령을 발휘한 것이다.

과학파의 대표자로서 정문강이 떠맡은 과제는 '과학의 본질'이 무엇인지를 밝히는 것이었다. '과학의 본질'을 정확하게 이해하면 자연스럽게 장군매를 비롯한 현학파의 주장이 허구라는 것이 드러날 것이기 때문이다. 우선 정문강은 장군매 등의 주장이 서양에서 이미 낡은 것이 되어버린 '현학(metaphysics, 형이상학 · 신학 · 종교 등으로 번역할 수 있는 개념이다)'의 연장선상에 있다고 말한다. 중국의 발전을 위해 '형이상학의 미신'에 사로잡힌 사람들을 계몽하는 것을 사명으로 삼는 전형적인 과학주의자의 태도를 숨기지 않았던 것이다.

정문강에 따르면, 형이상학은 과학의 대척점에 서 있는 종교이거나 미신이다. 정문강은 현학파 인사들이 그런 형이상학의 '귀신(鬼)'에 사로잡혀 있다고 본다. 그는 그들을 '현학귀玄學鬼'라고 야유하고, 그들의 사유를 교정하기 위해서는 현학귀를 퇴치하는 것이 급선무라고 주장한다.

이어서 정문강은 과학의 본질을 '과학적 정신', 특히 '과학적 방법'에서 찾을 수 있다고 주장한다. 그는 단적으로 "모든 사실은 과학적 방법을 이용하여 연구할 수 있고, 그렇게 연구된 것은 모두 과학이 된다"[2]라고 표현한다. 그러나 정확하게 말하면, 정문강이 말하는 '과학'과 '과학의 방법'은 같은 개념이라고 말하기 어렵다. 과학도 그렇지만, 과학의 방법을 명확하게 규정하는 것은 더 어려운 일이다. 과학적 방법이라고 말할 수 있는 방법론이 확고하게 정립되어 있는 것이 아니기 때문이다. 심지어 파이어아벤트(P. Feyerabend) 같이 과학에는 정해진 방법이 없다고 주장하는 철학자도 있을 정도다. 대강 '검증'이라는 절차와 '반증 가능성'을 가지는 것을 과학이라고 부르고 있지만, 검증의 한계, 반증의 난점을 지적하는 사람들도 적지 않다. 따라서 '검증과 반증'을 가지고 과학의 방법을 규정하는 것은 문제가 없지 않다. 그렇다면 '과학의 방법'을 적용하는 연구를 곧 '과학'이라고 보는 정문강의 관점 역시 문제가 없지 않다는 것을 알 수 있다. 정문강의 관점이 정당화되기 위해서는 '과학적 방법' 혹은 '과학'이라는 말이 먼저 규정되어야 하지만, 그 둘 다 모호한 개념이다. 그 두 개념은 순환적인 관계에 놓여 있기 때문이다.

여기서 우리의 과제는 현재적 관점에서 당시 과학파 논자들이 제시한 관점의 타당성을 따지는 것이 아니다. 1920년대 중국에서 과학만능론이 등장했고, 그런 관점에 의해 중국의 전통적인 삶의 방식과 삶의 태도에 엄청난 타격이 가해졌다는 사실을 어떻게 이해할 것인지가 우리의 관심사다. 또한 우리의 관심은 과학파가 옳은가 현학파가 옳은가를 따지는 데 있지 않다. 이 물음에 대해 객관적으로 시비를 가릴 수 있는 권한과 능력을 가진 사람은 없다. 21세기 현 시점에서도 마찬가지다. 현학파에 동의하는 사람은 과학파가 틀렸다고 할 것이고, 과학파에 동의하는 사람은 현학파가 틀렸다고 할 것이다. 만일 중간적인 입장이 존재한다면, 기껏해야 둘 다 틀렸다거나 둘 다 어느 정도 납득할 수 있는 면이 있다는 정도로 절충적 입장을 취하는 데 그칠 것이다. 하지만 그들이라고 해서 옳고 그름의 근거를 제시할 수 있는 것도 아니다. 초월적 형이상학의 주장은 증명 불가능하다. 마찬가지로 물질주의의 주장 역시 증명 불가능하다. 물질주의의 기본 전제 자체가 형이상학적이기 때문이다.

19세기 중엽 이후, 서양에는 형이상학의 죽음을 선언하는 수많은 사상가들이 등장했다. 니체가 대표적이다. 니체는 플라톤에서 시작되는 서양의 형이상학 전통과 형이상학의 온상인 기독교를 전면 부정했다. 그러나 니체가 기독교와 형이상학에 던진 충격에도 불구하고 형이상학이 사라진 것도 아니고, 서양에서 형이상학의 온상이라고 비난받은 기독교가 종말을 고한 것도 아니다. 종교의 죽음을 주장하는 무수한 무신론자들이 등장했지만, 종교가 사라진 것도 아니다. 이런 상황에서 우리의 관심은 현학(형이상학, 종교)과 과학의 시비를 판단하는 것이 아니라 하나의 사회적 현상으로서 과학와 현학의 대립을 살펴보는 것이다. 그 과정에서 그들이 던진 질문과 논쟁이 오늘날에도 여전히 살아 있는 문제라는 사실을 확인할 수 있을 것이다.

정문강은 과학파의 주장으로서 장군매가 과학에 대한 심각한 오해에 빠져 있다고 지적한다. 오해 중에서 가장 심각한 것은 과학의 법칙이 일단 완성되면 더 이상 변하지 않는다고 생각하는 것이다. 즉, 이는 과학이란 '한번 정해지면 변하지 않는(一成不變的)' '정론定論'이라고 봐왔던 현학파의 사유에 대한 적극적인 비판이었다. 정문강은 그런 생각을 일종의 '규율미規律迷(법칙에 대한 맹목적 미신)' 심리라고 평가했다. 하지만 그런 현학파의 오해와 달리, 과학은 기존의 과학적 공리와 과학적 방법이 적용되지 않는 새로운 사실이나 사태를 만났을 때 수시로 변화할 수 있다는 것이 그의 주장이었다.

> "왜냐하면 이 세계의 진리는 무궁무진하기 때문이다. 우리가 현재 발견한 것은 극소수의 일부분에 불과하다. 과학에서 말하는 공리라는 것은 우리가 사실을 관찰하는 방법을 말하는 것이다. 만일 그 공리가 새로 발견되는 사실에 적용되지 않는다면, 그것을 수시로 변경하는 것이 가능하다."[3]

이처럼 과학이론은 고정불변하는 것이 아니다. 과학이론은 언제든지 변화하고 발전할 수 있는 유연성을 가지고 있다. 당시 유럽 과학철학계에서 중요한 위치를 차지하고 있던 에른스트 마흐의 영향을 받은 정문강은 "마흐가 과학적 공리의 필연성을 인정하지 않았던 이유는 과학적 정신이 이런 특징을 가지고 있다는 사실을 알고 있었기 때문"이라고 덧붙인다. 정문강은 과학자와 현학자의 다른 점이 바로 여기에 있다고 주장한다. 현학자는 자신의 규율을 불변의 정론으로 여기는 반면, 과학정신은 이런 '규율미'의 심리에 빠지지 않는다는 것이다.

> "이것이 바로 과학과 현학의 근본적 차이가 존재하는 지점이다. 현학가는 모두 고정불변하는 확고한 하나의 규율(체계)을 만들려고 하고, 또한 자기의 규율(체계)을 확정적 주장(定論)이라고 주장한다. 그러나 과학적 정신은 절대로 이런 규율미의 심리와 상반된다."[4]

정문강은 과학자들이 아니라 오히려 철학자들이 그런 규율미에 사로

에른스트 마흐

잡혀 있는 존재라고 역공을 퍼붓는다. 그에 따르면, '과학적 방법'이란 근본적으로 세계의 다양한 사태를 분류하여 질서를 부여하는 활동에 다름 아니다. 과학은 다양한 세계 안에 숨어 있는 질서를 이해하려고 한다. 일단 세상의 다양한 사실, 다양한 사태를 분류하고 질서를 명확하게 만든 다음, 가장 단순하고 명확한 방식으로 그것을 표현하는 것이다. 그런 최종적 표현을 '과학적 공리'라고 부른다.

> "과학적 방법은 세계의 사실을 분류하여 그들 사이의 질서를 구하는 것에 다름 아니다. 분류와 질서화가 분명하게 이루어진 다음, 그것을 다시 가장 간단한 말로 사실의 다양성을 개괄해낼 때, 그것을 과학적 공리라고 부른다."[5]

정문강은 과학의 본질을 이렇게 정리한 다음 자연과학과 인문학, 자연과학과 정신과학의 구분 자체를 부정하는 것으로 나아간다. 모든 사물 · 사실 · 사태는 과학의 대상이 될 수 있기 때문이다. 나아가 모든 학문도 결국에는 과학으로 발전할 수 있기 때문이다. 물질과 정신의 구별은 실제로 자연세계 안에서는 존재하지 않는 것이기 때문에, 물질을 연구하는 '물질과학'과 정신을 탐구하는 '정신과학'이 근본적으로 구별될 이유는 없다. 과학을 물질과학과 정신과학을 포괄하는 개념으로 보는 것, 과학을 가장 넓은 의미로 이해하는 것, 그것이 정문강의 확고한 입장이다. 정문강은 다시 이렇게 말한다.

> "우리는 물질과학과 정신과학 사이에 근본적인 구별이 존재하지 않는다고 말한다. 왜냐하면 그들이 연구하는 재료(대상)은 동일한 현상이고, 연구의 방법 역시 동일한 귀납법이기 때문이다. 정신과 물질 사이에도 근본적인 분별(구별)이 존재하지 않는다. 만일 그들 사이에 구별이 있

다고 한다면 〔정신이란 것은〕 도대체 어떤 질(구체적인 형질)을 가진 것인가? 이것은 철학의 최대 문제 중의 하나다."[6]

정신의 본질 혹은 물질의 본질, 나아가 정신과 물질의 관계문제는 지금까지도 여전히 풀리지 않는 형이상학의 최대 난제로 남아 있다. 정신이 물질과 구별되는가 구별되지 않는가 하는 문제 역시 여전히 정답이 없는, 신념의 영역에 속한 문제로 남아 있다. 여기서 정문강의 '신념'은 '초물질'적인 성질을 가지는 '정신'을 인정할 수 없다는 것이다. 그런 입장을 당시에는 '물질주의' 혹은 '자연주의'라고 불렀다. 정문강을 비롯한 과학파 동조자들은 그런 점에서 당연히 '자연주의'에 기울어져 있었다고 평가할 수 있다. 정문강은 당시 서양에서 비교적 영향력을 가지고 있던 감각주의 · 행동주의 · 신실재론의 논점을 설명한 다음, 결론적으로 이렇게 말한다.

"내가 어떤 학파의 철학이론을 믿든지 상관없이 (…) 나는 결코 초물질적인 정신의 존재를 믿을 수 없다. 그리고 그런 정신이 외부와 분리(隔絶)된 내면(정신)의 존재 혹은 비아非我(타자 및 물질세계)와 분리된 독립적인 나(我)의 존재를 믿을 수 없다. (…) 나의 '순수한 심리(정신)'라는 것을 어디서 찾아야 한다는 말인가?"[7]

물론 정문강은 모든 분과과학의 정밀성 · 정확성 · 확실성을 동일한 수준이라고 평가하지는 않는다. 학문체계상의 구별을 인정하지 않는 것도 아니다. 하지만 그런 구별이나 '차이'는 근본적인 것이 아니라 방편적이거나 '정도의 차이'일 뿐이라고 주장한다. 그렇기 때문에 정문강의 생각은 장군매나 현학파의 입장, 즉 지식의 체계와 방법은 연구대상의 차이에 따라 절대적으로 구분된다는 생각과 대립한다.

"나는 생계학生計學(경제학)이 물리학과 동일한 정도의 확실성을 가지고 있다고 말하는 것은 아니다. 그리고 나는 여러 종류의 과학적 재료(대상)들 사이의 구별이 존재하지 않는다고 말하는 것도 아니다. 다만 내가 말하고 싶은 것은 그런 대상들 사이의 구분이라는 것이 방편적이라는 사실이다. 그리고 확실성의 차이 역시 〔본질적인 것이 아니라〕 정도 문제일 뿐이라는 사실이다. 따라서 그것을 근거로 지식계(학문체계)에 정말로 커다란 구별이 존재하는 것을 증명할 수는 없다."[8]

정문강의 논점을 조금 더 부연하면 이렇다. '과학과 인생관' 사이에는 절대적인 경계선이 존재하지 않는다. 그에 따르면, "과학은 인생 최대의 장애물인 개인의 '주관적 선입견'을 제거하고 모든 사람이 공통적으로 인정할 수 있는 '진리'에 도달하는 것을 추구한다."[9] 현학파의 주장인 장군매가 '과학과 인생관'의 관련성을 부정하는 이유는 인생관이 "천하고금을 통털어 가장 통일을 보기 어려운 것(天下古今最不統一)"이라고 생각하기 때문이다. 따라서 장군매는 과학방법을 세계관에 적용할 수 없다고 주장한다. 그러나 정문강은 그런 장군매의 현학파적 입장을 반박하며 이렇게 말한다.

"인생관이 현재 통일을 보지 못하고 있는 것은 분명한 하나의 사실이다. 그리고 그것이 먼 미래에도 통일을 보지 못할 것이라는 것 역시 또 하나의 사실일 수 있다. 그러나 당신이 사실적 이유를 제출하여 그것이 '영원히' 통일되지 못할 것이라는 사실을 증명하지 못하는 한, 우리는 항상 그것(인생관)의 통일을 추구해야 할 의무가 있다. 더구나 현재 시비진위의 표준조차 존재하지 않는다면, 어떻게 시비진위를 구할 수 없다는 사실을 알 수 있는가? 또 시비진위를 구하지 않는다면, 그런 표준은 어디서 나온 것인가? 또한 시비를 구하려고 한다면, 과학방법이 아니고서 또 다른 어떤 방법이 있을 것인가?"[10]

과학과 인생관의 형성

살펴본 것처럼, 정문강은 '과학과 인생관(현학)' 사이에 근본적인 구별이 존재하지 않을 뿐 아니라, 과학방법을 사용하기만 하면 모든 연구가 과학이 될 수 있다고 주장했다. 그의 입장을 일단은 과학[방법]만능론이라고 부를 수 있을 것인데, 그런 과학방법만능론을 인생관 문제와 연결시켜서 생각해보자. 결국 과학방법이 인생관(세계관) 형성에 도움이 되는가의 문제다. 정문강은 단적으로 "진정한 과학정신은 최상의 '처세와 입신'의 교육이며, 가장 고상한 인생관"이라고 주장한다. 조금 길지만 정문강의 그런 신념이 단적으로 드러난 부분을 인용해보자.

> "과학은 이른바 외부를 향하는 것이 아닐 뿐 아니라 교육은 물론 수양을 위한 가장 탁월한 도구가 된다. 왜냐하면 과학은 매일매일 진리를 탐구하고, 시시각각 선입견을 넘어서려 하기 때문이다. 그런 태도는 과학을 배우는 사람으로 하여금 진리를 탐구하는 능력을 갖추게 할 뿐 아니라 진리를 사랑하는 진실한 마음을 동시에 가질 수 있게 만들기 때문이다. 이런 태도를 가지고 있으면, 어떤 일을 만나더라도 평온한 마음으로 그것을 분석하고 연구할 수 있다. 그 결과 복잡한 현상 안에서 단순함을 찾아낼 수 있고, 혼란스러운 것 안에서 질서를 구할 수 있다. 논리를 가지고 그의 사고(意想)를 훈련하면, 그의 사고력은 점점 더 증대할 것이다. 경험을 사용하여 그의 직각直覺을 가르친다면, 그의 직각은 더욱 생생한 것이 될 것이다. 우주와 생명체와 심리(정신) 사이의 다양한 관계를 분명하게 이해한 다음에야 비로소 참으로 생활의 기쁨을 충분히 알 수 있을 것이다. 망원경을 가지고 천공의 허공을 관찰하고, 또 현미경을 가지고 생물의 미묘한 것을 관찰한 사람이라야 이런 '활발하고 생기에 찬' 마음의 경지를 획득하고 투철하

게 밀고 갈 수 있을 것이다. 그런 경지는 마른 나무처럼 앉아서 선禪을 논의하고 헛소리로 현묘한 이치를 떠들어대는 사람은 꿈에도 만날 수 없는 것이다."[11]

호적은 정문강의 평전評傳에서 이런 정문강의 과학방법만능론이 "진정으로 과학의 정신을 이해하는 과학자의 인생관(一個最眞正懂得科學精神的科學家的人生觀)"[12]이라고 평가한 바 있다.

또 다른 과학파 논객 중의 한 사람인 임홍준任鴻雋은 화학자로서 과학이 인생관 수립에 유익하다는 생각을 더 명확하게 표현한다. "과학 자신이 위대하고 고상한 인생관을 만들어낼 수 있다(科學自身可以發生各種偉大高尙的人生觀)." 임홍준에 따르면, 물질과학의 진보는 간접적으로 인생관 형성에 도움을 주며, 직접적으로 과학 자신이 인생관을 형성할 수 있다. 도덕이 완비되고 인격이 고상한 과학자들의 인생관은 과학연구를 진행하는 과정에서 형성되었다는 것이 그의 주장이다. 임홍준은 진리탐구를 향한 열정, 사리사욕을 거부하는 공평무사함, 과학연구에서의 객관성과 합리성 등등의 근대과학의 이념을 근거로 과학적 사유의 발전이 현대적인 인생관의 형성에 그대로 도움이 될 수 있다는 취지의 주장을 하고 있다. 그는 이렇게 말한다.

"첫째, 과학의 목적은 진리를 구하는 것이다. 그러나 진리는 무궁무진하다. 따라서 과학을 연구하는 사람은 용맹정진의 태도를 가지고 진리의 늪으로 들어가 늙음이 다가오는 것도 모르고 매진한다. 이런 세계관을 가지고 있을 때에야 비로소 물질계에서 나오는 다양한 유혹을 물리칠 수 있다. 진정한 과학자는 모두 이런 태도를 가지고 있다. 둘째, 과학탐구의 정신은 심오할 뿐 아니라 한계가 없다. 따라서 과학연구를 위해서는 일체의 편견과 사리사욕을 추구하는 마음이 없어야 한

임홍준 · 그의 아내이자 작가인 진형철 · 호적_1920년, 남경에서

다. 그래야 비로소 자연계의 고매한 정신과 접촉할 수 있다. (…) 이런 세계관을 가진 과학자들은 마침내 명예를 넘어서고 사회계급의 차이를 타파할 수 있다. 이 때문에 과학자의 세계관은 이런 모든 한계를 넘어설 수 있는 것이다. 셋째, 과학이 연구하는 것은 사물과 사물의 관계다. 이런 관계에 대해 분명한 인식을 가지게 되면 (…) 사람들로 하여금 인과성에 대한 사고를 할 수 있게 만든다. 과학을 연구하는 사람은 이런 인과관념을 세계관에 응용할 수 있다. 그 결과 모든 것에서 합리성을 요청하게 될 것이다. 이런 합리적 세계관 역시 과학연구의 결과라고 말할 수 있다."[13]

임홍준은 근대과학이 추구했던 소위 'CUDOS'의 이념[14]을 말하고 있다. 그가 말하는 과학자의 인생관은 근대 초기에 형성된 과학의 규준을 토대로 삼은 것이지만, 현대에 들어와서도 이런 과학의 규준, 즉 'CUDOS'의 이념이 그대로 지켜지고 있는가에 대해서는 의문이 없지 않다. 어쨌든 임홍준은 공평무사함과 객관성을 추구하는 과학이 구사하는 과학의 방법과 과학연구의 과정 자체가 객관적인 삶의 태도, 객관적이고 합리적인 사유를 발전시키는 데 기여할 수 있기 때문에, 그것이 곧 인생관 형성에 영향을 준다고 주장한다. "과학에 있어서 물질계의 지식이 더욱 확대되면 될수록 인생관 역시 점점 더 과학적이 될 것이다. 그 둘은 비례관계를 가지고 있다."[15] 나아가 임홍준은 그런 합리성에 근거하여 당시 중국이 직면한 사회적 모순을 극복하고, 근대적 삶을 형성하는 데 도움이 될 수 있을 뿐 아니라 과학 자체가 일종의 인생관을 형성할 수 있다고 주장한다.

"과학과 인생관의 관계를 논하자면, 물질과학의 진보가 간접적으로는 인생관의 변화를 가능하게 하는 것에 그치지 않는다. 과학의 진보는 직접적으로 일종의 인생관을 만들어낼 수 있다. (…) 사람들은 과학을 연구하는 사람이 대부분 종교를 믿지 않는다는 사실을 알고 있다. 대다수의 과학자들은 도덕적으로 완전하고, 인격적으로 고상한 사람들이다."[16]

이 인용문에서 임홍준은 과학을 연구하는 사람이 대부분 종교를 믿지 않는다고 말하고 있는데, 그것은 분명히 사실과 다르다. 오히려 탁월한 과학자 중에서 종교를 믿는 사람이 적지 않다. 그러나 이 문제는 글의 주제에서 벗어나는 것이기 때문에, 여기서는 더 이상 논의하지 않기로 한다.

또 다른 과학파 논자의 한 사람인 당월唐鉞은 여기서 한 걸음 더 나아가 과학 자체가 인생문제, 인간의 정신문제를 해결할 수 있다는 대담한 주장을 펼친다. 왜냐하면 정신현상은 물리현상과 마찬가지로 인과율의 지배를 받고 있기 때문이다. 이것은 물질과 독립된 실체로서의 정신을 인정하지 않는 정문강 및 과학파의 입장을 반복하는 것이다.

"일체의 심리적 현상에는 반드시 원인이 있다. 이런 주장은 '일체의 물질적 현상이 원인을 가지고 있다는 말'을 신뢰할 수 있는 만큼 신뢰할 수 있다."[17]

당월의 주장에 따르면, 물질과 정신은 근본적인 차원에서 구별되지 않는다. 따라서 과학이 물질문제를 해결할 수 있다면, 물질과 다르지 않은 정신문제, 그리고 그 정신문제를 근간으로 하는 인생문제를 해결할 수 있다는 것이 그의 논리적 귀결이다. 물론 당월의 이런 주장 자체가 과학적으로 검증되지 않는, 형이상학적(현학적)인 신념에 불과하다고 말할 수 있다. 그러나 이런 논쟁이 발생한 지 100년이 지난 지금도 일부 물리학자나 물리주의자들은 이런 주장을 당연한 것으로 받아들이고 있다.

그럼에도 불구하고, 그것은 여전히 과학적으로 검증되지 않는 하나의 형이상학적 주장에 불과하다는 사실에는 변함이 없다. 과학연구와 과학교육이 인격의 고상함을 가져다주는 교육적 효과와 수양론적 효과를 가지고 있다는 주장에 대해서 굳이 반박할 이유는 없지만, 과학교육이 윤리교육이나 인격교육을 대체할 수 있을 것인가에 대해서는 의문을 갖지 않을 수 없다. 경험적으로도 쉽게 받아들이기 어려운 주장이라고 생각된다. 어쨌든 과학파의 이런 주장은 정문강의 주장과 크게 다르지 않다. 정문강 역시 이렇게 말하고 있다.

> "장군매는 '내면과 외부의 구별, 나와 나 아닌 것의 구별을 통해 정신과 물질을 구분'하는데, 그런 구별이 근본적으로 성립하는가, 아닌가? 결국 인생관이란 장군매가 말하듯이 '나와 나 이외의 사물 내지 인간에 대한 관찰, 주장, 요구, 희망이다.' 따라서 인생관의 범위가 이렇게 넓은데, 과학의 대상이 되는 재료를 이렇게 범위가 넓은 인생관 안에 포괄시킬 수 없다고 말할 수 있겠는가?"[18]

정문강의 입장에 따르면, 과학과 인생관(현학)은 사실 그다지 큰 차이가 없다. 과학이 인생관을 포함하여 모든 인간, 모든 자연현상, 모든 사회현상을 포괄적으로 설명할 수 있기 때문이다.

또 다른 과학파 논자이면서 생물학자인 왕성공王星拱 역시 과학과 인생관의 경계를 확정할 수 없을 뿐 아니라 인생관 역시 과학의 연구대상이며, 과학으로 인생문제를 해결할 수 있는 것은 당연한 일이라는 자연주의적 관점을 반복해서 주장한다.

> "생물을 연구하는 생물학 역시 인생문제를 해결하는 데 응용할 수 있다. (…) 과학은 인과율과 제일성齊一性(통일성)이라는 두 개의 원리에

의거하여 만들어진 것이다. 생명의 관념이나 생활의 태도 등 모든 인생문제는 다이아몬드처럼 확고한 이 두 가지 원리의 범위를 벗어나지 못한다. 따라서 과학은 인생문제를 해결할 수 있다고 말할 수 있다."[19]

결국 정문강은 「현학과 과학」 논문에서 호적의 말을 인용하면서 이렇게 결론을 내린다.

"우리가 오늘날 우리 시대의 요구를 관찰할 때, 현재의 인류가 당면한 최대의 책임과 수요를 충족시키기 위해서는 과학방법을 인생문제를 해결하는 데 응용하지 않으면 안 된다는 사실을 인정하지 않을 수 없다."[20]

정문강은 과학과 과학방법을 통해서만 오늘날 인류가 처한 문제를 해결할 수 있다는 과학만능주의적 입장을 견지한다. 그런데 이런 정문강의 태도는 다름 아니라 과학이 기존의 철학이나 종교를 대신하여 새로운 종교가 되려는 욕망을 단적으로 표현하는 것은 아닌가? 하지만 그런 욕망에도 불구하고, 이런 과학주의적 소망은 '과학과 인생관' 논쟁이 일어난 지 100년이 흐른 지금까지도 여전히 실현되고 있지 못하다. 뿐만 아니라 과학의 극단적인 발전으로 인해 편리성의 극대화가 이루어지고 있지만, 편리성과 편의성이 증가하는 만큼 더 큰 문제가 발생하고 있다는 사실도 부정하기 어렵다.

이상에서 본 것처럼, 과학파의 입장은 분명하다. 생명현상은 물론 인간의 정신 자체가 물리적 인과율과 제일성 원리의 지배를 받을 뿐 아니라 존재하는 모든 것을 설명할 수 있는 과학의 힘으로 인생의 문제까지 해결할 수 있다는 차원이다. 그 시기에 중국이 처한 중국적인 인생문제라는 것이 결국은 국제정세 안에서 중국의 안전을 확보하는 것과 전통적인 사유와 삶의 태도를 현대화하는 문제라고 한다면, 그런 과제 역시 과학에 의존할 때 비로소 해결될 수 있다는 입장을 과학파는 제시하고 있는 것이다. 여기서 우리는 이제 서구문명이 처한 위기의 성격과 전통에 대해 과학파가 어떤 입장을 가지고 있었는지 살펴보아야 한다.

서구문명에 대한 평가

현학파가 제기하는 또 하나의 논제는 과학과 문명의 관계문제다. 이는 다음과 같은 질문들로 정리된다. 과학이 유럽문명의 위기, 다시 말해 유럽에서 발생한 빈부격차나 전쟁 등의 폐해를 일으킨 원인인가? 과연 유럽문명의 파멸적 상황이 과학 때문에 발생한 것인가? 과학을 발전시키면 유럽에서 발생한 것과 같은 비극이 중국에서도 발생할 것 아닌가? 그런 유럽의 문명적 위기를 극복하기 위해서는 어떻게 해야 하는가? 일부 논자가 주장하는 것처럼, 과학을 더욱 더 발전시키는 것이 유일한 방향인가? 현재 문명과 과학의 관계 나아가 미래의 과학의 방향에 대해 현학파와 과학파는 어떤 입장을 제시하고 있는가?

먼저 현학파의 대표 논객 장군매의 입장을 살펴보자. 그는 서양문명의 위기와 과학발달이 밀접한 관계를 가지고 있다고 말한다. 제1차 세계대전 자체가 다름 아니라 근대과학이 발전함으로써 초래된 결과라고 보기 때문이다. 또한 그는 근대과학에 의해 추동된 근대문명 자체가 물질적 부의 확대를 위해 공상주의工商主意, 즉 산업자본주의를 선택하고, 개인들 사이의 경쟁은 물론 국가들 사이의 경쟁을 당연시하는 제도를 만들어냈다고 본다. 그런 제도 하에서는 각국의 산업을 발전시키고 부를 확대하기 위해 무역을 발달시켜야 한다. 장군매는 이렇게 말한다.

제국주의자들의 중국분할

"서구의 물질문명은 과학이 이룬 최대의 성과다. (…) 국가는 과학지식을 이용하여 이익을 내기 위한 계책을 세우는 것을 정책으로 삼고, 영토를 개척하여 치부하는 것을 목표로 세워 나아간다. 따라서 사람들은 그것을 물질문명이라고 부르는 것이다."[21]

물질문명을 추진하는 서양의 국가들은 국가의 부富를 확대하는 것을 유일한 목표로 삼아 국가정책을 추진한다. 그 결과는 무엇인가? 세계 규모의 전쟁이다. 장군매는 서구문명의 귀결을 다음과 같이 요약한다.

"국제무역을 이용하여 다른 나라의 재부財富를 흡수한다. 국외투자를 빙자하여 가정과 나라를 유지하는 수단을 파괴한다. 그리고 국가와 국가 사이에 세력균형을 빌미로 서로 다투듯 군비를 확장한다. 공업과 상업으로 획득한 부로 군비를 유지한다. 이제는 하루종일 힘의 강약과 차등을 비교하기에 여념이 없고, (…) 그것이 마침내 유럽의 대전으로 발전했다."[22]

여기서 장군매는 국제무역, 특히 근대기 서양의 모든 국가가 금과옥조로 받들었던 자유무역이라는 제도가 식민지의 경제적 재부를 흡수하기 위한 제국주의 전략의 일환이었다는 사실을 정확하게 지적하고 있다. 결국 서구국가들이 국가주의적 체제를 수립하고, 재료 공급지이자 상품시장으로서 식민지 침탈경쟁에 뛰어들었기 때문에, 그들 사이에 발생한 전쟁은 필연적인 결과였다는 것이다.

나아가 장군매는 "유럽의 부국강병정책은 식민지정책과 서로 보완적인 관계에 있는 것이었으며, 그런 정책 때문에 수십 년간 번영을 누릴 수 있었던 것이다"[23]라고 말하면서, 이런 국가정책, 즉 식민지를 통한 부국강병의 경쟁이야말로 서양에서 과학기술이 발전하는 배경이 되는 서양문명의 본질이라는 사실을 지적한다. 이렇게 장군매는 과학이론의 객관성이나 과학방법에만 주목하는 과학자들이 미처 보지 못하고 있는 과학기술 발전의 역사적 배경을 날카롭게 파헤친다.

당시 중국의 위기는 사실 이런 제국주의 침탈과 서양 각국의 부국강병 정책 때문에 초래된 것이었다. 중국인들이 과학의 수용을 강조했던 것 역시 이런 제국주의 침탈에 맞서기 위해 서양과 대등한 군수와 산업의 역량을 길러야 한다고 생각했기 때문이다. 근대 중국에서 발생한 여러 사건을 이해하기 위해서는 이런 배경을 잊지 않아야 한다. '현학파' 논자들이 과학의 한계를 주장하고, 근대문명의 파산을 이야기하는 것은 이런 맥락에 주목하고 있었기 때문이다. 그들은 근대과학이 산업혁명 나아가 자본주의체제 더 나아가 제국주의의 발전과 결코 분리할 수 없는 일체성을 가지고 있다는 사실을 잊지 않았다. 서양에서 근대과학의 발전을 단순한 지적 호기심이나 과학정신의 발현만으로 설명하는 것이 충분하지 않은 이유다. 그리고 그들이 '과학파' 논자들처럼 과학의 발전을 무한히 찬양하기 어려운 이유이기도 했다.

이런 장군매의 입장에 대해 정문강을 비롯한 과학파 논자들이 어떤 반론을 내놓고 있는지 살펴보자. 먼저 호적이나 정문강 등 과학파 인사들은 장군매가 유럽에서 발생한 세계대전의 책임을 과학발전에 돌리는 것에 찬성하지 않는다.

정문강은 당시 유럽에서 과학이 거의 모든 영역에서 승리를 거두었지만, 신학의 세력, 종교의 세력은 여전히 수그러들 기미를 보이지 않는다는 사실을 먼저 지적한다. 일부 정치가들과 교육자들이 과학의 정신에 대해 깊은 이해를 가지고 있지 못하기 때문에, 전통적으로 영향력을 가지고 있던 기독교에 여전히 의존하고 있다는 것이다. 과학의 발전과 과학정신 이해의 격차가 서양에서 발생하고 있는 문제의 근원이지, 과학 자체의 발전이 문제가 아니다. 또한 문제는 과학을 이해하지 못하는 사람들 때문에 일어난 것이지 과학 때문에 문제가 발생한 것이 아니라는 입장이다. 이런 식의 과학옹호는 당시의 과학이해 수준을 감안한다고 하더라도 나이브하기 짝이 없다. 중국에서는 그렇다 치고, 서양 문화계에서 불거지는 과학비판의 목소리에 조금만이라도 귀를 기울인다면, 중국과학파의 세계인식과 세계이해는 지나치게 순진하다는 것을 알 수 있다. 그는 계속해서 이렇게 말한다.

> "유럽문화가 설사 파탄했다고 하자(현재 시점에서 보면, 이런 사실 자체가 일어나지 않았다). 그러나 그런 일에 대해서 과학은 절대로 책임을 질 필요가 없다. 왜냐하면 유럽문명 파산의 최대 원인은 국제전쟁이기 때문이다. 그리고 전쟁에 대해 가장 먼저 책임을 져야 하는 사람들은 정치가와 교육자들이다. 이 두 종류의 사람들은 대다수 과학적이지 않다. (…) 그들의 정치 · 사회는 절대적으로 과학정신을 결여하고 있다. (…) 인생관을 통일시킬 수 없는 이유도 그들이 과학정신을 갖고 있지 못하기 때문이다. 그리고 전쟁이 폐지되지 못하는 것도 그들 때문이다. (…) 그러나 마땅히 책임을 져야 할 현학가(철학자), 교육자, 정치가들은 오히려 조금도 반성하려고 하지 않는다. 그들은 도리어 과학이 외적인 사물세계를 중시하고 그것에 몰두한다는 이유로 물질문명의 죄명을 순결하고 고상한 과학에게 뒤집어씌우려 하고 있다. 어찌 가련한 일이 아니겠는가?"[24]

먼저 정문강은 현학가들이 주장하는 서구문명의 파탄이라는 사고 그 자체를 받아들일 수 없다고 말한다. 그러나 만일 백 번 양보해서 현재 서양에서 발생한 전쟁(제1차 세계대전)이 정말로 서구문명의 파탄을 말해주는 증거라고 하더라도, 그것이 곧바로 과학 때문에 발생한 것이라고 말할 수 없다고 항변한다. 오히려 과학을 제대로 이해하지 못하는 유럽인들의 태도가 문제의 근원이다. 특히 사회의 지도계층이라 할 수 있는 정치가, 철학자, 교육자를 자처하는 사람들이 과학정신을 제대로 이해하지 못했기 때문에 전쟁이 발발하게 되었다는 입장이다. 따라서 전쟁의 책임은 정치가, 교육자에게 있는 것이지 과학에 있지 않다. 게다가 물질문명이 초래한 죄악을 과학 탓으로 돌리는 것은 어불성설이다. 정문강이 보기에 과학 자체는 순결하고 고상한 것이다. 모든 위기의 책임은 그런 순결하고 고결한 과학을 이해하지 못하고, 과학의 정신을 체득하지 못한 정치가, 교육가, 철학자에게 있다.

그러나 이런 태도는 전형적인 종교의 태도가 아닌가? 정문강의 이런 생각 자체가 대단히 숭고한 '과학신앙'이라고 말할 수 있을 것이다. 종교적 예언은 어떤 실패에도 불구하고 결코 실패를 인정하지 않는다. 마찬가지로 어떤 실패에도 불구하고 '과학은 실패하지 않는다!'는 신념은 대단히 종교적이다. 종교적 예언이 이루어지지 않는 것은 제대로 된 신앙을 갖지 못한 인간 때문이다. 마찬가지로 과학을 제대로 이해하지도 실천하지 못하는 인간의 과학정신 부족 때문에 모든 사악한 일이 발생한 것이다. 이런 점에서 정문강의 과학주의는 과학-종교의 단계로 접어들고 있다고 말해도 될 정도다.

호적은 『과학과 인생관(科學與人生觀)』 서문을 통해 과학파의 입장에서 정문강의 입장을 보강하면서, "유럽과학의 파산"이라는 생각 자체를 부정한다. 호적에 따르면, 유럽에서 과학은 이미 확고한 지위를 가지고 있기 때문에 현학귀의 소동이나 반동적인 언론에 의해 무너질 성질의 것이 아니다. 그러하여 호적은 인생관에 과학주의를 전면적으로 도입해야 한다는 주장을 펼쳐놓는다. 이름 하여 '과학적 인생관'의 주장이다. 호적의 과학적 인생관에 대해서는 다시 장을 바꾸어 자세히 살펴볼 것이다.

전통문화의 가능성

마지막으로 과학이 초래한 문명의 위기를 극복하기 위해 중국의 전통문화와 전통정신으로 돌아가야 한다는 현학파의 입장과 그것에 반대하는 과학파의 반론을 살펴보자.

장군매로 대표되는 현학파는 전통문화, 특히 송명시대의 성리학을 부활시키는 것의 중요성을 강조한다. 그렇다고 그들이 일방적으로 송명이학의 장점만을 부각시키려고 한 것은 아니다. 이 점은 기억해야 한다. 전통문화에 과학방법과 과학정신이 결핍되어 있다는 사실은 과학파든 현학파든 거의 모든 논자들이 인정하고 있었다. 전통문화에 대한 극단적인 반대론을 제시했던 과학파는 물론, 전통문화를 보호하고 부흥해야 한다는 입장의 대표자라고 말할 수 있는 장군매와 양계초 역시, 중국 전통문화의 한계가 과학정신의 결핍이라는 사실을 인정하고 있었다.

장군매는 '과학과 인생관' 논쟁이 발발하기 1년 전에 발표한 글 「유럽문화의 위기와 중국신문화의 추세(歐洲文化之危機及中國新文化之趨向)」(1922년 2월)에서 중국의 전통문화가 비록 과학정신이라고 부를 수 있는 것이 부족하기는 하지만, 그럼에도 불구하고 풍부한 정신적 가치를 가지고 있다는 사실을 지적한 바 있다. 이런 기본 입장을 전제하면서 장군매는 특히 「재론인생관」(1923년 5월)에서 중국문화가 서양의 과학문명에 대해 장점을 가지고 있다는 사실을 강조한다.

장군매가 파악하는 '중국적 인생관'의 핵심은 조화를 중시하는 '중용' 정신이다. 중용정신에 의해 지배되는 중국문화 안에는 서방문화 안에서 보이는 기계론적 관점과 목적론적 관점의 대립이 존재하지 않는다. 그리고 상황과 관계성을 중시하는 중국에는 개인주의와 사회주의의 대립도 존재하지 않는다. 공맹사상에서 송명이학에 이르는 전통사상은 거의 예외 없이 내면적 성찰과 심성공부를 중시한다. 심성공부는 인간본성의 선함에 바탕을 둔 덕성의 확충을 지향한다. 또한 이때 천인합일天人合一의 궁극적 가치를 실현하는 일이 인생의 목표임을 깨닫는 자세가 요구된다. 그런 인생관 혹은 세계관 안에서는 자연을 외적인 지식탐구의 대상으로서 분석하거나 그런 분석에 근거하여 자연을 지배한다는 생각 자체가 존재하지 않는다. 자연은 지배의 대상이 아니라 조화와 공존의 대상이기 때문이다. 나아가 타자 역시 분석적 지식의 대상이 아니라 공존과 조화의 대상이다. 결국 중국사상은 인간의 내면생활을 중시하는 것이기 때문에, 외부세계에 대한 지식과 설명을 중시하는 서양의 정신과 차이가 있다.

나중에 장군매는 송명이학 연구에 온 힘을 쏟았다. 자신이 주장했던 송명이학의 가치를 재해석하고 천명하기 위해서였다. 그러나 '과학과 인생관' 논쟁 당시 장군매의 이런 주장은 지나치게 포괄적이어서 크게 설득력이 없는 것처럼 여겨질 수 있었다.

그렇다면 공맹의 사상이나 송명이학을 되살린다는 것은 도대체 어떤 의미일까? 단순히 고전을 읽고 공맹을 입으로 반복하기만 하면, 그 정신을 되살릴 수 있는 것인가? 사실 이런 궁금증은 전통회복을 목소리 높여 이야기하지만, 정작 전통회복이 어떤 방식으로 실천되어야 하는지 깊이 있게 토론되지 않았기 때문에 야기되는 의문들이다.

사실 고전은 어떤 시대 어떤 장소에서든 항상 다시 읽어야 한다. 그러나 고전을 제대로 읽기 위해서는 고전에 대한 상당한 수준의 이해과 현재 우리가 살고 있는 이 시대의 과제에 대한 심각한 이해, 이 두 가지 전제가 필요하다. 그런 기본적 전제 없이 전통의 회복이나 고전의 재해석을 말하는 것은 공염불로 끝날 위험이 있다. 서로 다른 두 문화, 서로 다른 세계관을 가진 두 전통 사이를 소통할 수 있는 충분한 사고력의 배양 없이 이루어지는 해석은 아전인수我田引水이거나 단장취의斷章取義 둘 중의 하나로 떨어질 위험이 크다. 아전인수를 전통의 회복이라고 말할 수 없고, 단장취의를 고전의 재해석이라고 말할 수 없는 것이다.

하지만 현대인류는 과학과 기술의 발전으로 인해 돌이킬 수 없는 수준으로 생태계가 파괴되고, 전통적인 가족관계는 물론 거의 모든 영역에서 인간관계가 소원해지며, 인간소외가 보편화된 현대사회를 경험하고 있다. 그런즉 자연과의 관계회복, 타자와의 관계복원, 내면성과 정신성의 재발견을 추구하는 시도가 어렵고도 중요한 의미를 가진 때라는 것을 부정할 수 없다. 예컨대 1930년대부터 오늘날에 이르기까지 활발한 사상활동을 전개하고 있는 소위 현대의 '신유학'은 이런 문제에 적극적으로 응답하려는 시도다. 그 사상적 가치나 성공여부는 아직 판단하기 어렵지만, 1920년 이후 장군매의 학문적 활동 역시 신유학처럼 이런 문제에 답하기 위한 것이었다고 말할 수 있다.

그러나 장군매의 주장에 대해, 과학주의 신앙을 가진 정문강을 비롯한 과학파는 현대사회가 심각한 문제들을 가지고 있다는 사실 자체를 인정하지 않는다. 그들은 과학문명의 장점이라고 평가될 수 있는 것이 정확하게 전통문화의 결여라고 주장한다. 전통은 폐기의 대상이지 재해석이나 긍정적 재평가의 대상이 아니다. 더구나 전통의 회복은 불가능할 뿐 아니라 의미도 없다. 전통에 대한 과학파 인사들의 입장을 조금 더 자세히 살펴보자.

정문강은 중국적 정신문명이라는 개념에 대해 신랄한 비판을 쏟아낸다. 서양문명의 파산을 목소리 높여 주장하는 사람들이 말하는 것처럼, 과학을 만들어낸 서양이 몰락하고 중국의 정신문명으로 그것을 보완해야 한다는 주장은 허구라는 것이다. 그런 정문강의 입장은 중국문화가 비과학적인 사상만을 생산해냈다고 믿는 편견과 결부되어 더욱 강화된다.

호적은 정문강과는 조금 다른 입장에서 이야기한다. 근본적으로 고전 연구자인 호적은 중국문화 안에도 과학방법과 과학정신으로 충만한 성과가 전혀 없었던 것은 아니라고 말한다. 그중에서도 청대의 고증학考證學(고거학考據學)처럼 과학적 정신으로 무장한 학문연구와 사상의 전통은 주목할 만하다. 그러나 그것은 어디까지나 맹아적 상태에 머물러 있었을 뿐, 충분히 발달한 과학방법의 기준에서 본다면 미숙한 과학에 불과하다. 반면 고전적 소양을 거의 갖지 않았던 과학자 정문강은 장군매의 전통중시 입장에 대해 더욱 더 냉담하게 반응한다. 그는 장군매가 말하는 중국의 '정신문명'이라는 것이 도대체 무슨 의미를 가진 말인지 알 수 없다고 말하면서, 전통문화의 가치 전체에 대해 부정적 입장을 드러낸다. 그는 이렇게 말한다. "'공맹에서 송·원·명 시대의 이학가들은 내면생활의 수양에 중심을 두고 있다. 그 결과 하나의 정신문명을 만들어냈다(自孔孟而至宋元明之理學家側重內心生活之修養, 其結果爲精神文明)'고 장군매가 주장하고 있는데, 그가 말하는 정신문명의 결과는 도대체 무엇인가?"

정문강은 송명시대의 이학, 특히 육상산陸象山에서 왕양명王陽明의 양명학으로 이어지는 '심학' 전통에 대해 혐오감과 비판을 쏟아놓는다. 송명시대의 지식인들은 아무런 실제적인 능력이나 상식조차도 갖추지 못한 상태에서 오직 심성만을 논의하는 데 시간을 보냈다는 것이다. 송명이학이라는 것은 결국 '무신앙적 종교'이고 '무방법적 철학'이며 그 어떤 실용적 가치도 갖지 못했다. 이런 사상을 가지고 있었기 때문에, 몽골족이나 만주족 등 외적의 침입 앞에서 속수무책으로 침략을 당하고, 국가를 지키는 것조차 실패했다. 정문강은 역사적 위기 나아가 외적에 의한 국가침탈의 책임을 송명이학 탓으로 돌리고 있다. 그러하여 그는 청대의 고증학자들이 이런 심성학의 무능력을 공격하기 위해 수백 년을 노력했지만, 그런 사상을 완전히 타파하지 못했음을 한탄한다. 정문강은 명청 전환기의 소위 경세經世 실학자들, 특히 고염무 등이 제시한 성리학 비판을 끌어들여 성리학의 비실용성과 공소空疏(무용성)를 비판한다. 그리고 이 세상에는 "오직 내면적 정신수양만으로 만들어진 정신문명(單靠內心修養造成的精神文明)"이란 존재하지 않는다고 말한다. 정문강은 소위 현학을 한다는 사람들이 "의식이 풍족한 다음에 예절을 알고 창고가 가득 찬 다음에 영욕을 안다(衣食足而後知禮節, 倉廩實而後知榮辱)"는 오래된 교훈을 잊지 말아야 한다고 강조한다.

정문강의 성리학 비판, 특히 심학 비판은 청대 고염무 등의 심학 비판의 연장선에 있다는 것은 분명하다. 또한 정문강과 의기투합했던 호적이 고증학(고거학)의 과학성을 높이 평가하고, 성리학 특히 '심학'의 비과학성을 비판하는 논문을 통해 전통 평가의 관점을 제공했던 것도 사실이다. 여기서 우리는 정문강의 성리학 비판, 특히 심학 비판은 다분히 호적의 영향을 받은 것임을 추측할 수 있다. 이런 정문강의 성리학 비판은 흥미롭게도 진지한 역사해석을 거친 평가라기보다는 다분히 감정적이고 일방적이다.

동양은 정신문명이 발달한 반면, 서양은 물질문명이 뛰어나다는 식으로 동서문명을 단선적으로 구분하는 전통론자들의 주장이 그다지 설득력이 없다는 것은 쉽게 인정할 수 있다. 따라서 오직 정신문명으로만 이루어진 문명이란 존재하지 않는다는 정문강의 지적은 분명히 옳다. 그렇다면 마찬가지로 오직 물질문명으로만 이루어진 문명이라는 것도 존재하지 않는다는 사실 역시 인정해야 하는 것 아닐까?

정문강은 과학의 절대성과 만능성을 강조하기 위해, 현재적 기준에 어긋나는 것을 무가치하다거나 무용한 것이라고 폄하한다. 성리학, 심성학 나아가 중국의 사상전통 안에서 형성된 심성중시의 태도를 전면적으로 무용無用·무지無知·무능無能이라고 부정하는 것은 전혀 과학적이지 않을 뿐 아니라 객관적인 태도도 아니다. 그가 개탄하고 있듯이, 서양과학의 실상을 제대로 평가하지 못하는 현학파의 시대착오적 태도가 한심한 것이라면, 과학이 가진 방법론적 한계나 과학적 방법의 인식론적 한계, 나아가 과학기술이 초래한 위기를 전혀 포착하지 못하는 단선적 사고 역시 한심한 것이기는 마찬가지다.

제 6 장

과학과 전통의 대화는 가능한가?

양계초의 과학론과 국고정리

양계초의 '인생관' 논쟁 개입

우리는 앞서 양계초梁啓超의 과학관을 그의 초기 저작인 『역사연구법』을 거쳐 『구유심영록』에 이르는 시기(1890~1920년)를 중심으로 살펴보았다. 이번 장에서는 '과학과 인생관' 논쟁 시기 양계초의 과학론 언설을 통해, 후기 양계초의 과학론 나아가 서양문명의 수용을 통한 전통연구 및 신문화건설의 가능성을 탐색하는 그의 입장에 대해 살펴보려고 한다.

양계초는 1923년 5월 '과학과 인생관' 논쟁이 폭발한 직후 「인생관과 과학」이라는 짧은 논설을 발표했다. 그 글에서 양계초는 먼저 논쟁의 주장主將인 장군매張君勱와 정문강丁文江의 논쟁을 지켜보는 관찰자의 입장으로 논쟁에 개입하고 있다. 그는 논쟁의 당사자인 장군매와 정문강이 과학이나 인생개념에 대한 명확한 규정 없이 논쟁을 진행하는 데 불만을 표시한다. 대상에 대한 명확한 규정이 결여된 채로 진행되는 논쟁은 관전자를 미혹에 빠트릴 뿐 아니라 당사자 자신들조차 무엇을 논의하는지 혼란에 빠질 것이라고 보았기 때문이다. 양계초는 논쟁을 정리하는 입장에서 우선 자기 방식으로 '인생'과 '과학'을 정의내리고 논의를 시작한다.

(1) 인생이란 '마음의 세계'와 '물질의 세계', 그 두 세계의 조화를 추구하며 이성적으로 살아가는 것이다. 그리고 우리는 하나의 이상을

만년의 양계초

내걸고 그 생활을 완성하기 위해 노력한다. 그런 이상을 '인생관'이라고 부른다(물질세계는 자기 육체와 자기 이외의 인류 내지 자기가 속한 사회 등등을 모두 포함한다).[1]

(2) 경험적 사실에 대한 분석 및 종합을 근거로 진리에 근사한 공리를 추출하고, 그것을 근거로 유사사물에 대한 추론을 확대해가는 학문을 '과학'이라고 부른다(응용과학이 만들어낸 물질 혹은 그것이 건설해낸 사회제도 등등은 과학의 결과라고 부를 수 있을 뿐이다. 그것을 과학 자체와 혼동해서는 안 된다).[2]

양계초는 '인생(인간의 삶)'을 정신계(심계)와 물질계의 조화의 산물이라고 정의하고, 그런 인생을 완성하기 위해 살아가는 동안 가져야 할 이상, 즉 삶의 방향성과 가치관을 '인생관'이라고 규정한다. 이어서 경험과 분석 및 종합이라는 관점에서 '과학' 개념을 규정한다. 이런 과학 규정은 앞서 『역사연구법』을 논의할 때 살펴본 것과 거의 다르지 않다. 그렇다면 그런 경험 차원에서 성립하는 학문인 과학은 당연히 물질세계를 이해하는 도구로서만 유효할 것이다. 이때 물질세계는 인간이 창조한 물질세계를 포함한다. 그러나 인간은 마음을 가지고 있기 때문에 단순한 물질은 아니지만, 적어도 물질세계 안에서 물질과 함께 살아갈 수밖에 없다. 그렇기 때문에 마음을 포함하는 '인생' 전체를 이해하는 일은 물질세계를 해명하는 과학과 필연적으로 관련을 가질 수밖에 없는 것이다.

인간은 물질에 불과한 존재는 아니지만, 인간의 삶은 물질의 세계 안에서 물질과 더불어 존재한다. 그렇다면 그렇게 물질세계를 이해하는 방식으로 인간의 삶, 즉 인간의 의미를 이해하는 것이 가능한가? '과학과 현학(인생관)' 논쟁의 핵심과제는 바로 이것이었다. 그리고 이는 다음과 같은 질문들을 연쇄적으로 불러일으킨다. 인간을 물질세계와 동일시할 수 있는가? 인간이 물질세계를 벗어날 수 없고, 인간을 이해하기 위해 물질세계에 대한 탐구를 무시할 수 없지만, 물질세계를 연구하는 '과학만으로' 온전히 인간을 이해할 수 있는가? 과연 인간을 이해한다는 것은 무엇인가? 인간의 심계心界(마음 혹은 정신세계)라는 것은 물질과 별도로 존재하는가? 마음을 과학으로 이해할 수 있다면, 그때 과학적 이해에 한계는 없는가?

'과학'과 '현학'을 넘어서

굳이 말하자면, 양계초는 현학적인 입장에 기울어져 있었다고 평가할 수 있다. 물론 일부 논자는 양계초를 제3의 입장, 즉 절충파로 분류하기도 한다. 그러나 양계초의 글을 촘촘히 읽어보면, 몇 가지 점에서는 장군매의 논지를 비판하고 있는 것이 사실이지만, 그는 분명히 현학파에 기울어진 입장에 속해 있었다. 그렇다면 양계초가 생각하는 장군매의 인생관 주장이 가진 난점은 무엇인가?

먼저 양계초는 과학과 현학을 엄격하게 구분하는 것이 불가능하다고 보는 정문강의 입장에 찬성하고, 과학과 인생관, 물질과 자유의지를 무자르듯 구분하려는 장군매의 입장을 비판한다. 이 부분만 보면 양계초가 정문강의 과학주의에 찬성하고 있는 것처럼 보일 수 있다. 하지만 전체적으로 보면, 그의 입장은 오히려 현학파의 주장 쪽으로 기울어져 있다. 그는 분명히 장군매의 모호한 개념이나 논증방식에 불만을 표시하지만, 그렇다고 현학파의 논점을 부정하지도 않는다.

현학파에 대해 양계초가 문제 삼는 것은, 장군매가 말하는 과학과 인생관의 구별 중에서 과학을 객관의 작용, 인생관을 주관의 작용이라고 단순화하는 태도와 인생관 형성에 기여하는 직각直覺이라는 개념의 모호함에 대해서다. 하지만 인생관이 인간의 정신에 관여하는 것인 이상, 물리적으로 그 존재를 검증할 수 없는 정신이라는 대상을 이해하는 방법에 대해 포괄적으로 직각 내지 직관이라고 부르는 것은 어쩔 수 없는 일이다. 양계초 본인도 '자유의지'의 존재를 부정하지 않지만, 장군매가 강조하는 '자유의지'가 이성의 작용을 '완전히' 배제하는 것이라면, 그런 '자유의지'는 맹목적인 것이 될 위험이 있다고 지적한다(그러나 실제로 장군매의 글을 읽어보면, 그가 자유의지를 맹목적인 것이라고 보았다는 증거는 없다). 자유의지의 맹목적인 폭주를 제한하는 것이 이성이다. 그런 점에서 양계초는 자유의지와 이성의 보완적 관계를 중시한다고 말할 수 있다. 물론 양계초 역시 장군매와 마찬가지로 직각을 부정하지는 않는다. 그는 다만 이성에 근거한 객관적 분석을 통해 인생을 구성하는 물질적 세계를 해명할 수 있다는 사실을 부정해서는 안 된다는 입장을 견지할 뿐이다. 사실상 인생(의 의미)을 이해하는 것과 인생을 구성하는 물질적 세계를 이해하는 것을 전혀 다른 일이라고 본다면, 장군매가 양계초의 생각에 반대할 이유는 없을 것이다.

> "나는 인류가 다른 사물이나 생명체보다 더 존귀한 이유가 자유의지에 있다고 믿는다. 나는 또 인류사회가 이루어내는 모든 진보가 자유의지 때문이라고 생각한다. 그러나 자유의지가 존귀한 이유는 선과 불선을 구별하고 선택할 수 있는 능력을 지니고, 자신이 주인이 되어 따를 것인지 거부할 것인지 결정할 수 있기 때문이다. 따라서 자유의지는 이지理智(이성)와 서로 보완적인 관계에 있는 것이라고 말할 수 있다. 만일 장군매처럼 객관을 완전히 말살하고 자유의지만을 말한다면, 그것은 아마도 맹목적인 자유를 말하는 것이 되어 버려 어떤 가치도 갖지 못하게 될 위험이 크다."[3]

결국 양계초는 장군매의 특정 입장을 부각시키고 그것을 비판한다. 다시 말해 양계초는 장군매가 과학을 객관의 영역, 인생관을 주관의 영역에 한정하고, 그 둘을 대립시키면서 인생관에서 객관을 제거해나가는 관점을 비판하는 것이라고 정리할 수 있다. 양계초의 정의에 따르면, 인생관이란 주관과 객관의 조화이며 종합이다. 인생이란 마음과 물질의 결합체이며, 인생의 목표는 이성의 능력으로 이상을 실현하는 것이기 때문에, 객관을 완전히 부정해버리면 인생에 대한 포괄적 관점을 얻을 수 없다. 그러나 장군매가 객관적 물질세계를 전적으로 부정한 것이 아니라면, 장군매에 대한 양계초의 이의 제기는 사실상 장군매에 대한 오해일 뿐, 그에 대한 비판이라고 말할 수 없다.

하지만 정문강의 과학주의에 대한 양계초의 비판은 그의 '과학만능론'에 대한 것이기 때문에 조금 더 근본적이고 신랄하다.

> "재군(정문강)의 그 문장은 마치 전제적 종교가의 입에서 나온 말 같다. 그것은 과학의 태도가 아니다. 여기서 그의 말을 하나하나 지적할 수는 없지만, 그의 그런 태도에 애석함을 표시하지 않을 수 없다. 정문강은 말한다. '우리는 인생관의 통일을 추구할 의무가 있다.' 또는 '과학의 방법을 사용하여 시비진위를 탐구하면 어쩌면 장래에 세계관의 통일을 이룰 수 있을 것이다.' (…) 그러나 나는 인생관의 통일을 말하는 것은 불가능할 뿐 아니라 불필요하다고 생각한다. 그저 불필요한 것이 아니라 유해하기까지 하다. 인생관의 통일을 원한다면, 그 결과는 나와 다른 사람이 반대하며 날뛰는 것을 허용하지 않고, '흑백을 나누어 그 중 하나만을 존중하는 것'과 다르지 않다. 이런 식의 잘못된 생각은 중세기의 기독교도가 아니라면 가지기 힘들 것이다. 이는 과학자의 입에서 나와서는 안 되는 주장이다. 더구나 나는 과학을 가지고 인생관을 통일한다는 일은 가능하리라고 믿지 않는다. 다른 것은 그만두고서라도, '이 세계의 모든 현학가가 하루아침에 모두 죽어버리지 않는다면, 하루아침에 인생관을 통일하는 것은 불가능하다'라고 말하는 정문

강에 대해 이렇게 묻고 싶다. 만능인 과학이 세상에서 현학가들을 다 죽어버리게 만들 방법을 찾아낼 수 없는가? 만일 그런 능력을 갖지 못한다면, 그것은 과학의 능력이 제한적이라는 사실을 이미 드러내고 있는 것이 아닌가?" 4

양계초의 이 문장은 대단히 중요하다. 과학만능론의 약점을 정확하게 파고들어 그런 주장 자체의 기반을 무너뜨리고 있기 때문이다. 양계초는 과학만능론이 과학을 인생의 유일한 가치관으로 인정하려는 전제주의專制主義의 태도를 드러내면서 중세기 서양의 종교만능론 내지 종교절대론과 다를 바 없는 양태를 보여준다고 지적한다. 양계초의 지적은 현대의 그 어떤 과학비판에 뒤지지 않는 강력한 힘을 가지고 있다. 여기서 양계초는 과학만능론이 가치의 유일성을 주장함으로써 손쉽게 과학독재로 전락할 수 있다고 말한다. 그렇기 때문에 세계관의 통일을 주장하는 정문강의 입장이 반과학적이라고 지적하고 있는 것이다. 양계초는 과학맹신이 자칫하면 과학미신으로 이행하며, 그것이 결국 과학정신을 배신하는 태도가 된다는 사실을 대단히 설득력 있게 지적하고 있다.

양계초에 따르면, 인생에서 이지와 이성의 역할이 중요하지만, 그렇다고 그것만으로 인간생활 전부를 포괄할 수는 없다. 이성 이외에도 정말로 중요한 것이 감정이다. 그리고 그 감정이야말로 생활과 생명의 원동력이라고 말할 수 있다. 감정의 표출 가운데 가장 위대한 것은 아마 사랑과 아름다움일 것이다. 사랑과 아름다움은 과학제국이 아무리 발전한다고 하더라도, 과학의 힘으로는 결코 이해할 수 없는 부분이 있다. 그런 점에서 그것은 '신비'라고 말할 수밖에 없다. 여기서 양계초는 장군매가 객관 대신 '주관'을 말하고, 분석 대신 '직각(직관)'과 '종합'을 말할 수밖에 없었으리라는 사실을 인정하고 있다. 과학이 도달할 수 없는 영역이 바로 신비의 영역이며, 신비의 존재는 객관적 분석으로 이해할 수 없는 사태를 인정한다는 의미이기 때문이다.

결론적으로 양계초는 이렇게 말한다. “인생문제의 대부분은 과학적 방법을 사용하여 해결할 필요가 있고, 또 그렇게 해결할 수 있다. 그러나 작은 일부분은 가장 중요한 부분이면서 초과학적이다.”[5] “인생에서 이성과 관련이 있는 사항들은 절대적으로 과학의 방법을 사용해서 해결할 수 있다. 그러나 정감과 연관된 사항들은 절대적으로 과학을 넘어서 있다.”[6] 여기서 양계초는 이성의 분석대상이 되는 영역과 이성으로 분석할 수 없는 영역(정신의 영역)이 있다는 사실을 부정하지 않는다. 그러므로 큰 맥락에서 양계초는 ‘현학파’의 진영에 속한다고 볼 수밖에 없다. 즉, ‘과학과 인생관’의 관계에 대한 양계초의 주장은 전형적으로 ‘두 문화’를 인정하는 관점(과학과 종교 혹은 과학과 인문학이라는 두 영역을 독자적이고 대립적으로 이해하는 관점)이라고 볼 수 있다.

국고정리의 방법 문제

양계초는 분명히 과학만능을 부정하는 입장을 드러낸다. 그 점에서 그는 기본적으로 현학파에 동조하는 입장을 견지했다고 말할 수 있다. 하지만 전통문화의 가치에 대해서는 현학파 장군매와 동일한 입장을 가지고 있지 않았다. 특히 전통문화를 실제로 연구하는 방법론적 관점과 성리학의 가치에서 의견 차이가 돋보인다. 물론 양계초가 정문강 등 과학파의 전통관에 동의하는 것은 더더욱 아니다. 양계초의 입장을 조금 더 자세하게 살펴보자.

중산대학의 진소명陳少明 교수가 평가하고 있는 것처럼, ‘과학과 인생관’ 논쟁이 진행되면서 그리고 양계초와 호적胡適이 개입하면서 ‘과학과 인생관’ 논쟁의 성격에 약간의 변화가 생겼다. 그는 이렇게 평가한다.

"과학과 현학논쟁의 핵심은 이미 과학이 인생관의 문제를 해결할 수 있는가가 아니다. 그것은 이제 과연 우리는 어떤 인생관을 선택하여 사회사상을 이끌어갈 것인가의 문제로 전환되었다. 전자는 하나의 사실문제지만, 후자는 가치범주에 속하는 문제였다."[7]

여기서 지적되고 있는 것처럼, '과학과 인생관(현학)' 논쟁이 심화되면서, 단순한 사실문제로서 과학의 본질에 관한 인식론적 논쟁은 서서히 잦아들고, 중국사회가 어떤 인생관 혹은 어떤 세계관을 선택해서 미래를 향해 나가는 것이 필요한가 하는 가치문제로 논점이 이행했다. '과학과 인생관' 논쟁이 마무리되고 난 이후, 중국사상계에서는 본격적으로 이 문제를 둘러싼 이념논쟁, 가치논쟁이 불붙었다. 물론 이 논쟁은 과학인식이라는 전제를 가지고 있었기 때문에, 그 둘을 완전히 분리시켜서 생각하는 것은 곤란하다.

'과학과 인생관' 논쟁의 대표자라고 할 수 있는 장군매와 정문강의 논쟁 안에서, 그런 가치를 둘러싼 문제제기가 이미 이루어지고 있었다. 그러나 정문강의 과학만능론은 순수한 이론적 관점에 머무는 것이었을 뿐 아니라 그 자신이 전통문화를 논할 수 있는 전문적인 지식을 가지고 있지 않았기 때문에, 전통의 가치회복 혹은 재평가로 논점이 이동하면서, 호적이 그를 대신하게 되었다.

그렇게 정문강은 자기 소임을 호적에게 물려주고 한발 물러나는 형국이 전개되었다. 전통문화에 관한 정문강의 입장 자체가 호적의 논의를 원용하는 것이었음을 고려한다면, 자연스런 결과였다. 이후 호적은 과학주의는 물론 자유주의적 관점에서 전통에 대한 전면적 재평가를 주장하는 다양한 저작을 발표한다.

또한 장군매는 학술연구에서 한발 물러나 정치영역에 발을 담그게 되기 때문에, 이후 과학과 전통의 관련성 문제에 대해서는 적극적인 발언을 하지 않는다. 물론 그가 '과학과 인생관' 논쟁에서 본인이 주장했던 이학(성리학)의 가치를 되살리기 위한 노력을 포기한 것은 아니다. 나중에 집필한 송명이학 연구인 『신유학사상사』[8]는 이 문제에 대한 그의 관심을 집대성한 노작이라고 평가할 수 있다.

한편 당시 중국사회에서 새로운 이념적 대안으로서 등장한 마르크스주의는 유력한 대안으로 중국사회에서 중요한 역할을 했다. 진독수陳獨秀로 대표되는 유물사관파는 과학에 대한 인식론적 이해를 과학파와 공유했지만, 과학과 사회의 관계를 둘러싸고 과학파와 격렬한 이데올로기적 대립을 보여주기도 했다. 이 유물사관파의 과학론과 전통론은 다시 장을 바꾸어 자세히 살펴볼 예정이다.

1873년에 태어난 양계초는 어려서부터 신동이라는 소리를 듣고 자랐다. 양계초는 겨우 12세에 지방 과거시험에 합격하여 수재秀才가 되었고, 16세가 되는 1889년에는 성급 과거시험에 합격하여 거인擧人이 될 정도로, 어릴 적부터 전통문화에 대한 깊은 소양을 쌓았다. 현대학문만 배운 사람이 추월하기 어려운 고전적 소양이 몸에 배어 있었다. 1890년대에 들어와서는 서학에 매료되어 서학계몽에 힘을 쏟기는 했지만, 그의 정신적 뿌리는 여전히 전통문화였다. 따라서 서양에서 도입된 새로운 역사연구방법에 자극을 받고, 실제로 스스로 그런 방법을 적용해 연구를 실천하면서도, 그는 적어도 심정적으로는 전통문화에 대한 철저한 부정이나 전반적인 전통포기라는 입장에 동의할 수 없었을 것이다.

양계초는 전통을 과학적 방법으로 연구하는 일이 전통을 포기하는 일이라고 생각하지 않았다. 전통문화가 여전히 중요한 가치를 가지고 있다고 확신했기 때문에, 그 가치를 재대로 평가하기 위해 과학적 방법을 활용한 연구가 필요하다고 생각했다. 그러하여 그는 유가가 제시하는 인생철학의 가치는 물론, 묵가의 겸애사상 및 희생정신, 위이불유爲而不有(실행하지만 자기 것으로 확보하려고 하지 않는다)나 공성이불거功成而不居(공을 이루지만 그것을 자기 것으로 주장하지 않는다)를 주장하는 도가의 달관사상 등 중국 전통문화 안에서도 풍부한 사상자원을 발굴해낼 수 있다고 확신했다.[9] 그런 점에서 양계초의 전통론은 거의 송명이학의 가치회복에 집중하는 장군매와도 방향을 달리했다.

그렇다고 양계초를 단순히 보수적인 사고를 가진 전통론자라고 평가하기도 어렵다. 양계초가 객관적인 문헌학적 방법을 원용하여 전통문화를 연구해야 한다고 주장할 때, 중국의 전통문화 안에 이미 현대사회와 양립하기 어려운 성분과 결함이 존재한다는 것을 인정하고 있기 때문이다. 그렇기 때문에 양계초는 과학지식과 과학방법으로 그런 결함을 보완해야 한다고 주장했던 것이다.

굳이 말하자면, 양계초가 수용하는 과학은 하나의 세계관이나 인생관이 아니라 과학적 태도이고, 과학방법에 국한되는 것이라고 말할 수 있다. 비판적이고 객관적인 방법과 태도로 전통문화를 재평가하고, 그 안에서 현대사회가 필요로 하는 사상적 자원을 적극적으로 재활용하자는 입장이다. 이런 맥락에서 양계초는 호적이나 호적의 추종자들과는 다른 차원의 국고정리國故整理 운동에 뛰어들었다.

당시 중국에는 '국학國學(넓은 의미의 전통문화)'을 바라보는 다양한 입장이 존재하고 있었다. 하지만 사실 극단적 반전통주의자나 전통 묵수주의자들을 제외하고 본다면, 진지하게 '국학' 연구에 뛰어들었던 사람들 사이에서는 서로 다른 두 가지 입장의 대립이 존재했다는 것을 알 수 있다. 거칠게 말하자면, 호적으로 대표되는 입장과 양계초로 대표되는 입장이 그것이다. 그들의 '공통점'은 언급한 것처럼 과학방법을 국학연구에 적극적으로 도입한다는 점이다. 그러나 그들 사이에 분명하게 존재하는 '방법'의 차이뿐 아니라 국학연구 '목적'의 차이는 쉽게 부정하기 어렵다.

당시 '국고정리'의 제1인자라는 평가를 얻었던 호적은 과학적 국고정리에서 훈고訓詁와 고거考據를 중시하는 한학의 풍격을 드러내고 있다.[10]

반면 제2인자의 지위로 밀려났던 양계초는 과학적 연구방법을 무시하지는 않지만, 의리(의미와 가치)와 실천을 더 중요하게 생각한다. 호적이 '학문을 위한 학문'을 강조하는 반면, 양계초는 '중국문화의 부흥'이라는 사회적 목적을 더 중시했다. 그런 입장 차이는 중국사상사에서 드러났던 '한학'과 '송학'의 차이를 반복하는 양상을 보여준다고 평가할 수 있다.

이 차이는 과학파에 속하는 호적이 한학 및 고증학(고거학)의 방법을 강조하는 반면, 현학파에 속하는 장군매가 송명이학의 가치를 중시하는 연장선에 서 있다는 데서도 알 수 있다. 물론 앞서 언급했듯이, 양계초는 성리학뿐 아니라 공맹의 유학전통 나아가 제자백가나 불교의 가치를 폭넓게 인정한다는 점에서 장군매의 현학파적 입장과는 분명한 차이를 보여준다(양계초는 성리학에 대해 전반적으로 비판적인 입장을 가지고 있었다).

청대의 한학(고증학)에서 과학적 태도와 방법을 찾을 수 있다는 관점은 호적에서 시작되었다. 호적은 당시 국고운동國故運動의 리더라고 할 수 있는 모자수毛子水가 『신조』 1권 5호(1919년 5월)에 발표한 「국고와 과학방법(國故和科學方法)」이라는 글에 대한 답글 형식으로 쓴 「호적이 모자수에게 답하는 편지(胡適答毛子水信)」에서 국고정리의 필요성을 논의하면서 학문에서 '진리를 위한 진리 추구(爲眞理而求眞理)'의 필요성을 강조하고, 자신이 활용하는 과학적 연구방법이 청대 한학가의 방법을 계승하는 한편, 한 발 더 나아가 자각적으로 그들의 방법을 발전시키는 것이라고 말하고 있다.

> "청대의 한학가, 즉 고증학자들은 무자각적으로 과학적 방법을 이용했기 때문에 국고정리 사업에서 커다란 성취를 이룰 수 있었지만, 그들의 과학방법은 무자각적이었기 때문에 더 손쉽게 폐단을 만들어낼 수도 있었다. 따라서 그것을 자각적인 과학적 방법으로 전환시키는 것이 호적 본인이 추구하는 국고정리의 과학적 방법이다."[11]

호적은 같은 시기에 발표한 「청대 한학가의 과학방법(清代漢學家的科學方法)」에서 한학가들이 문자학 · 훈고학 · 교감학 · 고정학 등에서 가설假設 · 구증求証 · 귀납歸納 · 연역演繹 등 현대과학의 방법을 숙련되게 운용하고 있었으며, 그렇기 때문에 "중국이 본래 가지고 있던 학술전통 안에서 오직 청대의 '박학'만이 유일하게 과학적 정신을 가지고 있었다(中國舊有的學術, 只有清代的樸學確有科學的精神)"고 평가한다.

한편 양계초 역시 중국전통을 연구할 때 한학적인 연구방법을 사용하는 것을 결코 무시하지 않는다. 다만 양계초는 한학적 방법은 의리(의미와 가치)를 밝히는 수단일 뿐, 한학적 방법 자체가 학문의 목적이 될 수 없다고 본다는 점에서 호적과 분명한 차이를 보여준다. 일찍이 양계초는 한학의 가치와 한계에 대해서 다음과 같은 명확한 입장을 제시한 바가 있다.

> "문장의 의리를 밝히려고 하면 먼저 훈고訓詁(글자의 소리와 뜻)에 정통해야 한다. 양한시대와 수당시대의 주소학注疏學이나 건륭乾隆시대의 대유학자들은 그런 흐름을 계승하고 큰 문제든 작은 문제든 먼저 증거를 분명하게 밝힌 다음, 이해를 추구했다. 따라서 고적을 연구하는 데 큰 공적을 남겼다고 말할 수 있다. 그러나 내가 공자의 도道(가르침)를 존경하는 이유는 글자에서 출발하여 문장의 전체를 이해하고, 글자의 작은 뜻에 사로잡히지 않고서도 누구든 의미를 파악할 수 있기 때문이다. 그러나 훈고에 사로잡히는 고증학자들은 글자의 작은 의미를 밝히는 데 온 마음을 다 쏟고, 난해해서 아직 해결을 보지 못하는 글자를 풀이하느라 온 정신을 다 소모한다. 그러나 그들이 얻은 결론은 오히려 모호하기 짝이 없다. 이것이 그들이 하는 학문의 폐단이다."[12]

여기서 양계초는 훈고(문자학)에서 출발하여 의리(사상해석학)로 나아가는 고증학의 방법적 가치를 인정하고, 그런 고증학적 태도가 지나친 세부사항에 몰두하는 바람에 오히려 고전의 전체적 의미를 놓쳐버리게 되는 위험성이 있다는 사실을 지적하고 있다. 양계초는 의미이해의 방법으로서 훈고학이 필요하지만, 훈고 자체가 학문의 목적이 되어서는 곤란하다고 생각했으며, 그런 입장을 국고정리 작업에서 일관되게 유지하고 있다. 이는 경전의 사소한 자구字句에 얽매이기보다는 자구의 행간에 숨어 있는 '미언대의微言大義'를 밝히는 것을 목표로 삼고, 경세치용을 추구하는 '금문공양학'의 유산을 계승하려 했던 그의 학문적 출발점과 무관하지 않다.

반면 호적의 태도는 경전문자의 객관적 의미를 철저하게 규명하고 문자의 역사적 근원을 밝히는 것을 목적으로 삼는 고증학(고거학) 내지 주소학적註疏學的 관점에 서 있다고 할 수 있다. 그런 점에서 호적의 국고정리는 양계초가 계승한 금문경학과 대비되는 고문경학古文經學에 기울어져 있다. 흥미롭게도 이런 대립은 현대적인 금문학을 표방하면서 유학의 정치적 해석 나아가 유학의 정치화를 지향하는 장경蔣慶과 고전을 정치적 은유로 해석하려는 움직임에 우려를 표명하면서 객관적이고 과학적인 고전이해를 중시하는 이령李零의 학술적 갈등 안에 숨어 있기도 하다. 2천 년 동안 계속된 고전해석의 두 방향, 즉 객관적 문헌학적 이해(고문학)와 해석학적 의미론적 이해(금문학)의 대립이 현대의 고전연구 방향에도 그림자를 드리우고 있는 것이다(장경과 이령이 시도하는 고전해석의 방향과 그 학술적 의미에 대해서는 이 책의 제12장에서 자세하게 논의한다).

문헌학을 넘어 덕성학으로

1923년 1월 '과학과 인생관(현학)' 논쟁이 아직 시작되지 않은 시점에 양계초는 남경에 있는 동남대학의 국학연구소에서 「국학연구의 두 길(治國學的兩條大路)」[13]이라는 제목의 강연을 한다. 그 강연에서 양계초는 국학연구의 길을 '문헌적 학문'과 '덕성적 학문'으로 구분한다. 그에 따르면, 전자는 객관적 · 과학적 방법에 입각한 연구로서, 당시 유행하던 표현을 따라 '국고정리'라고 부를 수 있고, 후자는 내성內省(내면적 자기성찰)과 궁행躬行(이론 주장뿐만 아니라 실천을 강조)의 방법에 입각한 학문으로서 중국 본래의 인생철학이라고 부를 수 있다. 인생철학은 다른 말로 심신성명心身性命의 학(인간 존재의 의미와 도덕적 본성의 이해 및 도덕실천에 관한 학문) 혹은 덕성학德性學이라고 부를 수 있을 것이다.

그렇다면 양계초가 말하는 문헌적 학문의 길, 즉 객관적 국학의 길이란 무엇인가? 그 방법에 대해 양계초는 이미 『역사연구법』에서 그 대강을 논의한 적이 있다. 그러하여 그는 자신이 말하는 문헌학적 방법론이 『역사연구법』에서 제시한 것과 다르지 않다고 지적한 다음, 약간 다른 각도에서 그것을 다시 논의한다.

첫째, 양계초가 말하는 객관적(과학적) 문헌연구의 전제는 고대의 모든 문헌적 자료를 역사적 사료로 볼 수 있다는 것이다. 양계초는 청대의 장학성章學誠이 주장한 '육경개사六經皆史'의 관점을 확대하여 육경뿐 아니라 모든 고대문헌을 역사적 사료로 볼 수 있으며, 중국은 그런 무궁무진한 사료의 광맥을 가지고 있다는 사실을 강조한다. 그리고 이 광맥을 연구하기 위해서 외국(서양)에서 도입한 기계를 활용해야 하는데, 그 기계가 다름 아닌 '과학방법'이다. 더구나 이 광맥을 모두 발굴하기 위해서는 개인의 역량만으로는 불가능하고, 수십 년에 걸친 공동의 노력이 필요하다.

둘째, 문헌사료를 성질이 다른 몇 가지 영역으로 나누어 연구할 필요가 있다. 양계초는 여기서 문자학, 사회상태학(사회학 및 경제학 등 사회과학 분야), 고전고석학(고고학 · 문헌학 · 해석학 등의 분야), 예술감상학(미학 · 예술사 등의 분야)의 네 가지 연구영역을 구분한다.

셋째, 이렇게 연구대상이 어느 정도 확정된 다음에는 문헌적 학문이 지향하는 표준문제로 넘어간다. 그것은 문헌적 연구가 도달해야 하는 목표라고 말할 수도 있다. 그 표준 내지 목표로서 그는 다시 다음의 세 가지를 강조한다.

a. 진실추구(求眞) : 양계초는 먼저 구진(진실추구)을 꼽는다. 객관적 사실의 탐구다. 이 방면의 연구에서 청대 고증학의 성과는 탁월하다. 그러나 청대 고증학은 경학 방면에서만 큰 성과를 거두었을 뿐, 역사학이나 자학子學(제자백가연구)에서는 큰 성과를 거두지 못했다. 더구나 불학(불교연구) 방면에서는 거의 한 일이 없다. 유학은 물론 자학(특히 묵가와 도가)과 불학의 가치를 높이 평가했던 양계초로서는 소위 정통파 고증학의 성과에 충분히 만족하지 못하는 것이 당연하다. 그래서 그는 '신고증학'이라는 새로운 학문적 성과를 거두어야 한다고 촉구한다.

b. 널리 구함(求博) : 이어서 양계초는 학문의 목표로서 구박(널리 탐구하는 자세)을 중시한다. 한 대상의 본모습을 정확하게 이해하기 위해서는 그것을 고립적으로 보아서는 곤란하다. 비교적 방법과 통계적 방법을 원용하여 자료를 널리 수집하고, 가설을 세우고 그 가설을 검증하는 식으로 연구를 진행해야 한다. 그리고 산발적으로 자료를 나열하는 데 그치지 않고 여러 자료를 관통하는 맥락을 파악해야 요점을 놓치지 않을 수 있다. 일이관지一以貫之의 맥락을 파악하지 못하면, 넓지만 요령이 없는 학문으로 끝나고 만다는 사실을 강조하고 있는 것이다.

c. 소통추구(求通) : 마지막으로 양계초는 구통(널리 소통함)의 중요성을 지적한다. 이 구통은 구박의 전제 위에서만 성취 가능한 것이다. 구박이 자료의 확대와 맥락의 발견을 중시하는 태도라면, 구통은 작은 세부에 집착하느라 빠지기 쉬운 전문화의 위험성을 극복하기 위한 노력과 태도다. 양계초의 표현을 빌리면, '현미경 생활'에 빠져 학문이 세상과

의 관련성을 상실하는 위험을 극복하기 위한 노력인 것이다. 하나의 작은 분야에 빠져 그것을 절대시하지 않고, 학문과 학문 사이의 연결성 내지 관계성을 놓치지 않아야 한다. 오늘날 이야기되고 있는 융합적 사유라고 말할 수 있을 것이다. 융합이란 흔히 오해되고 있듯이 여러 분야를 모두 전문가의 수준으로 잘 알아야 한다는 의미가 아니다. 한 인간의 능력으로 그것은 불가능한 요구다. 양계초가 말하는 것처럼, 자기 분야에만 매몰되지 않고, 자기 분야에서의 성취가 다른 학문영역에서의 성취와 어떤 관계가 있는지, '예리한 눈빛(銳利眼光)'으로 항상 주의를 기울이다 보면, 학문의 사회적 존재이유, 학문의 인간적 의미를 이해하게 되는 통학通學의 경지에 도달하게 된다는 말이다.

이런 문헌학적 학문은 국학연구의 첫 번째 길로서 매우 중요하다. 그런 객관적 탐구를 무시하는 학문은 처음부터 학문이라는 이름을 얻을 자격이 없다. 그러나 이것만으로 양계초가 생각하는 국학연구는 완결되지 않는다. 그는 다시 '문헌학'의 전제 위에서 '덕성학'으로 나아가지 않으면, 학문하는 의미가 감소된다고 말한다. "국학에서 정말 중요한 부분(國學里頭最重要的一部分)"이 바로 덕성적 학문이라고 생각했기 때문이다. 이 지점에서 양계초는 '진리를 위한 진리' 탐구를 학문의 목표라고 보았던 호적과 다른 길을 걷기 시작한다.

양계초는 국학연구의 또 다른 중요 부분인 덕성학이 곧 '인생철학'이라고 말한다. 이 '인생철학'을 과학적 방법으로 연구할 수는 없다. 그렇다면 중국적 인생철학의 특징은 무엇인가? 그리고 중국적 '덕성학'을 연구하기 위해서는 어떻게 해야 하는가?

양계초는 먼저 서양철학의 역사는 지성을 중시하는 주지주의主智主義와 정감 혹은 의지를 중시하는 반주지주의의 대결의 역사였지만, 주류는 주지주의라고 이해한다. 그런 점에서 서양철학은 정감과 의지를 중시하는 중국철학과 차이를 드러낸다. 그리고 인간의 지성 방면을 특별히 중시하는 서양철학은 인생의 의미를 이해하고 포착하는 데 실패했다. 왜냐하면 정감과 의지를 본질로 삼는 인생의 의미에 다가가는 데 이성만으로는 부족하기 때문이다. 그 점에서 서양철학과 중국철학은 출발점이 다르다. 중국철학이 언제나 인생(인간의 의미)에서 출발해서 인생으로 돌아오는 것과 달리, 서양철학은 우주적 원리나 물질적 공리를 탐구하는 것을 목표로 삼았다.

양계초는 중국철학, 특히 유가철학이 언제나 인생문제 및 '인간됨의 도리(人之所以爲道)'를 최고 목표로 삼았고, '하늘과 땅 등 자연의 원리(天之道, 地之道)'를 탐구하는 것은 부차적인 목표였다고 말한다. 주지주의적인 서양철학은 소크라테스, 플라톤, 아리스토텔레스에 의해 시작되었고, 결국은 과학성립의 기반이 되었다는 점에서 커다란 가치를 가지고 있다. 그러나 그들의 철학사유는 인생이라는 문제에 대해서는 유치한 결론에 도달하고 말았다. 이후 서양은 정감을 중시하는 중세기의 종교시대를 거쳐 르네상스에 도달하여 다시 이지理智 중심, 이성 중심의 시대를 맞이한다. 그 후에 윌리엄 제임스나 베르그송 등이 출현하여 인생문제를 다시 진지하게 고민하는 철학을 수립하려고 했지만, 인생철학 방면의 성취는 여전히 유치한 수준에 머물고 말았다는 것이 양계초의 평가다.

양계초에 따르면, 서양의 철학, 특히 형이상학은 객관적 지식을 추구하는 과학을 낳았다는 점에서 우수하다. 따라서 중국은 과학을 적극적으로 배워야 한다. 그러나 인생문제는 그렇지 않다. 인생이란 과학이나 과학적 방법만으로는 해명할 수 없는 것이기 때문이다. 인생을 설명하기 위한 삼각형공식, 인생의 화학공식이 존재할 수 있는가? 다윈의 생물진화론은 생명의 진화 자체에 대해서는 움직이기 어려운 확고한 지식을 제공한다고 말할 수 있다. 그러나 인생의 의미와 가치를 진화론이 해명해주는 것은 아니다. 양계초는 이렇게 말한다.

> "그러나 그렇다고 해서 다윈의 진화론이 '인간이 다른 금수(동물)와 다른 점은 무엇인가', '인간이 원숭이에서 진화했다는 건 사실이라고 하더라도 사람은 왜 사람이 되었고, 원숭이는 왜 원숭이가 되었는가' 같은 질문에 답할 수 있는가? 이런 질문에는 충분한 설명을 제공하지 못하는 것 아닌가?"[14]

결국 양계초는 서양의 과학적 방법이 객관적 외부세계를 연구하는 데 탁월한 성과를 거둘 수 있지만, 인간을 이해하는 데는 무력하다는 결론을 내린다.

> "서양의 기계적 과학방법은 오로지 인생 이외의 여러 가지 문제를 연구하는 데 이용할 수 있다. 그러나 인간, 즉 인생의 의미는 이런 기계적 방법으로는 절대로 쉽게 이해할 수 없는 것이다."[15]

양계초는 중국의 전통철학에는 서양인의 기계적 유물주의가 초래하는 인생의 피폐함을 구제할 수 있는 정신이 존재한다고 주장한다. 과연 중국철학의 어떤 면이 물질주의가 초래하는 정신적 피폐를 구제할 수 있을까? 양계초의 주장을 따라가보자.

양계초는 중국철학이 다음과 같은 세 가지 특징을 가지고 있다고 말한다.

첫째, 지행知行의 통일 혹은 지행의 일관성에 대한 인식이다. 명대의 왕양명王陽明에 의해 정식화되는 '지행합일知行合一'의 사상은 사실 공자 이래로 일관되게 유지되어온 중국철학의 핵심이다. 그것은 지식을 일방적으로 중시하는 서양철학과 차별되는 학문과 사유의 방법적 기초가 된다.

둘째, 우주와 인생의 불가분성에 대한 통찰이다. 그런 통찰에 따르면, 우주는 인간의 생명과 무관한 외적 사물이 아니다. 우주 자체가 인생의 활동이며, 우주의 진화는 인류의 창조적 노력과 무관하지 않다. 양계초는 『주역』에서 말하는 "하늘의 운행은 그침이 없다. 군자는 한순간도 쉬지 않고 자신을 강하게 만든다(天行健, 君子以自强不息)"라는 표현이 인간과 우주의 불가분성에 대한 통찰을 단적으로 드러낸다고 해석한다. 양계초는 베르그송의 '창조적 진화'의 사유가 그런 『주역』의 관점과 대단히 비슷한 것이라고 평가한다. 그리고 이런 우주와 인생의 불가분성에 대한 통찰은 과학적 방법으로는 도달할 수 없고, '내성적 직관(內省直覺)'을 통해서만 이해할 수 있다.

셋째, 이것이 인생철학에서 가장 중요한 것인데, 양계초는 인의仁義 관념과 인의 실천 안에서 중국철학의 특징을 찾을 수 있다고 본다. 양계초는 정현鄭玄의 "인仁이란 사람과 사람이 서로 만나는 것이다(仁, 相人偶也)"라는 주석을 근거로 "사람과 사람이 서로 만나지 않으면 인이라는 개념이 성립하지 않는다. 따라서 홀로 자기만의 옳음을 주장하는 태도는 결코 유학이 허용하는 것이 아니다. 인격이라는 것은 오직 자기 자신에게만 의존하는 것을 통해서는 결코 완성될 수 없는 것이다"[16]라고 주장한다. 인간이란 기본적으로 사회적 존재이고, 인간됨의 고양은 고립적인 삶에서는 결코 이룰 수 없는 것이다. 인격은 사람들 사이의 관계 속에서 태어나고 다듬어지는 것이라는 말이다. 너무나 당연한 말이지만, 개인을 중심으로 인간을 사유하고, 주체와 객체를 단절적으로 바라보는 서양적인 사유 방식에서는 좀처럼 떠오르기 어려운 생각일 수 있다.

중국철학에서 인간은 이성적 존재가 아니라 윤리적 존재로 규정된다. 그런 생각을 정식화한 철학자가 다름 아닌 공자이고 맹자였다. 그런 인간의 윤리적 본질을 인격이라고 부를 수 있다면, 그런 인격은 공통체적 삶 안에서만 형성된다.

"이로써 우리는 인격이란 공동체적이고 고립적인 것이 아님을 알 수

앙리 베르그송

있다. 자신의 인격을 향상시키려고 할 때, 유일한 방법은 사회적 인격을 향상시키는 것이다. 그러나 사회적 인격향상은 본래 개체 자신의 이성을 조화시키는 일에 근본을 두어야 한다. 따라서 사회적 인격을 향상시키는 유일한 방법은 자신의 인격을 향상시키는 것이다."[17]

양계초는 공자의 "자기가 서려고 하면 남을 먼저 세워주고, 자기가 도달하려고 하면 남을 먼저 도달하게 하라(己欲立而立人, 己欲達而達人)"는 사상은 이런 원리를 정식화한 것에 다름 아니며, 입인立人, 달인達人의 인人은 단순히 다른 사람이 아니라 '인류'를 가리키는 것이라고 해석한다. 양계초는 이렇게 결론을 내린다. "인류를 세우고 완성시키는 일이 결국 내가 바로 서고 완성되는 유일한 길이다(立達人類, 卽是立達自己)."

양계초에 따르면, 유학이란 '인간됨의 원리(人之所以爲道)'를 탐구하는 것을 유일한 목표로 삼는 학문이다. 그런 이상은 공자의 인仁 사상 안에서 철저하게 표현되고 있다. 공자의 계승자인 맹자 역시 이에 대해 다음과 같이 간결하게 정리한다. "인이란 사람이다. 그 둘을 합쳐서 말하면 그것이 곧 도다(孟子曰, 仁也者, 人也. 合而言之, 道也)." 맹자는 인 개념이 사람(人) 개념과 통한다고 말한다. 그러나 그 두 개념이 무조건적으로 일치하는 것은 아니다. 나와 타인이 정신적으로 연결되어 있다는 사실을 자각하고, 나의 호오好惡가 결국 타자의 호오와 상통한다는 사실을 자각하는 사람만이 진정으로 인간됨의 자격을 획득한다.

양계초는 이런 중국적 사유야말로 "전 세계에서 유일한 최상의 보물(全世界唯一無二的至寶)"이라는 자부심을 표현한다. 이는 단순히 과학적 방법으로만 연구될 수 있는 것이 아니다. 그런 사유를 단지 머리로, 지식으로 배우고 아는 것은 사실 아무런 의미가 없다. 인격이란 아는 것이 아니라 행하는 것이기 때문이다. 양계초는 이런 인격공부의 방법으로 내성적 방법(內省的工夫)과 실천적 체험(實行體驗)을 제시한다.

"이것은 결코 과학적 방법으로 연구해서 획득할 수 있는 것이 아니다. 반드시 내성적 공부와 실천적 체험을 통해서만 도달할 수 있다. 체험 이후에 다시 그것을 몸으로 실천하고, 미묘하면서도 인仁으로 넘치는 인생관을 양성할 때, 생명의 기운은 가득차고 더 높은 것을 향해 전진해나갈 수 있을 것이다."[18]

양계초는 유가사상에서 표현되는 중국철학의 정신적 가치를 제시한 다음, 또 다른 중국적 인생관의 원천으로서 불교를 소개한다. 당연히 불교는 인도의 종교였지만, 중국에 전래되어 철저한 중국화를 거쳤다. 중국불교를 대표하는 대승불교는 인도에서는 완전히 소멸했지만, 중국에서는 여전히 활발하게 전개되고 있다. 특히 양계초는 선불교禪佛教 안에서 진정한 불교의 정신을 발견할 수 있다고 말한다. 그 선불교는 유가를 능가하는 부분과 유가와 비슷한 부분 모두를 가지고 있다. 설명하자면, 불교는 출세간의 입장이 강하고 유교는 현세적 입장이 강하지만, "그 둘의 공통 목적은 세상 사람들이 정신 방면에서 완전한 자유를 성취하는 것이다(至于他的共同目的, 都是愿世人精神方面完全自由)."

이 경우 '자유'는 오해되기 쉬운 단어다. 양계초의 해석에 따르면, 유교와 불교가 추구하는 '자유'는 '정신이 육체의 사역을 당하는(心爲形役)' 상태, 정신이 신체적 욕망에 의해 속박당하는 상태로부터의 '자유'다. 그런 상태에서 인간은 스스로 자유로운 것 같지만, 실제로는 "자기 자신의 노예가 되고 있다(自己做自己的奴隸)." 따라서 "유교와 불교는 수많은 말을 통해서 정신 방면의 자승자박으로부터 완전한 해방, 하늘을 받들고 땅 위에 우뚝 서는 진정한 자유인이 되는 것을 사람들에게 가르친다."[19] 이런 사상을 발휘하는 데 있어서 불교는 유가를 앞선다. 양계초가 "불교는 모든 세계문화 가운데 최고의 산물(佛教是全世界文化的最高產品)"이라고 평가한 이유가 여기에 있다.

덕성의 학문을 중시하는 양계초는 중국문화 안에 이미 불교 같은 '안심입명安心立命'의 도구가 존재하고 있다는 사실을 강조한다. 물질주의와 과학적 유물론이 초래하는 정신적 피폐함을 극복할 수 있는 이런 정신적 도구가 이미 존재하고 있다면, 그것을 연구하여 실천하는 것은 단순한 지적 취미에 멈추지 않는다. 그것이야말로 "진정한 인생의 책임을 다하는 일이라고 말할 수 있다(才算盡了人生的責任)"는 것이 양계초의 결론이다.

지금까지 살펴본 것처럼, 양계초는 중국의 문화전통 안에서 서양의 형이상학이나 과학에 근거하는 물질문명이 초래하는 인생의 피폐함을 극복할 수 있는 사상적 자원을 찾아내는 것을 국고정리의 중요한 과제의 하나라고 주장했다. 그 점에서 양계초의 국고정리의 방향은 분명히 호적 등 과학파의 그것과 달랐다. 나아가 양계초가 발굴한 유가와 불교라는 사상적 자원은 지식의 확장을 위한 학문적 대상에 그치지 않는 안심입명의 학문, 즉 덕성적 학문의 대상이었다. 유교와 불교는 외적세계에 대한 지식이 아니라 '우주 안에서 인간의 존재의미와 가치를 이해하고 실천하는' 방법을 제공한다.

여기서 기억해야 할 사실은 양계초가 유교적 전통만이 아니라 불교를 중국적 사유의 원천이라고 인정하고 있다는 점이다. 그러나 흥미롭게도 양계초는 불교와 거의 비슷한 사상세계를 구축한 '도교' 혹은 도가의 사상전통을 새로운 인생관의 사상자원으로서 크게 중시하지 않는 것 같다. 물론 양계초를 읽어보면 알 수 있는 것처럼, 그가 노자나 장자의 가치를 부정하거나 무시하고 있는 것은 아니다. 양계초는 노자의 가치를 충분히 인정했지만, 그것은 노자사상 자체의 가치 때문이라기보다는 노자사상이 불교와 유사한 점을 가지고 있기 때문이었다. 양계초는 노자를 불교의 유식사상의 관점에서 읽어내려고 시도했다.

하지만 양계초에게 '도교'는 '음즐문陰騭文'이나 '북두경北斗經'으로 대표되는 대중적 미신迷信의 전형이기도 했다. 그러하여 양계초는 노장으로 대표되는 철학적 전통인 도가와 대중적 미신 성분이 강한 도교를 구별한 뒤, 미신적인 성분이 강한 도교를 새로운 사상적 자원으로 인정하지 않았다. 이 책의 서장에서 살펴본 것처럼, 양계초는 노장이나 선불교를 '철학'의 범주에 배당하고, 민중적 도교신앙을 '미신' 범주에 배당하는 근대적인 지식위계론을 마음속에 품고 있었다. 양계초가 불교를 세계 최고 수준의 정신문화라고 극찬할 때, 그 불교는 염불이나 타력신앙을 중시하는 정토종 계통이 아니라 수행과 깨달음을 중시하는 선불교였다는 사실을 기억해 둘 필요가 있다.

제 7 장

과학은 자본주의의 산물인가?

진독수의 유물론적 입장을 중심으로

진독수와 '인생관' 논쟁

'과학과 인생관' 논쟁의 열기가 뜨겁던 1923년 무렵, 중국공산당 총서기를 맡고 있던 진독수陳獨秀의 입장은 이미 확고한 마르크스주의로 기울어져 있었다. 그래서인지 당연히 과학파 진영에 속할 것이라고 예상되었던 진독수는 정작 무대에는 오르지 않고 논쟁의 전개를 관망하면서 한발 물러나 있었다. 그리고 '과학과 인생관' 논쟁이 종결되고 난 다음, 논쟁에 참여한 논자들의 글을 편집한 『과학과 인생관(科學與人生觀)』이 출간되는 시점에서 그는 호적胡適과 함께 논쟁을 총결산하는 「서문」을 통해 그에 개입하게 된다(장군매의 「서문」은 태동도서관 판에만 실려 있다). 나아가 『과학과 인생관』 논집이 출간된 이후 호적이 쓴 「서문」에 대해 장군매張君勱, 양계초梁啓超 등의 현학파와 과학파 정문강丁文江을 모두 싸잡아 비판하는 또 다른 「서문」을 쓰면서 진독수는 '과학과 인생관' 논쟁을 총괄하려고 한다. 하지만 진독수가 쓴 서문에 대해 다시 장군매와 호적이 반박하면서 '과학과 인생관' 논쟁은 긴 꼬리를 남기면서 계속되는 양상을 드러낸다.

진독수의 개입에 의해, 기존에 과학파와 현학파의 두 진영으로 나뉘어 있던 논쟁은 마르크스주의(유물사관)라는 제3의 진영이 참여하는 양상으로 전개되었다. 하지만 논쟁의 결과가 『과학과 인생관』 논집으로 일단 출간되었고, 논쟁의 열기 자체가 어느 정도 식어버린 상황이라 그들 사이의

카를 마르크스

입장 차이는 더 이상 대규모의 논쟁으로 발전하지는 않았다. 하지만 '과학과 인생관' 문제를 둘러싼 논쟁은 이제 과학파와 현학파의 이파전이 아니라 과학파, 현학파, 유물사관파의 삼파전 양상으로 계속되었다.[1]

여기서는 '과학과 인생관' 논쟁에서 쟁점으로 부각되었던 문제들에 대해, 제3진영이라고 할 수 있는 유물사관파의 관점을 살펴보려고 한다.

과학방법과 과학의 본질

마르크스주의적 유물론은 기본적으로 물질주의 내지 물리주의적 세계관을 견지한다는 점에서 과학파와 공통되는 면을 가지고 있다. 왜냐하면 유물사관파가 의거하는 마르크스주의는 전형적인 서양 근대사상의 한 양태라는 점에서, 기본적으로는 근대 서양에서 형성된 과학 자체의 발전을 긍정적으로 평가하기 때문이다. 한편 마르크스주의자들은 과학의 책무가 자연 및 사회의 객관적 법칙을 발견하는 것이라고 주장한다. 이런 과학관은 근대과학의 객관성과 진리성을 신봉한다는 점에서는 과학파의 입장과 다르지 않지만, 과학파가 근거하는 마흐주의적 관점과는 분명한 차이가 있다는 점에서 과학파와 구별된다고 말할 수 있다. 이는 주목할 가치가 있다. 왜냐하면 마흐주의자들은 과학이란 객관적 규율을 발견하는 것이 아니라 인간의 지식에 근거하여 객관세계의 법칙을 창조하는 것이라고 보고 있었기 때문이다.

당시 중국에서는 과학파와 유사한 입장을 가진 실용주의가 유행하고 있었다. 과학파의 후원자였던 호적이 중국에 실용주의를 소개한 인물이라는 사실을 고려한다면, 실용주의의 유행이 호적의 영향 때문이라는 것은 말할 필요도 없다. 그러나 유물론자들은 실용주의가 과학을 객관적 실재와 부합하는 진리를 발견하는 것이라고 생각하지 않는다는 사실에 이의를 제기한다. 실용주의는 마르크스주의와 달리 과학이론을 객관적 진리라고 받아들이지 않는다. 그들에게 중요한 것은 단순한 객관성이 아니라 실제적인 문제해결의 가능성 여부였기 때문이다. 그런 점에서 실용주의적 과학이해는 객관적 진리의 존재를 전제하고, 그것을 객관적으로 발견하는 방법과 법칙을 중시하는 유물사관의 입장과 확실히 구분되는 것이었다. 유물사관의 관점에서 보면, 진리를 구체적인 문제해결을 위한 실용성의 관점에서 이해하는 실용주의는 관념론(유심주의) 철학에 불과하다. 그런 관념론으로는 과학과 비과학의 명확한 구분선을 획정하기 어렵다. 특히 과학과 대척점에 서는 것으로 보이는 종교조차도 실용적인 가치를 가질 수 있다는 점에서는 진리를 가진 것이라고 말할 수 있게 된다. 따라서 유물론자들은 실용주의가 진리와 비진리 나아가 과학과 비과학의 경계를 모호하게 만들어버린다는 점에서 현학적 관념론보다 더 심각한 문제점을 가지고 있다고 비판했다.

더구나 유물사관은 변증법적 원칙을 견지한다. 변증법의 관점에서 그들은 과학방법을 "개성個性(개별성)과 공성共性(보편성)의 통일"이라고 이해한다. 따라서 어떤 가치관이 '과학적'인 것으로서 가치를 인정받기 위해서는 객관적 보편성을 가진 것인 동시에 개별성을 갖춘 것이어야 한다. '과학적 방법(객관적 보편성)'에 근거한 '개인의 사상(개별적 특수성)'만이 어떤 가치관을 과학적인 것으로 만들어준다는 것이다. 이런 유물론의 입장은 기존의 '과학과 인생관' 논쟁에서는 미처 드러나지 않았던 새로운 사유의 지평을 열 수 있는 가능성을 제공했다.

> "과학적 방법을 따르지 않는 것은 시인의 상상이거나 바보의 망상에 불과하다. (…) 물론 철학이라는 것이 과학의 여러 분과에서 거둔 성과를 이것저것 긁어모아서 만들어내는 것은 아니다. 그러나 그럼에도 불구하고, 과학적 방법에 의거하지 않고 진행된 연구가 제시하는 과학이

라는 것은 도대체 어떤 형태의 괴물인지 알 수가 없다."[2]

'과학과 인생관' 논쟁이 본격적으로 불붙기 이전부터 이런 과학관을 견지해온 진독수가 기본적으로 '과학파'의 입장을 공유하고 있었으리라는 점은 쉽게 예측해볼 수 있다.[3] 실제로 당시 사람들은 진독수를 당연히 과학파의 진영에 속하는 인물이라고 여기고 있었을 것이다. '과학과 인생관' 논쟁이 발생하기 이전 단계에서 진독수는 과학적 방법이 '보편성'과 '개별성'의 종합이라고 보는 변증법적 관점을 명확하게 말하지는 않았다. 하지만 '과학과 인생관' 논쟁이 발생한 이후에 진독수는 확고한 변증법적 관점에 입각하여 과학적 방법의 본질을 규명하고자 했다.

진독수에 따르면, 과학이란 근본적으로 보편성(共性)을 추구하는 것이다. 과학적 방법 역시 그런 보편성의 기초 위에서 진행된 연구와 설명이고, 그런 연구와 설명만이 과학의 자격을 가질 수 있다. 과학이냐 아니냐는 연구대상의 성질에 의해 결정되는 것이 아니라 연구방법에 의해 결정된다. 따라서 과학적 방법을 따르기만 한다면, 심리학 · 경제학 · 철학 등 사회과학도 당연히 과학의 범주에 속할 수 있다. 이런 진독수의 과학관은 과학의 범위를 대단히 넓게 인정하는 것이다. 그렇기 때문에 그는 이런 넓은 의미의 과학적 방법조차 활용하지 않는 것은 학문이 아니라 시인의 상상이거나 어리석은 자의 망상에 불과하다고 비난했던 것이다. 덧붙여 진독수는 과학이 성립하기 위한 또 하나의 원칙으로 '인과율'을 제시한다. '인과율'의 탐구 유무가 여러 학문의 방법적 차이를 만들어준다고 생각했기 때문이다.

"인과율은 모든 과학의 공통적 원칙이다. 그리고 각종 과학의 방법은 실제로 모두 다르다. 사회과학과 자연과학이 서로 다를 뿐 아니라 자연과학 안에서도 수학과 화학, 동식물학의 방법이 서로 다르다. 하지만 사회에서 서로 비슷한 원인을 가지는 현상은 반드시 서로 비슷한 결과를 가지는 현상으로 드러난다. 어떤 결과를 가지는 현상들 중에서 특정한 시공에 속하는 현상 및 그런 현상들 가운데 개별적 현상이 서로 다른 인과적 관계를 가지고 있다면, 그것은 사회과학의 범위 안에 속하지 않는 일이라고 말할 수 있다. 이것이 바로 사회과학의 중요한 방법 중 하나다."[4]

개별적 과학들은 각각 탐구하는 대상이 다를 뿐 아니라 대상을 다루는 방법도 서로 다르다. 따라서 모든 과학을 하나로 묶어서 이해하는 것은 무리가 있다. 특히 사회과학을 과학의 범주 속에 넣어서 고찰하는 진독수로서는 사회과학의 방법과 자연과학의 방법이 서로 전혀 다르다는 사실을 인정하지 않을 수 없었을 것이다. 자연과학이라고 하더라도 각 분과과학은 서로 다른 방법에 따라 연구를 진행한다. 또한 사회과학 안에 포함되는 다양한 분과학문 역시 서로 다른 방법론을 구사한다는 것 역시 상식에 속한다. 그렇다면 과연 무엇을 '과학'이라고 규정할 것인가? 어떤 지적 탐구가 '과학'이 되기 위한 기준은 무엇일까? 게다가 그런 모든 종류의 '과학'을 관통하는 '과학적 방법'이라는 것은 무엇일까?

사실 1920년대부터 서양의 철학계에서는 과학을 과학이게 만드는 하나의 공통원리를 찾기 위해 노력해왔다. 그리고 지난 100년 동안 수많은 답이 제시되었지만, 여전히 과학의 공통원리가 무엇인지에 대해 누구나 수긍할 수 있는 확고한 답은 존재하지 않는 것 같다. 어쨌든 진독수의 발언 역시 이런 문제의식을 염두에 두고 있는 것임에 틀림이 없다. 먼저 진독수는 모든 과학적 분과들이 서로 다른 방법을 구사하고 있다는 사실을 인정하게 되었고, 그 점에서 자신이 '과학과 인생관' 논쟁 이전에 주장했던 방식으로 단순하게 과학을 정의내릴 수 없다는 사실을 자각하게 되었을 것이다. 따라서 논쟁을 총괄하는 1924년의 논설에서는 과거와는 조금 다른 관점에서 과학의 특징을 규정하려고 했던 것이다.

이 시점에서 진독수가 제시하고 있는 것이 바로 '인과율' 개념이다. '인과율' 역시 대단히 어려운 개념이라서 간단히 정의할 수는 없다. 그러나 여기서 인과율개념을 제시하는 진독수의 논의수준은 비교적 단순하다. 어떤 결과가 발생했을 때 그 현상이 동일한 시공時空에 속하며, 그 결과들에 포함되는 개별 현상인 경우에만 과학의 방법으로서 유효성을 가진다고 말하는 수준에 그치기 때문이다. 하지만 관점이나 대상을 달리하는 여러 형태의 사회과학은 물론, 서로 다른 시공에 속하는 서로 다른 현상을 탐구하기 위해서는 서로 다른 과학방법을 사용해야 한다. 결국 동일한 과학적 방법을 활용하여 탐구할 수 있는 대상은 지극히 제한적이라고 말하지 않을 수 없게 된다. 그럼에도 불구하고, 그런 모든 개별 분과학문을 '과학'이라고 말할 수 있기 위한 공통점은 무엇인가?

진독수는 '인과율'이라는 개념을 동원해서 그런 공통점을 찾으려고 한 것이다. 그러나 그렇게 해서 문제가 마무리 되는 것은 아니다. 왜냐하면 그런 인과율의 발견이 가능하기 위한 공통의 '조건'이 무엇인지를 묻지 않을 수 없기 때문이다. 인간의 마음과 연관된 정신현상은 물질현상보다 훨씬 더 복잡하다. 사회현상은 어쩌면 심리현상보다 더 복잡하다고 말할 수 있을 것이다. 마찬가지로 물질현상에 작용하는 원리가 정신현상이나 사회현상에 동일하게 작용하고 있다고 간단하게 말하기도 어렵다. 정신현상이나 사회현상에서 물질현상에서와 같은 동일한 물질적 '인과율' 원리가 작용하고 있다고 '단순하게' 전제한다면 몰라도, 그런 정신현상의 원리가 무엇인지 우리는 아직도 모른다. 게다가 정신현상과 물질현상이 물리적 '인과율'에 따라 작동한다고 말하는 전제 자체가 하나의 형이상학적 전제라는 것은 말하지 않아도 알 수 있다. 그렇다면 물질현상을 구성하는 '물질'과 정신현상을 구성하는 어떤 '무엇'이 동일한 '인과율'의 지배를 받고 있다고 누가 장담할 수 있는가? 이런 모든 다양한 현상들의 인과율을 객관적으로 탐구하는 것 자체가 가능하기나 한 것일까?

진독수 역시 그런 어려움을 몰랐던 것은 아니다. 그는 이렇게 말한다.

> "인류사회의 인과관계는 대단히 복잡하다. 따라서 사회현상 역시 대단히 복잡하다. 이 때문에 사회과학, 특히 마르크스주의적인 과학적 사회주의는 결코 장군매 선생이 생각하는 것처럼 그렇게 간단한 주장을 하고 있는 것이 아니다. 게다가 오늘날 우리가 알고 있는 것처럼 그렇게 간단한 문제가 아니라는 것은 분명하다."[5]

진독수는 자신이 말하는 유물사관의 입장을 견지하는 사회과학자들이 단순하게 사회현상을 연구하는 사람들이 아님을 강조한다. 유물사관의 주창자들이 사회현상의 복잡성을 단순한 과학법칙이나 역사법칙으로 환원할 수 있다고 믿는 사람들이 아니라는 것이다. 진독수와 마찬가지로 유물사관적 견해를 지지하는 구추백瞿秋白 역시 소위 물리학이나 자연과학과는 성격이 다른 사회과학의 특수성을 인정할 뿐 아니라 자연과학이 주장하는 방법을 사용해서 인생과 사회문제를 충분하게 연구할 수 없다는 사실에 동의하고 있다.

> "사회현상과 물리학이 연구하는 현상은 결코 같지 않다. 사회현상을 연구하기 위해서는 하나의 특별한 과학, 즉 사회학이 반드시 필요하다. 사회학은 독립적인 것이다. 소위 '독립'이라고 말하지만, 그것은 당연히 형이상학인 것이 아니고, 또한 절대적인 것도 아니다. (…) 사회학은 당연히 물리학과 혼동되어서는 안 될 뿐 아니라 생물학과 혼동되어서도 안 된다."[6]

과학과 비과학을 구분하는 진독수의 유물론적 관점은 1915년에 발표된 유명한 논설 「삼가 청년에게 고함(敬告青年)」에서 추형雛形이 보이기 시작했다. 그 글에서 진독수는 과학이 "객관적 현상에 대한 〔주관적〕 종합"이라는 사실을 강조하면서 실증적 지식과 무관한 공상을 과학으로부터 구별하고 있다. 그 글에서 그는 '객관과 주관의 종합'이라는 표현을 사용하고 있는데, 그 표현은 1920년에 발표한 「신문화운동이란 무엇인가?」라는 논설에서 나오는 "공성(보편)과 개성(개별)의 통일"이라는 표현과 거의 동일한 의미라고 볼 수 있다. 이 글에서 한 걸음 더 나아가 진독수는 과학을 '협의의 과학'과 '광의의 과학'으로 구분하고, 전자는 자연과학, 후자는 자연과학을 응용하여 사회와 인간을 연구하는 사회과학이라고 말하고 있다. 광의의 과학인 사회과학에는 사회학 · 윤리학 · 역사학 · 법률학 · 경제학 등이 포함된다. 한편 '과학과 인생관' 논쟁이 발생하기 1년 전에 발표한 「마르크스의 두 핵심정신(馬克思的兩大精神)」(1922년 5월)에서 진독수는 근대과학의 방법이 귀납법(연역법을 포함하는)을 핵심으로 삼고 있으며, 마르크스는 자연과학의 실증방법과 귀납법을 사회연구에 응용했다는 사실을 강조한다. 그렇기 때문에 마르크스의 사회학설은 단순한 공상이 아니라 '과학적' 사회학이 된다고 주장하고 있다.[7]

이후 1924년 출간된 『과학과 인생관』 「서문」에서 진독수는 자연과학과 사회과학을 구분하면서 경제학 · 사회학 · 역사학 · 심리학 · 철학이 사회과학 중에서 가장 중요한 분야라고 말한다. 여기서 주의해야 할 점은 진독수가 광의의 과학(사회과학)의 한 영역이라고 평가한 철학은 본체론(존재론)이나 우주론을 연구하는 현학(형이상학)이 아니라 실용주의(실증주의) 및 유물사관적 인생철학이라는 사실이다. 진독수는 철학이 사회과학의 가장 중요한 분야 가운데 하나라고 인정하고 있지만, 초실재적 현상을 탐구하는 형이상학(당시 용어로는 현학)은 헛소리에 불과하다고 평가했다.[8]

한편 같은 유물론자 구추백은 사회생활이 복잡할 뿐 아니라 다면적이기 때문에 사회를 이해하기 위해서는 도덕 · 종교 · 예술 · 과학 · 철학 등 다양한 분야를 동원하여 다중적이고 다면적으로 연구할 필요가 있다는 다원주의의 입장을 제시한다. 그런 다원성 때문에 사회과학의 분야 안에 여러 종류의 세부영역이 성립할 수 있는 것이다. 이런 구추백의 관점에 비하면, 진독수의 입장은 비교적 단순하게 실증주의에 편중된 느낌을 주는 것이 사실이다. 하지만 이들 마르크스주의자들의 과학관은 '과학과 인생관' 논쟁에서 '과학파' 진영 인사들이 주장하는 일방적 '과학만능론'이나 '과학주의'에 기울어져 있지 않았다는 사실을 기억할 필요가 있다.

언급했듯이 진독수는 과학과 비과학을 구분하고, 과학을 다시 자연과학과 사회과학으로 나누어보는 비교적 온당한 체계론을 가지고 있다. 하지만 진독수는 사회과학과 구별되는 인문학의 학문적 위상을 거의 고려하지 않는다는 한계를 보이고 있다. 진독수는 문학작품 · 사상저작 · 고전문헌 · 예술작품 · 종교현상 등에 대해 실증주의적 귀납법을 응용한 연구가 충분한 성과를 거둘 수 있을 것인지 깊은 논의를 진행하지 않는다. 그 점에서 진독수는 고전과 전통문화에 대해 남다른 소양을 가지고 고전을 적극적으로 연구한 호적과 학문적 깊이가 다르다. 어쩌면 진독수는 공상 또는 몽상에 불과하다고 평가한 '형이상학(현학)'을 인문학의 대명사라고 보고 있었을 가능성이 높다. 그렇기 때문에 진독수는 장군매와 정문강 사이에 발생했던 '과학과 인생관'의 '구획' 문제를 단순히 '비상식적(無常識的)'이며 토론할 가치가 없는 것이라고 보았던 것은 아닐까?[9]

다른 논설에서 진독수는 사회과학만으로 해결할 수 없는 특정 시공 안에서의 개체적 현상들이 존재하며, 그런 현상들은 나름의 독자적인 인과법칙에 의해 지배되고 있다고 말한다. 그렇다면 그런 현상들은 결국 (사회)과학으로 설명할 수 있는 범위 바깥에 놓여 있는 것일 수밖에 없다. 그러나 그렇다고 해서 진독수가 사회과학으로 해결할 수 없는 현상들의 독자적 가치를 인정하는 것은 아니다. 그런 현상들은 좁은 의미에서든 넓은 의미에서든 과학을 동원하여 설명할 수 있는 것이 아니기 때문이다.

진독수

따라서 그런 현상들을 이해하려는 노력 자체가 무의미해지고, 결국 그런 현상들은 과학으로 해명할 것이 아니라 '점쟁이(六壬卜算大家)'에게 물어봐야 하는 일이 되어버린다. 이런 진독수의 입장은 '과학'이 아닌 것은 모두 '미신'이나 기껏해야 '종교'에 불과하다고 보는 전형적인 실증주의자의 태도를 여실히 드러낸다.[10] 요컨대 실증주의자 진독수는 당시 대부분의 과학파 인사들과 마찬가지로, 어떤 현상을 이론적 틀 안에서 논의하는 '설명(explanation)'이 아니라 어떤 현상의 의미를 맥락 속에서 포착하거나 주체적인 관점에서 대상과의 연결성을 파악하려는 '해석(interpretation)'을 추구하는 인문학의 독자적 가치에 대한 이해를 결여하고 있다는 한계를 드러내고 있다.

당시 '과학과 인생관' 논쟁은 과학의 본질과 한계를 둘러싼 학문체계의 이해문제와 밀접하게 연결되어 있었다. 그것은 단순한 학문분류론에 그치는 것이 아니었다. 이해한다는 것은 무엇인가, 우리는 무엇을 어디까지 이해할 수 있는가, 어떻게 살 것인가 등의 화두를 품고 학문과 앎 그리고 앎과 삶의 본질을 둘러싼 토론이었다고 말할 수 있다. 결국 '과학과 인생관' 논쟁은 어떤 앎이 가치 있는 앎인가, 나아가 어떤 삶이 바람직한 삶인가에 대한 세계관 전쟁 또는 해석학 논쟁이었던 것이다.

그러나 과학론자들과 유물론자들은 '과학과 인생관' 논쟁의 본질을 정확하게 포착하지 못했다. 그들은 안다는 것, 나아가 산다는 것의 의미를 대상에 대한 실증적인 '설명(객관적인 이론적 지식)'의 차원에 한정시킨다. 그렇게 함으로써 그들은 존재의 의미와 삶의 관여를 중시하는 해석학적 사유를 비과학적이라고 폄하하고, 그런 노력을 과학의 영역 바깥으로 배제했다. 그 결과 그들은 형이상학 · 종교 · 예술 등을 포함하는 인문학을 배제하는 사유의 편협함을 드러냈던 것이다.

과학만능론에 대한 입장

과학만능론은 과학방법의 만능론, 과학지식의 만능론, 과학효력의 만능론 등 다양한 성격을 가지고 있다. 한 마디로 과학만능론이라고 하더라도, 내실에 있어서는 조금씩 차이가 있다는 것이다. 그리고 그런 구별이 엄격하게 적용되지 않는 경우도 있다. 그러나 내실의 차이에도 불구하고, 과학만능론은 과학이 인생문제를 해결하는 데 유일한 길이라고 본다는 점에서 커다란 차이는 없다. 즉, 모든 과학만능론은 과학(과학방법 혹은 과학지식)이 앎과 삶의 의미와 가치를 묻는 인생문제를 설명하고 해결하는 유일한 길이라고 생각한다. 그러나 과학만능론자들은 '설명'과 '해결'이 사실 별개의 문제라는 점을 잊고 있다. 특히 '의미'와 '가치'란 객관성을 추구하는 설명의 차원에 그치는 문제가 아니라는 사실을 잊고 있다. 그런 점에서 과학방법 만능론과 과학효력 만능론은 일정한 차이를 드러내게 된다. 나아가 과학만능론자들은 〔과학적〕 설명의 본질은 인과관계를 해명하는 것이라고 생각한다. 원인과 결과의 관계를 파악하는 것이 과학적 설명이고, 그것으로 대상을 이해하는 데 충분하다고 생각한다는 것이다. 그러나 철학이나 종교 등이 제공하는 '인생관'을 중시하는 논자들은 이러한 태도를 거부한다. 인생의 의미와 가치를 이해하기 위해서는 설명 이상의 차원이 필요하기 때문이다.

인생관파(현학파)와 과학파 사이의 궁극적인 논점 차이는 바로 그 지점, 즉 인생의 의미를 해명하기 위해 과학적 설명만으로 충분한가 아닌가 하는 그 지점에서 발생한다. 인생에는 과학적 설명 자체가 불가능한 사태들이 존재한다. 어떤 원인에서 단 하나만의 결과가 나오지 않거나 어떤 결과가 명백한 단 하나의 원인을 가지지 않는 경우도 얼마든지 있다. 원인을 명확하게 밝힐 수 없는 일들도 부지기수다. 이렇게 꼬리에 꼬리를 물고 제기되는 인생에서의 의문을 과학이 일거에 불식시키는 것은 쉽지 않다. 그런 점에서 인생관을 중시하는 현학파 논자들은 단 하나의 인과법칙, 즉 물리적 인과율이 세계와 인생을 지배한다거나 혹은 지배해야 한다는 입장을 거부한다.

당시 중국에서는 현학파와 과학파 둘 중의 어디에도 속하지 않으면서 그들 모두에게 비판적 시선을 던지는 그룹이 존재했다. 바로 유물사관적 관점을 견지하는 진독수와 구추백이 중심이 된 그룹이었다. 구추백은 '과학과 인생관' 논쟁이 거의 마무리되는 시점에 논쟁에 개입해서 '과학과 인생관' 논쟁의 핵심문제는 '인과율' 문제와 '자유의지' 문제라고 요약하는 글을 발표한 바 있다. 그는 그 두 문제가 결국은 하나의 문제, 즉 '자유의지' 문제로 귀착된다는 평가를 내린다.[11]

과연 사회현상이나 인간의 일이 '인과율'로 설명될 수 있는가? 과학파의 주장처럼 모든 것을 '인과율'로 설명할 수 있다면, 인간의 일이나 사회현상은 자연법칙의 지배를 받는 것이 되고 말 것이다. 그럴 경우 인생문제를 비롯한 모든 사회문제가 좁은 의미의 과학의 대상이 되며, 모든 문제를 좁은 의미의 과학으로 해결할 수 있는 있다는 극단적인 주장이 성립할 수 있다. 그러나 이 주장은 도저히 통용되기 어렵다. 따라서 과학파 논자들 가운데 일부는 과학을 사회과학(넓은 의미의 과학)과 자연과학(좁은 의미의 과학)으로 구분하고, 자연과학과 사회과학은 설명력에서 일정한 차이를 가지고 있다는 사실을 인정하기도 한다. 물론 엄밀성이나 설명력의 차이를 인정한다고 하더라도, 사회과학과 자연과학은 기본적으로 동일한 방법과 절차 그리고 동일한 목표를 가지고 있기 때문에, 그런 차이는 절대적인 차이가 아니라 상대적인 차이, 즉 정도의 차이일 뿐이라고 주장할 수도 있다. 그러하여 여기서 엄격한 과학주의와 느슨한 과학주의로 다시 구분하는 것도 가능해진다. 이런 식으로 과학파는 내부적으로 미묘한 다양성과 차이를 보여준다.

하지만 현학파(인생관파)는 '인과율'에 입각한 설명만으로는 사회현상과 인생문제를 만족할 만한 수준으로 설명할 수 없다고 본다는 점에서 내부적으로 통일되어 있다. 양계초처럼 인생관파의 직관주의를 비판적으로 보는 절충파라고 하더라도 인과율의 보편적 적용 가능성을 부정한다는 점에서 현학파와 다르지 않다. 나아가 인생문제의 "설명이 곧 이해는 아닐 수 있다"는 입장도 있을 수 있다. 이렇게 현학파는 기본적으로 인생문제에는 '인과율'이 적용되지 않는다고 생각한다. 그리고 그런 '인과율' 부정이 곧바로 '자유의지'의 인정으로 연결된다고 생각한다. 정리하자면, 현학파를 관통하는 근본논점은 인생문제에서 '인과율'의 적용을 부정하고 '자유의지'를 인정하는 것이라고 말할 수 있을 것이다.

그러나 유물사관파의 입장은 전체적으로는 과학파에 근접하지만 과학파 및 인생관파와는 접근방식 자체가 조금 다르다. 유물사관파의 대표자격인 진독수의 입장이 단적으로 그런 차이를 드러낸다. 진독수는 사회현상과 사회심리의 변천은 기본적으로 '인과율'의 지배를 받는다는 사실을 인정한다. 나아가 개체 인간들의 차이 역시 객관적으로 포착할 수 있는 원인을 가지고 있다는 사실도 인정한다. 그런 차이들은 사회심리 내지 사회의 기초가 변했기 때문에 생긴 결과이기 때문이다. 구체적인 어떤 객관적인 원인이 다른 어떤 결과로 이어진다. 그리고 원인과 결과는 '인과율'의 지배를 받는다. 그런 점에서 유물사관파는 사회문제와 인생문제에서 거시적인 의미의 인과율이 존재한다는 사실을 인정한다고 말할 수 있다. 그렇다면 동일한 시대 안에서 서로 다른 두 사람의 인생관이 차이가 나는 현상을 어떻게 설명할 수 있는가?

진독수는 그런 차이는 경력과 환경에서의 개인적 차이에 기인하는 것이라고 말한다. 결국 우리가 흔히 '자유의지' 때문이라고 생각하는 것도 자세히 그 원인을 살펴보면 객관적인 인과율의 지배를 받기 때문에 생긴 결과라고 주장하는 것이다.

그렇다면 환경의 '어떤' 요인 그리고 개인의 '어떤' 성격이 이미 발생한 결과와 어떻게 인과적으로 연결되는가? 그리고 그 원인과 결과 사이의 인과법칙을 어떻게 규명할 수 있는가? 그런 물음에 답하는 것은 쉽지 않아 보인다. 어쨌든 진독수는 이렇게 말한다.

> "이런 개인들의 태도는 인생관의 변천 및 차이와 관련이 있다. 그리고 그런 차이는 표면적으로 보면 개인의 '자유의지'의 활동인 것처럼 보인다. 일정한 범위 안에서는 개인의 의지활동은 진실로 하나의 사실로 보인다. 그러나 그것은 절대적 자유가 아니다. 왜냐하면 개인의 의지의 자유는 사회현상의 '인과율' 및 심리현상의 '인과율'의 지배를 받는 것이기 때문이다."[12]

이어서 진독수는 역사적 유물론이 단순한 기계론이라고 평가할 수 없다는 주장을 펼친다. 그의 해명에 따르면, 유물론은 역사적 유물론과 기계론적 유물론으로 나뉜다. 기계적 유물론이 직선적 인과율의 관념에 매몰되어 있는 반면, 역사적 유물론은 변증법적 관점을 가지고 있다. 변증법적 사고를 근간으로 삼는 역사적 유물론과 기계론적 유물론은 공통적으로 물리주의적 전제를 가지고 있다. 하지만 역사적 유물론은 과학주의의 기계론적 사고를 넘어서 있다. 따라서 역사적 유물론은 기계론적 유물론과 달리 인간의 창조성, 인간의 탐욕, 인간의 의지 및 그런 인간적 의미가 작동하는 사회적 맥락을 중시한다고 말할 수 있다.

> "사실 개인의 의지로는 객관적으로 불가능한 사물을 만들어낼 수는 없다. 그러나 객관적으로 가능한 범위 안에서는 개인의 자유의지가 움직일 여지가 있다. 더구나 수많은 사람들의 공동 노력 내지 천재의 창견創見이라는 것은 반드시 존재한다. 그런 노력과 창견에 의해 객관적으로 가능한 것이 적절한 형태로 실현될 수 있다. 인간의 의지는 인간의

물질생활의 관계 속에서 만들어진 것이다. 인간의 역사는 인간의 무한한 탐욕과 의지가 만들어낸 것이다. 바로 여기에 우리가 신봉하는 역사적 유물론과 기계적 유물론 사이의 차이가 있다."[13]

이 글에서 분명하게 드러나는 것처럼 진독수는 '자유의지' 자체를 부정하지는 않는다. 그러나 그 '자유의지'는 객관적으로 가능한 범위 안에서만 작동하는 것이다. 이처럼 진독수는 '자유의지'의 작용범위를 한정적으로 이해한다. 그런 점에서 유물사관파는 인생관의 완전한 자유를 인정하는 현학파와도 다르고, 자유의지를 전적으로 부정하는 과학파와도 다르다. 진독수는 자신의 유물사관적 입장을 '역사적 유물론'이라고 부르고, 과학파의 입장을 '기계적 유물론'이라고 불러 양자를 구별한다. 이처럼 진독수는 '자유의지'를 객관적으로 가능한 범위 안에서만 인정하는 한편, '인생관'을 제대로 이해하기 위해서는 객관세계를 이해하는 방법인 과학적 연구를 진행해야 한다고 주장한다. 이처럼 유물사관파의 기본입장은 객관적 과학연구의 가능성과 필요성을 인정하는 것이다.

또 다른 유물론파의 사상가인 구추백은 인간의 자유의지 자체가 전적인 자유의 산물이 아니라 사회적·역사적 맥락이라는 연결고리 안에서 만들어진 것이라고 주장하면서 진독수의 관점을 간결하게 요약해주고 있다.

> "일체의 동기(의지)는 전적으로 자유로운 것이 아니라 다른 것과 연결되어 있는 것이며, 그런 범위 안에서만 자유롭다."
> "소위 인과율에서 벗어나 있는 자유라는 것은 사실 단지 아직 이해되지 않은 필연성에 불과하다."
> "인류의 사회생활은 그것이 아무리 복잡하고 또 아무리 다양한 것이라고 할지라도 처음부터 끝까지 우리는 그것 안에서 일정한 규율(인과율)을 찾아낼 수 있다."[14]

구추백

구추백의 해석에 따르면, '자유의지'는 우리가 아직 그것을 이해하지 못하기 때문에 '자유'인 것처럼 보일 뿐이다. 그러므로 사실 인간의 의지 자체가 필연성의 법칙 아래에 놓여 있다는 사실을 잊어서는 안 된다. 이어서 구추백은 모든 사회현상, 모든 정신문화가 최종적으로는 객관적 원인을 가지고 있다고 주장한다.

여기서 우리는 하나의 의문을 가지게 된다. 인간의 의지가 필연성의 산물이라는 사실을 어떻게 '확인'할 수 있는가? 실증주의자들이 주장하는 그런 필연성의 법칙의 존재를 어떻게 '실증'할 수 있는가? 미래에 과학이 발달하면 자유처럼 보이는 것이 사실은 필연의 결과라는 사실을 알 수 있을까? 그런 모든 것을 해명해줄 수 있을 만큼 과학이 충분하게 발달하는 시점은 과연 언제일까? 그것은 아직은 발생하지 않은 미래의 일에 대한 확신인데, 그것을 '검증'하는 것은 가능한가? 아니면 유물론적 입장은 그저 단순한 신념(신앙)일 뿐인가?

어떤 형태로든 유물론은 모든 형이상학적 전제를 인정하려고 하지 않는다. 그러나 실제로는 역사적 유물론이든 기계적 유물론이든 유물론 자체가 이런 근본적인 형이상학적 신념 위에서만 성립할 수 있다. 그것은 사실 심각한 아이러니가 아닐 수 없다.

그렇다면 과학은 만능일 수 있는가? 과학은 만능이지만, 현재 과학의 발달수준의 한계 때문에, 당장은 만능이라고 말할 수 없는 것에 불과한가? 진독수는 과학(사회과학)의 방법을 일체의 인문현상에 적용할 수 있다는 것을 전제한다. 그 결과 근대 이후에 각종 사회과학이 발전하여 인문영역 안에서 발생하는 수많은 현상들을 설명할 수 있게 되었다. 진독수는 그런 설명의 수준은 경우에 따라서 아직 유치한 단계에 머물러 있기도 하지만, 그것은 언젠가 극복될 수 있는 문제라고 믿는다. 이런 점에서 유물사관파는 과학이 한계를 가진다는 입장에 반대한다.

다른 한편으로, 진독수는 호적을 비롯한 과학파의 과학만능론에 전적으로 찬성하지는 않는다. 과학만능론자들은 소위 비과학적 세계관의 근원을 해석해낼 수 없다. 그런 비과학적 세계관의 대안으로 과학적 세계관을 제안한다 하더라도 그것은 단순한 주장 차원에 그치는 것일 뿐이다. 진독수나 구추백은 막연한 과학만능론을 추상적 차원에서 이야기하는 것은 의미가 없다고 생각한다. 현실적으로 볼 때, 구체적인 과학의 각 분과는 각각 분명한 한계를 가지고 있다는 것을 확인할 수 있다. 현재 수준에서는 인간의 정신활동과 자연계의 물리 · 화학 · 생물의 과정이 완전히 동일하지 않다는 것을 인정하지 않을 수 없기 때문이다.

> "장래에 과학이 진보하여 어쩌면 우주 안의 현상 일체가 물리화학이나 생물과학의 범위 안으로 들어올지도 모른다. 그러나 현대과학은 그런 진리를 증명할 수 있는 충분한 증거를 가지고 있지 않다. 현 시점의 사회과학 중에는 물리화학의 공식으로 해명할 수 있는 현상이 왕왕 존재한다. 그러나 인류의 상호작용과 물리화학의 과정은 완전히 같다고 말할 수는 없다. (…) 따라서 물리화학적 설명의 성과는 대단히 한정적이다. 더구나 인류사회의 현상은 물리화학의 과정과 비교하면 아무래도 스스로 독자적인 하나의 체계를 가진 것이라고 말할 수밖에 없을 것이다. 그것은 보통의 무기물세계의 물리화학적 과정과는 다른 것이다."[15]

과학(과학방법)이 보편적으로 적용될 수는 있지만, 현 시점에서 과학은 한계를 가지며, 과학능력에 일정한 제약이 있음을 인정하는 과학한계론은 유물사관파의 기본 태도라고 말할 수 있다. 그런 한계 때문에, 인류의 사회적 현상과 무기적無機的인 자연계의 물리-화학적 과정도 완전히 동일한 것이라고 확증할 수 없게 되는 것이다. 나아가 진독수는 자연과학과 사회과학의 차이뿐 아니라 사회과학 안에서도 학문분과에 따라 그리고 연구대상에 따라 능력의 차이가 드러날 수밖에 없다는 사실을 부정하지 않는다.[16] 이런 과학능력의 한계론은 정문강 등의 물리주의적 과학만능론과 일획을 긋는 분명한 관점 차이를 드러낸다는 사실에 주목할 필요가 있다.

과학은 인생관의 진보에 기여하는가?

다음으로 과학이 세계관 내지 인생관에 어떻게 영향을 줄 수 있는지에 대한 유물사관파의 입장을 정리해보자. 과학의 분명한 한계를 인정하는 현학파 역시 과학의 발전이 인생관이나 세계관에 어떤 식으로든 영향을 줄 수 있다는 사실을 부정하지 않는다. 다만 그들은 과학의 긍정적인 영향보다는 부정적인 영향에 더 주목하는 경향을 가지고 있었다. 과학과 기술은 자본주의 발전을 촉진시키고, 다양한 기물과 도구를 생산하면서 생활의 편리성을 증진하는 데 분명히 큰 공헌을 했다. 그러나 과학기술이 가져다준 편리함이 물질만능주의는 물론, 도구주의적 사유를 촉진시킬 뿐 아니라 더 많은 재부를 생산하기 위해 과도한 경쟁을 초래한다는 사실 또한 부정하기 어렵다. 나아가 그런 경쟁이 개인적 삶의 차원에 그치지 않고 국가 차원으로 확대될 때, 세계대전에서 목도한 것과 같은 국가들 사이의 전쟁으로 치닫는 위험성을 증대시킨 것도 사실이다.

장군매를 비롯한 현학파 사상가들은 '과학과 인생관' 논쟁이 발발하기 이전부터 서구의 근대과학과 근대문명이 초래하는 부정적 효과에 대해 엄중하게 경고했다. 과학문명에 대한 부정적 평가는 '과학과 인생관' 논쟁이 발발하게 된 직접적인 계기이기도 했다.

물론 근대의 과학기술에 의해 만들어진 물질문명을 근대과학 이전의 정신문명과 단순하게 대비시키는 것은 적절하지 못한 관점일 수 있다.

그리고 과학의 발달이 필연적으로 경쟁과 전쟁을 불러온 원인이라고 말하는 것도 무리한 주장이 될 수 있다. 나중에 서구문명의 성격에 대한 진단에서 좀 더 자세히 다루어질 것이지만, 과학의 발달과 정신문명을 단순히 반비례관계로 대비시키는 평면적 도식으로는 과학의 영향을 정당하게 평가하지 못할 위험이 있다.

과학파 논자들은 현학파의 그런 도식이 지나치게 단순한 것이라고 비판한다. 그들이 보기에 정신문화의 타락은 과학이 발달했기 때문에 생기는 것이 아니다. 오히려 과학이 아직 충분히 발달하지 못했기 때문에 정신문화의 타락이 발생한 것이다. 과정은 이렇다. 과학의 미발달로 과학적 사고가 발달하지 못하고, 그 결과 사회 전체에 합리적 사유가 결여된다. 합리성과 이성의 부족 때문에 타락한 신앙과 '미신'이 사회적 발전을 가로막고, 사회 전체에 더 큰 악영향을 초래한다.

그들은 과학정신으로 무장한 이성적 사고가 증가하면, 미신과 비합리적 사고, 낡은 생활습관, 사회적 부패와 부조리를 극복할 수 있을 것이라고 주장한다. 당시 중국사회에 만연한 정신문명의 쇠락 징후는 오히려 과학정신의 부족 때문에 발생한 것이다. 따라서 과학이 문명의 타락을 초래했다고 주장하는 현학파의 주장은 증거가 없을 뿐 아니라 무책임한 것이 된다. 이것이 과학파의 기본주장이다. 따라서 정신문명의 쇠락을 극복하기 위해서는 과학교육과 과학훈련을 통해 과학정신을 배양하는 것이 유일한 대안이다. 그렇게 배양된 과학정신을 토대로 낡은 미신적 인생관을 개량하고, 새로운 인생관을 형성해야 한다. 낡은 인생관을 버리고 새로운 인생관, 즉 '과학적 인생관'을 배양하는 것이 과학의 목표, 나아가 과학수용의 목표가 되어야 한다. 과학파의 지지자를 자처했던 호적은 '과학과 인생관' 논쟁을 정리하는 글에서 이렇게 말한다.

"우리는 인생관이 지식과 경험의 깊이에 따라 변화하는 것이라고 믿는다. 따라서 우리는 선전과 교육의 효과로 인해 인류의 인생관이 최소한도의 일치를 볼 수 있다는 사실도 믿는다."[17]

'과학과 인생관' 논쟁에서 과학파 진영에 참여했던 임홍준任鴻儁 역시 호적과 거의 같은 논조로 이렇게 주장한다.

"물질과학의 진보에 의해서뿐만 아니라, 간접적으로는 인생관의 변화를 통해서, 나아가 직접적으로는 과학 자체가 일종의 인생관을 만들어낼 수 있다. (…) 대다수의 과학자는 도덕적으로 완비되어 있고 인격이 고상한 사람들이다. (…) 따라서 그들의 인생관은 그들의 과학연구 안에서 배양된 것이라고 말할 수 있다."[18]

이들은 분명하게 과학 혹은 과학연구 자체가 인생관과 세계관 형성에 도움을 준다는 생각을 피력하고 있다. 그렇다면 과학이 기존의 종교나 예술 혹은 도덕을 대체할 수 있는가? 당연히 그들은 과학이 그런 전통적인 종교 · 예술 · 도덕을 대체할 수 있고, 대체해야 한다는 입장을 견지한다. 과학이 발달하면 종교 · 과학 · 도덕은 더 이상 필요하지 않게 된다는 의미다. 그러나 과학자는 과학연구를 통해 고상한 인격을 양성할 수 있다지만, 일반인은 그로써 생산되는 과학적 성과를 통해 저절로 고상한 인격을 가질 수 있는가? 아니면 보편적으로 실시되는 과학교육과 과학훈련을 통해서만 그런 영향의 확대가 가능한가? 과학이 사회에 미치는 영향, 특히 세계관 형성에 미치는 긍정적 영향을 확산하는 방법은 또 무엇인가?

과학파 인사들은 아직은 이런 문제에 답할 수 있는 준비가 되어 있지 않았다. 그들을 대신해 말한다면, 과학의 성과로 인한 편리함이 증대된다고 해서 저절로 인격이 갖추어지는 것은 아닐 것이다. 근대사의 경험을 통해서 볼 때, 인류는 아직 그런 증거를 가지고 있다고 말할 수 없기 때문이다. 언젠가 보편적인 과학교육 내지 보편적인 과학방법교육을 통해 과학정신으로 무장한 새로운 세대가 만들어지고, 그런 과정이 누적되어 사회 전체가 과학정신으로 무장할 때, 비로소 새로운 과학적 인생관으로 무장한 시대가 실현될 지도 모른다. 그것이 바로 과학계몽주의자들이 꾼 꿈이었을 것이다. 그러나 그런 계몽의 꿈 역시 과학교육이 보편화된 현대 문명세계 안에서 실현되었다고 말하기 어렵다. 적어도 21세기의 현 시점에서는 그런 기미가 보이지 않는다. 과학이 발달하고, 과학에 의한 편리함은 극적으로 증대되어 있지만, 그렇다고 해서 현대인이 더 뛰어난 도덕성이나 예술성, 나아가 심오하고 고상한 인격을 가지게 되었다는 증거는 어디에서도 발견되지 않는다. 오히려 현실은 정반대의 길로 나가고 있다고 볼 수 있는 증거는 넘쳐난다. 따라서 그들 과학계몽가들이 제시했던 꿈은 하나의 몽상이거나 더욱 타락한 문명을 만드는 지름길이었을 뿐이라는 역사적 평가를 받을 가능성도 있다.

일부 과학파 논자들은 과학발달로 인한 물질적 조건의 개선이 인생관의 변혁과 윤리적 소양의 증대를 가능하게 할 것이라고 주장한다. 그들 중 일부는 물질진보가 과학적이 되면, 인생관 역시 더 과학적으로 발전할 것이라는 낙관론을 펼친다.[19] 또 다른 논자는 과학의 발달로 물질문명이 발달하고, 문명적 이기利器의 발달이 생활조건을 개선할 것이며, 그렇게 되면 지혜가 발달하고 세계관 및 인생관의 발전이 가능해질 것이라고 주장한다.[20] 그러나 이런 식의 낙관론은 현학파가 던지는 비판의 예봉銳鋒을 피하기는커녕 오히려 현학파의 날카로운 비판의 대상이 되었다. 이렇게 과학파가 주장하는 지나친 낙관주의와 진보신앙은 당시 과학, 특히 진화론의 진보사상을 사회적으로 수용하여 만들어진 사회진화론의 영향 아래에 있었다. 또한 당시 많은 중국인, 특히 계몽사상가들은 문명의 진보가 정신의 진보를 이끌어낼 것이라는 사회진화론의 순진한 진보신앙을 널리 받아들이고 있었다. 그러나 물질생활의 진보가 정신생활의 진보와 비례관계를 가지고 있다는 증거는 어디서도 찾기 어렵다. 더구나 그런 낙관론은 우리의 생활감각과 동떨어져 있다는 느낌을 지우기 어렵다.

인생관 논쟁에 참여하지는 않았지만, 당시 중국사상계에서 비교적 커다란 무게감을 가지고 있던 고전학자 장병린(章炳麟 · 章太炎, 1868~1936)은 이런 식의 낙관적 과학진보론에 대항하여 '구분진화론俱分進化論'이라는 독특한 입장을 주장한 바 있다. 선善의 진보와 악惡의 진보는 같이 가는 것일 뿐만 아니라 과학에 의해 편리성이 증대하는 만큼 사회적 악이 같은 보조로 증대한다는 흥미로운 주장이다.[21]

이에 비추어보면, 앞서 말한 과학파의 논리, 즉 과학의 발전이 사회적 발전은 물론, 정신문명의 발전을 가능하게 할 것이라는 낙관, 나아가 과학의 발달로 과학정신이 성장하면, 그에 비례하여 정신문명이 발전하고, 나아가 합리적인 인생관 형성에 기여할 것이라는 입장은 지나치게 단순한 사고라고 말할 수 있을 것이다.

여기서 진독수를 비롯한 유물사관파의 입장이 개입한다. 진독수는 일단 과학이 정신영역이나 세계관영역에 직접 작용한다는 과학파의 논점, 나아가 물질문명의 촉진을 통해 세계관의 개선이나 도덕심의 발달이 가능하다는 사실을 전면적으로 부정하지는 않는다. 그러나 그는 과학이 인생관의 형성에 직접적으로 작용한다는 생각에는 쉽사리 동의할 수 없다고 본다. 과학의 발달은 사회의 발전에 기여하고, 그렇게 발전된 사회의 매개를 거쳐 인생관 형성과 개량에 작용한다. 과학은 인생관의 변화에 직접 작용하는 것이 아니라 사회적 매개작용을 통해서만 그렇게 기능할 수 있다는 입장이다. 그의 이런 입장은 사회적 맥락과 사회적 매개작용을 중시하는 유물사관의 당연한 귀결이라고 말할 수 있다.

진독수가 사회적 중개와 맥락을 무시하는 현학파의 입장을 비판하는 관점도 이와 같은 맥락에서다. 그런 사회적 중개작용에 대한 고려 없이 인문정신과 인문교육의 중요성을 강조하는 것은 실효적이지 않다고 보았

장병린

기 때문이다. 게다가 사회경제조직의 변혁이라는 조건 없이 인생관과 세계관의 진보를 이야기하는 것 역시 '바보의 꿈(痴人之夢)' 이야기와 마찬가지로 공상적이다.

> "유물사관의 철학은 결코 사상을 중요시하지 않는 입장이 아니다. 그러나 문화 · 종교 · 도덕 등 모든 정신적 현상의 존재는 모두 경제적 기초 위에서 만들어진 건축물이지, 기초 그 자체가 아니라고 생각할 뿐이다. (…) 중국의 고대 사상가 중에는 공자와 노자만큼이나 중요한 인물이 없었다. (…) 그들 사상의 사회적 원인을 살펴보면, 노자는 소농사회의 산물이고 공자는 종법 봉건사회의 결과물이다. 그들의 사상은 곧 그들의 사회경제제도의 반영물이다. 마치 그리스의 아리스토텔레스가 노예제도를 옹호했던 것과 마찬가지로 자유로운 창조라는 것은 거의 존재하지 않는 것이라고 말할 수 있다."[22]

진독수는 마르크스주의자로서 사회경제조직의 변혁 없이 세계관이나 인생관의 진보는 불가능하다는 사실을 강조하고 있다. 그런 변혁을 만들어내기 위해서는 평민혁명을 통해 봉건적 군벌과 국제자본주의(제국주의)를 타도하는 것이 급선무라는 사실을 지적한다. 이 점에서 진독수의 관점은 반서구문명론의 입장에 서 있는 장군매의 인식과 일맥상통한다. 또한 과학만능론에 심취한 채 과학과 서구문명에 매료되어 전면적인 서양화를 요구하던 과학파 논자들, 특히 정문강과 호적의 입장과 확고하게 대립한다.

나아가 진독수는 장군매 등 현학파 사상가들이 유럽파산의 책임을 과학과 물질문명으로 돌리는 것은 모호한 비판이라는 사실을 지적한다. 하지만 정문강이 그런 현학파를 비판하기 위해 전쟁으로 인한 서양파국의 책임을 현학가 · 교육가 · 정치가에게 돌리는 것 역시 사회조건과 역사적 사실을 제대로 보지 못한 소치라고 강한 어조로 비난한다.

> "서구유럽에서 세계대전이 발생한 이유는 영국과 독일의 두 공업자본주의가 세계시장의 쟁패을 두고 격돌한 결과라는 것이 분명하다. 그런데도 그런 사실을 인식하지 못한 채로 전쟁 탓을 과학적 사유의 부족, 과학적 이해의 부족으로 돌리는 정문강의 입장은 현실인식이 결여된 것에 불과하다"[23]

서구문명에 대한 진단

여기서 당시 서양문명의 위기와 파국에 대한 그들의 인식을 조금 더 살펴보기로 하자. 앞에서 본 것처럼, 장군매는 서양문명의 위기와 과학발달이 밀접한 관계를 가지고 있다고 주장했다. 특히 세계대전은 근대과학이 초래한 결과라고 보았다. 「재론인생관」에서 전개된 장군매의 생각을 요약하면 다음과 같다.

근대 실험과학의 발달은 감각주의의 발달과 병행적으로 나아간다. 그런 감각주의는 물질적 향수를 일방적으로 추구하는 물질중심주의 생활을 요구한다. 그 결과 상공업 입국을 추구하고, 그것이 산업자본주의를 이끌어낸다. 국가는 본국 산업자본가의 이익을 보호하기 위해 국가 간에 치열한 경쟁을 일으키고, 결국 국가주의 방향으로 나아간다. 이렇게 국가와 국가의 경쟁이 심각해지면서 세계대전이 발발한다. 국내적으로는 상공업을 발전시키기 위해 개인주의와 자유경쟁을 촉진시키는 정책을 취하고, 그 결과 부를 획득하는 것을 최고의 가치로 여기는 세계관과 인생관이 보편화된다. 국외적으로는 국제무역의 자유를 내세워 다른 나라의 재부를 흡수하고, 국외투자를 명분으로 그 나라가 경제적으로 독립할 수 있는

기본을 무너뜨린다.[24]

여기서 장군매는 근대과학의 발전과 표리일체의 관계에 있는 근대자본주의의 발전 배후에 놓인 국가주의와 제국주의의 실상을 날카롭게 지적하고 있다. 이런 관점에 입각하여 장군매는 서구문명의 체질 자체가 과학과 기술에 의해 조성된 정신적 기초를 가지고 있다고 보면서 서구문명의 위기를 진단했던 것이다.

그러나 과학파의 대표적 논객인 호적은 서구과학이 이미 파산했다는 주장 자체를 인정하지 않는다. 앞에서 살펴본 것처럼, 과학은 서양에서 이미 깊이 뿌리를 내리고 있으며 또 확고한 지위를 가지고 있기 때문에 현학가나 반동적 철학가가 비판해서 무너뜨릴 수 있는 것이 아니라는 얘기다. 같은 과학파에 속하는 정문강은 전쟁 때문에 서구문화가 정말 파산했다고 한다면, 그것은 현학가나 교육자, 정치가의 책임이지 고상한 인격을 가진 과학자에게 그 책임을 지울 수 없다고 주장한다. 앞에서 우리는 이런 정문강의 인식이 현실감이 결여된 것이라고 말하는 진독수의 비판을 보았다.

유물론자 진독수는 서양문명의 위기가 단순히 과학기술의 발전 때문에 발생한 것이라고 말하는 현학파의 주장에는 동의하지 않는다. 과학은 그 자체로 중립적인 것이어서 선한 목적을 위해서도 악한 목적을 위해서도 사용될 수 있다는 것이 진독수의 일관된 입장이기 때문이다. 진독수는 과학이 쟁탈과 살상의 목적을 위해 사용되었다고 하더라도, 그것은 과학의 잘못이 아니라 "사회경제체제가 불량하기(社會經濟制度之不良)" 때문에 그렇게 된 것일 뿐이라고 말한다. 과학이 오용되는 원인을 단순한 사람의 문제가 아니라 사회경제적 조건에서 찾는다는 점에서 진독수와 정문강은 다르다. 진독수는 이렇게 말한다. "재산제도는 개인의 사유이지 사회의 공유가 아니다. 따라서 그것은 전적으로 과학 및 물질문명 자체의 죄악 때문에 발생한 것이 아니다. 우리는 감히 말할 수 있다. 과학 및 물질문명은 (…) 재산의 공유가 실현된 사회 안에서는 곧바로 이용후생의 원천이 된다."[25] 이런 진독수의 과학관 내지 문명관은 당시 중국을 방문했던 타고르의 서양문명 비판에 대한 반론으로서 피력된 것이다.

진독수는 5.4운동기의 과학담론에서도 과학의 오용은 과학을 잘못 사용하는 사람 탓이지 과학 탓이 아니라는 '과학의 중립성 테제'를 제기한 바 있다. 그러나 유물론자로서 진독수는 이런 테제에서 한 발 더 나아가 인류사에서 벌어지는 죄악, 특히 전쟁의 죄악, 피압박 민족에 대한 침탈의 죄악 등 과학기술과 결부된 이런 모든 죄악이 '과학문명 자체의 문제'가 아니라 사유재산제도 때문에 발생한 것이라고 주장한다. 만일 모든 사회가 재산을 공유하는 사회주의를 실현할 수 있다면, 과학문명은 경쟁의 도구로 사용되는 것이 아니라 사회 구성원을 위한 후생복지의 원천으로 기능할 수 있다는 주장이다.

마르크스주의자로서 진독수와 밀접한 관련을 가지고 활동했던 구추백의 과학 및 서양문명에 대한 평가는 훨씬 구체적이고 설득력이 있다. 예를 들어 「동방문화와 세계혁명(東方文化與世界革命)」(1923년 3월), 「현대문명 문제와 사회주의(現代文明門題與社會主義)」(1923년 11월) 등과 같은 글에서 구추백은 서양문명의 본질 자체가 과학을 기반으로 삼는 자본주의 문명이라고 주장한다. 그리고 그런 본질을 가진 서양문명은 중국의 봉건문명에 비해 민권과 진리발견에 있어서 더 높은 가능성을 가지고 있을 뿐 아니라 개인의 자유를 가능하게 하는 점에서도 더욱 유리하다.

> "따라서 과학문명은 대단히 수준 높은 민주주의적(민권적) 성질을 가지고 있다. 사람들도 진리를 발명할 수 있는 권리를 가지고 있다. 당신이 이런 민주주의적 권리를 향유하기만 한다면, 진리의 발명은 완전히 개인적 자유에 속하는 것이 된다."[26]

구추백은 자본주의 문명이 물론 민주주의적 가능성을 가지고는 있지만, 근본적으로는 경쟁이라는 전제 위에 성립되는 것이기 때문에, 그 자체에 비인도주의적 측면이 내재되어 있을 수 있다고 지적한다. 따라서 서양에서 발생한 문명의 위기는 어떤 면에서 필연적이었다고 말할 수 있다. 나아가 자본주의 사회에서 과학과 과학지식을 점유하고 있는 것은 극소수 엘리트 계층이기 때문에, 사람과 사람 사이에 불평등한 관계가 만들어지는 것은 거의 필연적이다. 불평등한 사회 안에서 인간소외는 일상화될 수밖에 없다. 이런 자본주의 사회 안에서 사상적 평등이나 민권이나 이상은 가능성으로서 존재하는 것이기는 하지만, 사실상 종이 위에서만 벌어지는 전쟁과 마찬가지인 것으로서 민권과 평등을 위한 투쟁은 공허한 일이 되고 만다. 구추백은 과학적 방법을 사회적으로 널리 응용하면 할수록 부자는 더욱 부자가 되고, 가난한 사람은 더욱 가난해지는 역설적인 결과가 초래되면서 시간이 지날수록 계급투쟁은 더 격렬해질 뿐이라고 주장한다.

> "사상에서 민권(민주)은 거의 종이 위에서의 전쟁 이야기와 다름없다. (…) 과학은 사람들로 하여금 법률상의 평등을 누릴 수는 있게 만들지만, 사실상의 평등을 잃어버리게 만들 수도 있다. 과학문명은 인류사회의 계급적 구분을 더욱 분명하게 만들 것이다."[27]
>
> "방법이 더욱 정교해질수록 부자는 더욱 부자가 되고, 사회 안에서의 계급투쟁은 더욱 격렬해질 것이며, 국가 간의 전쟁의 결과는 더욱 비참해질 것이다."[28]

서양문명의 본질이 위기를 내포하고 있다는 사실인식에 대해서 장군매를 비롯한 현학파와 진독수를 비롯한 유물사관파는 분명히 서로 공유하는 지점이 있다. 그러나 위기를 극복하기 위한 대안을 구상하는 곳에서 그들은 확연하게 달라진다. 그런 차이는 과학파산이라는 사실을 어떻게 볼 것인가에 대한 가치평가의 차이로 연결된다.

> "세계적 자산계급은 과학의 발달을 소수인의 행복을 위해 이용하고 있다. 그들은 눈을 부릅뜨고서 모든 정력을 바쳐 그다지도 정밀한 살인과 방화기계를 제조한다. 그럼에도 불구하고 세상의 혼란을 진압하지 못하고, 자신들의 지배적 지위를 보존하지도 못한다. 따라서 결론은 '과학무능'이라고 말할 수밖에 없을 것이다. 그런 사태는 종법사회의 심리와 영합하기 때문에 여기서 소위 '동방문화파'는 자기들의 생각과 합치하는 지점을 찾을 수 있었다. 그들은 '과학파산'을 부르짖지만, 그것은 사실과 전혀 다르다. 그것은 오직 종법사회 및 자산계급 문명의 파산에 불과한 것이다. 세계의 무산계급은 여기서 마땅히 그들의 적, 즉 자산계급이 두려워하는 무기를 이용해야 할 것이다. 그리고 식민지의 노동평민 역시 마땅히 그렇게 해야 한다."[29]

여기서 구추백은 동방문화파, 즉 현학파에 속하는 인사들이 내거는 '과학파산'의 구호가 사실은 잘못된 것이라고 말하고 있다. 왜냐하면 자산계급이 추진하는 과학기술에 의한 전쟁 도발과 식민지 침탈은 분명히 실패로 끝날 것이기 때문이다. 그러나 그렇다고해도, 그것은 과학 자체의 파산이라기보다는 자산계급이 만든 문명의 파산, 즉 자본주의의 파산에 불과한 것이다. 그리고 자산계급의 문명과 중국의 종법사회의 문명은 무산계급을 억압 · 침탈하는 것이라는 점에서 근본적으로 다르지 않다. 따라서 유물사관의 관점에서 말하자면, 장래에 자산계급이 실패하는 것이 분명한 것처럼, 종법사회가 몰락하는 것도 분명한 사실이다. 이처럼 유물사관파 논자들은 과학이 초래한 서양문명의 위기를 극복하는 방법으로 극기 · 내성 · 내면의 수양을 강조하는 현학파, 즉 구추백이 '동방문화파'라고 부른 그룹과 확연하게 대립한다.

유물사관파 논자들은 과학 자체의 파산에서 위기의 원인을 찾기보다는 계급사회의 확대와 격차의 확대에서 그 위기의 원인을 찾으려고 한다. 과학기술의 발달에 의해 초래된 문명의 위기를 극복할 수 있는 유일한 길은 과학에 의존하는 것이다. 그리고 자산계급의 이익을 위해 과학을 이용하는 것을 그만두고, 무산계급의 이익을 위해 과학을 사용해야 한다. 다시 말해, 과학기술을 발달시키면서 계급차별이 일어나지 않는 사회경제 체제를 만들어내는 것 이외에 다른 방법은 없다. 이렇게 유물사관파는 계급혁명의 필요성을 주장한다는 점에서 현학파는 물론 과학파와도 대립했던 것이다. 그런 점에서 이 세 그룹은 물과 불의 관계로 대립하면서 논쟁을 통해 근대 중국의 미래를 모색했다.

근대 중국에서 현학파와 과학파 그리고 유물사관파는 비유컨대 마치 삼각형의 세 꼭짓점과 같은 관계에 놓여 있었다. 다시 말해, 어느 두 입장을 하나로 합쳐서 다른 하나의 입장과 단순하게 대립시키는 것은 불가능하다. 셋 가운데 어느 두 그룹을 하나로 합치는 것은 상당히 어렵다는 말이다. 삼각형의 한 꼭짓점은 다른 두 꼭짓점과 반드시 하나의 변을 공유하지만, 그렇게 공유하는 변을 보고 두 꼭짓점이 동일한 관점과 지향을 가지고 있다고 판단하는 것은 속단이 될 수 있다. 따라서 세 꼭짓점은 어떤 지점의 일치를 근거로 동일성과 차이를 쉽게 말하기 어려운 면을 가지고 있다. 이처럼 상기의 세 그룹도 각기 독자적인 사유의 근거와 관점과 해결방법을 제시하는 세력으로서 존재해왔다.

제 8 장

과학적 인생관은 가능한가?

호적의 과학주의와 과학종교 도그마

들어가는 말

20세기 초 중국에서 발생한 신문화운동은 '과학'과 '민주'를 수용하여 전통적인 삶의 방식을 근본적으로 변혁하고자 했던 중대한 사건이었다. 학계에는 신문화운동을 주도했던 지식인들의 사상적 성취와 정치적 활동에 대한 상당한 연구가 축적되어 있다. 그러나 신문화운동에 대한 학계의 관심은 지금까지 '과학'과 '민주' 가운데 '민주'에 집중되어온 경향이 있다. '과학'은 최근에 들어와서야 진지한 주제로 부각되기 시작했다. 여기에는 당연한 이유가 있다. 중국은 전통적인 정치방식의 비민주성 때문에 서양과의 만남 앞에서 무너졌고, 급기야 반식민지로 전락해버렸다는 통절한 반성이 연구자들의 관심을 그 방향으로 몰고 갔기 때문이다. 서양과의 만남 이후, '민주'를 향한 여러 형태의 정치실험이 전개되고, 중국은 마침내 전혀 다른 두 가지 방식의 '민주'를 실천하는 분단국 상황에 접어든다. 따라서 근대 중국의 출발점이 된 신문화운동 시기의 '민주' 이념에 대한 탐색은 분단국이라는 현실을 이해하는 출발점으로서의 의미도 가질 수 있었다.

19세기 말부터 시작된 서양문명과의 만남 이후 중국인들은 전통적인 세계관을 지탱해온 유교에 의문을 제기하고, 그 체질을 바꾸는 일에 큰 관심을 쏟기 시작했다. 이는 크게 몇 가지 방향성을 가지고 있었다. 첫째,

유교를 비롯한 전통문명의 가치를 긍정하면서 문제의 근원을 외부에서 찾으려는 방향이다. 이 경우 중국의 위기는 기계 및 기술의 후진성에서 비롯된 것이기 때문에 서양에서 기술을 도입하여 위기를 극복하고자 한다. 둘째, 전통문명의 가치를 긍정하지만 새로운 정치질서를 수용하지 못하는 유교의 체질을 개혁하려는 방향이다. 이 방향을 취하는 사람들은 당시 위기는 단순히 기술도입으로 해결될 일이 아니며, 위기를 극복할 수 있는 새로운 제도를 도입하기 위해서는 근본적인 정치개혁이 필요하다고 주장한다. 셋째, 유교에 근거한 전통문명을 전면적으로 부정하는 방향이다. 이 방향을 지향하는 사람들은 근대문명이 단순히 서양의 가치가 아니라 인류가 나아가야 할 보편적 미래라고 주장한다. 그런 미래를 지배하는 것이 바로 과학이고, 과학을 만드는 정신이다. 따라서 과학 및 과학정신을 무시하는 표피적인 기술도입은 미봉책일 뿐, 근본적인 개혁에 도움이 되지 않는다는 입장이다.

이 가운데 세 번째 방향은 정치적 입장의 차이에 따라, 자본주의적 서구화를 지향하는 진영과 유물론철학을 수용하며 사회주의적 서구화를 지향하는 진영으로 나눌 수 있다. 앞의 두 방향은 과학을 주로 기술의 차원에서 이해하고, 기술의 진보에 도움을 주는 과학 및 과학적 방법을 보완하면 중국이 처한 위기를 극복할 수 있다고 낙관한다는 점에서 일맥상통한다. 그러나 세 번째 방향을 취하는 사람들은 내부적으로 나뉘지만, 크게 보면 중국의 문화전통 자체에 회의적이다. 그리고 이렇게 여러 지향점들 간의 차이로 중국사상계는 치열한 논쟁에 휘말린다.

서양의 과학기술을 받아들이는 것과 중국의 사상전통을 긍정적으로 재해석하는 일은 양립할 수 있는가? 왜 그런 의견의 차이가 발생하는가? 유교는 왜 과학방법 내지 과학적 사유와 조화를 이룰 수 없는가? 과학은 그 자체로 하나의 종교가 될 수 있는가? 다시 말해 과학이 그 자체로 인생관(세계관)이 될 수 있는가? 1923년에 발발한 '과학과 인생관(현학)' 논쟁은 이런 문제를 둘러싸고 벌어진 '문화전쟁', 즉 '세계관 전쟁'이었다.

이 장에서는 '과학과 인생관' 논쟁에서 호적胡適의 입장에 주목한다. 즉, '과학파'의 입장을 지지하면서 과학방법에 의거해 국학연구의 새로운 길을 제시한 호적이 전망하는 새로운 인생관과 그 인생관의 기본신조라고 할 수 있는 '과학종교 도그마'에 대해 살펴볼 것이다.

'과학과 인생관' 논쟁과 호적

호적은 '과학과 인생관' 논쟁에 직접 참여하지는 않았다. 하지만 논쟁이 발발하기 전부터 과학과 전통의 관계문제에 깊은 관심을 가져왔고, 그의 사상 및 학술활동 자체가 그 주제에 대한 대답을 모색하는 과정에서 이루어진 것이기 때문에, '과학과 인생관' 논쟁에 대해 언급하면서 호적을 무시하는 것은 커다란 공백을 남기는 일이 된다. 호적은 과학과 전통이라는 두 문화의 대립에 대해 숙고하면서 결국 '과학적 인생관'의 수립이라는 결론에 도달했다.

호적에 따르면, 과학은 삶의 의미 및 삶의 태도와 무관한 단순한 기술이 아니다. 그리고 기술을 만들어내는 방법론에 그치는 것도 아니다. 호적은 과학이 민주를 뒷받침하는 버팀목이라고 생각한다. 과학은 민주주의를 수립하기 위한 전제인 것이다. 과학과 민주는 분리되지 않는 하나의 삶의 태도이자 가치관이다. 다시 말해, 호적은 과학이 하나의 '인생관'이고 '세계관'이라고 생각한다. 호적은 당시 중국에서 민주주의가 뿌리내리지 못하는 이유가 과학에 대한 이해부족 때문이라고 생각했다. 과학에 근거하는 삶의 태도가 제대로 자라지 못했기 때문에 민주주의를 달성한다는 목표조차 요원한 것이 되어버렸다는 입장이다. 호적이 보기에, 중체서용론 이후 청말에서 민국초기에 등장한 사회개혁론이 큰 성과를 거두지

호적

못한 이유는 과학을 단순히 기술 차원에서만 받아들이며, 과학을 삶의 의미 및 가치관의 문제와 분리시켰기 때문이다.

호적은 과학이 단순한 지식탐구의 방법이 아니라 하나의 인생태도이며, 그것이 정치적 장에서는 민주와 자유라는 형식으로 등장한다고 생각한다. 민주와 자유가 완성되기 위한 전제가 다름 아닌 과학이라는 것이다. 그렇게 과학과 민주가 공존할 때에만 중세적 신비주의와 '미신'을 극복한 새로운 방식의 종교를 수립할 수 있다. 호적이 지향하는 것은 근대과학에 입각한 새로운 종교, 즉 '자연주의' 종교를 만들어내는 것이었다. 호적은 중국이 근대화를 이루기 위해서는 유교적 가치에 의해 지배되는 전통적 삶을 부정하고, 당시 인류가 지향하는 보편적 가치인 '과학적 인생관'을 습득해야 한다고 주장한다. 철저한 근대적 보편주의자였던 호적은 각 문명이 지닌 본래적 가치를 인정하지 않았던 것이다.

호적은 서양의 과학이념을 수입하고 중국에서 근대적 과학론이 확산되는 데 기여한 핵심인사였다. 그가 중국의 근대적 지식세계를 개척하고 정립한 인물이라는 사실을 부정할 사람은 없을 것이다. 그의 학문적 성취가 철저하게 과학적 방법과 태도에 기반하고 있다는 점에서, 그의 과학이해는 근대기 중국인의 생각을 대표하는 위치에 있다고 말할 수 있다. 명실공히 호적은 신문화운동 시기 중국의 문화적 대변혁을 상징하는 인물인 셈이다. 그의 관심은 몇 가지 방향으로 퍼지면서 1930~40년대 이후 전개된 중국사상의 다양한 발전의 복류로서 존재했다.

'과학과 인생관' 논쟁에서 현학파를 대변하는 장군매를 지원하는 대표적인 인물이 양수명梁漱溟이었다면, 과학파를 대변하는 정문강丁文江을 전폭적으로 지원했던 인물이 바로 호적이었다. 당시 공산당 서기를 맡고 있던 진독수陳獨秀는 넓은 의미에서 과학파를 지지한 것으로 볼 수 있지만, 그의 입장을 단순하게 과학파라고 분류하기는 어렵다.

'과학과 인생관' 논쟁이 한참 전개되고 있을 때, 호적은 요양을 위해 항주에 머무르고 있었다. 그는 과학파의 논설들이 게재되던 『노력주보』의 주편主編을 맡고 있었으며, 특히 과학파의 주장主將이었던 정문강은 글을 쓸 때마다 호적의 자문을 구했다. 호적은 그림자 논객으로서 논쟁에서 중요한 위치를 가지고 있었던 것이다.[1]

호적과 '과학적 인생관'

『과학과 인생관』의 「서문」에서 호적은 논쟁을 총평하는 동시에 논쟁의 미진함을 보충한다. 호적은 먼저 당시 사상계의 중진인 양계초를 비판하면서 글을 시작한다. 당시 사회적으로 여전히 영향력을 가지고 있던 양계초는 과학파와 현학파를 모두 비판하는 중도파의 인물로 분류되지만, 기본적으로는 인생관파(현학파)에 속하는 인물이라고 보는 것이 타당하다. 양계초는 서양에서 과학이 심각한 사회적 위기를 초래했다는 사실을 지적하면서 맹목적인 과학확대의 위험성을 경고하는 입장을 가지고 있었기 때문이다. 호적은 그런 양계초를 표적으로 삼으면서 '과학파산론'자라는 꼬리표를 붙여 공격한다. 호적은 '과학파산론'이 과학에 대한 부정적 인식이 확산되는 데 기여할 뿐 중국의 사회발전이나 건전한 인생관의 형성에 긍정적인 작용을 하지 못했다고 생각한다. 과학을 적극적으로 수용하는 것만이 중국의 위기를 극복하는 유일한 길이라고 보았던 호적은 과학적 방법과 과학적 정신에 입각한 사회발전을 이루는 것이 무엇보다 절실하다고 역설했다.

여기서 우리는 호적이 과학이론이나 과학지식의 습득 그 자체보다는 과학을 수행하는 정신과 그 방법의 수용을 강조하고 있다는 사실에 주목할 필요가 있다. 그가 보기에 중국이 필요로 하는 것은 과학정신과 과학방법에 근거하여 상업과 산업을 발전시키는 일이었다. 요컨대 계몽사상가로서 호적의 학문적 목표는 한 마디로 '과학적 인생관'을 중국사회에 뿌리내리는 것이었다.

> "우리가 알아야 할 사실이 있다. 유럽의 과학은 이미 깊은 뿌리를 내리고 꽃봉오리를 맺는 단계에 도달해 있을 뿐 아니라 현학귀玄學鬼의 공격을 두려워하지 않는다는 사실이다. 몇몇 반동적 철학자들은 평소에는 과학이 안겨주는 단맛을 즐기면서도, 어쩌다 과학에 대해 몇 마디 불만 섞인 말을 던지고 소란을 피운다. 마치 맛난 고기와 생선을 먹는 것에 질린 부자들이 야채와 두부를 맛보고 싶어 하는 것과 다를 바 없다. 그러나 이런 반동은 그다지 위험할 것도 없는 일이다. 불꽃을 휘날리며 빛나는 과학은 몇 사람의 현학귀들이 뒤흔들 수 있는 것이 아니기 때문이다. 그러나 중국에서는 사정이 조금 다르다. 지금의 중국은 아직 과학의 은혜를 아직 충분히 누리고 있지 못하고 있을 뿐 아니라 과학이 가져다주는 재난에 대해 말하기는 여전히 시기상조라고 할 수 있다. 한번 눈을 크게 뜨고 잘 살펴보자. 중국을 뒤덮고 있는 저 푸닥거리에 빠져 있는 도교 사원들, 세상을 가득 채우는 저 신선과 귀신의 형상들, 이렇게 불편한 교통, 이처럼 낙후한 산업 등등. 우리가 어찌 과학을 배척할 자격이 있는가? 인생관에 대해 말하자면, 우리는 오직 관료로 출세하고 돈을 버는 인생관만을 가지고 있었다고 말할 수 있다. 오직 하늘에 의지하고 밥을 먹는 것만을 중시하는 인생관을 가지고 있다. 오직 귀신에게 빌고 점치는 것만을 강조하는 인생관을 가지고 있다. 중국인이 가진 것이라고는 오직 『안토전서安士全書』의 인생관이고 『태상감응편太上感應篇』의 인생관이다. 중국인의 인생관은 아직 과학과 제대로 통성명도 하지 못한 상태에 있다. 이런 시대에 우리는 과학의 진흥이 충분하지 않은 것 때문에 고통을 받고 있고, 과학교육이 발달하지 않은 것 때문에 고통을 받고 있고, 전국을 뒤덮고 있는

더러운 연기를 제거할 능력이 없기 때문에 고통을 받고 있다. 이럴 때에 유명한 학자가 목소리를 높이며 '유럽과학의 파산'이라는 구호를 외치고, 유럽문화 파산의 죄명을 과학에 전가하고, 과학을 비난하고, 과학자들의 인생관의 죄상을 밝히고, 과학이 인생관에 어떤 영향을 주는 것이 불필요하다고 주장할 것이라고는 생각도 하지 못했다. 과학을 신앙(신봉)하는 사람은 이런 현상을 보면서 슬픔을 느끼지 않는가? 큰 소리로 과학을 위해 변호하고 싶은 생각을 갖지 않는가?"[2]

낙후된 중국의 현실을 고려할 때, 과학의 파산을 주장하는 목소리가 중국사회의 발전을 가로막는 반동적 주장이 될 수밖에 없다는 것이 호적이 쓴 「서문」의 핵심이다. 당시 서양에서 확산되고 있던 과학파산론은 충분히 발달한 과학을 향유하고 있던 서양에서의 일이기 때문에, 그 나름의 합리성을 가진다. 그러나 종교 · 교통 · 사회인프라 · 산업발전이라는 측면에서 아직 걸음마도 떼지 못한 중국이, 과학이 일으키는 재난과 과학의 파산을 말하는 것은 시기상조이며 어불성설이라는 것이 호적의 입장이다.

나아가 호적의 발언에서 눈에 띄는 것은, 당시 민중의 삶에서 여전히 중요하게 작용하고 있던 도교 및 도교에 바탕을 둔 민속신앙을 중국이 처한 낙후성의 사례로 지적하고 있다는 사실이다. 호적이 언급하는 『안토전서』나 『대상감응편』은 대중의 전폭적 지지를 받고 있는 민간신앙 혹은 민중도교의 경전이었다. 호적은 그런 민중의 신앙을 미신이라고 폄하하면서 과학이 발달하면 미신은 사라질 것이라는 계몽주의적 종교관을 공유하고 있었던 것이다.[3]

호적은 전형적인 과학계몽주의의 입장에서 과학적 태도와 과학적 사고가 발전하기 위해 과학 자체의 발전이 먼저 이루어져야 한다고 강조한다. 과학적 사고와 과학적 태도에 의해 뒷받침되는 인생 태도, 그것이 바로 호적이 강조하는 '과학적 인생관'이었다. 또한 호적은 과학이 일으킬 수 있는 재난을 염려하면서 과학의 파산을 주장하는 사람들을 '현학귀玄學鬼'라고 비하한다. 이는 '과학'이라는 새로운 인생관의 수용을 거부하면서 낡은 형이상학(혹은 종교)의 '미신'에 사로잡혀 있는 사람들이라는 말이다. 결국 호적의 '과학적 인생관'은 낡은 미신을 대체하기 위해 새로운 과학종교(신앙)를 수립하려는 시도에 다름 아니었다. 호적은 새로운 종교를 만든다는 의도를 가지고 '과학적 인생관'을 전도하려고 했던 것이다. 그의 과학수용은 단순한 과학지식의 습득에 그치지 않고 인생관 수준에서의 삶의 가치의 변혁, 즉 '종교적 회심(religious conversion)'에 육박한다.

이런 견지에서 호적은 '과학과 인생관' 논쟁의 쌍방이 "과학이 인생문제를 해결할 수 있는지 없는지에 대해 '모호한 논쟁(籠統地討論)'을 벌였을 뿐, 우리가 과학을 적용하여 어떤 인생관을 만들어야 하는지 명확하게 지적하는 사람은 한 사람도 없었다"[4]고 아쉬움을 표현한다. 논쟁에 참여한 사람들은 서로 감정적인 주장을 내세웠을 뿐, 구체적으로 과학을 도입한 인생관 자체에 대해 구체적이고 깊이 있는 사고에 도달하지 못했다고 평가한 것이다.[5]

새로운 종교로서 과학

호적의 과학신앙, 즉 '과학적 인생관'을 본격적으로 해명하기 전에 호적이 생각하는 '과학'이란 무엇인가에 대해 살펴보자. 호적은 과학을 '사실과 증거'를 기초로 '귀납과 연역'의 논리에 의해 수립된 지식이라고 생각한다.[6] 간단히 말해, 사실(증거)을 기반으로 논리적인 조작을 통해 만들어진 지식이다. 그런 입장을 그는 '실험주의'라고 부르고 있다. 이는 미국 유학 시절 자신의 지도교수였던 존 듀이(John Dewey)로부터 배운 '실용주의'를

존 듀이의 초상화(전면)와 유학시절 호적과 함께(아래)

중국식으로 번역한 개념이다. 호적이 수립하려고 했던 '과학적 인생관'이란 그런 실험주의적 과학정신에 근거를 두는 삶의 방식이자 삶의 태도였다. 그는 이렇게 말한다.

> "오늘날 과학자들이 가장 일반적으로 그리고 아무런 선입견 없이 공통으로 승인하는 '과학적 인생관'을 가지고, 인류 세계관의 '최소한도의 일치'를 발견할 수 있다."[7]

호적의 이 발언은 상당히 중요하다. 특히 호적이 요구하는 것은 '최소한도의 일치'였다는 사실을 기억할 필요가 있다. 왜 최대한이 아니고 최소한인가? 만일 어느 사회가 어떤 사유나 관점을 그 사회 안에서 '최대한도로 일치'할 것을 추구한다면, 그것은 곧 독재·전제정치가 될 수 있기 때문이다. 호적은 그런 요구가 지배했던 서양의 중세사회가 사상의 몽매화를 초래했다는 사실을 잘 알고 있었다. '최대한의 일치'가 곧바로 몽매화라는 비과학적인 태도로 전환할 수 있음을 알았기 때문에, 호적은 '과학적 인생관'에 입각한 '최소한도의 일치'를 요구한 것이다. 그렇게 본다면, 호적은 과학만능주의가 전체주의로 전환할 수 있다는 위험성을 이미 자각하고 있었으리라 추측해볼 수 있다.

실제로 '과학과 인생관' 논쟁에서 정문강을 비판했던 양계초는 정문강이 주장하는 과학만능주의가 자칫하면 과학적 독재로 이어질 수 있음을 지적한 바 있다. 따라서 그 논쟁을 총정리하는 입장에서 「서문」을 쓴 호적이 양계초의 그런 비판을 의식하고 있었으리라는 것은 충분히 예상 가능하다.[8] 과학의 장점을 부정할 수는 없지만, 과학의 만능을 강조하다 보면, 자칫 독재적 혹은 전제적 사유를 강요하는 입장으로 전락할 수 있는 위험성을 가지게 된다. 모든 종교가 그러하듯, 절대적 일치 혹은 최대한의 일치를 요구하는 신념은 곧장 미신으로 치닫기 쉽다.

호적은 서양의 역사에서 천년 이상을 지배하던 종교적 신神 혹은 상제上帝의 만능성에 대한 신앙은 이미 무너졌다고 말한다. 그리고 이제는 '과학'이 낡은 과거의 신앙을 대체해야 한다고 주장한다. 과학은 중세기에 종교가 차지했던 만능의 위치를 차지했고, 머지않아 '과학만능'의 시대가 열릴 것이 틀림없다고 보았기 때문이다. 만능의 자리를 차지하게 될 과학이 인생에서 위력을 드러내 과학에 입각한 새로운 신앙인 '과학적 인생관'을 구축하고, 그것이 인류 전체를 위한 공동의 신앙이 되어야 한다는 것이 호적의 희망이었다. 머지않은 장래에 과학은 과거에 종교가 담당했던 역할을 대신할 수 있고, 대신해야 하는 것이었다. 그러나 그런 경우에도 인류에게 요구되는 것은 '과학적 인생관'에 입각한 '최소한의 일치'일 뿐이라는 사실을 호적은 잊지 않았다.

> "〔과거의〕 종교는 유신론과 영혼불멸론을 무기로 천년 이상이나 되는 오랜 기간 동안 유럽(어찌 유럽뿐이겠는가 마는)의 인생관을 통일하는 데 기여했다. 만일 우리가 신앙하는 '과학적 인생관'이 장래에 교육과 홍보의 힘을 빌려, 마치 중세유럽에서 유신론과 영혼불멸론이 성행했던 것과 같이 세상을 풍미할 수 있다고 한다면, 그런 보편적 현상 자체가 우리가 말하는 소동소이小同小異의 일치라고 평가할 수 있을 것이다."[9]

흔히 '대동소이의 일치'는 '최소한의 일치'와 반대되는 것이다. 호적은 하나의 사상, 하나의 신앙으로 모든 차이를 부정하고 통일하는 '대동소이의 일치'를 지향하지 않는다. 대신 과학이 새로운 세계관, 새로운 인생관으로서 미래의 종교가 되어야 한다고 믿는다. 과학 및 과학에 근거하는 '과학적 인생관(세계관)'이 마치 중세기 서양에서 기독교가 보편적 세계관으로 기능했던 것처럼, 미래의 보편적 세계관이 될 수 있을 것이라는 순진한 낙관주의를 여과 없이 드러내고 있는 것이다. 하지만 그는 현학가의 전멸이나 말살을 기도하지는 않았다. 존 듀이의 제자답게 자유주의자였던 호적은 자유주의적 관용이라는 덕목을 망각하지 않았던 것이다.

호적의 10계: 과학종교 도그마

이어서 호적은 오치휘吳稚暉가 「신앙적 우주관 및 인생관(一個信仰的宇宙觀及人生觀)」에서 제시한 입장을 높이 평가하면서, '과학적 인생관'의 핵심주장으로 진입한다. 오치휘의 입장이 낡은 종교를 대체할 수 있는 새롭고 독자적인 우주관과 인생관을 대담하게 표현한 것이라고 보았기 때문이다.

> "그(오치휘)의 이 새로운 신앙은 바로 장군매 선생이 비판했던 '기계주의' 그리고 양임공(양계초) 선생이 비판한 '순물질적 · 순기계적 인생관'이라고 말할 수 있다. 그(오치휘)는 한 번 붓을 휘둘러 상제를 제거하고 영혼을 말살시켜버렸다. 나아가 인간이 만물의 영장이라는 신비마저도 찔러 죽여버렸다. 이런 모든 것이야말로 그의 진정한 도전이다."[10]

호적에 따르면, 오치휘의 공적은 물질적이고 기계적인 관점에서 초월적 상제와 영혼의 존재를 제거한 것이다. 인간에게서 상제와 영혼을 제거하고 나면, 남는 것은 어떤 신비도 갖지 않는 물질의 덩어리다. 이제 인간은 순물질 덩어리로서 과학적 분석이 되는 대상으로 전락하고 만다. 호적은 오치휘의 공적을 높이 평가하면서 물질주의와 기계론에 입각한 과학 및 과학적 태도가 새로운 인생관의 기초가 되어야 한다고 말한다. 이어 자신이 생각하는 새로운 신앙으로서 '과학적 인생관'의 구체적 내용을 10개 항목으로 제시한다. 여기서 호적이 말하는 과학의 범주는 천문학 · 물리학 · 화학 · 생물학 · 생리학 등 좁은 의미의 자연과학에 한정되지 않는다. 호적은 객관적인 실험이나 실증적 검증방법을 동원하는 모든 형태의 지식체계를 과학이라고 생각했다. 좁은 의미의 과학뿐 아니라 심리학 및 사회학 등 인간의 마음이나 사회의 구조 및 작동원리를 탐구하는 넓은 의미의 과학이었던 것이다.

나는 호적의 '과학적 인생관'을 구성하는 10개 항목을 '과학종교(신앙) 도그마' 혹은 '과학적 인생관 도그마'라고 부를 수 있다고 생각한다. 이것은 전형적인 '자연주의' 내지 '물리주의'의 도그마였다. 호적 본인도 지적하고 있는 것처럼, 인생관파의 리더였던 장군매張君勱는 그런 과학파의 입장을 '기계주의'라고 비판하고 있다. 사실상 호적이 제시한 '과학종교 도그마'는 19~20세기 과학의 기본적인 입장을 정확하게 반영하고 있는 것이기 때문에, 그것 자체는 호적 개인의 독창적인 아이디어가 아니다. 하지만 호적의 '과학종교 도그마'는 근대 과학적 세계관(인생관)의 핵심을 매우 잘 요약하고 있다는 점에서 1920년대 중국의 과학이해의 수준을 보여주는 것으로서 의미가 있다. 이런 물리주의 혹은 자연주의는 20세기 중후반을 거치면서 좁은 의미의 과학영역에 한정되지 않고, 거의 모든 현대적 의미의 학문의 금과옥조로서 폭넓은 지지를 얻고 있다고 말할 수 있다. 이제 '과학종교의 도그마'를 하나하나 검토해보자.[11]

(1) 도그마 1 : 공간은 무한하다.
"천문학과 물리학의 지식에 근거할 때 공간이 무한한 것임을 알 수 있다."[12]

(2) 도그마 2 : 시간은 무한하다.
"지질학과 고생물학의 지식에 근거할 때 시간이 무한한 것임을 알 수 있다."[13]

먼저 호적은 물리학 및 지질학 등 근현대과학을 원용하여 근대적인 무한공간론, 무한시간론을 과학종교의 근본도그마로 제시한다. 근대과학은 공간과 시간이 인식의 전제가 되는 선험범주라고 본다. 인간의 정신을 넘어서는 절대적 시간과 공간이 독자적으로 존재한다는 것이다. 게다가 시간과 공간은 무한하다는 것이 근대물리학의 기본전제이기도 하다(21세기의 우주론에서는 공간과 시간이 독립적이고 절대적으로 존재하는 어떤 것이 아니라 인간이 만들어낸 상상적 범주라고 보기도 한다). 근대과학을 이론적으로 합리화하는 역할을 떠맡은 칸트의 인식론은 시간과 공간을 인간의 인식과 독립시켜 존재하는 선험적 기본범주로 설정하는 전형적인 이론이다. 칸트를 근대철학의 완성자로 보는 이유는 바로 칸트가 근대과학에 철학적 인식론의 근거를 제공했다고 보기 때문이다.

(3) 도그마 3 : 우주는 외부적 원인이 없이 자연적으로 운동한다.
"모든 과학에 근거할 때 우주 및 우주 안에서 만물의 활동과 변화는 모두 자연적이라는 사실을 알 수 있다. 다시 말해 우주는 스스로 지금의 모습을 가지게 된 것이지, 자연을 초월하는 주재자 혹은 조물자를 필요로 하지 않는다."[14]

(4) 도그마 4 : 생명의 세계는 냉혹한 약육강식의 세계다.
"생명과학의 지식에 근거할 때 생물계의 생존경쟁의 낭비와 잔혹함에 대해 알 수 있다. 따라서 생명을 아끼는 덕성을 가진 주재자의 존재에 대한 가설은 성립할 수 없다는 사실이 분명해진다."[15]

과학종교의 제3·제4도그마는 소위 '자연주의 도그마'의 핵심으로서, 유신론적 초월자나 창조신의 존재를 부정하고 있다.

호적은 '제1도그마'인 공간의 무한, '제2도그마'인 시간의 무한이라는 전제 위에서, 자연주의를 주장하는 '제3도그마'를 제시한다. 자연주의에 따르면, 우주는 신적인 기원을 가지고 있지 않다. 따라서 자연을 가능하게 만든 초자연적 신의 존재, 비물질적인 정신 혹은 절대정신의 존재는 부정된다. 우주 만물은 오로지 물질적인 요소로 구성되며, 자연적 운동과정에서 저절로 등장한 것에 불과하다. 인간은 물론 모든 생명체가 다 그렇게 자연적으로 출현한 것이다. 결국 자연주의 혹은 물질주의란 우주의 존재를 설명하기 위해 어떤 특별한 정신적 존재, 물질을 창조한 신적 존재를 상정하지 않는 철저한 무신론적 입장을 견지한다. 나아가 호적은 '제4도그마'에서 생명계가 초월적 주재자의 사랑과 보호 아래에서 살아간다는 믿음을 철저하게 거부한다. 따라서 이를 무신론 도그마라고 부를 수 있는 것인데, 이 도그마는 '제3도그마'인 자연주의 도그마의 자연스럽고 필연적인 귀결이다.

제1·제2도그마는 근대과학의 기본원리라고 할 수 있는 무한우주론 도그마다. 근대 이전의 우주론에서는 우주가 지구를 중심에 두고 운동하는 천체로 상정되었다. 지구는 우주의 중심으로서 유일신에 의해 창조된 것이며, 피조물인 인간과 생명체가 사는 공간이다. 지상에서 달의 궤도에 이르는 공간, 즉 달 궤도 아래는 지상의 힘이 작용하는 월하月下 세계이며, 그 궤도를 넘어서면 천상의 힘이 작용하는 천상계天上界가 펼쳐진다. 전체적으로 볼 때 우주는 유한한 공간으로 상정되었다. 그러나 근대과학은 그런 지구중심주의를 타파하고, 중세의 '닫힌 우주론'을 부정하면서 무한한 '열린 우주론'을 제시한다. 근대과학에 의해 우주는 무한한 '시간 = 공간'으로 재정립된 것이다.

한편 근대 이전의 서양적 세계관에서는 공간은 닫혀진 것이며, 시간은 창조에서 종말에 이르는 직선적이고 유한한 폭과 길이를 가지는 것으로 상정되었다. 그러나 근대과학은 시간을 직선적인 것으로 본다는 점에서 기독교의 시간관을 어느 정도 계승하고 있지만, 무한한 과거에서 무한한 미래로 이어지는 시간관을 도입하면서 종교적 시간관과 결별했다.

시공의 무한성을 말하는 '제1·2도그마'와 신의 존재와 개입을 부정하는 '제3 · 4도그마'는 연속된다. 호적의 '제3도그마'는 서양적 의미의 유신론적 창조론을 부정한다는 점에서 근대적이었다. 하지만 모든 종교가 유신론적 전제를 가지고 있었던 것은 아니라는 점에서, 호적의 '과학종교 도그마' 자체가 서구적 관점을 무비판적으로 받아들인 것이라고 말할 수도 있다. 호적의 '과학종교 도그마'는 무엇보다 근대 이전 서양에서 당연시되었던 유신론적 우주론을 타파하고 자연주의적 우주론을 확립하는 것을 목표로 삼는 서양의 관념적 전제를 그대로 수용한 것이었기 때문이다.

호적의 도그마에서 모든 유신론적 세계관은 종교 혹은 미신으로서 부정되고 있다. 당시 중국의 계몽주의자들은 근대과학의 유물론적 자연주의를 받아들이는 동시에, 기독교를 종교의 모델이라고 보는 문화적 편견까지도 그대로 수용했다. 그런 점에서 그들은 전형적인 서양의 근대주의적 편견에 사로잡혀 있었다고 말할 수 있다. 그런 편견 때문에, 종교(미신)에 사로잡힌 중세의 낡은 세계관을 무너뜨리기 위해서는, 근대과학이 전제하고 있는 무한시공론과 신에 의한 창조를 오류라고 보는 무신론적 자연주의를 받아들이는 것이 필요하다고 생각했던 것이다.[16]

(5) 도그마 5 : 인간은 특별한 존재가 아니다.

"생물학과 생리학 그리고 심리학의 지식에 근거할 때 인간은 동물의 일종에 불과할 뿐이다. 인간과 다른 동물의 차이는 정도의 차이일 뿐, 종류 그 자체에서 오는 근본적인 차이가 아니라는 것을 알 수 있다."[17]

(6) 도그마 6 : 생명은 진화의 법칙을 따른다.

"생물의 과학 및 인류학 · 인종학 · 사회학의 지식에 근거할 때, 우리는 생물 및 인류사회의 진화의 역사 및 진화의 원인을 알 수 있다."[18]

(7) 도그마 7 : 모든 정신현상은 물리적 원인을 가진다.

"생물적 혹은 심리적 과학에 근거할 때 모든 심리적 현상은 반드시 어떤 원인을 가진 것임을 알 수 있다."[19]

이어서 '제5도그마'에서 호적은 생물학 · 생리학 · 심리학 등 근대의 과학지식을 원용하면서 인간의 특별함을 강조하는 전통종교에 충격을 주려고 한다. 호적은 소위 '우주 안에서의 인간의 특수한 지위'를 부정하고, 인간과 동물의 근본적 차이를 무화시키면서, 인간과 동물의 차이는 근본적 · 본질적 차이가 아니라 정도의 차이에 불과하다고 주장한다. 앞에서 본 '제4도그마'는 자연에 대한 신의 개입을 부정하고, 자연은 냉혹한 약육강식의 투쟁의 장에 불과하다는 다윈적 진화론의 입장을 표명하는 것이라고 볼 수 있다. 진화론은 인간이 신에 의해 창조된 특별한 피조물이라거나 만물의 영장으로서 특별한 가치를 가진 존재라고 보는 전통적 인간중심주의를 부정한다. 인간은 자연의 일부이자 여러 동물의 하나일 뿐이라고 보면, 인간을 객관적이고 분석적으로 대상화할 수 있는 길이 열린다. 그것이 근대과학, 특히 생물과학이 인간을 대하는 방식이었다. 호적 역시 그런 과학주의적 자연주의 인간관을 받아들여 과학종교의 도그마를 정립하려 하고 있다.

'제6도그마'는 진화론 도그마, '제7도그마'는 정신은 물질현상의 일부에 불과하다고 보는 자연주의 내지 물리주의 도그마의 연장선에서 제기되는 물리주의적 인과론 도그마다. '제5도그마'에서 동물의 한 종에 불과한 것으로 규정된 인간은 생물학적 진화의 법칙의 틀 안에서 해명되어야 한다는 주장이 자연스럽게 뒤따라 나올 수 있다. '제6도그마'가 그런 주장을 담고 있다. 그리고 여기서 인간의 정신이나 마음이 어떤 특별한 힘과 가치를 가진 것이 아니라 물질의 운동과 변화에 수반되는 물리적 자연현상의 하나로 규정되는 길이 열리게 된다. 나아가 '제6도그마'는 진화의 법칙을 자연계에 국한하지 않고, 사회 및 문화의 발전과 진보를 이해하는 데 적용하려는 사회진화론적 관점을 표명하는 것으로서 주목할 가치가 있다. 생물학과 물리학의 이론을 동원하여 인간은 물론 사회와 문화를 이해하는 것이 가능하고, 또 그것으로 충분하다는 생각이 나올 수 있는 기반이 만들어진 것이다.

호적과 대립했던 현학파 논자들은 인간에게 '자유의지'가 존재한다는 관점을 포기하지 않았다. 그들은 '자유의지'를 해명할 수 없다는 것이 과학의 최대 한계라고 생각했고, 그런 점에서 과학이 세계관이나 인생관 문제를 해결할 수 없다는 주장을 펼쳤다. 그러나 호적은 그런 현학파의 주장을 공격하기 위해 철저하게 자연주의적 관점에서 인간의 정신현상이 물질적 인과법칙에 종속된다는 것을 강조했다. 호적은 현학파의 핵심논점 가운데 하나인 자유의지론의 존재를 부정하기 위해 '제7도그마'를 제시한 것이다. 그러나 과학주의자 호적이 기대했던 것과 달리, 자유의지문제는 오늘날에 이르기까지 여전히 해결되지 않는 철학 및 과학의 난제로 남아 있다.

> (8) 도그마 8 : 과학으로 사회변화의 법칙을 파악할 수 있다.
> "생물학 및 사회학의 지식에 근거할 때 도덕예교는 변화하는 것이라는 사실을 알 수 있다. 그리고 그런 변화의 원인은 과학적 방법으로 찾아낼 수 있다."[20]

이어서 호적은 '제8도그마'를 통해 도덕성문제로 논의를 확대한다. 호적은 도덕문제가 종교의 핵심이라고 보았기 때문에 이 문제를 과학종교 도그마의 하나로 다루는 것이 필요하다고 보았던 것이다. 호적은 전통적으로 인간됨의 근거인 도덕, 그의 표현에 따르면 도덕예교라고 불리는 도덕원리가 불변하는 것이 아니라 사회변화와 더불어 역사 안에서 끊임없이 변하는 것이라고 말한다. 도덕이나 도덕적 가치는 신적 존재나 영웅적인 성현의 가르침에 의해 수립된 확고 불변의 것이 아니다. 도덕은 역사적 진화과정에서 자연스럽게 발생하고 변해가는 것에 불과하다. 그렇다면 전통적인 도덕가치를 금과옥조로 삼아 시대흐름에 따른 변화를 거부하는 것은 비과학적인 태도가 될 뿐이다. 여기서 호적은 전통적 가치를 상대화시키고, 그런 전통적 도덕의 변화나 변용의 과정 역시 과학적으로 해명할 수 있다는 주장을 펼치고 있다. 호적은 '과학종교 도그마'를 도덕의 의미와 사회변화를 설명하는 원리로 확대하면서, 전통문화의 구속이나 전통적 습속의 속박이 근거가 없는 것임을 강조하고 있다. 만일 호적의 말이 사실이라면 전통적 가치는 얼마든지 변혁 가능하고 그렇게 변혁하는 것이 과학적으로 정당화될 수 있다. 따라서 '제8도그마'는 '모든 가치의 전도'를 요구하며 전통적 가치의 총체적 전환을 주장하는 호적의 계몽가로서의 입장을 제시하는 것이라고 볼 수 있다.[21]

이상의 도그마를 통해 호적은 우주 안에서 인간의 특수한 위치, 인간의 자유의지, 도덕적 가치의 불변성을 모두 부정했다. 그렇다면 이제 인간에게 남는 것은 무엇인가? 호적의 자연주의적 입장에 따르면, 결국 인간은 그저 물질의 덩어리에 불과한 존재가 된다. 나아가 인간은 약육강식의 지배를 받는 세포의 집합이거나 물리화학적 분자 덩어리에 불과한 존재로 규정될 수 있다. 여기서 호적은 다음 도그마로 나아간다.

(9) 도그마 9 : 물질은 생명을 가지고 있다.

"새로운 물리화학의 지식에 근거할 때 물질은 죽은 것이 아니라 살아 있는 것이며, 정적인 것이 아니라 동적인 것임을 알 수 있다."[22]

'제9도그마'는 물질 자체가 생명을 가지고 있다는 독특한 내용을 담고 있다. 물리주의자의 관점이라고 보기에는 의외라고 생각될 수 있는 입장이다. 호적은 인간을 포함하여 자연계 전체가 단순한 물질로 구성되어 있다는 물질주의를 제시한 다음, '제9도그마'에서 반전反轉이라고 볼 수도 있는 입장을 펼치고 있다. 자연세계를 구성하는 물질 자체가 죽은 것이 아니라 살아 있는 것이며, 물질은 정태적인 것이 아니라 동태적인 것이다!

호적의 이런 주장은 언뜻 보면, '제6, 7, 8도그마'와 모순되는 것처럼 보일 수 있다. 왜냐하면 물리주의자인 호적이 갑자기 '애니미즘'이나 '영혼불멸설'을 주장하고 있는 것처럼 보이기 때문이다. 그러나 그의 입장은 원시적 신앙형태인 영혼불멸설이나 애니미즘적 물활론으로 돌아가는 것이 결코 아니다. 오히려 호적은 중국의 전통적인 기氣 중심주의의 입장 혹은 서양의 특수한 원자론적 관점에 입각하여, 자연주의가 우주를 생생하고 동태적인 것으로 볼 수 있는 길을 열어준다는 사실을 말하고 있다고 해석할 수 있기 때문이다.[23]

호적은 생명은 살아 있는 것이고 물질은 죽은 것이라고 보는 서양의 정신-물질이원론을 극복하기 위해, 기 철학적 사고에 입각하여 물질 자체가 살아 있는 것이고 생명을 가진 것이라고 말하고 있는 것이다. 이런 생각은 서양의 물질주의나 유물주의에서는 나오기 어렵다. 하지만 중국 기 철학의 사유전통을 잘 이해하고 있는 호적으로서는 자연스럽게 그런 아이디어를 가지게 되었을 것이라고 추측할 수 있다. 기 철학적 사유에서 보면, 우주를 창조한 조물주를 배제하고서도 우주가 살아 있는 거대한 생명체라고 이해할 수 있는 가능성이 열린다.

또한 이때 '생명'이란 한 순간도 멈추지 않고 움직이는 활동성을 가진 것이라는 의미로 이해할 수 있다. 전통적인 의미의 기는 물질의 구성요소이면서 동시에 동태적이고 활물적인 것이다. 그리고 기로 구성된 우주는 생명을 가진 살아 있는 존재인 동시에, 물리화학적 '인과법칙'의 지배를 받는 것이라고도 해석할 수 있다. 따라서 '생명을 가진 물질로 구성된 우주'는 과학적으로 탐구 가능하고 이해 가능한 것으로 새로운 위상을 부여받게 된다.

(10) 도그마 10 : 대아 종교론

"생물학 및 사회학의 지식에 근거할 때 우리는 개인(小我)은 반드시 죽는 것이지만, 인류(大我)는 불사하는 것임을 알 수 있게 된다. 그리고 개인을 대신하여 죽음 이후의 천당과 정토를 약속하는 종교는 자사자리自私自利(이기주의를 추구하는)의 종교라는 사실을 알 수 있다."[24]

호적은 종교가 모든 생명 종種이 영원히 만세에 이르도록 살아 있게 도와주는 수단이라고 말한다. 그런 의미의 종교는 개인을 대신하여 사회나 집단의 연속성을 보장하는 사회적 시스템으로 존재한다. 그것이 호적이 주장하는 '대아大我'의 종교였으며, 그가 추구하는 최고 수준의 종교다. '제10도그마'에서 호적은 바로 그 종교론을 펼치고 있다. 그리고 대아의 불후를 강조하는 자연주의 종교론을 제안하는 것으로써 '과학적 인생관' 도그마를 마무리짓는다. 호적은 지옥과 천당 혹은 정토를 가르치는 종교를 이기적이고 자기중심주의적인 종교, 소아小我의 이기적 행복을 추구하는 세속적 종교라고 비하한다. 그가 추구하는 것은 그런 작은 개인의 이기적 행복을 만족하기 위한 작은 종교가 아니라 인류 전체를 시야에 넣고 타인을 위해 자기를 희생하면서 인류 전체의 복지와 행복을 추구하는 종교, 즉 대아를 위하는 종교였다. 호적은 그런 종교를 완성하기 위해서는 과학적 사유와 태도로 무장한 과학적 세계관이 필요하다고 주장하고 있는 것이다. 제시한 열 개의 항목은 말하자면 그가 추구하는 '대아' 종교, 즉 '과학종교의 도그마'였던 것이다.

호적의 '자연주의 종교론'

호적은 「서문」을 집필한 후 5년이 지난 1928년 5월 소주청년회에서 '과학적 인생관'이라는 주제의 강연을 통해 위에서 정리한 과학종교 도그마를 그대로 반복하면서 자신의 입장을 재환기한다.

> "과학적 인생관은 두 가지 의미가 있다. 하나는 과학을 가지고 인생관의 기초로 삼는다는 것이다. 다른 하나는 과학적 태도와 정신 그리고 방법을 가지고 우리 생활의 기본태도로 삼고, 생활의 방식으로 삼는다는 것이다."[25]

이런 호적의 주장은 과학 및 과학적 태도에 입각한 인생관 및 세계관의 구체적인 내용을 제시하고 있다는 점에서 정문강 등 과학파의 감정적인 과학옹호론에서 한 걸음 더 나아간 것이라고 평가할 수 있다. 이제 호적의 과학적 인생관의 '제10도그마'에서 제시된 그의 무신론적, 자연주의적(혹은 과학적) 종교구상에 대해서 조금 더 자세히 살펴보자.

호적은 '과학과 인생관' 논쟁이 발발하기 전에 「불후: 나의 종교(不朽: 我的宗教)」[26]라는 제목의 글을 발표한 바 있다. 그것은 『과학과 인생관(科學與人生觀)』 「서론」에서 제시된 과학종교 도그마의 바탕이 되는 내용을 미리 보여주는 중요한 텍스트로서 '나의 종교'라는 부제를 달고 있다. 말하자면 그 텍스트는 나중에 호적의 '과학종교 도그마'로 이어지는 종교론의 핵심을 건드리는 것이었다.

그 글에서 호적은 '불후'라는 특수한 중국적 개념을 실마리로 중국인의 전통적인 종교관을 분석하고, 미래의 중국인이 가져야 할 새로운 종교에 대한 전망을 제시한다. 호적에 따르면, 위진시대의 '신불멸론神不滅論'과 선진시대의 '삼불후론三不朽論'이 중국인의 종교관을 대표하는 것이다. '신불멸론'은 불교의 핵심사상 가운데 하나인 '윤회'를 설명하는 과정에서 제기된 불교해석론이다. '삼불후론'은 『좌전』에 나오는 인간생명의 의미에 대한 독특한 유교적 입장이다.

호적은 '신불멸론'을 일종의 중국적인 '영혼불멸설'이라고 말한다.[27] 따라서 앞 절에서 본 것처럼, 기본적으로 자연주의적 입장을 취하고 있는 호적이 언뜻 보면 영혼불멸설로 여겨질 수 있는 '신불멸론'을 미신적 관점이라고 평가하는 것은 충분히 예상할 수 있다.

호적은 신불멸론을 폄하하는 대신 '삼불후론'이 중국인의 종교적 정신을 대표하는 관점이라고 긍정적으로 평가한다. 그렇다면 '불후不朽(사라지지 않고 지속되는 것)'란 무엇인가? 『좌전』은 인간의 정신적 성취가 육체의 죽음을 극복하고 존속되는 것이라고 말한다. 예컨대 "호랑이는 죽어서 가죽을 남기고 사람은 죽어서 이름을 남긴다"고 할 때, 사라지지 않고 남는 것이다. 그러나 『좌전』에서 말하는 '불후'는 육체적 생명의 지속이나 생명의 불사성不死性과는 아무런 관계가 없다.

『좌전』에서는 덕성德性과 공적功績과 언어言語(사상) 등 세 가지 유형의 불후를 말한다. 예를 들어 공자나 부처 같은 인물은 그들이 성취한 인격의 위대함 때문에 불후의 존재가 된다. 소위 덕성의 불후다. 물론 그들이 남긴 공적이나 언어 및 사상 때문에 불후의 존재가 되었다고 말할 수도 있다. 그런 점에서 공자나 부처는 덕성의 불후, 공적의 불후, 언어의 불후를 겸비한다고 볼 수 있다. 이순신 장군 같은 인물은 공적의 불후를 성취한 존재이며, 하이데거나 장자 같은 철학자, 아인슈타인 같은 위대한 과학자는 언어나 사상의 불후를 성취한 인물이라 말할 수 있을 것이다. 죽어서 이름을 남긴다는 것은 결국 불후의 존재가 된다는 말이다. 위대한 덕을 성취한 사람, 사회적으로 큰 업적을 남긴 사람, 만세의 사표가 되는 아름다운 말과 위대한 사상을 남긴 사람이 불후의 존재가 되는 것이다. 그런 다양한 유형의 불후를 『좌전』에서는 간단하게 입덕立德, 입공立功,

입언立言의 '삼불후'의 세 유형으로 요약하고 있다.

하지만 이런 불후는 흔히 말하는 생명불사의 관념과는 다르다. 호적은 『좌전』의 불후관념이 영혼불멸설과 유사한 뉘앙스를 풍기는 불교 측의 '신불멸론'보다 훨씬 더 진실에 가깝다고 평가한다. 왜냐하면 '자연주의자' 호적은 영혼의 불사는 고사하고, 사후 영혼이라는 생각 자체를 비과학적인 것이라고 부정하기 때문이다. 호적은 이렇게 말한다.

> "삼불후는 인간이 죽은 다음에 영혼이 존재하는가 아닌가에 관한 이론이 아니다. 〔그것은〕 생전의 인격, 생전의 공적, 생전에 남긴 저작이 영원히 존재할 수 있는 가치가 있는가 없는가 하는 사실만을 문제 삼는다. (…) 이 세 종류의 불후는 사실상 실재하는 것이라고 말할 수 있다."

한편으로 호적은 '삼불후'론의 한계를 지적하기를 잊지 않는다. 그것은 하나의 종교론으로서 치명적인 결함을 가지고 있기 때문이다. 그런 결함은 그것이 사회적 엘리트들에게만 적용될 수 있는 관점이기 때문에 생긴 것이다. 종교가 대중이 느끼는 삶의 고통에 대해 어떤 위안을 제공하지 못한다면, 무슨 의미가 있겠는가? 평범한 일반인에게 의미 없는 관념이라면, 아무리 고상하다 한들 무슨 의미가 있겠는가? 보통 사람의 입장에서 덕성을 완수한다거나 사회적인 공적을 세운다거나 위대한 사상이나 학문적 업적을 남기는 것이 무슨 의미가 있겠는가? 호적은 이런 의문에 답할 수 없는 것이 '삼불후론'의 한계라고 말한다.

호적은 영혼의 존재 여부, 영혼의 불멸성 여부는 인간이라면 누구에게나 중요하고 심각한 관심사일 수밖에 없다고 말한다. 그런 보편적인 주제야말로 종교가 해결해야 하는 문제, 적어도 종교가 답을 주어야 하는 문제다. 계급이나 지위를 막론하고, 사람이라면 누구나 관심을 가지는 문제가 진정한 종교문제가 된다. 따라서 호적은 대중의 관심과 동떨어진 고상한 인격과 학문적 성취에 대해 말하는 '삼불후론'은 종교론으로서는 커다란 한계를 가질 수밖에 없다고 지적한다. 나아가 호적은 '삼불후론'이 일반적인 종교에서 흔히 보이는 윤리적 규제력을 가지고 있지 않다는 사실, 그것이야말로 종교이론으로서의 커다란 결함이라고 말한다. 삼불후론이 고상한 이론인 것을 부정할 수는 없지만, 자칫하면 그것만으로는 우주적 인격의 형성과 도야와는 동떨어진 이기적인 작은 자아, 즉 소아의 욕망성취를 위한 노력에 그치게 되지 않을까? 계몽사상가이자 자연주의자였던 호적은 그런 결함을 보충하기 위해서는 '사회적 불후론'이 필요하다고 주장한다.

> "한 인간의 '소아'는 독립적으로 존재하는 것이 아니라 무수한 수의 '소아'들 사이의 직접적 혹은 간접적 교호작용 속에서 상관적으로 존재한다. 그 관계는 사회 및 세계의 과거 및 미래와 인과적으로 맺어져 있기도 하다. 이처럼 현재의 무수한 '소아'는 역시 무수한 과거의 '소아' 그리고 무수한 장래의 '소아'와 연속되어 한 세대 한 세대가 이어지고, 하나의 연속된 선으로 전해지고, 연면히 끊어지지 않는다. 바로 이것을 우리는 '대아'라고 부를 수도 있을 것이다. '소아'는 소멸될 수 있다. 그러나 '대아'는 영원불멸이다. (…) 이 '대아'야말로 영원히 불후(불멸)하는 것이며, 따라서 일체의 '소아'의 인격 · 위업 · 저작 등이 영원히 존재할 수 있는 것이다. 이것이 바로 '사회적 불후', 즉 '대아'의 불후가 의미하는 바이다."[28]

호적은 전통적인 '불후' 개념이 한 개인의 성취라는 작은 차원에 머무르는 것이 아니라 사회적 존재가 문화적 가치를 완수하는 것으로 확장될 때에 비로소 의미를 가진다고 말한다. 다시 말해, 호적은 '전통적' 불후 관념이 '개인적' 관점에 머무는 것이라고 비판하면서 그 관념을 '사회적' 불후로 확대해야 한다는 이상을 피력하고 있는 것이다. 이는 사회 전체를 근대적 시민사회로 전환시키는 동력으로 개인적 성취를 활용해야 한다는 소망을 피력하고 있는 것이라고 읽을 수도 있다. 이런 호적의 소망은 당연히 매력적이다. 그러나 그의 지적은 전통적 불후론에 대한 비판으로서 반드시 적절한 것이라고 말할 수는 없다.

호적 '대아 종교론'의 약점

나는 호적의 대아 종교론은 내면적 차원의 신앙을 강조하는 근대적 종교론의 한계를 극복하기 위해 사회적 책임감 내지 문화적 전승을 중시하며 사회적 종교성을 추구한다는 점에서 시사하는 바가 크다고 생각한다. 하지만 전통적 '불후' 관념이 '소아적'이라는 호적의 해석에는 동의하기 어렵다. 호적의 비판과 달리, 『좌전』의 '불후론' 자체가 사실은 철저하게 '대아적' 이상이라고 해석할 수 있기 때문이다. 단지 돈을 많이 번다든가, 개인적으로 입신양명하는 것은 절대로 '불후'의 조건이 될 수 없다. 덕성 · 공적 · 언어가 개인적 차원에 머무는 것이 아니기 때문이다.

나아가 삼불후론을, 개인적이든 사회적이든, '윤리적인 차원'에서 보는 호적의 해석은 종교론으로서 더 큰 문제점을 드러낸다. 초월을 부정하고 신의 존재나 영혼의 실체도 부정하는 자연주의자 호적이 사회적 효용의 관점에서 종교를 이해했으리라는 사실은 충분히 예상할 수 있다. 그런 점에서 호적이 구상하는 새로운 종교가 사회적 가치를 추구하는 '대아적 윤리종교'라는 사실도 충분히 이해할 수 있다. 그러나 종교에서 초월과 신비를 배제하고 나면, 남는 것은 윤리적 차원의 도덕적 가르침뿐일 것이다. 도덕적 교훈을 도외시하는 종교가 역사 속에서 살아남기는 어렵지만, 그런 도덕만으로는 종교가 상징적 힘을 지속적으로 유지하는 것 역시 쉽지 않다. 도덕성이 아무리 중요한 가치라고 하더라도, 그것만으로는 호적이 말한 것처럼 대중의 헌신을 끌어내기 어렵다.

자연주의자로서 도덕윤리의 차원에서 종교를 긍정하는 호적이 영혼불멸설이라고 해석될 수도 있는 신불멸론이나 초월적 신선세계를 상정하는 도교를 '미신'이라고 부정하는 것은 당연하다. 그런 호적이 윤리적 가치를 특별히 강조하는 '삼불후론'을 중국적 종교성의 표상이라고 해석하고, 그것을 가치 있는 출발점으로 받아들이는 것도 충분히 예상할 수 있다.

그러나 바로 그런 점이 호적의 윤리적 자연주의 종교론에 내재한 커다란 한계라고 말할 수 있다. 호적은 중국 전통사회에서 덕성 · 공적 · 언어의 불후를 획득한 인물이 단순히 윤리적 모범에 머무르지 않고 신神으로 승격되었다는 사실, 신으로서 개인적 나아가 사회적 숭배의 대상이 되었다는 사실 그리고 심지어 국가가 주관하는 국가제사의 숭배대상이 되었다는 사실을 전혀 고려하지 않는다. 전통사회에서는 단순히 이름을 남기는 것에서 끝나지 않고, 신으로 승격되어 후세인의 제사를 받는 것이 '불후'의 진정한 의미였다. 설명하자면 단지 혈연적 후손의 제사를 받는 것에 그치지 않고, 혈연과 아무런 관계가 없는 인민대중, 심지어 국가의 제사를 받는 존재가 될 때, 비로소 불후의 존재가 되는 것이었다. 그러나 호적은 유교에서 말하는 '불후'가 죽은 후에 신이 되어 민중의 제사를 받는 신적 존재가 되는 것을 의미한다는 사실을 완전히 무시하고 있다. 그것은 유교를 윤리적 가르침으로만 이해하는 호적 개인의 한계이기도 하지만, 근대적 유교이해의 한계이기도 하다(호적, 풍우란 등, 소위 유교를 근대적으로 해석하는 사람들이 드러내는 한계이기도 하다). 근대의 유교연구자들은 신으로 승격된 불후의 존재들이 단순한 인간적 윤리의 모범에 머무르지 않고 신비로운 현현자로서 때로는 초월적인 존재로서 지위를 획득했던 것을 전혀 고려하지 않는다.

덕성 · 공적 · 언어로 인해 불후의 존재가 된 인물들은 죽은 다음에 '신'이 되었다. 신이 된 그들은 문화적 가치의 체현자로서 문화적 가치창조와 전승의 핵심이 되었다. 공자를 비롯하여 노자, 관우, 악비, 마조 등이 그런

관우의 동상_공자의 묘를 문묘文墓라고 하듯 관우의 묘는 무묘武墓라고도 하며, 관우는 무의 화신으로 추앙받는다. 대만 타이베이 근교 도시인 진과스瓜石에 세워진 관우의 동상.

존재다. 그런 예는 무수하게 열거할 수 있다. 그들이 정말로 신인지, 아니면 인간의 환상과 공상 안에서만 신이 된 것인지 알 수는 없다. 이는 예수 그리스도가 정말로 부활한 신인지, 아니면 죽음을 극복하지 못한 나약한 인간에 불과한지가 영원히 답할 수 없는 문제인 것과 마찬가지다. 정말로 신은 존재하는가? 그 물음에 대해 우리는 객관적인 정보에 근거한 답을 할 수는 없다. 세계의 모든 종교는 그 뿌리에 과학적 지식으로 도달할 수 없는 신비를 품고 있다. 그렇다면 검증할 수 없는 신비 그리고 그런 신비에 대한 신앙은 전부 미신이라서 일고의 가치가 없다고 말할 수 있는가? 인류는 그런 신비와 초월에 참여함으로써 수천 년에 걸쳐 위대한 문화를 창조해왔다. 인간을 인간답게 만드는 위대한 창조물은 거의 대부분 현재 우리가 종교라고 부르는 신비와 연관되어 있는 정신성의 산물이다. 인간은 신비와 초월에 '참여'하면서 문화라고 불리는 정신성의 구조물을 창조했다. 그렇다면 신 혹은 신이 된 불후의 존재들의 신비에 참여함으로써 삶의 의미를 창조하는 수억 민중의 정신성을 무시하고, 그들을 단지 미신숭배자라고 비하하는 것이 과연 정당화될 수 있는가?

그러나 자연주의자 호적은 '초월과 신비에 참여'하는 '정신성'이 문화의 근간이라는 사실을 이해하지 못할 뿐 아니라, 중국에서 초월관념 및 신개념의 특수성을 자신의 종교론 안으로 끌어들이려는 그 어떤 노력도 기울이지 않았다. 종교는 숭배대상의 문제가 아니라 그런 대상에 참여하는 주체의 '정신성' 문제다. 신은 존재하지 않는다거나 그런 신앙은 미신일 뿐이라고 부정하는 것으로 문제가 끝나지 않는다. 과학을 빙자한 그런 반미신적 태도 자체가 하나의 신앙이고, 또 다른 형태의 미신적 태도다.

그렇다면 호적에게서 윤리와 종교의 차이는 무엇일까? 윤리는 문화로서 가치가 있지만, 종교는 문화를 파괴하는 미신일 뿐이라고 말할 수 있을까? 초월을 지향하거나 신화와 상징이라는 허구를 통해 초월에 참여하면서 그 안에서 삶의 조건을 창조해온 인간의 종교적 본능을 윤리적 차원에서만 해명하는 것이 과연 충분한가? 종교를 단순히 사회의 유지라는 기능적 측면에서만 설명하는 종교사회학적 이해는 분명히 의미가 있다. 하지만 그런 사회적 · 심리적 기능으로 종교를 축소하는 하는 것은 종교를 너무 좁게 보는 위험이 있다. 그 점에 답하지 않는 것이 호적 종교론의 치명적인 약점이라고 지적할 수 있을 것이다.[29]

하지만 그런 약점에도 불구하고, 호적의 종교론은 당시 서구의 물질적 힘에 주눅이 들고, 그 물질적 힘을 가능하게 만든 과학기술에 충격을 받은 중국인들 사이에서 커다란 사회적 반향을 일으켰다. 그런 충격 때문에 과학이 제공하는 새로운 세계해석을 신봉하는 과학신앙의 열기가 불꽃처럼 확산되기 시작했다. 호적의 과학종교 도그마 나아가 그의 불후론은 과학 및 과학신앙 신봉자들에게 새로운 계시처럼 다가왔다. 호적의 자연주의적 윤리종교론은 진독수의 「인생의 참뜻(人生眞意)」(4권 2호), 도맹화의 「신청년의 신도덕(新青年之新道德)」(4권 2호), 이수상의 「현재(今)」(4권 4호) 등과 함께 당시 신문화운동을 주도한 '신청년파'의 계몽주의 과학종교론 혹은 과학적 인생관을 대표하는 논설로 호평을 받았다. 그중에서도 호적의 「불후: 나의 종교(不朽: 我的宗教)」는 대표적인 작품으로 회자되었다.

하지만 신청년 지식인들이 전도한 '자연주의' 과학종교는 인간의 삶에서 도덕 · 정감 · 신비나 사회성 · 공감 · 의지 등의 정서적 요소 내지 초월과 신비에 대한 참여를 전적으로 무시하는 것이었다. 때문에 현학파 진영으로부터 비판의 표적이 되었고, 그러하여 동서문화 논쟁을 거쳐 '과학과 현학(인생관)' 논쟁이라 불리는 거대한 세계관 전쟁으로 확대되었다.

제 9 장

성리학은 과학적인가?

호적의 과학론과 성리학 평가

들어가는 말

앞 장에서 살펴본 것처럼, 1923년 말 '과학과 인생관' 논쟁이 종결된 이후 호적胡適은 과학파의 입장에 서서 현학파의 주장을 비판하고 본인의 신념인 '과학적 인생관'의 윤곽을 그리는 긴 논설을 발표했다. 호적의 현학비판은 결국 송명이학宋明理學에 긍정적 입장을 가지고 있던 현학파의 전통론에 대한 비판이라고 볼 수 있다. 당시 현학파는 현대의 과학이 만들어낸 새로운 복잡한 문제들을 해결하는 약방문으로 송명이학을 다시 회복하려고 시도했기 때문이다. 그러나 호적의 『과학과 인생관』「서문」은 그 자신이 주장하는 '과학적 인생관'의 개요를 드러내는 데 집중하고 있을 뿐, 송명이학을 회복하려는 현학파의 입장이 어떤 문제점을 가지고 있는지 구체적으로 논의하지 않는다는 점에서 아쉬움을 남긴다.

'과학과 인생관' 논쟁이 발발한 1923년을 전후하여 호적은 전통을 재평가하고 재해석하는 '국고정리國故整理'라는 야심찬 작업에 착수하여, 이미 상당한 양의 논설을 발표하고 있었다. 그의 '국고정리론'은 전통을 단순히 긍정하거나 안이하게 전통을 회복하려는 시대적 분위기에 제동을 거는 한편, 과학적 방법에 입각하여 전통을 해체 · 재해석하는 것을 목표로 삼는 학술계몽활동이었다.

전통의 재해석이라는 관점에서 본다면, 1923년에 발생한 '과학과 인생관' 논쟁은 호적이 '국고정리'에 대한 사유를 심화시키면서 중국의 사상전통을 총정리하는 작업에 착수하는 계기를 제공한 중요한 전환점이라고 볼 수 있다. 소위 전통론자들은 1923년 이전부터 송명이학에 입각하여 전통을 회복해야 한다고 주장하는 논설을 발표하고 있었다. 그리고 '과학과 인생관' 논쟁에서 논쟁의 한 축이었던 현학파는 대체로 전통의 가치, 특히 성리학의 가치를 긍정하는 입장을 가지고 있었다. 그들은 과학의 방법과 과학이 제기하는 문제에 직접 이의를 제기하고, 송명이학의 가치를 과학의 대안으로서 회복하려는 의도를 숨기지 않았다. 그러나 과학파 인사들은 현학파의 성리학 옹호 입장에 대해 격렬한 비판을 쏟아낸다. 호적 역시 그런 비판의 연장선에서 성리학에 대한 자신의 입장을 발표하고 있다.

'과학과 인생관' 논쟁이 마무리된 이후 호적은 논쟁을 반추하면서 과학방법을 선전하는 한편, 과학방법의 입장에서 중국의 사상전통을 재평가하는 연구에 몰두했다. 그의 관심은 대진(戴震, 1724~1777)이나 장학성(章學誠, 1738~1810)에 대한 본격적인 논문, 고증학(고거학)의 방법론을 재구성하는 논문, 청대의 반이학反理學 사상가의 계보를 정리하는 작업으로 드러난다. 그것은 과학 및 과학방법의 의미, 성리학의 현대적 가치 등 '과학과 인생관' 논쟁에서 드러난 문제들에 대해 자신의 입장을 정립하고, 그에 근거하여 전통 재평가의 실천을 구체화하는 작업이었다. 이 장에서는 전통 재평가의 일환으로서 성리학에 대한 호적의 평가와 청대 고증학의 방법론을 '반이학' 이라는 관점에서 살펴보는 그의 논의에 대해 다룬다.[1]

호적의 '성리학' 비판

'과학과 인생관' 논쟁에서 과학파의 입장을 가진 논자들은 대체로 중국의 사상적 유산, 특히 송명이학을 전면적으로 부정하는 입장을 견지했다. 전통문화에 대한 평가에서 과학파와 현학파의 대립은 바로 이 송명이학을 어떻게 평가하는가 하는 지점에서 발생한다고 말할 수 있을 정도다. 과학파는 왜 성리학(송명이학)을 부정하는가? 도대체 성리학의 무엇이 문제인가? 과학파가 보기에 송명이학을 부활시키고자 하는 현학파의 입장은 어디서 잘못된 것인가?

과학파의 전통사상 평가는 호적의 고전연구에 힘입은 바가 크다. 호적은 과학파 논자들 중에서 거의 유일하다고 할 만큼 고전연구자로서 본격적인 훈련을 받았고, 새로운 방법론에 입각한 현대적 고전연구를 개척한 인물이다. 호적이 기치로 내건 '과학적' 연구방법론은 당시 젊은 학자들에게 커다란 공감을 불러일으키면서 새로운 방법에 입각한 근대적 국학운동이 일어나는 계기를 제공했다. 고힐강(顧頡剛, 1893~1980)을 중심으로 전개된 고사변古史辨 운동, 모자수毛子水 등을 중심으로 전개된 국학운동이 모두 호적의 영향 하에 발생한 것이었다. 심지어 호적과 대립했던 양계초梁啓超조차도 호적이 제기한 연구방법론에 자극을 받아 문헌학적 연구를 적극적으로 실천했다. 그런 점에서 고전적 문화유산, 특히 성리학에 대한 호적의 평가는 과학파의 입장을 이해하는 척도로서의 의미를 가지는 것이라고 말할 수 있다.

호적은 성리학이 아니라 제자백가연구에서 고전연구를 시작했다. 현학파의 대표자인 장군매張君勱가 성리학에 대한 방대한 연구를 수행했던 것과 대조적이다. 미국에서 집필하고 나중에 중국에서 출간한 호적의 박사논문의 주제가 묵가와 명가를 중심으로 하는 논리학 연구였다는 사실은 그의 학문적 방향을 여실히 보여주는 것으로서 의미가 있다. 게다가 안휘성 출신인 호적은 청대 중기 고증학의 전성기에 활약한 대진과 같은 성省 출신이라는 자부심을 가지고 있었다. 그런 학문적 배경을 가졌던 호적은 1920년대에 들어와 청대 고증학의 방법론문제에 몰두하는 한편, 반이학의 관점에서 청대학술의 성격을 탐구하는 일련의 작업을 진행한다. 문헌학자이자 사상사가로서 호적을 유명하게 만들어준 것은 제자백가에 대한 연구, 불교에 대한 연구, 청대 고증학의 연구방법론, 청대사상의 반이학적 흐름에 대한 연구, 대진과 장학성으로 대표되는 건륭가경乾隆嘉慶 시기의 청대사상 연구였다. 엄격하게 말하자면, 호적은 성리학 전문가는 아니며 이 분야에서 주목할 만한 성과를 남기지는 못했다.

사실 호적에게 성리학은 긍정적인 평가의 대상이라기보다는 부정하고 비판해야 할 대상에 불과했다고 말할 수 있을 것이다.

호적은 본인의 말처럼, 오치휘吳稚輝의 통찰에 자극을 받아 성리학의 문제에 적극적인 관심을 가지기 시작했다. 그의 주 관심사는 성리학의 가치를 적극적으로 평가하는 것이라기보다는 근세 이후 전개된 성리학 비판의 물결, 즉 그의 표현을 빌리면 '반이학'의 사상적 흐름을 밝히는 데 기울어져 있었다. 그런 목표를 가지고 집필된 중요 저술이 바로 「반이학적 사상가」(1928년)였는데, 그것은 대진을 중심으로 하는 청대사상의 성격을 밝히려는 일련의 연구의 출발점으로서 커다란 의미가 있다.

「반이학적 사상가」에서 호적은 중국사상의 역사를 이학의 시대와 반이학의 시대로 구분하는 중요한 관점을 제시한다. 1050년부터 1600년 사이는 이학(성리학)의 시대, 1600년 이후는 반이학의 시대다. 근세 이후의 중국사상을 이학과 반이학이라는 커다란 두 조류로 나누어보고 있는 것이다. 왕조사의 관점에서 보면, 이학의 시대는 거의 정확하게 송명시대와 겹치고 반이학의 시대는 청대와 겹친다. 결국 송명시대는 이학의 시대, 청대는 반이학의 시대라는 것이다.

먼저 호적은 이학이 순수한 유학이 아니라고 말한다. 호적이 보기에, 이학은 유학의 문패를 내걸고 있지만 "실제로는 선종, 도가, 도교 그리고 유교가 혼합된 물건(其實是禪宗, 道家, 道教, 儒教的混合產品)"[2]에 불과하다. 성리학에 대한 호적의 부정적인 감정이 여실이 드러난다. 더 구체적으로 호적은 성리학의 이론적 핵심이라고 할 수 있는 선천태극先天太極의 학설은 도교를, 심성心性 논의는 불교를, 재이災異와 감응感應의 학설은 한대漢代 유학의 사상적 유산을 계승한 것이라고 평가한다. 호적은 이학이 궁극적으로는 도가적 자연철학의 천도天道 관념을 빌려와 그것을 천리天理 개념으로 변형시켰으며, 바로 그렇게 때문에 그것이 도학道學 혹은 리학理學이라는 이름을 얻게 되었다고 말한다.

사실 이학을 불교나 선학 혹은 도교와 연관 짓는 평가 자체는 새로운 것이 아니다. 성리학이 등장한 이래, 성리학의 사상적 순수성을 의심하는 논의는 정통론(도통론)의 일환으로 줄곧 존재해왔기 때문이다. 예를 들어 주자는 육상산의 학문을 선학禪學이라고 불러 비판했으며, 거꾸로 육상산은 주자의 사상을 도교적 색채가 짙은 불순한 사상이라고 비난했다. 그리고 명말청초에 발생한 문명의 위기 앞에서, 성리학, 특히 양명학은 유학이 아니라 유학의 외피를 쓴 선불교(禪學)에 불과하다는 비판이 꼬리에 꼬리를 물고 등장했다. 대진의 이학비판은 그런 이학비판을 대표하는 것이었다. 그런 이학비판의 연장선에서 중화민국(1911~1949년) 초기의 사상가들 역시 성리학의 사상적 순수성을 의심하는 평가를 쏟아내고 있었던 것이다. 이런 맥락에서 호적의 성리학 평가 자체는 전혀 새로울 것이 없다. 호적의 새로움은 성리학의 사상적 불순성에 대한 지적 그 자체가 아니라 서양에서 수입한 과학 내지 과학의 방법이라는 기준에 입각하여 성리학을 해석하고 평가하는 지점에서 찾아야 한다.

이어서 호적은 이학의 사상적 핵심에 대한 비판으로 넘어간다. 호적에 따르면, 성리학의 핵심은 용경用敬과 치지致知로 요약할 수 있는데, 용경은 중세(中古) 이래의 종교적 태도의 연장선에 있는 것이며, 치지는 내면(內心)의 함양涵養에 의해 도달하는 정신적 경지(境界)를 의미하는 것이다. 말하자면 성리학은 근대적 의미의 철학이나 과학이라기보다는 중세의 특징을 갖춘 종교적 사상에 불과하다. 호적은 성리학이 낙후된 시대의 산물에 불과한 것이라고 본다.

한편 성리학의 방법론적 핵심은 격물치지格物致知다. 격물치지는 외부세계에 대한 지식확장을 목표로 삼는 것이라고 볼 수 있다. 그런 점에서 격물치지가 과학에 접근하는 것으로서 긍정적으로 평가될 수도 있다. 하지만 자세히 들여다보면, 성리학의 격물치지 자체는 과학적 방법이라고 평가할 수 없다. 따라서 과학적 방법과 무관한 격물치지를 핵심으로 삼는 성리학은 과학적인 사상이 될 수 없다.

그렇다면 왜 호적은 성리학의 격물이 진정한 과학적 방법으로서 자격을 가질 수 없다고 평가하는가? 성리학의 목표는 외부적 사실을 해명하는 것이 아니라 내면의 정신적 수양을 중시하는 것이기 때문이다. 격물이라는 말 자체는 사물에 대한 탐구라는 의미를 가지고 있다. 하지만 격물의 참된 목표는 사물탐구가 아니라 오히려 고대 성인이 남겨준 문헌이나 문서의 정신을 궁구하는 것이다. 문서의 의미를 객관적으로 분석하는 것이 아니라 성인의 정신과 의도를 파악하여 그것을 자기화하는 것이 격물의 목표다. 그렇기 때문에 호적은 격물이 문서의 탐구에 그쳤다고 말하면서 성리학의 과학적 성격을 부정적으로 평가하고 있는 것이다. 결국 호적은 성리학이 초점도 없고 결론도 없는 '지리파쇄支離破碎'한 논의로 귀결되고 말았다고 평가한다. 성리학의 다른 일파인 양명학 역시 그 점에서는 주자학과 크게 다를 바 없다.

양명학은 주자학을 훨씬 내면적으로 심화시킨 사상이다. 따라서 양명학의 격물은 훨씬 더 내면의 문제를 탐색하는 경향으로 기울어진다. 양명학은 이런 내면성으로의 전환을 통해 외부 사물에 대한 지식과 거의 무관한 내면적 양심을 추구하는 '치량지致良知'를 강조하고, 실천방법으로서 고요함(靜)의 지속과 내적인 깊이에 침잠하는 경敬을 중시한다. 그 결과 양명학은 공허한 '현담玄談'에 그치게 되었다면서 호적은 양명학에 대해 대단히 부정적인 평가를 내린다. 여기서 호적이 '현담'이라는 표현을 사용하는 것은 상당히 의도적이라고 볼 수 있다. 왜냐하면 그 단어는 당시 '과학과 인생관' 논쟁에서 과학파와 대립했던 '현학파'를 연상시키는 개념이기 때문이다. 결국 호적의 의도는 현학파가 성리학 특히 양명학의 연장선에 있는 입장이라고 비판하는 것이라고 볼 수 있다.

> "5백 년 동안의 이학은 나중에는 한편으로는 지리파쇄한 이론, 다른 한편으로 모호하고 공허한 현담으로 낙착되고 말았다. 17세기 초에 이르러 이학의 폐해는 더욱더 분명해졌다. 5백 년에 걸쳐 신비와 천리를 논하는 학문으로는 정치적인 부패를 치유할 수 없었고, 도적이 횡행하는 것을 저지할 수 없었고, 외적의 침략을 막을 수 없었다. 따라서 반이학의 운동이 일어난 것이다."[3]

1928년에 발표된 「반이학적 사상가」에서의 이학에 대한 평가는 '과학과 인생관' 논쟁 이후의 호적의 사상적 발전을 잘 보여준다. 또한 그 논문은 청대학술을 적극적으로 '반이학'의 관점에서 평가하는 차원의 전환을 보여준다는 점에서 중요하다.

'성리학'에 대한 양가감정

호적은 '반이학'이라는 관점에서 청대학술을 평가하기 전에, 방법론문제에 초점을 맞추어 고증학과 청대학술을 논하는 중요한 글을 발표한 바 있다. 여기서 주목하는 것은 「청대학자의 과학방법」(1921년)이라는 논문인데, 그것은 '과학과 인생관' 논쟁(1923년)이 일어나기 직전에 집필한 것으로, 성리학(이학)에 대한 호적의 초기 입장을 잘 보여준다. 그 논문에서 호적은 「반이학적 사상가」에서의 평가와는 사뭇 다른 뉘앙스로 성리학에 대해 언급하고 있다.

물론 「반이학적 사상가」와 「청대학자의 과학방법」, 이 두 논문은 청대의 사상가 및 학자들의 학문방법을 논의하고 있다는 점에서 같은 부류에 속한다. 그러나 논문의 주안점은 전혀 다르다. 특히 「반이학적 사상가」 논문이 이학의 반과학적 성격을 드러내는 것에 초점을 두고 있다면, 「청대학자의 과학방법」 논문은 성리학의 과학적 성격을 적극적으로 평가하는 데 초점을 두고 있다. 그 두 논문은 성리학에 대해 정반대의 평가를 보여준다는 점에서 흥미롭다. 전체적으로 볼 때, 내용적으로 일치하거나 겹치는 부분이 적지 않지만, 결론과 뉘앙스는 상당히 다르다. 이는 '과학과 인생관' 논쟁을 거치면서 전통사상에 대한 호적의 관점과 태도에서 큰 변화가 발생했음을 보여주는 것이다.

이학에 대한 호적의 태도변화 내지 초점의 이동은 전통에 대한 호적의 관심변화 혹은 양가감정을 드러내는 것으로서 주목할 필요가 있다. 한마디로 호적은 '과학과 인생관' 논쟁을 거치면서 훨씬 더 과학주의적으로 변하면서 성리학을 부정하는 방향으로 선회했다고 말할 수 있다. 다시 말해, 호적은 인생관 논쟁을 거치면서 철저하게 자연주의에 입각한 반전통주의적 입장, 심지어 '과학적 인생관'을 적극적으로 옹호하는 방향으로 움직였다. 1928년에 발표한 「반이학 사상가」에서 성리학 평가가 부정 일변도로 나아간 것은 그 때문이라고 생각된다.

호적은 과학의 가치를 선양하고 과학방법의 중요성을 누구보다 강조했다. 하지만 전통사상에 대해서는 미묘한 이중감정을 가지고 있었다고 말할 수 있다. 그는 전면적인 과학주의자였고, 또 전반적인 서구화론자였지만, 적어도 1921년 시점에서는 전통문화 자체에 대해 그다지 부정적이지는 않았다. 전통을 전면으로 부정하는 사람이 '국고정리'라는 거대한 포부를 가진 학문활동을 전개하는 것은 생각하기 어렵다. 물론 호적의 '국고정리' 활동이 전통을 청산하기 위한 작업이었다고 하더라도 단순히 내버릴 것을 골라내기 위해 그런 열정을 기울인다는 것은 상상하기 어렵다. 호적과 라이벌 관계에 있던 양계초 역시 전통사상 연구에서 과학적 객관성을 강조했지만, 그는 전통의 가치를 긍정함으로써 그것을 사상자원으로 활용하고자 했다. 이렇게 호적과 양계초의 '국고정리'는 분명히 다른 지향을 가진 것이었다는 사실을 기억할 필요가 있다.

「청대학자의 과학방법」 논문에서 드러난 호적의 성리학 논의는 상당한 수준의 깊이와 내용을 가지고 있다. 무엇보다 성리학의 '격물설'을 근대적인 의미의 과학방법의 차원에서 해석하는 그의 관점은, 지금은 어떤 점에서는 이미 상식에 속하는 것이라고 볼 수도 있지만, 성리학 연구의 이정표 역할을 했다고 평가할 수 있다. 성리학을 과학적이라고 볼 수 있는가 아닌가? 이런 문제제기 자체가 호적에 의해 처음 제시된 것이라는 사실을 무시할 수 없기 때문이다.

호적은 성리학(신유학)이 인도계 철학, 즉 불교의 전성기가 끝난 후에 부흥한 중국계 철학의 재등장이라고 본다. 성리학의 등장으로, 오랫동안 사상의 주류에서 벗어나 있던 유학이 다시 중국사상의 주류로 복귀한 것이기 때문이다. 성리학자들이 자신들의 역사적 위치를 스스로 그렇게 평가하고 있기 때문에, 호적의 평가 자체는 그다지 새로울 것이 없다. 그러나 성리학이 학문 '방법론', 즉 일종의 논리문제를 중심에 두는 사상체계였다고 말하는 데서 호적의 안목이 빛을 발한다. 과학적 방법을 중국의 고전연구(국고정리)에 응용하는 것을 목표로 삼았던 호적이 격물방법론에서 중국 과학방법론의 발전과정을 논의하는 실마리를 찾은 것은 자연스러운 귀결일 뿐 아니라, 동시에 그의 독창성이 드러나는 지점이라고 말할 수 있을 것이다.

호적은 신유학이 등장하기 이전의 불교이론 안에서도 논리학에 강한 삼론종三論宗이나 법상종法相宗이 존재했다는 사실을 잊지 않는다. 그러나 당시 사상계를 석권하고 있었던 것은 선학禪學(선불교)이었다. 선학에 방법론이 없다고 말할 수는 없지만, '견성見性'이나 '불립문자不立文字'를 중시하는 선종禪宗은 주관적인 깨달음을 목표로 삼기 때문에, 호적이 선불교의 학문방법이 일반적으로 받아들일 수 있는 것이 되지 못한다고 평가하는 지점 역시 수긍할 수 있다. 이후 신유학이 등장하면서 사상적 분위기가 급변하고, 신유학에 의해 근대적 의미의 과학적 방법에 비견할 수 있는 방법과 태도가 등장한다는 것이 호적의 기본 논지였다.[4] 이런 호적의 격물설 평가는 앞서 살펴본 1928년 논문(「반이학적 사상가」)에서 보이는 격물설에 대한 부정적 평가와는 정반대라는 사실이 흥미롭다.

여기서 주목할 점은 호적이 신유학과 함께 등장하는 '격물' 방법론을 서양과학에서의 방법론적 자각 및 방법론 발달의 과정과 유사한 과정으로 보면서 비교사적 시각에서 논의하고 있다는 사실이다. 과학방법이라는 관점에서 '격물'을 논하는 호적의 해석은 의미가 남다르다. 그것은 옳고 그름을 떠나 성리학에서 과학성의 맹아를 발견하거나 '격물'에서 과학적 방법의 초보 형태를 찾을 수 있다는 주장의 선구로서 중요하다(호적은 중국 전통국학의 방법적 결함 가운데 하나로 비교연구의 결여를 꼽고 있다. 그는 중국의 문제를 해명할 때 자주 비교를 통해 설명하는 것을 선호한다. 그러나 이 방법의 타당성이나 한계에 대해서는 크게 주의를 기울이지 않는다).

호적은 주돈이周敦頤나 소강절邵康節 등 초기 성리학자들이 방법론적 자각을 갖지 못했다고 평가한다. 즉, 그는 방법론적 자각을 기준으로 삼아 신유학이 과학적 본질에 접근하는지를 평가하고 있는 것이다. 호적에 따르면, 주돈이나 소강절은 '근대적'·'과학적' 방법에 눈뜨지 못하고 여전히 '중세적'·'종교적' 분위기가 농후한 도교적 우주론을 되풀이하는 수준에서 유학부흥의 단초를 보여줄 뿐이다. 따라서 본격적인 신유학이 등장하기 위해서는 방법적 자각에 근거하여 유학의 재구성을 시도한 사상가들의 출현을 기다려야 했고, 마침내 북송시대 중기에 이르러 몇몇 위대한 사상가들이 등장했다.

본격적인 성리학자들은 『예기』 안에 포함되어 있던 『대학』의 이론적 중요성을 발견하고, 그것을 근거로 중국 '근세' 철학의 방법론을 수립하는 데 몰두했다. 그리고 그들의 노력에 힘입어 성리학은 본격적인 궤도에 진입할 수 있게 되었으며, 이후 송에서 명을 거쳐 청말에 이르는 천년 동안 『대학』에 제시된 '방법론' 문제는 중국사상계의 쟁점으로 존재해왔다는 것이 호적의 평가다.

격물의 과학방법으로서의 한계

이어서 호적은 방법론이라는 관점에서 볼 때, 『대학』에서 가장 중요한 것은 말할 것도 없이 '치지재격물致知在格物(지식탐구는 격물에서 시작된다)' 다섯 글자라고 말하고, 정이천程伊川과 주자朱子의 격물설을 중심으로 신유학의 방법론을 논의한다. 호적의 논점을 요약하면 다음과 같다.

(1) 주자의 '격물' 해석은 격格을 지至(卽, 到)라고 읽고, "사물에서 그것의 리를 탐구함(卽物而窮其理)"을 추구하는 것인데, 그것은 주체에서 출발하여 사물(대상)의 원리(도리)를 탐구하는 '귀납법'의 정신을 잘 보여주고 있다. 따라서 호적은 주자학의 격물설이 근대과학적 인식론의 주체-객체이원론과 유사한 성격을 가진 것이라고 해석한다.

(2) 주자는 격물의 목적이 "천하의 사물에 나아가 이미 알고 있는 것을 토대로 더 깊이 추구하고 그것의 지극한 것에 도달하는(卽凡天下之物, 莫不因其已知之理益窮之, 以求至乎其極)" 것이라고 말한다. 호적은 그런 주자학적 격물설의 목적이 근대과학의 목적과 다르지 않다고 이해한다. 앞에서 언급한 것처럼, 호적은 격물설의 핵심인 '치지'가 가설을 수립하고 검증을

정이천(정이)과 주자(주희)

통해 오류를 수정하고 새로운 결론으로 나아가는 근대과학의 가설-검증적 방법과 유사하다고 평가하고 있다.

호적은 정이천-주자의 방법론을 '귀납법'이라고 평가하고, 주자학 안에서 '과학정신'의 흔적 내지 초보적인 '과학적 방법'을 발견할 수 있다고 해석함으로써, 중국철학 역시 귀납법을 낳은 서양 근대과학의 과학방법론과 비교될 수 있는 귀납적 방법론을 가지고 있었음을 보여주려고 한다. 이런 해석을 아전인수我田引水나 견강부회牽强附會로 이해할 수도 있지만, 호적은 중국에도 근대과학과 비슷한 과학적 방법이 존재하고 있었음을 보여주기 위해 그런 해석을 시도했던 것이다(이는 1928년 논문에서 '격물'을 과학방법이라고 보기 어렵다고 해석하는 것과 차이가 있다. 여기서 전통에 대한 호적의 입장선회 혹은 이중감정을 읽을 수 있다). 그렇다면 그런 과학적 방법론에도 불구하고, 왜 중국에서는 근대과학이 출현하지 않았을까?

당시 중국에서 이 질문은 하나의 역사철학적 화두였으며, 적지 않은 논자들이 그 문제에 답하기 위해 고심했다.[5] 호적 역시 과학과 과학방법을 논의하는 과정에서 그 문제를 염두에 두고 있었을 것이다. 그런 문제의식 하에 호적은 질문을 약간 비틀어, '왜 중국에는 〔과학적 방법은 있었지만〕 과학적 성취는 없었던가?'로 바꾸어놓는다.

이런 호적의 질문은 과학적 방법과 과학적 성취를 분리시키고, 〔초보적인〕 과학적 방법이 있었음에도 불구하고 다른 기술적 '조건의 결여' 때문에 〔결과적으로〕 '과학의 부재'가 초래되었다고 설명하려는 데에 그 목적이 있었다. 과학에 대한 호적의 관심은 과학-기술 자체가 아니라 근대적 과학-기술을 낳는 과학방법 내지 과학정신을 해명하는 것이었다. 그런 점에서 호적의 과학론은 근대과학의 방법론적 특질을 탐구하는 본격적인 과학철학 논의가 아니라 추상적인 과학의 정신을 논하는 것이며, 과학의 방법을 응용하여 중국문화사를 재해석하기 위한 학문방법론의 정립을 지향하는 수준에 머무르는 것이라는 말할 수 있을 것이다.

과학의 방법과 정신이라는 관점에서 과학을 논하는 호적은 결과적으로 중국에서 과학적 성취가 이루어지지 않는 원인을 과학적 방법 자체의 부재가 아니라 과학의 도구(공구) 및 기계의 부족, 나아가 과학적 응용을 요구하는 수요의 결여에서 찾는다. 거기에 덧붙여 호적은 과학 자체가 실용을 목적으로 하는 것은 아니지만, 실용이 과학발전의 중요한 원인 가운데 하나라고 전제한 다음, 중국이 과학적 성취를 이루지 못한 또 다른 원인을 순수한 진리탐구 정신의 결여에서 찾으려고 한다. 이런 맥락에서 호적은 송대 유학자들의 '격물' 이해에 대해 중요한 지적을 한다. 다시 말해 신유학적 '격물'의 궁극적인 목표는 '사물의 원리(物之理)' 탐구하는 것이 아니라 최후의 절대 진리 혹은 종교적 진리 및 인생의 지혜를 탐구하는 것이라는 지적이다.

이런 호적의 평가를 독창적인 견해라고 말하기 어려울 수도 있다. 왜냐하면 '물리' 탐구를 도외시하고 정치적 원리와 도덕적 통찰에만 관심을 가지는, 성리학의 학문적 태도에 극히 비판적이었던 명말청초의 사상가 방이지方以智를 비롯한 청대 사상가들이 이미 그런 성리학의 한계를 지적하고 있기 때문이다.[6] 하지만 근대과학의 방법과 목적이라는 관점에서 성리학자들의 방법과 학문적 목표가 근대과학의 목적과 근본적으로 다르다고 말하는 호적의 지적은 중요한 관점으로서 음미할 가치가 있다(호적은 '격물'이 순수한 사물의 탐구가 아니라는 입장을 일관되게 유지했다).

호적은 근대과학의 목적을 개별적 사물의 원리(道理)를 탐구하는 것이라고 이해한다. 그렇기 때문에 (근대)과학은 활연관통豁然貫通을 추구하고 무상無上의 지혜를 추구하는 주자학과 목표가 다를 수밖에 없다. 바로 그 점 때문에 성리학은 엄밀한 의미에서 과학으로서 자격을 갖추지 못했다는 것이 호적의 입장이다.

"구체적 사물의 원리를 버리고 일단 활연관통이라는 대철대오大徹大悟를 찾아나서는 곳에서는 결코 과학을 말할 수 없다."[7]

호적은 한걸음 더 나아가 송학의 방법론적 결점과 한계에 대해 이야기한다. 송학은 대철대오를 추구한다는 점에서 엄밀한 의미의 과학적 방법이 될 수 없다. 과학적 진리는 종교적 깨달음과는 무관한 것이기 때문이다. 앞에서 살펴본 것처럼, 호적은 송대 유학이 귀납적 요소를 지닌다는 점에서 과학적 방법으로서의 초보적 자격을 인정했다. 그러나 완전한 과학이 되기 위해서는 귀납과 연역의 결합 여부가 관건이다. 호적은 서양과학의 역사적 경험을 근거로 과학방법론이 일방적인 귀납에서 귀납과 연역의 종합으로 발전했고, 귀납과 연역의 종합에 의해 비로소 과학방법이 완성된다고 주장한다. 따라서 호적은 중국사상사에서 송대 성리학의 귀납적 성격은 인정하지만, 그것만으로는 진정한 과학방법이라고 말하기 어렵다는 결론에 도달하게 되는 것이다.

또한 호적은 단순한 귀납과 연역이라는 기준에서 한 발 더 나아가 과학의 방법적 본질에 대해 심화된 논의를 펼친다. "과학방법은 두 개의 중요 부분으로 구성된다. 하나는 가설이고, 다른 하나는 실험이다. 가설이 없다면 실험은 더 이상 필요 없는 절차일 뿐이다." 여기서 가설은 연역과 연결되고, 실험은 귀납과 연결된다. 그렇기 때문에 '가설'을 세우는 데 전혀 관심을 갖지 않았던 성리학은 완전한 과학으로서 성립할 수 없다. 더구나 송대 유학자들이 강조하는 '격물'조차도 적극적인 지적 탐구가 아니라 깨달음을 추구하는 수행으로서 전적으로 피동적인 태도의 표현이며, '가설'에 근거한 실험적 방법의 증명과는 거리가 있는 것이라고 호적은 주장한다.

호적의 입장에서 말하자면, 격물설은 과학적 방법이라는 이름을 붙이기에 적합하지 않다. 동시에 격물의 태도로는 과학적 발명으로 이어지는 지식축적을 이룰 수도 없다. 따라서 호적은 송대의 신유학이 약간의 귀납적 방법을 가지고 있다는 점에서 근세의 과학에 접근하는 면이 있지만, 가설(연역)에 입각한 증명의 방법과 체계적 논증의 방식을 결여하고 있기 때문에 완전한 과학방법으로서 자격을 갖추지 못했고, 과학적 발명이나 성취를 이루어낼 수 없었다고 평가를 내린다.

그러나 여기서 조금 더 생각해보자. 과학방법이 존재했음에도 불구하고 도구의 결여로 인해 과학적 성취를 이룰 수 없었다고 하는 호적의 주장은 분명히 납득하기 어려운 점이 있다. 오히려 도구가 과학방법과 과학적 발견을 가능하게 만드는 전제조건이라고 볼 수 있기 때문이다. 과학방법이 먼저 존재하고 그를 실현할 수 있는 도구가 따라오는 것이 아니라, 도구가 먼저 있은 다음에 도구를 사용한 관찰의 결과로서 과학적 가설과 검증이 뒤따라 나오는 것이라고 볼 수 있다는 말이다.

호적의 '격물' 비판은 과학론 자체로서의 가치보다는 그의 중국사상사적 관점을 보여주는 것으로서 보다 큰 의미가 있다. 널리 알려진 것처럼 호적의 『중국고대철학사』는 미완의 작품이다. 호적은 미완성으로 끝난 고대철학사의 후속편을 염두에 두면서 평생 중고(중세) 사상사, 불교 및 선학연구, 그리고 청대 사상사의 중요 주제 및 인물을 발굴하는 데 관심을 기울였다. 그 결과 방대한 중국사상사 관련 저술들을 남겼다. 그러나 호적은 중국철학사 안에서 '가장' 중요한 영역이라고 할 수 있는 송명시대의 '신유학(성리학)'에 대해서는 본격적인 연구를 남기지 못했다. 그런 사정을 고려한다면, '청대학자의 치학治學(연구) 방법'을 다루는 글에서, 궁극적으로는 청대학자들에 의해 부정되고 극복된 대상으로서 논해지고 있기는 하지만, 성리학의 핵심주제 가운데 하나인 '격물설'의 본질과 특징을 논의하는 부분은 호적의 중국사상사관을 살펴보는 귀중한 자료가 될 수 있다.

호적은 송대 유학자들이 제기한 '격물' 이해의 난점을 지적한 다음, 격물의 연구대상이 지나치게 협소하다는 한계를 다시 언급한다. 결국 그들의 '격물' 방법론은 과학적 지식탐구의 방법으로서 결함을 지닌다는 사실을 더욱 분명하게 말하고 있는 것이다.

호적은 격물의 대상이 "자기 한 몸에서 만물의 리에 이르는 것(自一身之中, 至萬物之理)"이라는 정이천의 말을 인용하면서 성리학에서 '만물'의 범위가 과학의 대상영역과 일치하는 가능성이 있음을 인정한다. 하지만 송대 유학자들의 방법론에 담긴 과학적 야심은 도구와 기술의 한계로 좌절되고, 결국 그런 야심은 망상에 그치고 말았다고 결론 내린다. 그런 한계 때문에, 송학에서는 격물의 대상이 되는 '만물'의 범위가 축소되지 않을 수 없었고, 그 결과 그들의 사물탐구는 "궁경窮經(경전탐구), 응사應事(정치적 일처리), 상론고인詳論古人(옛 인물에 대한 자세한 연구)"이라는 과제로 귀결될 수 밖에 없게 되었다는 것이다.

이렇게 호적은 신유학이 탐구대상이 되는 물物의 범위를 역사와 경학에 한정하지 않을 수밖에 없었던 이유를 지적하고 있다. 그러나 사실 호적 본인의 탐구 역시 궁극적으로는 세계 및 인간에 대한 과학-기술의 실천이 아니라 고문헌연구에 한정되고 말았다는 점에서, 송대 유학자들의 한계와 비슷한 한계를 가질 수밖에 없는 것이 아닌가? 그것은 굳이 말하자면 인문학의 한계일 수 있다. 그러나 그렇다고 해서 인문학의 존재이유가 없다고는 말할 수 없다. 호적은 정이천을 계승한 주자朱子 역시 격물을 독서궁리讀書窮理에 한정시키면서 경학의 응용에 그치고 말았다고 지적한다. 호적은 주자가 실제 현상에 관심을 가지고 있었고, 관찰에 근거한 사물의 원리발견에 성과를 올린 것을 높이 평가한다. 그러나 그것은 과학적 성과라는 측면에서는 결코 만족스런 것이 아니었다. 근대과학이 연역과 귀납이라는 방법과 도구의 결합에 의해 성취된 것이라고 한다면, 성리학자들의 성과는 그런 기준에 절대로 도달하지 못하는 것이라고 평가할 수밖에 없을 것이다.

심학의 과학성: 육상산과 왕양명의 평가

호적은 주자학적 격물의 특징과 과학으로서의 한계를 지적한 다음, 신유학의 다른 계열에 속하는 육상산과 왕양명으로 대표되는 심학心學에 대해 논의한다. 여기서 호적은 육상산 일파의 격물설이 선학(선불교)의 정신과 일맥상통한다는 사실을 지적한 다음, 심학이 지식의 축적보다는 직관적인 깨달음을 중시하는 선학의 방법을 수용하고 있다고 평가한다. 육상산은 주자학 계열의 격물설이 지나치게 번쇄하고 번잡한 방법론이며, 존재와 인간의 근본을 발견하는 데 실패했다고 주장하면서 직관적 깨달음을 추구했다. 무엇보다 심학전통에서 학문의 목적은 '마음의 근본(心之本體)'을 발견하는 것이다. 따라서 육상산은 경전의 글자나 훈고 등 외적 탐구를 중시하는 주자학과 달리 경전에 실린 성인의 마음을 깨닫고, 그것이 곧 내 '마음의 본체(心之體)'와 일치한다는 사실을 체인하는 것이 더 중요하다고 믿었다.

경전연구에서 정말로 중요한 것은 경전의 문자적 의미가 아니라 경전을 내 마음의 거울로 읽어내는 일이다. 나의 마음을 직각적으로 포착할 수 있기만 하다면, 경전은 부차적인 자료일 뿐이다. 육상산이 경전은 내 마음의 일부를 표현한 것에 불과하다고 주장했던 이유, 경전은 마음의 본체에 대한 각주일 뿐이라고 주장했던 이유다. "학문은 근본(마음의 본체)에 대해 알고자 하는 것이다. 그 경우 육경은 모두 내 마음의 각주(學苟知本, 則六經皆我注脚)"일 뿐이다. 육상산 심학의 핵심주장을 담은 말이다.

호적은 육상산이 말하는 '근본'이란 곧 '마음'이며, 주자와 달리 육상산은 격물을 '마음의 탐구' 문제로 몰고 갔다고 지적한다. 호적은 육상산의 격물설이 "사물에서 그것의 리를 탐구하는(卽物而窮其理)" 것을 강조하는 주자의 격물설과 대립하며, 격물의 대상을 성현의 서책으로 축소시키는 주자학적 격물설에 대한 중요한 대안적 비판이 될 수 있다고 평가한다.

왕양명(왕수인)과 육상산(육구연)

이어서 호적은 왕양명의 격물해석이 주자학의 격물설에 비해 "대단히 실제에 다가선 비평(很切實的批評)"이라고 말한다. 왜냐하면 호적은 천하만물의 리理(원리)를 탐구한다는 주자의 격물궁리가 결국은 "성현이 남긴 서책을 연구하는 것으로 축소되고 말았고(從天下之物縮小到聖賢之書)", 그렇게 왜소해진 주자학의 관심을 극복하려고 했던 것이 왕양명의 격물설이라고 보았기 때문이다. 호적은 "마음 바깥에는 사물이 없다(心外無物)"라는 왕양명의 주장, 나아가 "물이란 곧 일이다. 의가 활동하는 경우에는 그 대상으로 반드시 일이 존재한다. 사람의 정신활동이 대상으로 삼는 일, 그것을 물이라고 한다(物者, 事也. 凡意之所發, 必有其事. 意所在之事, 爲之物)"라는 왕양명의 주장을 대단히 높이 평가한다. 양명학에서는 탐구의 대상이 서책에 머무르지 않는 것이라고 평가했기 때문이다.

양명학에서는 외부의 물리적 대상은 물론, 정신활동의 대상 전부가 지식의 목표가 된다. 왕양명의 격물에서 물은 단순한 물질적 대상뿐 아니라 사事 전체를 포함한다. 객체적 사물은 물론, 인간사 전체와 인간의 정신까지도 포괄하는 거대한 세계가 물物(사事)의 세계다. 또한 주자와 달리 왕양명이 격물의 격格을 '도달하다'가 아니라 '바르게 하다(正)'라고 풀이하고 있다는 사실 역시 주목할 가치가 있다. 양명은 격물에서 정말 중요한 일은 단순한 지식확대가 아니라 인식 주체의 의식과 의지를 바르게 만드는 일이라고 본다. 모든 지식탐구의 출발점은 선입견을 넘어서 바른 마음의 태도와 지향을 가지는 것임을 강조하고 있는 것이다. 대상을 정확하게 객관적으로 인식하기 위해서는 먼저 마음을 덧칠하고 왜곡하는 선입견, 즉 온갖 종류의 편파성을 극복해야 한다.

나아가 왕양명은 치지致知를 "치오심지양지(致吾心之良知)", 즉 "내 마음에 본래적으로 갖추어진 양심을 완성하는 것"이라고 해석하고 있는데, 호적은 그런 왕양명의 격물설이 오히려 정주학파의 '격물설'보다 탐구대상의 범위를 더욱 넓게 잡는 것이라고 적극적으로 평가한다.

이런 호적의 양명학 평가는 어떤 면에서는 의외의 평가라고 생각될 수도 있다. 왜냐하면 내적인 마음의 세계에 대한 체인體認을 중시하는 것이 양명의 '심학'이라고 흔히 생각되기 때문이다. 그러나 호적은 양명학적 '심학'이 주자학적 '이학'보다 대상의 범위를 더 넓게 잡는 사상이며, 그렇기 때문에 근대적 과학이라는 기준에서 본다면, 양명학이 더 과학적일 수 있다고 평가한다. 이런 호적의 양명학 평가는 의외이기는 하지만, 나름 설득력이 있다.[8]

육왕학파가 대상으로 삼는 '물'의 범위는 '내 마음(吾心)'이 지향(의념意念)하는 '사물'이기 때문에 언뜻 보면 그들이 말하는 '물'은 정주학파의 '물'에 비해 범위가 좁은 것처럼 보인다. 정이천-주자의 이학은 온 세상의 사물을 탐구대상으로 삼는 듯이 고담준론을 펼치고 있지만, 실제로 그들이 탐구하는 것은 '성현의 서책'에 불과하다. 그런 점에서 호적은 육상산-양명의 심학이 탐구하는 '천하지물'이란 마음 자체 및 마음이 지향하는 외적 대상 전부를 포괄하는 것이기 때문에, 오히려 그 범위가 더 광활한 것일 수 있다고 보았던 것이다. 다시 말해 호적은 육상산-양명 계통의 심학적 격물설이 주자의 이학적 격물설보다 더 높은 경지에 이른 것일 뿐 아니라 과학정신에 더 가까운 것이라고 말하고 있는 것이다.

왕양명이 말하듯, "정신이 대상으로 삼는 것, 그것을 물이라고 한다(意所在之事, 謂之物)"면, 물의 범위를 매우 좁게 잡고 있는 것처럼 보일 수도 있다. 하지만 심학의 '심외무물心外無物'의 관점에서 본다면 "정신이 대상으로 삼는 것", 즉 '의소재지사意所在之事'는 사실상 무궁무진하게 확대될 수 있다. 그렇기 때문에 호적은 육상산-양명의 심학적 격물설이 정주학파의 격물설보다 훨씬 더 넓은 범위의 사물을 연구대상으로 삼는 것이라고 평가한 것이다.

나아가 호적은 육왕학파의 장점은 연구대상의 범위가 넓을 뿐 아니라 양지良知의 자유를 추구하는 독립적 정신을 강조하는 점에서도 찾을 수 있다고 본다. 주자학보다는 양명학이 근대과학의 자유로운 정신태도에 더 접근한다는 것을 강조한 것이다. 그러나 양명학은 근대적 의미의 과학으로 충분히 개화하지 못했다. 여러 가지 사회적 상황의 한계 때문에 결과적으로 육왕학파의 독립적 정신은 사물탐구보다는 주관적 정신의 탐구에 편중되는 결함을 드러내고 말았기 때문이다. 그 결과 양명학을 비롯한 '심학'은 사물에 대한 객관적 연구를 중요하게 여기는 과학으로 발전하지 못했다는 것이 호적의 해석이다. 이런 논리에 입각하여 호적은 다음과 같은 결론을 내린다.

정주학파의 격물설은 '즉물이궁기리卽物而窮其理(구체적 사물로 나아가 그것의 리를 탐구하는 일)'에 치중하는 것으로서 귀납적 정신을 가지고 있는 것이 분명하다. 하지만 그들은 소극적 태도를 가졌기 때문에 과학정신으로서는 분명한 한계를 드러냈다. 한편 육왕학파는 진리(理)가 마음 안에 있다고 하면서 개인의 정신적 자유를 중시하고 능동적 사유를 발양한다. 이런 육왕학파의 정신은 오히려 정주학파의 수동적 태도를 보완하는 역할을 맡을 수 있다.

> "따라서 정이천-주자의 귀납적 방법은 육상산-왕양명의 정신적 해방을 거쳐 중국학술사에 일대 전기를 마련했다. 해방 이후의 사상이 다시금 정주학의 귀납정신을 받아들이고, 거기에 박학樸學(고증학)의 훈련이 부가된 이후에 청대학자의 과학방법이 출현한다. 청대학술의 출현은 중국학술사에 또 한 번의 전기를 마련한 것이다."[9]

호적은 과학방법이라는 새로운 기준에 입각하여 '이학'과 '심학'을 평가하고, 그 두 학파가 상호보완적으로 결합하여 청대학술이라는 사상사적 결과를 낳았다고 주장한다. 그의 이런 평가는 대단히 도식적인 것이기는 하지만, 나름대로 독특한 식견을 드러내는 것이라고 말할 수 있다.

청대의 반이학과 과학방법

그렇다면 호적이 송대 성리학자들의 학문방법론을 문제 삼은 이유는 무엇일까? 호적의 궁극적인 목표는 청대 고증학자들의 학문방법론이 서양 근대과학의 방법에 근접하는 것이라는 사실을 밝히는 것이었다. 그런 목표에 도달하기 위해, 호적은 성리학적 격물설의 과학적 성격을 논의하면서 중국학술사의 발전과정이 과학적 방법을 발전시키고 성숙시키는 과정이라고 말하고 있다. 호적은 청대 고증학에 대해 적지 않은 글을 남기고 있다. 특히 대진이나 장학성 그리고 청대 반이학 사상가에 대한 그의 연구는 현대적인 청대사상사 연구의 선구로서 깊이 음미할 가치가 있다.

호적의 대진연구나 기타 청대의 반이학사상가에 대한 선구적 연구들은 '모든 가치의 전복'이라는 니체적 모토를 전면에 내걸고 반전통주의를 표방했던 호적의 계몽활동과 표리를 이루는 것이었다. 그러나 호적은 '국고정리'라는 또 다른 활동영역에서는 '전통의 전복자'의 이미지보다는 '전통의 회복자'의 면모를 드러내기도 한다. 전통의 연장선에서 근대적 과학방법을 활용하여 전통적 방법의 한계를 보완하려는 계량주의자의 면모를 드러내는 이중성을 보여주고 있는 것이다. 호적의 전통비판과 국고정리 활동이 단순한 모순이라고 볼 수는 없지만, 당시 일부 논자들에게 호적의 국고정리론은 모순적 행태로 위화감을 불러일으켰던 것이 사실이다.

호적은 국고정리 작업을 통해 청대학술의 계승자이자 개혁자를 자임했다. '계승자'라는 입장에서 호적은 청대학술의 과학성을 발견했고, 그 가치를 부각시켰다. 나아가 '개혁자'라는 입장에서 호적은 청대학술의 과학적 방법론의 한계를 지적하고, 그 한계를 서양의 과학방법으로 보완하려 했다. 이렇게 호적은 여러 편의 방법론 논문을 통해 청대학술, 특히 고증학의 과학성에 대해 논하면서 동시에 그것의 한계를 지적한다. 그 논문들은 동시에 국학연구자로서의 호적 자신의 방법, 즉 과학적 '국학'

연구방법의 윤곽을 제시하는 글로도 가치가 있다. 여기서 청대학술의 과학적 성격에 대한 호적의 관점을 간략하게 살펴보자.

앞서 살펴본 것처럼 호적은 「청대학자의 학문방법(淸代學者的治學方法)」에서 과학적 방법이라는 관점에서 성리학적 방법론의 가치를 해명했다. 그의 방법론 논의는 체계적인 방법론에 근거한 지식탐구만이 근대적 의미에서 학문이라고 부를 수 있고, 또 과학이라는 이름에 어울리는 지식탐구일 수 있다는 자각을 보여준다는 점에서 대단히 중요하다.

청대학자의 학문방법을 논의하는 곳에서 호적은 서양과학의 방법적 본질을 귀납과 연역이라는 두 가지 논리의 결합에서 찾을 수 있다고 말하고 있다. 호적은 근대적 의미의 과학방법이 전문적으로 방법론을 논의하는 철학자의 발명품이 아니라 실험실 안에서 작업하는 과학자들에 의해 발명된 것이라는 사실을 강조한다. 또한 과학적 방법이 실험실에서 연구하는 과학연구자들에 의해 사용되는 귀납적 탐구 내지 실험적 탐구의 산물이며, 그 결과 얻어진 지식이 실용성과 사실의 확인을 중시한다는 점을 지적한다. 여기서 우리는 호적이 말하는 과학방법론이 자연과학의 지식구성을 모델로 삼고 있음을 알 수 있다. 하지만 그는 과학적 방법이 거기에서 그치는 것이 아님을 지적하는 것도 잊지 않는다.

호적은 자신의 과학방법론을 논의하기 이전에도, 다른 학자들에 의해 논의된 서양과학의 의미와 방법적 특징을 소개하는 글들을 여러 편 발표한 적이 있다.[10] 그 글들이 대개 '귀납'과 '검증'이라는 논리적 절차에 초점을 맞추면서 서양과학의 방법적 특징을 파악하고 있었다는 점을 고려한다면, '귀납'뿐만 아니라 '연역'의 중요성을 강조하고, 과학의 방법적 특질을 귀납과 연역의 결합에서 찾으려고 했던 호적의 이해는 분명히 초기 과학론자들의 과학인식 수준을 넘어서는 것이었다.

과학방법의 발달이라는 관점에서 호적은 단순한 귀납이 아니라 연역적 방법의 도입에 의해 진정한 과학적 방법이 완성된다는 사실을 과학의 발전사를 통해 보여주려고 한다. 서양과학 발달의 초기 단계에서는 귀납을 중심을 두었지만, 2~3백 년에 걸쳐 과학이 발달해나가면서 철학적 과학방법론(연역)과 실험실 안에서의 경험적 과학방법론(귀납)이 결합하여 '비교적 완전한(圓滿) 과학방법론'이 완성되었다는 것이다.

호적에 따르면, 귀납과 연역이 결합하여 탄생한 비교적 완전한 과학방법론은 과학자와 철학자의 공동노력의 산물이다. 호적은 이렇게 지적한다. "철학가는 과학의 경험이 없기 때문에 원만한 과학방법론을 논할 수 없다. 과학자는 철학에 흥미가 없기 때문에 원만한 과학방법론을 결코 말할 수 없다." 따라서 제대로 된 완전한 과학방법론이 성립하기 위해서는 철학가와 과학가의 공동작업, 즉 연역적 방법과 귀납적 방법의 결합이 필요하다.

과학적 방법의 특질을 귀납과 연역의 결합에서 찾는 호적은 서양과학의 역사 안에서뿐 아니라 중국학술사의 경험 안에서도 그런 결합의 양상을 발견할 수 있다고 말한다. 그런 이해에 근거하여 호적은 중국학술사를 개관하고 그 안에서 과학적 방법의 발전과정을 추적한다.[11]

앞 절에서 우리는 호적이 관점의 굴절을 겪기는 하지만, 성리학의 격물설을 과학적 방법론이라는 관점에서 긍정적으로 평가했음을 확인했다. 그런 다음, 호적은 청대 고증학(고거학)의 과학적 방법과 정신에 대해 본격적으로 논의를 전개하기 시작한다. 성리학 논의는 청대 고증학의 과학적 성격을 말하기 위한 전제였던 것이다.

「청대학자의 학문방법」이라는 논문의 제목에서 추측할 수 있는 것처럼, 호적의 본래 목표는 청대 고증학의 방법적 특질, 즉 고증학에 내재된 과학적 방법의 가능성을 찾는 것이었다. 호적은 청대 고증학의 방법이 서양 근대과학의 방법론과 근본적으로 다르지 않다는 사실을 지적하고, 그런 고증학 방법의 연장선 위에서 중국의 문화전통을 연구하는 길을 모색하려고 했다.

호적은 과학적 방법에 입각한 자신의 국학연구를 '국고정리'라고 명명하고 그 영역에서 적지 않은 성과를 올렸다. 그렇다면 호적이 말하는 청대 고증학의 과학방법으로서의 특질은 무엇인가? 나아가 그런 방법에 근거하여 청대학술이 이루어낸 성과는 무엇이며, 그 방법의 한계는 무엇인가?

호적은 청대의 학술을 지칭할 때 주로 '박학樸學'이라는 개념을 사용한다(호적은 자신의 글에서 '실학'이라는 개념을 거의 사용하지 않는다). 그리고 중국의 학술전통 안에서 진정한 과학적 정신과 방법을 구현하고 있는 것이 청대의 '박학'이라고 주장한다. 호적의 정리에 따르면 '박학'의 다음과 같은 연구영역을 가지고 있다.

첫째, 박학은 '음운'의 변천과 문자의 의미를 탐구하는 문자학을 포함한다.

둘째, 박학은 '훈고학'을 포함한다. 호적은 그 훈고학이 과학적 방법과 증거에 의존하면서 의미를 해석하는 학문이라고 이해한다.

셋째, 박학은 '교감학(textual criticism)'을 포함한다. 교감학은 과학적 방법으로 문자의 착오를 바로잡는 학문이다.

넷째, 박학은 '고정학(higher criticism)'을 포함한다. 고정학은 고서의 진위를 판단하고, 저자문제 및 저자와 연관된 일체의 문제를 연구하는 분야다.

이처럼 박학의 범위가 상당히 넓기 때문에 그것의 성격을 간단히 규정하는 것도 쉽지 않다. '박학'은 흔히 '한학漢學' 혹은 '정학鄭學'이라고도 불리는데, 그런 명칭들이 반드시 정확한 것은 아니지만 시대의 역사적 배경을 드러낸다는 점에서 의미가 있다. 한학이라는 명칭은 송학에 대한 대항의식을 드러내는 것으로서, 당시의 학자들은 송대 이후에 유행한 성리설을 공리공론이라고 비판하는 한편, 송학을 압박하기 위해 그 명칭을 사용했다는 것이 호적이 설명이다. 한학의 공통된 취향은 송학의 주관주의적 견해에 입각한 연구방법에 불만을 가지는 것에서 찾을 수 있다. 그것은 처음에는 소극적인 불만에서 시작되었으나, 경학經學의 문제로 관심이 확대되고, 나중에는 다양한 분야로 확대되었다. 호적에 따르면, 박학은 대체로 다음과 같이 네 가지 점에서 송학의 방법을 비판한다.

(1) 마음대로 고서의 문자를 개변했다(隨意改古書籍文字).
(2) 고대의 음을 이해하지 못했다(不通古音).
(3) 글자를 마음대로 덧붙여서 해석했다(增加經解).
(4) 문장의 의미를 모르고 엉터리 해석을 했다(望文生意).

학문적인 면에서 송대 유학자들의 폐단을 바로잡기 위해 청대 한학가들이 사용한 방법을 호적은 다시 넷으로 나누어 설명한다.

(1) 새로운 해석을 내릴 때에는 반드시 물관적 증거(구체적인 증거)를 요구한다.
(2) 증거는 반드시 예증이어야 한다. 즉, 실제적인 예를 근거로 증거를 삼는다.
(3) 한학의 예증방법이 다름 아닌 귀납적 방법이다. 사례가 충분하지 않을 때를 유추라고 말하고, 사례가 충분할 때 비로소 귀납법이 된다. 유추와 귀납은 정도의 차이에 불과하며, 그 근본성질은 동일하다.
(4) 한학의 귀납법은 완전히 피동적인 것이 아니라 '가설'적 방법을 사용하고 있다. 한학의 방법이 '가설'을 중시한다는 점에서 주자학의 방법과 근본적인 차이를 가진다. 그들은 구체적인 증거를 통해 귀납적 결론에 도달하지만, 실제로 그 귀납적 수속은 원리에 대한

> 가설적 통칙에서 출발하는 것이다. 즉, 그들의 방법은 귀납과 연역을 함께 사용하는 전형적인 '과학적 방법'이다.

호적은 청대 한학가들이 사용했던 이런 식의 연구방법을 전형적인 과학적 방법이라고 평가한다. 호적은 한학가의 과학적 방법을 음운·훈고·교감·고정의 네 영역으로 나누어 자세하게 설명한다. 이어서 호적은 다시 송대 유학자들의 격물설을 예로 들면서, 송대 유학이 귀납에 치중하지만 연역을 무시했다는 사실을 지적하고, 가설과 증명, 연역과 가설의 결합에 의해 비로소 과학방법이 완성된다는 사실을 강조한다.

> "송대 유학자들의 격물이 효과가 없었던 이유는 그들이 격물을 하려고 할 때 (…) 완전히 피동적인 방법을 사용했기 때문이다. 그런 방법에 근거해서는 결코 과학적 발명을 해나갈 수 없다. 왜냐하면 가설을 제시하지 못하는 사람은 (…) 마침내 귀납적 방법을 사용할 수 없기 때문이다."[12]

왜 그런가? 귀납적 방법은 결코 '세상의 모든 사물(凡天下之物)'을 관찰하는 방법이 될 수 없기 때문이다. 귀납법의 핵심은 복잡다단한 사물들 안에 존재하는 '유사한 조건'을 찾아내는 '사례발견(擧例)'의 가능성만을 가르쳐줄 뿐이다. 그러나 '사례를 발견'하기 위해서는 반드시 마음속으로 먼저 일종의 가설을 가지고 있어야 한다. 다양한 대상들을 일정한 기준으로 선별하고 그 기준을 가지고 공통성을 찾아내야 사례를 발견한다고 말할 수 있게 된다. 공통성을 찾아내기 위한 기준의 설정, 그것이 바로 가설이다. 호적은 송대 유학자들이 그런 가설에 근거한 사례발견, 나아가 원리발견에 이르는 길을 발견하지 못했다고 주장한다. 하지만 송대 유학자들과 달리 청대의 한학가들은 일반적 원칙(통칙)을 미리 설정하는 가설제시의 능력을 가지고 있었다. 그리고 그런 가설에 입각하여 구체적인 사례를 모으고, 증거를 확대하면서 가설의 옳고 그름을 판단하는 방법을 가지고 있었던 것이다. 결론적으로 호적은 청대 한학가의 과학적 방법을 다음과 같이 요약한다.

> "그들이 사용한 방법은 총괄적으로 말하자면 (1) 대담한 가설, (2) 조심스런 증거(정밀한 논증), 두 가지로 정리할 수 있다. 가설이 대담하지 않으면 새로운 발견은 불가능하다. 증거가 불충분하면 다른 사람들로 하여금 믿게 만들 수 없다."[13]

이어서 호적은 대담한 가설에서 출발하여 조심스런 증거를 거쳐 새로운 발견으로 나아가는 한학적 연구방법의 참된 정신적 전형을, "올바름만을 추구해야 할 것이며, 낡은 것을 지키는 것을 목표로 삼아서는 안 된다(但宜推求, 勿爲株守)"라는 신념을 모토로 삼았던 대진의 방법에서 찾고 있다. 호적의 대진연구는 청대학술사 연구뿐 아니라 근대적인 청대 고증학 연구의 전범을 제시하는 매우 중요한 내용을 담고 있기 때문에, 다른 논의를 필요로 한다.

제 10 장

과학적 국학은 가능한가?

호적의 국고정리론과 전통의 해석

과학적 국학의 시도

과학파를 지지하며 과학의 만능을 주장했던 호적胡適은 과학주의의 입장에서 전통을 재평가하는 국학운동을 이끌었다. 그렇다면 그가 주도했던 과학적 국학이란 무엇인가? 그가 주창했던 과학적인 전통 재평가의 방법과 목표 그리고 가능성과 한계는 무엇인가? 호적의 과학적 국학론을 살펴보는 것은 오늘날 새롭게 전개되고 있는 중국의 국학부흥운동을 이해하고 평가하는 하나의 기준점을 제공하는 작업이 될 수 있을 것이다.

우리 학계에서 호적은 정치적으로는 보수적 자유주의자, 학문적으로는 이미 지나간 과거의 인물로 치부되는 경향이 있다. 오늘의 학문적 기준에서 바라본다면, 그는 분명히 낡은 인물이라고 말할 수 있다. 하지만 중국철학사의 현대적 건립이나 중국사상-문화의 현대적 해석이라는 차원에서 그는 단순한 과거의 인물이 아니다. 최근 20여 년 동안 중국(대만과 대륙 모두)에서는 호적에 대한 총체적 재평가의 움직임이 일어나고 있고, 그에 힘입어 그를 다룬 다양한 형태의 출판물도 등장했다. 최근 대륙에서는 국학대가國學大師로서 호적을 다시 조명하는 엄청난 양의 연구물이 출간되어 있다. 하지만 호적에 대한 관심은 양면적이다. 한편에서 호적은 맹목적 민족주의 혹은 맹목적 전통부활의 움직임에 제동을 거는 존재로 평가되고, 또 다른 한편에서 호적은 맹목적 서구추종자 혹은 서구적 방법론에 입각하여 중국의 사상전통을 해체하는 데 일조한 인물로 부정적으로 평가된다.

호적의 국학방법론은 근현대 중국에서 중국학의 중요한 방향을 제시한 전범으로서의 가치를 가지고 있다(마찬가지로 양계초梁啓超, 풍우란馮友蘭, 모종삼牟宗三, 이택후李澤厚의 해석 역시 강력한 전범으로서 평가된다). 근대적인 의미의 국학을 건설하는 과정에서 호적이 시도한 고증학(고거학考據學)적 방법에 대한 총체적 재평가와 정리는 중국고전을 연구하는 우리에게 여전히 흥미로운 지식과 연구의 지혜를 알려준다. 청대 고증학 및 청대사상에 관한 호적의 일련의 논설은 오늘에도 가치를 잃지 않고 있다. 그 점에서 호적은 여전히 중요한 현재적 국학자로서 재평가되고 재해석되어야 할 인물이다. 호적은 중국사상-문화연구의 출발점으로서 결코 무시할 수 없는 거인으로 남아 있다고 말할 수 있다.

현대 중국의 '국학'과 호적

21세기 초 중국에 '국학國學(중국 문화전통의 연구)'의 열기가 뜨겁다. 중국의 새로운 문화현상이라 할 수 있는 '국학열기(國學熱)'를 소개하는 매개자들의 의도와 목표는 다양하다. 중국의 문화적 트랜드를 단순히 소개하는 것을 목적으로 삼는 사람들이 있는가 하면, 중국인이 관심을 가지는 국학고전이 중국이라는 하나의 국가에 한정되는 문화유산이 아니라 동아시아의 보편적 문화유산이기 때문에 그것을 소개하는 것이 의미가 있다고 생각하는 사람도 있다. 또한 중국에서 국학이 부활하는 것을 보면서 그런 트랜드에 대항하기 위해서라도 우리네 국학을 발굴하고 발전시켜야 한다는 생각을 가지는 이들도 있다. 뿐인가. 최근 중국의 국학열을 단순한 고전연구나 학술연구로 보지 않고 어떤 정치적 화두의 부각으로 인식하는 이들도 있다. 어떤 방식으로 접근하든 분명한 것은 중국에서 '국학'은 더 이상 역사적 과거에 단순히 몰두하는 구닥다리 학자들만의 일이 아니라는 사실이다.

이렇게 중국에서 '국학'은 유력한 이데올로기의 하나로 평가받고 있다. 예를 들어 중국에서 사회주의 및 마르크스-레닌주의연구의 거점 가운데 한곳인 인민대학의 정치학자 진찬룽金燦隆 교수는 현대 중국의 사상 상황을 평가하면서 현대 중국에서는 이데올로기의 다원화가 이루어지고 있으며, 현재적으로는 다섯 가지 주요한 이데올로기가 존재하고 있다고 말하고 있다. 그가 제시하는 주요 이데올로기는 다음과 같다.

(1) 공식적인 관방 이데올로기, 즉 마르크스주의의 허울을 쓴 경제실용주의

(2) 전통적인 마르크스주의의 구체제를 변호하는 좌파 이데올로기

(3) 전통문화에서 자양분을 취하자는 '국학' 이데올로기

(4) 포스트모더니즘

(5) 자유주의 서학

그런 평가에 따르면, 중국에서 전통사상은 대학 연구실 안에서나 존재하는 학자의 넋두리가 아니라 살아 움직이면서 현재의 정치적 현실 안에서 중요한 힘으로 작용하고 있다는 것을 알 수 있다. 중국사회를 대표하는 정치철학자의 이런 관찰은 당대 중국사회에서 '국학'이 더 이상 단순한 과거연구가 아니라 정치적 담론으로 부각되고 있다는 사실을 여실히 보여주고 있다.[1]

그런 점에서 최근 중국에서 재연再燃되고 있는 국학열 현상은 중국의 과거와 현재에 관심을 가지고 있는 우리의 흥미를 끌기에 충분하다. 더구나 근대국학의 형성에서 중요한 역할을 맡았던 호적의 의의를 어떻게

평가할 것인지가 이 장의 화두다. 과연 국학연구에서 호적의 의미는 무엇인가? 그것은 21세기의 국학을 생각할 때에 반드시 제기해야 할 질문이다.

재미 중국학자 여영시余英時가 적절하게 평가하고 있는 것처럼, 호적은 중국의 근대사상 내지 문화연구의 모든 영역에서 부정할 수 없는 중요한 족적을 남긴 인물이다.[2] 또한 호적은 중국철학 및 중국사상사 연구에서 하나의 전범을 남긴 인물로 평가된다.[3] 호적의 라이벌이라 할 수 있는 풍우란 역시 호적의 선구자적 역할을 적극적으로 평가한다.[4] 이처럼 호적은 학자이자 독창적인 사상가로서 문사철文史哲 분야에서 다양한 업적을 남기고 있을 뿐 아니라 정치와 교육의 영역에서도 커다란 영향력을 끼친 인물로 기억되고 있다.

호적은 학문의 좁은 분야에 한정되지 않으면서 문명의 전환을 이끌었던 인물이었다. 특히 학술영역에서 호적이 남긴 성과는 양적으로나 질적으로도 타의추종을 불허한다. 사회적 영향력 차원에서도 그를 능가할 수 있는 인물은 많지 않다. 이 장에서는 나는 호적의 전방위적 사상활동을 염두에 두면서, 특히 국학의 '과학적 방법' 및 그의 '국고정리론'의 내용과 의미에 대해 생각해보려고 한다.

호적의 목표: 모든 가치의 재평가

호적은 1919년에서 1923년 사이 학문의 방법, 특히 과학적 방법에 대한 논문을 쏟아냈다. 바로 그 시기, 즉 1923년 5월 '과학과 인생관' 논쟁이 발발했다. 그런 점에서 호적의 학문론, 특히 전통 재평가론은 '과학과 인생관' 논쟁을 바라보는 호적의 입장과 밀접하게 연결되어 있다. 호적이 1919년부터 발표한 일련의 학문론 내지 학문방법론 논문은 크게 네 부류

로 나누어볼 수 있다.[5]

(1) 서양철학, 특히 과학 내지 학문의 방법론과 관련된 미국의 실용주의(그는 '실험주의'라고 부른다) 방법론을 소개하는 것
(2) 과학적 방법이라는 기준에서 청대 한학(考據學 · 考證學)의 방법론을 해명하고, 특히 대진戴震의 철학을 중심으로 청대에 발생한 반이학적 사상의 성취를 논하는 것
(3) 당시 중요한 사회적 이슈로 떠올랐던 과학과 인생관 문제를 둘러싼 논쟁에서 과학주의자로서의 자신의 철학적 입장을 주장하는 것
(4) 방법론 논문에서 피력된 이해에 입각하여 구체적으로 국학을 연구하는 방법적 전략을 피력한 것(과학적 방법에 입각한 국학연구를, 그는 '국고정리'라고 부른다)

거론한 여러 영역 가운데 세 번째 영역에 속하는 일련의 논설은 '과학과 인생관' 논쟁에 대한 호적의 입장을 살필 수 있는 중요한 자료다. 이 주제에 대해서는 이 책의 다른 장들에서 자세하게 검토하고 있다. 첫 번째 부류의 실험주의 소개 논문들은 별도의 논의가 필요할 것이라서 여기서는 더 자세히 다루지 않는다. 두 번째 부류의 청대사상사에 관한 논문은 대단히 중요한 것이지만, 독립된 주제로 다루어져야 할 것이다. 이 장에서는 네 번째 부류, 즉 좁은 의미의 방법론 논설을 통해 호적의 국고정리 및 국고정리의 방법론에 대해 살펴보고 그것의 의미를 해명하는 데 집중한다.

주지하는 것처럼 호적은 19세에 미국 유학을 떠나 26세에 북경대학의 교수로 초빙될 때까지 철학자 존 듀이의 문하에서 중국고대의 논리학과 중국사상사를 연구했다. 논리학이라는 학문영역은 사유의 방법과 논리과정을 연구하는 분야다. 호적이 그런 주제를 선택하게 된 것은 우연이 아

니다. 그 시절 호적은 자신의 지도교수였던 존 듀이의 절대적 영향을 받으면서, 필생의 학문적 과제가 된, 중국문화에 대한 전면적인 재평가 작업에 착수한 것이다.

국학연구의 방법론 수립과 관련하여, 1919년 12월에 출간된 『신청년』(7호 1권)에 발표한 「신사조의 의의(新思潮的意義)」는 호적의 사상적 전망을 제시한 중요한 글이다. 그 글에서 호적은 5.4신문화운동기의 핵심주제인 '반전통주의'와 '국고정리', 외국의 사상 및 학술의 수입, 전통유산의 비판적 해석과 정리, 나아가 새로운 '창조'로 이어지는 자신의 학문과 사상 과제에 대한 조감도를 제시한다. 요컨대 「신사조의 의의」는 호적사상의 강령이라고 말할 수 있다.

그 글에서 호적은 신문화운동의 동지였던 진독수陳獨秀의 주장을 실마리로 삼아 논의를 전개한다. 진독수는 데모크라시(민주주의)와 사이언스(과학)를 수용하고, 그 정신에 입각하여 중국의 사회문제 전체를 해결해나가야 한다는 것을 주장했다. 호적은 그런 진독수의 관점에 동의하면서도 진독수의 주장이 지나치게 포괄적이어서 오히려 모호하다는 사실에 불만을 표시한다. 호적은 민주와 과학의 수용이 중요한 과제라는 사실을 당연히 수긍한다. 하지만 민주와 과학의 수용이라는 과제가 제대로 수행되기 위해서는 그 바탕이 되는 태도의 변혁이 먼저 이루어져야 한다. '새로운 태도'로의 변화 없이 민주와 과학의 수용이라는 결과를 달성하는 것은 불가능하다고 생각했기 때문이다. 호적은 민주와 과학의 전제가 되는 '새로운 태도'를 한 마디로 '평판적 태도(評判的態度, 비판적 평가의 태도)'라고 부른다. '평판적 태도'에 근거를 두어야만 현재적 관점에서 과거의 문화를 전면 재평가하는 판단을 내릴 수 있다. 호적은 '평판적 태도'야말로 주체적 가치판단의 능력을 확보하기 위해서 반드시 필요한 태도라고 강조한다. 신문화운동의 주도자들은 현재적 관점에서 과거를 총체적으로 재평가하는 것의 필요성을 강조했지만, 그런 과제를 달성하기 위한 방법론 내지 사유의 방법에 대한 자각이 부족했다는 것이 호적의 불만이었다. 따라서 호적은 신문화운동의 입장을 대변하는 한편, 신문화운동의 완성을 위해 필요한 학문적 방법론을 함께 제시하고 있는 것이다.

호적은 중국의 역사적 과거를 철저하게 '재평가'하고 그런 평가를 거친 것만을 현재에 '유의미한 전통'으로 받아들여야 한다고 주장한다. 그리고 자신의 주장을 한 마디로 "모든 가치의 재평가(Transvaluation of all Values)"[6]라는 구호로 표현한다. 주지하다시피 그 구호는 유럽에서 전통적 가치관에 도전했던 니체에게서 빌려온 표현이다. 따라서 그가 말하는 '평판적 태도'란 결국 모든 가치의 재평가를 위해 필요한 정신적 준비에 다름 아니었다. 호적은 재평가의 대상이 되어야 할 과거를 다음과 같은 몇 가지 항목으로 개괄한다.

(1) 과거의 풍속제도와 습속은 오늘날 존재가치를 가지는가?
(2) 성현의 가르침이 오늘날에도 여전히 의미가 있는가?
(3) 사회적인 가치가 있다고 막연하게 공인된 행위와 신앙은 불변의 가치를 가진 것인가?
(4) 많은 사람들이 그렇게 행동한다고 해서 그것이 언제나 올바른 것인가?

호적은 다시 니체를 따라서 도덕 내지 윤리라는 것은 특정 시대의 필요를 위해 만들어진 것이지 시간과 장소를 초월하여 보편적인 가치를 지닌 것이 아니라고 강조한다. 새로운 시대는 새로운 가치와 도덕을 요구한다. 어떤 사상 · 도덕 · 인물은 그 사상 · 도덕 · 인물을 필요로 하는 시대적 상황 하에서만 역사적 의미를 가질 수 있다. 호적은 전족纏足, 아편阿片, 공교孔教 등 몇 가지 사례를 들면서 도덕의 역사적 의미에 대해 설명한다. 그리고 그런 설명을 통해 도덕적 가치판단이 보편적인 진리에 근거하는

전족을 한 소녀

것이 아니라 시대적 요청에 의해 만들어지는 것이라는 사실을 보여주려고 했다. 구체적으로 말해보자. 과거 중국에서는 여성의 발이 작으면 작을수록 아름답다고 하는 관념이 있었지만, 중화민국 시기(1911~1949년)로 접어든 당시에는 그런 작은 발은 아름답기는커녕 비인간적인 것으로 평가받았다. 또한 당시 기준으로 십년 전만 해도 아편을 피우는 일은 자연스런 일이었지만, 지금 아편을 피우는 것은 범죄행위가 되었다. 또한 20년 전만 해도 강유위康有爲는 유신당維新黨의 리더로서 홍수나 맹수와 같은 영향력을 지니고 있었지만, 현재 그는 골동품 같은 존재가 되어버렸다. 이런 사례를 통해서 호적은 니체의 '모든 가치의 재평가'라는 철학적 구호를 원용하고, 전통중국의 가치를 총체적으로 재평가하고자 하는 자신의 과제를 분명히 제시했다.

호적은 '모든 가치의 재평가' 작업이 구체적으로는 두 영역에서 이루어져야 한다고 말한다. 하나는 사회 · 정치 · 종교 · 문학에서의 다양한 문제를 토론하는 것이며, 다른 하나는 서양의 신사상 · 신학술 · 신문학 · 신신앙을 소개하는 것이다. 호적은 전자를 '문제의 연구(研究問題)'라고 부르고 후자를 '학문의 수입(輸入學理)'이라고 부른다.

먼저 호적은 '문제의 연구'에 속하는 것으로 공교문제, 문학개혁문제, 국어통일문제, 여자해방문제, 정조문제, 예교문제, 교육개량문제, 혼인문제, 부자문제, 희극개량문제 등을 거론한다. 호적이 지향하는 '모든 가치의 재평가'란 결국 그런 문제들을 해명하여 시대의 요청에 답하는 작업이다. 그리고 제기된 다양한 문제를 해결하는 방법을 찾기 위해서는 당시 근대화와 과학화를 먼저 달성한 외국의 '학문을 수입'하는 것이 필요하다고 말한다.

호적은 당시 중국사회가 가치관 · 풍습 · 제도 등 거의 모든 측면에서 근본적인 동요가 발생하는 시대라고 판단했다. 그런 문제들은 자칫 중국사회를 파국으로 몰아갈 수도 있다. 그런 위기시대에 지식인의 과제는 문제를 '철저하게 연구'하고, 시대에 맞는 '적절한 해답'을 마련하는 것이다. 학문의 목표 역시 궁극적으로는 새로운 사회적 변화에 응답하는 윤리 · 풍습 · 가치관을 정립하는 것이다. 따라서 당면한 문제들에 대한 철저한 연구가 필요하다. 이런 맥락에서 호적은 서양의 과학방법 및 과학정신의 도입을 적극 옹호하고 나섰던 것이다.

이어서 호적은 '학문의 수입'에 대해 논한다. 외국의 새로운 학문(학술과 사상)을 수용해야 하는 이유는 무엇일까? 당시 중국에는 이에 대한 몇 가지 입장이 공존했다. 호적은 이를 다음과 같이 정리한다.

> 첫째, 중국은 물질적 문명만이 아니라 새로운 사상과 학술을 필요로 하므로, 서양의 다양한 학문을 도입할 필요가 있다는 입장
> 둘째, 자기가 신봉하는 특정 학술과 사상을 전파하려고 노력하는 입장
> 셋째, 번역작업을 통해 서양의 지식과 학문을 소개하기 위해 노력하는 입장
> 넷째, 학문적 연구라는 형식을 빌려, 한편으로는 과격파라는 비난을 피하고 다른 한편으로 혁명의 씨를 뿌리고자 하는 입장
> 다섯째, 학문의 수입은 문제의 연구라는 필요에서 자연스럽게 발생한 것이므로, 어떤 문제를 연구하기 위해서는 문제 자체의 의미에 대해 고찰해야 하고, 이론적 · 사상적 방법을 동원하지 않을 수 없다는 입장

굳이 말하자면 호적은 다섯 번째 입장에 가깝다. 호적은 '신사조운동'이 성과를 거둔 영역은 대부분 '문제의 연구'와 연결되어 있음을 지적한다. 다시 말해 해결해야 할 구체적 문제와 무관한 서양사상의 수입 혹은 수입 그 자체를 위한 학문의 수입은 전문적인 학자들의 관심사는 될 수 있을지언정, 대중에게 영향을 끼치기가 어렵다는 사실을 강조한 것이다.

물론 호적이 외국학설의 수입 자체를 무의미하다고는 말하는 것은 아니다. 다만 구체적 문제와 무관한 학문은 아무런 사회적 영향력도 획득할 수 없다는 사실을 지적하고 있을 뿐이다. 호적은 구체적 문제를 연구하기 위해 외국의 이론을 수입하고, 그 이론에 입각하여 문제를 해결하는 프로세스를 제안한 것이다. 그렇게 수입된 학문과 사상만이 '문제의 해결'에 도움이 될 뿐 아니라 사람들의 비판적 태도를 증진시키는 일에도 기여한다. 신사조운동의 근본적 목표는 사람들로 하여금 비판적 태도를 갖게 하는 것이기 때문이다. 호적은 '문제의 연구'와 '학문의 수입'의 연관성을 다음과 같이 정리한다.

(1) 절실한 문제를 연구해야 많은 사람들의 관심을 쉽게 끌어들일 수 있다.
(2) 절실한 문제에 대한 연구에서는 쉽게 반대자가 나타날 수 있다. 그러나 그 반대는 관심과 흥미의 표현이기 때문에 환영할 수 있다. 그것은 돈이 들지 않는 광고라고 말할 수 있고, 토론의 기회를 제공하기 때문에 그를 통해 진리는 더욱 분명히 드러날 수 있다.
(3) 연구대상이 되는 문제는 살아 있는 문제들이기 때문에 쉽게 사람들의 각오와 신뢰를 불러올 수 있다.
(4) 문제를 해결하는 중에 자연스럽게 외국의 사상과 학술이 이용되기 때문에 그것을 접한 사람들은 저절로 그것에 대한 저항감이 줄어들고, 부지불식간에 그 학술과 사상의 영향을 받게 된다.
(5) '문제의 연구'는 부지불식간에 사람들로 하여금 연구하고 비판적이며 독립적인 사상을 가지게 만든다. 그것은 혁신적 인재를 양성하는 것으로 이어진다.[7]

호적은 '문제의 연구'와 '학문의 수입'은 연결되어 있고, 그 둘 사이의 상호작용에 의해 근대적 국가건설에서 필요한 인재를 양성할 필요가 있다는 근본입장을 가지고 있었다. 국민국가의 건설이라는 시대적 과제 앞에서, 호적은 당시 위기의 원인이 될 수 있는 다양한 문제를 전면에 드러내고, 새로운 학문과 사상의 수입을 통해 그 문제를 해결하는 방안을 모색하고자 한 것이다. 또한 호적은 서양의 새로운 사상의 수입과 적용을 강조하면서도 그것이 절대적이고 보편적인 가치를 지닌 것이라고 보아서 안 된다는 사실을 강조하고 있다. "외국의 학리와 사상은 절대적인 진리가 될 수 없다. 그것은 중국이 당면한 문제를 연구하는 데 필요한 '하나의' 참고자료일 뿐이다(能把一切學理不看作天經地義, 但看作研究問題的參考資料)."

호적의 이러한 발언은 문제가 발생하는 현실상황을 무시하면서까지 수입된 사상을 일방적으로 적용하려는 시도에 대한 비판으로 읽을 수 있다. 서양의 사상과 학문의 수입은 문제연구와 해결방안의 모색을 위해 반드시 필요한 일이지만, 현실과제와 동떨어진 '이론을 위한 이론'의 남용과 남발을 호적은 경계하고 있는 것이다. 이런 그의 주장은 보편적이고 절대적 진리가 존재한다는 사실을 부정하고, 하나의 이론이나 사상을 역사적 관점과 맥락 속에서 시대의 문제상황과 연결시켜서 이해해야 한다고 강조하는 니체의 계보학적 사유와 일맥상통한다.

국고정리와 문명창조

이어서 호적은 신문화운동과 신사조운동이 중국의 전통적인 사상에 대해 어떤 태도를 취해야 하는지를 묻는다. 당시 화두는 "전통을 어떻게 이해하고, 그에 대해 어떤 태도를 취할 것인가?"였다. 새로운 사상(과학과 기술을 포함하는)의 수용은 필연적으로 전통의 재평가를 통한 청산과 활용이라는 과제를 불러오기 때문이었다.

전통에 대한 호적의 태도는 다음 세 가지로 압축된다.

첫째, 전통에 대한 맹종을 반대한다. 호적이 주장하는 '모든 가치를 재평가한다'는 입장에서 보면, 전통에 대한 맹종을 비판하는 것은 당연하다.

둘째, 조화의 추구를 반대한다. 이 주장은 약간의 보충설명이 필요하다. 전통과 현대의 조화는 가장 손쉽게 취할 수 있는 태도일 뿐 아니라 오히려 바람직한 태도라고도 볼 수 있다. 당시 조화지향적 태도는 마치 상식처럼 널리 퍼져 있었다. 그러나 호적은 그런 '조화적 태도'를 오히려 비판한다. 혁신가의 책임은 조화추구가 아니라 '옳다(是)'고 판단되는 방향으로 매진해나가는 것이기 때문이다. 혁신가는 뒤를 돌아보면서 굳이 조화를 말하려고 하지 않는다. 호적이 보기에, 조화추구는 인류의 발전과정에서 대다수의 겁약한 사람들이 야기한 어쩔 수 없는 추세였다. 인간은 소수의 혁신가와 대다수의 겁약한 보통사람으로 이루어져 있다. 보통사람은 혁신가의 뒤를 끌어당기면서 조화를 요구한다. 아무리 위대한 혁신가의 업적도 결국은 뒤를 끌어당기는 수많은 보통사람들에 의해 조화적으로 낙착될 수밖에 없다. 따라서 혁신가는 굳이 먼저 조화를 말할 필요가 없다. 혁신가가 처음부터 조화를 말하기 시작하면 진정한 조화는 영원히 이루어지지 않는다. 이런 호적의 주장은 노예도덕과 주인도덕의 차이를 강조하는 니체의 주장과 유사하다.

셋째, 국고정리의 태도를 견지한다. 국고정리는 고전학자로서 호적의 본령이 드러나는 지점이다. 학자로서 사상가로서 호적의 본령은 중국 고전연구의 새로운 방향을 제시한 것이다. 1917년 이후 호적은 가장 영향력 있는 신문화운동의 기수로서 이름을 휘날렸다. 하지만 그의 목표는 단순한 계몽활동가, 서양학술의 선전자나 소개자에 머무르는 것이 아니었다. 1919년을 전후하여 호적은 서양의 철학을 소개하는 중요한 논설을 발표했지만, 그런 소개자의 과업은 사실상 호적이 아니라도 누군가는 해낼 수 있는 일이었을 것이다. 호적은 미국에서 귀국한 이후, 실험주의(실용주의)를 비롯하여, 서양의 근현대사상의 조류, 입센주의를 비롯한 서양의 근대 및 현대문학 사조, 자유주의로 대표되는 서양식 정치사상을 소개하는 데 대단히 큰 업적을 남겼다. 그럼에도 불구하고, 그런 업적은 학문적 깊이라는 측면에서 볼 때 피상적인 수준을 크게 벗어나지 못했다. 이에 비해 전통중국의 사상과 학술에 대한 호적의 연구는 중국학의 새로운 방향을 제시한 것이었다. 그가 아니었다면 그 누구도 성취하기 어려운 탁월한 업적이었다.

호적은 고대부터 당송대를 거쳐 청대에 이르는 장구한 중국학술의 역사, 과거의 문화유산, 과거의 종교와 철학을 총체적으로 검토하고, 거기서 미래의 중국을 건설하기 위한 자원을 끌어내어야 한다는 확신을 가지고 있었다. 국고정리를 위한 고전연구와 '모든 가치의 재평가'를 주장하는 신문화운동기의 전복적 입장이 서로 모순되는 것처럼 보일 수도 있다. 하지만 그 둘은 호적의 정신세계 안에서는 분리되지 않는 일체, 원인과 결과의 관계로 이어져 있었다. 그런 호적의 양가적 태도를 우리는 「신사조의 의의」라는 제목의 논설에서 읽을 수 있다. 그 점에서 '국고정리'는 호적의 무의식 안에 숨겨진 문화적 정체성을 드러내는 작업이라고 생각된다. 일부 논자들은 호적이 주장한 국고정리의 입장과 그의 신문화운동기의 전통파괴 작업이 모순되는 성격을 가진 것이라고 지적하기도 한다. 당시에도 호적의 방향전환에 대해 의구심을 가진 사람들이 적지 않았던 것 같다. 그러나 정신분석학이 가르쳐주는 것처럼, 어떤 사람이 대상에 대해 가지는 양가감정, 즉 모순이 교차하는 감정의 진폭을 한꺼번에 바라볼 때 그 사람의 정신세계를 더 잘 이해할 수 있다.

호적은 "전통의 학술사상에 대해 내가 적극적으로 말할 수 있는 유일한 주장은 국고정리다(我們對于舊有的學術思想, 積極的只有一個主張, 就是國故整理)"[8]라고 단호하게 말한다. '정리'란 복잡다단하게 '뒤엉켜 있는' 것 안에서 그 내부를 관통하는 하나의 '맥락'을 찾아내는 작업이다. 호적의 표현을 빌리자면, 그것은 엉터리 주장들 사이에서 참된 의의를 찾아내는 것이며, 근거 없는 미신들 사이에서 참된 가치를 찾아내는 일이기도 하다. 그렇다면 왜 그런 '정리'가 필요한가? 만일 전통문화가 완전한 폐기대상이라면, 정리를 하고 말고 할 필요도 없을 것이 아닌가? '정리'란 정리의 대상이 일정한 가치와 의의를 가지고 있다는 것을 전제하는 일이 아닌가? 이 지점에서 우리는 전통에 대한 호적의 양가감정을 읽어낼 수 있다. 호적의 대답은 다음과 같이 요약된다.

첫째, 중국고대의 학술과 사상은 조리(일관된 원칙)가 없고 두서가 없고 계통(통일적 체계)이 없었다. 따라서 조리와 계통을 가진 정리가 필요하다.

둘째, 과거에 고서를 연구한 사람들은 역사진화적 관점에서 그것을 정리한 경우가 거의 없었다. 그들은 학술의 연원, 사상의 인과적 관련성에 대해 관심을 기울이지 않았다. 따라서 학술사상의 발생 이유, 발생 이후의 효과와 영향에 대한 체계적 연구가 필요하다.

셋째, 소수의 학자들을 제외하고는 고서를 읽을 때 주관적인 편견을 고집하면서 오류에 오류를 거듭해왔다. 따라서 고서의 연구는 과학적 방법을 사용하고, 정확한 고증을 거쳐 저자의 의도를 명백하게 밝힐 필요가 있다.

넷째, 고적을 연구할 때에는 고인古人의 편견과 미신에 얽매이지 않고 공평하게 연구해야 한다. 특히 유가적 편견에 사로잡혀 제자백가를 무시한다거나 성리학적 편견에 사로잡혀 그 이외의 사상전통을 부정하는 식의 편견을 극복해야 한다. 따라서 앞에서 말한 세 가지 단계를 종합하는 연구를 해야 한다. 학파적 편견을 넘어서서 모든 사상가, 학파의 본래 가치, 본래 면목本來面目으로 되돌리는 것이 필요하다.[9]

호적은 '국고정리'의 관점에서 당시 일정한 영향력을 가지고 있던 국수파國粹派의 '국수보존론'을 비판한다. 흔히 오해되고 있는 것과 달리, 호적의 '국고정리론'은 과거의 완전한 부정이나 철저한 폐기의 입장이 아니다. 호적에게 꼬리표처럼 붙어 다니는 '전반서화론자全般西化論者'라고 하는 편견으로 인해, 그의 국고정리론은 전통폐기론 내지 전통해체론의 일종이라는 오해를 받았다. 그러나 호적은 오히려 '국고國故(전통 문화유산 일체)'가 일정한 가치를 지닌다는 것을 전제한 다음, '국고'에서 현재적 가치를 지니는 '국수國粹(엣센스)'와 가치를 지니지 못하는 '국사國渣(쓰레기)'를 명확하게 구별할 필요가 있음을 강조하고 있다.

> "무엇이 정수이고 무엇이 쓰레기인지를 알려고 한다면, 먼저 평판적 태도와 과학적 정신을 가지고 국고정리의 작업을 해내야 한다."[10]

국고의 역사적 맥락, 시대적 배경, 이론의 배경과 영향관계를 분명히 이해한 다음에야 비로소 그 과거와 맥락이 전혀 다른 시대에 그것의 가치를 어떻게 평가할 것인지에 대한 관점을 결정할 수 있다. 그리고 어느 시점에서 가치를 인정할 수 없는 사상이라도 시대적 상황과 조건이 달라지면 새롭게 가치가 부여되고 재평가될 수 있는 가능성도 열린다. 그런 연구관점을 호적은 '평판적 태도'라고 불렀던 것이다.

호적이 당시 장병린章炳麟이나 유사배劉師培 등으로 대표되는 '국수파'의 '국수보존'의 주장을 비판하는 이유는 객관적인 분석이나 정리라는 과정을 거치지 않고, 일방적인 주관적 가치판단에 근거하여 과거의 어떤 사상을 가치 있는 것이라고 평가하는 태도의 문제점을 잘 알고 있었기 때문이다. 일방적으로 '국수國粹(보존할 가치가 있는 보물)'라고 전제하고 그에 입각하여 선험적으로 가치를 규정하는 평가는 일시적이며 단편적인 가치판단에 근거한 오류로 판명될 가능성을 배제할 수 없다. 호적의 표현을 빌리면, "그런 식의 가치판단은, 하나의 편견으로 다른 편견을 대체하는 것에 지나지 않는 것"일 수 있기 때문이다.

그런 가치판단은 어떤 판단이든 무엇이나 가능하다고 강변하거나 자기의 판단만 옳고 다른 사람의 판단은 틀렸다고 주장하는 가치허무주의 혹은 독단주의로 나아갈 수 있는 위험성을 안고 있다. 따라서 호적은 '국수'를 제대로 평가하기 위해서도 '국고' 전체에 대한 총체적이고 계통적인 연구가 필요하다고 주장한 것이다. 호적이 말하는 평판적 태도, 과학적 정신은 바로 그런 학문적 태도에 다름 아니다.

신문화운동기 호적의 학문적 목표는 중국이 처한 위기를 극복하여 새로운 문명을 만드는 것이었다. 호적은 급진적 혁명이라는 수단이 아니라 시간이 필요한 학술이라는 수단을 통해 중국문명을 전면적으로 개혁하고 개조하여 신문명을 만드는 문화적 혁명을 기도했다. 앞에서 지적한 것처럼 신문명창조에 대한 호적의 기대를 간결하게 표현한 글이 「신사조의 의의」였다.

호적은 그 글에서 '평판적 태도'에서 출발하여 외국의 '사상을 수입'해야 하는 이유를 논하고, 그 이론들을 동원하여 인생과 사회의 절실한 '문제를 해결'하는 방안을 찾아야 한다고 역설한다. 이어서 새로운 관점과 태도에 입각하여 '과거의 문화를 어떻게 평가'할 것인지가 전면에 떠오르게 된다. 과거를 재평가하는 올바른 방법은 과연 무엇인가?

근대화과정을 경험한 모든 국가는 그런 과제를 안고 악전고투를 거쳐 새로운 문명건설에 매진했다. 중국 역시 예외가 아니었다. 호적의 사상적 과제는 한 마디로 근대화(민주, 과학적 세계관)와 전통(국고, 중국적 세계관)의 갈등을 어떻게 해결해야 하는가 하는 질문으로 귀결된다. 그런 문화문제, 세계관문제야말로 당시에 중국이 맞닥뜨린 최대의 문제였다. 앞의 여러 장에서 고찰한 '과학과 인생관' 논쟁은 바로 그 문제를 둘러싼 '문화전쟁', '세계관 전쟁'이었던 셈이다. 결국 호적의 '국고정리론'은 세계관 전쟁을 수행해가는 중요한 전투 가운데 하나였다고 말할 수 있다.

호적은 '국고정리론'을 내세워 전통을 평가하는 '적극적 태도'를 제시한다. 그는 전통을 맹종하거나 전통과의 조화를 내세우는 '소극적인 태도'를 거부한다. 그리고 과학적 방법을 활용하면서 계통적 · 역사적 · 비판적 관점에서 과거의 유산 전체를 정리하는 '적극적 태도'를 강조한다. '국고정리'의 목표는 궁극적으로는 새로운 문명을 만드는 일이다. "신사조의 유일한 목적은 무엇인가? 문명의 새로운 창조다."[11] 그의 각오를 단적으로 드러내는 문장이다. 새로운 문명을 건설하기 위해서는 먼저 전통문화의 어떤 부분은 버리고 어떤 부분은 보존해야 할 것인지 정확한 가치판단을 내려야 한다. 호적의 판단기준은 '과학'이었다. 과학적이고 체계적인 연구를 거치지 않은 관념적 · 감정적 · 단편적 · 탈맥락적 · 탈역사적 가치판단은 올바른 과거이해에 도움이 되기는커녕 이데올로기적 왜곡을 초래할 가능성이 높다.[12]

문명이란 서서히 형성되는 것이며 오랜 진화의 과정을 거쳐 완성되는 것이다. 그런 문명의 해방과 개조 역시 순식간에 이루어지는 것이 아니다. 사상 · 제도 · 개인 등 모든 측면이 하나하나 해방되고 개조되면서 그 결과들이 축적되어야 한다. '새로운 문명의 창조'라는 신문화운동의 과제는 거대한 이념이나 구호만으로 달성되는 것이 아니다. 위대한 사업도 작은 일에서 시작된다. 작은 문제들의 해결과 개조가 축적된 결과 탄생하는 것이 바로 새로운 문명이다.

이런 호적의 점진주의 문명개조론은 신문화운동기 호적사상의 또 다른 중요한 과제였던 '문제여주의問題與主義' 논의에서 강조되고 있다. 해결해야 하는 문제를 정확하게 인식하고, 선진 학문을 수입하며, 평판적 태도에 입각하여 전통을 정리하면서 문명의 개조를 통해 새로운 문명에 이르는 과정을 호적은 염두에 두고 있었다. 이러한 그의 생각은 다음과 같이 요약할 수 있다.[13]

한 시대를 지배하는 가치관이 달라짐에 따라 '문제'가 달라진다. 어떤 시대에 전혀 문제가 되지 않던 어떤 사태와 어떤 현상은 시간의 변화에 따라 새로운 '문제'로 다가온다. 과거에는 당연한 것으로 받아들여지던 것이 시간의 변화추이와 함께 더 이상 당연한 것이 아니게 되고, 새롭게 고민해야 할 문제로 부각된다. 공교운동이 그렇고 문학문제도 그렇다. 호적이 활동하던 시대, 특히 1919년을 전후한 신문화운동 시기는 거의 모든 영역에서 과거에 문제가 되지 않던 것들이 새롭게 문제로 부각되는 근본적 전환의 시대였다. 그 상황에서 지식인의 과제는 새롭게 사유의 지평으로 떠오른 '문제'를, 새로운 가치관의 수립이라는 목표 아래서 재해석 · 재평가하는 일이다.

호적이 '평판적 태도'라고 부르는 이런 사유는 사실 존재(불변의 진리)에 대한 생성(역사적 상황에 따라 변화하는 가치)의 우위를 주장하는 니체의 사유, 즉 역사적 감각과 가치의 전도를 강조하는 니체의 전복적 사유에 크게 빚지고 있다. 여러 차례에 걸쳐 니체를 언급하고 있다는 사실에서 알 수 있듯이, 호적은 중국전통을 비판하는 작업을 수행해나가는 데 있어서 니체의 전복적이고, 전투적인 태도를 높이 평가한다. '해머로 철학하기'를 갈파했던 니체처럼 호적 역시 전면적인 전통 재평가에 착수한다. 그리고 니체가 깊이, 느리게, 철두철미하게 읽기를 모토로 삼는 서양문헌학의 방법을 동원하여 플라톤주의와 기독교로 대표되는 2천 년 서양의 형이상학 전통을 파괴하려 했던 것처럼, 호적 역시 청대 고거학(고증학)의 '필로로지(philology)'에 근거하여 불교와 도교로 대표되는 종교적 · 미신적 사유를 넘어서고, 나아가 송대 이후에 절정에 도달한 이학의 사상전통(호적의 이학평가는 양면적이지만, 전통 재평가라는 관점에서 이학을 청대 고증학의 과학적 태도에 의해 극복되어가는 형이상학이라고 평가했다)을 극복하는 길을 모색하려 한다. 또한 니체가 그리스의 비극의 사유, 특히 디오니소스적 긍정을 통해 형이상학을 극복하는 새로운 길을 모색했듯이, 호적 역시 중국의 사상전통 안에서 새로운 문화의 가능성을 탐색하려고 한다. 그런 탐색의 길에, 필연적으로 거쳐야 했던 것이 '국고정리'의 작업이었다.

프리드리히 니체

그러나 니체가 생성의 사유를 통해 초인에 이르는 새로운 가치창조의 길에 올라서는 것과 달리, 호적은 그런 새로운 긍정의 철학을 수립하지 못하고, 계몽적 선전자 또는 고전연구자에 머무르고 말았다. 니체가 한편으로 전통형이상학의 허구와 환상을 폭로하는 무기로써 근대과학의 발견과 성취를 높이 평가했던 것처럼, 호적 역시 서양에서 도입한 과학과 과학의 방법을 전통의 몽매와 환상을 파괴할 수 있는 무기로 이용하려 한 것은 분명히 의미 있는 작업이라고 평가할 수 있다. 그러나 호적은 과학의 방법과 성취를 받아들이는 데 급급하여 과학 자체를 긴 안목에서 비판적으로 전망할 수 있는 총체적인 사유의 폭과 깊이 그리고 치열함을 갖추지 못했다. 그것은 분명 호적의 한계이지만, 그것은 다음 세대에서 달성되어야 하는 과제로 남겨졌다고 할 수 있다.

과학과 전통의 해석

호적이 『국학계간』 잡지를 위해 집필한 「발간선언」은 '국학'의 의의와 연구방법에 대한 그의 주장을 총괄하는 또 하나의 중요한 논설이다. 「신사조의 의의」가 국고정리의 필요성과 새로운 문명창조의 '비전'을 제시한다면, 「국학계간 발간선언」은 국고정리의 구체적인 '방법론'을 제시하고 있다.

먼저 호적은 자신의 시대를 학문적 과도기로 규정한다. 상술하자면, 쇠퇴일로에 있는 '고학古學'을 옹호하는 사람들은 고학의 침체원인이 서양학문의 수입 때문이라고 말하지만, 호적은 그들이 서양학문을 제대로 이해하고 있는 것은 아니라고 비판한다. 또 공교를 옹호하는 사람들은 기독교의 제도를 모방하여 공교를 부흥시켜야 한다고 주장하며, 고문古文과 고시古詩의 보존이 곧 고학을 보존하는 길이라고 주장하는 사람들도 있다.

그들은 하나같이 신문학의 전파를 반대한다. 이와 같은 세 가지 주장은 신문화운동에 대한 보수파의 전형적인 태도를 드러낸다.

호적은 그런 보수적 입장이 "미신으로 도피하여 거기서 위안을 찾는 것"[14]에 불과하다고 비난한다. "그들의 주장 자체가 구식 학자, 구식 학문이 이미 파산했다고 하는 확고한 증거다(舊式學者破産的鐵証)." 그런 태도로는 '국학'을 소멸에서 구해내지 못할 뿐 아니라 오히려 '고학'에 대한 무관심을 증가시킬 뿐이다. 호적은 그런 반동적 입장에 근거한 국학은 차라리 빨리 죽어버리는 것이 더 나을 것이라고 말한다.[15] 이런 '고학'의 위기 앞에서 문화연구의 의의를 밝히고 '국학'의 미래를 전망하는 것은 중요한 과제가 아닐 수 없다.

호적이 말하는 '국학'은 '중국학술'의 약어 혹은 '국고학國故學'의 줄임말이다. 호적은 그 말을 가치판단이 배제된 중립적인 개념으로 사용한다. '과학적 방법'이라는 조건이 붙어 있는 것이지만, 당시에 널리 사용되고 있던 '국수國粹'보다는 가치판단에서 훨씬 자유로운 개념이었다.[16] 호적은 '국학'의 새로운 방향정립의 필요성을 역설하고, 청대에 이루어진 '국학'의 기반 위에서 새로운 국학을 수행해야 한다고 역설한다.

호적에 따르면, 명말에서 청말을 거쳐 민국 초기에 이르는 3백 년은 고학의 '창명시대昌明時代(크게 발전한 시기)'였다. 호적은 3백 년간의 학문적 성취를 다음과 같이 요약한다.

> 첫째, 그 시대에 고서의 정리가 크게 이루어졌다.
> 둘째, 그 시대에 고서의 발견과 발간의 성취가 이루어졌다.
> 셋째, 엄청난 양의 고물(골동품)이 발견되고 정리되었다.

호적은 청대학술, 특히 고증학(고거학)의 성과를 대단히 높이 평가한다. 비록 근대의 과학적 방법론과 차이를 가진 것이기는 하지만, 그 나름대로

'과학적'이라고 평가할 수 있는 방법론을 활용하면서 고사와 고문화의 정리에 상당한 성과를 남겼기 때문이다. 특히 호적은 청대 고증학의 과학적 성격을 부각시키는 중요한 논설을 여러 편 저술했다. 뿐만 아니라 고증학의 가치와 가능성을 재발견하고, 대진, 장학성章學成 등 이전에는 그다지 부각되지 못했던 중요한 사상가를 발견한다거나 청대의 사상과 학술사 연구에 새로운 방향을 제시하는 중요한 업적을 남겼다. 호적의 청대학술 연구는 장병린, 양계초의 그것과 더불어 청대사상과 학술의 가치를 재평가하는 데 크게 기여했다. 하지만 호적은 청대학술의 성과를 인정하면서도, 그 근본적 한계를 지적하기를 잊지 않는다. 호적의 비판적 논점은 이렇다.

(1) 3백 년간의 고학(국학)은 연구의 범위가 너무 협소했다. 청대 학자들 중에서 역사나 제자백가연구에 관심을 가진 사람들이 없었던 것은 아니지만, 대부분은 유가의 몇몇 경전을 연구하는 데 온 정력을 바쳤다. 고대의 음운, 사전, 주석, 제자백가서에 대한 연구는 유교 경학의 일환이었지 그 분야 자체의 발전을 염두에 둔 것이 아니었다. 일체의 고학연구는 경학연구의 보조수단에 불과했던 것이다. 그들의 관심이 경학에 집중되어 있었다는 한계 외에도, 그들의 문호적門戶的(학파적學派的) 입장이 다시 한계로 지적될 수 있다. 한학과 송학의 대립, 금문과 고문의 대립 등이 그것이다. 청대 학자들을 지배하던 편견으로 고증학은 더 발전할 수 없었다.

(2) 청대학술은 자료의 정리에만 지나치게 중점을 두고 사상내용의 이해에는 큰 노력을 쏟지 않았다. 그것은 크나큰 결함이다.[17] 호적은 재료의 분석 및 축적과 재료의 해석 및 관통이라는 두 방면의 연구가 종합될 때 비로소 학문의 진보를 말할 수 있다고 본다. 전자는 성실하게 기본기를 쌓는 노력과 공부에 의존하는 것이지만, 후자는 종합적 이해력이

뒷받침되어야 이뤄낼 수 있는 것이다. 청대 학자들은 송명시대의 학자들이 이해와 해석에만 몰두하는 것의 위험성을 알았기 때문에, 되도록 주관적 선입견을 배제하고 자료의 객관적인 정리에 거의 모든 힘을 쏟았다. 그 결과 청대 3백 년간은 연구의 공력에 있어서 뛰어난 경학의 대가들을 수없이 배출했다. 하지만 소위 사상가라고 불릴 수 있는 인물을 낳지는 못했다. 또한 역사서를 정리 · 비판할 수 있는 학자들을 낳았지만, 위대한 역사가를 배출하지 못했다. 요컨대 주석의 착오를 지적하는 성과는 존재하지만, 독창성을 담은 저작은 존재하지 않는다.[18] 물론 호적의 이런 청대학술 평가는 지나친 감이 없지 않다. 하지만 대진, 장학성, 최술崔述 등 몇 사람을 제외하고는 청대에 위대한 학자, 사상가가 등장하지 않았다는 것이 호적의 확고한 입장이었다.[19] 나아가 호적은 청대의 학문이 실제 생활에서 거의 영향력을 발휘하지 못한 것을 큰 결함이라고 본다. 학문적 작업을 위한 그들의 노력은 높이 살 수 있지만, 사회생활의 영역에서는 거의 아무런 영향력도 발휘하지 못했던 것이 그들의 커다란 한계였다.

(3) 청대의 학자들은 비교할 수 있는 참고자료를 갖지 못했다. 그 결과 학자들은 안목이 지나치게 좁아졌고 새로운 시야를 얻지 못했다. 호적은 청대의 학문이 창의적인 사상적 창조물을 만들지 못한 원인을 연구범위가 지나치게 좁았던 데서 찾았다. 그런 협소함으로부터 또 다른 중요한 결함이 따라 나온다. 새로운 사상을 가능하게 만드는 지적 자극을 얻지 못했다는 것이다. 호적은 일반적으로 송명시대의 사상에 대해 호의적인 태도를 보이지 않았지만, 송명이학이 사상적 활력을 가지고 있었던 사실을 인정하고, 그런 사상적 활력이 경전의 의미를 새롭게 이해하고자 하는 그들의 저력에서 나온 것이라고 평가한다. 그것은 그들 스스로 나름대로 비교 · 참고할 수 있는 대상을 가지고 있었기 때문에 가능한 것이었다. 그들은 육조六朝 시대와 당나라 이래의 불교와 도교의 학설이 지배하는 분위기 속에서 스스로 연마한 이론적 관점을 통해 이전의 유학자들이

보지 못하고 또 볼 수도 없었던 새로움을 획득했다. 물론 그들의 해석은 일종의 왜곡이며 나중에 더 많은 사회적 폐해를 낳았지만, 어쨌든 새로운 창조를 위해서는 새로운 자극과 비교적 관점이 필요하다. 하지만 청대의 학자들은 송명이학의 폐해만을 관찰했고, 그것을 피하고자 하는 일념에서 아예 새로운 사상적 자극, 새로운 관점의 수용을 거부했다는 것이 호적의 판단이다.

당연히 호적은 청대 3백 년 고증학의 성과를 전면 부정했던 것은 아니다. 고증학의 한계와 결점을 충분히 인지해야 하지만, 앞으로의 국학은 고증학의 성과(成績)를 수용하고 그 기본적인 방법을 계승해야 한다고 주장한다.[20] '국고를 정리'하는 새로운 학문, 즉 '국학'이 성공하기 위해서는 과거의 성공과 실패 모두를 이해하고, 우리에게 필요한 현재와 장래의 국학연구의 방침을 결정해야 한다고 역설하고 있는 것이다.[21]

호적은 청대학술의 결점을 보완하기 위한 방안으로 세 가지를 제안한다. 연구범위의 확대, 계통적인 정리, 비교를 위한 자료수집이 그것이다. 이를 자세하게 검토해보자.

A. 연구의 범위와 방법의 확대

> "우리는 국학의 영역을 상하 3~4천 년을 포괄하는 과거문화 안으로 확충하고, 일체의 문호적 선입견을 타파해야 한다. 그것을 위해서는 역사적 관점에서 모든 것을 포섭하고, 국고학의 사명이 중국의 일체의 문화와 역사를 정리하는 것이라는 사실을 분명히 인식하고, 일체의 좁고 비루한 문호적 선입견을 제거해야 한다."

'역사적 관점에서 포섭'한다는 말은 과거의 사상가 및 학자들의 견해를 그들의 사상과 학설이 등장한 역사적 맥락 안으로 되돌려 놓는다는 의미다. 어느 사상이나 학설도 보편 타당한 진리가 아니다. 그 모든 것은 역사적 관점의 산물일 뿐이다. 주자나 왕양명의 사상을 보편 타당한 진리라고 보는 것에서부터 중국 근세기의 많은 문제가 발생했다면, 그들을 역사적 맥락 안으로 되돌리는 연구를 통해, 그들의 사상과 학설을 상대화시킬 수 있다.

> "국고를 정리하기 위해서는 한나라를 한나라로 돌리고, 위진시대를 위진시대로 돌리고, 당을 당으로 돌려야 한다 (…) 각자를 그들의 본래 면목으로 되돌린 다음에야 비로소 각 개인, 각 학파의 이론의 옳고 그름을 평가(評判)할 수 있다. 그들을 그들의 본래 면목으로 되돌리지 않는다면, 옛 사람을 속이는 것이 된다. 그들 이론의 옳고 그름을 평가하지 않는다면 오늘의 사람을 오류로 이끌게 된다. 그러나 먼저 그들의 본래 면목을 명확하게 정리하지 않으면 결코 옳고 그름의 평가를 바로 내릴 수 없게 될 것이다."[22]

이런 호적의 주장은 오늘날 거의 상식에 가까운 것이지만, 당시에는 상당히 충격적인 학문방법론으로 받아들여졌다.

여기서 호적은 역사적 관점, 평판적 태도에 입각한 '국고정리'의 기본 입장을 명확하게 제시하고 있다. 호적은 이 방법론이 경학연구뿐만 아니라 문학연구에도 그대로 적용되어야 한다는 사실을 강조한다. 묘당廟堂 안의 문학, 즉 경전도 연구의 대상으로 삼아야 하지만, 초야草野의 문학, 즉 민간문학 역시 연구대상으로 삼아야 한다. 역사적 관점에서 본다면 민간의 가요와 시삼백詩三百으로 대표되는 경전문학은 근본적인 가치의 우열에서 차이가 없다. 민간에서 유전되어 내려오는 백화소설白話小說이나 고문으로 기록된 문언문학文言文學 사이의 우열을 가리는 것은 불가능하다. 신문학운동의 기수로서 호적은 백화문학, 특히 백화소설을 오히려 중국문학의 정통이라고 평가할 정도로 민간에서 통용되는 구어체(白話) 문학의 가치를 높이 평가했다. 호적이 백화문학, 구어문학을 중시하는 이유는 그의 역사적 안광, 평판적 태도와 결코 무관하지 않다.[23]

B. 계통적인 정리

호적은 국학연구의 또 하나의 과제로서 '계통적 정리'를 제시한다. 학문이 단순히 자료의 축적만으로 완결되는 것이 아니라는 사실을 생각해보면, 호적의 요청은 지극히 당연한 것이다. 호적은 이를 세 단계로 나누어 설명한다.

첫째는 '색인식索引式 정리'다. 정리과정을 거치지 않은 학문자료는 조리과정을 거치지 않은 음식재료와 비슷하다. 아무리 자료가 풍부해도 체계적으로 정리되어 있지 않거나 색인이 만들어져 있지 않으면 수집한 자료를 검색할 수도 없다. 체계적인 정리가 되어 있지 않을 때, 학자들은 쓸데없이 정신적 능력만을 소모하게 된다. 자료를 체계적으로 정리하지 않으면서 학문의 진보를 기대하는 것은 어불성설이다. 학문이 발전하기 위해서는 체계적인 색인이 필요하고, 그것은 학자의 정력을 절약하게 하고 그렇게 해서 남은 힘을 더 유용한 다른 학문작업에 사용할 수 있게 한다.[24] 호적은 '색인'식 정리가 계통적 정리를 위해 불가결한 최소한의 첫걸음이라고 강조한다. 이런 준비가 갖추어지지 않는다면, 국학은 극소수의 천재 혹은 시간이 남아도는 소수만이 해낼 수 있는 고통스런 작업이 되고 말 것이다. 과거에 '국학'의 발전이 더디고 지지부진했던 이유는 정리방법이 제대로 발달하지 않았기 때문이다. 색인이 잘 갖추어졌을 때 모든 사람이 쉽게 고서에 접근할 수 있고, 쉽게 고서를 사용할 수 있다. 그런 점에서 색인은 국학연구의 첫걸음이라는 것이 호적의 주장이다.

둘째는 '장부식(結賬式) 정리'다. '장부(결장)'란 수입과 지출을 일목요연하게 기록한 회계기록이다. 특히 상인이라면 그런 장부는 불가결한 도구가 된다. 학문을 함에 있어서도 이런 장부정리가 필요하다. 호적은 학술적인 결산장부의 용도를 두 가지로 요약한다. 먼저 어떤 학문분야 안에서 이미 정리가 완료되어 더 이상 문제가 되지 않는 것을 알려준다. 그 다음으로 아직 해결되지 않은 부분을 정리하여 학자들의 주의를 끌어낸다. 그런 정리의 결과를 확인하고서 연구자는 자신이 무엇을 해야 할 것인지를 판단하고 도전해야 할 방향을 설정할 수 있다. 이처럼 이른바 학문적 회계장부는 (1) 과거의 학문적 성취를 정리하고, (2) 장래에 노력을 기울여야 할 방향을 준비하기 위해 가치가 있다. 전자를 통해 학문이 보급되고, 후자를 통해 학문은 더 높은 수준으로 발전할 수 있다. 최근 3백 년 동안 학자들은 이런 장부정리 사업을 벌이려고 하지 않았다. 예컨대 2천 4백 권에 이르는 『황청경해皇淸經解』는 극소수를 제외하고는 조리도 없고, 계통도 없는 엉터리 장부라고 말할 수 있다. 장부가 제대로 갖추어지지 않은 상태에서 연구자는 각자가 편파적으로 의거하는 문호적(학파적) 견해에 머물면서 다른 학자의 연구를 비판하는 데 몰두할 뿐이다. 그것은 "하나의 편견으로 다른 편견을 공격하는 악순환의 연속"에 다름 아니다. 그렇게 장부가 만들어지지 않은 상태에서, 음운 · 훈고 · 이문 · 서설 등 연구의 각 부문이 별개로 이루어지고, 서로 연관성을 갖지 못하게 됨으로써 결과적으로 고전 전체에 대해 종합적인 관점을 얻는 것이 불가능해진다. 호적은 『시경』 연구를 예로 들면서, 장부(결장)정리식 연구의 항목을 제시한다. (a) 이문異文, (b) 고운古韻, (c) 훈고訓詁, (d) 서설序說(이론, 견해) 등 네 방면에 속하는 연구의 장부정리가 그것이다. 이 가운데 마지막 서설은 말하자면 시론詩論에 대한 해석학적 탐구로서, 중국적 시학과 시학역사의 정리라고도 말할 수 있는 것이다. 예를 들어 「모시서毛詩序」에서 시작하여 주자의 『시집전詩集傳』을 거쳐 요제항姚際恒이나 최술崔述의 연구 등 2천 년에 걸친 시학이론에 대한 장부식 정리이다. 호적은 손이양의 『묵자한고墨子閒詁』, 왕선겸의 『순자집해荀子集解』, 곽경번의 『장자집석莊子集釋』 등을 제자백가 연구방면의 장부식(결장식) 정리의 대표적 성과로 꼽고 있다.

셋째는 '전사식專史式 정리'다. 이는 역사적 관점을 이용한 문화사연구를 의미한다. '색인'과 '장부'가 국학연구의 준비라면, '전사'는 중국의 과거 역사와 문화의 내용을 재구성하는 것이다. 궁극적으로 국학의 사명은 사람들로 하여금 역사를 내용적으로 이해하고, 그런 이해에 근거하여 자신의 미래를 설계할 수 있도록 비전을 제공하는 것이다. 결국 호적이 말하는 '국학'이란 중국문화사를 재구성하는 작업에 다름 아니다. 그때 동원되어야 하는 방법이 역사적 관점을 이용한 계통적 정리인 것이다.[25]

이런 세 가지 방법으로 이루어지는 국학의 계통적 연구는 그러나 말처럼 쉬운 일은 아니다. 호적은 이상적인 국학연구라는 관점에서 (1) 민족사, (2) 언어문자사, (3) 경제사, (4) 정치사, (5) 국제교통사, (6) 사상학술사, (7) 종교사, (8) 문예사, (9) 풍속사, (10) 제도사로 이루어진 국학의 '총계통'을 제시한다. 여기서 호적이 제시하는 '계통'은 결국은 근대적인 의미의 학과구분 내지 학문분류체제의 영향을 수용한 것이다.

호적의 국학연구방법론에서 중심은 바로 이 '계통적 정리'라고 할 수 있다. 실제로 고전연구에 종사해본 사람이라면 이 부분에서 가장 많은 준비와 노력이 필요함을 깨닫곤 한다. 그렇다면 왜 국학연구는 지지부진한 상태에 머물러 있게 된 것일까? 답은 간단하다. 정리해야 할 재료는 너무 많은 반면, 역사적 관점에 입각한 체계적인 정리가 결여되어 있기 때문이다. 그 결과 학문에 뜻을 두는 새로운 세대의 젊은이들이 어디서부터 시작해야 할지 종잡을 수 없게 되고, 감히 국학연구에 뛰어들 엄두조차 내지 못하게 되는 것이다. 국학의 정체국면을 타개하기 위한 방안으로 호적은 국학을 이행 가능한 연구영역으로 만들 필요가 있고, 그것을 위해서는 두 단계의 사업이 당장 실현되어야 한다고 주장한다.

먼저 현재 힘이 미치는 한에서 모든 자료를 수집하고 그 자료에 근거한 개략적인 전사專史(전문역사)를 서술하는 작업이 하나다. 호적은 구체적으로 경제사 · 문학사 · 철학사 · 수학사 · 종교사 등등을 언급한다. 그런 개략적인 틀 위에서 장래에 자세한 부연과 완벽한 서술을 기할 수 있다. 그 다음은 각 전사를 다시 세분하여 더욱 전문적인 내용으로 분화시켜 나가는 것이다. 예를 들어 경제사의 경우, 그것을 다시 시대별 · 지역별로 구분해가는 것이다. 종교사나 철학사의 경우라면, 시대사, 종파의 역사, 분파연구, 인물연구로 분야를 확대하고 심화시켜 가는 것이다. 그런 구체적인 심화연구를 호적은 '자목의 연구(子目的硏究)'라고 부른다. 그런 연구야말로 전사는 물론이고, 통사通史를 완전하게 서술하는 유일한 방법이라고 말한다. 전체에 대한 통합적인 안목과 부분에 대한 세밀한 연구가 결합될 때 비로소 완전한 역사연구가 이루어질 수 있기 때문이다. 그리고 그런 완전한 연구를 위해 역사가에게 필요한 자질은 정밀한 공력과 심원한 상상력이다.[26]

C. 비교와 참고자료 수집

연구범위와 연구방법의 확대 그리고 자료의 계통적 정리에 이어 필요한 작업은 비교연구다. 인식이란 다른 것과의 차이를 이해하는 활동이기 때문에, 차이의 비교를 통할 때 대상의 의미가 분명해진다. 먼저 호적은 과거의 학자들이 '국학'에서 '국國'의 의미를 지나치게 좁게 보고 그 의미를 오해했기 때문에, '비교' 연구의 필요성과 의의를 이해하지 못했다고 말한다. 견강부회牽强附會를 비교라고 주장하는 천박한 연구방법이 횡행하고 있는 세태도 비판할 수 있다. 호적은 하나의 예를 들어 견강부회적 태도의 문제점을 지적한다. 즉, 기독교가 묵자이론의 연장선에 있다고 주장하고, 묵가의 지도자 '거자巨子'를 '구자矩子'라고 읽으면서 그 구자를 기독교의 십자가十字架와 동일시하는 식이다. 호적은 이를 강하게 비판한다. 하지만 적절한 비교는 깊은 이해를 위해 반드시 필요하고 중요한 것임을 부정하지 않는다.

비교가 중요한 또 다른 이유는, 고립적으로는 이해가 되지 않는 현상이라도 비교를 통해서 비로소 의미가 해석되고 분명해지는 경우가 많기 때문이다. 호적이 지적하고 있듯이, 어떤 문화 안에서 하나의 역사적 사실이 전혀 다른 문화 및 시대에서 유사한 사실과 비교를 거치면서 의미가 드러나는 경우가 적지 않다는 것을 경험적으로 알 수 있다. 인류의 문화가 차이와 다양성 속에서도 유사성과 일반성을 가지며, 인간은 서로 다른 시대와 문화에 속하면서도 인간으로서의 보편성을 가진다는 사실 때문에 비교는 중요하다. 비교를 통해 어떤 현상에 대한 이해가 깊어질 수 있다는 것은 부정할 수 없는 사실이다. 그 점에서 특히 국학연구자가 특수성만을 강조하면서 보편성과 일반성을 무시하고 비교에 인색한 현실을 지적하는 호적의 비판은 오늘날에도 여전히 중요한 가치가 있다.

하지만 비교의 중요성에도 불구하고, 비교를 통한 초보적 이해를 확고한 것이라고 단순화시켜버리거나 유사성에서 손쉽게 동일성을 이끌어내버리는 위험성을 충분히 자각할 필요가 있다. 호적이 언급하는 여러 비교 안건 가운데 계사전의 '역상易象' 개념을 플라톤의 '법상론(이데아론)'과 비교하는 문제라든가 순자의 '유불패론'을 아리스토텔레스의 '류불변론'과 동일시하는 것은 경우에 따라서는 심각한 오해를 초래할 수 있다. 호적은 중국사의 어떤 사실 혹은 사상사의 어떤 개념을 논의하면서 세계사 혹은 서양의 종교사나 사상사와 비교하면서 생동감 있는 이해를 가능하게 만드는 탁월한 능력을 보여준다. 예를 들어 유가의 근원을 논의하는 과정에서 공자를 추종하는 유가집단의 기원을 고대 유대교와 비교하면서 논의하는 것이 그런 예다. 서양의 문예부흥과 중국 역사상의 문예부흥을 이야기하는 것도 그런 예에 속한다. 그러나 비교의 한계를 인식하지 못할 때, 또 다른 견강부회가 될 수 있음을 놓쳐서는 안 된다. 비교를 통해 생동감 있는 이해가 가능한 경우도 있지만, 비교되는 두 현상 사이에 존재하는 차이점에 대해서도 충분한 고려가 필요하다. 표면적 유사성이나 피상적 동일성에만 주목하고 질적인 차이나 맥락의 차이를 자각하지 못하는 비교는 궁극적으로는 오해로 끝나고 말 수 있다.

호적 역시 연구에 있어서의 비교의 가치를 절대화하지는 않는다. 호적이 우려하는 것은 '자국문화중심주의'에 사로잡혀 있는 '국학' 연구자들의 관점과 태도다. 호적은 서양의 '과학적' 연구방법이 일본 학술계에 큰 영향을 미치면서 중국학의 발전을 촉진하고 있다는 사실을 잘 알고 있었다. 자칫하면 중국의 국학이 일본인의 연구에 뒤처질 수 있다는 위기감을 가졌던 호적은 '과학적 방법'을 통해 국학의 모호하고 무계통적인 방법을 극복해야 한다고 주장했다.

이상에서 본 것처럼, 호적은 국학의 과학적 방법을 고취하기 위해 청대 3백 년의 학문적 성취를 정리하는 한편, 그것의 한계를 지적하고 과학적 방법론(구체적으로 서양 고전학의 방법)으로 국학의 결함을 보완할 것을 제안한다. 호적이 '과학과 인생관' 논쟁이 발발한 1923년에 발표한 「국학계간 발간선언」은 과학(과학방법)이 전통을 연구하고 개조하는 새로운 관점으로서 어떻게 적용될 수 있는지 보여주는 중요한 글이다. 그 글에서 호적은 근대국학의 발전에 있어서 서양의 과학적 방법을 수용해야 할 필요성을 역설하는 한편, 청대의 고증학에서 서양의 과학방법에 근접하는 방법을 발견하고 고증학의 성취를 긍정적으로 평가한다. 호적은 청대학술의 과학방법에 주목하면서 대진과 장학성을 비롯한 청대의 중요한 사상가를 발굴하고, 청대사상사의 새로운 국면을 제시한 공을 세웠다. 장병린이나 유사배, 그리고 양계초 역시 청대사상의 분파나 학문방법론에 대해 중요한 연구를 발표했지만, 그런 연구들 자체가 호적의 자극에 의해 촉발된 것이었다. 청대 고증학의 방법론을 근대적 학문방법으로 승화시키고자

대진과 장학성

했던 호적의 해석은 다른 대가들의 연구를 이끌어낸 선구적 업적이라고 평가할 수 있다.

중국에서 '국학'의 현재: 호적의 역사적 의미

여기서 우리의 관심은 100년 전 국학운동의 중심에 서 있었던 호적에게 초점을 맞추어 국학의 현재적 가능성에 대해 생각해보는 것이다. 오늘날 호적은 보수적 자유주의인 동시에 낡아빠진 『중국철학사대강(고대편)』의 저자로 기억되고 있다. 그러나 최근 중국(대만과 대륙 모두)에서 호적을 재평가하는 움직임이 일어나고, 호적의 저작들이 다양한 형태로 출간되어 연구자의 관심을 끌고 있다. 특히 '국학열(국학부흥운동)'과 함께 호적을 재조명하는 움직임이 활발하다. 신문화운동, 특히 5.4운동 100주년(2019년)을 맞이하는 시점에 국학과 호적을 다룬 출판물은 그 전모를 파악하는 것조차 어려울 정도로 쏟아져 나왔다.

중국(대륙)에서 국학대가(國學大師) 호적에 대한 평가는 양면적이다. 한편에서는 호적을 비판적(疑古的) 국학의 창시자로 보고, 과학적 방법에 의거하여 맹목적 민족주의 혹은 맹목적 전통부활의 움직임에 제동을 건 인물로 평가한다. 다른 한편에서는 호적을 맹목적 서양숭배자 또는 서양의 관점에서 위대한 전통을 해체하는 방법을 제공한 인물이라고 부정적으로 평가한다. 특히 호적이 국학연구에서 강조했던 '의고疑古(옛것을 의심하는 분석적인 문헌학 연구방법)'는 그의 동료이자 제자인 고힐강顧頡剛에 의해 전면적으로 확산되었지만, 의고적 관점을 다시 비판하는 것이 최근 국학의 중요한 흐름이 될 정도로, 호적과 의고풍조에 대한 냉담한 평가도 적지 않다.

여기서 우리는 2000년대 초반부터 시작된 문화논쟁에 주목한다. 특히 2004년에 발발한 '독경논쟁讀經論爭'은 1980년대 미국에서 발생한 '문화전쟁(Culture War)'을 방불케 하는 중국판 '문화전쟁'이라고 말할 수 있다. 독경의 당위성을 지지하는 독경파가 중화민족주의 입장에서 발언했다면, 독경을 시대착오적인 활동이라고 보는 반독경파는 역사적 · 의고적 입장에서 '객관적' · '과학적' 연구를 강조한다. 반독경파의 대표자인 이령李零은 중국사상연구의 두 방향을 대표하는 호적과 풍우란을 비교하면서 고전연구에서 호적의 의의와 가치를 높이 평가하고 있다. 이령은 신유학의 계승자를 자임하는 풍우란이 아니라 과학적 방법에 입각한 객관적 연구를 추구했던 호적의 입장에 동조하면서, 호적의 과학적 방법이 현대적 의미에서 전통해석의 새로운 가능성이라고 주장한다. 이령이 지적하는 것처럼, 호적과 풍우란의 대립은 전통 및 전통의 해석방향에 대한 입장 차이를 잘 보여주고 있다.

우리 학계에서 호적의 국학연구가 주목받는 경우는 거의 없지만, 풍우란의 국학연구는 거의 항상 주목의 대상이 되곤 했다. 국학대가인 동시에 창조적인 사상가이기도 했던 풍우란에 대한 높은 관심은 당연하다면 당연한 것이라고 말할 수 있다. 철학적 관점에서 전통사상을 연구하거나 계승하고자 하는 태도를 가진 연구자가 주류를 형성하고 있는 우리 학계의 풍토를 생각한다면, 풍우란에 대한 관심이 호적에 대한 관심을 압도하는 것은 자연스런 현상이라고 볼 수도 있다. 그런 관심의 연장선에서, 철학으로서 유학을 연구하는 사람들이 풍우란의 제자이자 현대 중국사상계의 스타인 진래陳來의 저작을 중시하는 것도 이해할 수 있다. 흥미롭게도 호적을 계승하는 이령과 풍우란을 계승하는 진래는 같은 북경대학 교수이지만, 진래는 철학과에서 이령은 고문헌학과에서 가르치고 있다. 진래가 중국사상의 현재적 계승에 관심을 가지면서 사상가로서의 발언을 반복하는 것과 달리, 이령은 철저하게 학자로서 고전의 문헌적 비판과 역사적 · 계보학적 탐구에 관심을 가지고 있다. 이런 이령이 풍우란의 철학적 해석이 아니라 호적의 문헌학적 태도 및 고힐강의 고사변古史辨 운동에 호의를

풍우란

보이는 것은 자연스런 귀결이라고 말할 수 있을 것이다. '문제'와 '주의'를 구별하고 문제에 더 관심을 기울여야 한다고 말하는 호적의 입장에서 말한다면, 진래의 작업은 '주의'에 기울어진 반면, 이령의 작업은 '문제'에 중점을 두는 것이라고 말할 수 있지 않을까?[27]

여기서 우리는 하나의 이론, 하나의 해석론은 그 자체로 불변하는 진리일 수 없다는 사실을 잊지 말아야 한다. 모든 이론과 해석론은 역사적 맥락 속에서 탄생한 것이고, 그런 의미에서 일정한 시대적 · 맥락적 한계를 가진 것이기 때문이다. 그 사실을 잊는 순간, 학문은 신앙이 된다.[28] 중국의 근대적 국학은 국학을 만든 해석자들의 맥락적 의도에 의해 제한을 받는 역사적 사건이다. 그런 한계를 충분히 자각하면서도, 우리는 호적이 제시한 '국고정리'의 연구방법론이 근현대의 중국학에 중요한 방향을 제시했다는 사실을 결코 부정하지 않는다.[29] 근대국학을 건설하는 과정에서 호적이 수행한 고증학(고거학)의 방법에 대한 총체적 재평가와 정리는 오늘날 고전을 연구하는 우리에게 여전히 흥미로운 시사점을 제공한다. 청대 고증학 및 청대사상에 관한 호적의 일련의 논설은 오늘날에도 결코 그 가치가 퇴색되지 않는 해석론으로서 가치가 있기 때문이다. 미래의 고전연구는 청대의 고증학적 연구성과를 비판적으로 극복하면서, 고전적 사유의 지평과 현대적 사유의 지평을 창조적으로 종합하는 지점에서 수행되어야 할 것이다. 그런 의미에서 호적은 근대적 국학연구의 모델을 처음 제공한 인물이라고 평가할 수 있다. 물론 그의 결론이 오늘날에도 여전히 전적으로 타당하다는 의미는 아니다.

우리에게 호적은 그저 거의 잊혀져버린 과거의 낡은 인물로 치부되는 경향이 있다. 그 결과 우리의 고전학은 호적을 망각하면서 동시에 청대 고증학의 유산도 거의 무시하고 말았다. 그러나 고전의 형성과정을 논하거나 미래의 고전연구의 방법과 방향을 점검하려고 할 때, 호적의 국학연구는 항상 다시 '읽어야' 할 출발점이라는 사실을 기억해야 한다.

제 11 장

국학과 전통의 창조

현대 중국의 「독경 논쟁」을 중심으로

중국의 독경논쟁

2004년 중국에서는 '독경讀經' 문제를 둘러싸고 활발한 논의가 전개되었다. 『중화문화경전 기초교육송본』(이하 『중화경전』으로 약칭함)이라는 아동용 고전독송교본의 편찬과 보급을 위한 문화운동이 전개되고, 이에 많은 지지자와 동조자가 생겨나면서 형성된 사회풍조 때문이었다. 시장경제를 도입한지 어느덧 20여 년이 지난 시점에, 그간 낡은 유물로 치부되어왔던 유교의 "경전을 읽자!(讀經)"라는 슬로건을 내세우는 '독경운동'이 확산되는 것은 흥미로운 현상이 아닐 수 없었다.

이 독경운동의 추진자인 장경蔣慶은 『중화경전』이 중국역사상 공인된 '성현의리지학聖賢義理之學'이며, 문화적인 의미에서 중국인이라면 반드시 읽고 이해해야 하는 중국문화의 정화精華라고 주장한다. 그 저작들을 이해하지 못하면 문화적인 의미에서 진정한 중국인라고 볼 수 없다는 것이다. 당시 이러한 독경운동이 펼쳐지고 필요했던 이유는 무엇이었을까? 그의 대답은 대충 다음과 같이 정리해볼 수 있을 것이다.

"현재 중국은 중화민족의 위대한 부흥기를 맞이하고 있으며, 민족의 부흥을 위해서는 민족문화의 부흥이 선행해야 한다. 그러하여 중화문화의 부흥을 담당할 아동들로 하여금 어린 시절부터 문화의 정신을

장경

습득하게 만드는 일이 필요하다. 어린이들은 성현들의 가르침을 이해하고 실천함으로써 역사문화의 대창조에 기여할 수 있다. 미래의 중국문화를 담당할 아동들은 어릴 때부터 내성외왕內聖外王(정신적인 완성과 정치적 권력의 결합), 성기성물成己成物(자기완성의 바탕 위에서 세상을 완성한다), 지성지천知性知天(마음을 철저하게 이해하여 하늘을 뜻을 파악한다) 등 유가적 성현이상聖賢理想을 체득하고 실천해야 한다. 그것이 바로 중국의 문화부흥을 위한 기반을 닦는 일이기 때문이다."[1]

장경은 전통적인 유교 도통론道統論에 입각하여, 육경六經과 사서四書를 비롯하여 순자·동중서·주돈이·이정자·주자·왕양명 등 유교전통을 형성하는 주요 사상가의 저작을 독경과 송경誦經의 대상으로 선정하고, 단계적인 독송의 방법까지 제시한다. 장경의 『중화경전』은 출간되자마자 커다란 사회적 반향을 일으키며 전국적으로 확산되었고, 그것을 둘러싸고 '독경논쟁'이라고 불리는 격렬한 논쟁이 불붙었다.

이 논쟁은 '유교경전을 어떻게 볼 것인가?', '경전이란 무엇인가?' 나아가 '유교경전이 현재에도 가치 있는 문서인가?'를 둘러싸고 존재하던 입장 간의 차이로 인해 발생한 것이다. 따라서 이 질문은 다음과 같이 구체화된다. '유교경전은 현대에도 유의미한 진리를 담고 있는 문서인가?' 아니면 '왕조국가의 정치이데올로기의 산물로서 현대에는 더 이상 유효성을 인정할 수 없는 낡은 책 더미에 불과한가?'

경전을 진리의 문서라고 이해하는 진영에서는 경전이 성인 공자의 도(진리)를 담고 있다고 평가한다. 나아가 그들은 경서에 담긴 진리가 지금도 여전히 유효하다고 말한다. 그들은 경전이 중화민족의 가치관과 세계관을 대표하는 신성한 책이며, 중화민족의 우월성을 보증하는 것이라고 주장한다.

그러나 독경운동을 반대하는 진영에서는 『중화경전』에 실린 것이 진리의 문서가 아니라 단지 오래된 책일 뿐이라고 주장한다. 게다가 그것은 보편적 진리이기는커녕 중국의 발전을 위해 어떤 기여도 하지 못하는 낡은 세계관의 산물에 불과하다고 본다. 굳이 말하자면 역사적 문서로서 가치를 매길 수 있고 그 안에서 시대적 의미와 미래를 위한 가치 있는 지혜를 끄집어낼 수는 있지만, 그것은 전적으로 개인의 몫이라는 입장이다. 독경운동을 반대하는 진영에서는 경전이 비판적 역사연구의 대상이라는 것은 인정하면서도 아이들의 정신을 세뇌하는 도구로 사용되는 것은 옳지 못하다고 주장한다. 전문가도 이해하기 어려운 책을 아이들에게 무작정 암기시키는 것은 전혀 납득할 수 없다는 것이다.[2]

독경을 둘러싼 이런 대립은 새로운 문제인 것 같지만 사실은 오래된 역사적 배경과 연원을 가지고 있다. 이 논쟁 역시 근현대 중국에서 전통의 위상문제를 다루던 중요한 화두와 일맥상통한다. 화두는 이렇다. '우리는 왜 경전(고전)을 읽어야 하는가?' 인문학자에게 이는 아주 오래된 그러나 항상 새로운 문제다.

중국에서 발생한 '독경논쟁'을 해석학적 관점에서 살펴보는 것은 흥미로운 작업일 수 있다. 고전의 의미와 가치를 둘러싸고 벌어진 대립을 통해 중국인이 어떤 미래를 구상하고 있는지를 짐작해보는 힌트를 얻을 수 있기 때문이다. 그러나 나는 이 글에서 서양의 해석학의 틀을 이용하기보다는 중국 경학사經學史의 틀을 근거로 그 문제를 생각해보려고 한다. 경전의 의미해석 내지 경전을 읽는 태도와 방법을 탐색하는 독서법문제는 유교 경학사 안에서 중심적인 주제였다. 그 주제는 거의 언제나 위대한 사상가의 출현이라는 계기와 맞물려 표면화되곤 했다.

'독경논쟁'은 우선 일반적인 의미의 해석학적 논제로 이해될 수 있다. 그리고 사회학에서 말하는 세속화(secularization) 혹은 재성화(re-sacralization)의 관점에서 살피는 것도 가능하다. 또한 최근 중요한 문제가 되고 있는 종교-문화보수주의 혹은 근본주의라는 관점에서 해명하는 것도 물론 가능하다. 서양의 종교학이나 사회학은 전통과 근대의 갈등, 과학과 전통적 세계관의 갈등, 근대세계의 전통회귀현상을 설명하기 위해 다양한 이론을 동원해왔다. 그들이 개발한 이론은 비서구 사회의 사실들을 이해할 때에도 유용한 설명 틀이 될 수 있다. 하지만 서양의 이론을 적용하여 어떤 대상을 설명하면, 그것으로 그 대상이 충분하게 설명될 수 있는가 하는 의문은 여전히 남는다.

따라서 우리는 현대의 '독경논쟁'을 서양의 이론을 통해서가 아니라 중국경학사의 경험 안에서 이해하려고 시도할 것이다. 나는 경학사가 현재의 '독경논쟁'을 이해하는 데 중요한 참조계(패러다임)가 될 수 있다고 생각한다.

고전해석의 두 가능성

경전은 처음부터 신성한 것이었는가? 경전의 신성성은 역사 속에서 인위적으로 만들어지는 것인가? 이 질문은 오래된 그러나 여전히 새로운 것이다. 전국시대 말기(기원전 3세기 무렵)에 처음 등장한 경전(經)이라는 말은 본래 단순히 '문서'라는 의미를 가지고 있었다. 그러나 시간이 흐르면서 경전은 각 학파의 사상 핵심을 담고 있는 진리의 전적典籍으로 의미가 확대된다. 하지만 그 경우에도 경전은 유가의 전유물로 인식되지는 않았다. 그러나 이후 2~3백 년이 지나면서 그 개념은 유교 성인의 도道를 간직한 '진리의 문서'로 승격되고, 유교의 전유물로 인식되기에 이른다. 전국시대 말기에 활약한 순자는 자신이 계승하고 연구하는 유가의 핵심문서를 '경'이라는 이름으로 총괄하는 관점을 제시했다. 현존하는 문서의 범위에 한정해서 말한다면, 그런 의미의 '경' 개념은 순자에 의해 창출된 것이라고 말할 수 있다. 공자는 시詩, 예악禮樂, 역易에 대해 언급하지만 경이라는 개념을 사용하지는 않았다. 공자의 계승자를 자처하는 맹자 역시 시서詩書를 인용하고 춘추春秋에 대해 말하지만 경이라는 개념으로 그런 문헌을 총괄하지 않았다. 유가사상을 학습하는 사람이 당연히 배우고 익혀야 할 가르침의 총체를 '경'이라는 개념으로 통칭하는 관점은 순자에서 처음 보인다. 그런 의미의 '경' 개념의 탄생은 '경'을 준거로 삼는 지식체계가 이미 성립되어 있었다는 사실을 말해주는 것이다. 순자는 공자학파(유가)의 지식을 가르치고 학습하는 자가 근거해야 할 문서들을 '경'이라고 통칭하고, 그것을 통해 유가적 지식의 내용을 확보하려고 했던 것이다.

순자는 유가의 아이덴티티를 확립하는 것을 학문의 목표로 제시한 바 있다(『순자』「권학편」 참조). 유가의 과제는 성인이 되는 것이다. 맹자와 순자를 거치면서 고대의 선왕 및 공자가 성인聖人의 전형이 되었고, 유가는 성인이 세상을 지배하는 정치를 실현하는 것을 목표로 삼게 된다. 경전은 성인이 남긴 글이자 지혜의 결집이다. 성인이 되기를 목표로 삼는 자는 경전을 통해서만 그 목표에 도달할 수 있다. 이 경우 경전은 글이면서 동시에 성인이 되는 길(방법)이라는 이중적 의미를 담고 있다. 유가에게 공부란 결국 성인이 남긴 지혜의 총체인 경전을 이해하고 그 내용을 자기화하는 것이다.

성인의 가르침은 시詩 · 서書 · 예禮 · 악樂 · 춘추春秋라는 다섯 종류의 문서(經)로 전승된다. 전국시대에 예와 악이 완전한 문서의 형태로 존재하고 있었는지는 분명하지 않다. 『순자』의 「유효儒效」 안에서 순자는 '경전'이라는 말을 사용하지는 않지만, 성인의 도를 싣고 있는 문서인 시 · 서 · 예 · 악 · 춘추에 대해 언급하고 있다. 순자의 규정에 따르면, 그 문서들은 고대 제왕(백왕)들의 가르침을 기록한 것이며, 그것을 총체적으로 이해하고 전승한 인물이 성인이다. 시 · 서 · 예 · 악 · 춘추 등의 '문서'는 개인이 제멋대로 만든 것도 아니고, 개인이 적당히 독학으로 이해할 수 있는 것이 아니다. 때문에 성인의 도를 배우기 위해서는 반드시 권위 있는 스승(師)

의 도움이 필요하다. 순자가 '사법師法'의 중요성을 강조하는 이유다(「권학편」 참조). 경을 가르치는 스승은 단순히 지식을 가르치는 선생이 아니라 유가적 진리를 체득한 원형적인 존재, 즉 이념형적인 스승이다. 순자에게서 공자는 그런 사의 모델이다. 순자는 공자가 『시』와 『서』를 편찬했으며, 『춘추』 역시 공자의 손을 거쳐 완성되었다고 말한다. 순자에 앞서 맹자는 『춘추』가 세상을 혼란에 빠트리는 난신적자亂臣賊子를 처벌하기 위해 공자가 저술한 것이라고 주장했는데, 순자는 그런 맹자의 생각을 간접적으로 계승하고 있다는 것을 알 수 있다. 『춘추』가 공자의 저술이라는 생각은 이미 전국시대 유가들의 공통인식이었다. 그런 인식을 이어받으면서 순자는 성인들의 진리가 구체적인 역사적 성인, 즉 공자를 거쳐 비로소 완전한 '경전'으로서의 성립했다고 주장하는 것이다.[3]

전국시대 말에 정리된 것으로 보이는 『장자莊子』의 「천운天運」(잡편)[4]에는 시 · 서 · 예 · 악 · 역 · 춘추라는 여섯 문서를 '육경六經'이라는 통칭으로 묶어서 부르는 용례가 나타난다. 『장자』의 「천운」에는 공자가 '육경'을 학습의 대상으로 삼았다고 하는 일화가 실려 있다. 그 일화 자체의 신빙성이 문제가 될 수 있지만, 여기서 깊이 논의할 주제는 아니다. 다만 여기서 주의할 점은, 장자(장자학파)가 육경을 선왕의 치세를 기록한 명목에 불과한 것으로서 부정적으로 언급하고 있다는 사실이다. 유가의 핵심 문서인 '육경'이 선왕의 치세의 흔적을 기록한 '족적(흔적)'에 지나지 않는 의미다. 경전 자체는 도가 아니라 도의 흔적에 불과하며, 도 자체가 아니라 도의 흔적에 불과한 경전을 신성시하고 신주단지 받들 듯이 받들 필요가 없다는 것이 경전에 대한 그들의 기본입장이다.

장자 및 도가가 보기에 '육경'은 공자가 저술한 것도 아니고 공자가 편찬한 것도 아니다. 공자는 육경에 대한 충실한 학습자였을 뿐이다. '육경'은 고대 성왕聖王이 남겨준 흔적일 뿐이며, 그것을 학습하고 이해했다고 해서 성왕의 치세治世를 실현할 수 있는 것도 아니다. 나아가 과거의 책이 오늘의 치세를 실현하는 데 유용하다는 보장도 없다. 장자는 이렇게 '경전'을 무한히 신뢰하고 맹목적으로 학습하는 데 몰두하는 유가의 태도를 비꼰다. 성왕이 남긴 흔적은 성왕의 치세 자체가 아닐 뿐 아니라 치세의 실현을 위한 유용성도 의심스럽다. 치세의 흔적과 치세 그 자체를 혼동해서는 안 된다. 장자는 과거의 흔적에 불과한 문자를 신성시하거나 절대시하지 말라고 경고한다. 그러하여 '육경'을 신성시하는 공자학파의 관념을 시대착오적인 태도라고 비판하고 있는 것이다. 「천운」의 일화는 독서의 의의를 부정하는 '륜편倫扁과 환공桓公의 문답'(「천도」)과 마찬가지로, 경전을 고대에 존재했던 이상적 정치질서의 흔적에 불과한 것으로 폄하하는 장자학파의 입장을 잘 보여주고 있다.

그러나 장자학파가 성왕의 도를 전면적으로 부정했던 것은 아니다. 장자학파는 선왕의 도 혹은 치세의 업적 자체가 존재하지 않았다거나 무의미하다고 부정하지는 않는다. 그들이 비판하는 것은 '육경'을 절대화하는 시대착오적 태도다. 그들에게 육경이란 역사적 사실을 알려주는 문서일 뿐이다.

『장자』의 대미를 장식하는 「천하」에도 시 · 서 · 예 · 악 · 역 · 춘추의 여섯 문서가 언급되고 있다. 그러나 거기서는 '육경'이라는 개념은 보이지 않는다. 위에 언급한 『장자』의 다른 두 편과 달리, 「천하」는 고대의 진리인 도술道術이 쇠퇴하고 있다는 관점에서 선진시대의 사상을 총괄하고, 시 · 서 · 예 · 악 · 역 · 춘추의 여섯 문서를 긍정적으로 언급한다.

「천하」에 따르면 고대 성왕이 실천했던 전일적全一的이고 완전한 도술은 이미 사라지고, 여러 형태의 문서를 통해 불완전한 형태를 가진 방술方術이 계승되고 있다. 도술은 더 이상 세상에 남아 있지 않고 단지 세 가지 불완전한 형태로 전해지고 있을 뿐이다. 하나는 예와 법제 차원에서 전해지고 있는 전장제도典章制度이며, 둘째는 추로鄒魯의 진신縉紳 선생(유가)들이 중시하는 시 · 서 · 예 · 악 · 역 · 춘추의 여섯 문헌과 학술이다. 셋째는 제자백가의 사상이다. 「천하」는 전국 말기 사상활동의 전체상을 제시한 다음, 부분적인 진리를 주장하는 제자백가의 사상을 방술의 사례로 정리하고 평가한다. 도술이 전체적이고 총체적인 진리라면, 방술은 도술의 일부를 드러내는 부분적인 진리일 뿐이다.

「천하」는 시 · 서 · 예 · 악 · 역 · 춘추가 고대 성왕의 완전한 진리(도술)의 일부분을 간직하고 있고, 그런 한에서 부분적 진리로서 유가 학자들에 의해 전수되고 있음을 인정한다. 유가들이 적극적으로 수용하고 있는 '육경'이 도술 자체가 아니라는 사실을 지적하고 있다는 점에서, 「천하」는 앞의 두 편과 궤를 같이 한다고 볼 수도 있다. 하지만 '육경'을 한 세트로 제시하면서 각각의 문서가 지닌 효용과 장점을 지적하고 있다는 점에서, 「천하」와 앞의 두 편 사이에는 분명한 차이가 있다. 「천하」의 '육경' 효용론은 『순자』「유효」의 관점을 수용하고 있다. 「천하」의 저자는 전국 말기부터 서서히 유가경전으로 자리를 잡아가는 '육경'의 효용을 인정하지만, 어디까지나 부분적 진리로서의 가치만을 승인한다. 나아가 「천하」의 저자는 유가의 '경전'이 어디까지나 고인古人이 남겨준 조박糟粕(찌꺼기)이라고 본다는 점에서 '경전'에 대한 비판적 관점을 유지한다.

정리하자면, 순자와 장자의 관점은 '경'의 목록(數目)을 열거하고, 또 그것을 '경'이라는 이름으로 통칭한다는 점에서 분명한 유사성을 가지고 있다. 그러나 그 둘 사이에는 뛰어넘을 수 없는 간극이 존재한다. 순자는 '육경'이 어디까지나 성왕의 치세를 기록한 것이고, 공자의 손을 거쳐서 완성되었다고 본다. 이후 유학을 공부하는 사람이라면 반드시 학습해야 하는 위대한 가치를 가진 문서라고 평가한다. 하지만 장자는 '육경' 그 자체는 성왕의 치세와의 흔적일 뿐이며, 문서에 기록된 것은 성왕이 남긴 찌꺼기에 불과하다고 주장한다. 두 사람의 입장 차이는 유교의 역사 안에서 존재했던 경전해석학의 두 흐름을 대표하는 것으로서 대단히 중요한 의미를 가지고 있다.

고전 읽기의 갈등: 금문학과 고문학

고전이란 무엇인가? 고전은 왜 읽어야 하는가? 이 물음은 인문학연구에서 절대로 피해갈 수 없는 것이다. 인문학 자체가 고전을 읽고 고전 안에서 현재와 미래를 위한 사유의 자산을 발견하려는 시도이기 때문이다. 모든 인문학적 탐색은 '고전이란 무엇인가?'라는 물음에 대해 나름의 대답을 얻으려는 시도라고 말할 수 있다. 고전에서 출발하지 않는 인문학은 사실 인문학이 아니다. 인문학을 하기 위해서는 반드시 '고전 읽기(해석학)'라는 문제를 거치지 않을 수 없다.

고전을 읽으려고 할 때, 우리가 취할 수 있는 것은 크게 보면 '순자의 방향'과 '장자의 방향'일 것이다. 그런 점에서 순자와 장자는 중국에서 고전(경전) 읽기의 한 패러다임을 제공한다. 물론 현실에서는 순자에서 한걸음 더 나아가 경전에 절대적인 진리성을 인정하는 신앙적 관점이 존재할 수 있고, 장자를 극단으로 밀고 나가 경전 혹은 고전 그 자체의 현재적 의미를 부정하는 해체적 관점이 존재할 수 있을 것이다.

한나라 중반 이후 유교는 왕조지배의 정치적 권위와 결합한다. 그리고 경전의 의미를 찾으려는 읽기의 시도는 '금문학今文學'과 '고문학古文學'이라는 두 방향으로 발전한다. 유교가 정치적 권위와 결합되기 전에는 경전에 대한 '장자의 방향'이 중요한 가능성으로 존재하고 있었을 것이다. 그러나 한나라 이후 유교가 권력과 결합한 다음, 경전의 권위에 대한 도전으로 비칠 수 있는 '장자의 방향'은 독립적인 지위를 가질 수 없게 된다. 남는 가능성은 경전의 절대 권위를 인정하는 전제 위에서, 그 수준을 어느 정도로 볼 것인가 하는 세부적 조정뿐이다.

여기서 등장한 것이 '금문학'과 '고문학'의 대립이다. 금문학과 고문학은 유교의 경전해석학 '안에서' 두 방향을 잘 보여주고 있다. 한나라의 경전해석학에서 새로운 정통의 지위를 차지한 '금문학'은 맹자와 순자의 관점을 극단화하여 경전의 절대성과 신성성을 수용한다. 반면 '고문학'은 장자와 같은 수준까지는 아니지만, 경전의 권위를 어느 정도는 상대화시키는 관점을 제시한다.

앞에서 본 것처럼, 유교의 '경전'이 처음부터 신성한 문서로 승인을 받았던 것은 아니다. 처음에는 단순히 문서라는 의미를 가지고 있었던 '경'이 권력의 비호를 받으면서 신성한 진리의 대명사로 전환한 것이다. 전환의 최종 단계가 전한시대 후반기였다(학자에 따라서는 그런 전환이 완성되는 시점을 후한시대라고 보기도 한다). 이 절에서는 그런 전환의 과정을 간단히 일별해 보고, 동중서董仲舒로 대표되는 '금문파'의 입장을 보다 중점적으로 살펴볼 것이다.

한나라 초기의 사상가들은 대부분 통일제국을 운영하기 위한 사상을 제시하는 것을 목표로 삼았다. 그들은 전국시대 말기에 비교적 설득력 있는 체계를 가지고 있었던 유가 · 도가 · 법가 · 묵가 등의 사상을 종합하면서 그런 작업을 수행했다. 특히 전한 초기의 대표적인 사상가 가의賈誼는 『신서新書』라는 책을 통해 유교와 도가를 종합하는 통일사상을 만들려는 노력을 기울였다. 그는 『신서』의 「육예편六術篇」에서 시 · 서 · 역 · 춘추 · 예 · 악의 여섯 문서는 고대의 선왕이 천하를 교화하기 위해 남겨준 여섯 가지 '술術', 즉 '육술'이며, 학자는 그것을 실마리로 인 · 의 · 예 · 지 · 신 · 락의 '육행六行'을 체득할 수 있다고 주장한다. 가의는 '육술'을 다른 말로 '육예'라고 부르기도 하는데, 중국 고전문화의 총체인 '육예'는 인격도야를 위한 전범이며 교화의 요체를 담고 있다고 주장한다. 여기서 가의는 '경'이라는 개념을 사용하지 않지만, '육예(육술)'는 『장자』 「천운편」에서 말하는 '경'과 실질적으로 다르지 않다. 여기서 주의할 점은 가의는 '육술'이 선왕의 가르침이라고 말할 뿐, 그것과 공자와의 관계에 대해서는 전혀 논급하지 않는다는 사실이다.[5]

그러나 전한(서한) 중기 무제武帝 때에 이르면 사정이 조금 달라진다.

그 시기를 기점으로 유학과 국가권력의 밀착이 이루어지기 때문이다. 당시 유학을 대표하는 동중서는 '금문학'의 전승자(公羊學者)로서 최고 권력자인 무제를 보좌하며 유교의 권력화를 추진했다. 그는 "육예의 과목, 공자의 술"에 속하지 않는 여타 제자백가의 사상을 단절시키고, 공인된 지식체계로부터 배격해야 한다는 주장을 제기하여[6] 유교를 국가 이데올로기로 삼고자 한 것이다. 그것이 바로 유교의 '국교화' 입장이다.[7]

동중서는 '육예의 과목'과 '공자의 술'을 사실상 동의어로 보았다. 그 결과 고대의 학문과 사상을 곧바로 공자의 학과 술, 즉 유교와 동일시했다. 가의에서 볼 수 없었던 새로운 관점이 등장한 것이다. 이런 논의를 통해 공자의 학술(유교)만이 고대를 계승하고 종합한 것으로서 정통의 지위를 획득하게 된다. 동중서는 "공자가 육예를 선별하여(簡) 각각의 장점을 정리해주었으나 (…) 내용적으로 방대하기 때문에, 상세한 내용 전부를 배우는 것은 어렵다"[8]고 주장한다. 동중서의 핵심은 육경전승에서 공자의 중개와 공자가 행한 선별작업이 중대한 의미를 가진다는 것이다. 그런 동중서의 생각은 공자의 사법師法이라는, 매개를 중시하는 순자의 관점과 통한다. '육예'는 공자를 거쳐 비로소 현실정치에 유용한 지식으로 전환될 수 있었다는 것이다. 동중서는 공자가 고문서의 편찬자 내지 정리자에 그치는 존재가 아니라,[9] 새로운 제도창설자이며 새 시대를 여는 위대한 정치가(受命之王者)라고 평가한다. 금문학에 의해 공자는 포의布衣의 신분을 벗어나 왕자王者의 지위로 격상하게 된다.

동중서는 공자가 과거의 위대한 성인들(요 · 순 · 우 · 탕 · 문무 · 주공)의 공적을 계승하면서 본인의 정치사상을 밝히기 위해 『춘추』를 저술했다고 주장한다. 공자는 더 이상 단순히 '술이부작述而不作(옛것을 정리하기만 하고 새로운 것을 만들지는 않는다)'한 학자나 교육자가 아니라 위대한 정치가로 변신하는 것이다. 공자가 『춘추』를 저술했다고 하는 주장은 『맹자』에서 처음 보이지만, 『춘추공양전』의 해석을 거치면서 공자는 소왕素王(제도적으로

동중서

는 왕의 지위에 오르지 않았지만, 실제적인 왕이었다는 의미)으로 승격한다. 동중서는 그런 '공양학'의 해석을 받아들이며, 개혁적 정치가로서의 공자상을 제시한 것이다. 원래 '예악형벌은 천자로부터 나오는 것(禮樂征伐自天子出)'이 정상이지만, 고대의 이상적 정치질서와 예악제도가 붕괴하는 주周 말기의 특수 상황에서 공자는 『춘추』를 저술하여, 당시 정치의 득실, 시비와 선악을 평가하고, '천하유도天下有道(도가 회복된 사회)'를 실현하려고 했다는 것이다. 그런 관점에서 『춘추』는 실제로 천자의 정치적 활동에 비견된다.

맹자는 『춘추』가 사실의 기록물이 아니라 미언대의微言大義를 담은 정치적 가치기준을 제시한 문서이기 때문에 위대하다고 말했다. 공자는 『춘추』를 통해 정치가로서의 '대의'를 제시했고, 이후 경학의 목표는 공자의 '미언대의'를 찾아내는 것이라고 주장한다.[10] 『공양전』은 그런 맹자의 정신을 충실하게 계승하면서, 『춘추』의 '미언대의'를 찾고자 하는 해석학적 입장을 가진 주석서였다. 『공양전』은 구두전승의 과정을 거쳐, 서한 초기에 당시 유행하던 글자체(今文)인 예서체로 기록되어 전승되기 시작했다.[11]

『공양전』의 관점은 간단하게 말하자면 '중앙집권적 통일이념(大一統)'과 철저한 '중화중심주의(夏夷之辨)'라고 볼 수 있다. '대통일' 이론은 천자天子를 일원적 중심으로 삼는 강력한 중앙집권적 통일사상이다. 『공양전』은 『춘추』의 '왕정월王正月'이 주나라 천자, 즉 문왕에 의한 대일통을 의미한다고 주장하면서, '경을 이용하여 정치를 논하는(以經議政)' 전형적 태도를 보여준다. 『공양전』의 또 다른 핵심인 '하이지변夏夷之辨'도 '대통일' 이념에서 자연스레 도출되는 것이다. 문명민족인 한족(夏)과 그 문명을 위협하는 야만족인 비한족(夷)을 엄격하게 구분하고, 야만족의 침입으로부터 문명을 보호해야 한다는 이념이다. '하이지변'의 논리는 야만(夷狄)은 문명(諸夏)을 습득해야 하고, 문명질서 안으로 들어와야만 인간으로서 자격을 부여받을 수 있다는 것이다. 그 이념은 나중에 발전하는 '중화주의'의 원형이 된다. 『춘추』가 '엄이하지방嚴夷夏之防(이적으로부터 중화를 지키는 방벽)'이라는 높은 평가를 받았던 이유가 여기에 있다.

동중서는 「현량대책賢良對策」에서 "공자가 『춘추』를 저술하여 먼저 왕王을 바로잡고 거기에 만사를 연결시켰으며, 소왕素王의 문장文章(예악제정)을 밝게 드러냈다. 『춘추』가 천명을 받아 제정한 것은 다름 아닌 정삭正朔(역법)의 개혁이고, 복색服色(문화)의 변경이니, 그것은 하늘의 뜻에 응하는 것이다"[12]라고 말한다. 그 주장은 "공자께서 『춘추』를 저술한 이유는 위로 하늘의 올바름을 탐색하여 왕공의 지위를 바로잡고, 아래로 백성이 원하는 것과 옳고 그름을 밝히고, 현명한 자와 재주 있는 자를 바로 쓰게 하며, 그로써 성인의 출현을 기다리는 것"[13]이라는 주장과 표리를 이룬다.

여기서 우리는 동중서가 정치적 성격을 강하게 가진 '공양학'을 내세우는 정치적 의도를 쉽게 추측할 수 있다. 또한 중국의 역사 속에서 북방 이민족의 위협을 받거나 내부적으로 통일이 와해되는 위기의 시대에 『춘추』 및 『공양전』의 '대통일' 사상과 '하이지변'의 정신이 강조되었던 이유도 알 수 있다. 역사적으로 보면, 북송시대에 대통일이념을 내세우는 '춘추학'이 부각된다거나, 청말의 위기시대에 '공양학'이 부각된다거나, 중화문화의 부흥을 꿈꾸는 현대의 유학부흥론자들이 '공양학'의 정신을 강조하는 것 등이 그런 사유패턴을 반복하는 것이라고 말할 수 있다.

한편 전한 말기의 유흠劉歆은 고문으로 기록된 일군의 경서를 발견하고, 그것을 전문적으로 연구하는 박사관을 설립할 것을 제안했다. 유흠은 진시황이 단행한 분서焚書 때문에 엄청난 양의 유가경전이 훼손당했고, 당시 전해지고 있는 소위 '금문경今文經'은 분서 이전의 원본이 아니라 원본이 없는 상황에서 구두전승에 근거하여 재편집된 문서라고 주장했다. 하지만 고문을 중시하는 유흠의 제안은 당시 권력을 장악하고 있던 금문학자들의 반대에 의해 묵살되었다. 그리고 오랜 시간이 지난 다음, 후한 말기의 정현鄭玄 같은 학자들의 노력에 힘입어 경학은 금문今文과 고문古文의 절충과 종합이라는 방향으로 결정된다.

고문경古文經의 진실성을 주장한 유흠의 입장은 「이태상박사서移太上博士書」와 『한서』 「예문지」의 근거가 되고 있는 「칠략七略」을 통해 일단이 드러난다. 거기서 표명된 고문파의 입장을 살펴보자.[14]

옛날에 위대한 왕들이 실현한 정치이념과 진리가 실현되는 세계와 그 진리를 체현한 '육예'가 존재했다. 그러나 공자가 살던 시대에 그 과거의 도는 쇠퇴일로에 있었다. 공자는 과거의 진리를 담은 '육예'를 후세에 전하기 위해 노력했다. 여기서 기억해야 할 것은 공자 당시의 '육예'는 유교의 전유물이 아니라 중국문화의 공통유산이라는 사실이다. 유가가 '육예'를 자기 학파의 '전유물'로 만드는 일은 전국시대가 끝날 무렵 발생한 일이다. 공자를 개조로 삼는 유가학파는 전국시대 말기부터 육예를 유자들의 전유물이라고 주장했다. 하지만 객관적인 사실로 보자면, 유가는 '육예'를 다양한 방식으로 계승하는 제자백가의 한 입장에 불과하다고 보는 것이 옳다. '육예'란 공자의 존재 여부와 무관하게 고대부터 존재해왔던 것이기 때문이다. 그러나 고대 성인들의 가르침인 도가 쇠퇴하고 있다는 위기감을 가졌던 공자는 그것을 전승하기 위해 학교를 열고 성인들의 가르침을 문서로 정리하여 가르쳤다. 그러나 공자의 문헌정리 작업은 절대적인 것이 아니다. 초기의 제자들에게 공자가 성인이라거나 특별히 신성한 존재라는 인식은 없었다.

송대 이후 성리학이 발전하고 도통론이 성립하는 과정에서 공자를 성인聖人이라고 보는 관점이 확립되었고, 맹자는 공자를 조술하는 아성亞聖으로서 격상되는 상황이 발생한다. 이 단계에서 금문학과 고문학 사이의 표면적 대립은 거의 사라졌다. 성인됨을 목표로 삼는 주자학은 심성의 수양을 강조함에 따라 직접 현실정치에 참여하고자 하는 정치적 성격이 현저하게 약화된다(신유학이 비정치적이라는 의미가 아니다. 그들의 사회적 지위가 사상의 방향을 결정짓는 면이 있었다는 말이다). 공자의 역사적 지위를 성인으로 높이는 주자학은 분명 공자를 소왕素王으로 보는 금문학의 정신을 계승했다.

그러나 실제적인 정치의 장에서 성인 공자의 이상을 실현시키는 책무는 현실의 군주에게 주어진 몫이 된다. 성인 공자는 군주의 사표로서 그 상징적 권위가 극대화되지만, 공자의 가르침을 계승하는 유가 사대부 관료의 임무는 현실에서 제왕을 가르치고 보조하는 위상에 그치고 만다(주자는 끊임없이 현실의 군주에게 정치적 책무를 가르치는 주차奏箚를 올린다). 이에 비견해 주자와 동시대 사상가로서 성인의 가르침인 '경전'은 내 마음을 밝히는 각주에 불과하다고 한 육상산陸象山이나 경전의 역사성을 강조하는 진량陳亮의 입장이 오히려 경전을 역사문서로 보려는 고문학의 입장에 더욱 근접한다고 말할 수 있다. 육상산의 '경' 이해는 명대에 등장하는 양명학의 '경' 이해와 더욱 친연성이 있고, 경전을 역사문서로 보는 진량의 '경' 이해는 나중에 '육경개사六經皆史(육경은 결국은 역사서다)'를 공식적으로 주장했던 장학성의 입장과 깊은 연관성을 가진다는 사실은 우연이 아니다.

공자 본인은 아마도 개제改制(혁명적 제도개혁)의 정치적 의도를 품고 있는 소왕素王이라는 인식을 거의 갖고 있지 않았을 것이다. 공자 본인은 경전에 숨겨진 '미언대의'를 통해 새로운 정치질서를 창설하려는 의지를 갖지도 않았을 것이라는 말이다. 유흠은 「이태상박사서移太上博士書」 첫머리에서 "옛날 당우唐虞가 쇠퇴한 다음 하은주夏殷周의 삼대가 번갈아 일어났고, 성제명왕聖帝明王이 뒤를 이어 등장하여 전대를 계승하였다. 그 이후 성왕의 도는 여전히 밝게 드러나 있었다"고 말한 뒤에, 그 성왕의 진리인 도가 역사과정에서 점차 쇠퇴했고, 공자의 정리 노력에도 불구하고, 전란과 진시황의 분서에 의해 그 모습이 훼손되었다고 주장하고 있다. 유흠이 보기에 현재 학관에 수립되어 있는 금문경서들은 잔殘 · 결缺 · 탈간脫簡 · 간편間編을 포함하고 있기에 '완전한 경전(全經)'이라고 부를 수 없을 정도였다.

게다가 금문경은 근본적으로 구전에 의해 전해진 것이기 때문에 진실성이라는 측면에서 한계가 있다. 따라서 금문경이 불완전한 것이라면 새

분서갱유

롭게 발견된 고문경을 학관에서 받아들여 금문경의 부족함을 보충하는 자료로 삼아야 한다. 유흠은 자신의 생각을 이렇게 마무리한다. "예를 회복하기 위해서는 민간에 흩어진 것이라도 수습하여 거두어 들여야 한다. 고문경이 민간에 흩어진 예보다 더 못하다고 말할 수 있는가?"

유흠이 이처럼 금문경학자들의 편협성을 비판하면서 고문경전을 중시해야 한다고 말하는 이유는 무엇인가?

> "구전을 믿고 경전의 주석(傳記)를 위배하는 것은 말류의 학자가 하는 일이지 옛 경전을 회복하는 방법이 아니다. 게다가 〔고문경이 없어진다면〕 국가에 장차 큰 일이 발생했을 때, 예를 들어, 벽옹 · 명당 · 순수 등의 예를 세워야 하는 경우에, 그 근원을 알지 못하게 된다."[15]

유흠의 이런 주장은 고문경의 기록물로서의 가치, 즉 역사문서로서의 가치를 인정하고, 그것으로 현재 예제의 허점을 바로잡아야 한다는 정치개혁적 의도를 담고 있었다. 따라서 일부 연구자가 금문과 고문의 대립은 정치투쟁의 일환으로서 계급적 이익을 반영한다고 평가한 것은 정확한 이해라고 말할 수 있다.[16] 여기서 우리는 그것이 누구의 계급적 이익을 반영하고 있는지 따지는 것에는 관심이 없다. 하지만 학문은 의식적이든 무의식이든 정치적 · 계급적 의도를 담을 수 있고, 이데올로기적 관점에서 자유로운 학문을 상정하는 것 자체가 지극히 나이브한 태도일 수 있다는 것을 잊지 말아야 한다.

어쨌든 '금문/고문' 논쟁은 분명히 단순한 문자학의 갈등이 아니라 국가 이데올로기와 학술(사상)의 결합을 보여준다는 점에서 홍미로운 주제다. 그것은 표면적으로는 경전의 문자를 둘러싼 논쟁, 경전을 구성하는 문자와 텍스트의 신빙성이라는 지엽적인 논쟁으로 오해할 여지가 있지만, 실상은 그렇게 간단하지는 않다. 실제로 그 논쟁은 '진정한 유교란 무엇인가?' 나아가 '국가의 정치질서 안에서 종교와 학술은 어떤 위상을 가지는가?' 등의 문제를 둘러싼 심각한 학술적 · 사상적 · 종교적 투쟁이었다. 그렇기 때문에, '금문/고문' 논쟁은 전한기와 후한기에 발생하고 일단락된 것처럼 보이지만, 실제로는 청나라가 몰락하면서 근대적 전환을 맞이하는 시점까지 끊임없이 사상 · 학술계의 복류伏流로 존재해왔다.

한 예로 이 책에서 살펴본 것처럼, 과학적 방법을 도입하여 중국의 전통을 연구하는 소위 국고정리의 학술활동에 있어서도 금문학적 경향과 고문학적 경향은 미묘하게 대립한다. 대표적으로 고문학적 경향을 대표하는 호적胡適과 금문학적 경향을 대표하는 양계초梁啓超의 대립을 꼽을 수 있다(앞에서 지적했듯이 양계초는 공양학의 전통을 계승하는 인물이었다). 현대 중국의 '독경논쟁' 역시 크게 보면 그런 금문학과 고문학의 투쟁이라는 오래된 문제의 현대적 재연, 다시 말해 현대판 금문/고문 논쟁이라고 보아도 잘못은 없을 것이다.[17]

육경개사六經皆史: 경전은 역사다

금문학의 관점에서는 성왕聖王의 자료를 가공하여 새로운 시대를 위한 새로운 진리의 전범을 제공한, 공자의 숨어 있는 정치적 의도가 특히 중요하다. 근대 금문학의 부흥자이자 공자교운동을 통해 유교를 근대적 의미의 종교로 만들고자 노력했던 강유위康有爲는 육경, 특히 춘추의 필법과 관련하여 공자의 미언대의를 중시한다. 시대의 위기를 극복하고자 새로운 제도를 창설하는 정치가이자 무관의 제왕(素王)으로서 공자의 위대함과 정치적 의도를 강조한 것이다. 강유위는 공자의 미언대의를 중시하며 『춘추』와 『공양전』의 해석에 근거하여 시대의 위기를 돌파하려는 의지를 불태웠다. 강유위에게 경전은 공자의 위대한 정신적 창조와 혁명의

강유위

의지가 함축된 신성한 문서이며, 그 경전을 학습하는 것은 새로운 정신적 창조와 변혁을 위한 절대적 전제가 된다. 경전은 진리 그 자체를 담고 있는 신성한 문서이기 때문에, 경전을 학습하는 자에게 남겨진 과제는 이미 책 속에 존재하는 신성성을 '발견'하고, 그것을 현실에 적용하는 것이다. 즉, 경전해석은 신성성의 발견과 회복이라는 당위적 명제에 종속되고, 경전에 담긴 선험적 진리를 발견하는 것이 목표가 된다.

반면 고문학은 고문헌의 정리자 혹은 편찬자로서의 공자의 역할을 부정하지 않는다. 하지만 공자의 존재가 경전의 성격을 결정하는 절대적인 중요성을 갖지는 않는다. 공자가 나타나지 않았더라도 경전은 여전히 존재했을 것이고, 공자의 정리를 거치지 않았다고 하더라도 고대의 문화를 기록한 경전의 가치는 퇴색되지 않았을 것이다. 고문학에서는 주공周公이 공자보다 더 중요한 존재가 된다. 중국 고대문명의 진정한 집대성자는 공자가 아니라 주공이라는 것이 고문학의 핵심이다. 공자는 문화의 창조자가 아니라 단순히 고대의 문서를 정리한 조술자祖述者에 그치며, 그런 문서를 교재로 활용하여 문화전승에 힘을 쏟은 교육자 내지 역사가일 뿐이다. 고문학자들은 진정한 문화창조와 정치적 변혁을 이룬 인물은 공자가 아니라 주공이라고 주장한다.

고문학에 따르면, 금문으로 기록된 경전 역시 절대적 진리가 아니다. 금문경은 무오류의 경전이 아니라 오자, 탈락으로 가득한 불완전한 문서일 뿐이다. 따라서 금문경은 고문경과의 대조 · 비교 · 교감을 통해 보완되어야 하는 것이고, 그런 종합의 과정을 거쳤을 때 비로소 고대의 사실을 보다 더 충분하게 드러내는 문헌이 될 수 있다. 결국 금문이든 고문이든, 우리에게 전해진 경전은 고대의 역사문서이며, 객관적인 연구를 거쳐야 비로소 읽을 수 있는 문헌이 된다는 것이 고문학의 핵심이다.

그러나 만일 공자가 절대 권력을 뒷받침하는 신성한 존재로서 신화화되어 있는 상황에서 고문파의 주장을 밀고 나가는 것은 위험하다. 더구나 공자가 신성한 권위를 획득한 이후의 왕조국가에서 고문파의 입장을 강하게 내세우는 사상가는 많지 않았다. 도통론을 강조하는 주자학은 공자의 신성한 지위를 철저하게 긍정한다. 그러나 경전의 절대 진리성을 인정하는 주자학의 권위가 쇠퇴하는 명나라 중기 이후, 고문학적 관점은 다시 발언력을 강화한다. 우리는 명나라 중엽 왕양명에 의해 그 발단이 열리고 청대 중엽 장학성에 이르러 고문학이 부흥하는 모습을 목격할 수 있다. 장학성이 제시한 '육경개사六經皆史(육경은 모두 역사다)'의 주장이 그런 흐름을 단적으로 보여준다.[18]

장학성의 명성은 항상 '육경개사'라는 경학사의 중요 명제와 연결되어 있다.[19] 경전이 성인의 진리와 동의어이며 신성한 문서라고 믿어지던 시대에 "육경이 역사서에 불과하다"는 그의 논단은 그 자체로 파격적이라고 말할 수 있다. 후한시대 이후 금고문 논쟁은 경학사에서 일단 자취를 감추었지만, 경서에 대한 고문파의 입장은 숨죽이며 숨어 있었다. 송명시대에 도학이 왕조의 이데올로기로서 권좌에 오른 다음에는 주자학적 경서관이 절대적인 권위를 가지게 되었고, 그런 상황에서 경서가 역사적 사실을 기록한 역사문서라고 보는 고문학적 관점은 어려운 입장에 처했을 것이 예상된다. 경전이 도를 담지하고 있다는 '재도론載道論'은 주자학의 확고한 입장이었다.[20]

명대 중엽 이후에 등장한 양명학은 주자학에 이의를 제기하는 중요한 사상적 시도였다. 왕양명은 수많은 참신한 주장을 통해 주자학 일변도의 사상계에 새로운 바람을 불러일으키며 사상의 풍토를 기존의 주자학과 다른 방향으로 몰아가는 역할을 한다. 특히 '경전' 인식과 연관하여 그는 중요한 발언을 남긴다. "왕양명 선생은 말한다. 어떤 일(事)를 말하는 것을 역사(史)라고 한다. 도道를 말하는 것을 경전(經)이라고 한다. 그러나 사事는 곧 도이고, 도 역시 사다. 『춘추』는 〔도를 말하기 때문에〕 경이지만, 〔도를 말하는〕 경 역시 역사다. 『역』은 포희씨의 역사이고, 『서書』는 요순 이래의 역사이고, 예의禮樂 역시 삼대의 역사이다."[21]

여기서 왕양명은 일단 경을 도를 담은 문서라고 보는 입장을 전제하면서도, 그 경이 결국은 고대의 일(事)을 기록한 문서이기 때문에 역사(史)라고 보아야 한다는 주장을 한다. 왕양명의 발언은 분명 장학성의 '육경개사론'을 연상시키는 중요한 주장을 담고 있다. 그러나 양명은 아직 그런 생각을 충분하게 전개하지 않는다.

주자학의 권위에 대한 반발이 확산되어 가는 명대 후기로 가면서 양명의 사상적 세례를 받은 지식인들 사이에서 주자학적 경서절대주의에 대한 비판은 점차 거세진다. 특히 양명학 후학으로 명대 후기의 비판사상가로 널리 알려진 이탁오李卓吾(李贄)는 '육경'과 『논어』, 『맹자』 등 소위 송대 이후 신성시되어온 경전문서가 사실은 도학자들의 권위유지를 위한 구실일 뿐이며, 엉터리를 가리기 위한 위장술에 불과하다고 비판한다.

> "후세의 학자들은 사실을 자세히 살피지 않고 경서가 성인의 입에서 나온 것이기 때문에 〔신성한〕 경이라고 규정한다. 그러나 누가 알겠는가? 그것들의 태반이 성인의 말이 아니라는 사실을! 설사 그것이 성인에게서 나온 것이라고 하더라도 그것은 어떤 의도를 가진, 즉 구체적인 병을 고치기 위한 처방약이다. 그것은 시대의 구체적인 문제에 대한 처방이기 때문에, 그것으로는 그것을 기억하고 기록한 멍청한 제자들의 어리석음을 구할 수 있는 효용밖에는 없는 것이지, 만세의 문제를 해결할 수 있는 지당한 가르침이 아니다. 그렇다면 '육경'과 『논어』, 『맹자』는 도학자들의 구실, 사람을 속이는 덤불에 불과한 것이다."[22]

이탁오는 '육경', 『논어』, 『맹자』 등 소위 도학자들이 신성시하는 위대한 진리의 문서들이 '보편적 진리(萬歲之至論)'로서 가치를 갖지 않는다고 주장한다. 그것은 기껏해야 구체적인 사건, 구체적인 상황에 대한 처방으로서의 의미를 가진다. 그런 구체적 상황을 벗어나 시간을 초월한 보편적인 진리로 경서들을 떠받드는 것은 도학자들의 구실에 불과하다. 사실 이탁오가 제시한 '육경' 및 경서 전반에 대한 비판은 "육경은 역사(史)"라고 주장하는 왕양명의 입장을 보충하는 것이며, 전통적인 고문파 경학자들의 심정을 충분히 대변하는 것이라고 생각된다.

경전이 보편적인 진리의 문서가 아니라 역사적인 사건과 사실의 기록일 뿐이라는 '육경개사'의 주장은 청대 중기, 소위 고증학의 전성시대에 장학성을 통해 명확한 테제로 제시된다. 장학성의 '육경개사론'은 권력의 비호를 받으며 권위를 누려온 경전관념(주자학을 포함하여)에 대한 반론이면서, 동시에 대진戴震으로 대표되는 당시의 훈고학적 경학방법론에 대한 반론으로, 양날의 검이었던 것이다.

장학성은 먼저 "육경을 본받고 공자를 스승으로 모시기만"[23]하면 학문은 완성된다고 보는 잘못된 경전신앙 및 공자신앙을 비판한다. 장학성은 공자가 정치적 지위를 얻지 못했고 도를 실행할 수 없었기 때문에 부득이하게 '육경'을 조술하게 되었다고 말한다. 경전은 공자의 개인적 사상을 담은 저술이 아니고, 개제改制의 도구는 더더욱 아니다. 공자는 아무것도 할 수 없는 상황에서, 부득이하게 주공이 완성한 주나라문명의 위업을 정리하고 조술한 것에 불과하다. 후세의 학자들에게 주어진 과제는 공자가 배운 선왕의 업적을 직접 배우는 것이다.[24] 사람들은 그런 사실을 깨닫지 못하고, 공자가 정리한 '육경'이 보편적인 진리를 담고 있는 문서라고 오해한다. 장학성의 목적은 그런 잘못된 유학자들의 관행을 지적하고 폐단을 교정하는 것이었다.

장학성의 관점은 두 가지 점에서 금문학의 경전이해를 반박하는 것으로 읽을 수 있다. 첫째, 장학성은 공자를 소왕素王이라고 보지 않는다. 나아가 중국 고전문명의 집대성자는 공자가 아니라 오히려 주공이다(공자를 집대성의 성인이라고 평가한 인물은 맹자였다. 결국 장학성은 맹자를 부정하며 맹자를 중시하는 주자학의 경전관념을 부정한다). 둘째, 공자가 소왕이나 집대성의 성인이 아니라면, 공자가 편찬 정리한 '육경'은 공자가 학습한 내용을 정리한 결과물이고, 공자가 학생들을 가르치기 위해 만든 수단(교재)에 불과한 것이다. 따라서 '육경'은 금문학자들의 주장하는 것과 달리, 보편적인 진리를 체현하는 보물도 아니고 신성한 것도 아니다. 공자는 새로운 제도의 창시자나 혁명적 정치가가 아니라 역사가이자 교육자다. 이런 장학성의 주장은 고문파의 기본적 입장을 재천명한 것이다. 장학성의 '육경개사론'을 고문파 경학의 연장선에 서 있다고 평가할 수 있는 이유다.[25]

공자가 주공이 완성한 고대의 전장제도와 예악을 전달한 교육자에 불과하다면, 그가 조술한 '육경' 역시 '진리의 흔적(道之迹)'에 불과할 뿐 진리 자체가 아니라고 말할 수 있다. 물론 장학성이 공자의 인격과 교사로서의 위대함을 부정하는 것은 아니다. 하지만 장학성은 '도의 흔적'에 불과한 '육경'이라는 문서보다 더욱 근원적이고 가치가 있는 것은 성인들이 만든 전장예악(예악제도)과 성인들이 실시한 정치실천 자체라고 주장한다. 교육자 혹은 조술자로서 공자의 업적이 아무리 위대해도 구체적인 제도창설자의 업적 자체에는 미칠 수는 없다. 왜냐하면 공자의 조술작업은 공자 본인의 사상을 천명하기 위한 것이 아니라 주공이 창설한 제도와 정치실천의 가치를 보존하기 위해 그렇게 한 것에 불과하기 때문이다. 물론 그런 조술작업이 무의미한 것은 아니지만, 조술은 이차적인 작업일 뿐이다. 그런 조술을 위한 저술을 장학성은 '공언空言'이라고 부른다. 정치제도적 실천과 직접 관련이 없는 말, 즉 그 자체로는 내용이 없는 말이라는 뜻이다.

장학성이 보기에 공자는 고대의 성인이 정교政教를 실천하기 위해 만든 전장제도를 기록한 원시자료를 근거로 제도의 내용을 정리한 학자 내지 교육자다. 그렇다면 굳이 공자가 존재하지 않았더라도 성인이 남긴 전장제도의 내용은 어떤 식으로든 전해져 내려왔을 것이다. 굳이 어떤 기자가 사건을 기록하지 않았더라도 다른 기자가 사건을 기록했을 것이라는 말이다. 누가 기사를 더 잘 썼느냐의 우열을 가릴 수는 있겠지만, 정작 중요한 것은 기사가 아니라 실제로 일어난 사건이라는 말이다. 그런 장학성의 입장은 앞 절에서 살펴본 장자의 족적설足跡說 내지 조백론糟粕說에 상당히 접근한다.[26]

'육경'과 공자의 관계에 대한 장학성의 논의는 "공자의 가르침을 '육경'에서 찾고, 육경이 진정한 도를 싣고 있는 문서"[27]라고 보는 후세의 유자들의 견해를 비판하기 위해 제기된 것이었다. 삼대三代 이전에도 『시경』과 『서경』 등 소위 '육예'를 교재로 사람들을 가르쳤다. 그러나 후세의 유자들은 그 사실을 망각하고, '육경'이 자기들의 전유물이며, '도를 담은 문서(載道之書)'로 숭배한다. 장학성이 '육경' 자체의 가치를 부정하는 것은 아니다. 그가 부정하는 것은 '육경'을 보편적이고 불변하는 '진리를 담고 있는 문서'라고 신성시하는 태도다. 더구나 장학성은 공자가 유학자의 규범을 확립한 인물이라고 보지도 않는다. 유학이 다른 학파의 학설에 비해 진리의 말을 전달하는 데 특별한 권위를 가지고 있다는 사실을 처음부터 인정하지 않는 것이다.

장학성의 결론은 이렇다. '육경'은 공자가 어떤 진리를 수립하고자 하는 의도에서 편찬 저술한 것이 아니다. 더구나 '육경'이 어떤 보편적 진리를 담고 있는 것도 아니다. 따라서 '육경'에 담긴 것이 보편 불변의 진리라고 전제하는 태도, 나아가 학문적 탐구를 통해 경전에 담긴 보편적 진리를 획득할 수 있다고 믿는 당시의 고증학적 경학신앙은 비판받아 마땅하다!

그렇다면 '육경'이란 무엇이며, 그것을 연구하는 가치는 어디에 있는가? 경전이 고대의 성인이 창설한 전장제도 자체도 아니고, 성인이 실천한 교화의 가르침 자체를 경험할 수도 없게 된 현재의 시점에서, 우리는 왜 누군가가 기록한 기록물에 불과한 경전을 읽고 연구해야 하는가? 장학성도 인정하고 있듯이, 공자는 인간의 삶의 길에 대한 모범을 보여준 위대한 교사이자 인격자였다.[28] 그렇다면 공자가 정리하여 전수한 '육경'은 진리 자체는 아닐지 모르지만, 적어도 공자의 인격을 경험하고 본받기 위해 읽고 연구할 가치가 있는 것은 아닌가?

먼저 장학성은 '육경'이 '도를 싣고 있는 문서(載道之書)'라는 유학자들의 신앙을 비판한 다음, '육경' 자체는 진리(道)가 아니라 진리를 담는 기물(器)에 불과하다고 주장한다. '육경'은 도道가 아니라 기器다. 지금 이 말을 읽는 우리는 그 차이가 무엇인지 크게 감이 오지 않을 수도 있다. 도나 기나 그게 그거 아니냐? 이렇게 반문할 수도 있다. 그러나 경전이 신성한 문서로서 절대적 권위를 가지고 있던 시절에 장학성의 발언은 엄청난 파괴력과 위험성을 가진 말이 될 수 있다. "육경이 기물"이라는 그의 주장은 "육경이 역사기록"이라는 주장과 일맥상통한다. 경전의 진리성을 신봉하는 경학자들은 "진리(도)가 오롯이 '육경' 안에 갖추어져 있기" 때문에 '육경'의 음운, 문자, 문장 등에 대한 자세한 연구(訓詁)를 통해서 그 심오한 진리를 밝혀낼 수 있다고 주장한다(대진을 비롯한 청 중기의 훈고학자들이 그런 관점을 가지고 있다).

그러나 장학성은 그런 경학자들의 신념을 비판한다. 그는 이렇게 묻는다. '육경'은 사실상 그 문서가 출현한 이후의 시대를 기록할 수 없지 않는가? 진리가 '육경' 안에만 존재한다고 말한다면, 진리라는 것은 '육경'이 기록된 그 시절에 딱 한 번만 세상에 출현하고, 경전이 기록된 다음에는 세상에서 모습을 감추어버렸다는 말인가? 그리고 그 이후 인간의 역사는 진리가 사라진 공허한 시대라는 말인가? 이런 장학성의 문제제기는 역사철학적으로 대단히 중요하다. 장학성이 보기에, '육경'은 그것이 출현한 이후에 펼쳐진 진실한 인간의 삶과 생각을 모두 담아낼 수 없다. 그러하여 그렇게 인간역사의 진실을 완전히 담아내지 못한다면, '육경'은 완전하고 영원한 진리가 될 수 없다. 장학성의 '육경개사론'은 이런 근본적인 역사철학적 의문에서 출발한다. 요컨대 그의 말처럼 '육경' 자체가 역사적 기록이라면, '육경'은 이후의 인간사를 기록하고 있지 않기 때문에 엄연한 시간적 · 공간적 한계를 가진 것이 된다.

인간역사의 전개와 더불어 끊임없이 출몰했던 삶의 방식과 삶의 원리는 역사의 기록을 통해서 살펴볼 수 있다. 진리와 역사는 분리되지 않는다. 때로 역사가 잘못된 방향으로 접어들 수 있지만, 그런 역사의 과정 자체가 진리가 드러나는 방식이다. 그리고 진리가 있다면, 그 진리는 역사 안에서만 탐구할 수 있다. 진리가 선험적으로 존재하고, 그 진리에 맞춰 현실이 펼쳐지는 것이 아니다. 오히려 삶의 현실(器)이 먼저 존재하고, 그 삶에서 진리가 찾아져야 한다. 기가 먼저고 도가 나중이다. 과거에는 과거라는 그릇에 담긴 과거의 도가 있고, 현재에는 현재라는 그릇에 담긴 현재의 도가 있다. 영원불변하는 도가 먼저 있고, 그것을 담는 그릇이 나중에 존재하는 것이 아니라는 말이다. 이렇게 장학성은 불변의 도가 존재하고 현실은 그런 불변의 도를 담는 수단일 뿐이라고 보는 전통적인 '도기론道器論'을 부정하고 뒤집어 읽는다. 장학성의 뒤집어진 도기론에서는 도가 우위에 있는 것이 아니라 기가 우위에 있다. 기에 해당하는 현실의 역사가 다름 아니라 도를 탐색하는 근거가 되어야 한다.

'육경'은 도 자체가 아니라 '역사의 기록'이고, 그렇기 때문에 현실을 담는 그릇이 될 수 있다. 따라서 경전은 역사학적 탐구의 대상이 되어야 한다. 경전은 진리 자체를 담고 있는 것으로서가 아니라 '역사의 기록'으로서 과거의 삶과 과거의 현실에 다가가는 문서가 될 수 있는 것이다. 여타의 역사적 기록들과 마찬가지다. 당연히 역사문서인 '육경'은 다른 역사문서에 비해 어떤 특권성도 가지고 있지 않다. 이런 장학성의 경서관經書觀, 나아가 그의 역사관은 그의 경학방법론과 독서론으로 이어진다.

장학성의 독서론은 당시 학계를 주도하고 있던 고증학적 경학에 대한 반론이었다. 고증학적 경학은 객관적 · 실증적 문헌탐구라고 알려져 있지만, 장학성이 보기에 그것 역시 잘못된 역사철학적 전제를 가지고 있었다.

훈고학은 경서의 진리성을 전제하고, 문자, 언어의 훈고를 통해 경서에 담긴 진리를 발견하는 것을 목표로 삼는다. 경전의 특권성을 처음부터 인정하지 않았던 장학성은 고증학적 경학의 전제 자체를 인정하지 않는다. 뿐만 아니라 장학성은 국가가 기록한 정사正史의 특권적인 권위도 인정하지 않는다. 그는 국가의 공식 역사기록인 정사 역시 일개인이 저술한 개인사나 지방사를 능가하는 것이 아니라고 주장한다. 그 점에서 장학성의 역사관은 중심의 특권성을 부정하는 탈중심적 역사학의 방향성을 일찌감치 보여주는 것이라고 말할 수 있다.

'육경'이 역사기록이라고 한다면, 경전의 연구 역시 역사학적 방법을 따라야 한다. 경전에 담긴 어떤 선험적 · 보편적 진리도 전제하지 않고, 그것이 어떤 역사적 사건을 기록하고 있는지, 또 어떤 삶의 방식을 드러내는지를 탐구해야 한다는 것이다.[29] 경전의 진리성을 전제하고 그것을 밝히기 위해 음운학과 문헌학을 반드시 활용해야 한다는 고증학적 경학의 주장에 대해서도 장학성은 이의를 제기한다. 중요한 것은 경전의 전체적인 의미와 의도, 즉 대의大義를 이해하는 것이지, 반드시 깊은 언어학적 지식이 필요한 것은 아니기 때문이다. 언어학 자체가 불필요하다는 말이 아니다. 언어학 역시 내부적으로 의견의 통일을 보지 못하는 많은 문제점을 가지고 있기 때문에, 언어학에 대한 전문적인 지식을 가지지 못해도 경전이나 역사서를 읽는 데에 큰 지장이 없다는 말이다.

'육경' 연구의 목표는 경서에 담긴 불변의 진리를 알고 체득하는 것이 아니다. 경전에 기록된 옛 선인들의 인간이해, 삶의 태도, 거기에 기록된 제도를 통해 그들의 가치관을 이해하는 것이 경학의 목표가 되어야 한다. 그렇게 이해한 가치를 현재의 삶과 연결시켜 사고하는 것이 중요하다. 대의를 안다는 것은 그런 의미다. 경전을 읽는 이유 또한 경전의 대의를 알기 위해서다. 역사를 읽는 이유 역시 역사의 대의를 알기 위해서다. 옛사람들이 남겨준 책을 읽는 이유가 바로 거기에 있다. 책에 기록된 대의를 포착하고, 그 대의를 현재와 연결시켜 사고하고, 현재의 내 삶을 그런 대의에 비추어 가치 있는 것으로 만드는 힌트를 얻기 위해서다. 장학성은 다음과 같이 대담하고 명쾌한 주장으로 자신의 독서론을 마무리한다.

> "『설문說文』의 편방에 대한 이론, 『광운廣韻』의 음석音釋에 대한 여러 전문가들의 구구절절한 이론을 알지 못해도, '육경'의 대의를 밝혀서 아는 것은 얼마든지 가능하다."[30]

고전 읽기의 현대적 시선

끝으로 최근 중국에서 발생한 '독경운동'의 주창자인 장경蔣慶과 북경대학의 역사문헌학자 이령李零의 관점을 비교하면서, 현대의 '독경문제'가 새로운 그러나 오래된 문제로서 전통경학의 두 경향을 되풀이하고 있다는 사실을 확인해보자.

왜 하필 장경과 이령인가? 의아하게 생각할 수도 있을 것이다. 장경은 '독경운동'의 주창자이기 때문에, 그 운동을 하나의 문제의식으로 삼는 이 글에서 그의 이론적 근거를 살펴보는 것은 당연하다. 그런 이유 외에도 나는 장경과 이령 두 사람이 현대 중국에 존재하고 있는, 전통을 사고하는 두 방향을 대표하는 인물이라고 생각하기 때문이다. 장경은 전통의 회복을 주장하는 많은 논자들 중에서도 극단적인 방향에 기울어진 경우다. 이령은 역사문서로서 경서를 읽으려고 하는 비판적 고전학의 대표 학자다. 이령을 꼭 전통비판론자 혹은 전통청산론자라고 볼 필요는 없다. 전문적인 연구자들 가운데는 전통옹호적인 입장에 기울어진 학자들도 많으며, 어쩌면 그런 전통옹호적인 입장이 현재 중국학계의 주류일 것이라고 생각한다. 대표적으로 중국사회과학원을 중심으로 하는 경학

연구자들이 그런 주류파를 대변한다. 최근에 나온 강강휘姜廣輝 주편의 『중국경학사상사中國經學思想史』[31]라는 엄청난 규모의 집체 저작은 그런 전통옹호론적 입장을 여실히 보여준다. 이런 저작을 수십 권 쓸 수 있다는 것이 중국 고전학의 저력이다.

적어도 중국에서는 학문이 정치와 결코 무관하지 않다. 따라서 특히 국가 이데올로기를 생산하는 책무를 지닌 중국사회과학원의 연구성과를 읽을 때는 특별한 주의를 기울여야 한다. 물론 장경의 주장과 행보에 대해 주류 학계의 전문 연구자들은 그다지 반응을 보이지 않는다. 장경이 대학에서 가르치는 강단학자가 아니라서 그런 면도 있다. 그러나 북경대학 교수인 이령의 학문적 위상은 장경과는 비교되지 않을 정도다. 이령은 중국고전학을 대표하는 자타공인의 고문헌학자다. 이령은 의고疑古를 주장하는 고사변파古史辨派의 장점을 계승하면서, 비판적인 관점에서 문헌을 객관적으로 읽어내자는 입장이다. 그런 점에서 그는 호적에서 고힐강顧頡剛을 거쳐 오늘로 이어지는 의고파疑古派 역사학의 방향을 대표한다고 볼 수 있다(따라서 이령이 신유학에서 출발하여 신유학의 현재적 발전을 강조하는 풍우란의 사상사보다는 의고적이고 문헌비판적인 호적의 사상사에 호감을 보이는 것은 당연한 것이다).

그렇게 보면 현대 중국학계에서 전통에 대한 입장은 (1) 이령으로 대표되는 비판적 문헌학적 입장, (2) 과학적 연구에 근거하여 전통회복 및 전통옹호를 지향하는 주류적 입장, (3) 장경으로 대표되는 철저한 전통옹호론, 특히 유교부활론 및 정치유학적 입장, 이렇게 세 방향으로 상정할 수 있다. 학자들 중에는 전통의 완전한 청산을 주장하는 논자들 혹은 철저한 신앙으로서의 유교를 고집하는 인사들도 당연히 존재할 것이다. 마지막 두 입장은 근대 초기에 존재했던 과학과 전통에 대한 극단적인 두 입장, 즉 과학의 전면수용을 통한 전통폐기의 입장과 전통의 전면긍정을 위한 과학부정의 입장으로 분화될 수 있다.

장경은 2004년 '독경운동'을 주창하기 이전부터 스스로 공양학(금문학)

의 현대적 계승자임을 자임해왔다. 따라서 장경은 전통을 옹호하는 전제 위에서 정치유학의 부활과 유교를 정치적으로 국교로 만들어야 한다는 당위성을 강조해왔다. 다른 한편으로 그는 전통적인 서원을 열고 유학을 실천하는 특이한 행적과 입장을 가진 인물로서 중국사회에서 주목을 끌어왔다. 장경의 학문적 · 실천적 입장 전체를 분석하고 평가하는 것은 다른 글로 미루고, 여기서는 그의 금문학적 경 이해를 간략히 살펴보려고 한다.

장경의 주저는 『공양학인론公羊學引論』(1995년)과 『정치유학政治儒學』(2003년)이다. 전자는 제목에서 알 수 있는 것처럼, 전통적인 '금문학'의 역사와 성격을 살피는 개설서로, 그는 이 책에서 현대적 공양학의 계승자로서의 자기 입장을 천명한다. 두 번째 책은 앞의 책을 실천하기 위해 본인의 사상적 입장과 실천방안을 제안하는 이론서라고 말할 수 있다. 그의 주장에 대한 찬반 여부를 떠나서, '당대유학當代儒學의 전향, 특질 및 발전'이라는 부제를 가진 『정치유학』은 그의 대단한 포부와 야심을 드러내는 흥미로운 책이다. 동중서, 강유위의 현대적 재림이라고나 할까?

아닌 게 아니라 장경은 『정치유학』에서 "본서의 기본적 사유는 금문학 중의 공양학이며, 『춘추』 등의 유학경전에 의거한다"고 말하면서, 강유위를 연상시키는 주장을 펼친다. 그 책에서 장경은 "유학은 탄생부터 언제나 정치유학이었다. 공자의 최대의 소망(願望)은 천하를 인으로 이끌어가는 정치이상을 실현하는 것이었다"[32]고 말한다. 나아가 그는 전통적인 유학이 그런 정치유학으로서의 특성을 포기하고 심성의 도야에만 관심을 가지는 '심성유학'으로 발전한 것이 비극의 시작이었다고 말한다. 전통적인 언어로 말하자면, 유학은 내성內聖(인격도야를 지향하는 방향)과 외왕外王(정치적 실천을 통한 경세의 방향)의 두 방향을 가지는데, 전통유학, 특히 신유학은 외왕의 방향을 포기하고 내성에만 기울어졌다는 것이 그의 해석이다. 그렇기 때문에 신유학은 현실의 문제를 적극적으로 해결하는 이상과 역량을 발휘할 수 없었다. 장경의 이런 관점은 성리학 위주로 전개된 근세유학의 전통에 대한 비판인 동시에, 소위 전통의 회복을 지향하는 현대 신유가 사상가들의 내성주의를 비판하는 것이기도 한다. 장경은 그 "외왕의 계기를 회복할 수 있는가 없는가, 그것은 현대유학이 반드시 대답해야 하는 생사가 걸린 대문제이며, 당대 유학의 계속적 발전을 가늠하는 척도"라고 말한다. 장경은 "전통적인 유학의 정치적 성격에 의거하여, 전통적인 '심성유학'의 방향을 '정치유학'의 방향으로 되돌려, 당대 중국이 직면한 문제를 해결하고, 유학의 현대적 발전과 자기완성을 달성하기 위한" 이론과 실천방안을 제시한다는 포부를 가지고 있다.

장경은 유학이 단순한 비판이론이나 수양이론으로서가 아니라 하나의 정치적 실천으로 제도화될 수 있어야 한다고 주장한다. 그런 목적을 달성하기 위해, 그는 서방의 자유주의와 민주주의사상, 공민사회의 이념 등을 비판적으로 극복해야 한다고 주장한다. 그런 비판 위에서 전통유학이 가르쳐준 예악정신, 왕도이상, 대통일의 지혜 등을 동원하여 현대의 문제를 해결하며, "중국적 특색을 가진 현대적 제도건설을 위해 가장 중요한 사상자원"을 찾아내야 한다고 주장한다.

유학의 정치적 성격을 강조하는 그의 입장은 특별히 문제가 될 것은 없다. 분명히 성리학은 정치적 성격을 누그러뜨리고 심성수양의 측면을 비대화시킨 사상체계라고 비판받을 수 있는 측면이 있기 때문이다. 장경의 공양학적 사유의 핵심은 유학을 현대의 정치-경제제도 안에 실현하여 현대 중국 나아가 인류가 당면한 문제를 해결하고, 대일통의 정신을 회복해야 한다고 주장하는 것에서 단적으로 드러난다.

장경의 '정치유학론'에서 '대통일'은 핵심 중의 핵심이다. 실제로 '대통일' 개념은 공양학(금문학)의 중심개념이기도 한데, 그런 관점은 『춘추공양전』에서 처음 제기되고, 한나라의 동중서에 의해 확대 발양된 것이었다. 장경은 "천명을 받은 왕자(천자)가 그 천명에 근거하여 정삭正朔(역법)을 개정하고, 복색服色(계급질서)을 개혁하고, 예악禮樂(문화)을 제정하여 천하를 하나로 통일해야 한다"고 말한다. 그렇다면 현대에 와서 천명을 받은 천자는 누구인가? 공양학의 '존왕尊王' 이념에 따르면, 존왕은 실질적으로는 존공자尊孔子이며, 공자가 제정한 예악의 전통을 받드는 것이다. 장경은 이렇게 말한다. "대통일을 위한 예악제정의 권한을 하늘로부터 부여받은 '왕자王者'는 현실 정치질서의 왕이 아니라 문왕文王이다. 그러나 그 문왕은 실제로 주창周昌, 즉 역사적인 문왕을 가리키는 것이 아니라, 인류역사의 발전과 교화를 대표하는 왕자, 즉 공자다. 공자를 왕자로 존숭한다는 것은 공자로 대표되는 역사적 문화전통, 즉 문통文統을 존숭한다는 의미다"라고 주장한다.

여기서 장경의 주장은 영락없는 현대판 금문공양학이다. 물론 그는 존왕(존공자)의 주장을 상징적으로 해석하는 센스를 보여준다. "대통일사상에서 말하는 바, 공자를 왕으로 존숭해야 한다는 말은 실제로는 중국문화를 왕으로 받들어야 한다는 의미다. 즉, 중국문화를 정치적 통치의 주도적 · 권위적 지위로 확립해야 한다는 의미다. 그것에 근거하여 역사문화의 합법성 근거를 정립해야 한다." 결국 장경의 주장은 '정치와 종교의 합일'을 중국의 정치체제로 회복하여 유가를 정치적 · 사회적 신성성의 근원으로 삼아야 한다는 '유교국교'의 주장으로 귀결된다.

장경의 '정치유학론'은 강유위에서 몇 발짝 더 나아간 황당한 유교적 공상정치론으로 보일 수 있다. 아니면 오랫동안 잠자고 있던 중화중심주의적 몽상의 현실화 또는 현대 중국인의 잠재의식의 표현이라고 볼 수도 있다. 여기서 나는 그의 금문학적 유학론을 비판하려고 하지 않겠다. 대신 고전을 읽는 그의 방식과는 또 다른 입장을 제시함으로써 전통과 과거를 바라보는 시각의 극명한 차이를 드러내보려고 한다.

이령은 『논어』의 현대어 번역 해설서(2007년)와 공자에 대한 연구서(2008년)를 잇달아 출간하여 중국의 지식인사회에 커다란 파문을 일으킨

바 있다. 흥미로운 것은 그의 공자연구는 당시 널리 유행하던 장경의 '독경운동' 및 '정치유교론'에 대한 '간접적인' 비판을 의도하고 있었다는 사실이다. 문헌학자로서 이령은 유교경전을 신성한 문서가 아니라 인간 공자의 삶을 드러내는 역사문서로서 재해석해야 한다고 생각한다. 물론 이런 이령의 시도는 유교에 대한 회귀정서가 거의 없는 서구 및 일본의 중국 연구자의 관점에서 본다면, 방법이나 문제의식에서 그다지 새로운 것은 없다고 평가할 수도 있다. 그것은 기독교나 이슬람 혹은 불교에 대한 종교적 신념이 없는 개인이나 연구자가 예수나 마호메트 혹은 붓다를 신성한 존재가 아니라 보통 인간으로, 인간 중에서 특별한 종교적 신념이 강한 인간이나 매력적인 인격을 가진 인간으로 보는 태도를 생각해본다면 충분히 예상할 수 있는 일이다.

그 점에서 일본이나 서구의 중국학은 유교전통을 객관적인 잣대를 동원하여 해명하려고 한다. 일부 화교 미국인 학자들 중에서 중국문화중심적 해석의 틀을 제시하는 경향을 찾아볼 수 있지만, 그런 경우에도 실증적 연구를 무시하기란 학문적으로 불가능하다. 하지만 중국이나 한국처럼 유교적 신념이 여전히 살아서 힘을 발휘하는 사회, 특히 유교적 신념을 문화적 전통과 동일시하고, 그것을 국가-민족주의적 신앙의 차원으로 끌어올리려는 보수적 전통회귀정서가 강한 사회에서 공자 및 유교에 대한 비판적 논의는 자칫 대중의 민족주의 정서를 자극하여 논란을 불러일으킬 가능성이 있다. 그런 경우 예수나 마호메트에 대한 비판적 해석이 신앙인의 반발을 부르는 것과 마찬가지로, 역사-문헌학적 태도에 입각한 공자해석은 문화민족주의자들의 감정적 저항을 불러일으킬 소지가 있는 것이다.

이령의 공자해석은 책 제목에서부터 파문을 일으키기에 충분했다. 아마도 의도된 '도발'일 것이라고 생각되지만, 이령은 『논어』의 현대어 번역 해설서에 『상가구喪家狗(주인이 죽어서 돌아갈 집을 잃은 개)』라는 제목을 붙

이령

이고, 공자 연구서에는 『거성내득진공자去聖乃得眞孔子(신성성을 제거하고 나야 비로소 진짜 공자를 찾을 수 있다)』라는 제목을 달고 있다. 사실 전문 연구자들이나 문헌학적 기초소양을 갖춘 사람들에게 그런 제목은 전혀 문제가 되지 않는다. '상가구'라는 말은 반드시 비속어가 아닐 뿐 아니라, 공자의 처량한 신세와 고독을 강조하는 레토릭으로서 사마천이 처음 사용한 이후에, 역사적으로 널리 사용되어온 말이기 때문이다. 이령 역시 그 사실을 해명하기 위해 많은 지면을 사용하고 있다.

이령이라는 학자의 학문적 공력을 잘 알고 있는 우리로서는 그 책들을 통해 누릴 수 있을 지적 즐거움을 기대했고, 과연 이령의 해학과 현실에 대한 비판적 입장을 읽어낼 수 있었다. 그리고 저자의 『논어』 해석에 대한 식견 그 자체를 즐기는 것과 별개로, 중국의 사상적 현실, 즉 현대 중국학계의 현실에 대해 새삼 눈뜨는 경험을 할 수 있었다.

이령의 공자론은 학문적 공자론에 머물지 않고 중국의 학계와 사상적 현실에 대해 던지는 비판적 메시지로 읽을 수 있다. 그 책은 중국사회의 보수화 경향, 공자와 유교를 중화민족주의에 입각한 정신적 회귀의 토대로 이용하려는 사회풍조에 대한 그만의 학문적 비판이었던 것이다. 이령은 공자론의 서문에서 21세기 초두의 북경, 나아가 중국의 학문적·사상적 현실에 대한 울분 혹은 갑갑함을 토로한다. 그는 자신의 저술목표를 단적으로 표명한다. "나의 연구는 최근 20년 동안 중국사회에서 발생한 미친 복고풍조(復古狂潮), 미치광이 짓에 가까운(近似瘋狂) 기이한 현상을 비판하기 위한 것이다."33

고전연구자로서 그는 중화부흥의 열정 혹은 중화주의적 몽매에 사로잡힌 대중 및 지식인의 무지에 대해 울분을 터트린다. 공자와 『논어』를 읽는 이령의 기본관점과 목표는 한 마디로 '인간 공자, 진실한 공자의 발견'이라고 요약할 수 있다. 다시 말해 21세기가 시작하는 시점에서 아직도, 아니 여전히 중국의 일반적 독서계 혹은 학계는 공자를 성인화하고 『논어』를 신성한 문서로 숭배하는 분위기가 팽배해 있다는 것이다. 역사적으로 형성된 공자의 신화를 제거하고, 왕조국가의 정치적 필요에 의해 공자에게 부가된 신성성의 외피를 떨쳐내고, 『논어』에 표현된 공자의 참모습을 찾아나가자! 이것이 그의 주장이다. 사실 너무나 당연한 말이고, 새삼 말하기에도 쑥스러운 당위적 주장이다. 학자의 연구는 마땅히 그래야 하기 때문에, 그것을 일부러 강조하는 것이 오히려 어색할 정도다. 하지만 중국의 현실은 그렇지 않은 모양이다.

이령의 공자론은 말 그대로 시대의 분위기에 대한 학자적 답변이고, 비판이다. "내가 『상가구』를 쓴 목적은 어떤 한 사람을 비판하는 것이 아니라 큰 사회적 조류를 비판하기 위한 것이었다."[34] 여기서 '어떤 한 사람'은 '아마도' 장경蔣慶일 것이다. 또 그가 지목하는 '사회적 조류'는 '아마도' '독경운동'일 것이다. 민족문화부흥의 기치를 내걸고 아직 두뇌가 굳지 않은 어린이들에게 성현의 말씀을 세뇌하듯 주입하자는 사람들이 '독경운동'을 벌이며 세상을 떠들썩하게 만드는 세태에 대해, 이령은 비판적 문헌학이라는 무기를 동원하여 『논어』를 해석하고 공자의 참모습을 그려내려고 한다. 실제로 『상가구』는 '독경운동'을 둘러싼 논쟁이 한창 벌어지고 있던 2004~2005년 북경대학에서 행한 강의였다. 그리고 『진공자』를 출간한 이유에 대해 이령은 역사적 사실에 입각하여 성인화된 공자의 외피를 벗기고 도통사관道統史觀의 오류를 지적하기 위함이었다고 말한다.[35]

신화와 신앙에 사로잡힌 사람에게 실증적 문헌학은 강력한 무기가 될 수 있다. 예컨대 1920년대에 고힐강이 역사문헌학을 무기로 삼아 공자를 교주로 받드는 종교운동을 일으키는 사람들과 유교부흥론자들을 공격한 사실을 우리는 잘 알고 있다. '고사변古史辨' 운동이라고 알려진 학술활동을 통해 고힐강은 의고疑古의 정신과 변위辨僞의 방법을 동원하여 신화와 역사적 사실을 구분해야 한다고 주장했다. 고힐강의 고사古史 연구 역시 성인화된 공자의 외피를 벗겨내어 공자의 진면목을 회복하고, 중국의 오랜 봉건적 정치질서의 이론적 근거를 제시한 도통론의 신화를 해체하는 것을 목표로 삼고 있었다. 고힐강의 의고작업은 구체적으로는 원세개 등이 획책한 황제체제 부활운동(復辟運動)과 그것을 뒷받침하는 공자교운동을 비판하기 위한 것이었다.

그 점에서 의고를 주창했던 1920년대의 '고사변' 운동 또한 경전을 신앙의 대상이 아니라 역사적 문서로 보고 문헌학적 잣대로 경전을 연구해야 한다는 경학의 한 경향으로서 고문학의 정신을 잇고 있었던 것이라고 말할 수 있다. 여기서 우리는 시대가 달라져도 비슷한 문제가 반복된다는 사실을 깨달을 수 있다. 이 문제는 낡디 낡았지만 역사 속에서 항상 반복되는 심오한 문제다. 즉, 본문에서 다뤄진 '금문-고문' 논쟁은 2천 년 전의 낡은 경학문제에 그치는 것이 아니라 오늘을 생각하는 데 있어 의미 있는 참조계로 되살아나고 있는 것이다.

至聖先師像

雍正甲寅九月望日和碩果親王

공존자 사구상

제 12 장

허구는 필요하지만 위험하다

고전과 전통 만들기

전통과 정전

동서고금을 막론하고, 시대적 위기나 전환기에 인간은 자기의 과거를 재평가하고 재서술하면서 미래의 비전을 창조해왔다. 그렇게 해석된 과거가 바로 '전통'이다. 전통의 재해석 혹은 전통의 재생이 운위되는 시대는 전환의 시대일 것이다. 서양에서 르네상스시대는 역사적으로 그 유래를 찾아볼 수 없는 위대한 발견과 창조와 재생의 시대였지만, 사실상 더할 나위 없는 정치적 혼란과 경제적 위기의 시대였다. 거슬러 올라가보면 동아시아의 역사를 결정지은 위대한 창조의 시대였던 춘추전국시대 역시 그 유례를 찾아보기 어려운 혼란의 시대였다. 위기의 시대에 인간은 과거를 돌이켜보고 그 과거라는 거울을 통해 현재를 읽고 미래를 전망하는 존재다. 현재의 삶에서 고단함을 느끼지 못하는 사람이 자기가 살아온 과거의 시간들을 진지하게 돌이켜볼 까닭은 없을 것이다. 그런 위기의식과 위기극복의 노력이 겹겹이 쌓인 것이 인간의 역사라고 한다면, 역사는 결국 끊임없이 만들어진 '전통'에 근거하여 미래를 창조해온 것이라고 말할 수 있다. 물론 모든 인간문화가 그런 '전통' 만들기와 미래창조에 성공했던 것은 아니다. 그에 실패한 문화들이 역사적 화석이 되고 만 시간들을 우리는 잘 알고 있다. '전통' 만들기와 미래적 '비전'의 창조는 동전의 양면이라고 볼 수 있으며, 그렇게 만들어진 전통과 비전은 소위 '정전

(Canon)'을 통해서 규범화되고 전승된다. '정전'은 전통 만들기의 근거가 되지만, 동시에 전통 만들기의 결과물이기도 하다. 그런 예를 우리는 여러 종교들의 '정전(경전)'의 형성과정을 통해서 확인할 수 있다. 특히 유대교, 기독교의 '정전'이 성립되는 과정은 '전통/정전' 만들기의 전형적인 본보기라고 말할 수 있다.

'정전' 혹은 '경전'이라고 번역되는 'Canon'은 그리스어 'kanon'에서 온 말로, 규범(norm) · 규칙(rule) · 근거(basis) 등의 의미를 가지고 있다. 그 말은 나중에 기독교의 신앙과 의례의 절대적 규범, 진리의 규칙(regula veritatis)이라는 의미를 획득하고, 마침내 계시문서인 'Scripture'와 동일한 것으로 여겨지게 된다. 그러다 근대 이후에 'Canon'은 종교와 무관하게 어떤 규범성을 가지는 문헌, 중요한 텍스트 혹은 단순히 고전이라는 의미로 일반화되어 사용되기 시작했다. 이렇게 처음에는 종교적(기독교적) 진리와 불가분의 관련을 가진 개념이었던 'Canon'은 시간이 흐르면서 종교적 의미가 약화되기는 했지만 여전히 부정할 수 없는 권위와 규범성을 가진 것으로 받아들여진다.

일부 연구자들은 중국이나 인도 등 비일신교 종교의 근본문서를 영어로 'Canon'이라고 번역하거나 'Canon'을 'Scripture'와 거의 같은 의미로 사용한다. 그러나 다른 연구자들은 일신교의 뉘앙스를 담고 있는 'Canon'이나 'Scripture'라는 용어보다는 중립적인 의미를 가진 'Classic'이라는 용어를 사용해야 한다고 말하기도 한다. 그러나 'Classic'이라는 용어를 사용할 때 생각지 않았던 다른 오해가 생기는 것 또한 피할 수 없는 일이기도 하다. 기독교 이외의 여러 종교들의 근본문서를 단순히 'Classic'이라고 번역하게 되면, 오히려 그 근본문서(경전)의 위상을 평가절하하는 오류를 범하는 위험이 생길 수 있기 때문이다. 예를 들어 유교의 근본문서인 '오경'을 'Five Canons'이 아니라 'Five Classics'라고 번역하면 중립적으로 보일지는 모르나 '오경'이 중국문화 안에서 차치했던 절대적 권위나 신성성의 아우라를 무시하는 결과를 초래하게 된다. 근대 서양의 학문적 틀 안에서 유교는 '종교'가 아니라 '철학'이라고 평가되는 것이 일반적이기 때문에, 당연히 종교적 뉘앙스를 풍기는 'Canon'이라는 번역어보다는 중립적으로 보이는 'Classic'을 선택하는 것은 충분히 이해할 수 있다. 하지만 유교는 종교가 아니라 '철학'이라고 보는 관점 자체가 중국문화의 성격을 제대로 이해하지 못한 단견 혹은 서양근대의 학문적 편견에서 비롯된 오해일 수도 있다.

동아시아에서 'Canon'에 대응하는 말은 '경經'일 것이다. 그렇다면 'Classic'에 해당하는 말은 '고전古典'일 것이다. 그처럼 단순히 옛날 책이라는 함의를 가진 'Classic'이라는 말로는 경에 대한 유학자들의 숭경崇敬의 감정을 충분히 표현할 수 없다. 물론 경이라는 말 역시 처음에는 절대적인 진리를 담은 신성한 문서라는 의미를 가지고 있지 않았다. 하지만 시간이 지나면서 그 말의 의미는 점차 넓어져서 1~2세기 한나라 무렵이 되면 경은 우주적 법칙이나 진리를 담은 문서라는 의미를 가지게 되고, 나중에는 경과 도道는 거의 동의어로 여겨지기에 이른다. 즉, 의미확대의 결과 경이라는 말은 도 그 자체가 되거나 적어도 도를 담는 그릇이라는 식으로 가치가 승격된다. 그리고 마침내 경은 '진리'와 동의어가 되는 지위를 획득한다.

이후 동아시아에서 경은 그냥 오래된 책이나 상대적 우위를 가진 책이 아니라 문화와 문명을 정초한 규범적 문서, 우주적 진리를 체현한 신성한 문서로서 절대적 권위를 지니게 된다. 경을 신성한 문서라고 보는 존경(尊經, 경전숭배)의 정서는 결코 서구종교에 뒤지지 않는다. 이처럼 전통사회 안에서 경 혹은 'Canon'은 절대적 진리를 표상하는 근원적 문서로서, 인간의 의지로는 함부로 그 내용을 변경할 수 없는 것으로 생각되었다.

글의 서두에 'Canon(經)'이라는 말을 길게 설명한 까닭은 그 말이 오늘날 특히 '전통'을 논하는 장에서 빈번하게, 그리고 중요한 뉘앙스를 지니면서 다시 등장하고 있기 때문이다. 이제 '전통'을 논의하는 장에서 'Canon'이 다시 부각되고 있는 중국의 현재적 상황을 살펴보면서 '전통'의 해체, '전통'의 재해석 혹은 '전통'의 회복에 대해 다시 생각해보고자 한다.

독경논쟁, '전통/정전' 담론

전통의 해석 내지 전통의 회복문제를 생각할 때, 중국에서 발생한 '독경논쟁(유교경전의 가치를 둘러싼 논쟁)'은 중요한 참조계가 될 수 있을 것이다. 철저한 과거와의 단절을 강조하던 사회주의 중국에서 유교경전의 가치에 대한 논쟁이 발생했다는 사실 그 자체가 흥미로운 일이 아닐 수 없다. 중국에서 왜 유교경전이 다시 관심사가 되는가? 과거 30년 동안 매년 10퍼센트 이상의 고도성장을 구가하면서 미국과 쌍벽을 이루는 대국으로 커가고 있는 중국, 산업화와 현대화의 극치를 달리고 있는 중국이 옛 문서를 다시 들추어내는 의도는 무엇인가? 누구나 짐작할 수 있는 것처럼, 현재의 중국은 공산주의가 사라진 후 이념적 공백으로 인해 극심한 위기의식을 느끼고 있다. 경제적 성장 이면에서 더욱 확대되는 정치적·사회적 갈등은 그냥 억눌러서 해결될 수 없을 정도로 큰 정치적 과제로 부상하고 있다. 과거를 돌이켜보지 않을 수 없는 지경이 된 것이다. '독경논쟁'은 '중국적 특색을 가진 사회주의(有中國特色的社會主義)' 혹은 '중국적 시장사회주의(市場社會主義)' 체제 안에서 중국의 미래의 이념적 가능성을 모색하는 가운데 이미 죽은 과거를 살려내 전통화하는 것이 가능하고 의미 있는 일인가를 묻는 대단히 정치적인 성격을 띤 논쟁이다.

2004년 그 논쟁에 불을 붙인 사람이 장경蔣慶이다. 그는 중국고전 텍스트를 선별하여 편집한 『중화문화경전 기초교육송본』을 어린이들에게 암송시키는 문화운동을 전개했다. 그러자 그 운동의 지지자와 반대자가 언론에 자신들의 입장을 발표하면서 '독경논쟁'은 불붙는다(당시 강택민 주석은 그 문화운동을 지지하는 입장을 표명했다. 한국언론은 그 운동의 내적 맥락을 무시한 채 중국에서 유교가 부활한다는 식으로 그 운동을 소개했다. 국내의 일부 유학연구자들 역시 그 소식에 고무되어 중국에서 유교가 부활하고 있으니, 우리도 유교를 부활시켜야 한다는 식의 주장을 펼쳤던 기억이 있다).

'독경운동'의 주창자인 장경은 유교의 경전(Canon)이 '성현聖賢의 의리義理'를 담은 중국문화의 정화精華이기 때문에 중국인이라면 반드시 그 경전을 읽고 이해해야 한다고 주장했다. 그것은 과거의 낡은 책(古書)이 아니라 오늘에 있어서도 여전히 중화문화의 '정전'일 수 있다고 강조한 것이다. 나아가 그는 유교경전을 이해하지 못하는 사람은 법적으로 중국인이라고 해도 문화적인 의미에서 '진정한' 중국인이 될 수 없다고 주장한다. 장경의 주장을 요약하면 다음과 같다.

> "현재 중국은 위대한 부흥기를 맞이하고 있다. 중화민족의 부흥을 위해서는 민족문화의 부흥이 선행해야 하는데 문화적 부흥을 담당할 아동들이 중화문화의 정신을 습득하게 하는 것이 필요하다. 어린이들이 성현들의 가르침을 이해하고 실천할 때 문화의 대창조에 기여할 수 있다. 미래의 중국을 담당할 아동들은 내성외왕內聖外王, 성기성물成己成物, 지성지천知性知天 등 유가적 성현의 이상을 체득하고 실천해야 한다. 그것이 바로 중국문화부흥을 위한 기반을 닦는 일이다."[1]

단번에 전형적인 중화민족주의적 발상을 드러내는 주장이라는 것을 알 수 있다. 그런데 더욱 재미있는 것은 이 발상이 우리에게 너무도 익숙한 '민족중흥의 역사적 사명 운운' 하는 구호와 거의 다르지 않다는 사실이다.

나아가 장경은 유교 '도통론'을 염두에 두면서 '육경'과 '사서'를 중심에 놓고, 순자 · 동중서 · 주돈이 · 이정자 · 주자 · 왕양명 등에서 발췌한 글들을 독경의 대상으로 선정하고, 독송의 단계적 방법론까지 제시한다. 그가 편집한 『중화경전』은 출간되자마자 열렬한 호응을 받으며 전국적으로 확산되었고, 전국의 초등학교들은 앞을 다투어 경전독송을 과목으로 채택하면서 경연대회를 벌이는 사태로까지 발전했다. 물론 그런 '독경운동'을 우려하고 반대하는 목소리도 적지 않았지만, 무엇보다 그런 독경운동의 찬성자와 반대자들 사이에 '독경논쟁'이라고 불리는 찬반논쟁까지 일어났음을 주의깊게 바라볼 필요가 있다.

이 '독경논쟁'은 유교경전이 현대에도 의미 있는 내용을 담고 있는가, 아니면 왕조국가의 산물로서 더 이상 유효성을 인정할 수 없는 낡은 책더미에 불과한가를 둘러싼 견해 차이 때문에 발생한 것이다. 유교경전의 유효성을 인정하는 사람들은 경전이 불변의 진리를 담지한 문서이고, 그 경전의 진리는 오늘날에도 실효성이 있다고 주장한다. 그들은 유교경전이 중화민족의 가치관과 세계관을 표현하는 근본문서이며, 중화민족의 부흥에 '방향성'을 제시하는 '신성한 문서'로서의 자격을 가진다고 주장한다. 궁극적으로 그들은 유교경전이 정치 · 경제 · 문화 · 교육의 지침과 방향을 제시하는 현대의 '정전'으로 승격되어야 한다고 생각한다. 그런 점에서 유교경전에 대한 그들의 태도는 '유교원리주의'라고 부르기에 전혀 손색이 없다.

한편 독경운동의 반대자들은 유교의 가르침이 중국의 현재와 미래를 이끄는 방향타가 될 수 없고, 그렇게 되어서도 안 된다고 생각한다. 유교의 가르침을 담은 경전들은 시의성을 상실한 '낡은 책'이며 현재 중국이 지향하는 전망과 충돌하는 왕조 이데올로기의 산물일 뿐이라고 주장한다. 더구나 가치관이 아직 확립되지 않은 어린이들에게 이해도 안 되는 내용을 맹목적으로 암송시키는 교육방식은 정신적인 해악을 초래할 뿐이라고 주장하기도 한다. 그 문서들이 지닌 '역사적 가치'를 인정하는 것과 그것을 신성시하고 '현대의 정전'으로 승격시키는 것은 다른 일이라는 것이다. 나아가 그들은 어린 아이들을 세뇌시키는 수단으로서 그것을 이용하는 것은 교육적이지도 않고 도덕적이지도 않다면서 '독경운동'의 추진자들을 강하게 비판한다.[2]

'독경논쟁'은 유교를 현대 중국의 사상적 근거로 회복시킬 수 있는가 하는 과제와 유교의 원점인 『논어』와 공자의 사상을 어떻게 이해할 것인가 하는 과제가 오버랩되면서 발생한 것이었다. 문제의식은 다음과 같이 보다 구체적이다. 과거 2천 년 동안 중국인의 정신과 문화를 형성해온 유교는 이제 그 생명력을 다한 것인가? 유교는 종교적 형식과 정치적 권위를 상실하기는 했지만, 여전히 '문화적 침전물(이택후의 표현)'로서 중국인의 삶과 사고방식 안에 뿌리내리고 있는가? 그것은 미래의 사상 · 문화자원으로서의 가치를 지니고 있는가?

이런 의문과 기대는 중국과 유사한 역사적 경험을 가진 우리들로서도 결코 쉽게 지나칠 수 없는 문제들이다. 적어도 유교로 대표되는 과거의 의식태도와 경험을 어떤 식으로든 정리 · 청산 · 재해석하는 일은 피해갈 수 없을 것이라고 생각한다.

독경운동에서도 볼 수 있는 것처럼, 현재 중국은 특수한 상황으로 인해 중화민족주의의 광풍이 전국을 휩쓸고 있는 상황이다. 하지만 그런 강렬한 민족주의적 풍토 안에서도 '독경운동'과 그 운동의 근저에서 작동하던 '전통날조'의 위험성 그리고 유교문서를 현대의 '정전'으로 부활시키고자 하는 중화주의를 경계하는 학문적 반론이 존재한다는 사실을 눈여겨 볼 필요가 있다.

앞 장에서 살폈듯이, 특히 나는 이령의 공자연구에 주목했다. 그는 『논어』 해설서(2007년)와 공자 연구서(2008년)를 출간하여 중화주의에 입각한 맹목적 전통날조의 풍조를 비판적으로 바라보았다. 그의 공자론은 의도

둔황유적에서 발견된 논어문서 파편들

적인 무지를 선택하는 시대의 분위기에 대한, 학자적 양심에 근거한 현실 비판이었다. 민족문화부흥의 기치를 내걸고 어린이들에게 성현의 말씀을 세뇌하자는 '독경운동'을 벌이는 세태에 대해 그는 문헌학이라는 무기를 동원하여 저항했던 것이다.[3] 나아가 이령은 역사적 사실에 입각하여 성인화된 공자의 외피를 벗기는 일, 그리고 도통사관의 오류를 지적하는 것이 자신의 학문적 책무라고 말하기도 했다.[4]

전통/정전 만들기의 위험성

'전통'이란 실제로 존재했던 과거의 객관적 실재가 아니라 현재의 관점에서 재구성된 과거의 '표상'이다. 예컨대 유대인의 경전 토라는 민족존망의 위기를 뛰어넘기 위해 민족정체성을 확보하고 새로운 비전을 수립한다는 목표로 '만들어진' 집단적 기억과 상상력의 산물이다. 집단의 기억이라 할 수 있는 '역사' 역시 상상으로 재구성된 것이라고 할 수 있다. 역사적 사실 자체를 부정할 수 없는 경우도 있지만, 아무리 사실을 말하는 경우라고 하더라도, 그 사실의 선별·배치·해석을 통해 역사는 '만들어지는' 것이다. 그 점에서 폴 벤느(Paul Veine)가 『그리스인은 신화를 믿었는가?』에서 말하는 것처럼 역사와 신화는 근본적으로 다르지 않다. 실증주의 사학이 믿고 있는 것과 달리 아무리 많은 자료를 수집한다고 하더라도 역사란 결국은 자료를 정리·선택·재구성·해석하는 역사가의 '구성적 상상력'에 의해 창조된 것이라는 말이다. 더구나 역사를 쓰는 사람(개인이든 집단이든)은 그가 속한 시대의 집단적 기억 혹은 집단적 상상력을 완전히 벗어날 수 없다.

하지만 전통은 일단 만들어지고 나면 마치 수천 수만 년 전부터 그렇게 존재해온 것, 아득한 먼 옛날부터 연속되어 발전해온 것이라는 착각을 불러일으키는 힘을 가지고 있다. 그것이 바로 전통의 마력이고, 그 마력으로 인해 전통의 이름으로 현재를 정당화하고, 과거의 표상에 근거하여 현재와 미래를 다시 그리고자 하는 열망이 반복되고 있는 것이라고 볼 수 있다.[5]

역사를 다시 쓰려는 강렬한 열망은 과거를 상상적으로 재구성하고, 그렇게 상상된 과거와 현재를 연결지우고, 그 연장선상에서 미래를 만들어 나가려는 의식적 · 무의식적 충동에서 나온 것이라고 볼 수 있다. 순서대로 말한다면, 미래에 대한 전망이 과거를 다시 그려내고자 하는 열망을 추동하는 근원이라고 말할 수도 있다. 역사는 미래의 전망을 과거라는 시간 속에 투사한 결과물이기 때문이다. '전통'의 회복이나 창조를 운위하는 내면적 과정 역시 미래에의 전망을 실현시키기 위해 과거를 재구성하는 동기, 즉 새로운 역사를 쓴다고 하는 동기와 무관하지 않을 것이다.

그 경우 기록된 과거가 현재의 요청이나 미래의 전망과 동떨어진 것으로 보인다면, 다시 말해 현재와의 고리를 발견하는 것이 쉽지 않은 과거라고 한다면, 역사 다시 쓰기의 흥미는 위축될 가능성이 높다. 그래서 역사를 쓰는 사람, 전통을 만들어내고자 하는 사람은 본인(혹은 집단)의 현재적 요구에 근거하여 끊임없이 새로운 역사를 써나가려고 하는 것이다. 그런데 그때 실용적인 의의가 없어 보이는 과거 쓰기 또는 당장의 필요와 거리가 있는 것처럼 보이는 전통 만들기는 뒷전으로 밀려날 가능성이 높다. 다시 말해 이령 교수가 시도했던 문헌학적 과거의 탐구는 당장의 수요와 거리가 먼 우활迂闊한 작업으로 보일 수 있다는 것이다. 그렇지만 경제적인 것이 되었든 아니면 정치적인 것이 되었든, 현재의 '실용'이라는 기준이 과거 쓰기의 유일한 기준이 될 때, 그것은 진실을 왜곡하는 작업이 될 가능성이 높아진다. 너무 뻔히 보이는 얄팍한 동기를 가진 전통 만들기는 심각한 왜곡의 위험을 안고 있다는 데에 전통 만들기의 함정이 도사리고 있다는 것이다.

최근 우리시대의 화두가 되고 있는 인문사회과학의 위기는 사실 우리시대가 전환기에 처해 있음을 알려주는 표시라고 볼 수 있다. 마치 100년 전에 니체가 신의 죽음을 말하고 철학의 죽음을 말했던 것처럼, 우리는 인문사회과학의 죽음의 시대를 살고 있다. 우리는 이 죽음의 신호를 어떻게 받아들여야 하는 것일까? 세상이 돌이킬 수 없이 저속해졌기 때문에 그 죽음이 도래한 것일까? 아니면 낡은 지성과 낡은 도덕주의가 세상을 위해 더 이상 유익할 것이 없다는 어두운 진실이 간파된 결과일까?

그 의문을 전통/정전이라는 관점에서 달리 표현해보자면 이렇다. 이 시대가 저속해졌으니 우리는 낡은 전통을 되살리고(만들고), 그 지나간 전통 안에서 다시 '정전'을 발견하여(날조하여) 시대의 위기를 뛰어넘어야 하는 것인가? 아니면 새로운 시대를 선취하고 새로운 시대를 창조하기 위해서 과감하게 과거를 정리 · 해석 · 청산하고, 새로운 지식의 모델을 미래에서 찾을 것인가? 과연 어느 쪽이 정직한 학문의 길인가?

전통이라는 허구를 덧씌워 과거를 조작하지 않고, 과거의 것은 과거의 것으로 되돌려놓는 작업이 선행해야 하는 것은 아닌가? 전통과 현대의 대화/소통은 '거리두기'와 '객관화'하기의 작업이 충분히 이루어진 전제 위에서 이루어지는 것이 바른 순서가 아닌가? 아니 오히려 그런 '객관화'와 '거리두기' 자체가 과거와 대화하는 진실한 방식이 아닐까? 그 누가 오늘 우리에게 유용하고 의미 있는 과거와 그렇지 못한 과거를 단번에 확정하는 지혜를 가진 심판자가 될 수 있을까? 이런 저런 현재적 편견에 근거하여 또 이런 저런 과거의 사상事象을 적당히 선별하고, 그렇게 선별된 '전통'을 현재의 문제를 풀어낼 수 있는 만병통치 약방문이라고 제시하는 사람이 있다면, 단언컨대 그 약방문은 사이비 교주의 설법일 수는 있어도 진정 우리의 현재와 미래의 문제를 해결하는 방안일 수는 없을 것이다.

식민지시대를 거쳐 해방 이후 오늘에 이르기까지, 우리는 다양한 시도와 실험을 거치면서 전통의 윤곽을 그리기 위해 노력했고, 또 정전을 발견하기 위해 노력했다. 그렇게 만들어진 그리고 또 잊혀져간 수많은 '전통/정전'의 후보를 떠올릴 수 있다. 지금에 와서 그런 후보들이 선발된 이유를 살펴보면 또한 거기에는 알게 모르게 정치적 선택이 개입했었다는 사실을 알 수 있을 것이다. 물론 그렇게 선발된 후보들이 그 자체로 아무런 가치가 없다고 말하는 것은 아니다. 그 모든 선택지가 나름대로 존재 의의와 역사적 가치를 지니고 있다는 것을 부정할 수 없다.

그런 경험을 놓고 생각해본다면, 현재 우리에게 의미 있는 전통과의 대화방식은 지금까지 우리를 옥죄던 편견의 색안경을 벗어던지고 과거 전체를 다시 바라보는 것이 아닐까? 무엇이 미래를 위해 더욱 가치 있는 것인지 알 수 없기 때문에, 가치란 가치를 묻는 사람의 가치판단에서 자유로울 수 없는 것이기 때문에, 모든 가치와 가능성을 모두 인정해보는 관점이 필요하다는 얘기다. 무엇을 '전통/정전'이라고 확정하고 나면, 그 판단에서 배제된 것은 '이단'의 낙인을 얻게 될 위험만 남기 때문이다.

제 2 부

한국과 일본의 과학수용과 전통해석

제 13 장

풍류도와 전통의 해석

범부 김정설의 풍류도통론

범부 김정설의 위상

범부 김정설(凡夫 金鼎卨, 1897~1966)은 근대 한국에서 새로운 정신도덕, 새로운 국민도덕을 창출하는 것을 자신의 사상적 과제로 삼은 인물이다. 그는 이 과제를 수행하기 위해 조선시대 사상의 중심에 서 있었던 유학을 극복하고 전통적 사유의 요소를 회복하는 길을 선택했다. 그가 극복의 대상으로 삼았던 것은 유학 그 자체라기보다는 조선에 유입되어 꽃을 피운 유학의 일부 유파, 즉 성리학이었다. 범부에게는 이를 극복하고 우리의 전통사상을 회복시켜야 한다는 강박이 있기도 했다. 그때 그가 발견한 전통사상은 화랑정신, 즉 풍류도風流道였다. 화랑정신과 풍류도를 동일시한 범부는 화랑정신 안에서 순논리적 사유체계인 성리학과는 전혀 다른, 샤머니즘(巫)의 생명력이 꿈틀거리는 것을 발견한다.

사실 범부의 글을 통해 한국전통의 핵심이라고 말하는 샤머니즘의 실체를 파악하기는 쉽지 않다. 그리고 그가 주장하는 바의 화랑정신, 즉 풍류도의 실체를 파악하는 것 역시 쉽지 않은 작업이다. 더구나 샤머니즘과 풍류도의 연결고리를 충분하게 이해하는 것은 더욱 어려운 과정이다. 그럼에도 불구하고, 전통적 요소의 회복 혹은 전통발명의 시도로서 그의 사상적 의도는 어느 정도 납득될 수 있는 것이라는 인상을 받는다.

범부의 젊은 시절

샤머니즘과 풍류도의 정신

범부가 샤머니즘에 대해 체계적인 논의를 전개한 건 아니다.[1] 샤머니즘의 성격 및 기원에 관한 그의 논의는 학문적 탐구의 결론이라고 보기에는 지나치게 단편적이고 즉흥적이다. 하지만 범부의 사상을 논의하면서 샤머니즘 문제를 그냥 무시하고 지나칠 수는 없다. 그의 사상 안에서 샤머니즘은 가볍게 다룰 문제가 아니기 때문이다.

범부는 동학東學의 창시자인 최제우崔濟愚의 사상과 종교체험을 논하는 곳에서 지나가는 방식으로 샤머니즘의 의미와 성격을 논하고 있다. 나중에 다시 자세히 말하겠지만, 범부는 최제우의 사상적 뿌리를 유학이 아니라 샤머니즘(신내림)의 훈습과 서양종교(기독교)의 자극에서 찾을 수 있다고 말한다. 이런 평가는 범부의 동학론(최제우론)을 이해하는 데 시사하는 바가 크다. 범부의 이해에 따르면, 최제우의 동학은 유학의 연장선에 위치한 사상-종교가 아니다. 최제우는 유학을 뛰어넘음으로써, 아니 유학을 부정함으로써, 유학 도입 이전에 존재했던 전통적 · 민중적 사상-종교에 새로운 생명을 불어넣었다. 최제우는 '신내림'의 사상-종교를 격세유전적으로 이어받음으로써 새로운 사상을 창도할 수 있었다는 의미다.

범부의 해석에 따르면, 수운 최제우의 새로운 사상적 창조는 샤머니즘이라는 뿌리가 없었다면 불가능한 것이었다. 그 맥락에서 범부는 샤머니즘이 무엇인가에 대해 '간접적'으로 답하고 있다. 그는 무엇보다 샤머니즘을 '신내림'의 종교-사상이라고 규정한다.[2] 그런 이해에 근거하여 최제우가 경험한 "강령(신내림)의 체험은 무속巫俗에서 유래한 것"이라고 규정한다. 범부는 "무속은 샤머니즘 계통의 신앙으로, 신라 풍류도의 중심사상이 바로 이것이고, 또 이 풍류도의 연원인 단군의 신도설교神道設敎도 다름 아닌 이것(샤머니즘)"이라고 설명한다.

범부는 단군의 신도를 풍류도의 연원이라고 본다. 그리고 그것이 "모든 문화의 원천, 인격의 이상, 수제치평修濟治平(수신제가치국평천하)의 경법經法(올바른 길)"이었지만, "나중에 그 정신이 쇠미하면서 거러지(거지), 풍각쟁이, 무당패로 떨어져 남아서, 오늘날 무속이라고 하면 창피해 하는 상황이 되었다"고 말한다.[3]

범부는 '신내림'이 우리 고유의 문화에 속하는 것이라고 본다. '신내림'의 종교-사유는 우리 민족이 유교 · 불교 · 도교 등 중국문화의 영향을 받기 이전부터 존재한 전통의 핵심이며, 단군의 정치-종교 이념인 신도에서 유래한 것이라고 말한다. 단군의 신도는 고구려 · 백제 · 신라 등 모든 우리의 고대국가에서 신앙의 표준으로 존재했지만, 신라에 와서 이 정신은 더욱 발전되고 세련되고 조직화되어 풍류도를 형성하고, 신라의 찬란한 문화를 만들어냈으며, 마침내 삼국통일의 위업을 이루어내는 원동력이 되었다. 그러던 중에 풍류도는 외래문화인 불교 및 유교와 융섭融攝하면서 변형되고 쇠퇴한다. 최종적으로는 주류문화에서 소외되어 하층사회에 잔존하게 된다. 이것이 범부가 본 풍류도의 역사적 전개양상이다.

범부는 최제우가 체험한 '신내림' 사건을 논하면서, 그 사건이 발생한 지점으로서 '경주'를 강조한다. 또한 하층민의 신앙영역에서 존속하고 있었을 뿐인 '신내림'을 경험한 최제우의 새로운 사상적 창조를 강조하기도 한다. 최제우는 유학적 사유 내지 성리학적 사유가 주도권을 가지던 시대에 실패자로서 세상을 떠돌며 고뇌하던 지식인이었다. 그런 인생역정을 경험한 최제우가 오랫동안 망각되고 있던 풍류도를 되살리는 창조성을 발휘할 수 있었던 이유는 그가 다름 아닌 경주사람, 신라인의 후예였기 때문이다. '동학'은 시대의 위기 앞에서 고뇌하던 창조적 천재 최제우에 의해 역사의 기적으로 다시 살아난 것이다. 이런 식으로 동학의 위치를 규정한 범부는 동학을 '샤머니즘 = 풍류도'의 연장선에서 바라본다. 그러나 그가 말하는 샤머니즘은 여전히 그 실체가 분명하게 드러나지 않는,

모호하고 불완전한 사상-종교로 남아 있다.

범부는 샤머니즘이 신라에서 체계적인 이념으로 발전했는데, 그것이 화랑정신이고, 그 정신을 체현한 것이 풍류도라고 규정했다. 그는 화랑이 "우리 민족생활의 역사에서 가장 중요한 지위를 차지"하는 일대 사건이라고 주장하고, "학리적 구명이 요구되는 일대의 과제"일 뿐 아니라 "국민도덕의 원칙을 천명"할 때 반드시 밝혀야 하는 "민족적 세계관의 전통적 요소"이자 "국민도덕의 전통적 근거"라고 주장했다. 나아가 그는 화랑정신의 인식과 체득이 "국민일반의 교양을 위해 실로 짝없는 진결眞訣(참된 비결)이자 시급한 대책"이라고도 주장한다.

범부의 『화랑외사』는 이런 문화적 위기감을 극복하기 위해 저술한 책이다. 화랑정신을 "정사 이상으로 생생하게 전달"하기 위해 연의演義(소설)의 체제를 취한 이 '외사'는 "그 제도의 고거考據에 치중한 것이 아니요, 오로지 그 정신과 풍격의 천명에 본령을 둔" 기록물이었다.[4]

여기서 우리는 범부의 화랑정신 및 풍류도 탐구가 "국민도덕의 창출"이라는 현재적 요청에서 나온 전통발견의 결과물임을 알 수 있다. 하지만 범부에게 화랑정신과 풍류도는 선언 이상의 것은 아니라고 판단된다. 그것은 어쩌면 역사적 사실이라기보다는 그가 스스로 설정한 사상적 과제를 달성하기 위해 '발명한' 것이 아닌가 하는 의구심을 떨치기 어려운 부분도 있기 때문이다.

주자학의 극복

화랑정신 혹은 풍류도의 정신을 연의형식으로 보여주는 것만으로 새로운 국민도덕의 방향을 제시하거나 새로운 도덕체계를 구상할 수는 없다. 그렇다면 이 과제를 수행하기 위해 범부는 동양사상의 핵심주제를 본격적으로 건드리지 않을 수 없다는 자각을 가지게 된 것일까?

동양사상의 중핵을 건드리면서 그는 조선을 강렬하게 지배한 절대이념인 성리학(주자학)을 비판하고 극복하는 작업을 진행한다. 이 과제는 개인이 이루어낼 수 있는 일은 아니다. 그렇다고 그 일이 한없이 미루어질 수만도 없다. 아무리 단편적일지라도 필요한 작업이다.

범부의 「음양론」은 동양적 사유의 핵심을 해명하는 작업이면서, 천년에 걸쳐 동양철학의 총아로 군림했던 주자학적 사유체계의 약점을 찌르고 들어가는 비판작업이었다. 범부는 반복해서 약 천년 전에 흥기한 성리학적 사유에 의해 동양정신의 참모습이 왜곡되었다고 주장한다. 그때 천년이라는 물리적인 시간개념은 맹자 이래 정이천 형제의 출현까지 성인의 도가 사라졌다고 주장하는, 주자의 도통론에서 설정한 기간을 상기시킨다. 그런데 범부는 북송의 주돈이 · 장횡거 · 정이천 이후 천년 동안 동양정신의 본질이 왜곡되었다고 주장한다. 이는 범부 스스로 성리학의 도통론을 부정하고, 새로운 정통론을 제시하려는 사상적 포부를 전략적으로 드러낸 것이라고 읽을 수 있다.

그러나 방대한 사상적 스펙트럼을 가진 주자학적 사유를 총체적으로 해체하는 일은 시작부터가 간단치 않다. 범부는 먼저 주자학적 사유의 중심을 우주론적 사유, 존재론적 사유라고 이해하고, 그 지점에서부터 그 한계를 비판해 들어가려고 시도한다. 활자화되지 않은 범부의 강의들과 공표되지 못한 그의 글을 다 알지 못하는 나로서는 「음양론」이 단편적인 강의라는 한계에도 불구하고, 방대한 주자학 비판작업의 일부로서 가치가 있다고 생각한다. 범부의 「음양론」은 궁극적으로 주자학적 우주론과 존재론의 관건개념인 '이기론'과 '음양론'의 문제점을 지적하는 것을 목표로 삼기 때문이다.

태극-음양론 비판

먼저 범부는 '음양론'이 동방문화의 공통사유이자 근원적 사상이라고 본다. 범부의 '음양론' 논의는 먼저 음양을 이기론과 분리시키고, 음양을 음양으로 해석하는 것에서 시작한다. '음양론'이 이기론과 결합한 것은 송대 이후의 일이기 때문에, 성리학적인 음양이해가 반드시 음양에 대한 바른 이해는 아니라는 것이다. 범부는 그렇게 음양관념이 곡해되기 시작한 것이 송대에 들어와서부터였다고 주장한다. 그에 따르면, 천년에 걸쳐 음양을 곡해하게 만든 출발점은 다름 아닌 「태극도설」이다. 주지하다시피 「태극도설」은 성리학의 우주론적 · 본체론적 형이상학의 근거문서다.

상술하자면, 주돈이의 「태극도설」은 성리학적인 모든 것, 즉 우주론 · 존재론 · 수양론 · 이기론의 근거가 되는 사상을 제시한다. 성리학의 철학적 이론 자체가 「태극도설」의 해석에서 나왔다고 본다면, 이 사상을 비판하고 해체할 수 있다면, 성리학을 비판하고 해체하는 근거를 확보할 수 있다. 그 문서가 음양에 대한 오해를 초래한 기점이라고 말한다면, 그것은 곧바로 주자학 자체가 '음양론'을 오해하고 있다는 주장이 되기 때문이다. 범부는 음양을 '이원적'으로 이해하는 것이 「태극도설」의 최대의 문제점이라고 주장하면서 주돈이의 무극-태극이해는 『주역』의 태극이해와도 다르고 노자의 입장과도 다른, 주돈이 본인의 독자적인 해석일 뿐이라고 주장한다.[5]

구체적으로 범부는 주돈이에서 제시된 '음정동양陰靜陽動'설의 오류를 지적한다. 즉, 「태극도설」에 나오는 "太極動而生陽, 動極而靜, 靜而生陰, 靜極復動"이라는 구절에 대해, "動하여 陽을 生하고, 靜하여 陰을 낸다"는 해석이 『주역』에 근거를 두고 있지 않을 뿐 아니라 동방사상의 기본원리에도 맞지 않는다고 단언한다. 주돈이에서 주자로 이어지는, '동정動靜'으로 '음양陰陽'을 낸다는 해석은 『주역』의 본래 이론인 '일음일양一陰一陽'

의 입장에서 벗어난 것이다. 만일 주돈이 식으로 해석하면, 원래 일기一氣의 다른 양상에 불과한 음양을 두 개로 나누어 보는 입장에 빠지게 진다. 즉, 음양을 이원론으로 해석하는 오류에 빠지게 된다는 것이다. 범부는 자기 논점을 이렇게 정리한다.

> "『주역』에 일음일양지위도一陰一陽之謂道라고 함은 음양陰陽이 이개물二個物이 아니라 곧 일기一氣가 변화하여 음양이 된다는 것이다. 만일 음정양동陰靜陽動이라고 할진댄 낮은 동動하고, 밤은 정靜한다는 말인가? 주야晝夜는 다 동動하는 것이다, 음양이란 호흡과 같다. 일호일흡一呼一吸이 일기一氣의 굴신屈伸이다. 본래 두 개가 아닌 것을 이원二元이니 동정動靜이니 하는 판단을 내리는 것이 모두 그림자를 짓는 것이다."[6]

범부가 「태극도설」의 태극이해가 잘못된 것이라고 지적하고 더 나아가 주돈이의 '음양론'을 비판하는 이유는 그것이 근본적으로 이원론적 사유를 보여주기 때문이다. 범부는 주자학의 이원론이 『주역』, 『노자』에서 표현된 동방적 사유의 근본원리에서 벗어난 것이라고 지적한다. 그는 음양은 둘이 아니라 본래 '하나인 기(一氣)'의 변화상에 불과하다고 본다.

> "음양의 원리를 동정으로 본 것은 잘못이다. 동정은 음양의 한 형상이요, 그것의 주상主象이나 주체원리는 아니다."[7]
> "일기는 곧 음양이요, 그것이 일음일양지一陰一陽之하는 것이 곧 도道요, 도는 곧 신神의 성격이다. 음양의 질료는 기氣이기에, 음양은 기에서 찾아야 한다."[8]

음양을 일원론적으로, 즉 일기의 양상으로 이해하는 범부는 그 논점을 그대로 주자학의 이기론에 대한 비판으로 확대한다.

이기론 비판

이기론理氣論을 비판하는 것은 주자학적 사유체계와 그 근거인 도통론을 부정하고, 그 대안으로서 새로운 전통의 계보를 수립하려는 범부에게 대단히 중요한 과업이 아닐 수 없다.

성리학적 음양론 비판에서와 마찬가지로 범부는 주자학의 이기론을 '이원론'이라는 이유에서 비판해 들어간다. 사실 이원론적 사유는 주자학의 체계 자체를 뒤흔들 수 있는 치명적인 약점이었다. 주자 역시 이원론의 한계와 약점을 잘 인식하고 있었다. 기氣라고 하는 존재의 원질 이외에 기의 형성원리인 리理를 특수화하고, 그 리에 존재론적 우위를 인정하는 이기론은 처음부터 많은 약점을 가진 사상이 될 소지가 있었다. 주자는 여러 곳에서 이원론의 혐의를 벗기 위해 노력하지만, 주자학 안에서 이원론적 경향의 해소는 쉽지 않은 일이었다. 주자학은 현실적 필요에서 그 리의 중요성을 약화시킬 수도 없는 딜레마를 가지고 있었다고 생각된다. 주자의 발언 안에서 기 중심의 일원론과 리 중심의 이원론은 혼란을 보인다. 그러나 주자학의 본령은 역시 리 중심의 이원론이다. 일원론적 논리만을 보고자 하는 순간, 주자학의 주자학으로서의 역사적 특징과 의미가 사라질 수 있다.

범부는 이 사실을 정확하게 파악하고 있었다고 생각된다. 이원론, 특히 리 우위의 이원론이 주자학에 치명적인 약점인 이유는 동양철학의 궁극적 원리에서 자연스럽게 도출된다. 도와 기가 분리와 분할을 거부하는, 존재의 궁극적 '전일성全一性 원리'라는 사실을 포기하지 않는 이상, 이기의 이원二元이든 음양의 이원이든, 동양적 사유에서 이원론적 세계해석과 이원론적 인간관은 자연스럽지 않다. 범부도 지적하듯 "모든 존재하는 것은 기"[9]라는 것이 적어도 주자학이 등장하기 이전의 동양적 사유의 근본 입장이기 때문이다. 나아가 범부는 "리를 우주만상이 그 모양이 되도록 하는 것, 즉 아리스토텔레스가 말한 형상인形相因"[10]이라고 이해하면서, 형상인인 리가 질료인質料因에 불과한 기와 대등한 지위를 가질 수 없다고 본다. 물론 여기서 리를 형상인, 기를 질료인이라고 보는 범부의 해석이 적절한 것인지는 단정하기 어렵다.

그럼에도 불구하고, 주자학의 이기이원론을 비판해 들어가는 범부의 안목은 대단히 탁월한 것이라고 말하지 않을 수 없다. 범부는 중국에서 탄생한 이기설이 우리나라에서 발전했지만, "우리나라에서는 이기설에 대해서 할 말은 다 하였다. 그뿐만 아니라 오히려 쓸데없는 말까지 했다"[11]라며 이기론의 사상적 의의를 낮게 평가한다. 나아가 "주자학은 세상물정에 통하지 못한 학문이다. 그 학문을 하면 사람은 편협해진다. 그리고 현실을 무시하고 오로지 이론주의로만 되어 인간이 인간다운 정서를 잃게 된다"[12]고 하면서 주자학의 사회적 · 인간적 폐단을 지적하기도 한다. 범부의 결론은 이렇다.

> "이기설은 실패한 학설이다. 이기설은 고전을 해석하며 사단칠정四端七情을 해석하는 것이지만, 주자나 우리나라에서나 아무 보람이 없었다. 이러한 형이상학적 과제를 다루어 보았댔자 리니 기니 하는 관념으로부터 온 것이요, 소득 없이 인간에게 쓸데없는 부담만 지워왔다."[13]

여기서 범부는 주자학의 이기론이 우리 전통의 일부로 존재하는 것을 인정하면서도, 보존할 가치가 없는 전통, 즉 정리하여 내버려야 할 것이라고 평가하고 있는 것이다.

단학(도교) : 범부의 사상적 근거

그렇다면 범부가 주자학의 이원론적 약점과 한계를 비판하는 이론적 배경은 무엇인가? 나는 범부가 도道(일기一氣)의 입장을 견지했기 때문에 주자학 비판, 특히 주자학의 이원론에 대한 비판이 가능했다고 생각한다. 또한 그렇다면 그의 이러한 일원론적 확신은 어디서 온 것인가? 나는 범부가 도교 및 단학丹學에 대한 실천과 이론탐색의 경험을 통해, 주자학의 약점을 간파하게 되었을 것이라고 생각한다.

실제로 범부는 기 일원론의 관점에서 주자학적 이원론의 약점을 지적한 다음, 도교의 이론, 특히 내단학內丹學의 정精-기氣-신神에 대한 논의로 나아간다. 범부는 직접 단학수련의 경험을 가지고 있었고, 주자학 세계에서 이단으로 폄하되고 있었던 단학이론을 끌고 들어와 주자학의 핵심테제를 비판한다. 이 사실은 그 자체로 충분히 흥미롭다. 이단으로 밀려났던 전통의 한 사상을 복권시켜 이단화의 주체였던 주자학의 대안으로 내세운 것은 전통에서 새로운 사유의 가능성을 끌어내려는 전통주의자의 입장에서 자연스런 반격이었다.

도교의 수행전통인 단학은 철두철미하게 기 일원론적 사유를 전개한다. 단학에서는 음양은 '일기一氣'의 두 양상으로 이해된다. 단학은 음과 양을 대립되는 두 개의 기로 분리시키지 않고, 오히려 음양으로 대표되는 존재 자체에 내재한 대립을 통일하고, 궁극적 합일을 지향하는 일원론적 사유체계다. 단학에서 우주의 근원적 존재원리인 태극은 '대립되는 것의 합일'을 표현하는 전일성 원리이지, 어떤 형이상학적 실체가 아니다. 그리고 도 역시 기 외부에 존재하는 형이상학적 실체가 아니라 기에 내재하는 통합의 원리로서 기의 움직임에 방향성을 제공하는 역할을 맡는다. 심지어 도와 기는 동일시되기도 하며, 음양은 이기가 아니라 일기의 두 양상에 불과한 것으로 이해된다. 말하자면 음양은 두 몸이 아니라

한 몸이며, 양성을 모두 구비한 양성구유(androgyny)적인 도가 존재하는 양상이다.[14]

범부는 본래 하나인 기가 음과 양이라는 두 양능良能(본래적 능력)을 한 몸에 체현한다는 사실을 강조함으로써 단학-연금술적 사유의 바탕에 깔린 '대립의 통합'이라는 사유를 높이 평가한다. 나아가 단학수련에서 가장 중요한 원리인 '정-기-신' 개념을 도입하여, 기는 다양한 양태로 파악될 수 있다고 해도, 결국 일기一氣일 뿐이라는 단학의 사유를 설명하려고 한다.[15]

단학에서 말하는 '정-기-신'은 인체-정신을 구성하는 기의 다양한 양태를 지칭하는 단학의 특수한 개념이다. 기는 수양의 수준과 단계에 따라 정, 기, 신의 세 양태로 정의된다. 그것은 수행에서 정신이 발전하는 단계라는 관점에서 기를 파악하는 것이다. 단학에서 음양이 우주론-존재론적 논의라면, 정-기-신은 기에 관한 철저히 생명수행론적 논의인 것이다.

단학에서는 '기炁(一氣)'[16]가 원초적 에너지이며, 그렇게 아직 분화되지 않은 상태의 기炁가 인간의 신체-정신 안에서 구체적으로는 정精과 기氣와 신神이라는 세 가지 양상으로 현실화된다고 생각한다. 수행자의 인격수준, 즉 수련의 단계와 수준에 따라 인간이 서로 다른 정신적 깨달음의 차원을 가진다는 것을 말하기 위한 장치라고 볼 수 있다. 깨달음의 수준이 달라짐에 따라, 인간의 정신성은 정-기-신이라는 단계로 상승한다. 그때 '정기신'은 별개로 존재하는 세 종류의 '기'라기보다는 수련에 의한 정신성의 수준을 단계화한 메타포로서, 사실 모두 하나인 기라고 이해할 수 있다.

수행은 생명력이 충만한 정精의 단계에 머물러 있는 기를 더 높은 차원, 즉 순수한 기氣의 단계로 끌어올리고, 다시 그 기를 더욱 더 순수하고 신비로운 신神의 상태로 고양시키는 일련의 과정을 가리킨다. 그 과정은 연금술의 술어를 사용하여 "연정鍊精 → 연기鍊氣 → 연신鍊神 → 환허還虛(여도합일與道合一 = 득도得道)"의 단계로 도식화된다. 각각의 단계는 수행을 통해 생명에너지가 저급한 수준에서 정미한 수준으로 고양되어간다는 것을 표시한다. 이 경우 도와 하나가 되는 '여도합일'은 도교적 수행의 목표인 신선이 되는 것과 동의어다. 그 단계에서는 신성성을 획득하여 최고 인격이 완성된다. 그때 인간을 형성하는 신체와 생명의 질료는 가장 잘 다듬어지고 고양된 상태로 상승되어 신적인 존재가 되었다고 믿어진다. 신선이 된 수행자는 속된 세상의 삶을 철저하게 뛰어넘어, 신성한 초월적 에너지로 가득한 상태에 도달한다. 다시 말해 그 상태에서 수행자는 몸과 정신이 완전히 하나가 되는 신성한 상태를 획득하고 세상사에서 벗어난다. 세상살이에 필요한 몸을 벗어던지고, 순수한 정신의 존재가 되는 것이다. 여기서 주의할 것은 몸이든 정신이든 모두 기의 여러 양태 가운데 하나라는 사실이다. 이처럼 모든 세상의 가치와 속됨을 철저히 벗어버린 상태를 지칭하는 도교적 상징이 바로 '득도'이다.

그러나 범부의 단학론 나아가 '정기신' 논의는 충분히 전개되어 있지 않다. 더구나 그는 단학과 선도仙道의 연원을 논하는 곳에서 단학의 원류라고 할 수 있는 선도가 우리의 고유한 문화이며, 그것이 나중에 도교의 단학으로 발전했다고 하는 주장을 펼치기도 한다. 범부의 이런 주장을 역사적 사실로서 확인하기는 쉽지 않다. 하지만 주자학을 극복하기 위한 이론적 도구로서, 단학(선도)이 우리의 고유문화인 샤머니즘과 동일한 뿌리를 가진 것이라는 그의 주장의 의도는 충분히 이해할 수 있다. 샤머니즘과 선도는 나중에 풍류도로 발전하고, 나아가 최제우의 동학으로 부활했다는, 범부 나름의 문화적 '정통의 계보'를 확립하기 위한 고민으로 받아들일 수 있기 때문이다.

동학, 새로운 정통

동학은 새로운 문화적 '정통의 계보'를 수립하려는 범부사상의 종착지였다. 나는 범부의 논의가 결국 사상적 천재인 수운 최제우와 그가 창도한 동학을 우리의 문화적 대안으로, 다시 말해 새로운 문화적 정통으로 내세우기 위한 목표를 가지고 있었다고 생각한다. 범부는 동학이야말로 신도와 풍류도로 이어지는 전통적 요소를 온전히 이어받고 있는 전통의 완성이며, 동양과 서양의 문화를 통합하는 미래적 가능성이라고 주장한다. 범부에 따르면, "동학의 창시자 최제우가 대강령을 체험한 사건은 신도정신의 '기적적 부활'이며, '국풍(풍류도)의 재생'"이다. 최제우는 신도가 쇠미해진 "지리한 천년의 적막을 깨뜨리고", "어마어마한 역사적 사건"을 이루어낸 위대한 창조자로 자리매김되고 있는 것이다. 여기서 나는 범부의 레토릭이 주자학적 도통론을 염두에 두고 하는 말이라는 것을 안다. 앞에서 본 것처럼, 나는 범부의 사유를 주자학적 도통론을 대체하는 새로운 문화적 정통론의 수립, 즉 단군의 '신도 → 풍류도 → (단학) → 동학'으로 이어지는 문화적 정통의 계보를 수립하려는 시도라고 생각한다.[17]

범부의 최제우론은 간단하게 다음과 같이 정리될 수 있다. 창조적 정신의 소유자였던 최제우는 유학에서 출발하지만, 시대적 · 환경적 요인에 의해 초래된 정신적 위기를 겪는다. 그러나 그는 실패에 굴복하지 않고 새로운 창조를 위한 고뇌를 거듭한다. 그러던 중 그는 하느님 체험을 통해 하늘을 섬기고, 모든 인간에게서 하느님의 존엄을 발견하는 시천주侍天主 사상을 성한다. 거기서 '사람이 하늘'이라는 동학의 핵심사상이 꽃필 수 있었던 것이다. 범부는 그의 하느님 체험이 우연히 주어진 것이 아니라 어떻게 보면 창조적 천재에게 어울리는 필연적인 요인이 작용했다고 본다.

최제우의 정신적 체험은 유학에서 유래한 것이 아니다. 물론 도교와

최제우

단학 안에서 그런 가능성을 발견할 수는 있지만, 최제우가 그런 학문을 직접 연구했을 가능성은 크지 않다. 그렇다면 그런 체험의 뿌리는 어디에 있었던 것인가? 경주사람 최제우의 정신 속에 잠재해 있는 '신내림'의 관습, 그에게 잠재한 샤머니즘적 신비체험의 훈습이 서양 기독교의 하느님 개념에 의해 자극받아 현재화顯在化했다고밖에 해석할 수 없지 않을까? 범부는 샤머니즘의 문화적 무의식이란 것들을 최제우의 정신 안에서 발견할 수 있다고 본다. 범부는 잠재된 샤머니즘의 무의식이 서양종교의 충격에 의해 현재화하고, 동양적 · 유학적 사유가 서양적 · 샤머니즘적 신비체험과 결합된 동서고금의 사상의 종합체가 바로 동학이라고 주장한다.

범부는 유학에서 출발한 최제우의 지식체계 안에서 도교 단학의 요소를 인정하지 않지만, 그럼에도 불구하고 단학적 사유방식을 전제로 최제우의 사상을 재구성하고 싶어 한다. 왜냐하면 단학이 결국은 우리 전통 안에 고유하게 존재했던 선도仙道문화의 발전양태라고 이해하기 때문이다. 그러나 범부가 종교-사상의 체계로서의 단학과 도교를 충분히 논의하고 있지 않기 때문에, 현재로서는 그것의 실체를 분명히 알 수는 없다.

논의를 전개하는 도중 그 자신이 스스로 간간히 주장하는 것처럼, 범부는 분석적인 사유를 높게 평가하지도 않는다. 실제로 그의 이론도 전혀 분석적이지 않다. 그는 직관(즉관)의 사유방법을 강조한다. 범부가 보기에 분석은 서양과학의 고유한 방법인데, 그 사유방법으로는 우주적 통합을 이해할 수 없다. 범부는 주자학의 이원론적 사유는 서양방식의 완전한 분석적 사유와는 다르지만, 동양정신과 잘 어울리지 않는 순수논리적 사유의 결과물로서, 결국은 동양정신의 왜곡이라고 평가한다. 여기서 그가 말하는 '직관直觀'도 서양의 인튜이션(intuition)과 다르다. 따라서 그는 동양적 사유방법을 직관이 아니라 '즉관卽觀'이라고 불러야 한다고 말한다. 그는 즉관에 근거하여 과학의 분석적 사유를 넘어서면서 생명과 존재 그 자체를 직접적으로 파악하는 사유를 회복하고자 한다. 그가 이원론을 비판하고 일원론으로 되돌아가고자 하는 이유가 여기에 있다.

하지만 직관이 아니라 '즉관'을 강조하는 범부의 논의방식은 그야말로 직(즉)관적이고 단편적이다. 그의 논의는 때때로 날카로운 창의성과 번뜩이는 통찰력을 보여주기도 한다. 하지만 전체적으로 볼 때 범부의 사상체계는 방대한 주자학적 체계를 넘어서는 대안으로서는 역부족이라는 인상을 주는 것 또한 사실이다. 그럼에도 불구하고, 범부의 주자학 비판은 '일정한' 성과를 거두었다고 평가할 수 있을 것이다.[18]

제 14 장

근대 비판、 전통의 회복

범부의 근대성 비판과 종교관

들어가는 말

이 글의 과제는 범부凡父 김정설金鼎卨의 종교이해를 살펴보는 것이다. 그러나 정식으로 출판된 범부의 논설과 저서 안에서 종교문제를 직접 다루거나 '종교' 개념을 제목으로 내세우고 있는 글은 존재하지 않기 때문에, 사실 그의 종교관을 이해하는 일은 쉬운 과제가 아니다. 그러나 '종교' 개념을 조금 넓게 생각한다면 '전통'을 논의하는 것 자체가 일종의 종교론으로서의 의미를 가진다고 말할 수 있다. 나는 바로 앞 장에서 '새로운 도통론의 수립'이라는 관점에서 범부의 사상체계를 해석할 수 있다는 입장을 밝히고, 이를 실행했다. 그때 '도통'이란 결국 바른 '전통'이라는 의미로, 특히 오늘날 '종교'라고 범주화하는 문화적 맥락에서 주로 사용되어온 것이었다. 따라서 이에 비추어본다면, 범부의 사상적 주제 혹은 사상적 관심 자체가 어느 것 하나 '종교문제'와 연관되지 않는 것이 없다고 단언할 수 있다.

예를 들어 범부가 한국정신사의 뿌리라고 생각하는 '풍류도'가 그렇고, 그가 극복대상으로 삼는 '주자학'의 사유세계 역시 그렇다. 모두가 종교 그 자체일 뿐 아니라 근대적인 의미의 종교와도 결코 무관하지 않다. 나아가 음양오행론과 『주역』에 관한 논의도 당연히 종교론의 범주에 들어갈 수 있다. 또한 그가 한국정신사의 정점에 위치한다고 평가한 '동학'도

전형적인 '종교' 현상이다. 특히 동학의 근간에 자리 잡고 있는 트랜스(trans) 경험은 범부의 샤머니즘 이해와 관련하여 빼놓을 수 없는 중요한 종교현상이다. 그의 새로운 도통론의 사상적 근거라고 말할 수 있는, 도교의 내단수련론을 전제한 '정기신(精氣神)' 이론 역시 그 자체로 당당한 '종교' 사상이라고 말할 수 있다. 심지어 그가 만년에 힘을 쏟았다고 보이는 '국민윤리'에 관한 담론도 근대 민족국가의 '종교' 만들기 혹은 세속적 '종교' 만들기의 시도라고 볼 수 있다.

물론 이 논의들이 체계적인 '종교론'의 자격을 결여한 한계도 있다. 종교에 대한 범부의 언급은 구체적인 제도로서의 종교 내지 종교현상을 단편적으로 거론하는 것에 그칠 뿐, '종교'라는 개념을 직접 문제 삼아 이론적이고 사변적인 방식으로 직접 언급하는 경우는 많지 않기 때문이다.[1] 더구나 범부 사상세계의 본령이라고 할 수 있는 동양사상과 주자학, 도교의 내단학을 논의하는 경우에도 그는 그것을 '종교'라는 개념어의 렌즈를 통해서 바라보고 있지 않다는 점에서 그의 사상세계 안에서 '종교'가 본격적인 논의의 대상이 되는 경우는 거의 없었던 것 같다는 인상을 지울 수 없다.

그러므로 학문적 종교담론에 익숙하지 않은 일반인이나 여전히 종교를 막연한 믿음의 영역이라고 생각하면서 종교라는 주제는 본격적인 인문학에서 벗어난 지엽말단적인 주제라고 치부하는 한국학계의 사정을 고려할 때, 범부의 사상세계 전체가 종교문제를 벗어나지 않는다고 단언하는 나의 관점이 저항을 불러올 수도 있을 것이다.

따라서 이 장에서는 구체적으로 '종교'라는 개념어를 사용한 경우에 한정하여, 범부의 종교론과 그 입장을 살펴볼 것이다.

범부의 '종교' 정의

『범부유고』[2] 안에는 그의 '종교' 이해에 다가갈 수 있는 중요한 논설들이 있다. 특히 그는 흥미롭게도 공산주의(마르크스주의) 이론을 비판하는 일련의 논설에서 '종교' 개념을 본격적으로 사용한다.[3] 즉, 마르크스주의[4]를 비판하는 장에서 그의 종교론은 논의의 중심에 서는 것이다.

범부는 먼저 "종교적 신앙과 의식은 파괴적 개혁을 도모하는 공산당의 전략으로서는 사상적으로 가장 금기의 대상이 되리라 짐작할 수 있다"[5]면서 유물론적 세계관을 고집하는 마르크스주의 이념이 그 이념의 당연한 귀결로서 종교를 부정한다는 사실에 착안하여 종교의 의미와 가치 및 역할을 논하고, 그것으로 마르크스주의 이론의 오류를 지적하는 전략을 펼친다.

범부는 '종교'가 개인의 삶과 세계에 의미를 부여하는 사상과 신앙과 의식의 체계이기 때문에, 외부적 물질세계에 절대적 의미를 부여하는 유물론과 충돌을 일으킬 수 있다고 지적한다. 그러하여 종교적 세계에 무관심하거나 무지한 공산주의는 필연적으로 실패할 수밖에 없는 사상이요, 정치체계라는 결론을 끌어내려고 한다.

범부는 '종교'를 '신앙'이라는 관점에서 이해한다. 그런 사실은 "신앙력을 본위로 하는 종교적인 인생관이나 세계관과 육과 빵을 본위로 하는 유물론적 인생관 혹은 세계관을 대조"[6]하면서 종교와 유물론을 대비시키는 관점에서 잘 드러난다. 범부에게 종교는 인간의 역사 속에서 우연히 주어진 것도 아니고, 있어도 없어도 그만인 문화의 한 양태가 아니다. 인간이라는 동물의 생존조건과 뗄 수 없는 근원적 생활양식의 하나다.

"대저 인간이 인간으로서 살기 위해 신앙을 요구하게 된 것이고, 또 신앙하는 심리를 본구本具한 것이고, 그래서 '신앙의 효력'을 직접적으로 간접적으로 주관적으로 또는 객관적으로 혹은 개인적으로나 사회적이고 역사적으로 체험하게 된 것이다.”[7]

범부의 주장에 따르면, 종교는 인간의 인간됨을 실현하는 조건이다. 범부가 다른 곳에서 강조하는 것처럼, 단순한 지력 유무로 인간과 다른 동물이 구별되는 것은 아니다. 종교(신앙력)야말로 인간과 동물을 구별하는 핵심이다. 종교는 심리적 사실로서 인간이 나면서부터(인류의 생존과 더불어) 획득하는 것이며, 신앙은 다양한 효력을 통해 인간의 삶 속에서 구체화된다. 그의 종교론은 종교에 대해 실체(본질)의 관점에서 접근하는 ‘실체론적 종교 정의(substantive definition of religion)’와 개인적 · 사회적 역할의 관점에서 접근하는 ‘기능론적 종교 정의(functional definition of religion)’를 겸비하는 비교적 시야가 넓은 종교론이라고 말할 수 있다.

먼저 ‘실체론적 종교 정의’는 어떤 문화현상이 종교로서 인정받기 위해서는 어떤 요소와 내용을 가져야 되는지 물으며 종교를 정의한다. 예를 들어 적어도 종교라고 말할 수 있기 위해서는 교회라는 객관적 조직이 실제적으로 있어야 한다든지, 경전, 교리체계, 종교의 창시인, 신앙의 대상으로서의 초월적 존재 또는 어떤 초월적 실재에 대한 신앙, 궁극적 관심 등이 실체적으로 존재해야 한다는 입장이 그것이다. 각 요소와 내용이 구체적인 실체로서 표현된다는 점에서 이 입장을 실체론적 종교 정의라고 명명한다.

실체론적 정의의 장점은 분명하다. 종교와 종교 아닌 것을 산뜻하게 구분하기 때문에, 논의를 분명하게 전개할 수 있다는 것이다. 나아가 많은 종교전통을 종합적으로 비교 · 검토한 다음에 얻은 귀납적 결론이자 종교의 여러 구성요소를 기준으로 끌어내고 있기 때문에, 이에 따르면 비교적 쉽게 종교를 설명하고 이해할 수 있다는 장점이 있다.

그러나 종교를 실체적인 관점에서만 접근하다 보면, 종교의 구성요소들 가운데 어떤 요소와 내용이 더 본질적인지, 무엇이 없으면 종교라고 말할 수 없게 되는지 등의 핵심내용이 선택이라는 가치판단 문제에 직면하지 않을 수 없게 된다. 대체로 실체론적 정의는 기독교를 모델로 삼고, 그 이외의 거대한 세계종교를 부차적으로 염두에 두면서 귀납적으로 종교를 규정하는 방법이기 때문에, 그 정의에서 말하는 실체적 내용이 모든 종교의 다양성을 다 담아낼 수 없다는 난점이 있다. 귀납법의 오류라는 전형적인 인식론적 딜레마에 빠지고 마는 것이다.

실체론적 종교 정의에서는 기독교를 모델로 삼으면서 종교를 형성하는 핵심적인 사항으로, 신이라든가 초월존재를 거론한다. 그렇다면 신을 전제하지 않으면 종교가 아니라는 말인가? 그러나 현재 우리가 알고 있는 세계의 다양한 종교전통을 살펴보면, 반드시 신이라든가 초월실재를 전제하지 않는 종교전통들이 얼마든지 존재한다. 결국 실체론적 종교 정의는 종교를 지나치게 좁게 보거나 기독교 중심의 관점에 종교를 한정하면서, 궁극적으로는 종교를 구성하는 '핵심'에 대한 가치판단에 빠지게 되고, 그 결과 진정한(진짜) 종교와 그렇지 않은(가짜) 종교를 가치론적으로 규정해버리는 위험에 처하게 된다. 소위 〔바른〕 종교(religion)와 〔틀린〕 미신(superstition)을 나누고, 전자만이 진짜 종교이고 후자는 종교가 아니라고 보는 입장이다. 그러나 적어도 레비스트로스의 구조주의적 종교이해가 제시된 이후, 현대의 종교학 · 종교인류학에서는 바른 '종교'와 바르지 않은 '미신'을 구분할 수 있는 기준과 잣대를 제시할 수 없다는 결론을 내리고 있다. 여기서 범부는 모든 종교를 미신이라고 보는 마르크스주의의 입장을 비판하면서 그것을 극복하려고 하기 때문에, 어떤 식으로든 실체론적 종교론을 넘어서지 않으면 안 되는 과제에 직면하게 된다.

그 다음으로 '기능론적 종교 정의'는 실체론적 종교 정의의 편협함, 나아가 그 가치판단의 위험에서 벗어나서 종교를 이해하고자 하는 입장이다. 주로 사회학적 · 인류학적 · 심리학적 관점에서 기독교의 모델로부터 자유롭게 다양한 종교현상을 이해하려는 의도를 가지고 종교를 넓은 시각에서 분석하고자 한다. 기능론적 종교 정의는 종교의 사회적 · 개인적 · 심리적 등등의 기능과 역할에 초점을 맞추기 때문에, 무문자無文字 문화에서 엄격한 교리나 교회조직 없이 비종교로 치부될 수 있는 종교적인 현상 그리고 원초적인 형태의 종교현상들을 잘 설명할 수 있다는 장점이 있다.

기능론적 종교 정의는 종교가 수행하는 기능에 초점을 맞추기 때문에, 선험적으로 '어떤 내용 혹은 요소'를 가져야 종교적이라고 말할 수 있다는 선험적인 규정이나 가치판단에서 자유롭다. 비교적 느슨하지만 어떤 '사회적' 혹은 '심리적' 기능을 가지면 종교라고 말할 수 있게 된다. 그러나 이 장점은 곧바로 약점이 될 수 있다. 다시 말해 기능론적 정의가 말하는 '기능'이 무엇인지 규정하기가 쉽지 않다는 데서 문제가 생기는 것이다. 나아가 '기능(역할)'이란 무궁무진한 스펙트럼으로 확대될 수 있을 것인데, 어떤 기능까지만 종교가 감당하는 기능이라고 말할 것인지 그 기능의 한계문제도 당연히 제기될 수 있다.

예를 들어, 종교의 사회학적 설명에 따르면, 종교는 사회적 '통합의 기능'을 한다고 보며, 그런 기능을 하는 문화현상을 종교라고 부른다. 심리학적 설명에서는, 종교는 인생의 불안을 극복할 수 있게 하고 심리적 '안정화의 기능' 혹은 '위안의 기능'을 한다고 말한다. 그러나 사회적 통합은 대단히 모호한 개념이 아닐 수 없다. 심리적 안정이나 위안이라는 것도 마찬가지로 지극히 상대적이고 모호하다. 만일 통합이나 안정 혹은 위안이라는 개념의 내용과 한계에 대해 일정한 동의를 확보한다고 하더라도, 그런 통합과 안정과 위로의 기능을 가진 것은 모두 다 '종교'인가 하는, 또 다른 인식론적 난제에 직면하게 된다.

나는 범부가 종교 정의의 두 방향에 대해 이론적인 지식을 가지고 있었을 것이라고는 생각하지 않는다. 하지만 적어도 그는 진화론적 종교론, 사회학적 종교론, 마르크스주의적 종교론, 심리학적 종교론 등 수많은 종교론을 습득했고, 그 이론들을 나름대로 종합하여 일단 종교를 실체론적 관점에서 이해한다. 그리고 거기에 그치지 않고 실체론적 관점을 기능론적 관점으로 보완하는 깊이 있는 이해를 보여준다.

범부의 해석에 따르면, 가장 먼저 종교를 종교로 만들어주는 핵심은 신앙이다. 그는 '신앙(신앙에 의해 획득되는 정신적 힘이라는 의미에서 그는 '신앙력'이라는 표현도 자주 사용한다)'의 유무를 기준으로 '종교와 종교 아닌 것'을 구별한 뒤, '신앙'이라는 것이 교육이나 생활습관 등 후천적 학습을 통해서 획득되는 것이 아니라 생래적으로 주어진 것이라고 말한다. 신앙하는 심리는 '본구本具'하는 것으로, 인간은 생래적으로 '종교적 존재'라는 것이다. 인간이 처음부터 '사회적 존재'이고, '경제적 존재'임을 부정할 수 없는 것처럼, 인간은 처음부터 '종교적 존재'라고 하는 범부의 주장은 마르크스주의의 유물론에 대항할 수 있는 관점으로서 신선하다.

아마도 범부는 미르치아 엘리아데의 '호모 렐리기오수스(homo religiosus, 종교적 인간)'라는 개념을 알지는 못했을 것이다. 그러나 마르크스나 프로이트처럼 종교를 아편 내지 환상이라고 보는 종교부정론이나 환원주의적 태도에 반대하면서 인간은 근원적으로 '종교적인 존재'라는 것을 부각시키기 위해 '종교적 인간'이라는 개념을 썼던 엘리아데의 시각은 적어도 표면적으로 범부의 종교적 인간이해와 유사한 것이 사실이다.

이어서 범부는 '종교'가 반드시 역사적으로 구명할 수 있는 교권단체(교리조직)를 가져야 하는 것은 아니라고 말하면서, 종교를 교회조직이나 교리체계와 동일시하는 통속적인 실체론의 관점을 넘어서고자 한다. 범부의 주장에 의하면, 종교에서 더욱 근본적인 것은 신앙과 그 신앙에 의해 획득되는 안심입명安心立命이다. 안심입명은 종교적 신앙으로 획득되는 정서적 만족감과 행복감 그리고 자신의 운명에 만족하는 자족적 태도를 포괄하며, 전통적으로 동양의 종교와 철학이 이상으로 삼는 정신적 태도라고 말할 수 있다. 그의 종교론이 동양적 관점이 가미된 종교론인 이유다. 그의 관심을 구분하여 정리해보자.

첫째, 범부는 교회나 사회적 조직을 중시하는 서양적 의미의 종교(기독교)를 종교의 모델이라고 보지는 않는다.

둘째, 범부는 외적 표지보다는 내적 표지인 신앙을 중시하며, 그 신앙의 효용을 '안심입명'이라는 동양적 언어로 표명한다. 기독교 역시 절대자인 신에 대한 신앙을 중시하는 종교이지만, 범부는 자신이 말하는 신앙이 곧바로 초월적인 신적 존재에 대한 무조건적 믿음과 동일한 것이라고는 보지 않는 듯하다. 동양의 다양한 사상과 종교전통에 해박했던 범부는 동양의 종교전통까지 포괄해 담아낼 수 있는 종교개념을 제안하고 싶어 했다.

셋째, 범부는 종교를 수준 높고 바른 종교(正信)와 저급하고 바르지 못한 종교(迷信)로 단순하게 구분하는 이원론적 태도를 넘어서고자 한다. 흔히 계몽주의적 종교론이라고 불리는 '종교/미신' 이분법은 인간의 문화를 '문명/야만'으로 나누어 보는 계몽주의적 · 식민주의적 문화론과 맥을 같이 하는 것이다. 그러나 범부는 미신(미혹한 신앙)과 정신(바른 신앙)을 구별하는 표지는 존재하지 않으며, "신앙 자체의 미정迷正을 논정할 것은 아니"[8]라고 단언한다.

이런 범부의 종교론은 종합적으로 말하자면, 다분히 심리학적 관점에 기울어진 것이라고 판단할 수 있다. 그리고 그런 심리학적 편향은, 생각해보면, 공산주의의 경제중심주의에 대한 비판이라는 목표를 위해 어느 정도는 계산된 것이라고 볼 수 있을 것이다. 그 문제는 절을 바꾸어 다시 논하기로 한다.

종교론, 전통회복의 시도

범부 종교론의 핵심은 인간은 근원적으로 '종교적인 존재'라고 보는 관점이다. 그리고 바로 그 관점에 근거하여 범부는 모든 종교를 '미신'이라고 폄하하거나, 종교는 인민의 '아편'이라고 비판하는 마르크스주의는 철학적으로 오류로 가득한 이론이 될 수밖에 없다고 비판한다. 마르크스는 종교를 인민의 아편이라고 배척하기는 했지만, 그렇다고 종교가 가진 사회적이고 변혁적인 힘을 이해하지 못했던 것은 아니다. 오히려 마르크스는 종교가 사회적으로 강력한 힘을 발휘하고 있다는 그 사실 때문에 더욱 더 강하게 종교를 배척했다고 볼 수 있다. 그러나 범부는 종교를 부정하는 것이 올바른 인간학적 · 철학적 선택이 아니라는 사실을 지적한다. 범부가 보기에 인간의 삶에서 결코 부정할 수 없는 종교를 부정하는 탓에 마르크스 유물주의의 오류가 시작된다. 유물주의 이론은 인간이 근본적으로 종교적 존재이고, 인간은 종교 없이 살 수 없는 존재라는 것을 이해하지 못한다. 인간에 대한 근본적 오해와 몰이해에서 출발하는 공산주의 혁명 이론이나 사회건설의 이상은 바로 그런 이유 때문에 결코 성공할 수 없다는 것이 범부 종교론의 귀결이다(관점을 달리 해서 보자면, 마르크스의 유물주의는 종교를 부정한 것이 아니라 유물주의에 근거하여 종교를 대체하고자 했던 것이라고 말할 수 있을 것이다. 마르크스주의는 그 자체가 새로운 종교였다. 그 점에서 초월적 실재에 대한 '신앙'을 종교의 핵심으로 보는 범부는 마르크스주의가 지닌 종교성을 이해할 수 없었다).

범부의 종교론은 마르크스주의 유물론의 오류를 지적하기 위해 요청된 것이다. 범부가 보기에 일체의 종교를 단순히 '미신'이라고 규정하는 이론은 종교가 무엇인지에 대한 이해가 결여된 것이기 때문에, 사실 인간의 이론으로서는 가치가 없다. 또한 그는 백보 양보해서 일체의 종교를 미신이라고 본다고 하더라도 인간에게서 종교적 문화의 의의를 부정하는 것은 옳지 않다고 주장한다.

> "백보 양보해서 일체의 종교를 미신이라고 하고, 인간에게서 종교적 문화의 의의를 부정할 수 있는 것일까? 아니다, 결코 안 될 말이다.

(…) 일체의 종교문화란 것이 설령 미신이라고 하더라도 그것을 미신이란 일개의 이유로써 그 의의를 부정한다는 것은 고장이 생길 수 있는 심장을 아주 뽑아버리면 심장질환이 절대로 없을 것이란 주장과 다를 바가 없다."[9]

"인간의 생활조건으로서 정치도 도덕도 종교도 필수불가결한 조건인데, 악정이나 폐습이나 사교적 미신을 이유로 해서 정치 · 도덕 · 종교를 부인한다면, 그건 질병을 이유로 해서 사람의 신체를 부인하지 않으면 안 되는 격이 될 것이다."[10]

반복해서 범부는 인간의 삶에 있어서 종교는 필수불가결한 것이라고 강조한다. 이런 범부의 입장은 1920년대 이후 중국사상계에 널리 퍼졌던 종교부정론 혹은 미신부정론과 분명히 결이 다르다. 특히 마르크스주의를 선택한 이후 중국사상계의 입장과는 확연히 다르다. 여기서 우리는 범부의 논지를 분명하게 이해할 수 있다. 종교와 미신을 구분하는 준거점을 설정하는 것은 이론적으로 불가능하다는 것이다. 더구나 마르크스주의 이론에서는 모든 종교적 신앙을 미신이라고 말한다. 그 이유는 역사적으로 종교가 부정적인 역할을 해왔기 때문인데, 그렇다고 하더라도 종교라는 것은 인간의 삶에서 절대로 없앨 수가 없는 것이다. 종교는 후천적으로 주어진 문화의 한 양태가 아니라 인간의 조건을 형성하는 근본적이고 생래적인 것이기 때문이다.

범부 강연의 묘미 중의 하나는 생동감 넘치는 비유를 통해 본인의 주장을 생생하게 전달하는 데서 찾을 수 있다. 종교와 미신을 구분하는 것은 불가능하지만, 설사 어떤 신앙이 미신이라는 부정적 평가를 받는다고 할지라도 인간이란 신앙(종교)없이 살 수 없는 존재라고 주장한다. 범부의 말을 빌리면, "인간이란 미신이라고 할지라도 종교적 문화생활을 하지 않고는 살 수 없게 된 일개의 곤란한 동물"[11]인 것이다.

인간의 삶에서 종교는 필수불가결한 것이라고 규정한 다음, 범부는 공산주의 이론의 '근본적 착오'를 지적하는 공산주의 비판으로 나아간다. "공산주의 이론이라는 것은 자고로 인간을 연구한 일이 없었다. (…) 첫째, 인간은 경제적 조건에 의해서만 좌우되는 동물이란 규정으로써 인간연구의 종지부를 찍었다는 것은 너무도 비과학적이고 독단적이다."[12] 범부가 보는 공산주의 이론의 한계는 혁명의 불가능성에 대한 것이 아니라 인간에 대한 이해부족에서 발견된다. 인간을 제대로 이해하지 못하는 이론이 의미 있는 이론으로서 작동되기란 불가능하다. 범부가 인간이 경제적 조건에 좌우되는 측면이 있다는 사실을 부정하는 것은 아니다. 오직 경제적 조건만을 중시하는 이론의 비과학성과 독단성이 문제라는 것이다. 정확하게 말하자면, 인간은 경제적 조건은 물론이고, "경제적 조건이 아닌 제타諸他의 조건에 의해서도 좌우"[13]되는 존재이기 때문이다.

또한 유물론적 공산주의는 사회의 계급적(층계적) 구조를 상정(擬議)하고 상층의 문화적 구조와 중층의 정치적 구조가 결국 사회의 토대인 하층의 경제적 구조에 의해 좌우된다고 주장한다. 범부는 그 점에 대해서, 사회의 각 계층은 하층의 경제구조, 중층의 정치구조, 상층의 문화구조라는 공식적인 '계층적 인과관계'에 의해 작동하는 것이 아니라 '원환적인 연쇄관계', '교호인과적 관계' 속에서 움직이는 것이라고 주장한다. 사회를 형성하는 복잡한 교호적 상호관계를 범부는 "중층의 망목적網目的 연쇄인과체"[14]라는 흥미로운 개념을 동원하여 지칭하고 있다. 그리고 그것이 인간사회의 진상이라고 주장한다.

나아가 범부는 "주체적 존재인 인간의 생활조건"을 무시하고, "그중에 일개 조건인 경제조건을 가지고 인간 생활조건의 전체를 통섭統攝한다는 것도 원칙적으로 부당한 처사"라며 공산주의 이론을 비판한다.

"경제조건이 다른 조건보다 긴급하고 중요하다는 것을 누구도 부정할

범부(한복차림)의 민의원 시절

수 없을 것이지만, (…) 그 가장 긴급하고 중요하다는 이유로써 경제를 본위로서 중심으로서 근본으로서 모든 제타의 조건을 섭일攝一할 수 있는 것이라고 판정하고, 경제지상주의의 원칙으로써 인간 자체와 생활 전체를 논단하는"[15] 태도는 "사이비 공식주의의 독단"이라고 단언한다. 그리고 그런 경제지상주의의 독단은 결코 공산주의만의 문제가 아니라 현대 자본주의의 문제점이기도 하다는 사실을 지적하기를 잊지 않는다. 그 점에서 범부는 현대세계가 "이 경제지상주의의 착오에서 벗어나지 못하고"[16] 있다고 진단한다(범부는 현대세계의 경제지상주의에 대해 비판적 태도를 가지고 있었고, 그런 비판의식에서 전통회귀적 사상을 전개한다고 평가할 수 있다). 여기서 중요한 것은 그의 공산주의 비판 나아가 경제지상주의 비판의 핵심이 그의 종교론에서 자연스럽게 도출된다는 사실을 이해하는 것이다.

범부는 다시 신체의 비유로 돌아간다. 인체와 사회가 유비적 상동관계에 있다고 보는 관점은 고대세계에서는 일반적인 것이었지만, 특히 범부의 사상적 기반이 된다고 할 수 있는 도교의 수련사상, 특히 내단사상에서 두드러진 것이었다. 범부의 사회-인체상동성의 유비론은 거기서 유래한 것이라고 추측할 수 있다. 범부는 사회에서 경제의 지위를 인체의 위장에 비유하면서 인간사회에서 심장의 지위에 있는 것이 '도덕'이라는 생각을 조심스럽게 펼쳐 보인다.

범부의 해석에 따르면 "도덕은 인간이 인간사회에서 공동생활을 영위하는 데 필요한 '제일조건'"으로서 "인간 상호간의 인간적 신뢰"가 그중에서 핵심이 된다. "신뢰란 것은 인간 공동생활체인 사회의 도덕의 첫째 요건이 되는 것"[17]이기 때문이다.

범부가 신뢰를 사회생활의 기본적 조건이고 도덕의 첫째 요건이라고 말할 때, 그가 요구하는 도덕과 신뢰의 수준은 "절대적 수준의 완덕完德이나 대덕大德이 아니라 누구나 안심하고 언행을 신임할 수 있을 정도의 '상덕常德'"[18]이라고 말한다. 그 '상덕'의 근거는 역시 '대덕'일 것인데, 그

'대덕'은 일반인에게 손쉽게 요구할 수 없는 최고의 정신적 경지라고 말할 수 있다. 결국 그런 '대덕'의 경지에 도달하기 위해서는 특별한 정신력이 필요하며, 그것을 가능하게 해주는 것이 다름 아닌 '종교'의 신앙적인 힘이다. 이렇게 '상덕'을 요구하는 사회적 도덕은 궁극적으로 종교적 '대덕'에 바탕을 둘 수밖에 없다. 다시 말해 종교가 도덕의 뿌리가 되어야 한다는 것이다.

신앙과 영지의 획득

범부가 신앙의 결과 획득하게 되는 '안심입명적 정신력'을 중시한다는 것은 종교 정의를 논의하는 장에서 이미 살펴본 바 있다. 그 획득의 결과가 존재하지 않았더라면 종교적 신앙이 계속되었을 리가 없다고 범부는 말한다. 범부는 종교적 신앙을 통해서 획득하게 되는 다양한 정신력 가운데 가장 중요한 것이 '영지靈知'라고 말한다. 독실한 종교적 신앙을 가진 사람은 궁극적으로 초월적인 신적 존재가 지닌 신비한 능력과 통찰력을 획득할 수 있다는 말이다.

> "그것이 오직 독실한 신앙인 경우에는, 첫째 반드시 안심安心이 있는 것이고, 또는 용기와 활기를 가지게 되는 것이고, 또는 영이靈異한 계시나 영지靈知가 계발되는 것이고, 혹은 신용이나 불가사의적 이적異蹟도 왕왕 정시呈示되는 것이다"[19]

> "상고시대의 신화적 설화에 등장하는 위대한 역사적 인물들은 예외 없이 '영지적 능력'이 발군인 '영지적 천재'들인데, 동서를 불문하고 걸출한 종교의 개조격開祖格인 인물은 모두 '영지적 천재'로서 대덕, 완덕

을 갖춘 인물이었으며, 붓다나 예수 공자가 그런 인물의 대표에 해당한다."[20]

범부는 영지획득을 신앙의 결과라고 이해하고 있으며, 위대한 사상과 종교의 천재들, 특히 예수, 붓다, 공자 같은 위대한 역사상의 종교개창자들이 그런 영지를 획득한 인물들이라고 말한다. 여기서 알 수 있는 있는 것처럼, 범부가 말하는 영지는 단순한 지식과 지혜를 넘어서는, 궁극적인 원리에 대한 인식과 그 결과 획득하게 되는 신비적 정신역량이라고 이해할 수 있다. 기독교처럼 계시를 중시하는 종교전통에서라면 그것은 계시를 수용하고 이해하는 능력일 것이고, 유교처럼 도덕적 역량을 강조하는 전통에서라면 그것은 완전한 도덕(대덕=완덕)의 획득일 것이고, 불교처럼 깨달음을 중시하는 전통에서라면 그것은 궁극적 진리의 깨달음이라고 말할 수 있을 것이다.

범부는 인간이 동물로서 생명력이 가장 약한 존재이며, 적에 대항할 수 있는 뿔이나 발톱 등의 무기나 날개나 모피나 강한 다리를 갖지 못한 연약한 존재라고 말한다. 그러하여 그런 인간이 다른 동물세계에서는 볼 수 없는 '특별한 세계(別有世界)'를 건설하여 지구의 주인으로 군림하게 된 이유에 대해 묻는다. 먼저 그는 그 물음에 대한 답을 '지력'의 발달에서 찾는 여러 학설은 충분하지 않다고 보면서 인간의 진정한 역량을 이루는 것이 '유치한 지력'보다 더 근원적인 '인간주관적인 정신력'이라고 말한다. 그는 그것을 '신앙력'과 동의라고도 보지만, '신앙력'이라는 표현이 지나치게 막연하기 때문에 '인간주관적인 정신력'이라고 말해야 한다고 덧붙인다.

나아가 범부는 그 '인간주관적 정신력'이 신앙하는 행위로서의 '신앙심리', 신앙의 주체로서의 '인간주관', 신앙의 대상으로서의 '신비성'이라는 세 요소를 가진 것이라고 말한다.[21] 그는 '인간주관적 정신력'이라는 표현을 사용하여 종교의 기본요소에 대한 분석적 이해를 드러내고 있는 것이다.

여기서 중요한 것은 범부가 말하는 '신비성'은 위에서 살펴본 '영지'와 대단히 깊은 연관성을 가진 개념이라는 사실이다.

'신비'는 인간의 이성적 지식이나 합리적 논리로서는 알 수도 없고 판단할 수도 없는 특별한 차원에 속하는 것이다. 종교의 핵심요소인 신앙은 초월적 존재, 그의 표현을 빌면, '신기神祇(하늘과 대지의 여러 신들의 집합체)'이거나 '초인력적 위신력'에 대한 신앙이다. 범부는 인간은 원시시대부터 비록 유치한 대상이라고 할지라도 무엇인가를 '신앙'해왔으며, 나중에는 신앙의 대상인 '신기'에 대한 인식을 발전시키면서 그것을 '초인력적인 위신력'을 가진 일종의 '실재'로서 신앙했고, 그 다음 단계에 와서는 '절대적 위신력'으로 신앙했다고 한다.

'절대적 위신력'이란 신앙의 대상이 되는 신기를 절대자로 믿었다는 것으로, 그 절대자를 인간의 생명과 재산을 보호하는 수호자, 주보자, 가피자로서 신앙한다는 것을 의미한다. 범부는 '불가사의한 위신력'을 예상하지 않고는 신앙의 대상이 아예 성립하지 못하며, 인간의 수호력을 예상하지 않고는 신앙의 이유가 성립하지 않는다고 말한다. 즉, 이는 신앙의 대상과 신앙의 심리적 역할에 대해 언급하고 있는 것이다.[22] 모든 종교가 반드시 신앙의 대상으로서의 초월적 존재 내지 신을 예상하는 것은 아니지만, 실체적으로 종교를 설명하는 일반적인 종교이해에서 신앙대상의 존재는 사실 빼놓기 어려운 것이다.[23]

범부가 보기에 신앙의 천재들은 독실한 신앙으로 영지를 획득하는데, 그 방식은 다양할 수 있다. 범부의 정신세계를 고려한다면, '신내림' 역시 '영지' 획득의 한 방식으로서 주목할 가치가 있다. 신적 존재가 독실한 종교적 천재의 정신 속에 깃드는 것이 '신내림'이다. 그 '신내림'의 결과 신이 내린 자는 보통 사람과는 다른 특별한 지식, 초월세계의 지식이라고 해도 좋고 완전한 지혜라고 해도 좋고 아니면 '완덕'이라고 해도 좋고 '입성入聖'이라고 해도 좋은, 그런 초월적 정신상태에 도달한다. 사실 범부는 기독교의 메시아사상과 유교의 성인됨(作聖)을 위한 공부 및 성인대망의 이념을 동일한 차원에 놓고 이해한다.[24] 범부의 입장에서 본다면, 성인이 된다거나 메시아가 된다거나 신선이 된다거나 완전한 덕성을 획득한다거나 신내림을 받는 것은 모두가 같은 수준의 완전한 신앙의 결과물이라고 말할 수 있다.

범부는 본인의 대표적인 논설 가운데 하나인 『최제우론』에서 동학의 창시자 최제우를 풍류도에서 이어지는 우리 민족의 전통적 종교성의 완성자라고 대단히 높게 평가했다. 그의 종교체험은 전형적인 신내림현상인 대강령의 체험인데, 그 사건은 우리네 전통적 신도神道의 기적적 부활이며, 풍류도의 재생이라는 것이다. 이런 논의를 통해 범부는 '풍류도 도통론'과 '종교론'이 최제우라는 하나의 지점으로 수렴하고 있음을 탁월하게 설명해냈다.

제 15 장

진화론을 넘어 자연학으로

이마니시의 주체성의 진화론

이마시니 긴지의 위치

현대 일본사상에 있어서 이마니시 긴지(今西錦司, 1902~1992)의 위치를 규정하는 것은 쉬운 일이 아니다. 이마니시는 전문적인 사상가나 철학자가 아니라 생물학에 시작하여 생태학과 진화론을 연구한 과학자이기 때문에 그의 사회적 · 사상적 위치를 이야기하는 것 자체가 의미 없는 일이 될 수도 있다. 그럼에도 불구하고 이마니시는 전후 일본사상계 안에서 일정한 영향력을 가진 인물임을 부정할 수 없다. 생물학을 연구하는 과학자가 사상계 안에서 일정한 영향력을 가지고 있다는 것은 무슨 의미일까?

일본 현대사상의 대가인 마루야마 마사오(丸山眞男)가 평가한 것처럼, 현대 일본의 사상사 안에서 그 누구도 부정할 수 없는 '거대한 사상적 의미'를 가지는 사상체계를 마르크스주의라고 한다면, 이마니시의 사상은 당연히 그와 같은 거시적인 역사관과 인류사의 동태에 대해 포괄적인 이론을 제시하는 지위를 가진다고 말할 수는 없을 것이다. 그러나 이마니시의 매력은 인간과 역사를 넘어서서 생물과 자연을 문제 삼는 사상이라는 바로 그 사실에서 찾을 수 있다. 인간과 사회 더구나 인간의 의지적 실천을 강조하는 마르크스주의를 경제중심의 유물사관이라고 규정할 수 있다면, 인간이 아니라 자연 그 자체를 문제 삼는 이마니시의 사상은 마르크스의 관심과 대극에 위치에 놓인다. 마르크스의 사상을 '인간중심의 유물

이마니시 긴지

사관'이라고 부를 수 있다면, 이마니시의 사상은 '생물중심의 자연사관'이라고 명명할 수 있을 것이다.

서양에 사상적 뿌리를 두는 유물사관에 대항하여 이마니시는 일본적 자연관(더 넓게 본다면, 불교와 도교와 연속되는 동양적 자연관)에 뿌리 내리면서, 근대 이후 일본적 사상풍토에서 발생한 독특한 생물학적 '자연사관'을 제시한다. 이로써 그는 전후 일본에서 서구적 사유를 넘어설 수 있는 대안을 제시한 사상가로서 각광을 받았다고 말할 수 있다. 더구나 서구에서 유래했고, 또 서구문화의 강점이라고 평가받는 자연과학의 영역에서 서구사상을 넘어서는 관점을 제시했다는 사실 때문에, 그의 자연사관은 사람들의 남다른 관심을 끌었을 것이라고 추측할 수 있다.

현 단계에서 이마니시의 학문, 특히 그의 생물학이론과 진화론 나아가 그의 자연학사상을 전면적으로 논의하는 것은 쉽지 않은 과제다. 이마니시 본인의 사상은 물론이고, 그가 대결하고자 했던 다윈의 진화론, 근대 자연과학의 방법론과 자연관을 포괄적으로 정리하는 일은 또 다른 거대한 과제가 될 것이다. 하지만 나는 이마니시를 통해, 근대 동아시아에서 전개된 과학담론의 한 궤적을 이해하는 실마리를 발견할 수 있을 것이라는 기대를 버리지 않는다. 인문학자가 생물학자, 자연과학자의 자연관을 논의하는 것이 애당초 불가능한 일이라고 치부해버릴지도 모르지만, 그의 자연학사상은 단순한 과학이론이 아니라 자연을 바라보는 사변적인 사상이자 문화적 구속성을 가진, 자연에 대한 이해의 한 양상이다.

생물세계의 기본 사실로서 '공생'

먼저 이마니시는 생물학자로서 학문적 생애를 시작하면서 첫 단계부터 과학으로서의 생물학의 학문적 방법에 의심을 품기 시작했다. 죽은 생물의 표본을 만들고, 그것에 기초하여 형태의 분류를 일삼는 생물학의 학문적 방법에 의문을 가졌던 것이다. 생물은 살아 있는 것이기 때문에 그것이 살아 있는 장場에서 관찰하지 않으면 안 된다는 확고한 신념이 그에게는 있었다. 이마니시는 실험실에서 죽은 생명을 관찰하는 방법을 떠나 자연계에서 살아가고 있는 살아 있는 생물로 연구대상을 바꾼다. 훗날 그는 이 사건을 자신의 학문에 있어서 거대한 전환이었다고 평가한다.[1] 야외관찰이 이마니시와 그의 그룹의 영장류연구 나아가 생물학연구에서 골간을 이루는 중요한 학문방법이었지만, 그것 자체가 이마니시만의 독창적 방법은 아니었다. 하지만 생물이 생명의 장을 공유하고 있으며, 그 장과 상호작용하는 주체인 생명체가 주체적으로 아이덴티티를 형성하며 진화한다는 그의 주장은 독창성이 번뜩이는 부분이라고 말할 수 있다.[2]

또 하나 이마니시 생물학의 주요한 테마는 자연계 안에서 같은 종에 속하는 생물개체가 사회(종 사회)를 이루면서 존재하고 있으며, 각각의 종으로 구성된 '종 사회'들은 경쟁하는 관계가 아니라 '공생共生'하는 관계로서, 각각 삶의 장을 '스미와케(棲み分け · 分棲 · 생명의 장을 공유하면서 공존)'하고 있다는 사실을 주장하는 것이다. 나아가 '종 사회'들이 32억 년이란 시간을 거치면서 점차 밀도를 더해 가는 것이 생물진화의 원리라는 발견 역시 이마니시 생물학의 핵심 중의 하나이다. 그런 생물학에 근거한 생명과 자연에 대한 사상의 일단은 그의 초기 저작 『생물의 세계』에 정리되고 있다.

이마니시는 1941년 제2차 세계대전 중에 발표한 『생물의 세계』(1941년) 안에서 생물학자로서 자신의 학문과 사상의 윤곽을 제시한다. 그 저서에서 이마니시는 다윈의 진화론이 생물 '개체'에 초점을 맞추고, 그 개체의 '변이'에 출발점에 두고 있다는 근본사실에 이의를 제기하면서, 현대 진화론의 아버지 다윈의 생물관 및 진화론에 대한 야심찬 도발을 시도한다. 개체변이에서 출발하는 다윈의 진화론은 개체 가운데서 적자敵者만이 살아남는다는 자연도태의 이론에 입각해서 생물을 이해한다. 그에 반해 이마니시는 각 개체가 속하는 더 큰 종으로 구성되는 '종 사회'를 출발점으로 삼아 그 '종 사회'들끼리의 '스미와케'를 주장하면서 자연도태설에서 말하는 경쟁을 통한 진화의 이론을 극복하고자 한다.

생물사회는 동종에 속하는 개체들이 하나의 사회를 형성하고, 그 '종 사회'들은 '스미와케'를 통해 '공생'하면서 최종적으로 생물전체 사회를 형성한다. 그리고 그 생물전체 사회는 다시 더 큰 전체 자연 속에 존재한다.[3] 이렇게 개체보다 '종 사회'를 중심에 둔 생물계의 이해가 이마니시 사상의 중핵이다.

생물의 세계에는 약 170만 종의 생물이 존재한다. 만일 그 종들이 그저 약육강식의 관계 속에 놓여 있다고 한다면, 생물의 역사 32억년 동안 약한 것은 전부 도태되어버리고, 결국 몇 종류의 강한 종만이 살아남게 되었을 것이다. 그러나 실제로는 그렇지 않다. 이마니시의 문제의식은 여기에 있다. 생물은 약한 것은 약한 것대로 강한 것은 강한 것대로 그리고 오래된 종은 오래된 종대로 새로운 종은 새로운 종대로, 다양한 생명종生命種을 이루며 생물계 안에서 공존한다. 더구나 강함과 약함이라는 기준을 일의적으로 규정하는 것도 쉽지 않다. 상황에 따라 강함과 약함의 기준이 변화할 수 있기 때문이다. 따라서 세력을 기준으로 진화를 이야기하는 입장은 일면적이기 짝이 없다.

이마니시는 '스미와케'의 단위인 '종 사회'에는 그 사회를 구성하는 생물들, 즉 해당 종에 속하는 개체들이 존재한다고 본다. 그런데 '종 사회'를 구성하는 것은 왜 '동종'의 개체인가? 이마니시에 따르면, 살아 있는 모든 생명체는 반드시 그 생명체와 닮은, 즉 유사한 형태를 가진 다른 생명체를 일원으로 가지기 마련이다. 예컨대 늑대라는 종에 속하는 개체로서의 늑대는 비슷한 형태를 가진 다른 늑대의 존재를 반드시 전제한다. 이것은 대단히 단순한 원리이지만, 이마니시 생물학의 근본이라고 할 정도로 중요한 사실이다. 그 사실로부터 이마니시는 중요한 가설, 일종의 생물형이상학 내지 생명의 기원론이라고도 말할 수 있는 근본가설을 도출한다. 즉, 지구 위 만물은 어느 것 하나 예외 없이 원래는 하나의 물질로부터 생성된 것이고, 그런 생명기원의 단일성이라는 근본가설에서부터 살아 있는 생명존재는 서로 모두 '유연類緣' 관계에 있다는 결론을 이끌어낼 수 있다는 것이다.[4] 생명존재는 원래 동일한 하나에서 나온 것이기 때문에, 같은 것에서 나왔다면 다른 것이라 할지라도 반드시 원래 모체가 되는 것과 유사한 형태를 가진다는 것이다. '유연'이라는 기본성질 때문에 '유추'가 가능해진다.[5] 그렇다면 이런 생물의 유연관계를 어떻게 파악할 것인가? 이마니시는 그것을 생물세계를 탐구하는 데 있어서 기본과제라고 말한다. 그 과제에 접근해가는 이마니시의 방법을 살펴보자.

생물은 살아 있는 '사물'로서 모두 그에 상응하는 '형태'를 가진다. 이것은 절대로 부정할 수 없는 사실이다. 따라서 생물이 유연관계를 가지고 있다고 말할 때, 그 유연성은 먼저 그 생물의 '형태'와 뗄 수 없는 연관이 있다. 모든 생물이 동일한 하나에서 생성되어 현재의 다양한 형태를 가지기에 이르렀다고 가정한다면, 생물들 사이에는 반드시 어떤 점에서든 서로 비슷한 점이 없지 않을 수 없다. 이런 사실에서부터 이마니시는 주요 개념 중의 하나인 '상사相似'라는 개념을 도출한다. 그러나 이와 동시에 유사한 닮은 생물들 사이에라도 완전히 동일한 것은 하나도 존재하지 않는다. 거의 같은 형태를 가진 '사과' 하나라도 완전히 동일한 것은 없다. 사람도 마찬가지고, 곤충도 마찬가지다. 그 이유는 무엇인가? 만물이 원래는 하나의 사물에서 분화하여 생성되어 나왔다면, 분화의 과정에서 '차이'가 발생하는 것 역시 당연한 귀결이라고 말할 수 있을 것이다. 그런 사실에서부터 '상이相異'라는 개념이 도출되어 나온다. 이처럼 '상이'와 '상사'는 지구상에 존재하는 생물의 공통점과 차이점을 동시에 말하는 이마니시 생물학의 근본개념이다.[6]

정리하자면, 생물은 살아 있는 '사물'로서 반드시 형태를 가지며, 원래는 하나에서 생성되어 나온 것이기 때문에 역사적으로, 즉 진화사적으로 유연관계를 맺고 있으며, 그런 관계를 가진 생물형태는 '상사'라는 형상으로도 파악될 수 있고, '상이'라는 형상으로도 파악될 수 있다. 이처럼 '상사'와 '상이'는 존재하는 모든 생물의 형태로부터 추출되어 나온 두 개의 형상이다.

나아가 유연관계를 가진 것들 사이에는 다시 형태학적으로 먼 관계에 놓이는 것과 가까운 관계에 놓이는 것이 있다. '종'은 그 중에서도 서로 대단히 비슷하게 닮은 개체의 집합을 의미한다. 자연계의 생물개체는 반드시 같은 종에 속하는 다른 개체와 생활의 장을 공유하는 것이 원칙이다. 그렇게 성립된 종의 집합이 바로 '종 사회'다. '종 사회'를 가지지 않는 개체는 존재하지 않는다는 의미에서 생물세계의 기본 구성단위는 '종 사회'라는 이마니시의 결론이 도출된다.

이마니시는 관찰 가능한 사실로부터 이 '종 사회'들 상호간의 '스미와케'를 추출해내고, 그 개념을 자신의 생물이론의 근간으로 삼는다. 사실(현상)에서 출발하여 '종 사회' 내부의 구조('종 사회' 내부 개체들의 관계)와 '종 사회'들 사이의 구조('종 사회'들의 상호관계)를 더 깊이 있게 관찰해나간 것이다. 그러나 내부구조와 외부구조를 아무리 깊이 파고들어도 '스미와케'라는 근본사실이 왜 존재하는지 '스미와케'의 근본원리는 무엇인지 그 근본적인 문제에 답하는 것은 불가능하다.[7] 관찰에만 의존해서는 그 문제에 답할 수 없는 것이다. 따라서 이마니시는 현상을 지탱하는 원리를 발견하기 위해, 일종의 형이상학적 도전을 감행한다. 이마니시의 진화론은 그런 원리발견을 위한 노력의 결과물로서 탄생한 것이다.

이 물음에 답하기 위해 이마니시는 '프로토-아이덴티티(proto-identity, 원귀속성)'라는 개념을 제시하여 '스미와케'의 원리에 대한 독특한 이론을 제안한다. 자신의 최후의 저작 『자연학의 전개』에서 이마니시는 본격적으로 '프로토-아이덴티론'을 제시하고 있다. 사실 이마니시는 『생물의 세계』 안에서 이미 "생물이라는 것은 처음부터 자신이 개체로서 어떤 종에 속하는지에 대한 선험적인 인식을 가지고 있다"라고 말하면서, 생물의 '아이덴티티' 문제를 언급하고 있다. 그러나 이 아이덴티티는 사회학이나 철학에서 말하는 정체성개념과는 약간 차이가 있다. 생명개체 자신이 자신의 귀속성을 선험적으로 인식하는 것을 말하기 때문이다. 즉, 생명체의 근본적 자기인식이 '프로토-아이덴티티'다. 이 개념은 '생물학'에서 출발하여 '자연학'으로 전개되어가는 이마니시 자연관의 발전을 이해하는 데 대단히 중요하다. 그는 이 개념에 대해 자신의 생물사회학과 진화론에 영혼을 부여하는 것이라고 말할 정도다.[8]

물고기는 물고기를, 새는 새를 같은 종에 속하는 개체들로 인정한다. 이처럼 모든 생물은 동종에 속하는 다른 개체를 인정・인식하는 능력을 선천적으로 갖추고 있다. 이마니시의 프로토-아이덴티티는 이렇게 생물이 태어나면서부터 동종의 개체를 인식하고 인정하는 능력이다. 생명체는 이를 기반으로 어떤 학습과정이나 경험을 거치지 않고도 탄생 이후 다양한 경험을 축적하면서 개체로서의 아이덴티티를 발달시켜나간다.

이마니시 생물학의 중요한 성과 중 하나로 손꼽히는 진화론연구에서 그는 '주체성의 진화'라는 개념을 제시한 바 있다. 거기서 이마니시는 "생장도 그렇고 진화도 그렇고, 그것을 시간축에 따른 하나의 코스라고 보는 한, 그것 모두 주체가 스스로를 표현하는 자기운동의 궤적이라고 보아도 좋은 것은 아닌가"[9]라고 말하면서, 주체성 진화의 핵심명제를 제시한다.

이 단계에서 그는 '주체'라는 개념을 명확히 규정하지 않았지만, '프로토-아이덴티티' 개념이 선명해지면서, 주체개념은 더욱 분명한 의미를 획득하게 되었다. 다시 말해 '프로토-아이덴티티' 개념을 통해 이마니시는 생물개체는 스스로 '주체'로서 자신이 귀속하는 귀속 종을 식별하는 능력을 가진다는 사실을 더욱 선명하게 설명할 수 있게 된 것이다.

이런 귀속 식별능력을 가진 생물개체들이 서로를 인식하고 사회를 형성한다. 그리고 서로 가까운 유연관계를 가진 '종 사회'가 경계를 맞대고, 동시에 종들 사이의 긴장감을 형성하면서 자연 안에서 공존한다. 생물개체의 분포한계는 유기물적無機物的인 요인에 대한 생리적 한계가 아니다. 물론 생물의 분포가 생리적 한계지점까지 뻗어나갈 가능성이 없는 것은 아니지만, 실제에 있어서 생물은 생활의 장場인 '종 사회'의 경계선을 넘어가지 않는다. 이런 사실들을 통해서도 우리는 생물개체의 행동에는 분명한 '주체성', 즉 선천적 귀속능력이 있다는 것을 알 수 있다. 이처럼 '프로토-아이덴티티'론은 살아 있는 생명체 모두에게 '주체성'의 존재를 인정하는 생명의 원리론이다.

여기서 제기되는 의문은 생물 각 개체가 '프로토-아이덴티티'라는 선험적 능력을 가지고 있다는 사실이 '증명' 가능한가다. 나는 그것의 존재를 증명하는 것은 불가능하다고 생각한다. 이마니시 역시 '프로토-아이덴티티'를 검증 가능한 논리로서 제시하지는 않았다.[10]

다윈 진화론을 넘어서: 개체를 넘어 종으로

이마니시 자연학의 방법문제를 구체적으로 살펴보기 전에, 먼저 그의 자연학 성립과정에서 가장 중요한 과제로 제기된 '진화문제'에 대한 그의 입장을 조금 더 살펴보자. 앞에서 부분적으로 언급했지만, 이마니시의 자연학은 '진화론'을 그 중심에 두고 있다. 『생명의 세계』 집필 이전부터 이마니시는 다윈 진화론을 수용하는 한편, 그 이론의 전제가 되는 '자연관'에 반감을 가졌다. 그런 반감은 생존경쟁이라든가, 적자생존을 표방하는 다윈주의(네오다위니즘을 포함한) 진화론에 대항하여 조화와 공존을 강조하는 생명세계론, 더 나아가 이마니시 특유의 이론으로 이어졌다. 이후 이마니시는 생물의 '주체성'을 강조하는 '주체성의 진화론'을 발전시켰고, 그것이 결국에는 '자연학'이라는 새로운 학문적 입장으로 발전한 것이다. 따라서 이마니시 자연학의 의미를 이해하기 위해서는 자연학의 기초를 이루는 이마니시 진화론의 윤곽을 살펴볼 필요가 있다.

이마니시는 다윈 진화론의 자연도태설, 적자생존설 그 자체보다도 그 이론의 전제가 되고 있는 '자연관'이 문제라고 생각한다. 다윈의 자연관에 따르면, 자연은 생존경쟁의 장이며, 자연에 존재하는 모든 생명체는 살아남기 위해 상대방을 적으로 간주하는 존재로 평가된다. 다윈의 진화론이 멜서스의 『인구론』에서 영향을 받았다는 것은 널리 알려진 사실인데, 이마니시는 그 점에서 다윈은 인간사회의 현상을 생물사회에 원용하는 의인주의擬人主義를 면하기 어렵다는 사실을 지적한다. 다윈의 진화론은 인간사회를 모델로 자연을 설명하는 환원주의에 빠지는 것을 피할 수 없게 된다는 것이다. 다윈의 자연관 비판에서 출발하는 이마니시는 자신이 주장하는 자연의 조화로운 진화와 다윈이 주장하는 생존경쟁은 서로 양립할 수 없는 두 가지 관점이라고 말한다.[11] 왜냐하면 원래 하나에서 분화 · 발전하여 현재의 생물전체 사회가 만들어지게 되었다고 한다면, 그 전체의 부분을 구성하는 생명 종들 사이에 투쟁이 발생할 것이라고는 도저히 생각할 수 없기 때문이다.

이마니시는 자연이 생존경쟁의 장이라고 이해하는 다윈의 관점에 반대하고, 질서유지의 원리가 작용하는 장으로서 자연을 이해하고자 한 것이다. 이마니시는 자신의 "스미와케 원리는 경쟁원리가 아니라 처음부터 공존원리였다"[12]고 주장한다. 그러하여 진화를 적자생존의 과정이 아니라 '종 사회'들 사이의 '스미와케'의 밀도가 높아지는 과정일 뿐이라고 이해한다.

즉, 이마니시 진화론의 출발점은 '소수'의 종 '개체'에서부터 시작된다는 다윈의 입장에 반대해 진화의 단위를 '종 사회' 전체라고 이해한다. (네오)다윈이즘에서는 진화를 이끄는 특정의 종 개체에서 발생하는 돌연변이와 적자생존을 중요하게 여기지만, 이마니시는 이런 진화관 자체가 기독교 나아가 서구적 사유의 배경 하에서 나온 이론이라고 말한다. 나아가 증명 불가능한 가설에 불과한 다윈의 진화론이 마치 증명이 끝난 것처럼 받아들여지는 것 역시 문제라고 본다. 서구적 자연관 및 생물관이 아니라 그들의 입장과 다른 자연관 내지 생명관을 가지게 되면, 생물의 진화 역시 전혀 다른 관점에서 바라볼 수 있다. 그 점에서 이마니시는 다윈의 진화론이 단순한 '생물학적인 이론이라기보다는 하나의 신화'[13]라고 단언한다.

그렇다면 이런 이마니시의 진화론에서 진화를 추동하는 동력은 무엇일까? 적자생존이 진화의 동력이 아니라면, 진화가 일어나는 이유는 무엇일까? 이마니시 진화론은 이 질문에 답하는 데서 독창성을 드러낸다.

이마니시는 진화가 어떤 목적이나 목표를 가지고 일어나는 것이 아니라고 말한다. 그리고 다윈이 주장하는 식으로 도태나 경쟁의 원리에 따라 진화가 일어나는 것도 아니다. 진화는 종 개체 전부, 즉 '종 사회'가 변하지 않을 수 없기 때문에 변하는, 단순한 혹은 자연스런 과정에 불과하다. 이마니시 진화론은 한 마디로 '변해야 할 때가 오면 변한다(變わるべきときがきたら變わる)'는 지극히 단순한 말로 요약될 수 있다.[14] 생물의 진화 역시 자연의 한 과정임을 함축하고, 진화를 자연의 자연스런 과정으로 파악하는 그 명제는 '자연의 자연스러움'과 가장 잘 어울리는 표현이다. 이에 비할 때, 자연의 변화에 어떤 '이유'가 있어야 한다고 믿는 태도가 오히려 문제가 아닌가?

이마니시는 명제를 하나의 '과학적' 이론으로 주장하는 것이 아니다. 평생 생물학적 진화론을 연구해온 노학자는 '자연과학'을 폐업하는 시점에 '자연학자'로서 그 명제를 제시한 것이다. 그리고 이마니시는 그 명제를 하나의 이론이라고 부르지 않고, 하나의 신화 — 다윈의 신화와 마찬가지로 — 증명될 수 없는 하나의 신화, 즉 '창생의 신화(創生の神話)'라고 명명한다. 이마니시는 이렇게 말한다. "생물이 탄생하기 이전에 존재하던 다수의 고분자는 변해야 할 때가 왔을 때, 다수의 생물개체로 변했다. 그때가 바로 종의 개체가 시작되는 시점이었지만, 동시에 종 사회가 시작되는 시점이기도 했다. 거기서부터 이 둘(개체와 사회)이 생성 발전해가는 때에도, 변해야 할 때가 오면 이 종 사회의 성원인 종 개체의 전부가 모두 동시에 일제히 변함으로써, 종 사회 그 자체도 또 변해간다고 생각하는 것이 어디가 나쁜가?"[15]

전체적 자연의 회복

이마니시는 자연학에 이르는 길에, 생물학·생태학·영장류학 등 다양한 학문세계를 거쳤고, 그런 분야의 학문을 비판적으로 극복하는 과정에서 독자적인 자연학에 도달했다. 여기서는 이마니시가 자연학에 도달하는 경위를 살펴보면서 그의 자연학의 입장과 자연관에 대해 간단히 살펴보고자 한다.

자연과학자, 특히 영장류학자·생물학자·진화론자로서 명성을 떨친 이마니시는 1983년에 발표한 「자연학의 제창(自然學の提唱)」이라는 논문에서 평생의 연구영역으로 삼아온 '자연과학'과 결별을 선언하고, 스스로 '자연학자 이마니시 긴지'라며 학자로서 자기 정체성을 규정한 뒤, 학문의

새로운 방향을 설정한 바 있다. 물론 이마니시가 과학으로서의 생물학 그리고 생물학의 한 분야인 생태학의 대표자로 활약하면서도 끊임없이 그에 이의를 제기해왔던 사정을 고려한다면, '자연과학'과의 결별선언이 예상하지 못한 학문적 스캔들이라고는 볼 수는 없을 것이다. 이마니시는 위의 논문을 계기로 공식적으로 '과학'으로서의 생물학과 생태학을 넘어서는 '자연학'이라는 학문을 제안하기에 이른 것이다. 그렇다면 그가 말하는 '자연학'이란 무엇인가? 특히 '과학'으로서의 생물학 및 생태학과 구별되는 '자연학'이란 무엇인가? '과학'을 폐업하고 도달한 새로운 학문으로서의 '자연학'의 독자적 입장은 무엇인가?

이마니시의 '자연학'은 생물학과 생태학 그리고 인류학을 포괄하는 것이면서, 동시에 그 모두를 넘어서는 것이다.[16] 이마니시는 자연과학 · 사회과학 · 인문과학을 나누는 현재의 학문시스템으로는 자연을 총체적으로 파악할 수 없다는 불만을 가지고 있었다. 그러하여 자연 전체를 파악하는 새로운 길로의 전환을 위해 자연학으로의 회귀를 결심한다. 원래 총체적인 하나의 자연학이 물리학 · 생물학 · 심리학 등 분과학문으로 쪼개졌고, 분과학문 체제가 오히려 당연한 것으로 여겨지면서 본래적 의미의 자연학이 시대착오적인 학문으로 인식되기에 이른 사태를 그는 안타깝게 여긴다.

이마니시는 현재의 자연과학적 자연관이 오히려 자연을 제 모습대로 바라보지 못하게 만든다고 말한다. 자연과학은 자연을 객관적으로 보아야 한다고 말한다. 주관을 배제하고 객관적으로 자연을 본다는 이념, 그것은 서구에서 시작된 근대 자연과학의 근본신념이다. 그 경우 객관적 대상으로서의 자연과 그것을 관찰하는 주관은 분리된다. 그런 태도는 사실 서구의 분석적 논리와 무관하지 않다. 더구나 자연을 탐구하는 과학은 동물학 · 식물학 · 지질학 · 광물학 등으로 극도로 세분화되었다. 그 결과 동물학은 동물만을, 식물학은 식물만을 연구한다. 그런 식물 · 동물 · 광물이 자연을 구성하고 있다는 생각 자체는 틀리지 않지만, 그들 각각은 자연의 지극한 일부에 불과하다는 사실을 잊고 있다. 이마니시는 '부분적 자연'을 연구하는 것이 현대 자연과학의 약속이기 때문에, 과학은 무엇이든 나누어서 분석하는 태도를 취할 수밖에 없는 근본적 한계를 가진 것이라고 지적한다.

그러나 이마니시의 '자연학'이 지향하는 것은 '전체적 자연'의 이해다. 분석적 · 객관적 태도를 가지고 자연을 탐구하는 전문가는 전체적 자연의 탐구가 과학의 대상이 아니라 예술이나 종교의 대상이라고 주장할 것이다. 그런 주장에 대해 이마니시는 '자연학'이 대상으로 삼는 자연은 사실 종교가와 예술가가 바라보는 '자연', 하나인 '자연', 불교에서 말하는 '대자대비'의 포용성을 가진 '자연'이라는 사실을 오히려 강조한다.[17] 이처럼 이마니시는 근현대 자연과학의 자연관과 연구방법에 실망하고, 자연을 전체로 이해하기 위해 '자연학'으로의 전환을 결심한 것이다.

여기서 우리는 이마니시의 자연관이 흔히 말하는 종교적 자연관에 다가가 있음을 알 수 있다. 이마니시는 현재의 분석적 과학으로써는 그 전체를 다 합쳐놓는다고 할지라도 '자연'이라는 전체를 종합적으로 파악하는 것에 이르지 못한다는 사실을 지적한다. 과학적 자연관은 전체적 자연을 바라보는 관점이 존재했다는 사실을 망각하고, 그런 가능성조차 인정하려 하지 않는데, 바로 그 점이 문제다.

이마니시는 쪼개고 나누는 방법과 이성만능의 태도를 극복하고 인간과 자연의 본래적 전체성을 회복하기 위해서는 다시 전체적 자연을 바라보는 관점을 회복할 필요가 있다고 말한다. 자연과학적 자연관을 비판하면서 결국 그는 의식중심적 · 근대적 · 서구적 자연관에 대한 비판과 극복을 지향하고 있는 것이다.

"의식의 세계라고 하는 것은 자연 전체에서 보면 지극히 작은 한 점에 불과하다. 자연 전체라고하면 동물과 식물, 그 이외의 전부를 포함한다. 그중에서 인간만이 의식을 자랑하고 있지만, 그것은 자연의 한 점에 불과하다. 자연에 속하는 다른 모든 존재는 무의식의 세계에서 유유자적한 삶을 누린다."[18]

그렇다면 의식의 세계와 무의식의 세계 전체로 구성된 전체 자연을 탐구하고 이해하기 위해서는 어떤 방법을 사용해야 하는가? 부분 자연이 아니라 전체 자연을 문제 삼는 '자연학'은 어떤 방법을 동원하여 그 목적에 다가갈 수 있는가? 여기서 이마니시 자연학의 방법문제가 자연스럽게 부각된다.

자연학의 방법

자연을 분석하거나 분할하지 않고 전체로서 이해하는 것이 과연 가능한가? 그 질문은 이마니시 자연학의 존립과 관련된 근본적인 질문이 될 것이다. 앞에서 계속 보아온 것처럼, 이마니시는 '부분 자연'이 아니라 '전체 자연'을 탐색하는 것을 자신의 자연학의 목표라고 주장해왔다. 그리고 그 자연학이 단순한 자연감상이나 예술적 · 종교적 자연향수享受에 그치는 것이 아니라 하나의 '학문'으로서 독립하기 위해 그에 어울리는 방법론을 가져야 할 필요가 있음을 그는 자각하고 있었다.

이마니시는 자연을 3중구조를 가진 것으로 파악하는 관점을 『생물의 세계』를 집필하는 초기 단계부터 확고한 신념으로서 가지고 있었다. 설명하자면 이렇다. 먼저 종 개체가 자연의 질서 내지 자연의 구조 안에서 맨 밑바닥에 자리한다. 우리가 자연 안에서 만나는 모든 생물은 식물이든 동물이든 개체로서 우리에게 나타난다. 그리고 그 개체가 모이면 '종 사회'가 만들어진다. '종 사회'는 자연질서의 두 번째 단계다. 간단히 말하자면, '종 사회'는 종 개체 전부를 그 안에 포함한다. '종 사회'는 이마니시의 독특한 용어인데, 그는 그 개념이 단순한 개념적 구축물이 아니라 인식 가능한 실재물이며, '종 사회' 스스로가 주체성을 가지고 있다고 주장한다. 그가 말하는 '주체성'이라는 개념을 진화론적으로 설명하자면, '종 사회'가 바로 진화의 단위이며, 동시에 '종 사회' 자체가 자기 진화의 방향을 스스로 결정한다는 뜻이다. 이마니시가 말하는 '주체성의 진화'란 진화에 있어서 '종 사회'가 주체적으로 방향을 선택한다는 말이다. 나아가 종의 개체는 이 '종 사회'에 대해서 귀속성을 가지고 있으며, 개체는 자신이 속하는 '종 사회'의 유지와 존속에 공헌하고 있다. 앞에서 본 것처럼, '종 사회'를 진화의 단위로 삼는 이마니시의 진화론은 개체의 돌연변이와 환경에의 순응을 강조하는 개체중심적 진화론과 크게 구별된다.

마지막으로 3중구조의 최상위에 있는 구조적 단위는 '생물전체 사회'다. 이 용어 역시 이마니시의 특수 용어로, 지구상에 현존하는 모든 '종 사회'의 집합을 의미한다.[19] '종 사회'가 구조 단위로서 구성된 것이 '생물전체 사회'라면, 거꾸로 '생물전체 사회'의 부분 사회로서 '종 사회'가 존재하는 것이라고 말할 수 있다. 이런 이마니시의 3중구조론은 단순한 생물자연의 인식론에 그치지 않는 깊이를 가지고 있다. 즉, 이마니시는 생물개체와 생물개체의 집합인 개체군 혹은 지역적 개체군을 생물이해의 단위로 삼는 현재의 생물학이나 생태학의 방법, 즉 자연과학적 방법으로는 자연을 전체로서 이해할 수 없을 것이라고 생각한다. 왜 그런가? 이마니시는 그 이유를 방법론의 빈곤에서 찾는다. 서양의 자연과학을 뒷받침하는 귀납과 연역이라는 방법으로는 전체 자연을 이해할 수 없다는 것이다.

그렇다면 전체 자연을 이해할 수 있는 방법은 없는가? 이에 이마니시는 귀납과 연역의 대안으로서 유추와 직관이라는 방법을 제안한다.

(1) 유추

이마니시의 유추법은 그의 진화론의 산물이라고 말할 수 있다. 앞에서 살펴 본 것처럼, 이마니시는 다윈의 개체중심적 적자생존설이나 자연선택설을 부정하고, '변해야 할 때가 오면 변한다'는 입장을 제시했다. "적자가 살아남고 부적자가 죽는 것이 아니라, 살아남는 것은 단지 운이 좋았기 때문이다. 죽는 것은 단지 운이 나빴기 때문임에 불과하다. 어느 개체가 살아남고 또 어느 개체가 죽더라도, 종 사회는 전혀 아무런 변화를 겪지 않는다. 종 사회뿐 아니라 종 사회로 구성되는 생물전체 사회 역시 전혀 아무런 변화를 겪지 않는다."[20] 우리는 그의 이런 주장을 통해, 지극히 동양적인 특히 노장적인 달관의 풍모를 느낄 수 있다.

그렇다면 그 이론은 '과학적' 이론으로서 의미 있는 것인가, 다시 말해 그의 이론은 검증이 가능한가? 그리고 그런 이론에 입각하여 진화의 방향을 예측할 수 있는가? 거의 상식에 속하는 것이지만, 칼 포퍼가 제기한 '반증주의' 과학론에 따르면, 진화론은 실증과 반증을 넘어서 있는 이론이기 때문에 과학이라고 말할 수 없다. 이마니시 역시 포퍼의 반증주의 논리를 알고 있었다. 다윈의 진화론도 실증될 수 없는 이론이라는 점에서 과학의 영역을 벗어난 것이다. 앞에서 이마니시가 다윈의 진화론 그리고 자신의 진화론을 하나의 '신화'라고 이름 붙였음을 언급했는데, 그것은 바로 이런 맥락에서였다.

당연히 이마니시는 자신의 이론이 과학적 이론이 아니라는 사실에 전혀 콤플렉스를 갖지 않는다. 이마니시는 자신의 진화론을 실증성에 근거한 과학적 이론으로서 주장한 적이 없기 때문이다. 오히려 그는 자신이 추구하는 자연학이 자연과학을 넘어선 것이며, 자연과학의 방법인 귀납과 연역까지도 넘어서 있는 것이라고 주장한다. 이마니시는 '유추'라는 방법을 통해 다윈을 넘어서는 자기 특유의 진화론에 도달한 것이다. 귀납과 연역으로 도달할 수 없는 생명진화의 비밀에 다가가기 위해서는 유추 이외의 다른 길은 없다. 그것이 이마니시의 결론이다. 진화는 우리가 눈으로 관찰할 수 있는 현상이 아니다. 눈으로 볼 수 없고, 실증할 수도 없는 진화의 역사를 이해하기 위해 귀납과 연역이라는 과학적 방법에 의존하는 것은 충분하지 않다. 수천만 년, 수백만 년에 걸쳐 서서히 일어나는 진화를 실증할 수 있는 길은 없다. 실증이 막다른 길에 도달한 지점에서 유추라는 새로운 인식의 방법이 등장하는 것이다.

유추는 이미 알려진 어떤 사실을 통해 원리적으로 유사한 다른 현상을 이해하는 것이다. 장구한 시간에 걸쳐 발생하는 진화를 이해하기 위해 동원할 수 있는 이해방법은 사실 유추 이외에는 없다. '생물은 변해야 할 때가 오면 변한다'는 그의 진화론 테제는 어린이가 유아기-아동기를 끝내고 청년시대와 장년시대를 거쳐 노년에 도달하는 과정에서 유추한 것이다.[21] 나아가 이마니시는 종 사회의 분화와 진화의 과정을 세포분열이라는 잘 알려진 자연적 사실에서 유추한다. 종 사회의 독립 혹은 종 사회의 스미와케가 선행할 때에만 새로운 종의 성립이 가능하다. 스미와케는 둘 이상의 종 사회가 생활의 장을 서로 나누어 가지면서 공생하는 것이다. 그러나 그 스미와케가 왜 성립하는지를 실증적으로 제시하는 것은 불가능하다. 현재 진행 중인 스미와케 현상을 관찰하지 않는 한, 그 현상을 실증할 길은 없다. 그것은 이마니시 진화론의 약점일 수도 있지만, 이마니시는 그 약점을 유추라는 방법론을 통해 메워나간다.

그는 "어느 날 갑자기 세포분열과 스미와케 사이에 유추가 성립하는 것은 아닐까 하는 깨달음을 얻었다"[22]고 술회한다. 유추는 상상력 · 직관 내지 깨달음과 연결된다. 그리고 그 깨달음은 그의 '창생의 신화'론과 다시 연결된다. 즉, 생명의 창생 이후 성립한 종 사회가 둘로 나뉠 때 스미와케가 시작되는 것은 동시에 종의 분화를 통해서 생물전체 사회가 성립되기 시작하는 것이기도 하다. 종 사회는 세포가 분열하는 것처럼 분열하면서 다양한 종을 만들어나가고, 자연 안에는 스미와케하는 종 사회의 종류가 점점 불어난다. 그는 종 사회의 종류가 늘어나는 현상을 '스미와케의 밀도화'라고 부른다. 그리고 그 밀도화가 고도로 진행되는 것이 진화다. 진화는 진보가 아니라 단지 종 사회의 종류가 많아지는 현상에 불과하다. 그런 스미와케의 밀도화과정은 세포분열의 과정과 대단히 유사하다.

물론 세포분열과 종 사회의 분화는 다르다. 종 사회는 세포와 달리 빈번하게 분열을 반복하지는 않는다. 종 사회의 분화는 수백만 년 수천만 년에 한 번밖에 일어나지 않는 것이기 때문에, 그 분화를 눈으로 관찰하는 것은 불가능하다. 그러나 종 사회도 창생 이래로 끊임없이 분열을 거듭하고 있다. 하나하나의 고분자가 '변해야 할 때'가 와서 생물 개체로 변한 것처럼, 그 이후에도 '변해야 할 때'가 와서 변화를 계속했다고 말하는 것이 일관성이 있다.[23] 이렇게 현상 자체를 통해서는 알 수 없는 배후의 원리를 이해하는 데 반드시 필요한 방법이 다름 아닌 유추인 것이다.

(2) 직관

이마니시는 자연학의 방법으로서 '직관'을 중시한다. 서양의 자연과학적 방법을 넘어서서 전체 자연을 이해하고자 하는 자연학은 필연적으로 서양과학의 방법과는 다른 방법을 도입해야 한다. 서양의 과학이 데카르트의 코기토(자기의식)에 기반을 두고 있다고 한다면, 자연학은 코기토를 극복하는 지점에서 성립한다고 추측하는 것은 어렵지 않다. 그러나 이마니시의 직관개념은 이해하기 쉽지 않다. 그의 글을 읽다보면, 그가 말하는 직관은 어떤 종교적 달관 내지 종교적 깨달음의 영역과 맞닿아 있는 것임을 알 수 있기 때문이다.

이마니시 역시 '직관'을 정의내리는 것이 쉽지 않은 일임을 잘 알고 있다. 먼저 이마니시는 직관이 의식을 넘어선 영역, 즉 언어를 넘어선 곳에서 성립하는 특별한 인식방법이라고 말한다. 의식을 넘어선다고 하면 곧바로 떠오르는 것이 무의식이라는 개념이다. 이마니시 역시 정신분석학의 무의식을 염두에 두고 있다. 그러나 그는 프로이트보다는 융의 무의식론에 더 친연성을 느낀다.[24] 프로이트의 무의식이란 결국 의식화 과정의 산물이기 때문에, 이마니시가 오랜 진화과정에서 보편적으로 공유되어온 무의식을 상정하는 융의 입장을 선호하는 것은 당연해 보인다. 그러나 이마니시가 '무-의식(無-意識, 의식 없음)'이라고 할 때, 그것은 정신분석학의 무의식개념과는 약간 거리가 있다.

이마니시가 '무-의식' 개념을 사용하는 것은 '자연학'의 방법이 의식 중심의 서구적 방법론을 넘어서야 한다는 것을 강조하는 맥락에서 의식을 넘어서는 무엇을 말하기 위해 요청된 것이다. 자연학자 이마니시는 정신분석학의 무의식개념과 혼동될 수 있는 '무-의식'이라는 말보다는 '타의식'이라는 말을 선호하는 듯하다.[25] 다른 말로 하자면, 그것은 무념무상無念無想이고, 의식의 바깥에 있음이다. 이 경우 비판대상으로서의 의식은 서구적 의식, 근대적 자아의식이다. '나는 생각한다. 따라서 나는 존재한다'의 '생각'이 그것이다. 과학적 방법의 근간이 되는 그 자아의식은 주체와 객체, 주관과 객관을 엄격하게 분리하고 객관주의를 관철해야 한다고 요구한다. 그러나 그런 자연과학의 방법으로는 자연을 파악할 수 없다.[26] 세분화 · 전문화 · 분석적 방법으로는 자연에 도달할 수 없다는 것이 이마니시의 확고한 주장이다.

자(아)의식의 반대로서 '타의식' 혹은 '무-의식'은 의식을 버리는 곳에서 나타난다. 생각을 버리고 자연을 있는 그대로 받아들인다. 의식을 버리고 의식과잉의 상태를 벗어나서, 즉 무념무상의 의식해방 상태에서 직관을 획득할 수 있다는 것이다.[27] '나는 생각한다'의 코기토(의식)가 언어가 존재한 다음에 비로소 가능한 것이라고 한다면, '직관'은 언어를 넘어서는 자리에서 가능하다. 이마니시는 그것을 달관, 다른 말로 하면 '대오大悟'라고도 부를 수 있다고 말한다. 자연을 있는 그대로 받아들이기 위해서는 '큰 깨달음(大悟)'이 필요하다. 이마니시는 직관이 자의식에서 나오는 것이 아니라 '타의식'에서 나온다고 말한다. '직관'은 나 자신 안에서 나오는 것이 아니라 바깥에서 나에게 오는 것이다. 선이나 요가, 내단수련 등 전통적인 동양종교가 지향하는 주객미분主客未分, 주객합일主客合一의 상태가 바로 그 직관의 상태, 의식을 넘어서 대상과 하나 되는 상태를 가리키는 말이었다.

그렇게 직관에 의해 도달한 자연을 이마니시는 '유일 자연' 혹은 '절대 자연'이라고 부른다. 이마니시는 '직관'이야말로 전체를 파악하는 유일한 방법이라고 주장한다. 직관은 언제나 비약을 동반한다. 반복되는 연습과 훈련을 하다보면 어느 순간 비약이 일어난다. 그 비약이 바로 '직관'이라고도 말할 수 있다.[28] 이쯤 되면 이마니시의 자연학 그리고 그 방법으로서 직관은 이미 현대적인 의미의 학문적 언설을 넘어서는 자리에 있다는 것을 알 수 있다. 이마니시 자연학은 생각과 언어가 끊어지는 언어도단, 무-의식, 절대 무의 자리에서 자연을 통찰하는 학문인 것이다.

과학과 형이상학

결론적으로 나는 이마니시의 자연학은 좁은 의미의 과학범주에 속하는 학문이 아니라고 생각한다. 그의 입장은 과학이라기보다는 오히려 초월적 형이상학에 속하는 것이라고 말할 수 있을 정도다. 그렇다고 해서 그의 이론이 반과학적이라거나 비과학적이라고 평가할 수는 없다. 그의 자연학은 생물세계를 관찰하고 분류하는 과학을 한참 넘어서 있을 뿐 아니라 의식의 철학도 넘어서 동양적 초탈의 세계에 들어서 있음을 알 수 있다. 그런 그의 자연관을 단순히 '일본적'이라고 부르는 것이 적절한지는 알 수 없다. 그러나 그의 사유는 동양적 영성의 전통에 깊이 뿌리 내리고 있다는 것은 부정할 수 없는 사실이다. 이마니시 이론의 매력은 자연과학적 탐구에서 출발하여 생물학 · 생태학 · 영장류연구 · 진화론 등 근대의 정통적 자연과학을 탐색한 오랜 방황의 결과 도달한 성취라는 데서 찾을 수 있을 것이다.

물론 이마니시의 진화론 나아가 그의 자연학을 비판하는 논자들도 적지 않다.[29] 무엇보다 종 사회의 공존과 전체 자연을 강조하는 그의 관점이 근대 일본 파시즘의 전체주의와 동일한 궤적을 그리고 있으면서 그의 이론적 배경이 되었다거나 그와 사상적 풍토를 공유하고 있다는 비판이다. 20세기의 역사적 경험을 통해 근대화과정에서 서구적 근대를 비판적으로 바라보는 탈근대 내지 전통회귀의 담론들이 파시즘과 결부되기도 했다는 사실을 고려한다면, 전체 자연 내지 생물전체 사회를 강조하면서 동양적 정신으로의 회귀로 귀결되는 이마니시의 자연학은 그런 정치적 풍토와 무관하지 않을 수도 있다는 사실이 설명된다. 또한 이마니시가 직간접으로 영향을 받은 니시다 기타로(西田幾多郎)의 철학과 야나기다 쿠니오(柳田國男)의 민속학이 근대 일본의 국가주의 파시즘과 친연성이 있다는 혐의를 고려한다면,[30] 이마니시 자연학의 부정적 함의를 지적하는 논자들의 입장을 수긍할 수 있을 것 같기도 하다.

그러나 그의 자연관을 이해하는 것과 그 사상의 사상사적 배경 및 정치적 함의를 이해하는 것은 일단 별개의 과제로서 접근할 필요가 있다. 만일 그런 식으로 모든 문제를 몰아간다면, 다윈의 이론 역시 근대기 서양의 제국주의론이나 식민지이론과 분리할 수 없을 뿐 아니라 자연주의적 진화론과 사회이론으로서의 진화론을 명확하게 분리하는 것도 어렵다. 그렇게 보면 진화론 자체가 과학이론이라기보다는 정치적 이론으로서 의심을 피하기 어려워질 수 있다. 또한 극단적으로 정치적인 해석을 하려고 한다면, 서양근대의 모든 사상에 대해서 우리는 똑같은 혐의를 씌울 수 있다. 심지어 마르크스주의 이론이라고 그런 혐의에서 완전히 자유로운 것도 아니다.

종장

요약과 정리

전통해석의 여러 갈래

과학주의와 반전통주의

1920년대 중국에서는 과학인식 및 과학이 촉발한 전통의 해석문제를 둘러싸고 열띤 토론이 벌어졌다. '동서문화 논쟁'과 '과학과 인생관 논쟁'이 그것이다. 전자와 후자는 밀접한 관계가 있지만, 과학이라는 화두가 더 첨예하게 드러난 것은 후자의 논쟁이었다. 이 책은 후자, 즉 과학과 인생관 논쟁을 '세계관의 전쟁'이라는 관점에서 비교적 소상하게 정리해보려고 시도한 결과물이다.

21세기 초과학의 시대에, 100년 전의 낡은 문제를 살펴보는 것이 무슨 의미가 있느냐고, 반문하는 사람도 있을 것이다. 그러나 적어도 나의 좁은 소견으로는, 과학과 인생관 논쟁의 핵심문제는 눈부신 과학의 발전을 이룩한 21세기에도 여전히 해결되지 않은 미제 혹은 난제로 남아 있다고 생각한다. 따라서 나는 그 문제를 정리하고 미래의 사유주제로 전달하는 것이 필요하다고 생각했다. 나의 생각과 달리, 과학이 인생의 모든 문제를 해결했다는 것이 이미 기정사실이 되어버렸다면, 내가 낡은 책장을 다시 들춘 것이 무용한 수고가 될 수도 있지만, 아직 그런 소식을 공식적으로 들어보지는 못했다. 물론 과학이 모든 문제를 해결했다고 하더라도, 이 책은 과거의 사실에 대한 정리로서 최소한의 가치를 지닐 것이라고 기대한다.

과학과 인생관 논쟁의 핵심주제는, 인생관의 문제를 과학이 충분히 해결할 수 있는가, 하는 것이다. 당연히 이런 주제에 대해서 단 하나의 답을 얻을 수 있다고 가정하는 것은 불가능하다. 답이 없는 문제는 무의미한 문제일 수도 있지만, 진짜 문제일 수도 있다. 그렇기 때문에 다양한 입장과 다양한 배경을 가진 지식인들이 거의 모두 이 논쟁에 뛰어들었고, 현 시점에서 읽어도 흥미를 끌기에 충분한 내용을 가진 다채로운 답안을 내놓았다. 그들은 과학옹호자, 과학비판자, 전통옹호자, 전통비판자, 제3의 입장 등으로 나뉘어, 다양한 관점에서 논쟁을 전개했다. 일부 인사들은 과학을 핵심으로 삼는 서양문화와 제도를 더욱 철저하게 받아들여야 한다고 주장했고, 일부는 과학을 부정하고 전통적 가치와 사상을 옹호하면서 유지하는 것을 강조하기도 했다. 전자의 입장을 우리는 대개 서화파 내지 과학파라고 부르고, 후자의 입장을 전통파 내지 인생관파(현학파)라고 부르면서, 하나의 가설로서 논쟁적 대립 축을 설정한다. 그리고 그런 대립이 '동서문화 논쟁'을 거쳐 '과학과 인생관(현학) 논쟁'(1923년)으로 이어지면서, 절정에 도달한 것이다.

그 논쟁에서 과학과 서양 근대사상의 세례를 받은 청년 지식인들은 전반적 서양화를 지지하면서 과학이 세상에서 발생하는 모든 문제를 해결할 수 있다는 믿음을 전파했다. 그들에게 과학은 중국문명의 미래를 보여주는 도표道標였으며, 그들은 과학이 제공하는 가치관, 즉 '과학적 인생관'의 수립을 사상적 과제로 삼았다. 그들은 먼저 전통을 청산해야 할 필요성을 강조했다. 유불도로 대표되는 전통사상과 가치관은 과학과 양립할 수 없는 것이기 때문에 폐기되어야 하며, 과학이 새로운 가치관을 제공하는 역할을 떠맡아야 한다.

당시 서양화를 지지했던 사람들은 크게 자유주의자 그룹과 유물론자 그룹으로 대별할 수 있다. '과학과 인생관 논쟁'에서 정문강丁文江과 호적胡適은 전자를 대표하며, 구추백瞿秋白과 진독수陳獨秀는 후자를 대변했다.

이 두 그룹은 이념적으로는 대립했지만, 과학주의와 서양화를 추구한다는 점에서 같은 지향을 가지고 있었다. 그들은 '과학'이 아닌 모든 것은 '미신'이라는 진화론적 지식론을 수용하여, 전통사상을 미신의 범주에 넣는 엉터리 이론을 생산했다. 과학은 고등지식이며, 그 아래에 형이상학(철학), 종교, 미신이라는 하급지식이 존재한다. 이성을 무기로 삼는 과학은 진리를 밝히는 힘을 가지고 있지만, 그 외의 것은 형이상학이거나 미신이다. 당시 형이상학은 중국어로 '현학玄學'이라고 불렸다. 결국 '과학과 현학 논쟁'은 과학과 형이상학 혹은 과학과 비과학의 우열을 둘러싼 논쟁이었던 것이다. 종교는 부분적으로 과학과 유사한 이성적 요소를 가지고 있지만, 전체적으로 볼 때는 형이상학에 속한다. 종교와 형이상학은 17~18세기를 거치면서 (근대)철학에 의해 극복되고, 거기서 과학이 발전해나왔다. 이런 도식에 근거하여, 철학은 종교나 미신에 비해 우월한 지식으로 인정된다. 그런 도식은 오늘날까지 대중적 인식체계 안에서 확고하게 자리잡고 있다.

한편 종교 안의 비이성적 부분은 미신이라거나, 비이성적 성분에 의해 주도되는 종교 자체가 미신이라고 보는 범주론이 만들어진다. 그리고 이런 근대적인 '구별 짓기'에 의해 전통사상의 재구조화가 진행되었다. 전통사상이 이성적인 철학과 형이상학, 비이성적인 종교와 미신으로 재구조화된 것이다. 종교는 양쪽에 걸쳐 있지만, 비이성이 주도하는 것이기 때문에, 결국 미신에 속하는 것으로 낙착되고 만다. 이런 재구조화의 결과, 전통사상은 갈가리 찢겨지고, 동양의 철학(형이상학), 동양의 종교, 동양의 미신(민속)이라는 새로운 범주가 등장한다. 그리고 그런 각 범주를 연구하는 분과학문이 성립한다. 물론 거기에 과학이 설 자리는 존재하지 않는다. 전통중국에는 '과학'이 존재하지 않았기 때문이다. 과학주의자들은 중국(나아가 동양)에는 '과학'이 존재하지 않았다고 주장했다. 그들이 보건대, 기껏해야 종교나 형이상학 혹은 미신이 전통을 지배해왔다.[1]

철저한 과학주의자들은 당연히 전통사상 전체가 기껏해야 종교 혹은 미신이라고 평가한다. 따라서 전통사상은 당연히 폐기의 대상이다. 극단적 전통폐기론은 자유주의자 그룹 안에서보다는 오히려 사회주의자 그룹 안에서 나왔다. 자유주의자를 대표하는 호적은 전통의 전면폐기보다는 전통 안에서 정수精髓(에센스)와 조박糟粕(찌꺼기)을 구별하는 과학적 연구의 필요성을 강조했고, 탁월한 문헌학적 전통연구를 수행했다. 그러나 1949년 이후, 신중국 정부는 철저한 전통파괴를 통해 현대화된 무신론적 · 반전통주의적 사회주의 중국을 실현하려고 했다. 하지만 알다시피 극단적 반전통주의는 문화대혁명으로 극에 달했지만 완벽한 실패로 막을 내렸고, 1980년대 이후 전통문화의 가능성을 다시 모색하는 문화열운동이 벌어진다. 21세기에 들어와서도 중국문명의 부흥(Resurgence)에 자신감을 회복한 중국은 전통사상의 재평가 및 전통의 회복을 위해 많은 노력을 기울이고 있다. 현재 전통의 재해석을 위한 노력은 신국학운동으로 전개되고 있는 바, 이것은 소위 '리오리엔트'라고 불리는 중국(동양)의 정치적 · 경제적 영향력의 회복과 결코 무관하지 않다.

과학적 국고정리

현재의 신국학운동은 1920~40년대에 활약했던 국학의 대가들을 적극 소환하고 있다. 신국학운동 자체는 복합적인 문화현상이라 단순화하기는 쉽지 않지만, 그 안에는 크게 두 개의 노선이 존재한다고 말할 수 있다. 하나는 과학적(문헌학적) 방법을 동원하여 전통을 체계화하고 정리하려는 입장이고, 다른 하나는 전통사상의 가치를 재해석하여 회복하자는 입장이다. 전자를 과학적 국학, 후자를 회복적 국학이라고 부를 수 있을 것이다.[2]

호적은 '과학과 현학 논쟁'에서 과학파의 지원군으로서 중요한 역할을 수행했으나, 고전연구자로서 호적의 입장은 복합적이다. 호적은 과학주의자로서 전반적인 '서구화'와 전통적 가치의 전면적 전도轉倒를 부르짖었다. 동시에 호적은 '국고정리'를 목표로 전통문화에 대한 방대한 연구성과를 남기고 있다. 이런 야누스적인 면모 때문에, 호적은 정치적으로는 비난의 대상이 되기도 했지만, 신국학운동의 준거점으로서 다시 소환되고 있는 것이다. 호적은 자타가 공인하는 국학의 대가로서, '과학적 인생관'에 입각한 전면적 사상개조를 주장하는 한편, '과학적 방법'에 입각한 방대한 전통연구를 통해 1920년대 이후의 학술발전에 지대한 영향을 미쳤다. 의고적 관점에서 전통의 우상을 해체하는 것을 목표로 삼았던 '고사변古史辨' 운동을 주도한 고힐강顧頡剛이 호적의 협력자이자 제자였다는 사실은 전통연구에서 호적의 위상을 잘 보여준다. 여기서 분명한 것은 자유주의자였던 호적의 국고정리가 단순한 전통말살과는 전혀 다른 성격을 가지고 있다는 사실이다. 따라서 극단적인 전통파괴를 경험한 중국에서 전통사상의 가능성을 다시 사유하려고 할 때, 호적은 가장 적절한 소환대상이 될 수 있는 것이다.

전통의 전면적 회복이 더 이상 가능하지 않은 시점에서, 서양사상(과학을 포함하여)과 전통사상의 첨예한 대결이 일어났던 1920년대의 '국학'연구의 경험을 활용하려고 할 때, 호적은 최적의 참조계라고 말할 수 있다. 물론 호적과 반대편에 서 있는 현대 신유가新儒家의 경험을 참조하는 것도 가능하다. 그러나 현대 신유가는 사회주의의 현대화를 표방하는 중국의 현재 상황과 모순을 일으킬 수 있다는 부담이 분명히 있다. 그 점에서 대만-홍콩 나아가 구미에서 활동하는 신유가와 달리 과학적 연구를 강조했던 호적의 방법과 업적은 충분히 되돌아볼 가치가 있다. 게다가 과학적 문헌학을 동원하여 전통사상의 우상을 파괴하려고 했던 고사변파의 작업은 사회주의와도 친연성이 있을 뿐 아니라 그들의 뿌리에 해당하는 호적을 다시 소환하는 것은 정치적으로도 큰 부담이 없다. 따라서 현재 중국이 필요로 하는 것은 전통의 파괴가 아니라 정리와 회복이라는 시대적 요구를 고려할 때, 과학적 방법으로 전통을 정리하고 재평가하려 했던 호적을 소환하여 전통회복의 가능성을 타진하는 것은 필요해 보인다.[3]

호적은 5.4운동의 사상적 지도자로서 근대 중국의 사상계몽을 주도했다. 진독수와 함께 과학주의 및 근대화를 주창하며 전통비판의 선봉에 섰던 호적은 존 듀이 문하에서 중국의 고대철학, 특히 중국의 논리학 전통에 대한 연구로 박사학위를 받았다. 그 이후 호적은 중국의 문제점을 정확하게 파헤치면서 변화를 촉구하는 논설로 이름을 얻는다. 호적은 감정적 전통파기가 아니라 과학적인 연구를 무기로 대중적 인기와 광범위한 지지층을 획득했다. 호적은 전통의 한계를 파괴력 있는 필치로 폭로하고, 니체를 따라 '모든 가치의 전도'라는 구호를 내걸고 전면적인 전통비판과 전통의 재평가 활동으로 청년 지식인과 학자들에게 엄청난 영향을 주었다. 호적은 과학적 방법에 입각한 전통의 재평가, 즉 '국고정리'에 온 힘을 쏟았던 것이다. 그러나 호적의 전통비판과 과학적 유물론파의 전통파괴는 맥락과 결이 전혀 다르다. 후자가 폭력적 전통파괴라고 한다면, 전자는 과학적 안광眼光(시각과 방법)으로 전통의 미신적 성분을 거둬내고, 전통 안에서 의미 있는 것을 가려내자는 온건한 비판과 정리작업이었다.

양계초의 전통 회복론

여기서 양계초梁啓超가 등장한다. 양계초는 강유위康有爲의 변법운동에 공명共鳴했던 경력 때문에 낡은 인물이라는 인상을 주지만, 실제로는 호적과 동시대를 호흡했다. 강유위의 영향권 안에서 근대학문에 눈뜬 양계초는 자연스럽게 금문학과 공양학의 영향을 받아들였다. 1898년의 변법운동이 실패한 후, 일본으로 건너가 근대사상을 배운 양계초는 서양의 근대사상과 문명을 중국에 소개하는 계몽가로서 활약했다. 근대 계몽운동에서 양계초의 역할은 호적의 그것에 뒤지지 않지만, 경력 상의 이유로 양계초는 보수적인 인물로 치부되는 경향이 있는 것이다.

금문공양학은 경전의 '미언대의'를 통해 현실정치의 개혁을 추구하는 사상이다. 양계초는 강유위와 멀어진 다음에도 공양학적 태도를 견지하면서 개혁적이고 사회참여적인 활동을 포기하지 않았다. 양계초에게는 학술활동 자체가 참여적인 계몽운동의 일환이었다고 말할 수 있다. 고전연구가 서재의 학술이 아니라 현실변혁을 위한 무기를 제공하고자 하는 작업이었다는 점에서, 그 시대의 인문학은 비전과 생명력을 가지고 있었던 것이다. 호적이 단순한 서재의 학자가 아니었던 것과 마찬가지로, 양계초 역시 서재의 철학자, 책상물림의 연구자와는 전혀 다른 사상가이자 활동가였다.

양계초는 호적과 마찬가지로 과학방법론을 고전연구에 적극 도입했다. 전통은 단순히 전통이기 때문에 힘을 가지는 것이 아니다. 현재적 관점에서 전통 안에 숨겨진 가치자원을 이끌어낼 수 없다면, 전통은 고물에 불과하다. 맹목적으로 전통을 지지하는 것은 오히려 위험하다. 새로운 시대에 전통의 어떤 부분을 버리고, 어떤 부분을 계승하여 발양해야 하는지를 과학적으로, 즉 방법적 자각 하에 평가하는 연구가 반드시 선행되어야 한다. 물론 그 평가와 재해석은 긴 시간과 긴 호흡을 필요로 한다. 양계초는 전통연구에서 과학적 방법의 중요성을 자각하고 활용했다(양계초는 호적을 만나기 이전부터 일본인의 연구를 통해서도 그런 방법을 독자적으로 배우고, 중국의 전통학술 안에 존재하는 객관적 연구방법을 발굴하고 수용했다). 개방적인 수용자였던 양계초는 호적과 마찬가지로 과학적 방법에 입각한 역사연구, 과학적-문헌학적 고전연구에 대해 적극적인 태도를 보여주었을 뿐 아니라, 실제로 전통연구에서 중요한 성과를 올리고 있었다.

그러나 양계초는 과학적 연구에 만족할 수 없다고 생각했다. 전통사상연구에서 과학적 접근은 기본이지만, 그것만으로 사상연구가 완결되는 것은 아니기 때문이다. 전통에 대해 누구보다 풍부하고 깊은 소양이 골수에 배어 있던 양계초는 과학적 방법만으로 해명하기 어려운 고전의 가치, 전통사상의 가치가 존재한다는 확신을 잃지 않았다. 예컨대 과학적 방법에 입각하여 고전의 정확한 저자 · 연대 · 배경 · 문자 · 전고 · 맥락을 파악했다고 하자. 그렇다면 거기서 고전연구가 완성되는 것일까? 공자의 출생비밀, 경력과 편력, 제자들에 관한 객관적 사실과 문헌적 오류 등을 과학적으로 해명하고 나면, 『논어』는 더 이상 읽을 필요가 없는 책이 되는가? 우리는 모든 인류의 고전에 대해 동일한 물음을 던질 수 있다. 예수 및 성경의 형성에 대한 객관적 연구가 끝나면 성경은 더 이상 숙고할 필요가 없는 책이 되는가? 고전을 연구한다는 작업은 결국 그것을 숙고할 필요가 없는 책으로 만들기 위한 일인가? 불경의 역사적 · 언어학적 연구가 완성되면, 붓다의 사유와 실천 그리고 가르침은 그냥 낡은 과거의 언어가 되고 마는가?

전통의 의미와 현재적 가치는 과학적 탐구만으로 다 드러낼 수 없다. 과학의 가능성과 한계에 대한 치밀한 사고와 반성 없이, 과학적 연구가 고전을 탐구하는 전부라고 믿는 태도 자체가 잘못된 것이라는 양계초의 문제의식은 '과학과 현학 논쟁' 당시에 핵심적인 논제로 떠오른, '과학은 만능인가?', '과학에는 한계가 없는가?' 나아가 '과학은 인생의 가치문제를 해명할 수 있는가?' 하는 물음의 연장선에 있는 것이었다. 그의 문제의식은 '고전을 읽고 이해한다는 것은 무엇인가?'를 둘러싼 심오한 물음에서 떠오르는 것이었다.

여기서 양계초는 고전을 읽는, 나아가 전통사상을 현재적으로 다시 읽는 것의 의미와 방법에 대해 논의한다. 양계초는 『고전을 읽는 두 가지 길』이라는 글에서 '문헌학의 길'과 '덕성학德性學의 길'을 제시한다. 먼저 양계초는 호적이 제시한 과학적 · 문헌학적 길의 가치와 중요성을 인정한다. 하지만 그것만으로 충분하지 않다. 고전 읽기는 덕성학의 방법에 의해 비로소 완성에 다가간다. 어쩌면 고전 읽기에서 완성이란 존재하지 않을지도 모른다. 그러나 덕성학이 과학의 방법을 무시하거나 부정하는 것은 아니다. 과학적 방법에 근거한 객관적 탐색을 거친 다음, 거기서 더 나아가 고전을 통해 인격을 완성하는 길로 나가야 한다. 고전을 통해 인간의 본성에 대해 사유하고, 그 사유를 실행에 옮겨 실제로 인격을 완성하는 데에 이를 때 고전 읽기가 완성된다. 『논어』를 제대로 읽는다는 것은 『논어』에 대한 문헌학적 이해를 전제하고, 인격적 모델로서 공자의 삶을 묵상하며, 공자와 같은 인격을 완성하는 경지로 나가는 것이다. 그러나 과학적 · 문헌학적 절차를 무시하는 덕성학은 자칫하면 '해석의 폭주'로 귀결될 수 있다.

양계초는 과학의 만능을 인정하지 않는다. 과학만능론이 과학을 유일한 가치관으로 인정하는 전제주의專制主義로 이어질 수 있다고 보았기 때문이다. 과학적 방법을 무시하면 '해석의 폭주'로 흐를 수 있지만, 과학적 방법을 맹신하면 '과학신앙'이 된다. 양계초는 이렇게 말한다. "인생문제의 대부분은 과학적 방법을 사용하여 해결할 필요가 있고, 또 그렇게 해결할 수 있다. 그러나 작은 일부분, 그것이 가장 중요한 부분이기도 하지만, 그것은 과학을 넘어선다." "인생에서 이성(理智)과 관련이 있는 사항들은 절대적으로 과학의 방법을 사용해서 해결할 수 있다. 그러나 정감과 연관된 사항들은 절대적으로 과학을 넘어서 있다."

과학과 인생관의 관계에 대해 양계초는 전형적인 두 문화론적 관점(과학과 종교 혹은 과학과 인문학을 대립적으로 보는)에 서 있다. 그렇다면 두 문화의 통합이나 통섭을 통해 두 문화의 대립을 넘어서야 하는가? 단순하게 말하면, 그렇게 볼 수도 있다. 그러나 최근에 활발하게 논의되고 있는 통섭 논의가 정말 인문과 과학의 종합을 지향한다고 말할 수 있을까? 현재 논의되고 있는 통섭은 과학의 보편주의를 전제하고 인문학을 흡수하는 방식으로 진행되고 있는 것이 아닌가? 통섭과 통합이라는 그럴듯한 이름으로, 조화와 융합이라는 미명하에 정신의 독자성과 가치를 인정하지 않는 물질주의 혹은 자연주의를 강제하고 있는 것은 아닌가? 정신이란 존재하지 않는다고 말하거나 정신은 물질에 수반되는 우연적인 현상일 뿐이라고 말하는 순간, 소위 인문학의 고유영역으로 남겨두었던 인격 · 도덕성 · 종교성 · 창조성 등, 정신의 고유한 부분이 모두 계산과 통계로 처리되는 과학의 주제가 된다. 자유의지가 존재하지 않는다고 말하고 나면, 인간의 가치는 결국 계산 가능한 인과법칙 아래에 종속되고 만다.

덕성학과 회복적 해석학

양계초는 분명히 전통회복의 입장에 서 있었다. 따라서 양계초는 전통의 과학적 해명을 강조했던 호적에게 전적으로 동의하지는 않았다. 과학을 적극 수용한다는 점에서 양계초는 호적에 공명했지만, 과학이 인생관이 되어야 한다는 주장에는 반대한 것이다. 전통사상에 대한 깊은 소양이 양계초로 하여금 독자적인 길을 걷게 만든 것이다. 고전적 소양이 골수에 배어 있던 양계초는 과학적 · 문헌학적 연구를 중시하면서도 전통의 가치에 대한 신념을 버리지 않았다. 그는 유가의 인격사상과 묵가의 겸애, 도가의 달관, 불교의 인생관이 미래의 인류에게 유효한 사상자원이 될 수 있다는 확신을 가지고 있었다. 호적이 문헌학적 연구를 통해 전통에 대한 총체적인 재평가를 시도했던 것과 사뭇 다른 관점에서 양계초는 전통사상 안에서 현대의 문제를 치유할 수 있는 지혜를 찾고자 했다. 양계초는 오로지 성리학에 관심을 집중했던 장군매張君勱나 신유가와 달리 전통에 대한 폭넓은 호감을 표시했다. 그렇다고 양계초를 단순히 보수적인 사고를 가진 전통론자라고 평가해서는 곤란하다.

과학적 방법을 동원하는 전통연구에서, 양계초는 현대사회와 양립하기 어려운 성분에 오히려 주목했다. 전통사상은 분명히 과학적 시대와 어울리지 않는, 시대의 흐름을 역행하는 내용을 가지고 있다. 그렇기 때문에 과학적 방법을 동원하는 것이 필요하다. 그러나 시대의 흐름에 역행하는 사상을 무조건 낡고 부정해야 할 것이라고 말할 수 있는가? 전통사상은 현대사회가 결여한 가치, 현대사상을 치유할 수 있는 자원을 분명히 가지고 있다. 전통사상은 완전히 무가치한 쓰레기 더미가 아니다.

양계초는 극단적 반전통주의나 묵수적 전통주의에도 동의하지도 않았다. 양극단을 제외하면, 양계초와 호적은 전통을 바라보는 두 관점을 대표한다고 볼 수 있다. 그들의 '공통점'은 과학방법을 국학연구에 적극적으로 도입한다는 것이다. '차이점'은 국학연구의 목적과 지향이 다르다는 것이다. 당시 국고정리의 제1인자라고 불렸던 호적은 훈고와 고거를 중시하는 '한학漢學의 풍격'을 보여준다. 반면 제2인자로 밀려났던 양계초는 의리(사상) 해석을 중시하는 '송학宋學의 풍격'을 보여준다. 호적이 과학적 방법에 입각한 '학문을 위한 학문'을 중시했다면, 양계초는 '중국문화의 부흥'이라는 사회적 목적을 중시했다. 그 점에서 두 사람의 차이가 단적으로 드러난다. '과학과 현학 논쟁'에서, 과학파에 속하는 호적이 한학 및 고증학의 방법을 강조한 반면,[4] 현학파에 속하는 장군매가 송명이학의 가치를 중시했던 것도 같은 맥락에서 이해할 수 있다.

양계초 역시 과학적(고증학적) 방법을 무시하지 않았다. 다만 양계초는 과학적 방법이 그 자체로 목적이 될 수 없다는 사실을 강조하고 있을 뿐이다. 과학적 방법은 고전에 내재된 의미와 가치를 밝히는 수단일 뿐, 과학적 방법 자체가 연구의 목적이 될 수 없다. 과학적 방법의 한계를 지적하는 양계초는 다음과 같이 말한다. "훈고(과학적 연구)에 사로잡히는 고증학자들은 글자의 작은 의미를 밝히느라 온 마음을 다 쏟고, 난해해서 아직 해결을 보지 못하는 글자를 풀이하느라 온 정신을 다 소모한다. 그러나 그들이 얻은 결론은 오히려 모호하기 짝이 없다. 이것이 그들이 하는 학문의 폐단이다." 과학적 방법 자체가 학문의 목적이 될 수 없다는 생각은 양계초의 전통연구에서 일관되게 유지되고 있다. 이는 양계초가 경전의 사소한 자구보다는 '미언대의'를 밝히는 것을 목표로 삼고, 학문을 현실개선의 도구(경세치용)로 보는 공양학의 유산을 계승하는 것과 무관하지 않다.

양계초가 고전연구의 목적이라고 주장한 '덕성적 학문'은 내성(반성을 통한 본성의 체인)과 궁행(본성의 선을 실천으로 옮기는 공부)의 방법에 입각한 '인생철학'이다. 양계초가 지향하는 것은 심신성명의 학이다. 그는 그것을 덕성학 혹은 인생관이라고 부른다. 과학적 연구의 목표는 구진求眞, 구박求博, 구통求通이다. 구진과 구박이 자료의 진실성 문제, 자료의 확대와 맥락 발견을 중시하는 태도라면, 구통은 작은 세부에 집착하느라 빠지기 쉬운 전문화의 위험성을 극복하기 위한 노력이다. 양계초는 학문을 위한 학문의 폐단이 '현미경 생활'에 빠져 세상과의 관련성을 상실하는 것이라고 말한다. 따라서 그런 폐단에 빠지지 않기 위해서는 작은 영역에 매몰되어 그것을 절대시하는 태도에 빠지지 않아야 하고, 학문과 학문의 연결성 내지 관계성을 놓치지 않아야 한다. 양계초는 이런 덕성학을 다른 말로 '인생철학'이라고 부른다. 그렇다면 중국적 인생철학의 특성은 무엇인가? 그리고 중국적 덕성학을 연구하기 위해서는 어떻게 해야 하는가?

양계초에 따르면, 서양의 철학과 철학에서 발전해 나온 과학은 주지주의를 극단적으로 밀고 나간 것이기 때문에, 정감과 의지를 중시하는 중국철학과 근본지향이 다르다. 지성을 중시하는 서양철학으로는 정감과 의지적 존재인 인간을 이해하기 어렵다. 중국철학은 인생(인간의 의미)에서 출발해서 인생으로 돌아오지만, 서양철학은 우주적 원리 혹은 물질적 공리를 탐구하는 것을 목표로 삼는다. 중국사상, 특히 유학은 인생의 의미와 인간의 도리를 밝히는 것을 최우선 목표로 삼고, 자연의 원리를 탐구하는 것은 두 번째로 생각했다. 양계초는 그리스에서 확립된 서양철학이 결국은 과학을 낳았지만, 인생문제에 대해서는 유치한 수준에 머물고 말았다고 평가한다.

양계초는 전통사상이 기계적 유물주의가 초래하는 피폐함을 구제할 수 있다고 주장하며, 세 가지 점에서 전통사상의 가능성을 찾는다. 첫째가 지행의 통일 혹은 지행의 일관성에 대한 인식이고, 둘째가 우주와 인생의 불가분성에 대한 통찰이다. 그런 인식과 통찰은 과학적 방법으로는 얻을 수 없고, '내성직각'으로만 도달할 수 있다. 셋째는 인의仁義 관념과 인의의 실천이다. 인간이란 기본적으로 사회적 존재이기 때문에 고립적인 삶에서 인간됨의 고양을 이룰 수 없다. 인격은 관계 속에서 태어나고 다듬어지는 것이기 때문이다. 개인을 중심으로 인간을 사유하고, 주체와 객체를 단절적으로 바라보는 서양적인 사유 안에서는 좀처럼 떠오르기 어려운 관점이다. 전통사상, 특히 유가사상에서 인간은 단순히 이성적 존재가 아니라 윤리적 존재로 규정된다. 그런 인간의 윤리적 본질을 인격人格이라고 부를 수 있다면, 그런 인격은 공통체적 삶 안에서만 형성된다는 사실을 양계초는 강조한다. "우리는 인격이란 공동체적이고, 고립적인 것이 아니라는 사실을 안다. 인격향상을 위한 유일한 방법은 사회적 인격을 향상시키는 것이다. 그러나 사회적 인격향상은 본래 개체 자신의 이성을 조화시키는 일에 근본을 두어야 한다. 따라서 사회적 인격을 향상시키는 데 유일한 방법은 자기의 인격을 향상시키는 것이다." 이어서 양계초는 『논어』에 나오는 "자기가 서려고 하면 남을 먼저 세워주고, 자기가 도달하려고 하면 남을 먼저 도달하게 한다"는 관점이 이런 원리를 정식화한 것이라고 해석한다.

양계초에 따르면 유학의 유일한 목표는 '인간의 인간됨의 길(人之所以爲道)'를 탐구하는 것이다. 그런 사상은 공자의 인의사상 안에서 철저하게 표현되고 있으며, 맹자에 의해 계승되고 있다. 양계초는 그것이 “세계에서 유일한 최상의 보물”이라는 자부심을 가지고 있다. 그러나 그것을 단지 머리로, 단지 지식으로 배우고 아는 것은 아무런 의미가 없다. 인격이란 아는 것이 아니라 행하는 것이기 때문이다. 양계초는 이런 인격공부의 방법으로 내성적 방법(내성적 공부)과 실천적 체험(실행 체험)을 제시한다. 그는 이렇게 말한다. “이것은 결코 과학적 방법으로는 획득할 수 없는 것이다. 반드시 내성적 공부와 실천적 체험을 통해서만 도달할 수 있다. 체험 이후에 다시 그것을 몸으로 실천하고, 미묘하면서도 인仁으로 넘치는 인생관을 양성할 때, 생명의 기운이 가득차고 더 높은 것을 향해 전진해나갈 것이다.”

양계초에게 유가와 더불어 전통사상의 핵심을 이루는 선불교禪佛教 역시 유가와 공통되는 목표를 가지고 있다. 불교는 출세간의 성향이 강하고 유교는 현세적 성향이 강하지만, 유가와 불가는 공동의 목적을 가지고 있다는 의미다. “그 둘의 공동목적은 세상 사람들이 정신방면에서 완전한 자유를 성취하는 것이다.” 유교와 불교가 추구하는 ‘자유’는 정신이 욕망에 의해 속박당하고 있는 상태로부터의 ‘자유’다. 인간은 스스로 자유로운 것 같지만, 실제로는 “자기 자신의 노예가 되고 있다.” “유교와 불교는 정신적 자승자박으로부터 완전한 해방, 하늘을 받들고 땅 위에 우뚝 서는 진정한 자유인이 되는 것을 길을 제시한다.” 이 점에서 불교는 유가보다 한 수 위다. 양계초가 “불교는 전 세계 문화의 최고산품”이라면서 불교에 대단히 높은 평가를 내리는 까닭이 여기에 있다.

해석의 폭주: 장경의 정치유학론

1923년의 ‘과학과 현학 논쟁’에서 일군의 현학파 사상가들은 전통사상의 가능성을 인정하고, 과학이 아무리 발전해도 전통사상은 중요한 사상자원이 될 수 있다고 주장했다. 이런 입장을 확대 발전시킨 것이 소위 현대의 신유가다. 신유가는 장군매張君勱, 양수명梁漱溟 등에서 시작되고 다음 세대의 사상가들에게 계승되어 현재까지 이어지고 있다(현재 신유가는 4세대 학자들에 의해 계승되고 있다). 현학파 사상가들은 과학의 능력과 효용을 부정하지는 않았지만, 과학의 만능 또한 인정하지 않았다. 과학만으로 인생문제 · 사회문제 · 가치문제 · 도덕문제를 완전하게 해결할 수 없다고 보았기 때문이다.

현대의 현학파와 신유가는 적극적인 재해석을 통해 전통사상의 가능성을 극대화하려고 한다. 그런 목표를 달성하기 위해 이들은 적극적으로 서양의 과학적 사고 및 과학적 방법 나아가 과학의 지식을 활용하고, 서양의 철학 · 사회과학 · 정치제도 · 경제제도를 적극적으로 수용한다. 이들이 추구하는 것은 전통의 무조건적 복원이 아니다. 이들은 과학과 전통사상의 대화를 시도한다. 대화를 통해 서양과 동양의 소통 및 공존을 추구하고, 인류문명의 문제를 해결하는 길을 찾으려고 한다. 서양과 동양을 분단시키는 것은 글로벌시대에 더 이상 현실적이지 않기 때문이다. 현대인이 직면하고 해결해야 하는 문제에 더 이상 동서의 구별은 없다. 과학만으로 세계 각 지역의 문제를 모두 해결할 수 없듯이, 그와 마찬가지로 전통사상만으로 동양의 문제를 모두 해결할 수도 없다. 과학이 만능이 아니듯, 서양사상이나 전통사상 역시 만능이 아니다.

과학은 보편적인 해결방안을 제공하지 않는다. 과학이 해결할 수 있는 일은 과학에 맡겨야 하지만, 과학은 만능이 아니기 때문에 과학만으로는 인류가 직면한 문제를 해결할 수 없다. 마찬가지로 지역의 문제라고 해서 지역의 전통만으로 해결할 수 있는 것도 아니다. 21세기가 직면한 대부분의 주요 문제는 동양과 서양, 과학과 전통의 구별을 무화시킨다. 과학이나 서양을 보편화하는 것도 오류이지만, 지역의 문제를 지역의 사상만으로 해결할 수 있다는 지역주의(parochialism) 역시 오류다.

그러나 서양과 동양을 회통하는 일은 말처럼 쉽지 않다. 그런 점에서 신유가의 사유와 사상적 방향은 여전히 사변적이고 형이상학적이며, 종교적인 면모를 가진다. 신국학운동이 활발하게 전개되고 있는 현재의 중국에서 신유가의 전통회복론 혹은 전통과 과학, 동양과 서양의 회통을 추구하는 회통론이 의구심의 대상이 되는 이유가 바로 여기에 있다.

최근 중국대륙에서는 서방의 경험을 갖지 않은 채 유가의 새로운 길을 모색하는 사상가들의 활동이 주목할만한 문화현상으로 표면화되고 있다. 그중에서 장경蔣慶의 사상과 활동은 특별히 주목할 가치가 있다. 물론 그는 두 가지 점에서 신유가를 비판하고 있기 때문에 일반적인 의미의 신유가라고 볼 수는 없다. 말하자면 그는 신유가의 입장이 근본적으로 서양의 보편주의를 전제하고 있다고 본다. 회통과 대화를 추구하는 신유가는 언뜻 보기에는 서양의 보편성을 부정하는 듯하지만, 실제로 그들은 서양의 보편성을 암묵적으로 전제하고, 서양의 보편주의에 끼워 맞추는 방식으로 전통사상을 해명한다. 중국사상이 보편적인 기준이 되지 못한다는 것이 그 증거 중 하나다. 예를 들어, 인권이나 민주를 이야기할 때, 전통적 성선설이 민본이 아니라 근대적 인권이나 민주가 기준이 되는 식이다.

나아가 장경은 신유가가 내성內聖(인격도야)과 외왕外王(정치적 실천)의 종합을 추구하는 유학의 본래 정신을 왜곡하여 내성 일변도의 유학을 복원하려 한다는 사실을 비판한다. 정신적 추구와 내면의 수양을 통해 완전한 인격에 도달하는 것을 목표로 삼는 내성은 유학의 중요한 강조점이기 때문에, 그런 목표 자체를 부정할 수는 없다. 그러나 내성의 추구만으로 유학의 정신, 유학의 가치를 현대사회에 회복하는 것은 불가능하다. 내성적 반성만으로는 현대사회가 드러내는 복잡한 문제를 해결할 수 없기 때문이다. 게다가 그런 정신적 수양만으로는 세계사적 전환의 시점에 중국과 중화문명의 부흥이라는 과업을 달성할 수도 없다. 전통적으로 내성과 외왕이라는 양 날개, 두 방향의 통합을 추구하던 유학이 새로운 시대의 중심사상으로 회복되기 위해서는 신유학이 추구하는 정신주의적 탐색만으로는 부족하다.

그 대안으로 장경은 유학전통에 충실한 사유의 전환을 촉구한다. 서양중심주의나 서양보편주의가 아닌, 중국중심주의로의 전환이 필요하다는 것이다. 그에게 중국중심주의와 유가중심주의는 동의어다. 그는 유학의 본질을 내성과 외왕의 종합에서 찾는데, 이때 종합의 근본은 내성이 아니라 외왕이다. 이러한 차원에서 내성을 근본으로 삼았던 성리학의 전통과 성리학의 현대적 계승을 자임하는 신유가 전체가 비판의 대상이 된다.

장경은 공양학(금문학)의 현대적 계승자를 자임한다. 따라서 그는 전통회복의 지향을 전제하면서 정치유학의 부활, 유교의 국교화를 주장해왔다. 개인적으로 그는 서원활동을 통해 유학을 실천하는 특이한 인물로 주목을 끌었다. 그는 자신의 주저인 『정치유학』에서 "본서의 기본적 사유는 금문학 중의 공양학이며, 『춘추』 등의 유학경전에 의거한다", "유학은 언제나 정치유학이었다. 공자의 최대의 소망은 천하를 인으로 이끌어가는 정치적 이상을 실현하는 것이었다"고 천명한다. 그에 따르면, 유학의 비극은 '정치유학'임을 포기하고 심성心性의 도야를 중시하는 '심성유학'으로 발전한 것에서 시작되었다. 주지하다시피 성리학이나 현대의 신유가는 외왕의 방향을 포기하고 내성으로 기울어졌다. 내성을 강조하는 신유학이 현실의 문제를 적극적으로 해결하는 이상과 역량을 발휘할 수 없었던 것은 당연한 귀결이다. 이에 대한 장경의 비판은 근세 이후의 유학전통에 대한 비판인 동시에, 전통의 회복을 지향하는 현대 신유가에 대한 통렬한 비판으로서 분명히 귀 기울여볼 가치가 있다. 그리고 장경이 "외왕을 회복할 수 있는가 없는가, 그것은 현대유학이 반드시 대답해야 하는 생사가 걸린 대문제이며, 당대 유학의 계속적 발전을 가늠하는 척도"라고 말하는 지점도 역시 주목해볼 필요가 있다. 이런 문제의식 하에서 장경은 '심성유학'을 '정치유학'으로 되돌려 중국이 직면한 문제를 해결하고, 유학의 현대적 발전과 자기완성을 위한 이론과 실천방안의 제시를 목표로 삼으려 한다.

장경은 유학이 단순한 수양이론이 아니라 정치적 실천으로 제도화되기를 기대한다. 그런 목적을 달성하기 위해서는 자유주의 · 민주주의 · 공민사회론 등, 서양의 보편주의를 전제하는 관점 자체를 비판적으로 극복해야 한다. 그런 비판 위에서 유학의 예악정신 · 왕도이상 · 대통일(大一統)의 지혜 등을 동원해야 한다. 굳이 말하자면, 서양에서 유래한 근대적 사상원리가 아니라 중국의 전통사상에서 유래한 사상원리를 기준으로 다시 사유해야 한다는 것이다. 그 결과 현대의 여러 문제를 해결하고, "중국적 특색을 가진 현대적 제도건설의 사상자원"을 찾아야 한다고 강조한다.

정경의 이러한 탈-서양중심적 정치유학론은 상당히 매력적인 관점이라고 볼 수 있다. 실제로 장경의 정치유학론에 동조하는 사람들이 적지 않고, 그들은 하나의 학파를 형성하고 있다고 말할 수 있을 정도로 활발한 활동을 펼치고 있다. 또한 그의 정치유학론은 적극적인 현실참여의 태도를 보여준다는 점에서 공양학의 정신을 계승하고 있다고 평가할 수도 있다. 당연히 양계초의 공양학적 정신과도 일맥상통하는 측면이 있다.

그러나 장경의 문제점은 바로 그런 현실참여의 지향이 지나치게 강하다는 지점에서 드러난다. 이는 장경이 양계초와 달리 문헌학적 · 과학적 방법에 입각한 연구절차를 거의 고려하지 않는다는 데서 비롯되는 것이다. 과학의 방법적 절차를 고려하지 않는 전통해석이 현실 이데올로기에 부응하려 할 때, 위험해진다. 과학적 과정과 절차를 무시한 정치적 해석은 한 발만 어긋나면 현재의 권력에 봉사하는 위험한 사상으로 전락할 수 있다. 과학적 방법은 만능은 아니지만, 모든 학술연구가 반드시 거쳐야 할 절차다. 나아가 과학은 만능이 아니며 과학적 연구 또한 학술의 최종 목표는 아니지만, 그럼에도 불구하고 과학을 무시하고 과학적 절차를 거부하는 연구는 핵폭탄이 될 수 있다는 사실을 잊어서는 안 된다. 과학은 현재의 이데올로기에 봉사하기 위한 성급한 일반화에 제동을 거는 브레이크로 작동해야 한다. 과학적 방법이 연구의 목표가 될 수는 없지만, 과학적 방법과 절차를 무시하는 사유는 불현듯 신비주의로 치닫고, 그에 추동된 감정의 폭주는 비이성적 대중동원으로도 이어질 수 있다. 우리가 1930년대 독일의 정치신학이나 1960년대 중국의 정치화된 전통해석처럼, 사상과 종교차원에 과도하게 정치적 해석이 주입됨으로써 초래된 비극을 기억하는 한, 장경의 '정치유학'에서 과도한 해석의 폭주를 감지하는 것은 단순한 기우가 아닐 것이다.

해석의 폭주를 경계하라: 이령의 문헌학

장경의 주장은 '정치와 종교의 합일'을 중국의 정치체제로 회복하여 유가를 정치적·사회적 신성성의 근원으로 삼아야 한다는 '유교국교'의 주장으로 귀결될 뿐 아니라, 중국이 주도하는 세계질서의 수립을 목표로 하는 것이라고 해석될 수 있다. 여기서 장경의 정치유학론은 유교중심적 공상정치론으로 보일 수 있다. 나아가 오랫동안 잠자고 있던 중화주의적 몽상의 현실화, 현대 중국인의 잠재의식의 표현이라고 볼 수도 있다.

북경대학의 이령李零은 이런 장경의 정치유학적 해석에 대해 격렬한 비판을 쏟아내는 대표적인 학자다. 장경과 이령, 이 두 사람은 현대 중국에서 진행되고 있는 전통해석의 두 방향을 각각 대표하는 상징적 인물들이다. 장경이 전통회복의 한 극단을 대표한다면, 이령은 비판적 문헌학의 대표자다. 물론 이령을 단순히 전통비판론자라고 볼 수는 없다. 북경대학 교수일 뿐 아니라 자타가 공인하는 고문헌학자로서 평가받는 이령은 의고

疑古를 주장하는 고사변파古史辨派의 정신을 계승하면서, 비판적인 관점에서 고전의 과학적 독해를 강조한다. 그런 점에서 그는 호적에서 고힐강을 거쳐 오늘로 이어지는 의고파 역사학을 대변한다고 볼 수 있다.

이령은 공양학의 연장선에서 유교의 정치화를 추구하는 전통회복론에 반대하며, 과학적 방법에 근거하여 객관적으로 고전을 읽으려는 고문학적 입장을 보여준다. 문헌학자로서 이령은 유교경전을 신성한 문서가 아니라 인간 공자의 삶을 드러내는 역사문서로서 재해석하려고 한다. 그의 이러한 연구는 학문적 공자론에 머물지 않고, 전통을 정치적으로 이용하려는 움직임이 일어나고 있는 중국학계와 현실에 대해 던지는 비판으로 읽을 수 있다.

이령은 공자와 유교를 중화민족주의의 토대로 이용하려는 풍조에 대해 이렇게 말한다. "나의 연구는 최근 20년 동안 중국사회에서 발생한 미친 복고풍조(復古狂潮), 미치광이 짓에 가까운(近似瘋狂) 기이한 현상을 비판하기 위한 것이다." 그는 이러한 시대 분위기에 대한 답변이자 비판으로서 공자와 『논어』에 대한 연구를 수행하고 있는 것이다. 그는 자신의 의도를 이렇게 밝힌다. "내가 『상가구』를 쓴 목적은 어떤 한 사람을 비판하는 것이 아니라 큰 사회적 조류를 비판하기 위한 것이었다." 또한 저작인 『진공자』를 출간한 이유에 대해서도, 역사적 사실에 입각해 성인화된 공자의 외피를 벗기고 도통사관道統史觀의 오류를 지적하는 데 있었다고 말한다.

이렇게 이령의 작업은 1930년대 고힐강의 작업과 동일한 목적을 가지고 진행된 것이다. 1910~20년대 공자교운동이 실패로 끝나고 난 후, 1935년 국민당 정부는 유교경전을 학교교육에 도입하는 독경운동을 추진했었다. 그러나 호적과 주여동周予同 등 고전학자들의 격렬한 비판과 반대로, 그 운동은 흐지부지되고 말았다. 주여동은 『독경문제에 대한 의견(對於讀經問題的意見)』(1935)에서 "독경은 새롭게 출현한 기괴한 문제이지만, 사실 오래된 문제"라고 언급하면서 정치적 의도를 가진 전통회복의 시도를 비판했다. 주여동이 독경운동에 반대한 이유는, 그것이 순전한 정치적 목적에 의해 발동된 것으로서, 당시 사회적 · 문화적 요청과 괴리된 것이었기 때문이다. 과거와 전혀 다른 학교제도 및 사회제도가 운영되고 있는 시점에 학교교육에 '독경'을 요구하는 것은 경제적으로 무의미할 뿐 아니라, 공민과 공복을 양성하는 일에도 전혀 도움이 되지 않는다고 주장한 것이다.

이후 중국대륙은 철저한 전통파괴를 경험했지만, 결국은 개혁개방을 통해 시장경제를 도입하면서 사회주의 이데올로기를 전면에 내세울 수 없게 된다. 자연히 중국정권은 새로운 이념을 필요로 했고, 결국 그들이 선택한 길이 전통에서 대안을 찾는 것이었다. 현재 중국에서 학계나 민간을 불문하고, 중화주의 및 중화주의를 뒷받침해온 유교전통을 재해석함으로써 대안적 이데올로기를 구축하려는 노력이 경주되고 있는 까닭은 이러한 현실적인 정치요구와 무관하지 않다. 1980년대에 발생한 문화열운동은 문화대혁명에 대한 반동으로 비교적 온건한 방식으로 진행된 지식인 중심의 정치-문화 운동이었다. 그리고 21세기에 들어와 중국에서는 적극적인 전통의 재평가와 회복을 위한 신국학운동이 활발하게 전개되고 있다. 학문연구는 언뜻 보면 정치와 무관한 방식으로 수행될 수 있다. 그러나 학문은 결코 무색투명한 중립이 아니다. 과학자의 작업도 마찬가지다. 현재 중국에서 전개되고 있는 신국학의 열기 속에 암묵적인 이데올로기 지향, 즉 중화주의적 국가-민족주의의 망령이 숨어 있다는 것을 느끼는 일은 어렵지 않다.

민족주의의 신앙과 '열광'이 존재하는 곳에서, 그것을 해체하는 작업은 위험을 동반한다. 어느 시대든 신화와 허구를 필요로 하고, 그 신화와 허구를 생산하는 열광적 그룹이 존재한다. 그 신화와 허구에 대한 요구와 대중의 열광이 현실의 정치적 요구와 맞아떨어지면, 자칫 그 사회는 큰 비극으로 치달을 수 있다. 이령의 문헌학적 고전연구는 그런 현실을 적시하고, 전통회귀 정서에 내재한 감상주의를 비판하고 있는 것이다.

주

참고문헌

찾아보기

서장 과학 · 종교 · 미신

1 이 주제를 자세히 살펴보려면, 일본 · 중국 · 한국에서 종교 및 과학개념이 만들어지고 유행하게 된 배경을 어느 정도 이해해야 할 것이다. 그 자체가 방대한 연구가 필요한 주제다. 일본에서 종교개념의 형성이라는 주제에 대해서는 비교적 포괄적인 연구가 일본 학계에서 수행되고 있다. 그리고 그런 연구에 자극을 받아 한국에서 종교개념의 수용사에 대한 연구도 몇몇 있다. 중국에서도 종교나 과학개념의 형성사를 탐구한 연구들이 있지만, 아직 충분하다고 말하기 어려운 상황이다. 앞으로의 연구과제라고 말할 수 있다. 한편 근대 동아시아에서 종교와 과학개념의 개념사적 관련성 내지 종교와 과학의 관계에 대해서는 아직 충분한 연구가 이루어지고 있지 않다. 근대 한국에서의 종교개념의 형성에 관해서는 최근에 나온 장석만의 연구를 참조할 수 있을 것이다. 장석만, 『한국 근대종교란 무엇인가?』(모시는사람들, 2017)

2 민주 · 국가 · 정치 · 경제 등 우리가 사용하는 중요한 수많은 어휘가 일본산이라는 사실을 기억할 필요가 있다. 한자어로 이루어진 단어이지만 중국에서 만들어진 말이 아니다. 중국인들도 그런 어휘들을 처음 만났을 때 생소한 의미 때문에 당혹해하는 경우가 없지 않았다. 한문으로 된 문헌을 연구하면서 그것을 우리말로 해석해야 하는 한국어 사용자로서 학술개념의 대부분이 일본에서 발명 · 창안 · 조어된 한자어라

는 사실은 당혹스럽다. 우리가 근대 서양학문을 수입할 때 거의 전적으로 일본어로 조어된 한자어를 사용하고 있다는 사실은 부정할 수 없다. 심지어 중국철학이나 중국사를 연구할 때에도 일본인의 연구방향과 그들이 만든 어휘를 사용할 수밖에 없는 상황이다. 서양의 사상이나 사회과학 문헌을 번역 소개할 때도, 일본에서 만들어진 개념을 그대로 사용하고 있다는 사실은 더욱 당혹스럽다. 그런 어휘들을 이제 와서 전적으로 포기할 수는 없겠지만, 분명하게 의식할 필요는 있을 것이다.

3 최근 약간의 예외로서, 한국어에서 종교개념의 출현에 대한 연구가 등장하기 시작했다. 장석만, 앞의 책(2017) 참조.

4 "從最下層的崇拜無生物, 崇拜動物起, 直登最高等的如一神論, 無神論. 都是宗教"(양계초, 「評非宗教同盟」, 『飮氷室文集点校』, 雲南教育出版社, 2001. 이하 양계초의 글은 이 책에서 인용한다)

5 양계초, 같은 글.

6 "一時學者, 不復爲宗教迷信所束縛, 卒有路得新教之起, 全歐精神, 爲之一變"(양계초, 「論學術之勢力左右世界」)

7 路遙, 「中國傳統社會民間信仰之考察」, 「문사철」, 2010년 제4기 참조.

8 "吾疇昔論學, 最不喜宗教, 以其偏于迷信而爲眞理障也"(양계초, 「論宗教家與哲學家之長短得失」)

9 "宗教與迷信常相爲緣故. 一有迷信, 則眞理必掩于半面. 迷信相續, 則人智遂不可得進, 世運遂不可得進. 故言學術者不得不與迷信爲敵, 敵迷信則不得不竝其所緣之宗教而敵之"(상동)

10 "耶教唯以迷信爲主, 其哲理淺薄"(양계초, 「論中國學術思想變遷之大勢」)

11 "西人所謂宗教者, 專指迷信信仰而言, 其權力範圍, 乃在軀殼界之外. 以靈魂爲依據, 以禮拜爲儀式, 以脫離塵世爲目的, 以涅槃天國爲究竟, 以來世禍福爲法門, 諸教雖有精粗大小之不同, 而其概則一也"(양계초, 「保教非所以尊孔論」)

12 "其所教者, 專在世界國家之事, 倫理道德知原, 無迷信, 無禮拜, 不禁懷疑, 不仇外道, 孔教所以特異于群教者在是. 質而言之, 孔子者哲學家, 經世家, 教育家, 而非宗教家也"

13 양계초, 「保教非所以尊孔論」.

14 철학과 종교의 위계적 구분, 종교와 미신의 위계적 구분, 심지어 과학과 종교의 위계적 구분은 그 자체가 허구다. 그러나 여전히 믿는 사람이 적지 않다. 철학

특히 동양철학 연구자들은 근대적 범주 자체가 '자의적'인 해석범주라는 사실에 대해 무관심한 경향이 있다.

15 "自初發心以迄成佛, 恒以轉迷成悟爲一大社業. 其所悟者, 又非徒知有佛焉而盲信之之謂也. (…) 他教之言信仰也, 以爲教主之智慧, 萬非教徒之所能及, 故以强信爲究竟. 佛教之言信仰也, 則以教徒之智慧, 必可與教主相平等, 故以起信爲法門. 佛教之所以信而不迷, 正坐是也"(양계초, 「論佛教與群治之關係」)

16 현재도 유교를 연구하는 대부분의 연구자는 유교를 철학이라고 보면서 유교의 이론 해석에 몰두하는 경향이 있다. 무엇을 가지고 철학이라고 불러야 하는지 정해지지 않은 마당에 철학적 해석이라는 것이 무슨 의미인지 답하기 어려운 것은 차치하고, 유교를 이론적 · 철학적으로만 해석하다 보면 유교가 전통사회 안에서 수행했던 정치적 · 경제적 · 제도적 · 교화적 · 교육적 · 상징적 구심점을 제공하는 역할을 놓침으로써 유교의 총체성을 보지 못할 수 있다. 근대 시기에 유교를 이론적 사상체계로 한정적으로 파악한 것이 그 기원이라고 말할 수 있다. 그리고 그런 경향은 현대의 신유가 사상가들에 의해 강화 · 심화되었다.

17 "其所以堅持一主義, 感動輿論, 革新國是者, 宗教思想爲之也"(양계초, 「論宗教家與哲學家之長短比較」)

18 상동.

19 채원배, 「사회개량선언」(1912년 2월 23일), 『채원배전집』 제2권, 중화서국, 1984.

20 중화민국 시기 미신 정리사업과 우리나라 유신기 미신 정리사업의 성격적 유사성은 관심을 가져 마땅한 흥미로운 주제다. 기독교 및 과학에 근거를 두는 서구적 계몽과 비서구적 전통의 파괴는 많은 경우 한쌍으로 움직인다.

21 진독수, 「재론공교문제」, 『신청년』, 제2권 제5호, 1917년.

22 "泥塑木雕的偶像, 本來是件無用的東西, 只因有人尊重他, 崇拜他, 對他燒香叩頭, 說他靈驗, 于是鄉愚無知的人, 迷信這人造的偶像眞有賞善罰惡之權, 有是便不敢作惡, 似乎偶像却很有用. 但是偶像這種用處, 不過是迷信的人自己騙自己, 非是偶像自身眞有什麽能力. 這種偶像倘不破壞, 人間永遠只有自己騙自己的迷信, 沒有眞實合理的信仰, 豈不可憐. 天地間鬼神之存在, 倘不能確實證明, 一切宗教, 都是一種騙人的偶像. 阿彌陀佛是騙人的, 耶和華上帝也是騙人的, 玉皇大帝也是騙人的. 一切宗教家所尊重的崇拜的神佛仙鬼, 都是無用的騙人的偶像, 都應該破壞!"(진독수, 「우상파괴론」, 『신청년』 제5권 제2호, 1918년)

23 "不過是借此對內擁護貴族財主的權利, 對外侵害弱國小國的權利罷了"(진독수, 상동)

24 진독수의 과학론에 대해서 필자는 다른 글에서 살펴본 바 있다.

25 "夫宗教之物, 在彼歐西各國, 已爲過去問題. 蓋宗教之內容, 現皆經學者以科學的研究解決之矣"(채원배, 「以美育代宗教說」(1917년 8월 1일), 『신청년』 제3권 제6호, 1917)

26 "我中國既無歐人此種特別之習慣, 乃以彼邦過去之事實作爲新知, 竟有多人提出討論"(상동)

27 "一部分之沿習舊思想者, 則承前說而稍變之, 以孔子爲我國之基督, 遂欲組織孔教, 奔走呼號, 視爲今日重要問題"(채원배, 상동)

28 "迨後社會文化日漸進步, 科學發達, 學者遂擧古人所謂不可思議者, 皆一一解釋之以科學"(상동)

29 "鑒激刺感情之弊, 而專尙陶養感情之術, 則莫如舍宗教而易以純粹之美育. 純粹之美育, 所以陶養吾人之感情, 使有高尙純潔之習慣, 而使人我之見, 利己損人之思念, 以漸消沮者也"(채원배, 「以美育代宗教說」(1917년 8월 1일), 『신청년』, 제3권 제6호, 1917.

30 "宗教上的信仰, 必爲哲學主義所取代"(채원배, 「關于宗教問題的談話」, 『채원배전집』 제4권, p.70, 중화서국, 1984)

31 "現今各種宗教, 都是拘泥着陳腐主義, 用詭誕的儀式, 誇張的宣傳, 引起無知識人盲從的信仰, 來維持傳教人的生活"(채원배, 「非宗教運動—在北京非宗教大同盟講演大會的演說詞」(1922년 4월 9일), 『채원배전집』, 제4권, p.179, 중화서국, 1984)

제1부
세계관 전쟁, 과학과 형이상학의 갈등

제1장 과학의 정의와 전통의 이해

1 "中國格致之學 (…) 乃義理之格致, 非物理之格致也. 中國重道而輕藝(…) 歷觀諸儒之言, 皆以格致義理立說, 而從未有及今之西學者"(왕양종王揚宗의 2001년 논문

에서 재인용함) 중국과학원대학 인문학원의 과학사가 왕양종은 서학중원설의 전개 및 중국에서 무과학문제 등 근대 중국에서 서양과학의 수용에 관한 중요한 논문을 다수 발표했다. 이 글에서 서학중원 관련 논의는 기본적으로 그의 연구를 참조했다. 그 주제에 관한 왕양종의 대표적인 논문은 다음과 같다. "西學中源說在明淸之際的由來及其演變"(「大陸雜志」, 90권 6기, pp.39~45, 1995), "康熙, 梅文鼎與西學中源說"(「傳統文化與現代化」, 1995년 3기, pp.77~84), "西學中源說和中體西用論在晩淸的盛衰"(「故宮博物院院刊」, 2001년 5기, pp.56~62), "楊銓與中國無科學問題"(「廣西民族學院學報」, 自然科學版, 2006년 3기, pp.34~36) 樊洪業, 王揚宗, 『西學東漸—科學在中國的傳播』(湖南科學技術出版社, 2002, 제2판).

2 "中西相合者, 系偶然之迹, 中西不合者, 乃趨向之岐"(상동, 왕양종 2001)

3 "于中外是非得失, 全未縷悉, 妄率胸臆, 務爲尊己卑人一切迂疏虛憍之論"(譚嗣同, 『譚嗣同全集』, 蔡尙思, 方行編, 中華書局, 1981, p.231)

4 "不求至乎其極, 則知矣而不得其通. 語焉不詳, 擇焉不精, 散見錯出, 皆非成體之學而已矣"

5 "一理之明, 一法之立, 必驗之物物事事而皆然, 而後定之爲不易. 其所驗也貴多, 故博大. 其收效也必恒, 故有久. 其究極也, 必道通爲一, 左右逢源, 故高明. 方其治之也, 成見必不可居, 飾詞必不可用, 不敢絲毫主張, 不得稍行武斷, 必勤必耐, 必公必虛, 而後有以造其至精之域, 踐其至實之途. 迨夫施之民生日用之同, 則據理行術, 操必然之券, 責未然之效, 先天不違, 如土委地而已矣"(王憲明編, 『嚴復學術文化隨筆』, 中國靑年出版社, 1999년, p.32)

6 樊洪業, 「科學槪念與科學雜志」, 『科學』, 1997년, 제6기, 참조.

7 "科學者, 智識而有統系者之大名. 就廣義言之, 凡智識之分別部居, 以類相從, 井然獨繹一事物者, 皆得謂之科學. 自俠義言之, 則智識之關于某一現象, 其推理重實驗, 其察物有條貫, 而又能分別關聯抽擧其大例者謂之科學"(「과학」 제1권, 제1기, 1915, 1월. 『任鴻雋文存—科學救國之夢』, 상해과학교육출판사, 상해과기출판사, 2002, p.19)

8 "科學的定義, 旣已言人人殊, 科學的範圍, 也是各國不同. 德國的wissenschaft, 包括得有自然人爲各種學問, 如天算, 物理, 化學, 心理, 生理以至政治, 哲學, 語言, 各種在內. 英文的science, 却偏重于自然科學一方面, 如政治學, 哲學, 語言等平常是不算在科學以內的. 我們現在爲講演上的便利起見, 暫且說科學是有組織的知識"(『임홍준문존』, p.192)

9 "科學有兩個意義: 一是廣義的, 一是俠義的. 廣義的科學是: 凡有科學方法制造出來的, 都是科學. (…)俠義的科學, 是指數學, 物理學, 化學, 生物學, 地質學等等, 現在已經爲普通'街上人'所承認爲科學的. 這些科學萌芽于希臘, 重生于文藝復興時代, 昌明于十八世紀之後"(장군매 등, 『과학여인생관』, 黃山書社, pp.269~270)

10 "今夫吾國學術思想之歷史, 一退化之歷史也. 秦漢以後, 人心梏于時學. 其察物也, 知其當然而不求其所以然. 其擇術也, 騖于空虛而引避乎實際. 此之不能有科學不待言矣. 卽吾首出庶物之聖人, 如神農之習草木, 黃帝之創算術, 以及先秦諸子墨翟, 公輸之明物理機巧, 鄧析, 公孫龍之析異同, 子思有天圓地方之疑, 莊子有水中有火之說, 揚已者或引之而明吾國固有之長, 而抑他人矜飾之焰. 不知凡上所云云, 雖足以顯吾種謂之靈明, 而不足証科學之存在. 何則, 以其智識無體系條貫故也"(『임홍준문존』, p.19)

11 진독수, 「경고청년」, 『진독수저작집』, 제1권, 상해인민, p.135 이하.

12 "單爲用而不含求知的意思, 其結果只能産生'手藝', '技術', 而不能産生'科學'. 中國卽其好例"(양수명, 『양수명전집』, 제1권, 산동인민출판사. p.373)

13 "凡是中國的學問大半是術非學, 或說學術不分"(상동, p.355)

14 "假使西方化不同我們接觸, 中國是完全閉關與外間不通風的, 就是再走三百年, 五百年, 一千年也斷不會有這些輪船, 火車, 飛行艇, 科學方法"(상동, p.392)

15 호적의 과학론, 과학적 국고정리론, 나아가 과학을 종교로 이해하는 '과학적 인생관'론에 대해서는 이 책의 본론에서 자세하게 살펴볼 것이다.

16 "拿歷史的眼光去觀察文化, 只看見各種民族都在拿'生活本來的路'上走, 不過因環境有難易, 問題有緩急, 所以走路有遲速的不同, 到的時候有先後不同"(호적, 「과학여인생관, 서」, 『과학여인생관』)

17 "科學方法和近三百年經學大師治學的方法是一樣的"(상동, p.53)

18 "惜其所從事者不出文字言語之間. 而未嘗以是施之自然界現象"(『임홍준문존』, p.13)

19 "近來我們的朋友, 很有表彰漢學的科學方法的. 其實他們所做到的, 不過訓詁箋注, 爲古人作奴隸, 至于書本外的新知識, 因爲沒有新事實來作研究, 是永遠不會發見的. 其病是虛而不實"(『임홍준문존』, p.24)

20 "科學旣各有方法, 而普通所謂科學方法又不外乎論理. 于是, 我根據這個理由大膽宣告漢學家考據方法不能卽算就是科學方法. 我承認漢學家有點兒科學精神, 但不能以一點的相同, 卽謂完全相同. (…) 丁先生說愛因斯坦的相對論是科學, 梁先生

的歷史研究法是科學, 胡先生的紅樓夢考証是科學, 這話亦似乎犯了籠統的毛病罷"(장동손의 글은 양계초의 논설에 대한 논평형식으로 제시되어 있다. 장군매 등, 『과학여인생관』, 황산서사, pp.141~142)

제2장 '과학과 인생관' 논쟁 이전

1 서양과의 만남 이후 격렬한 투쟁과 변혁의 와중에 민주를 구호로 삼는 다양한 정치적 실험이 전개되고, 마침내 중국은 전혀 다른 두 가지 방식으로 '민주'를 실천하려는 분단국가 상태에 돌입하게 되었다. 신문화운동 시기에 분명하게 드러난 정치적 · 사회적 '민주' 이념을 탐색하는 작업은 현대 중국의 분단현실을 분석하는 출발점으로 의미를 가질 수 있었다. 그 결과, 서양문명의 두 축이라 여겨진 '과학'과 '민주' 중에서 '민주' 담론에 대한 분석과 연구가 활발하게 진행되었던 것은 당연한 것이지만, 또 다른 한 축인 '과학'에 대한 담론을 이해하고 분석하는 것은 상대적으로 소홀했다고 말할 수 있다. 최근에는 과학사와 과학의 사회적 의미에 대한 질문이 부각되기 시작하면서 신문화운동기의 과학문제를 다루는 연구가 축적되고 있다.

2 근대기 중국에서 '중체서용'론의 내용과 발전에 대해서는 이용주, 『동아시아근대사상론』(이학사, 2009), 참조.

3 "不爲數學, 名學, 則吾心不足以察不循之理, 必然之數也. 不爲力學, 質學, 則不足以審因果之相生, 功效之互待也"(엄복, 「원강」, 『엄복집』 제1책, 중화서국, 1986, p.17)

4 "人旣不通科學, 則其政論必多無根, 而于天演消息之微不能喩也, 此未必不爲吾國前途之害. 故中國此後教育, 在在宜著意科學. 使學者之心慮沈潛的, 于因果實證之間, 庶他日學成, 有療貧起弱之實力, 能破舊學之拘攣, 而其于圖新也審, 則眞中國之幸福矣"(엄복, 「與外交報主人論教育」, 『엄복집』 제2책, 중화서국, 1986, p.561)

5 "牛有牛之體, 有牛之用. 馬有馬之體, 有馬之用. (…) 未聞有牛之體有馬之用. (…) 故中學有中學之體用, 西學有西學之體用, 分之則竝立, 合之兩亡"(상동)

6 "其曰政本藝末也, 愈所謂顚倒錯亂者也. 且其所謂藝者, 非指科學乎. 名數質力, 四者皆科學也. 其通理公例, 經緯萬端, 而西政之善者, 卽本斯而立. 故赫胥黎氏有言, 西國之政, 尙未能悉准科學而出之也. 使其能之, 其致治且不止此. 中國之政, 所以日形其絀, 不足爭者, 亦坐不本科學, 而與通理公例違行故耳. 是故而科學爲藝, 則西藝實西政之本. 設爲藝非科學, 則政藝二者, 乃幷出于科學, 若左右手然, 未聞左

右之相爲本末也"(상동)

7 중체서용론의 형성과 전개 및 비판에 대해서는 이용주, 『동아시아근대사상론』(이학사, 2009) 참조. 특히 엄복의 말은 위의 책, 「여외교보주인서」 참조.

8 郭穎頤, 『中國近代思想中的唯科學主義』(南京: 江蘇人民出版社, 1989, p.17). 본문에서 나는 곽영이의 중문 번역본에서 사용된 '유과학주의'라는 번역어를 채용하지 않고, 영어 'scientism'을 우리말로 '과학주의'라고 번역한다.

9 곽영이, 앞의 책, p.17.

10 이어지는 장에서 우리는 이 논쟁에 대해 자세하게 살펴볼 것이다.

11 진독수, 「敬告青年」(1917년) 『20世紀哲學經典文本(中國哲學卷)』(徐洪興 主編, 復旦大學出版社, 1999). 진독수가 제시한 강령 또는 태도는 다음 여섯 가지다. (1) 자주적이며 노예적인 아닐 것(自主的而非奴隷的), (2) 진보적이며 보수적이 아닐 것(進步的而非保守的), (3) 진취적이며 은둔 · 퇴보적이 아닐 것(進取的而非退隱的), (4) 세계적이며 쇄국적인 아닐 것(世界的而非鎖國的), (5) 실리적이며 공허하지 않을 것(實利的而非虛文的), (6) 과학적이고 공상적이 아닐 것(科學的而非想像的).

12 "吾人對于事物之概念, 綜合客觀之現象, 訴之主觀之理性而不矛盾之謂也"(진독수, 상동)

13 여기서 진독수가 사용하는 '상상想像'은 상상력, 즉 'imagination'이 아니라 'fantasy, fictional idea'라는 의미를 가지고 있다. 따라서 현대 우리말에서는 '공상空想'에 해당한다. 나중에 가면 진독수는 상상이라는 말을 사용하지 않고 '허구虛構' 혹은 공상이라는 표현을 사용한다.

14 진독수, 상동.

15 진독수, 상동.

16 진독수, 상동. p.177.

17 진독수, 「신문화운동이란 무엇인가?(新文化運動是什麽)」, 『20세기철학경전문본(중국철학권)』(서홍흥 주편, 복단대학출판사, 1999), p.196.

18 진독수, 「신문화운동이란 무엇인가?」, 같은 곳.

19 '과학의 죄악'과 '과학을 이용하는 인간의 죄악'을 구분하는 진독수의 논법은, 과학이 초래한 여러 문제를 고도로 발달한 과학으로 극복할 수 있다고 주장하는 현대의 과학우월론자의 입장에 맥이 닿는다. 그렇다면 그 미래의 고도화된 과학에 의해 이 세상의 문제들이 해결되었는가? 과학이 발달할수록 편리함이 증대된 것은 부정

할 수 없다. 그렇다고 인류의 문제가 과학에 의해 해결되었다고는 누구도 생각하지 않을 것이다. 그것은 아직 과학이 충분하게 발달하지 않았기 때문인가? 과학이 더 완전한 수준으로 발전하면 모든 문제가 해결될 것인가? 사실 현재로서는 그것에 대해 분명한 답을 할 수 없다. 바로 그렇기 때문에 과학문제는 과학방법만으로 이해할 수 없는 부분을 내포한다. 흥미롭게도 1950년대 독일에서 실존철학의 두 거장, 하이데거와 야스퍼스 사이에 비슷한 논쟁이 벌어졌다. 야스퍼스는 과학이 초래한 여러 가지 사회문제에 대해, 그것이 과학 자체의 잘못이 아니라 과학을 오용하는 인간의 잘못이라는 관점에서 과학에 면죄부를 주려고 한다. 그러나 하이데거는 과학, 특히 근대과학 자체에 내재한 방법 또는 과학을 가능하게 만든 사유의 방향과 사유방식 자체가 위기를 불러온 근거라고 주장하면서 과학 내지 과학사유 자체의 과오를 지적하고 있다.

20 진독수, 위의 글. "哲學是關于思想的學問, 離開科學談哲學 (…) 便自命爲哲學大家, 這不是怪物是什麽?"(p.197)

21 胡適, 「科學與人生觀序」(張君勱 등, 『科學與人生觀』(1925), 合肥: 黃山書社, 2008. 5월판). 이 책에서 『科學與人生觀』에서 인용을 할 때에는 모두 이 판본을 기준으로 삼았다.

22 "我們也許不輕易信仰上帝的萬能了, 我們却信仰科學的方法是萬能的"(胡適, 「我們對于西洋近代文明的態度」, 胡適文集 4, p.9)

23 "國家欲自强, 以多譯西書爲本, 學子欲自立, 以多讀西書爲功" 양계초, 「西學書目表序例」, 『음빙실문집점교』, p.141.

24 "故倍氏之意, 以爲無論大聖鴻哲誰某之所說, 苟非驗諸實物而有征者, 吾不屑從也! 笛氏之意, 以爲無論大聖鴻哲誰某之所說, 苟非反諸本心而實安者, 吾不敢信也"(梁啓超, 「近世文明初造二大家之學說」, 『음빙실문집점교』, p.397)

25 "吾昔見日本哲學館, 有所謂四聖祀典者, 吾駭矣. 稽其名, 則一釋迦, 二孔子, 三蘇格拉底, 四康德也. 其比擬之果倫與否, 吾不敢言. 卽其不倫, 而康德在數千年學界中之位置, 亦可想見矣!"(양계초, 「근세제일대철강덕지학설」, 『음빙실문집점교』, p.436)

26 "此種史料, 散在各處, 非用精密明敏的方法以搜集之, 則不能得. 又眞贋錯出, 非經謹嚴之抉擇, 不能甄別適當. 此皆更需有相當之技術焉"(양계초, 「중국역사연구법」, 북경: 동방출판사, 1996, p.78)

27 양계초, 「研究文化史的幾個重要問題」, 『음빙실문집점교』, p.3356.

28 董德福, 『胡適與梁啓超： 兩代知識分子學思歷程的比較研究』, 吉林人民出版社,

2004. pp.182~183 참조. '과학과 인생관' 논쟁에서 양계초의 입장은 대체로 중간파로 분류된다. 양계초는 과학파와 동조하는 부분이 적지 않지만, 그의 글을 읽어보면 근본적으로 현학파의 입장에 기울어져 있었음을 알 수 있다. 따라서 동덕복董德福이 양계초의 입장을 "중간편현中間偏玄(중간적 입장이지만 현학파에 기울어져 있다)"이라고 평가하는 것은 대단히 설득력이 있다. 나 역시 동덕복의 평가에 찬성하는 입장이다. 유려홍劉黎紅은 과학파의 과학관 및 양계초의 과학관을 논자별로 시기별로 추적하면서 일목요연한 대조표를 제시하고 있다. 劉黎紅, 『五四文化保守主義思潮硏究』, 中國社會科學出版社, 2006, pp.282~289 참조.

29 『구유심영록歐游心影錄』은 유럽여행에서의 시찰결과를 풍부하게 담은 보고서로, 당시 유럽의 정치경제 상황, 제1차 세계대전의 경과와 독일의 패전원인 분석 등, 역사 · 경제 · 정치 · 문화에 관한 포괄적인 지식을 담고 있다. 그 책은 당시에 유럽의 현실과 제1차 세계대전의 의미와 성격 그리고 그 결과와 영향 등에 대해 알려주는 중요한 문건으로서 큰 사회적 반향을 불러일으켰다. 그 안에서 서론에 해당하는 「유럽여행 중의 관찰 및 감상(歐游中之一般觀察及一般感想)」은 1920년대 양계초의 과학비판론과 서양문명론을 이해하기 위한 기본 자료다. 『음빙실문집점교』, pp.3474~3497 참조.

30 「歐游中之一般觀察及一般感想」 중의 제7절 '科學萬能之夢'은 근대 서구문명의 근간이라 여겨져 온 과학의 한계를 지적하는 중요한 내용을 담고 있다. 『음빙실문집점교』, pp.3479~3481 참조.

31 양계초, 위의 글, p.3480.

32 "我們人類不惟沒有得着幸福, 倒反帶來許多災難"(양계초, 같은 글, p.3481)

33 양계초, 같은 글, p.3481.

34 양계초, 같은 글, p.3481.

35 "讀者勿誤會, 我絶不承認科學破産, 不過也不承認科學萬能罷了"(p.3481의 自註)

36 양계초, 「치국학적양조대로」(1923. 1월), 『음빙실문집점교』 6집, p.3341.

37 양계초, 「治國學的兩條大路」(1923. 1월), 『음빙실문집점교』 6집, p.3344.

38 현대의 과학철학자 칼 포퍼는 그의 학문적 자서전이라고 할 수 있는 『끝없는 탐구: 내 삶의 지적 연대기』 제37장 "형이상학적 연구 프로그램으로서의 다윈주의"라는 글에서 자신의 진화론 해석에 대해 논의한 다음 이렇게 쓰고 있다. "지금까지 개괄한 이론은 진화가 어떻게 우리가 일컫는 바 생명의 '고등한' 형태를 향해 귀결되는지 하는

문제에 대한 일종의 해답을 제시한다. 그러나 다원주의는 일반적으로 그렇게 설명하는 데 실패한 것처럼 보인다."(칼 포퍼, 『끝없는 탐구』, 갈라파고스, 2008, p.288)

39 "僅能够用之以研究人生以外的各種問題, 人, 決不是這樣機械易懂的"(양계초, 「治國學的兩條大路」, p.3344)

40 양계초, 「評非宗教同盟」(1922. 4.25일)

41 당시 양계초를 비롯한 지식인들의 동서문화논쟁, 1923년 이후의 본격적인 '과학과 인생관' 논쟁, 동양회귀론, 양계초의 도덕론, 중국문화의 특성에 대한 여러 논의(특히 양계초, 호적, 풍우란을 중심으로) 등은 장을 바꾸어 본격적으로 탐구해야 할 주제다.

42 그들이 활동하던 1900~20년대, 서양에서 전개되고 있던 과학철학의 논의 역시, 콩트 식의 소박한 검증과 실증주의 과학론을 벗어났지만, 논리실증주의가 제시한 귀납주의의 수준을 크게 벗어나지 못하고 있었다. 그런 점에서 서양에서 발생한 '근대과학'의 본질에 대한 중국의 지식인들이 인식수준을 흠잡을 필요는 없을 것이다. 오늘날에도 대중의 과학이해는 진독수나 양계초의 과학담론 수준을 크게 벗어나지 못하고 있다. 따라서 그들의 과학담론의 인식론적 수준을 문제 삼아서 그들의 논의가 시대착오적이라거나 일고의 가치도 없다는 식의 평가가 내릴 수는 없다.

43 무색투명하여 누구에게나 동일한 의미를 가진 전통은 존재하지 않는다. 역사적 사실이 전통을 만드는 것이 아니라, 개인의 선택, 사회적 합의에 의해 전통은 구성된다. 역사서술, 전통창조에는 공준(公準, 누구나 합의하는 기준)이 있을 수 없다. 역사는 역사를 쓰는 사람의 수만큼 다양한 모습으로 존재한다. 전통 역시 마찬가지다. 우리의 전통? 누가 결정하는가?

제3장 '과학과 인생관' 논쟁의 시말

1 이 책의 머리글에서 언급했던 것처럼, 세계관이라는 개념은 현대적 의미에서 본다면 종교와 가장 밀접한 개념이다. 현대의 대표적인 종교학자 가운데 한 사람인 니니안 스마트는 종교라는 개념이 전통사회에서 종교의 존재방식과 의미를 충분히 드러내지 못한다고 생각한다. 따라서 그는 근대적으로 그 의미가 왜곡되고 있는 종교라는 말 대신에 세계관이라는 개념을 사용하자고 제안한다. 1900년대 초기 중국에서는 종교개념이 주로 부정적인 의미, 즉 미신에 가까운 맹목적 신앙을 가리키는 개념으

로 사용되는 경향이 있었다. 따라서 당시 그 논쟁에 참여한 사람들은 대부분 종교에 부정적인 뉘앙스를 담아서 사용하는 경향을 보여준다.

2 이 경우 '현학'이라는 개념은 주로 '형이상학'의 번역어로 사용된다. 이 경우 형이상학은 현상을 넘어선 근원적인 어떤 것에 대한 탐색을 의미한다. 신의 존재, 세계의 근거, 존재의 본질, 윤리의 근거, 자유의지, 물질과 정신 등등의 근원적인 철학적 · 종교적 · 사상적 문제가 바로 형이상학이 주로 관심을 가지는 문제다. 최근에는 마음의 문제, 마음(정신)과 물질의 관계문제, 정신과 신체의 문제 등등이 형이상학의 새로운 주제로 다루어지고 있다. 그런 형이상학적 주제는 근대 이전에는 종교의 핵심문제였으나, 근대 이후에는 주로 철학의 문제로 여겨지는 경향이 있다. 종교와 철학을 이렇게 저렇게 구분하는 주장들이 있지만, 사실 그런 구분은 근대 이후에 등장한 것으로서, 그런 구분 자체가 철저하게 이데올로기적이거나 심지어 완전히 자의적이라는 사실을 잊지 않아야 할 것이다. 당시 현학이라는 개념은 인생관, 존재론, 가치관, 종교적 신앙, 세계관을 포괄하는 넓은 의미를 가지고 있다.

3 "歐洲人做了一場科學萬能的大夢, 倒如今却叫起科學破産來, 這便是最近思潮變遷一個大關鍵了"(양계초, 상동, p.3481)

4 "不料還有名流學者出來高唱'歐洲科學破産'的喊聲, 出來把歐洲文化破産的罪名歸到科學身上"(호적, 「『과학여인생관』 서문」)

5 "科學對于教育上之重要, 不在于物質上之知識, 而在于研究事物之方法. 尤不在于研究事物之方法, 而在其所與心能之訓練"(『과학』 1권 12기. 1915년)

6 『신청년』 7권 1호, 1919년 12월.

7 장군매, 『我的哲學思想』, 1953년.

8 논쟁이 마무리되고 난 다음에 결집된 『과학과 인생관』 논집에는 「인생관과 과학(人生觀與科學)」이라는 수정된 제목으로 수록되었다.

9 이후 1998년 3월 요동교육출판사遼寧教育出版社는 아동도서관亞東圖書館 판을 저본으로 삼은 교정 편집본을 『신세기만유문고』 제2집의 한 권으로 출판했으며, 2008년 황산서사黃山書社는 요녕교육출판사판과 아동도서관판을 기초로 새로운 교정본을 출간했다. 본 연구는 2008년 황산서사판 『과학여세계관』을 저본으로 삼았다. 황산서사판에 붙어 있는 상해 화동사범대학의 고서천高瑞泉 교수의 설명은 '과학과 인생관 논쟁'의 핵심문제를 이해하는 데 적지 않은 도움이 된다.

10 "科玄論戰本有在不得要領中下火之勢, 不意忽有這三篇長序的挑釁, 好像又有重開

的樣子"(張東蓀「科學與哲學」, 商務印書館, 1924. 장동손의 1924년 논설은 같은 상무인서관에서 출간된『科學與哲學』(1999년)에 다른 글들과 함께 묶여서 출간되었다. 1924년의 논설은 1999년판에서는 pp.40~104에 수록되어 있다. 인용문은 p.40)

11 "我們雖然極歡迎'經濟史觀'來做一種重要的史學工具, 同時我們也不能不承認思想知識等也都是'客觀的原因', 也可以'變動社會', 解釋歷史, 支配'人生觀'. 所以我個人至今還有只能說, '唯物(經濟)史觀至多只能解釋大部分的問題'. 獨秀希望我'百尺竿頭更進一步', 可惜我不能進這一步了"(호적, 「과학여인생관 서문」의 부록, 1923)

12 "心的原因, 這句話如何在適之口中說出來! 離開了物質一元論, 科學便瀕于破産, 適之頗尊崇科學, 如何對心與物平等看對!! 適之果堅持物的原因外, 尙有心的原因, (…) 卽知識, 思想, 言論, 教育, 也可以變動社會, 也可以解釋歷史, 也可以支配人生觀, (…) 像這種明白主張心物二元論(…)"(진독수, 「답적지」, 「과학여인생관, 서2」의 부록)

제4장 과학은 만능이 아니다!

1 "科學勿論如何發達, 而人生問題之解決, 決非科學所能爲力"(장군매, 「인생관」, 『과학여인생관』에 수록)

2 현대 신유가의 시작을 어디에서 찾을 것인지는 약간의 이견이 있을 수 있다. 나는 현대 신유가의 기원은 양수명과 양계초에서 찾을 수 있고, 거의 같은 시기에 활동을 개시한 장군매와 풍우란 등에 의해 현대 신유가의 본격적인 발전이 시작되었다고 본다. 물론 현대 신유가 사상가들 모두가 완전히 동일한 지향을 가졌던 것은 아니다. 그들 내부에서조차 처음부터 약간의 지향 차이가 존재했고, 세대를 거듭하면서 몇 가지 방향으로의 사상적 분화가 일어났다는 사실을 잊어서는 안 될 것이다.

3 "試問以何謂科學, 則能爲明確之答覆者甚鮮, 乃至同爲科學, 有爲物質科學, 有爲精神科學, 二者異同之故安在, 則其能爲明確之答覆者尤鮮矣"(장군매, 「재론세계관」, 『과학과 인생관』)

4 "國人之思想混沌若此, 乃欲語以科學原理, 語以科學與人生觀之異同, 宜其扞格而不相入"(장군매, 상동)

5 "我對于我以外之物與人, 常有所觀察也, 主張也, 希望求也, 是之謂人生觀"(상동)

6 (「인생관」, p.38)

7 "人生爲活的, 故不如死物質之易以一例相繩也"(「인생관」, 『과학여인생관』, PP.35~38)

8 "人生者, 變也, 活動也, 自由也, 創造也"(「재론인생관」, 『과학여인생관』, p.78)

9 "依嚴格之科學定意, 精神科學不能算作科學, 硏究事物之物理學, 硏究活物之生物學和硏究心理現象的心理學之間的鴻溝是不能抹殺的"(「재론인생관)」

10 "實則斷不能與物理學生物學同類而幷觀"(「재론인생관」)

11 "全社會變化, 決不能豫測, 故決非科學的"(「재론인생관」)

12 "科學之所能爲力者, 不過排除某種行爲之方法, 不過確定所以達某部分目的之條件. 至于全社會大目的之決定, 吾人所應選擇之方向之決定, 則非科學範圍內事. (…) 社會中各力所構成之活的衝動複體. 所謂社會各力有五. 曰物理的, 曰生物的, 曰心理的, 曰社會的, 曰精神的. 而精神力一端, 決非科學所能硏究"(「재론인생관」, p.76)

13 "社會科學固與人生觀相表裏, 然社會科學, 其一部分對象爲物質部分(如生計中之土地, 資本等), 物質固定而凝滯, 故有公例慣求. 除此而外, 歐立克所謂不可測度之部分, 卽我之所謂人生觀也"(「재론인생관」, p.77)

14 "科學之爲用, 專注于向外"(「세계관」, 『과학여세계관』, p.39)

15 "科學家之最大目的, 曰摒棄仁義之作用, 而一切現象, 化之爲客觀的, 因而可以推算, 可以窮其因果之相生"(「再論人生觀與科學幷答丁在君」, 『과학여세계관』, p.64)

16 "歐戰終後, 有決算二三百年之總賬者, 對于物質文明, 不勝務外逐物之感. 厭惡之論, 已屢見不一見矣"(「인생관」, p.39)

17 "第一, 科學上之因果律, 限于物質, 而不及于精神. 第二, 各分科科學之上, 應以形而上學統其成. 第三, 人類活動之根源之自由意志問題, 非在形相學中, 不能了解"(「人生觀之論戰後書」, 『과학여현학논쟁』(상), 鐘離蒙 主編, 『中國現代哲學史資料彙編』, 제1집 제6책, p.57, 瀋陽遙寧大哲學系 1981년 편)

18 "中國成就了向內的精神文明, 而歐洲人側重以人力征服自然, 成就了向外的物質文明"

19 "順歐洲之道而不變, 必蹈歐洲敗亡之覆轍"

20 "惟以心爲實在也, 故勤加拂拭, 則努力精進之勇必異乎常人"(장군매, 「재론세계관여과학병답종재군」『과학여인생관』 pp.112)

1 “在君是一個歐化最深的中國人, 是一個科學化最深的中國人. 在這一點根本立場上, 眼中人物眞沒有一個人能比上他. 這也是因爲他十五歲就出洋, 很早就受了英國人生活習慣的影響的緣故. (…) 他的立身行已, 也都是科學化的, 代表歐化的最高層” (胡適, 「丁在君這個人」, 「獨立評論」 188호, 1936)

2 “凡是事實都可利用科學的方法研究, 都可以變做科學”(정문강, 「답장군매」(1923년 5월), 『과학여인생관』, p.185)

3 “因爲世界上的眞理是無窮無盡, 我們現在所發見的是不過極小的一部分. 科學上所謂公例, 是說明我們所觀察的事實的方法, 若是不適用于新發見的事實, 隨時可以變更”(정문강, 「답장군매」, p.184)

4 “這是科學同玄學根本不同的地方, 玄學家人人都要組織一個牢固不拔的‘規律’(system), 人人都把自己的規律當做定論. 科學的精神絕對與這種規律迷的心理相反”(정문강, 상동, p.185)

5 “科學的方法, 不外將世界的事實分起類來, 求他們的秩序. 等到分類秩序弄明白了, 再想一句最簡單明白的話來, 概括這許多事實, 這叫做科學公例”(정문강, 상동, p.185)

6 “我們說物質科學同精神科學沒有根本的區別, 因爲他們所研究的材料同爲現象, 研究的方法同爲歸納. 至于精神同物質根本有無分別, 如果有分別, 究竟是一種什麽質, 本來哲學上大問題”(정문강, 상동, p.195)

7 “況且無論我們相信那一派的哲學, (…) 我們決不能相信有超物質而上的精神, 與外相隔絶的內, 或是離非我而獨立的我. (…) 我的‘純粹的心理’, 向那裏找去”(정문강, 상동, p.198)

8 “我幷不是說生計學是同物理學一樣的確實, 我也幷不是說各種科學的材料不可分類出來研究, 我說是分類是爲方便起見, 確實是程度問題, 不能那得來證明知識界眞有鴻溝”(정문강, 「답장군매」, p.189)

9 “科學的目的就是屛除個人主觀的成見 – 人生最大的障礙 – 求人人所共認的眞理” (정문강, 상동)

10 “人生觀現在沒有統一是一件事, 永久不能統一又是一件事, 除非爾能提出事實理由來證明它是永遠不能統一的, 我們總有求它統一的義務. 何況現在‘無是非眞僞之標準’, 安見得就是無是非眞僞之可求? 不求是非眞僞, 又從那裏來的標準? 要求是非眞僞, 除去科學方法, 還有什麽方法?”(정문강, 「현학여과학」, 『과학여인생관』, p.40)

11 “科學不但無所謂向外, 而且是教育同修養最好的工具, 因爲天天求眞理, 時時想破除成見, 不但使學科學的人有求眞理爲能力, 而且有愛眞理的誠心. 無論遇見甚麽事, 都能平心靜氣去分析研究, 從複雜中求單簡, 從紊亂中求秩序. 拿論理來訓練他的意想, 而意想力愈增. 用經驗來指示他的直覺, 而直覺力愈活. 了然于宇宙生物心理種種的關係, 才能够眞知道生活的樂趣. 這種‘活潑潑地’心境, 只有拿望遠鏡仰察過天空的虛漠, 用顯微鏡俯視過生物的幽微的人, 方能參領得透徹, 又豈是枯坐談禪, 妄言玄理的人所能夢見”(丁文江, 「현학여과학」, 『과학여인생관』, pp.53~54)

12 호적, 『정문강전』, p.72, 호남출판사, 1993.

13 “第一, 科學的目的在求眞理, 而眞理是無窮無邊的, 所以硏究科學的人, 都具一種猛勇前進, 盡瘁于眞理的啓諭, 不知老之將至的人生觀. (…) 有了這種人生觀, 才能打破物質界的許多引誘, 凡是眞正的科學家都是如此的. 第二, 因爲科學探討的精神, 深遠而沒有界限, 所以心中一切偏見私意, 都可以打破, 使他和自然界高遠的精神相接觸. (…) 有了這種人生觀, 所以有些科學家, 竟能把榮名界限及一切社會階級打破. 這是因爲科學家的人生觀, 是超乎這些以上的. 第三, 科學所硏究的是事物的關係, 明白了關係, (…) 可以給人一種因果的觀念. (…) 硏究科學的人, 把因果觀念應用到人生觀上去, 事事都要求一個合理的. 這種合理的人生觀, 也是硏究科學的結果”(임홍준(叔永), 「人生觀的科學或科學的人生觀」, 『科學與人生觀』, pp.127~128)

14 ‘CUDOS’는 훌륭한 과학연구를 유도하는 원리를 나타내는 데 사용되는 약어. 이에 따르면, 과학정신은 공공주의(Communalism), 보편주의(Universalism), 무관심(Disinterestedness), 독창성(Originality) 및 회의론(Skepticism)에 의해 존중되어야 한다. ‘CUDOS’는 로버트 머튼(Robert K. Merton)에 의해 1942년에 도입된 메르토니아 규범(Mertonaian norms)에 기반을 두고 있다.

15 “就是物質界的智識愈進于科學事, 而人生觀之進于科學的, 亦與之爲比例”(임홍준, 상동, p.126)

16 “科學與人生觀的關係, 不但是因物質科學的進步, 間接的把人生觀改變, 直接的科學可以造出一種人生觀來. (…) 人人都曉得硏究科學的人, 大半是不信宗敎的, 但大多數的科學家, 都是道德完備, 人格高尙的人”(p.126)

17 “一切心理現象都是有因的, 這句話可信的程度, 同‘一切物質現象都是有因的’那句話的可信的程度相等”(당월, 「심리현상여인과율」, 『과학여인생관』, pp.129~131)

18 “君勱拿內與外, 我與非我, 來分別精神物質, 根本能否成立? 人生觀是我對于我以外的物同人的觀察主張要求希望. 範圍旣然這樣廣, 豈不是凡有科學的材料都可以包

括在人生觀裏面?"(정문강, 「현학여과학-답장군매」, 『과학여인생관』, pp.185, 187)

19 "用以硏究生物的生物學, 也可以應用于人生問題. (…) 科學是憑藉因果和齊一兩個原理而構造起來的. 人生問題無論爲生命之觀念或生活之態度, 都不能逃出這兩個原理的金剛圈, 所以科學可以解決人生問題"(왕성공, 『과학여인생관』, p.283)

20 "我們觀察我們這個時代的要求, 不能不承認人類今日最大的責任與需要時, 把科學方法應用到人生問題上去"(정문강, 「현학여과학」, 『과학여인생관』, p.187)

21 "西歐物質文明, 是科學上最大的成績, (…) 利用科學之智識, 專爲營利之計, 國家大政策, 以拓地致富爲目的, 故人謂之物質文明"(장군매, 「인생관」, 『과학여인생관』 p.225)

22 "以國際貿易吸收他國脂膏, 藉國外投資爲滅人家國之具. 而國與國之間, 計勢力之均衡, 則相率于軍備擴張. 以工商之富維持軍備, 便以軍備之力, 推廣工商. 于是終日計較强弱等差, (…) 而演成歐洲之大戰"(장군매, 상동, p.107)

23 "故歐洲之致富政策, 以植民政策與之相補, 尙可保數十年之安榮"(장군매, 상동, P.107)

24 "歐洲文化縱然是破産(目前幷無此事), 科學絶對不負這種責任, 因爲破産的大原因是國際戰爭. 對于戰爭最應該負責的人是政治家同敎育家. 這兩種人多數仍然是不科學的. (…) 他們的政治社會却絶對的缺乏科學精神. (…) 人生觀不能統一也是爲此, 戰爭不能廢止也是爲此. (…) 然而一班應負責任的玄學家,敎育家,政治家却絲毫不肯悔過, 反要把物質文明的罪名加到純潔高尙的科學身上, 說他是務外逐物, 豈不可憐"(정문강, 「현학여과학」, 『과학여인생관』, pp.52~55)

제6장 과학과 전통의 대화는 가능한가?

1 "人生從心界, 物界兩方面調和理性的生活, 叫做'人生'. 我們懸一種理想來完成這種生活, 叫做人生觀"(物界包含自己的肉體及己身以外的人類, 乃至己身所屬之社會等等)

2 "根據經驗的事實分析綜合, 求出一個近眞的公例, 以推論同類事物, 這種學問叫做'科學'"(應用科學改變出來的物質, 或建設出來的機關等等, 只能謂之 '科學的結果', 不能與'科學'本身混爲一談)

3 "我承認人類所以貴于萬物者在有自由意志. 又承認人類社會所以日進, 全靠他們的自由意志, 但自由意志之所以可貴, 全在其能選擇于善不善之間, 而自己作主以決從違. 所以自由意志是要與理智相補的. 若象君勱全抹殺客觀而談自由意志, 這種盲

目的自由, 恐怕沒有什麼價値了"(양계초, 「인생관여과학人生觀與科學」, 『과학여인생관』, 황산서사, 2008, pp.137~138)

4 "在君那篇文章, 很象專制宗教家口吻, 殊非科學家態度, 這是我替在君可惜的地方, 但亦無須一一指摘了. 在君說, '我們有求人生觀統一的義務.' 又說, '用科學方法求出是非眞僞, 將來也許可以把人生觀統一.' (…) 我說人生觀的統一, 非惟不可能, 而且不必要. 非惟不必要, 而且有害. 要把人生觀統一, 結果豈不是, '別黑白而定一尊.' 不許異已者跳梁反側? 除非中世的基督教徒才有這種謬見, 似乎不應該出于科學家之口. 至于用科學來統一人生觀, 我更不相信有這回事. 別的且不說, 在君說, '世界上的玄學家一天沒有死完, 自然一天人生觀不能統一.' 我倒要問, 萬能的科學, 有沒有方法令世界上的玄學家死完? 如其不能, 卽此已可見科學功能是該有限制了"(p.138)

5 "人生問題, 有大部分是可以 (…) 而且必要用科學方法來解決的. 却有一小部分 (…) 或者還是最重要的部分是超科學的"(p.136)

6 "人生關涉理智方面的事項, 絶對要用科學方法來解決. 關于情感方面的事項, 絶對的超科學"(p.139)

7 "科玄論爭, 關鍵的以經不在是科學到底能否解決人生觀的問題, 而是我們究竟應當選擇一種什麽樣的人生觀來作爲指導社會的思想, 前者是一個事實問題, 後者是屬于價値的範疇"(陳少明 등, 『近代中國思想史略論』, 廣東人民出版社, 1999, p.300)

8 『신유학사상사』를 비롯한 장군매의 저작은 현재 중국 인민대학출판사에서 "장군매유학저작집"이라는 이름으로 출간되어 있다.

9 양계초는 1920년대 이후 제자백가를 비롯한 전통적인 사상문화의 가치를 발양하는 많은 논설을 발표한다. 그런 점에서 양계초는 근대적 의미의 유가사상연구 그리고 제자백가학, 넓은 의미의 국학연구의 모델을 제공했다고 평가할 수 있다. 양계초의 선진정치사상연구, 유가철학, 국학입문 등은 지금 읽어도 결코 낡은 느낌이 들지 않는 일류 저작이다.

10 郭湛波는 『近五十年中國思想史』(山東人民出版社, 2002)에서 그런 평가를 내리고 있다.

11 "他們所用的方法無形之中暗含科學的方法 (…) 是要把漢學家所用的不自覺的方法變爲自覺的, 應用到對國故整理中去. 方法'不自覺'最容易有弊. 如科學方法最淺最要的一部分就是'求否定的例"(negative instance exeption) (『新潮』 제2권, 제1호, 1919년 8월 16일, 胡適의 「胡適答毛子水信」 두 글은 劉東, 文韜 編, 『審問與明辯 : 晩淸民國的'國學'論爭(上冊)』, 북경대학출판사, 2012년 2월, pp.292~293에서 참

고할 수 있다. 그리고 毛子水의 「國故和科學的精神」은 같은 책 pp.249~263에 재수록 되어 있다)

12 "欲明其義理, 必先通詁訓, 則又兩漢隋唐注疏之學, 而前淸乾隆諸儒大汲其流, 夫識大識小, 各惟其人, 考據發明, 何嘗不有大功于古籍. 然吾以爲孔子之道之所以可尊, 乃全在其文從字順之處, 初不煩箋釋字義, 而固已盡人可解, 而此派者, 兢兢于碎義難逃, 耗精神于所難解未解者, 其所以解者則反漠置之. 此其廢也"(양계초, 「孔子教義實際裨益于今日國民者何在欲昌明之其道何由」(1915))

13 여기서 사용하는 양계초의 「국학연구의 두 길(治國學的兩條大路)」은 劉東, 文韜 編, 『審問與明辯 : 晚淸民國的'國學'論爭, 上冊』(북경대학출판사, 2012년 2월, pp.407~417)에 수록되어 있다.

14 "但是果眞要問他人之所以異于禽獸自安在, 人旣自猿進化而來, 爲什麼人自人而猿終爲猿? 恐怕他也不能給我們以很有理由的解答. "(양계초, 「국학연구의 두 길(治國學的兩條大路)」, 劉東, 文韜 編, 『審問與明辯 : 晚淸民國的'國學'論爭 上冊』(북경대학출판사, 2012년 2월, p.413)

15 "總是, 西人所用的幾種方法, 勤能夠用之以硏究人生以外的各種問題, 人, 絶不是這樣機械易懂的"(상동)

16 "非人與人相偶, 則仁的概念不能成立. 故孤行執異, 絶非儒家所許, 蓋人格專靠各人自己, 是不能完成"(상동)

17 "由此可知人格是個共同的, 不是孤立的. 想自己的人格向上, 唯一的方法, 是要社會的人格向上. 然而社會的人格, 本是各個自己和合理性. 想社會的人格向上, 唯一的方法, 又是要自己的人格向上"(상동)

18 "這絶不是用科學的方法可以硏究得來的. 要用內省的工夫, 實行體驗. 體驗以後, 再爲躬行實踐, 養成了這部微妙的仁的人生觀, 生趣盎然的向前進"(p.416)

19 "儒佛都用許多的話來教人, 想叫把精神方面的自縛解放淨盡, 頂天立地, 成一個眞正自由的人"(p.417)

제7장 과학은 자본주의의 산물인가?

1 이 세 파의 과학 및 이데올로기적 입장은 대충 다음과 같이 정리해볼 수 있을 것이다. 과학파 = 물리주의 = 자유주의 = 자본주의, 현학파 = 형이상학 = 신유학 =

전통주의, 유물사관파 = 물리주의 = 사회주의 = 마르크스주의.

2 "不守科學方法便是詩人底想像惑愚人底妄想. (…) 哲學雖不是抄集各門科學的成果所能成的東西, 但是不用科學方法下手硏究說明的科學, 不知道是什麽一種怪物"(진독수, 「신문화운동이란 무엇인가?」, 1920년, 4월)

3 과학과 인생관 논쟁이 발생하기 이전에도 진독수는 기본적으로 과학파의 입장에 기울어진 과학관을 가지고 있었다. 특히 5.4신문화운동기의 진독수의 과학관에 대해서는 필자의 다른 글을 참조할 수 있을 것이다. 이용주, 『동아시아 근대사상론』(이학사, 2009).

4 "因果律雖是一切科學的共通的原則, 而各種科學之方法却各不相同, 不但社會科學和自然科學不同, 卽自然科學中數學化學, 動植物學也都各不相同. 社會上有相類的因之現象, 必將有相類的果之現象. 惟其果之現象之特定的時空及現象中之個體現象, 則另有因果之關係, 而非社會科學範圍內之事, 這本是社會科學重要方法之一"(「答張君勱與梁任公」, 『신청년』, 3기. 1924년 8월)

5 "人類社會因果關係非常複雜, 所以社會現象也非常複雜, 因此, 社會科學, 馬克思主意科學的社會主義, 决不像張君勱先生所稱引的那樣簡單, 并且一定還不像我們今天所知道的這樣簡單"(진독수, 상동)

6 "社會現象與物理學所硏究的現象截然不同. 確應有一特別科學-社會學. 社會學是獨立的. 所謂'獨立', 當然不是形而上學的, 不是絶對的, (…) 社會學不但不應當和物理學相混, 并且也不能和生物學相混"(구추백, 1924년, 2월, p.401)

7 진독수, 「마르크스의 두 핵심 정신」, 1922.5

8 이런 진독수의 형이상학 평가는 유물론 철학의 일관된 입장이다. 현대 중국에서도 철학은 사회과학의 한 분야로서 인정받고 있다. 중국의 대형서점에 가서 보면 철학은 사회과학의 선두분야로 분류되어 있는 것을 볼 수 있다. 우리나라에서 철학이 인문학의 한 분야로 분류되고 있는 것과는 대조적이다. 학문의 체계라는 것이 그 사회의 문화적 인식 내지 학문적 관점과 밀접하게 연결되어 있다는 것을 보여주는 하나의 사례다. 여기서 분류는 자연적인 체계가 아니라 분류자의 인식을 반영하는 인위적 체계라는 사실을 기억할 필요가 있다.

9 진독수, 1923년, 11월 논문. 하지만 정말로 진독수가 그렇게 생각했다면, 그것은 인문학과 형이상학(현학)에 대한 그의 몰이해 내지 무지 때문이라고 말할 수 있을 것이다. 실증주의에 치우친 관점을 가지고 있었을 뿐 아니라 고전에 대한 문화적 소양이 약했던 진독수는 형이상학은 물론 인문학 연구의 가치를 인정할 수 없었고,

그런 한계로 인해, '과학과 인생관' 논쟁의 진정한 학술사적 가치, 철학사적 의미를 제대로 평가할 수 없었을 것이다.

10 진독수, 1924년, 8월 논문. 1900년대 초기 중국의 계몽사상가들은 과학과 종교, 나아가 과학과 미신에 대해 유사한 입장을 공유하고 있었다. 세부적으로 보면 개인적인 차이를 드러내지만 전체적으로는 과학을 지식의 최고 수준으로 보고, 과학적이지 않는 지식은 종교 혹은 미신이라고 폄하하는 지식의 위계적 태도를 드러내고 있었다. 과학과 종교, 나아가 과학과 미신에 대한 여러 사상가들의 입장에 대해서는 이 책의 서장의 논의를 참조할 수 있을 것이다.

11 구추백, 「현대문명문제여사회주의」, 1923년, 11월.

12 "這些個人態度卽人生觀之變遷與異同, 在表面上看起來似乎是個人自由意志之活動; 在一定範圍內, 個人意志之活動, 誠然是事實, 而非絶對自由, 因爲個人的意志自由是爲社會現象的因果律幷心理現象的因果律支配, 而非支配因果律者"(진독수, 1924년, 8월)

13 "個人的意志固然不能創造客觀上不可能的東西, 而在客觀上可能的範圍以內, 却有個人意志回旋的餘地. 幷且必有許多人的勞力及天才的創見, 這客觀上的可能才能够適當的實現. 人們的意志是人們物質生活關係造成的. 人們的歷史是人們貪慾無厭的意志造成的. 這便是我們所相信之歷史唯物論與機械唯物論不同之点"(진독수, 상동)

14 "一切動機(意志)都不是自由的而是有連繫的", "所謂自由(絶無因果)僅僅是尙未了解的必然", "人類的社會生活, 不論他樣複雜各不相同, 始終我們能考察得一定的規律"(구추백, 1924년, 2월, p.410)

15 "將來科學的進步, 也許能把宇宙間一切現象納入理化科學和生物科學裏居, 然而現代科學裏還沒有充分的證據證明這種眞理. 現時的社會學中往往有應用物理化學公律的嘗試, 却僅證明人類的互動與理化的課程不盡相同. (…) 此等嘗試成績很有限, 況且, 就算人類社會現象能完全與理化科程上比, 然而人類社會現象還是自成其一種的, 與普通無機界的理化過程相異"(구추백, 1924년, 2월, pp.399~400)

16 진독수, 1924년, 8월. p.254.

17 "我們深信人生觀是因智識經驗而變換的, 所以深信宣傳與教育效果果可以使人類的人生觀得着最低限度的一致"(호적, 1923년, 「서문」 『과학여인생관』, p.20)

18 "科學與人生觀的關係, 不單因物質科學的進步, 間接的把人生觀改變, 直接之科學還可以造出一種人生觀來. (…) 但大多數的科學家都是道德完備, 人格高尙的人. (…) 原來他們的人生觀, 就在他們的科學研究裏面"(임숙영, 『과학여인생관』, p,125)

19 임숙영, 상동, p.126.

20 王星拱, p.286.

21 장병린의 사상 및 그의 구분진화론의 입장에 대해서는 장병린, 「구분진화론」 참조.

22 "唯物史觀的哲學幷非不重視思想, 文化,宗敎,道德等心的現象之存在. 惟只承認他們都是經濟基礎上面之建築物, 而非基礎本身. (…) 中國古代思想家莫如孔老, 他們思想的來因, 老是小農社會的産物, 孔是宗法封建的結晶. 他們的思想卽他們社會經濟制度的映相. 和希臘亞里思多德擁護農奴制一樣, 幷無多少自由創造"(진독수, 「서문」, p.30)

23 진독수, 「서문」, 『과학여인생관』, 참조

24 장군매, 「재론인생관」, 앞 장의 장군매 부분의 논의 참조.

25 "就是有于財産制度乃個人私有而非社會公有, 完全不是科學及物質文明本身的罪惡. 我們敢說, 科學及物質文明, (…) 在財産公有的社會, 便是利用厚生的源泉"(진독수, 1924)

26 "所以科學文明很有民權的性質. 人人都有發明眞理之權, 只要爾有這本領, 這是完全個人的自由"(구추백, 「現代文明問題與社會主義」, 1923년, 11월, p.272)

27 "思想上的民權幾乎等于紙上談兵, (…) 科學使人享法律上的平等而消失事實上的平等的可能, 科學文明使人類社會的階級劃分得更淸楚"(상동, p 272)

28 方法愈妙, 富人愈富, 于是社會中階級鬪爭愈劇烈, 國際間戰禍愈可慘)(구추백, 「東方文化與世界革命」, 1923년, 3월, p.24)

29 "世界的資産階級, 旣以科學的發達, 作爲少數人享福之用, 他眼看着用了這許多精力, 殺人放火的機械製造得如此精明, 始終還是鎭不住'亂', 保不住自己的統治地位, 所以他的結論是'科學無能'. 這剛好迎合了宗法社會的心理, 于是所謂'東方文化派'大得其意. 其實哪裏是什麽'科學破産', 不過是宗法社會及資産階級文明的破産罷了. 世界的無産階級正應當用敵人所怕的武器, 植民地上的勞動平民也應如此"(구추백, 상동, p.24)

제8장 과학적 인생관은 가능한가?

1 경운지耿云志는 『호적연보』에서 그런 사실을 자세하게 지적하고 있다.

2 호적, 「서문」, 『과학여인생관』, pp.11~12.

3 종교 혹은 미신을 과학과 대립되는 것으로 파악하고 과학의 발달이 종교와 미신을 극복하는 길이라고 주장했던 계몽주의적 역사관, 진보사관을 호적은 당시의 계몽사상가들과 공유했다. 과학과 종교(미신)를 대립적으로 구분하는 계몽주의적 이원론은 과학파든 현학파든 어느 정도는 공유하고 있었던 입장이다. 그런 점에서 근대적 사유를 전면적으로 부정하지 않는 이상, 누구든 과학의 힘을 일거에 부정하는 것이 쉽지 않다는 것이 당시의 현실이었던 셈이다. 과학기술에 의한 근본적인 사회적 변혁이 발생한 19세기 이후, 과학기술을 전면적으로 부정하는 절대적 과학비판론은 존재하기 어렵다. 정도의 차이는 있지만, 과학/미신의 위계론적 관점에서 전적으로 자유로운 사람은 거의 없을 것이다.

4 "都在那裏籠統地討論科學能不能解決人生問題或人生觀問題. 幾乎沒有一個人明白指出, 假使我們把科學適用到人生觀上去, 應該產生什麽樣子的人生觀"

5 상동, p.16.

6 호적의 과학론에 대해서는 이 책의 다른 글 참조.

7 "今日科學家平心靜氣地, 破除成見地, 公同承認的科學的人生觀來做人類人生觀的最低限度的一致"

8 『과학여인생관』 논집에 이미 양계초의 정문강 비판이 실려 있다. 그 논집의 「서문」을 쓴 호적은 전반적으로 양계초를 염두에 두고 있었다. 양계초는 호적의 사상적 논적이자 무시할 수 없는 보수파의 중심인물이었기 때문이다. 과학과 인생관 논쟁은 한 사회를 어느 방향으로 끌고 가야 하는가에 대한 보수파와 진보파의 팽팽한 사상적 긴장 속에 진행되었다. 보수이기 때문에 단순하고 낡은 머리를 가지고 있을 것이라는 선입견을 버려야 한다. 정문강의 완고한 과학주의 및 그의 태도를 비판하는 양계초의 입장에 대해서는 이 책의 다른 장에서 자세하게 다루고 있다.

9 "宗教的功效已曾使有神論和靈魂不滅論統一歐洲(其實何止歐洲?)的人生觀至千年之久. 假使我們信仰的'科學的人生觀'將來靠教育與宣傳的功效, 也能有'有神論'和'靈魂不滅論'在中世歐洲那樣的風行, 那樣的普遍, 那也可算是我們所謂'大同小異的一致'了"(『과학여인생관』 「서문」 p.20)

10 "他這個新信仰正是張君勱先生所謂機械主意, 正是梁任公先生所謂純物質的純機械的人生. 他一筆勾銷了上帝, 抹煞了靈魂, 戳穿了人爲萬物之靈的玄秘. 這才是眞正的挑戰"(상동)

11 20세기에 들어오면서 대학이 학문을 할 수 있는 거의 유일한 학문의 장이 되기 시작했다. 대학이 곧 학문이 영위되는 장소의 대명사가 되면서, 학문의 거의 모든

분야가 과학적 연구를 표방하지 않으면 살아남을 수 없는 상황이 연출된다. 심지어 과학과 전혀 무관해 보이는 예술영역 역시 대학 안에 들어오기 위해서는 과학적이 될 것을 요구받는 상황이 발생한 것이다. 과학적 방법을 사용하는 것이 학문으로 승인받을 수 있는 전제가 되었을 뿐 아니라, 소위 전통적인 종교를 믿고 가르치는 사람들조차 그들의 신앙과 가르침이 과학적이라고 주장하기에 이른다. 과학적이지 않으면 신자들을 설득할 수 없게 되었기 때문이다. 바야흐로 과학만능의 시대가 도래한 것이다. 종교학자들은 종교를 단순히 신의 존재를 믿고 그의 가르침을 신봉하는 서양적 의미의 종교를 가리키는 것으로 한정하지 않는다. 세계적인 종교학자 니니안 스마트(Ninian Smart)는 일반적으로 통용되는 '종교'라는 개념은 서양적 편견과 뉘앙스가 너무 많이 침투한 결과 심각하게 오염되었기 때문에, '종교'라는 말 대신 '세계관'이라는 개념을 사용해야 한다고 제안한다. '과학과 인생관' 논쟁에서 인생관이라는 개념은 니니안 스마트가 말한 세계관과 거의 같은 의미로 사용되었다. 따라서 여기서 인생관이라는 개념은 세계관 내지 종교 혹은 신앙과 거의 동일한 의미를 가진 개념이라는 사실을 기억할 필요가 있다. 그렇게 볼 때, 기존의 유신론적 체계는 물론 신을 상정하지 않는 신앙체계, 심지어 무신론적인 신념체계까지도 종교의 범주에 넣어서 사고할 수 있는 가능성이 열린다.

12 "根據于天文學和物理學的知識, 叫人知道空間的無窮之大"

13 "根據于地質學及古生物學的知識, 叫人知道時間的無窮之長"

14 "根據于一切科學, 叫人知道宇宙及其中萬物的運行變遷皆是自然的, 自己與此的, 正用不着什麽超自然的主宰或造物者"

15 "根據于生物的科學的知識, 叫人知道生物界的生存競爭的浪費與慘酷, 因此, 叫人更可以明白那'有好生之德'的主宰的假設是不能成立的"

16 하지만 일신교적 전통이 지배했던 서양에서와 달리, 동양적 우주론에서 창조론은 반드시 일반적인 입장도 아니고 가장 중요한 입장도 아니었다. 모든 종교가 창조자나 주재자를 상정하는 것은 아니며, 만물과 생명체를 창조하는 초월 존재를 상정하지도 않는다. 따라서 호적의 과학종교 도그마는 동양 내지 중국의 종교 및 사상전통을 부정하는 논거로서 반드시 타당한 것이라고는 말하기 어렵다. 더구나 우주의 생성과 변화에서 신적 존재의 개입을 부정하는 자연주의는 도교나 기 철학 전통 안에서는 오히려 당연한 것이다. 모든 자연주의가 곧 근대적인 사유가 아니라는 사실을 알 수 있다.

17 "根據于生物學, 生理學, 心理學的知識, 叫人知道人不過是動物的一種, 他和別種動物只有程度的差異，并無種類的區別”

18 “根據于生物的科學及人類學，人種學，社會學的知識，叫人知道生物及人類社會演進的歷史和演進的原因”

19 “根據于生物的及心理的科學，叫人知道一切心理的現象都是有因的”

20 “根據于生物學及社會學的知識，叫人知道道德禮教是變遷的，而變遷的原因都是可以用科學方法尋求出來的”

21 ‘모든 가치의 전도’라는 니체의 모토는 호적이 가장 좋아하는 모토였다. 호적은 과학적 정신과 방법을 동원하여 전통사회의 모든 가치, 모든 습관, 모든 미신을 극복할 수 있다고 믿는 철저한 계몽주의자였다. 호적의 국학연구 자체가 그런 계몽운동의 일환이었다. 호적의 과학론과 국고연구 그리고 모든 가치의 전도를 지향하는 계몽사상의 연결성에 대해서는 이 책에 실린 호적의 국고정리론과 청대 고증학(고거학)의 방법을 논의한 글을 참조할 수 있을 것이다.

22 “根據于新的物理化學的知識，叫人知道物質不是死的，是活的，不是靜的，是動的”

23 중국철학에서 물질의 근본 구성체인 기는 활동성活動性, 생기성生起性, 변화성變化性, 예측불가능성豫測不可能性, 불멸성不滅性(모습을 바꾸지만 사라지지는 않는)을 특징으로 가지는 특수한 무엇이다. 그런 기를 단순히 ‘물질’이라고 부를 수 있을지 의문이지만, 기를 원자적인 물질 소재로 보는 것이 근대주의적 기 해석의 하나의 방향성이었다. 기를 어떻게 이해해야 하는가? 이 문제는 동양철학의 근본주제이기 때문에 여기서는 길게 논의하지 않는다. 관심이 있는 독자는 동양철학의 기 개념을 자세히 논의한 졸저를 참조할 수 있을 것이다. 『생명과 불사』, 『성학집요』, 『죽음의 정치학』 등 참조. 근대적인 동양학연구에서 근대과학의 원소론적 선입견이 기 · 리 등의 중요개념을 이해하는 데 있어 일종의 편견으로 작용하고 있었다는 사실을 기억할 필요가 있다.

24 “根據于生物學及社會學的知識，叫人知道個人－小我－是要死滅的，而人類－大我－是不死的，不朽的. 叫人知道‘爲全種萬世而生活’就是宗教，就是最高的宗教，而那些替個人謀死後的天堂淨土的宗教，乃是自私自利的宗教”(호적, 「서문」, 『과학여인생관』, pp.23~25)

25 “科學的人生觀有兩介意思. 第一拿科學做人生觀的基礎. 第二拿科學的態度，精神，方法，做我們生活的態度，生活的方法”(호적, 「과학적인생관」, 『호적문존』 12, p.584)

26 『신청년』 제6권 제2호

27 '신불멸론'이 영혼의 불멸을 이야기하는 것인지에 대해서는 해석상의 이견이 있을 수 있다. 그러나 호적의 논의를 살펴보는 이 글에서 그 문제를 길게 논의할 필요는 없을 것이지만, 간략하게나마 그 문제에 대해 언급한다. '신불멸론'은 '신멸론'과 대립되는 이론으로서, '신멸 vs 신불멸'의 논쟁은 위진남북조시대 중국사상계에서 가장 중요한 사상적 · 종교적 주제였다. 논쟁은 '불교 vs 유교', 나아가 '불교 vs 도교'의 종교적 입장차이에 따라 수백 년에 걸쳐 이어졌다. 최종적으로 어떤 해결책이 제시된 것은 아니다. 그리고 그 주제는 나중에 천주교가 수용되는 시점에 약간 형식을 바꾸었지만, 다시 한 번 중요한 사상적 과제로 떠오른다. '신멸론' 논쟁의 관건은 '신' 개념에 대한 한자어의 의미 모호성 때문에 발생한 것으로, 핵심은 인간의 정신(?)이 육체의 죽음 이후에도 존재하는가, 아닌가를 둘러싼 종교적 이견에서 나온 것이다. 불교에서는 한편으로는 무아無我(자성의 비실체성)를 주장하지만 다른 한편으로는 육체가 죽은 다음의 윤회를 이야기하는데, 거기서 두 입장 사이에 약간의 모순이 생기는 것으로 볼 수 있다. 정신의 실체성을 인정하지 않는데 죽은 다음에 지속되는 것은 무엇인가? 그때 윤회하는 것은 도대체 무엇인가? 종교적 · 철학적 의문이 떠오를 수 있다. 매우 중요한 문제인 동시에 매우 어려운 문제이기 때문에, 이 주제에 대한 별개의 논설이 필요할 것이다. 이 문제에 대해 논의한 문헌은 대단히 풍부하다. 신멸문제에 대한 불교와 도교의 의견 대립에 대해서는 이용주, 『생명과 불사 : 갈홍 포박자의 도교사상』(이학사, 2009) 참조.

28 호적, 「불후 : 나의 종교」

29 호적의 자연주의 종교론, 나아가 윤리적 종교론은 미국 유학시절 존 듀이의 자연주의 윤리종교론에서 영향을 받은 것이다. 존 듀이의 종교론과 호적의 종교론을 체계적으로 비교하는 작업은 다음의 과제로 남겨둔다.

제9장 성리학은 과학적인가?

1 이 글은 '국고정리론', '과학적 인생관'에 대한 호적의 생각과 깊은 연관을 가지고 있다.

2 胡適, 「幾個反理學的思想家」, (『胡適學術文集, 中國哲學史, 下冊』, 中華書局, pp.1143~1187)

3 "五百多年的理學, 到后來只落得一邊是支離破碎的迂儒, 一邊是模糊空虛的玄談.

到了十七世紀的初年, 理學的流弊更明顯了. 五百年的談玄說理, 不能挽救政治的腐敗, 盜賊的橫行, 外族的侵略, 于是有反理學的運動起來"(호적, 같은 책, p.1145)

4 격물설은 고전 유가문헌인 『대학』에서 이미 등장하는 것인데, 호적은 『대학』의 '격물'과 신유학의 '격물'의 차이를 논의하지는 않는다. 따라서 '격물설'을 과학방법으로 볼 수 있다면, 그런 과학방법은 고대에 이미 등장했다는 것인 될 터인데, 호적은 그 점에 대해 자세히 해명하지는 않는다.

5 왜 중국에는 과학이 발생하지 않았는가? 중국과학 유무론은 1900년대 초기 중국 사상계의 중요한 화두 중의 하나였다. 나아가 그것은 '과학과 인생관' 논쟁의 주제 중의 하나이기도 했다(이 책의 다른 부분에서 논의를 참조). 그리고 중국철학사의 대가 풍우란 역시 「중국에는 왜 과학이 없었는가?」라는 초기 논설에서 과학의 유무 문제를 화두로 삼아 중국적 사유의 특질을 해명하려는 시도를 한다. 풍우란은 결론적으로 중국의 사상문화 풍토 안에서는 과학이 필요하지 않았기 때문에 중국인은 근대적 의미의 과학을 발전시키지 않았다고 주장한다. 다시 말해 중국인의 무능 때문에 근대적 과학이 등장하지 않은 것이 아니다. 중국문화의 성격 때문에 객관성 · 수리화 · 추상화를 추구하는 근대적 과학을 필요로 하지 않았다는 것이다. 이 시기에 등장한, 중국문화의 특질과 관련된 다양한 형태의 과학 유무담론을 살펴보는 것은 흥미로운 주제가 될 수 있다.

6 명말청초의 실학자로 유명한 방이지方以智는 성리학이 사물의 객관적인 리理의 탐구에 취약하다는 사실을 지적하면서, 성리학의 비실학적 성격을 비판했다. 그는 사물의 객관적인 리를 '물리物理'라고 불렀는데, 호적은 방이지와 거의 비슷한 맥락에서 성리학이 '물지리物之理'의 탐구에 취약하다고 비판하고 있다. 호적이 방이지와 같은 안휘성安徽省 출신이라는 사실로 볼 때, 두 사람 사이에 학문의 지역성이라고 부를 수 있는 사상적 연결고리가 존재한다고 말할 수 있을 것이다. 호적이 청대 사상가들 중에서 소위 실학적 계보에 속하는 인물들, 특히 대진戴震에게 관심을 가지고 있는 것 역시 학문적 지역성을 드러내는 것으로 볼 수 있다. 방이지의 실학적 사상태도에 대해서는 필자의 다른 책, 『동아시아 근대사상사론』(이학사, 2009) 참조.

7 호적, 「청대학자의 과학방법」(1921년, p.77)

8 신유학의 여러 학파에 대한 평가는 여러 글에서 논급되고 있다. 그러나 글의 의도에 따라 주자, 육왕에 대한 포폄은 조금씩 달라진다. 「청대학자의 치학방법」(1921)에서의 평가와 「반이학적 사상가」(1928)에서의 평가가 약간 다른 것이 대표적이다. 「반이학적 사상가」에서 심학은 오히려 더 반과학적인 사상으로 평가된다.

9 호적, 「청대학자의 학문방법」, 위의 책, p.80.

10 특히 『과학』과 『신청년』에서 발표된 과학방법의 특징을 소개하는 논설을 여러 편 찾을 수 있다.

11 이런 호적의 중국학술사 서술관점은 중국사상사 서술에 큰 영향을 남긴다. 특히 1950년대 이후 중국대륙에서 전개된 유물론적 사상사연구에서 호적의 사상사 서술 관점이 비틀어진 형태로 수용되고 있다는 사실은 흥미롭다. 호적이 '과학적'이라고 평가한 사상가들은 대륙학계에서는 대개 유물론자 혹은 객관유심론자라는 평가를 얻고, 호적이 '비과학적'이라고 평가한 사상가들은 주관유심론자라는 표식을 부여받았던 것이다(양명학의 평가는 이중적이다. 양명은 한편으로는 주관유심론으로서 매도의 대상이 되었지만, 다른 한편에서 양명은 기 철학적 관점을 가진 유물주의자로서 적극적으로 평가되기도 한다). 마르크스가 등장하기 이전의 모든 철학은 유심론이라는 의미에서 중국철학자 중에서 진정한 의미의 유물론자는 없지만, 객관유심론자는 어느 정도는 과학적 방법을 활용할 뿐 아니라 물질세계의 객관적 법칙을 밝히려고 노력했다는 점에서 주관유심론자에 비해 긍정적인 평가를 받은 것이다. 자유주의자 호적과 마르크스주의자들은 이데올로기적 입장이 전혀 달랐지만, 방법론을 기준으로 사상사를 보는 거시적 시각에서 공통점이 있다. 이런 점에서 호적의 사상사 연구의 선구적 · 전범적 성격을 발견할 수 있다.

12 "宋儒的格物方法所以沒有效果, 都因爲宋儒旣想格物,(…).完全用一種被動的態度. 那樣的用法, 決不能有科學的發明. 因爲不能提出假設的人, (…)竟可說是不能使用歸納方法"(「청대학자의 학문방법」, p.87)

13 같은 글, p.87.

제10장 과학적 국학은 가능한가?

1 문정인, 『중국의 내일을 묻다』, 삼성경제연구소. 2004

2 余英時, 「中國近代思想史上的胡適」, 『重尋胡適歷程:胡適生平與思想再認識』, 廣西師大出版社, 2004, p.161.

3 호적의 중국철학사 및 사상사 연구의 전범성을 지적하는 최근의 논의로는, 북경대학의 이령을 참고할 수 있다. 이령은 호적과 풍우란의 중국철학사의 연구방법과 태도를 비교하면서, 호적 중국철학사의 중요성을 강조한다(이령, 서론, 2008). 이령은

이데올로기적 필요에 의해 전통을 아전인수적으로 해석하는 최근 국학열에서의 방법과 태도를 비판하면서 호적에서 시작된 비판적 문헌학적 방법의 중요성을 다시 강조한다.

4 馮友蘭, 『三松堂自序』, 삼련서점, 2009, p.137 이하 참조.

5 호적은 구체적인 주제를 탐색하면서 수시로 방법적 입장을 피력하지만 주요한 내용은 여기서 열거하는 것을 벗어나지 않는다. 따라서 호적의 방법론과 국고정리의 기본 입장을 이해하기 위해서는 여기서 언급된 논문을 정독하는 것으로 충분할 것이다. (a) 實驗主義(1919) / 談談實驗主義 / 杜威先生與中國 / 杜威哲學 / 五十年來之世界哲學(1923) (b) 淸代學者的治學方法(1919~1921) / 戴東原在中國哲學史上的位置(1923) / 戴東原的哲學(1925) / 幾箇反理學的思想家(1928) (c) 科學與人生觀序(1923) / 孫行者與張君勱(1923) / 科學的人生觀(1928) / 寫在孔子誕辰記念之後(1934) / 我們今日不配讀經(1935) / 讀經平議(1937) (d) 問題與主義(1919) / 新思潮的意義(1919) / 硏究國故的方法(1921) / 「國學季刊」發刊宣言(1923) / 治學的方法與材料(1928) / 校勘學方法論(1934) / 治學方法(1952) / 歷史科學的方法(1958) / 中國哲學里的科學精神與方法(1959, 영문) / 讀梁漱溟先生的「東西文化及其哲學」(1923) / 我們對于西洋近代文明的態度(1926).

6 호적은 학문적 방법에 있어서는 미국의 실용주의, 특히 존 듀이의 프래그마티즘을 전면적으로 수용하지만, 철학적 태도와 지향에 있어서는 니체의 사상으로부터 지대한 영향을 받고 있다고 생각된다. 호적이 니체에 대해 직접 언급한 글은 그다지 많지 않지만, 그가 쓴 여러 글의 행간에서 니체의 영향을 감지할 수 있다. 호적은 「新思潮的意義」(1919)에서 '모든 가치의 전도'를 언급하면서 니체를 인용하고 있으며, 「五十年來之世界哲學」(1922)에서 당시의 서양철학을 소개하는 중에 "그(니체)는 전통적인 도덕과 종교에 대해 기탄없는 비평을 쏟아놓는다. 그가 강조한 '모든 가치에 대한 전면적인 재평가'는 확실히 대단히 커다란 파괴적 공로를 가진 것이었다(他對于傳統的道德宗教, 下了很無忌憚的批評, '重新估定一體價値', 確有很大的破壞功勞)"라고 말하면서 니체를 간략하게 언급하고 있다. 호적의 국고정리 작업은 '모든 가치의 전도'라는 니체의 모토를 고전연구에 적용하려는 거대한 시도라고 말할 수 있을 것이다.

7 호적, 「신사조의 의의」(1919)

8 호적胡適, 「新思潮的意義」(1919), 『胡適學術代表作 下』, 安徽教育出版社, 嚴云受 編, 2007.

9 순수한 객관주의의 이상은 그 자체가 하나의 신화이기 때문에 달성될 수 없다. 호적의 방법론이 단순한 객관주의적 이상을 내세운다는 사실은 당연히 비판 받아야 한다. 그럼에도 불구하고, 방법적 절차로서 객관성의 요청을 포기할 수는 없을 것이다. 해석의 한계에 대한 해석학의 과제와 연결되는 근본적인 문제다.

10 "若要知道什麼是國粹, 什麼是國渣, 先須要用評判的態度, 科學的精神, 去做一番整理國故的工夫"(호적, 1919, 132면).

11 "新思潮的唯一目的是什麼呢? 是再造文明"(호적, 1919, 132면).

12 최근 중국에서 등장한 국학열國學熱(국학의 제대로 이해하자는 열띤 토론) 분위기, 그리고 이데올로기적 필요에 대응하는 전통의 회복논의가 위험한 이유는, 그것이 체계적이고 반성적인 비판과 정리의 과정을 무시한, 정치적 논리에서 추동되는 전통의 아전인수적 해석일 수 있다는 사실 때문이다. 이런 국학열의 시도가 가진 위험성을 간파한 북경대학의 이령 교수는 문헌학적 연구의 근거 위에서 새로운 역사 해석이 이루어져야 한다는 사실을 강조한다. 따라서 그는 호적의 고전연구의 방법 및 태도를 재평가해야 한다고 주장한다. 민족주의적 광풍에 휩싸인 전통의 맹목적 부활론이 중국사회를 휩쓸고 있는 현상에 우려를 표현한 것이다. 그 위험을 넘어서기 위해서 냉정하고 비판적인 기초연구가 필요하다.

13 호적의 「문제와 주의」론에 근거하여 그의 논점을 정리해본 것이다. 여기서 호적은 구체적인 문제를 맥락적 관점에서 탐색하는 것이 중요하다는 사실을 강조한다. 현실과 분리된 이론의 도입과 그 이론의 탈맥락적 적용은 오히려 문제 해결을 더 어렵게 만들 수 있다.

14 "逃向迷信里去自尋安慰的"(호적, 「國學季刊發刊宣言」, 1923, 98면)

15 "如果這些擧動可以代表國學, 國學還是淪亡了更好!"(호적, 1923, 99면)

16 여기서 호적은 고학古學과 국학國學이라는 명칭을 함께 사용하고 있지만, 사실 그 두 명칭은 미묘한 차이가 있다. 호적에게 있어, 고학은 부정적인 뉘앙스를 가진 '낡은 학문'이라는 의미를 가지는 말이라면, 국학은 새로운 연구에 의해 해석되고 해명되어야 장래 그 면모가 드러날 중국의 역사적 학문과 학술이라는 의미로 사용되고 있는 것이다. 호적은 새로운 방법, 즉 그가 '과학적 방법'이라고 부르는 방법론에 입각하여 새롭게 조명 해석된 과거의 이해를 바람직한 '국학'으로 요청한다. 반면 단순히 낡은 옛 지식의 집적에 그치는 학문이라면, 그런 학문은 차라리 사라지는 것이 더 좋을 것이라고 역설적으로 주장하고 있는 것이다.

17 "太注重功力而忽略了理解"(호적, 1923, 100면)

18 "這三百年之中, 幾乎只有經師, 而無思想家; 只有校史者, 而無史家; 只有校注, 而無著作"(호적, 1923).

19 호적은 대진과 장학성, 최술의 중요성을 재발견한 선구적 연구를 남겼다. 또한 호적은 장학성의 말을 인용하면서 청대학문의 결점(한계)을 다음과 같이 요약하고 있다. "학문은 일시적인 기분으로 몰아서 할 수 있는 것이 아니다. 학문하는 사람은 기본 공력을 쌓는 일에 힘을 쏟는 것은 당연히 옳다. 그러나 그런 공력을 쌓는 일을 학문 그 자체와 동일시하는 것은 기장을 가리키면서 그것을 술이라고 말하는 것과 마찬가지 일이 될 것이다."(學不可以驟幾, 人當致攻乎功力, 則可耳. 指功力以爲學, 是猶指黍以爲酒也)(『문사통의』, 「博約」) "오늘날 학문하는 사람들의 풍조는 실증에 너무 많은 힘을 쏟지만 새로운 생각을 발휘하는 것이 너무 적다. 그것은 마치 누에가 잎사귀는 많이 먹지만 실을 뽑아내지 못하는 것과 다를 바 없다."(近日學者風氣, 證實太多, 發揮太少, 有如蠶食葉而不能抽絲)(『章氏遺書』, 「與汪輝祖書」)

20 "我們的意思併不要非薄這三百年的成積; 我們只想指出他們的成績不過如此的原因"(호적, 1923, 101면)

21 "我們借鑒于前輩學者的成功與失敗, 然后可決定我們現在和將來研究國學的方針"(호적, 1923, 101면)

22 "不還他們的本來面目, 則多誣古人. 不評判他們的是非, 則多誤今人. 但不先弄明白了他們的本來面目, 我們決不配評判他們的是非"(호적, 1923) 니체의 형이상학 비판이 바로 이런 역사적·맥락적 연구를 전제하고 있다는 사실은 매우 중요하다. 호적이 니체를 얼마나 깊이 이해하고 있었는지는 알 수 없지만, 니체철학의 반전통주의, 반형이상학적 태도, 절대적 진리를 부정하는 관점적 진리관, 헤겔 식의 역사관을 거부하는 역사감각의 강조, 모든 가치의 전도를 표명하는 반도덕적 견해에 대해 깊은 인상을 받았던 것은 분명하다.

23 "모든 시대는 그 시대만의 특징을 보여주는 문학을 가지고 있다. 따라서 그것을 그 시대에 되돌려 놓은 다음에 그 문학의 가치를 평가하는 것이 필요하다. 각 시대의 특징을 가진 문학을 분명히 인식하지 못한다면, 옛사람은 물론 오늘의 사람을 속이는 결과를 초래할 수 있다."(호적, 1923, 102면)

24 "使學者不疲于功力之細碎, 而省出精力來做更有用的事業"(호적, 1923, 103면).

25 "國學的目的是要做成中國文化史. 國學的系統的研究, 要以此爲歸宿"(호적, 1923, 105면).

26 전사와 통사의 차이, '전체'에 대한 통합적 안목과 '부분'에 세밀한 연구는 현대적으

로 본다면 'generalist'와 'specialist'의 차이라고 볼 수 있을 것인데, 학문의 성장은 그 둘의 결합에 의해 이루어진다는 사실을 호적은 지적하고 있는 것이다.

27 고전연구의 목표 및 방법에 대한 이령의 입장, 그리고 이령이 직접 비판의 대상으로 삼는 장경의 고전연구의 태도 및 방법에 대해서는 다음 장에서 다시 논의할 것이다.

28 근현대 중국에서 발생한 다양한 고전 읽기의 결과는 우리가 무조건 받아들여야 할 금과옥조가 아니다. 더구나 그것은 절대적 가치를 지닌 진리가 아니다. 지금까지 중국사상 내지 중국철학 연구자들은 중국 대가의 연구를, 우리의 독자적 문제의식이나 관심설정과 무관하게, 마치 진리인 듯 받아들이기에 급급했던 것은 아닌가? 그러나 여기서 분명한 것은, 풍우란이든 호적이든 모종삼牟宗三이든 이택후李澤厚든 아니면 진래陳來든, 그들의 해석은 시대적 요구에 응답하기 위해 '계산된 서사(calculated narrative)'로서 제시된 것이라는 사실이다. 그들이 '대가大家'이기 때문에 그들을 금과옥조로 받아들여야 한다는 당위는 성립하지 않는다. '대가'의 연구는 당연히 중요한 참조계로서 가치가 있다. 그러나 그렇기 때문에 그것이 움직일 수 없는 답이 되는 것은 아니다. 말하자면, 우리는 대가들의 연구를 맥락적으로 이해하려고 하지 않고 무역사적으로 수용하는 데 만족했던 경향이 있다.

29 마찬가지로 풍우란, 모종삼, 이택후의 해석 역시 중요한 전범典範으로서 존재하고 있다. 20세기 전반기 중국에서는 수를 헤아리기 어려울 정도로 많은 국학 '대가'들이 출현했다. 그러나 우리는 그들이 제시한 '답안'을 소개하고 이용했을 뿐, 그들이 제공한 '답안'의 맥락적 의도와 계보학적 의미에 대해 관심을 기울이는 경우가 없었다는 것은 애석한 일이다.

제11장 국학과 전통의 창조

1 『중국문화경전기초교육송본』 전언前言의 핵심을 요약한 것이다. 전문은 다음 사이트 참조. http://www.confucius2000.com/scholar/zhwhjdjcjysbqy.htm

2 독경운동을 둘러싼 찬반양론의 논설은 호효명胡曉明이 편찬한 『독경 : 계몽인가 몽매인가?(讀經: 啓蒙還是蒙昧?)』에 실려 있다.

3 「권학편」과 달리 「유효편」에 '경' 개념이 등장하지 않는 이유는 통칭으로서의 '경' 개념이 아직 확립되지 않았기 때문일 것이다. 순자는 경이라는 통칭적 개념보다는 시 · 서 · 예 · 악 · 춘추라는 구체적인 문서의 명칭나열을 더 좋아하는 것 같다.

4 『장자』의 정확한 편찬 시기는 알 수 없다. 많은 연구자들은 장자 내편은 장자 본인의 저술이고, 외편과 잡편은 장자 후학의 저술이라고 주장한다. 그러나 나는 그런 일반적인 견해에 동의하지 않는다. 장자 본인과 장자 후학이라는 구분 자체가 모호하기 때문이다. 저작 시기를 정확하게 비정比定하는 것은 어렵지만, 아마도 『장자』는 『순자』보다 시기적으로 조금 뒤에 편찬되었을 것이다.

5 그러나 가의의 경전인식이 장자학파의 입장과 동일하다고 말할 수 없다. 장자학파의 기본관점은 경전을 성인의 조박糟粕(찌꺼기)이라고 보는 것이지만, 가의는 경전(육예)의 도덕적 교화적 가치를 적극 인정한다는 점에서, 그 둘은 분명히 다르다. 그러나 적어도 경전의 의미, 경전의 유래라는 주제에 한정해본다면, 가의는 경전성립에 있어서 공자의 역할을 전혀 고려하지 않는다는 점에서, 순자에서 시작하여 나중에 유교의 정통적 관점으로 발전하는 입장과 일정한 거리를 취한다고 볼 수 있다. 경전성립에 있어서 공자의 위상을 어떻게 이해할 것인가? 그리고 경전의 신성성, 나아가 경전의 사회적 효용을 어떻게 볼 것인가? 이 문제는 앞으로 살펴볼 금문학과 고문학의 대립에서 관건인 문제였다.

6 "凡諸不在六藝之科, 孔子之術者, 皆絶其道"(『한서』 권56, 「동중서전」)

7 한나라 무제와 동중서를 유교국교화의 주역으로 보는 것이 사상사의 통설이다. 그러나 국교화의 시기와 실상, 동중서의 역할 등에 대해 여러 학자들이 이견을 드러낸다. 이 글에서 그 문제는 깊이 따지지 않는다. 동중서가 한나라 무제에게 올린 대책對策과 그의 주저인 『춘추번로』의 사료적 가치에 대한 의문이 제기되고 있기 때문에, 그런 자료들이 동중서의 입장을 전한다고 단순히 믿는 것은 보류해야 한다. 하지만 그런 자료는 동중서 개인의 사상을 드러내는 것을 넘어서 하나의 사상적 경향으로서 한나라 초기의 유학자들의 입장, 즉 '금문학'의 입장을 이해하는 자료로서 이용할 수는 있을 것이다. 동중서와 유교국교화의 실상이라는 주제에 대해서는 많은 연구들이 있다. 국교화론을 비판적으로 검토하는 대표적인 것으로는 니시지마 사다오(西嶋定生)의 연구를 참조할 수 있다.

8 蘇輿, 『春秋繁露義証』(「玉杯篇」), 新編諸子集成, 中華書局, 1992, pp.35~37.

9 사마천은 「공자세가」에서 공자의 손을 거친 '육경'에 의해 고대문화의 정수인 육예가 '완성'된다고 말한다. 공자가 육예를 정리 · 편찬했다고 하는 주장은 동중서가 반드시 명확하게 표명한 것은 아니다. 그것을 역사적 사실로 주장한 것은 사마천이다. '공자는 육경의 정리 · 편찬자다'라고 하는 경학적인 상식은 사실 동중서에 의해 단초가 제공되고, 사마천에 의해 확립된 것이다. 그런 주장은 당시 춘추학(공양학)

을 계승한 유자들 사이에서 상식이었을 것이다. 사마천은 금문파 제학齊學의 입장에서 동중서의 입장을 계승하고 있다. 사마천은 공자가 역을 직접 편찬했다는 말은 하지 않지만, 만년에 공자가 역을 애호했고, 역의 해설서인 십습十翼을 저술(序)했다고 말한다. 또 사마천은 공자가 "사관의 기록에 근거하여 춘추를 만들었다"고 말하면서 맹자 이래 정설로 되어 있었던 유자들의 인식을 재서술한다. 결론적으로 사마천은 태사공 논찬에서 "육예를 논하는 자는 공자를 기준으로 삼는다. 그런 이유에서 공자는 지성至聖이라고 말할 수 있다"라고 말하면서 경전의 절대화를 시도하고, 경전을 진리의 문서로 보는 금문파적 경 이해를 총괄한다.

10 『맹자』「등문공하」 참조

11 동중서 시대에는 금문今文으로 기록된 『공양전』만 존재했다. 그 당시에 『춘추』의 해석이라고 하면 곧 『공양전』에 근거한 해석을 의미했다. 그에 반해 나중에 등장하는 '고문가古文家'들은 『공양전』보다는 역사적 기술, 서사적 기록이 풍부한 『좌전』을 더 높이 평가했다. 『좌전』을 연구하는 사람들은 겉으로 드러난 말 안에 숨어 있는 정치적 암호인 '미언대의'를 찾는 것보다는, 역사적 사건과 그 사건에 대한 서사를 통해 인간사의 홍망성쇠, 인간사의 원리, 정치의 도리 등에 대해 사유하게 된다. 전자를 정치철학적 입장이라고 본다면, 후자는 역사학적 입장이라고 말할 수 있다.

12 "孔子作春秋, 先正王以系萬事, 見素王之文焉", "故春秋受命所先制者, 改正朔, 易服色, 所以應天也"(『한서』 권56, 「동중서전」)

13 "仲尼之作春秋也, 上探正天端王公之位, 萬民之所欲, 下明得失, 起賢才, 以待後聖"(『춘추번로소증』, 兪序)

14 반고가 편찬한 한서의 예문지가 어느 정도로 「칠략」의 입장을 충실하게 전하고 있는지는 여전히 알 수 없다.

15 "信口說而背傳記, 是末師而非往古, 至于國家將有大事, 若立辟雍, 封禪, 巡狩之儀, 則幽冥而莫知其原"(「이태상박사서」)

16 章權才, 『兩漢經學史』(광주: 廣東人民出版社, 1990) 참조.

17 중국경학사에서 '금문-고문' 문제는 대단히 복잡하고, 큰 주제다. 그 주제에 대한 조감을 얻으려면 전문적인 경학사 저작을 참조해야 한다. 현대의 대표적인 경학사가인 주여동周予同, 『경학사논저선집經學史論著選集』(상해: 상해인민출판사, 1996)이 충실하고 포괄적이다. 주여동은 기본적으로 호적과 고힐강에 우호적인 입장을 가지고 있었다. 그 외에도, 금문파적 입장에 서 있는 피석서皮錫瑞의 『경학역사經

學歷史』와 고문파적인 입장에 서 있는 유사배劉師培의 『경학교과서經學教科書』가 중요하다. 절충파지만 여전히 금문파에 기울어진 입장을 보이는 서복관徐復觀과 이웅위李威熊의 경학사도 참조할 가치가 있다. 왕보현王葆玹, 『금고문경학신론今古文經學新論』(북경: 중국사회과학출판사, 1997)은 금고문문제에 천착한 가장 수준 높은 대표적인 연구서라고 생각된다. 왕보현은 금문파 안에서 순자를 계승하는 노학魯學은 예학禮學을 중시하고, 맹자를 계승하는 제학齊學이 춘추와 시서를 더 중시한다고 말한다. 이어서 왕보현은 신유학이 노학보다는 제학을 계승하고 있기 때문에, 결과적으로 맹자에 더 기울어져 있다고 주장한다(주자학이 금문학파에 기울어져 있다고 평가한다). 고문학 안에는 유흠파劉歆派와 왕망파王莽派의 분기가 있으며, 금고문을 종합했다고 평가받는 정현은 결국 고문파적이라고 평가한다. 대체적으로 말하자면, 금문학은 공자를 새로운 정치질서를 창설한(改制) 혁명적 정치가로서 이해하고, 유학의 정치적 실천을 중시한다. 그런 관점에서 공자는 소왕으로 승격된다. 반면 고문학은 경서를 역사문서로 이해하면서, 정치지도자가 아니라 교사 및 학자로서의 공자상을 그려내려고 한다. 고문학에서는 공자의 정치적 의의가 현저히 약화된다. 그런 주장은 사실 눈에 보이지 않는 정치적 의도를 가지고 있다. 금고문투쟁은 왕조국가의 이데올로기로서 유교가 현실적 정치질서와 연관을 맺고 존재근거를 다지기 시작하는 후한대에 발단하여, 유교가 정치이데올로기로서의 힘을 상실하는 위진남북조 및 수당시대에는 잠복하다가, 다시 유교가 정치질서 속에서 부상하는 송명시대에 표면에 부각되고, 청대에 와서는 정치적 문제라기보다는 학술의 방법론문제 혹은 순수이론문제로 존속되었으며, 청말이라는 정치적 전환기에 다시 역사의 표면에 떠오른다. 금고문문제는 오늘에 와서는 경전을 어떻게 이해할 것인가, 경전의 현재적 의미는 무엇인가, 라는 해석학적 주제로서 다시 현재화되고 있다. 나는 현대 중국에서 발생한 '독경논쟁'을 금고문투쟁의 연장선에서 바라볼 수 있다고 생각한다. 현대 '독경운동'의 주창자인 장경蔣慶은 소위 현대적 금문학, 즉 공양학公羊學의 부흥자이자 대변자임을 자처한다. 전통적으로 금문학은 『춘추공양전』을, 고문학은 『춘추좌전』을 중심적인 문서로 삼아왔다.

18 시대를 거슬러 올라가보면, 주희朱熹와 대립했던 섭적葉適, 진량陳亮 역시 '경 = 사'라고 보는 생각을 가지고 있었다.

19 육경개사론이 왕양명을 비롯한 여러 선구자를 거쳐 점차로 다듬어진 이론이라는 사실은 여러 논자들에 의해 지적되고 있는 바이다. 전종서錢鍾書는 『담예록(談藝

錄)』(삼련서점, 2007년 2판)에서 장학성의 '육경개사론'의 연원을 탐색한 바 있다. 전종서는 그 글에서 '육경개사'설이 장자의 천운, 천도편의 조박설糟粕說에서 유래했다고 주장한다. 연원여부는 몰라도, 장학성의 '육경개사'설이 장자적 경향을 유교경학 내부에 도입한 것이라고는 말할 수 있을 것이라는 점에서 공감이 가는 주장이다. 최근에 야마구치 히사카즈(山口久和)는 『장학성의 지식론(章學誠の知識論)』(동경: 創文社, 1998)의 제3장에서 '육경개사론'의 전사前史를 자세히 살펴본다. 장학성에 대해서는, David Nivison, *The Life and Thought of Chang Hsue-ch'eng* (Stanford U.P. 1966); 余英時,『論戴震與章學誠』(香港: 龍門書店, 1976); 창수량倉修良, 『장학성과 문사통의(章學誠和'文史通義')』(북경: 중화서국, 1984) 등 중요한 연구물이 많이 나와 있다.

20 주자학 내지 도학을 곧바로 금문학이라고 부르는 것은 무리가 있다. 하지만 경의 절대성과 진리성을 내세우며, 도통론의 관점에서 공자를 신성시하는 주자학의 입장은 분명 금문학적 태도를 드러낸다. 왕보현王葆玹은 신유학이 금문학 제학(맹자파)의 계통을 잇고 있다고 말한다. 도학 · 주자학의 풍토 속에서, 「의고」「혹경」이라는 글을 담고 있는 유지기劉知幾의 『사통史通』이 성인의 '경전'을 모독하는 '방서謗書'라는 죄명을 얻었던 사실, 도학파와 대립되는 입장을 가지고 있던 왕안석이 『춘추』를 학관에서 배제하고 과거의 텍스트로 도입하지 않았던 것에 대해 성경聖經(육경을 지칭하는 도학적인 존칭)을 낮추어 보고 폐지했다는 이유로 사대부들의 비난을 받은 사실은 도학의 풍토 안에서 경전의 위상을 웅변해준다.

21 『전습록』(上), 서애록.

22 이탁오, 『분서』, 권3 「동심설」

23 "欲法六經而師孔子耳"(『문사통의』(외편) 「與陳鑒亭論學書」)

24 "故學孔子者, 當學孔子之所學, 不當孔子之不得已"(상동)

25 금문파와 고문파의 전체적인 입장의 차이는 주여동의 경학사저술에 간략하게 표로 정리되어 있다. 뛰어난 장학성론을 쓴 일본의 야마구치 히사카즈 역시 장학성의 입장이 고문파에 접근하고 있다고 평가한다. 山口久和, 『章學誠的知識論(중문판)』(상해: 상해고적출판사, 2006(일본어 원서: 1998) p.155 및 p.167의 주 35) 참조.

26 그 점에서 '육경개사'의 주장이 장자학파에서 나왔다고 보았던 전종서錢鍾書의 지적은 날카롭다. 『談藝錄』, p.568 참조.

27 "後世服夫子之教自自六經, 以謂六經載道之書也"(『문사통의』(내편) 「원도상」)

28 "孔子立人道之極"(『문사통의』(내편) 「원도중」)

29 건가시대 고증학 전성기의 경학방법론과 독서론 및 장학성의 독서론은 본론의 논의에서 너무 깊이 들어가는 문제이므로 간략히 언급한다.

30 장학성, 『문사통의』(외편) 「朱先生墓志書后」

31 강강휘 주편, 『중국경학사상사』, 북경: 사회과학출판사, 2003.

32 장경의 '정치유학'은 모종삼 등 현대 신유가의 '심성유학(장경의 표현)'에 대한 반발과 비판에서 출발한다. 현재 대륙의 학자들은 모종삼 등 해외의 학자들이 주도하는 현대 신유가의 '심성주의'를 비판 · 극복하는 것을 중요한 과제로 삼고 있다. 그리고 그런 목표를 가진 일련의 학술적 작업을 진행하고 있다. 특히 장경은 공양학에 근거를 두면서 반심성주의적 입장을 지속적으로 논의하고 있다. 『정치유학』(삼련서점, 2004년판) 3장, 4절, pp.323~340 참조, 이하 인용은 그 부분에서 따왔다.

33 李零, 『去聖乃得眞孔子(論語縱橫談)』(북경: 삼련서점, 2008) p.1

34 이령, 『거성내득진공자』, p.2

35 이령, 같은 책, p.5

제12장 허구는 필요하지만 위험하다

1 http://www.confucius2000.com/scholar/zhwhjdjcjysbqy.htm

2 독경논쟁을 둘러싼 찬반양론의 논설은 호효명胡曉明 주편, 『독경讀經: 계몽환시몽매啓蒙還是蒙昧?』(上海: 華東師範大學出版社, 2006)에 실려 있다. 독경을 둘러싼 대립은 새로운 문제인 것 같지만, 사실은 오래된 역사적 배경과 연원을 가지고 있다.

3 "내가 『상가구』를 쓴 목적은 어떤 한 사람을 비판하는 것이 아니라 큰 사회적 조류를 비판하기 위한 것이었다."(『거성내득진공자』, p.2)

4 같은 책, p.5

5 권력자가 끊임없이 역사를 다시 쓰고 싶어 하는 것은 그런 열망의 소산이라고 말할 수 있다. 물론 그런 열망은 언제나 다른 그럴듯한 이유에 가려져 대중에게는 잘 드러나지 않는다. 조지 오웰의 소설 『1984』는 역사를 만드는 권력의 활동, 즉 다시 쓰고 날조하는 권력의 생리를 잘 보여주고 있다.

제2부
한국과 일본의 과학수용과 전통해석

제13장 풍류도와 전통의 해석

1 나는 아직 범부의 모든 저작을 체계적으로 섭렵할 기회를 갖지 못했다. 정음사판 「풍류정신」을 대충 훑어본 인상에 근거하는 이 글은 근본적으로 불완전할 수밖에 없다. 다른 기회에 그의 전 저작을 참고할 수 있기를 희망한다. 그러나 샤머니즘에 관해서만 말하자면, 적어도 현 단계의 학계의 상식에 비추어볼 때, 범부의 주장들은 쉽게 납득할 수 없는 것이 많다. 예를 들어, 샤머니즘이 우리 민족의 고유신앙이라고 주장한다든가, 그것이 중국문화를 형성하는 데 기여하였으며, 오늘날 무당들이 자주 언급하는 만신의 만이라는 글자가 샤먼의 만과 연관되어 있다는 등의 주장이다. 그 외에도 선仙과 샤머니즘을 어원적으로 연결시키려고 하는 해석 등은 쉽게 수긍하기 어렵다.

2 범부의 샤머니즘 논의를 최남선의 샤머니즘 논의 더 나아가 엘리아데를 비롯한 현대 종교학의 샤머니즘 논의와 비교하는 것은 재미있는 주제가 될 수 있을 것 같다. 다른 기회가 주어지면 논의하고 싶다.

3 「최제우론」 제2장, "수운의 득도", pp.89~90.

4 『화랑외사』, 제1장, pp.2~3, 1986년 정음사에서 출간한 『풍류정신』이라는 제목의 책 속에 포함되어 있다.

5 「음양론」 p.120~121.

6 위의 글. p.125.

7 위의 글, p.129.

8 위의 글, p.137.

9 위의 글. p.144.

10 위의 글. p.144. 범부의 이런 해석은 흥미로운 통찰력을 드러내 보여주지만, 리理를 아리스토텔레스의 형상인과 동일시하는 것은 문제가 있다고 보인다. 범부의 입장은 적어도 주자학의 이원론을 부정하기 위해, 주자학적 이원론이 등장하기 이전의 동양 철학적 사유가 기氣 중심의 일원론이 주류였다는 사실, 특히 도교·도가적 사유에

서 리理가 기氣를 초월하는 근본원리로 존재하지 않았다는 사실을 지적하는 발언으로서 이해할 수 있다.

11 위의 글. p.140.

12 위의 글. p.141.

13 위의 글. p.144.

14 엘리아데는 『메피스토펠레스와 양성구유』라는 책에서 '대립의 통합'을 추구하는 연금술적 사유가 고대신화에서의 '양성구유'의 이미지를 통해 표현되고 있다는 사실을 지적한다. 도교의 사유, 특히 연금술을 신체-정신의 수행론으로 응용하고 있는 단학에서 그런 양성구유적 이미지는 널리 존재한다.

15 범부는 정기신론을 자세하게 논의하지 않는다. 범부의 사상을 연구할 때 최대의 난점은 그가 어떤 사상적 통찰을 보여주면서도, 그 통찰을 충분하게 이론적으로 발전시키지 않는다는 데 있다.

16 원질로서의 '氣'를 강조할 때는 '炁'라고 쓴다. '炁'와 '정-기-신'의 氣가 혼동될 위험을 피하기 위해서이다.

17 범부의 문화정통계보론에 굳이 이름을 붙이자면, 풍류정통론(풍류도통론)이라고 말할 수 있을 것이다.

18 이원론 사유를 근간으로 삼는 성리학은 기氣의 전일성全一性을 부정함으로써 존재의 총체성을 부정하는 결과를 초래한다. 그런 성리학적 사유에 따르면, 인간과 세계는 분리되고, 세계는 다시 음과 양으로 분리된다. 그 결과 인간은 세계로부터 소외되고, 음과 양은 서로를 배제하며 소외시킨다. 그것은 기의 본래적인 총체성, 동양철학이 지향하는 존재의 근원적 전일성을 파괴하는 결과로 치닫는다. 범부는 주자학 극복이라는 과제를 수행하기 위해서, 나아가 근대적(서양적) 합리주의의 과학정신을 넘어서기 위해서, 샤머니즘의 원초적 생명정신을 되살려야 한다고 주장하면서 베르그송의 창조적 약동을 언급하기도 한다. 범부는 양면적 사상과제를 가지고 있다. 주자학의 극복이라는 과제와 과학적 근대사유에 의해 초래된 인간소외와 생명력 상실의 극복이라는 과제가 그것이다. 범부가 베르그송을 언급하는 것은 근대 중국과 일본에서 서구적 근대성을 극복하기 위한 사상 대안으로 베르그송을 거론했던 것과 비슷한 맥락이라는 사실을 기억할 필요가 있다. 물론 근대기의 중국의 대가들이 샤머니즘을 중요한 문화전통으로 거론하는 경우는 거의 없다. 그 점에서 범부의 시간·공간적 위상이 그들과 달랐다는 것을 알 수 있다.

제14장 근대 비판, 전통의 회복

1 범부연구를 체계적으로 진행하기 위해서는 범부의 전 논설, 강연을 체계적으로 정리하는 작업이 선행되어야 한다. 범부의 사상체계를 종합적으로 검토하기 위해서, 그리고 그의 천재성과 한계를 엄격하게 평가하기 위해서 그의 저작과 논설을 종합하는 『범부전집』의 발간이 무엇보다 우선적으로 이루어져야 한다.

2 범부의 저술 전체가 어느 정도의 규모를 가지고 있는지 알지 못하기 때문에 범부론은 언제나 부분적인 인상론에 그칠 수밖에 없는 한계가 있다.

3 그의 논설을 읽어본 사람은 누구나 느끼는 바이겠지만, 범부는 체계적인 사상을 구축하는 데 거의 관심을 갖지 않았던 직관형 사상가였기 때문에, 그의 직관을 기록한 그의 논설들은 두서가 없거나 심지어 뒤죽박죽이라는 느낌마저 들 때가 적지 않다. 그럼에도 불구하고 차근히 그의 글을 읽어나가는 중에, 예리한 지적 통찰을 발견하는 기쁨이 있다는 사실은 부정할 수 없다.

4 범부는 공산주의, 유물주의 등을 혼용한다. 이 글의 주제는 범부의 공산주의 비판론의 정당성 여부를 따지는 것이 아니기 때문에, 그런 개념의 혼용을 문제 삼지 않고 그들을 거의 같은 의미로 혼용해서 사용한다.

5 『범부유고』, p.309. 이하 『범부유고』에서의 인용은 책 이름 없이 페이지만 표시한다.

6 p.322.

7 p.323

8 p.323

9 p.324

10 p.306

11 p.326

12 p.328

13 p.328

14 p.330

15 p.330

16 p.331

17 p.333

18 p.334

19 p.313

20 p.314

21 p.311~312

22 p.312

23 인간이 종교적인 존재인 이유, 인류역사에서 신앙이 없었던 적이 없었던 이유에 대해 범부는 인간의 사실적인 역량으로서는 감당할 수 없는 험난함을 극복하기 위해서, 인간 이외의 역량으로 위대한 위신력의 존재를 인정하고, 그를 수호자로 신앙하게 된 것이라고 말한다. 물론 범부의 종교기원론은 특별한 지식이라고도 말할 수 없을 정도로 널리 알려진 것이며, 현재의 종교학에서는 거의 논의하지 않는 낡은 인류학적 설명을 그대로 답습하고 있는 것이기 때문에, 그것의 옳고 그름을 특별히 따질 필요는 없을 것이다.

24 p.344

제15장 진화론을 넘어 자연학으로

1 「영장류 연구그룹의 입장」

2 이런 관점을 이마니시는 '주체성의 진화'라는 개념으로 종합한다. 그리고 이 경우의 '주체' 개념은 그의 자연학의 핵심개념인 '프로토-아이덴티티'라는 개념을 통해 더욱 다듬어진다.

3 전체 자연은 종 개체-종 사회-생물전체 사회의 3중구조를 가지고 있다는 입장은 만년의 자연학의 원리론을 통해서 더욱 다듬어진다.

4 나중에 자연학을 주장하는 단계에서 이마니시는 그의 그런 생명기원설을 '창생의 신화'라고 이름 붙이고 있다.

5 '유추' 역시 이마니시 자연학의 주요 방법론의 하나로서, 이마니시의 자연학은 초기의 생물학에서 발전한 것이지만, 초기 생물학의 방법론의 연장선에 서 있다.

6 『생물의 세계』 제1장 "상사와 상이"

7 이마니시는 스미와케의 밀도화, 즉 '종 사회'의 계속된 분화를 진화라고 이해한다. 이나미시에게 있어서 진화와 진보는 전혀 무관한 별개의 개념이다. 그렇다면 스미와케의 밀도화가 왜 발생하는가 하는 질문은 진화의 원인은 무엇인가, 왜 진화는

일어나는가 하는 질문과 거의 같은 것이 될 것이다. 이 질문에 대해 이마니시는 다윈과 전혀 다른 관점에서 논의한다. 이마니시와 다윈의 차이점은 결국 그 두 사람의 자연관의 차이에서 비롯된 것이고, 그 두 사람은 진화의 이유에 대해 전혀 다른 결론에 도달한다.

8 "프로토-아이덴티티론"(『자연학의 전개』에 수록), p.199

9 『주체성의 진화론』, 전집 12권, p.335.

10 칸트가 인식이 대상을 규정한다는 인식론적 혁명을 이룬 이후 상식이 되어 있는 것처럼, 물 자체가 어떤 방식으로 존재하는지, 그리고 그것이 어떤 식으로 구성되어 있는 것인지 우리는 알 수 없다. 사물은 다만 우리 인간의 직관의 형식에 따라 존재하는 것으로 분류될 뿐이다. 사물의 인식은 경험과 더불어 시작되는 것이지만, 경험이 있기 전에, 경험에 앞서서, 즉 선천적으로 사물을 인식하는 능력(직관)을 인간은 가지고 있다. 그 선천적 직관능력은 시간과 공간이라는 형식을 가지고 있고, 우리는 그 직관의 형식을 통해 사물을 경험하고 인식한다. 그러나 시간과 공간은 사물에 속하는 것이 아니다. 칸트에 따르면 그것은 인간이 나면서부터 가진 능력이다. 시간과 공간은 외재적인 무엇이 아니라 인간의 직관에 선천적으로 내재하는 형식이라는 것이다. 뉴턴 물리학의 과제가 사물의 운동이라는 현상을 구명하는 것이라면, 그것이 가능한 근거를 설명하는 것이 칸트의 형이상학이라고 말할 수 있다. 물질의 운동이라는 현상을 이해할 수 있는 것은 인간 주체 측에 그것을 인식할 수 있는 직관적 능력이 있기 때문이라는 것을 칸트는 보여주려고 한다. 시간과 공간이라고 하는 선험적 인식능력을 전제하지 않으면 사물을 인식하는 것은 불가능하다. 결국 칸트의 철학이 인식되는 물질대상에 대한 학문이 아니라 인식하는 주체의 철학이 되는 이유다. 이런 맥락에서 우리는 이마니시의 '프로토-아이덴티티'론 역시 증명의 문제를 넘어서 있는 형이상학의 영역에 속하는 개념이며, 생명개체의 주체성에 관한 이론이라고 말할 수 있다고 생각한다. 물론 이마니시의 생물 형이상학이 칸트의 철학과 같은 정밀한 이론적 체계를 가진 것이라고 말할 수는 없다. 더구나 전문적 철학자가 아니었던 이마니시의 언어사용법 역시 엄격함을 갖추고 있지 못할 뿐만 아니라, 이론으로서의 체계를 갖고 있지도 않다. 그런 점에서 이마니시의 이론을 칸트와 비교하는 것은 어불성설이다. 그럼에도 불구하고 이마니시의 자연학은 자연계에 속하는 '종 사회'의 공생과 공존의 현상을 통해 생물진화를 재구성하려는 포부를 가지고 있을 뿐 아니라, 그 진화는 원리를 해명하려는 의도를 가지고 있다는 점에서 우리의 관심을 끌기에 충분하다.

11 「自然學の提唱：進化論研究の締めくくりとしょて」(『자연학의 제창』에 수록), p.87

12 상동, p.88

13 상동, pp.89~90.

14 상동, p.81. 이 주장은 이마니시 진화론의 종착역이자 자연과학을 폐업하고 자연학으로 넘어가는 시점에서의 나온 결론이다.

15 상동, p.81

16 「今西自然學について」(「자연학의 제창」에 수록), p.11.

17 「自然をどう見るか」(『자연학의 제창』에 수록), p.32~33.

18 상동, p.41

19 그는 '종 사회'를 'specia'라고 부르고 '생물전체 사회'는 'holospecia'라고 명명한다. 「나의 학문관」(『자연학의 제창』, p.132). 이마니시의 3중구조론은 그의 생물학과 자연학의 핵심으로서, 그의 문장 도처에서 언급되고 있다.

20 「나의 학문관」, p.133

21 『자연학의 제창』, p.134

22 「현상과 원리」, 『자연학의 제창』, p.98

23 상동

24 「自然學の提唱に寄せて」, 『자연학의 전개』, p.32.

25 「自然學にいたる道」, 『자연학의 전개』, p.59

26 상동, p.57

27 「私の學問觀」, 『자연학의 제창』, p.135

28 「自然學いたる道」, 『자연학의 전개』, p.69.

29 사실 나의 관심은 이마니시 자연학의 내용을 평면적으로 살펴보는 것이 아니라 그의 자연학의 사회적 의미와 동아시아 과학담론의 역사 안에서 이마니시 자연학의 위상을 이해하는 것이다.

30 「自然學への到達」, 『자연학의 전개』, p.87 이하. 이마니시는 여러 논설과 인터뷰에서 두 사상가로부터 받은 정신적 영향에 대해 언급한다.

종장 요약과 정리

1 과학을 어떻게 규정하는가에 따라 답이 결정된다. 이런 유형의 물음과 답은 대개 공허하다. 그렇다면 철학은 존재했는가? 답은 두 가지다. 하나는 제대로 된 철학이 존재했다고 볼 수 없다는 입장, 다른 하나는 (경험론과 합리론으로 대표되는 엄격한 의미의 철학은 존재하지 않았지만) 이성주의에 상당히 근접하는 형이상학적 철학은 존재했다는 입장이다. 그러나 이런 질문과 답 역시 공허하다. 과학, 종교, 민주… 어쩌면 모두 공허한 물음인지도 모른다.

2 현 시점에서 전통의 '전면적 회복'은 가능하지 않기 때문에 학술적으로 큰 의미를 갖지 못한다. 한편 전통의 '전면적 폐기' 역시 문화대혁명에서 이미 실패로 끝났을 뿐 아니라 현대 중국의 이데올로기적 요청과도 어울리지 않는다. 결국 남는 가능성은 학술적 정리를 통한 체계화와 사회적 요청에 응답하는 방식의 재해석과 회복이라고 말할 수 있다.

3 호적은 1950년대 이후 중국에서 금기시된 인물이었다. 그러나 이데올로기적 긴장이 느슨해진 이 시점에서 호적의 연구방법과 성과는 충분히 활용할 가치가 있다. 따라서 20세기 초반의 국학운동을 이끌었던 호적이 현재의 신국학운동에서 소환대상이 된 것은 충분히 납득할 수 있다.

4 호적은 「청대 한학가의 과학방법」이라는 글에서, '진리를 위한 진리추구(爲眞理而求眞理)'의 필요성과 과학적 연구방법이 청대 한학가들이 사용한 가설假設, 구증求証, 귀납歸納, 연역演繹의 방법을 자각적으로 발전시키는 것이라고 지적한 바 있다. 그런 고증학자들의 방법을 자각적인 과학적 방법으로 전환시키는 것이 '국고정리'라는 것이다.

참고문헌

1. 신문 · 잡지류

『申報』, 『大公報』, 『中央日報』, 『科學』,
『獨立評論』, 『東方雜誌』, 『新青年』

2. 자료

『中國科學技術家略傳』(http://www.kxj.cpst.net.cn)

『中國現代科學家傳記』 1~6집, 科學出版社, 1991~1994.

『中國近代教育史資料徽編』 上海教育出版社, 1991.

『辛亥革命時期期刊介紹』(丁守和編), 人民出版社, 1982~1986.

『中國古代科學家傳記』(杜石然編), 科學出版社, 1993.

『科學救國之夢－任洪雋文存』(攀洪業編), 上海科技教育出版社, 2002.

『蔡元培全集』(高平叔編), 中華書局, 1988~1989.

『梁漱溟全集』, 山東人民出版社. 2001.

『科學運動與反讀書思潮』(干觀三編), 獨立出版社, 國民出版社, 1933.

『中國科學與科學革命』(劉屯, 王陽宗編), 遼寧教育出版社, 2002.

『近代中國社會文化變遷錄』 1~2집(劉志今編), 浙江人民出版社, 1998.

『中國近代學制史料』, 華東師範大學出版社, 1983.

『中國物理學史大系, 近代物理學史』, 湖南教育出版社, 2002.

『科學與人生觀』(張君勱, 丁文江 等), 山東人民出版社, 1997.

『科學與人生觀(1925)』(張君勱 等), 黃山書社, 2008.

『中國近代教育史資料』(上中下), 人民教育出版社, 1961.

『飮氷室文集点校』(梁啓超), 雲南教育出版社, 2001.

『胡適學術文集: 中國哲學史』(上下, 강의화 편), 中華書局, 1991.

『胡適學術文集: 哲學與文化』(강의화 편), 中華書局, 2001.

『任鴻雋, 科學槪論(上篇)』, 商務印書館, 民國16年.

『中國近代啓蒙思潮』(上中下, 丁守和編), 社會科學文獻出版社, 1999.

『譚嗣同全集』(蔡尙思, 方行編), 中華書局, 1981.

『嚴復集』, 中華書局, 1986.

『陳獨秀著作集』 제1~3권, 上海人民出版社, 1999.

『回眸, 新青年: 哲學思潮卷, 言語文學卷, 社會思想卷』(張寶明, 王中江主編), 河南文藝出版社, 1998.

3. 연구서

김범부, 『풍류정신』(범부유고), 정음사, 1986.

김영식, 『과학혁명』, 아르케, 2001.

노우드 러셀 핸슨, 조숙경 외 역, 『과학적 발견의 패턴』, 사이언스북, 2007.

문정인, 『중국의 내일을 묻다』, 삼성경제연구소. 2004.

박영태 외, 『과학철학: 흐름과 쟁점, 그리고 확장』, 창비, 2011.

브루스 모런, 최애리 역, 『지식의 증류 : 화학, 연금술, 그리고 과학혁명』, 지호, 2006.

스티븐 샤핀, 한영덕 역, 『과학혁명』, 영림카디널, 2006.

시부사와 에이이치, 노만수 역, 『논어와 주판』, 페이퍼로드, 2009.

엘리아데, 최건원 역, 『메피스토펠레스와 양성인』, 문학동네, 2006.

이반 스트렌스키, 이용주 역, 『20세기 신화이론』, 이학사, 2007.
이용주, 『동아시아근대사상론』, 이학사, 2009.
이용주, 『생명과 불사 : 포박자 갈홍의 도교사상』, 이학사, 2009.
카렌 암스트롱, 정영목 역, 『축의 시대』, 교양인, 2010.
칼 포퍼, 박중서 역, 『끝없는 탐구』, 갈라파고스, 2008.
칼 포퍼, 이한구 역, 『추측과 논박』, 민음사, 2001.
토마스 쿤, 김명자 역, 『과학혁명의 구조』, 까치출판사, 2002.
파울 파이어아벤트, 정병훈 역, 『킬링타임: 파이어아벤트의 철학적 자서전』, 한겨레출판, 2009.

*

姜廣輝 主編, 『中國經學思想史』, 社會科學出版社, 2003.
耿云之, 『胡適年譜』, 四川人民出版社, 1989.
耿云之, 『胡適評傳』, 上海古籍出版社, 1999.
季甄馥, 『瞿秋白哲學思想評析』, 華東師範大學, 1998
郭金彬, 『中國科學百年風雲』, 福建教育出版社, 1991.
郭湛波, 『近五十年中國思想史』, 山東人民出版社, 2002.
郭穎頤, 『中國近代思想中的唯科學主義』, 江蘇人民出版社, 1989.
郭穎頤, 『中國現代思想中的唯科學主義』, 江蘇人民出版社, 1989.
歐陽哲生, 郝斌, 『五四運動與二十世紀的中國』(上下), 社會科學出版社, 2001.
歐陽哲生, 『科學與政治－丁文江研究』, 北京大學出版社, 2009.
段治文, 『中國近代科技文化史論』, 浙江大學出版社, 1996.
段治文, 『中國現代科學文化的興起』(1919~1936), 上海人民出版社, 2001.
董光壁, 『中國近現代科學技術史論綱』, 湖南教育出版社, 1992.
董德福, 『胡適與梁啓超 : 兩代知識分子學思歷程的比較研究』, 吉林人民出版社, 2004.
杜石然, 『洋務運動與中國近代科技』, 遼寧教育出版社, 1991.
羅榮渠, 『從西化到現代化』, 北京大學出版社, 1990.
梁啓超, 『中國歷史研究法』, 東方出版社, 1996.

路遙, 「中國傳統社會民間信仰之考察」, 『文史哲』, 2010(제4기).
劉大椿, 吳向紅, 『新學苦旅: 科學, 社會, 文化的大撞擊』, 江西高校出版社, 1995.
劉東, 文韜 編, 『審問與明辯: 晚清民國的'國學'論爭』(上下冊), 北京大學出版社, 2012.
劉黎紅, 『五四文化保守主義思潮研究』, 中國社會科學出版社, 2006.
冒榮, 『科學的傳播者: 中國科學社述評, 南京大學出版社』, 2002.
樊洪業, 「科學槪念與科學雜志」, 『科學』, 1997(제6기).
樊洪業, 王揚宗, 『西學東漸－科學在中國的傳播』, 湖南科學技術出版社, 2000.
樊洪業, 『西學東漸: 科學在中國的傳播』, 湖南科學技術出版社, 2000.
謝世輝, 『世界歷史的變革: 向歐洲中心論挑戰』, 人民出版社, 1989.
尙明, 『中國近代人學與文化哲學史』, 人民出版社, 2007.
徐洪興 主編, 『20世紀哲學經典文本』(中國哲學卷), 復旦大學出版社, 1999.
蘇輿, 「春秋繁露義証」, 『新編諸子集成』, 中華書局, 1992.
宋志明, 孫小金, 『20世紀中國實證主義哲學研究』, 人民大學出版社, 2002.
柴文華, 『現代新儒家文化觀研究』, 三聯書店, 2004
嚴復, 『嚴復學術文化隨筆』(王憲明編), 中國青年出版社, 1999.
嚴云受編, 『胡適學術代表作』(上中下), 安徽教育出版社, 2007.
余英時, 『論戴震與章學誠』, 龍門書店, 1976.
余英時, 『重尋胡適歷程:胡適生平與思想再認識』, 廣西師大出版社, 2004.
吳大猷, 『吳大猷科學哲學文集』, 社會科學文獻出版社, 1996.
吳大猷, 『吳大猷文選』(3冊, 7冊), 遠流出版社業有限公司(臺北), 1992.
王葆玹, 『今古文經學新論』, 中國社會科學出版社, 1997.
王先明, 『近代新學: 中國傳統學術文化的轉變與重構』, 商務印書館, 2000.
王揚宗, 「康熙, 梅文鼎與西學中源說」, 『傳統文化與現代化』, 1995(제3기).
王揚宗, 「西學中源說在明淸之際的由來及其演變」, 『大陸雜志』 90권, 1995(제6기).
王揚宗, 「西學中源說和中體西用論在晚淸的盛衰」, 故宮博物院院刊, 2001(제5기).
王揚宗, 「楊銓與中國無科學問題」, 『廣西民族學院學報』, 自然科學版, 2006(제3기).
王榮祖, 『晚淸變法思想論集』, 聯經出版, 1983.
容閎, 西學東漸記, 鍾叔河編, 『走向世界叢書』, 嶽麓出版社, 1985.
熊月之, 『西學東漸與晚淸社會』, 上海人民出版社, 1994.

袁運開, 周瀚光, 『中國科學思想史』, 安徽科學技術出版社, 1998.

劉長林, 『中國人生哲學的重建』, 華東師範大學出版社, 2001.

李連科, 『中國哲學百年論爭』, 商務印書館, 2004.

李零, 『去聖乃得眞孔子』(論語縱橫談), 三聯書店, 2008.

林毓生, 『中國意識的危機』, 貴州人民出版社, 1988.

林毓生, 『中國傳統的創造性轉化』, 三聯書店, 1988.

任定成, 『在科學與社會之間: 1915~1949년中國思想潮流的一種考察』, 武漢出版社, 1997.

任鴻雋(叔永), 『任鴻雋文存－科學救國之夢』, 上海科學敎育出版社, 2002.

任鴻雋, 「說中國無科學之原因」, 『科學』 第1卷, 1915.

任鴻雋, 「人生觀的科學或科學的人生觀」, 『科學與人生觀』, 1923.

張劍, 『科學社團在中國近代的命運－以中國科學社爲中心』, 山東敎育出版社, 2005.

蔣慶, 『公羊學引論』, 遼寧敎育出版社, 1995.

蔣慶, 『政治儒學』, 三聯書店, 2003.

張君勱 等, 『科學與人生觀』(1925), 合肥: 黃山書社, 2008.

張君勱 等, 『科學與人生觀』, 黃山書社, 2008.

張君勱, 『新儒學思想史』, 中國人民大學出版社, 2006.

章權才, 『兩漢經學史』, 廣東人民出版社, 1990.

張東蓀, 『科學與哲學』(1924), 商務印書館, 1999.

張璧輝, 『科學社會學』, 人民出版社, 1990.

錢鍾書, 『談藝錄』, 三聯書店, 2007.

丁桂芬, 『西風東漸: 中日攝取西方文化的比較研究』, 商務印書館, 2001.

丁文江, 「玄學與科學－評張君勱的人生觀」, 『科學與人生觀』, 1923.

丁偉志, 陳崧, 『中西體用之間』, 中國社會科學出版社, 1995.

鐘離蒙 主編, 中國現代哲學史資料彙編, 『瀋陽遙寧大哲學系』 제1집 제6책, 1981.

鍾叔河, 『近代知識分子考察西方的歷史』, 中華書局, 1985.

鍾叔河, 『走向世界： 近代知識分子考察西方的歷史』, 中華書局, 2000.

周國仁, 『西學東漸與中國高等敎育近代化』, 厦門大學出版社, 1996.

周予同, 『經學史論著選集』, 上海人民出版社, 1996.

朱耀垠,『科學與人生觀論戰及其回聲』, 上海科學技術文獻出版社, 1999.
朱維錚 編,『周予同經學史論著選集』(增訂本), 上海人民出版社, 1996.
陳少明 等,『近代中國思想史略論』, 廣東人民出版社, 1999.
陳崧,『五四前後東西文化問題論戰文選』, 中國社會科學出版社, 1985.
陳旭麓,「近代中國社會的新陳代謝」(『陳旭麓文集』 第1卷), 華東師範大學出版社, 1996.
倉修良,『章學誠和文史通義』, 中華書局, 1984.
馮友蘭,『三松堂自序』, 三聯書店. 2009.
胡曉明 主編,『讀經: 啓蒙還是蒙昧?』, 華東師範大學出版社, 2006.

*

廣重徹,『科學の社會史－近代日本の科學體制』, 岩波現代文庫, 1999.
今西錦司,『私の自然觀』, 講談社, 1986.
今西錦司,『生物の世界』, 平凡社, 1987.
今西錦司,『自然學の展開』, 講談社, 1986.
今西錦司,『自然學の提唱』, 講談社, 1986.
今西錦司,『主体性の進化論』, 中央公論社, 1993.
吉田光邦,『日本をきずいた科學』, 講談社現代新書, 1985.
渡邊正雄,『科學者と基督教』, 1982.
渡邊正雄,『日本人と近代科學』, 1985.
島田昌和,『澁澤榮一: 社會企業家の先驅者』, 岩波新書, 2011.
藤垣裕子,『專門知と公共性－科學技術社會論の構築へ向けて』, 東京大學出版會, 2003.
瀧井一博,『伊藤博文: 知の政治家』, 中央公論社, 2010.
山口久和,『章學誠の知識論』, 創文社, 1998.
山口久和,『章學誠的知識論』(중문판), 上海古蹟出版社, 2006.
山田慶兒,『科學と技術の近代』, 朝日新聞社, 1982.
杉本勳,『日本科學史』, 山川出版社, 1987.
藪內清,『中國の科學文明』, 岩波書店, 1970.

藪內清, 『中國の科學』, 中央公論社, 1975.

藪內清, 『中國文明の形成』, 岩波書店, 1974.

伊藤俊太郎 編, 『講座科學史 I - 西歐科學史の位相』, 1990.

伊藤俊太郎 編, 『講座科學史 IV - 日本科學史の射程』, 1991.

伊藤俊太郎 編, 『科學史・技術史事典』, 弘文堂, 1990.

伊藤俊太郎 編, 『現代科學思想事典』, 講談社現代新書, 1986.

伊藤俊太郎, 『近代科學の原流』, 中央公論社, 1982.

伊原澤周, 『日本と中國における西洋文化攝取論』, 汲古書院, 1999.

村上陽一郎, 『科學の現在を問う』, 講談社, 2000.

村上陽一郎, 『近代科學と聖俗革命』, 新曜社, 1992.

村上陽一郎, 『文化としての科學』, 岩波書店, 2001.

村上陽一郎, 『西歐近代科學』, 1980.

村上陽一郎, 『新しい科學論』, 講談社, 1990.

村上陽一郎, 『日本近代科學歩み』, 三省堂選書, 1987.

村上陽一郎, 『日本人近代科學』, 新曜社, 1978.

湯川光朝, 『文化としての近代科學』, 講談社, 2001.

湯川光朝, 『文化史における近代科學』, 未來社, 2001.

湯川光朝, 『日本の科學技術 100年史』, 中央公論社, 1980.

下村寅太郎, 『科學史の哲學』, 評論社, 1988.

丸山眞男, 『福澤諭吉の哲學』, 岩波文庫, 2006.

*

David Nivison, *The Life and Thought of Chang Hsue-ch'eng*, Stanford U.P. 1966.

David Reynolds, *The Advancement of Knowledge and the Enrichment of Life: The Science Society of China and the Understanding of Science in the Early Republic 1914-1930*, University of Wisconsin, 1986.

Ian Cameron, David Edge, *Scientific Image and their social uses: an Introduction to the concept of scientism*, London: Butterworth, 1979.

Kwok, D.W.Y, *Scientism in Chinese Thought*, 1900~1950, Yale University Press, 1965.

Peter Buck, *American Science and Modern China*, 1876~1936, Cambridge University Press, 1980.

Tom Sorell, *Scientism, Rouledge*, 1991.

찾아보기

세계관 전쟁

가

나

다

라

마

바

사

아

자

차

카

파

하

기타

총서 知의회랑 arcade of knowledge 을 기획하며

대학은 지식 생산의 보고입니다. 세상에 바로 쓰이지 않더라도 언젠가는 반드시 인류에 필요할 지식을 생산하고 축적하며 발전시키는 일을 끊임없이 해나갑니다. 오랫동안 대학에서 생산한 지식은 책이란 매체에 담겨 세상의 지성을 이끌어왔습니다. 그 책들은 콘텐츠를 저장하고 유통시키며 활용하게 만드는 매체의 차원을 넘어, 인간의 비판적 사유 능력과 풍부한 감수성을 자극하는 촉매의 역할을 충실히 해왔습니다.

이와 같은 '책을 읽는다'는 것은 단순히 지식과 정보를 습득하는 데 멈추지 않고, 시대와 현실을 응시하고 성찰하면서 다시 그 너머를 사유하고 상상함을 의미합니다. 그러므로 '세상의 밑그림'을 그리는 책무를 지닌 대학에서 책을 펴내는 것은 결코 가벼이 여겨선 안 될 일입니다.

이제 우리는 다양한 방식으로 존재하는 지식과 정보, 그리고 사유와 전망을 담은 책을 엮어 현존하는 삶의 질서와 가치를 새롭게 디자인하고자 합니다. 과거를 풍요롭게 재구성하고 미래를 창의적으로 기획하는 작업이 다채롭게 펼쳐질 것입니다.

대학의 심장부에 해당하는 도서관이 예부터 우주의 축소판이라 여겨져 왔듯이, 그곳에 체계적으로 배치된 다양한 책들이야말로 이른바 학문의 우주를 구성하는 성좌와 다름없습니다. 우리는 그 빛이 의미 없이 사그라들지 않기를, 여전히 어둡고 빈 서가를 차곡차곡 채워가기를 기대합니다.

읾을 쉽게 소비하는 시대를 살고 있지만, 다양한 앎을 되새김함으로써 학문의 회랑에서 거듭나는 지식의 필요성에 우리는 공감합니다. 정보의 홍수와 유행 속에서도 퇴색하지 않을 참된 지식이야말로 인간이 가야 할 길에 불을 밝혀줄 수 있기 때문입니다. 앞으로 대학이란 무엇을 하는 곳이며, 왜 세상에 남아 있어야 하는 곳인지 끊임없이 되물으며, 새로운 지의 총화를 위한 백년 사업을 시작하겠습니다.

총서 '知의회랑' 기획위원

안대회 · 김성돈 · 변혁 · 윤비 · 오제연 · 원병묵

지은이 이용주

서울대학교 인문대를 졸업하고, 프랑스 고등연구원(EPHE) DEA 및 박사과정을 거쳐, 서울대학교에서 박사학위를 받았다. 현재 광주과학기술원(GIST)에서 인문학을 가르치고 있다.

문학·동양학·비교종교학 등을 공부했으며, 전통적인 문文·사史·철哲의 영역뿐만 아니라 '과학' 자체도 인문학의 대상이 되어야 한다고 생각한다. 과학과 철학 그리고 과학과 종교의 대화는 그에게 중요한 화두다. 근대 중국이 서양과학을 수용하는 과정에서 겪어낸 과학과 전통 간의 대결양상을 다룬 이 책도 같은 연장선상에 있다.

주요 저서로 『주자의 문화 이데올로기』(2004), 『생명과 불사: 포박자 갈홍의 도교사상』(2009), 『죽음의 정치학: 유교의 죽음이해』(2015), 『동아시아 근대사상론』(2015), 『성학집요: 군자의 길, 성찰의 힘』(2018) 등이 있으며, 장차 근현대 중국의 국학운동에 관한 연구를 계획하고 있다.

또한 인문학의 또 다른 실천으로서 번역의 중요성에 대한 확신을 가지고, 외국의 여러 연구사례들과 대표 저작들을 소개하는 일에도 진력해왔다. 미르치아 엘리아데의 대작 『세계종교사상사(전3권)』(2005·공역)를 비롯해 『20세기 신화이론』(2008), 『신화란 무엇인가』(2017), 『세계종교의 역사』(2018) 그리고 현대과학의 입장에서 종교의 의미를 탐구한 『종교유전자』(2015) 등을 번역했다.

知의회랑
arcade of knowledge
010

세계관 전쟁
근대 중국에서 과학신앙과 전통주의 논쟁

1판 1쇄 발행 2020년 3월 30일
1판 2쇄 발행 2020년 8월 30일

지 은 이 이용주
펴 낸 이 신동렬

펴 낸 곳 성균관대학교 출판부
등 록 1975년 5월 21일 제1975-9호
주 소 03063 서울특별시 종로구 성균관로 25-2
전 화 02)760-1252~4 팩스 02)762-7452
홈페이지 http://press.skku.edu

ISBN 979-11-5550-398-0 93200

값 35,000원

⊙ 잘못된 책은 구입한 곳에서 교환해 드립니다.
⊙ 이 저서는 2015년 정부(교육부)의 재원으로 한국연구재단의 지원을 받아 수행된 연구임(NRF-2015S1A6A4A01010105)